秦漢時代的簡牘
畫像與政治社會

古月集

邢義田 —— 著

卷四：法制、行政與軍事

卷一　漢代的簡牘

簡牘研究

卷二　畫像石、畫像磚與壁畫

概說

個論

資料與評論

卷三　皇帝、官僚與社會

皇帝

政府與官僚

家、宗族、鄉里風俗與信仰

卷四 　法制、行政與軍事

法制

行政

法制

秦漢的律令學
——兼論曹魏律博士的出現

> 天下之眾，受制於朕，以法為命，可不慎歟？
> ——《漢舊儀》

一 引言

法令是秦、漢行政的重要依據。漢代人說：「吏道以法令為師」[1]，又說：「漢吏奉三尺律令以從事」。[2] 據漢簡所見，漢代公文習慣以「如律令」作結（圖 1），[3] 而漢吏考課很重要的一項標準在於是否「頗知律令」。[4] 漢吏治事既以法律為據，漢制又淵源於秦；秦、漢官吏是如何「頗知律令」的呢？這對瞭解秦、漢行政的運作不能不說是一個重要的問題。秦始皇三十四年（西元前 213 年），李斯曾請焚書，並議「若欲有學法

圖 1　居延簡
EPF22.35

1　《漢書・薛宣傳》（本文四史一律用中華標點本，不再注明）。

2　《漢書・朱博傳》。關於漢代律令簡是否為三尺問題，詳見注 231。

3　《風俗通義校注》佚文（臺北：明文書局景印王利器校注本，1982），頁 584。

4　漢簡中例證甚多。例如簡牘整小組編，《居延漢簡（壹～肆）》（臺北：中央研究院歷史語言研究所，2014-2017）簡 13.7、37.57、89.24、212.7B、306.19、562.2；甘肅文物考古研究所等編，《居延新簡》（北京：中華書局，1994）簡 EPT3：3、EPT4：87、EPT5：192、EPT50：10、EPT50：14、EPT52：36、EPT59：104。餘不贅舉。陳直以為漢代功令「頗知律令」一句乃沿襲秦代功令而來。參氏著，《史記新證》，頁 24。

令，以吏為師」。[5] 自從雲夢睡虎地秦、漢律簡、龍山里耶秦簡、嶽麓書院藏秦簡、江陵張家山，荊州胡家草場西漢律簡、長沙五一廣場兩漢簡牘、居延、馬圈灣、懸泉置漢簡、地灣漢簡、肩水金關漢簡等等相繼出土和刊布，我們對秦漢律令本身以及秦漢兩代如何以吏為師都有了較多的瞭解。

學法令以吏為師，不單是秦代如此，漢代亦同。過去大家討論漢代的教育或學術，多半限於經學而不及律令。的確，漢人重經，教育也以儒經為主。不過，漢儒兼習律令的風氣很盛，和漢代以後千百年裡的學風大不相同。只談經學，不言律令，實不足以窺漢代學風的特色。

漢儒兼習經、律的風氣和漢代兼以經、律為據的政治密不可分。東漢以後，政治貴族化，風氣亦漸變。及乎漢季，風氣從兼重經、律轉為重經而卑律。最後曹魏不得不立律博士，以傳授律令。律博士的設立，意義匪淺。它打破了漢武帝以來，唯以五經得為博士的壟斷局面。

秦、漢律令傳習的情形如何？律博士為何至曹魏而出現？漢代既然兼重經、律，為何有五經博士而無律博士？斯篇之作，擬就這些問題作一討論。首先略述嬴秦的律令學，繼言兩漢律令的傳授，以明漢儒兼修經、律的風尚與轉變，終則試為曹魏以降律博士之所以出現，進一解。

律令學是相對於經學而言。經學以儒經為對象，言人道、天道與治國理民的大經大脈。律令學則以行政中龐雜的法令規章為對象，以知如何處理行政實務為主。秦政任法，專以法令為尚；漢政則在法令之外，又以經義為據，所謂：「法聖人，從經、律」。[6] 律指律令，是一個泛稱。秦漢律令有法、律、令、科、品、式、比等類的不同。本文暫不擬疏解這些類別的性質和差異，只擬指出秦、漢的官吏經由什麼樣的途徑，習得他們必要知道的法律知識。官吏因職位高低和職務性質的差異，須要知道法令規章的多少和性質當然不盡相同。由於材料的限制，無法細說什麼樣的職務，

---

5   《史記·秦始皇本紀》。又〈李斯列傳〉文小異，作「若有欲學者，以吏為師」，無「法令」
     二字。

6   《後漢書·張敏傳》。又孔光對上所問，則「據經、法」（《漢書·孔光傳》），可參。

必要知道什麼樣的法令，又如何去學習它們，只能籠統言之，見其大較。

舉例來說，雲夢睡虎地秦簡的主人只是秦朝南郡安陸地方的一個小吏，曾掌治獄，位不過史、令史。[7] 但是他墓中律簡的名目多達三十一種，內容十分廣泛。[8] 這位小吏如何習知這些律令？再如漢律。漢律內容極為龐雜。江陵張家山漢初一位地方小吏的墓中出土律簡《二年律令》和《奏讞書》。[9]《二年律令》提到律令達二十八或二十九種之多。[10] 近年雲夢睡虎地七十七號西漢墓和荊州胡家草場十二號西漢墓出土的律目簡以及嶽麓書院購藏的秦律令簡使我們見到內容更為豐富，分類有序的秦漢律和令。[11] 這些證明漢初律令基本上因襲秦代而不斷修訂。漢初大臣如蕭何曾在秦律基礎上作《九章律》，叔孫通訂儀法以及《傍章》十八篇等等。[12] 後又有明法之臣隨需要修改增添，如景帝時，鼂錯更定有關諸侯王法令三十章；[13] 武帝時，張湯作《越宮律》二十七篇，趙禹作《朝律》六篇。[14]《漢書·刑法志》謂：

> 張湯、趙禹之屬，條定法令……禁罔寖密。律令凡三百五十九章，大辟四百九條，千八百八十二事，死罪決事比萬三千四百七十二事。文書盈于几

7　參《睡虎地秦墓竹簡·編年記》，頁 6-7。

8　睡虎地秦墓所出律文名目小計如下：田律、廄苑律（廄律）、倉律、金布律、關市、工律、工人程、均工、徭律、司空、置吏律、效、軍爵律、傳食律、行書、內史雜、尉雜、屬邦、除吏律、游士律、除弟子律、中勞律、公車司馬獵律、牛羊課、傅律、捕盜律、戍律、臧律、敦表律、魏戶律、魏奔命律，共卅一種。參《睡虎地秦墓竹簡》。

9　張家山二四七號漢墓竹簡整理小組，《張家山漢墓竹簡（二四七號墓）》（北京：文物出版社，2001）；武漢大學簡帛研究中心等編，《二年律令與奏讞書》（上海：上海古籍出版社，2007）。

10　《二年律令》出現賊律、盜律、具律、告律、捕律、亡律、收律、雜律、錢律、置吏律、均輸律、傳食律、田律、市律、行書律、復律、賜律、戶律、效律、傅律、置後律、爵律、興律、徭律、金布律、秩律、史律、津關令或再加囚律，共二十八或二十九種。

11　相關研究太多，僅舉曾作較全面深入分析的論文為代表。請參陳偉，〈秦漢簡牘所見的律典體系〉，《中國社會科學》，1（2021），頁 104-121。

12　《漢書·叔孫通傳》、《晉書·刑法志》。

13　《漢書·鼂錯傳》。

14　《晉書·刑法志》。

閣，典者不能徧睹。

漢初劉邦的三章約法到武帝時已增加為三百五十九章。因為不可能事事立法，其無律文可循者，則依判例，比類決之，於是又有決事比。決事比數量驚人，僅關死罪，即已上萬，致令典者不能徧睹。[15] 武帝以後，各朝被迫屢屢刪修律令。[16] 除此以外，還有皇帝不斷因事下達的詔令。詔令因作用和對象，分為策書、制書、詔書、誡勅或戒書。[17]《漢書·賈山傳》謂：「臣聞山東吏布詔令，民雖老羸癃疾，扶杖而往聽之。」從「聽」字可知，詔令既下，地方官吏要對眾人宣讀，還要抄錄、編排或懸掛詔令在眾人易見的地方，作為施政的依據。在 1972-1974 年出土的居延簡中，有大批文、武、元、成、王莽和東漢光武等帝的詔書殘件。[18] 1990-1992 年在敦煌懸泉漢代驛置的遺址更發現了王莽時期書寫在白粉牆上的「詔書四時月令五十條」。[19]

約而言之，本文所說律令之學的律令包括皇帝的詔令、朝臣議訂又經皇帝制曰可的制度儀法、治獄的刑罰律條、規程、判例，甚至公文程式等等。漢人常泛稱這些為法令、法度、律令、法律、文法或單稱為法或律。[20]

---

15 《鹽鐵論·刑德》也有相同的話：「方今律令百有餘篇。文章繁，罪名重，郡國用之疑惑，或淺或深，自吏明習者不知所處，而況愚民乎！律令塵蠹於棧閣，吏不能徧睹，而況於愚民乎。」

16 西漢宣帝、元帝、成帝皆曾詔刪修律令，參《漢書·刑法志》。東漢桓譚、陳寵、梁統曾議刪修律令，不及行。安帝時，謁者劉珍，博士良史讎校漢法令於東觀。建安時，應劭刪定律令為《漢儀》，獻之。參《後漢書》，桓譚、陳寵、梁統、蔡倫及應劭各傳。

17 《漢官解詁》：「帝之下書有四：一曰策書，二曰制書，三曰詔書，四曰誡勅」（《漢官六種》）；蔡邕，〈獨斷〉以為漢天子命令有四：「一曰策書，二曰制書，三曰詔書，四曰戒書」。

18 甘肅居延考古隊，〈居延漢代遺址的發掘和新出土的簡冊文物〉，頁 8。

19 中國文物研究所、甘肅省文物考古研究所，《敦煌懸泉月令詔條》（北京：中華書局，2001）；馬怡，〈扁書試探〉，《簡帛》第一輯（上海：上海古籍出版社，2006），頁 415-428。

20 漢人對法律通名並沒有嚴格一致的用法，例如漢武帝說：「法令者，先帝所造也」（《漢書·東方朔傳》）；杜周以為「三尺安出哉？前主所是著為律，後主所是疏為令」（《漢書·杜周傳》）；應劭又認為「律者，法也。〈皋陶謨〉：『虞始造律』。蕭何成以九章，此關諸百王不易之道也。時主所制曰令，《漢書》：『著于令甲』」（《風俗通義》佚文）；杜預曰：「律者八，以正罪名；令者八，以存事制，二者相須為用」（《書鈔》卷四十五、《類聚》卷五十四、《御

其中使用最普遍的一個名詞是律令。漢代由上級向下傳達的文件通常以「如律令」作結尾。《風俗通義》說：「故文書下『如律令』，言當承憲，履繩墨，動不失律令也。」[21] 因此，本文姑以「律令」代稱秦漢行政遵循的一切法令規章。有關這些法令規章的學習和傳授也就是律令之學。

漢代承秦餘緒，頗重治獄。獄吏每成律家，位至公卿。他們言律令，傳徒眾，即常以治獄為主（詳後）。因此，本文所及不免偏於治獄，但也將兼及其他，希望能從較廣闊的角度，討論在一個以律令為依據的統治環境裡，官吏如何得知他們必要的律令知識。

覽》卷六三八引）；元帝詔曰：「夫法令者，所以抑暴扶弱，欲其難犯而易避也。今律令煩多而不約，典文者不能分明」（《漢書·刑法志》），是以法令為律令。又桓譚上疏曰：「又見法令決事，輕重不齊⋯⋯今可令通義理明習法律者，校定科比，一其法度，班下郡國」（《後漢書·桓譚傳》），是法令、法律、法度又可通。餘不備舉。

21　《風俗通義校注·佚文》，頁 584。「如律令」一詞已見於雲夢秦律，參《睡虎地秦墓竹簡》，〈秦律十八種〉倉律：「咸陽十萬一積，其出入禾，增積如律令」，頁 36。又散見於漢代簡冊遺文。1973、74 年發現的居延簡冊如〈甘露二年丞相御史律令〉、〈建武三年候粟君所責寇恩事爰書〉都可見以「如律令」為公文結尾。前者參初仕賓，〈居延簡冊《甘露二年丞相御史律令》考述〉，頁 179-184；後者參〈建武三年候粟君所責寇恩事釋文〉，頁 30-31。因「如律令」為公文常用語，漢代民間用於地下之地券，鎮墓文竟亦倣用之。參陳槃庵，《漢晉遺簡識小七種》，頁 21，「如律令」條；又氏著，〈於歷史與民俗之間看所謂「瘞錢」與「地券」〉，《中央研究院國際漢學會議論文集·歷史考古組》，中冊，頁 861；鎮墓文以「如律令」、「急急如律令」作結幾為通例，例如：寶雞市博物館，〈寶雞市鏟車廠漢墓──兼談 M1 出土的行楷體朱書陶瓶〉，頁 48；王光永，〈寶雞市漢墓發現光和與永元年間朱書陶器〉，頁 55；河南省博物館，〈靈寶張灣漢墓〉，頁 79-80；吳榮曾，〈鎮墓文中所見到的東漢道巫關係〉，頁 56-57；《武威漢簡》，頁 149。又《後漢書·安帝紀》王先謙集解引黃長睿云：鄧騭討羌符皆以急急如律令作結。新近刊布的長沙五一廣場東漢簡牘司法文書上已見「急疾如律令」一詞，可證民間文書用語確實仿自官文書。參長沙市文物考古研究所，〈湖南長沙五一廣場東漢簡牘發掘簡報〉，《文物》，6（2013），頁 22 及圖十七。

■■■ 秦代的律令學

一、中央集權政制與律令學的興起

　　以刑治民，淵源甚早。傳說夏、商兩代都曾作刑。[22] 刑制如何卻不易確考。兩周以降，資料漸豐亦較可徵信。西周大約已有成文的刑法。《左傳》昭公七年提到「周文王之法曰：『有亡荒閱』（杜注：荒，大也；蒐也；有亡人，當大蒐其眾）」；又文公十八年，周公作誓命，言及九刑。叔向也說：「周有亂政，而作九刑」。[23]「九」可以言「多」。九刑是不是如《逸周書‧嘗麥篇》所說為九篇刑書，難以徵考。[24] 不過，西周有成文的刑書似不成問題。《尚書‧呂刑》說：「明啟刑書胥占」。2015 年荊州夏家台一○六號戰國楚墓曾出土了〈呂刑〉殘簡，可證〈呂刑〉最少成篇於先秦。[25] 傅斯年、陳槃和屈萬里等更認為〈呂刑〉成於西周。[26]〈呂刑〉成篇既早，久

22　《竹書紀年》謂帝舜「命咎陶作刑」；《左傳》昭公十四年引《夏書》曰：「昏墨賊殺，皋陶之刑也。」又《左傳》昭公六年，叔向曰：「夏有亂政，而作禹刑；商有亂政，而作湯刑；周有亂政，而作九刑。」傳說中夏代以及夏代以前的刑罰，只是一些用刑的方式。例如《尚書‧堯典》所說的五刑：墨、劓、荆、宮、大辟。還有「鞭作官刑，扑作教刑，金做贖刑」的鞭、扑、贖金也是處罰的方式。〈堯典〉成書於戰國初（屈萬里，《尚書釋義》，頁 2），其中有多少是三代以前舊制？又有多少後人附會？難以確斷。殷商刑制也尚難知。文獻、卜辭俱不足詳徵。陳邦懷在《殷代社會史料徵存》一書中曾有意據卜辭勾稽殷代法律的程序，但是他對卜辭定義的認定不無疑義。參 Kwang-Chih Chang, *Shang Civilization*, pp. 200-201. 陳夢家《殷墟卜辭綜述》於殷代刑法無考。

23　《左傳》昭公六年。

24　《逸周書‧嘗麥》：「太史筴刑書九篇」。孔廣森《集訓校釋》謂：「刑書九篇蓋即《春秋傳》之九刑。」又安井衡《左傳輯釋》卷九，昭公六年引惠棟云：「九刑謂刑書九篇也」。九作「多」字解，見汪中《述學‧釋三、九》。

25　目前尚未發表，見 2016.1.28 荊楚網轉發《湖北日報》報導。
　　http://news.cnhubei.com/xw/wh/201601/t3528924.shtml（2016.5.6 上網）戰國中晚期的郭店簡《緇衣》最少有三處徵引〈呂刑〉也可為證。參晁福林，〈郭店楚簡《緇衣》與《尚書‧呂刑》〉，《史學史研究》，2（2002），頁 5-29，或《春秋戰國史叢考》（蘇州：蘇州大學出版社，2015）。

26　經生舊解以為作於周穆王。傅斯年先生以為乃呂王所作，陳槃庵先生和之。不論是周穆王或呂王，其作於西周應可採信。參屈萬里，《尚書釋義》，頁 136-137；陳槃庵，《春秋大事表

經流傳，今本也不無可能摻雜有較晚的成分，例如「五刑之屬三千」這樣詳密的內容，還很難確定是西周時的制度。[27]

　　從西周到春秋初期，像〈呂刑〉所說墨、劓、荆、宮、大辟之類刑罰的方法或許已經出現。但是刑書或許只是列舉若干類的處罰，至於何罪何罰，罰之輕重，似可由掌刑者原情定罪，這大約是所謂的「輕重諸罰有權」。[28] 刑罰罰則可能還不很詳密，一方面是由於社會的發展尚不及春秋中期以後那麼複雜，不需要太繁複的條文；另一方面也因為封建未潰，時政所依，多在禮制。在古人的觀念裡，刑罰僅是所謂禮制的一小部分。《左傳》說：「禮可以為國也久矣，與天地並」；[29] 又說：「禮所以守其國，行其政令，無失其民者也。」[30] 然而，封建禮制終因周室不振，漸失作用，紛爭的列國隨著時代的變動，逐漸偏向以新形式，更具約制力和更明確公開的刑書和刑鼎為治民的工具。

　　春秋戰國以來，在列國中央集權化的過程中，頒行成文法典是一個相當普遍的現象。據《左傳》，早在楚文王之世（西元前 689-677 年），楚國已有僕區之法曰：「盜所隱器，與盜同罪。」[31] 據《管子‧法法篇》，管子曾主張公布法令。[32] 這是不是齊桓公時代的事，不敢說。所知較為清楚的例

列國爵姓及存滅表譔異》（增訂本）第五冊，頁 422 上下。

27　顧頡剛先生以為三千為誇大之辭，參《顧頡剛讀書筆記》（臺北：聯經出版公司，1990）卷八，頁 6297。近年出土不少西周與土地交換或糾紛有關的青銅器，但從處理過程看不出當時已有成文法。參李朝遠，《西周土地關係論》（上海：上海人民出版社，1997），頁 278-301。

28　《尚書正義‧呂刑》。

29　《左傳》昭公十九年。

30　《左傳》昭公五年。

31　《左傳》昭公七年。1986-87 年在湖北荊門包山發掘的楚墓中出土大量關於法律和司法的竹簡資料，使我們有機會較清楚地認識戰國時期楚國的法律。相關研究甚多，初步研究可參彭浩，〈包山楚簡反映的楚國法律與司法制度〉收入湖北省荊沙鐵路考古隊編，《包山楚墓》上冊（北京：文物出版社，1991），頁 548-554；陳偉，《包山楚簡初探》（武漢：武漢大學出版社，1996），頁 132-149；張伯元，《包山楚簡案例舉隅》（上海：上海人民出版社，2014）；王捷，《包山楚司法簡考論》（上海：上海人民出版社，2015）。

32　《管子‧法法》。又〈立政〉「首憲」言布令之法。

子是鄭國子產於魯昭公六年（西元前 536 年）鑄刑書。[33] 子產鑄刑書一事，又見新近出版的清華大學藏戰國竹簡。[34] 二十三年以後（西元前 514 年），晉國亦「鑄刑鼎，著范宣子所為刑書」。[35] 到了魯定公九年（西元前 502 年），鄭國駟歂殺鄧析，用其竹刑。[36] 鄭、晉鑄刑曾引起叔向、孔子和蔡史墨等人的批評和反對。《左傳》曾將他們的議論鄭重其事地記載下來。以下先看看有關的記載，再討論鄭、晉鑄刑書的意義，《左傳》昭公六年：

> 三月，鄭人鑄刑書。叔向使詒子產書曰：「始吾有虞於子，今則已矣。昔先王議事以制，不為刑辟，懼民之有爭心也。猶不可禁禦，是故閑之以義，糾之以政，行之以禮，守之以信，奉之以仁，制為祿位，以勸其從，嚴斷刑罰，以威其淫。懼其未也，故誨之以忠，聳之以行，教之以務，使之以和，臨之以敬，涖之以彊，斷之以剛，猶求聖哲之上，明察之官，忠信之長，慈惠之師，民於是乎可任使也，而不生禍亂。民知有辟，則不忌於上，並有爭心。以徵於書，而徼幸以成之，弗可為矣。夏有亂政，而作禹刑，商有亂政，而作湯刑；周有亂政，而作九刑。三辟之興，皆叔世也。今吾子相鄭國，作封洫，立謗政，制參辟，鑄刑書，將以靖民，不亦難乎？《詩》曰：『儀式刑文王之德，日靖四方。』又曰：『儀刑文王，萬邦作孚。』如是何辟之有？民知爭端矣，將棄禮而徵於書。錐刀之末將盡爭之。亂獄滋豐，賄賂並行，終子之世，鄭其敗乎？肸聞之，國將亡，必多制。其此之謂乎？」復書曰：「若吾子之言，僑不才，不能及子孫。吾以救世也。既不承命，敢忘大惠。」

又《左傳》昭公二十九年：

33　《左傳》昭公六年。

34　李學勤主編，《清華大學藏戰國竹簡（陸）》（上海：中西書局，2016）頁 136-138〈子產〉篇提到鄭令、野令、鄭刑、野刑。其文曰：「子產既由善用聖，班好物俊之行，乃肄三邦之令，以為鄭令、野令，導之以教，乃迹天地、逆順、強柔，以咸全御，肄三邦之刑，以為鄭刑、野刑」云云。所謂鄭令、野令、鄭刑、野刑應指分行於國與野的令和刑。

35　《左傳》昭公二十九年。

36　《左傳》定公九年。

冬，晉趙鞅、荀寅帥師城汝濱，遂賦晉國一鼓鐵，以鑄刑鼎，著范宣子所為刑書焉。仲尼曰：「晉其亡乎？失其度矣。夫晉國將守唐叔之所受法度，以經緯其民。卿大夫以序守之，民是以能尊其貴。貴是以能守其業，貴賤不愆，所謂度也。文公是以作執秩之官，為被廬之法，以為盟主。今棄是度也，而為刑鼎，民在鼎矣。何以尊貴？貴何業之守？貴賤無序，何以為國？且夫宣子之刑，夷之蒐也，晉國之亂制也，若之何以為法？」蔡史墨曰：「范氏、中行氏其亡乎？中行寅為下卿，而干上令，擅作刑器，以為國法，是法姦也。又加范氏焉，易之亡也。其及趙氏，趙孟與焉。然不得已，若德可以免。」

從叔向和孔子等人的批評可以看出，鄭、晉鑄刑書和刑鼎有類似的時代意義。第一，刑書或刑鼎的鑄造意味著以刑法取代傳統的禮制。傳統的禮制雖非全無刑法，也非不面對社會必然會有的衝突和訴訟，而是如孔子所說「聽訟，吾猶人也，必也使無訟乎」，[37] 理想中最好以禮而非以刑維繫既有的秩序。鑄刑鼎或作刑書在孔子看來，都是放棄過去維繫「貴賤不愆」的禮制而造成「棄禮」、「失其度」的後果。所謂「擅作刑器，以為國法」，「鑄刑書，將以靖民」，也都預示了刑法將成為治政理民的主要依據。

儘管叔向和孔子反對，從禮而法顯示了春秋中期以後，列國政治轉變的一個趨向。封建秩序解體，生存競爭下的列國為建立更有效的統治，紛紛走上中央集權的道路。集權君主或權卿憑依的就是法令辟禁。所謂「令必行，禁必止，人主之公義也」。[38] 孔子說：「道之以政（何晏《集解》引孔安國曰：『政謂法教』；朱熹注：『政謂法制禁令也』），齊之以刑，民免而無恥；道之以德，齊之以禮，有恥且格。」[39] 他的話，就是對當時從禮而法的政治發出的警示和感嘆。

第二，鄭、晉鑄刑是兩國一連串經濟、社會和政治變革的一環，而不

37　《論語‧顏淵》。

38　《韓非子‧飾邪》。

39　《論語‧為政》。

是孤立的事件。叔向已經提到子產鑄刑書以前,「作封洫,立謗政」。所謂作封洫是指魯襄公三十年,子產使「田有封洫,廬井有伍」[40] 的經濟和社會改革。他又不主張毀鄉校,使百姓得「以議執政之善否」。[41] 魯昭公四年(西元前 538 年),子產更「作丘賦」。杜注:「丘十六井,當出馬一匹,牛三頭。今子產別賦其田,如魯之田賦。」[42] 子產整頓田洫,編組百姓,增加賦稅,進而頒訂刑書,都是他所說「吾以救世也」的一連串行動。晉國的變革也很類似。晉國早在魯僖公十三年(西元前 645 年),「作爰田」,「作州兵」。[43] 魯文公六年(西元前 621 年),范宣子「始為國政,制事典,正法罪,辟獄刑,董逋逃,由質要,治舊洿,本秩禮,續常職,出滯淹。既成,以授大傅陽子與大師賈陀,使行諸晉國,以為常法」。[44] 從這一段記事看來,晉國最少在范宣子時代已有行諸晉國的「常法」。為什麼一百多年以後,還要將他的常法鑄成刑鼎呢?

這就牽涉到鄭、晉鑄刑的第三點意義:以明文的法律條文治民,不再如叔向所說是「議事以制」。所謂「議事以制」,杜預注:「臨事制刑,不豫設法也;法豫設,則民知爭端。」[45] 又安井衡《左傳輯釋》引王引之云:「議讀為儀。儀,度也。制,斷也。謂度事之輕重,以斷其罪,不豫設為定法也。」[46] 王、杜所說不豫設法,度事輕重以定罪,正是前引〈呂刑〉所說「輕重諸罰有權」。舊制雖有刑書,有常法,但是似乎並不是將某罪某罰詳詳細細的規定出來,而是讓執法者有相當大的彈性,決定罪罰的輕重。這樣的作用,據孔穎達疏,是「刑不可知,威不可測,則民畏上

---

40 《左傳》襄公三十年。

41 《左傳》襄公三十一年。

42 《左傳》昭公四年。杜注根據《司馬法》:「丘出戎馬一匹,牛三頭」而來。關於鄭國的「丘賦」以及下文所說晉國「爰田」「州兵」的意義,可參高亨,〈周代地租制度考〉,《文史哲》,10(1956),頁 42-57。

43 《左傳》僖公十五年。

44 《左傳》文公六年。

45 安井衡,《左傳輯釋》卷十九,頁 13 上。

46 同上,頁 13 下。

也」。[47] 叔向和孔子擔心刑罰一旦明文鑄出，掌法者將盡失議罪的彈性，不能再加輕重，而百姓將「徵於書」，所謂「民在鼎矣」。

其次，過去雖有刑書常法，行於全國，但刑典卻藏在京師，由專人掌典。例如，《逸周書・嘗麥》就提到周的刑書由太史「藏之于盟府，以為歲典」。《周禮・地官》「鄉大夫」之職：「各掌其鄉之政教禁令。正月之吉，受教灋于司徒，退而頒之于其鄉吏。」《管子・立政》也說：「正月之朔，百吏在朝，君乃令出，布憲于國。五鄉之師，五屬大夫皆受憲于太史。大朝之日。五鄉之師，五屬大夫皆身習憲于君前。太史既布憲，入籍于太府。」又《戰國策・魏策》：「安陵君曰：『吾先君成侯，受詔襄王以守此地也，手受大府之憲（注：憲，法令也）。憲之上篇曰：「子弒父，臣弒君，有常不赦。國雖大赦，降城亡子，不得與焉。」』」安陵君所述雖為戰國初事，但憲令藏於大府，卻是舊制。

根據這些文獻看來，刑典不論由太史、司徒或其他的執政掌管，似皆

---

47 孔疏詳見《春秋左傳正義》卷四十三：「刑不可知，威不可測，則民畏上也。今制法以定之，勒鼎以示之。民知在上不敢越法以罪己，又不能曲法以施恩，則權柄移於法，故民皆不畏上。」如果執法者可以有較大的彈性，定罪輕重，似乎更容易造成叔向所說的「亂獄滋豐，賄賂並行」。這可以從晉國鑄范宣子刑書以前的兩件獄訟賄賂案子看出來。一件發生在魯昭公十四年（西元前 528 年）。據《左傳》，晉國邢侯與雍氏爭田，晉國的理官士景伯到楚國去，由叔魚代理其職。韓宣子命他斷獄，他認為錯在雍子。雍子於是將女兒嫁給叔魚。叔魚竟改判邢侯理虧。邢侯大怒，將叔魚和雍子殺死。宣子問叔向應如何判邢侯的罪。叔向說：「三人同罪，施生戮死可也。雍子自知其罪，而賂以買直；鮒也，鬻獄；邢侯專殺，其罪一也。己惡而掠美曰昏；貪以敗官曰墨；殺人不忌曰賊。《夏書》曰：『昏墨賊殺，皋陶之刑也。』請從之。」於是宣子乃殺邢侯，並將叔魚和雍子的屍首暴於市場。另一件發生在晉鑄刑鼎的前一年。據《左傳》，前一年秋天，魏獻子為執政，分祁氏之田為七縣，羊舌氏之田為三縣。治理各縣的大夫都由獻子委派，晉國中央集權的政治因而向前邁進了一步。該年冬天，新置的梗陽縣民發生訴訟，梗陽大夫無從斷案，只好將案子上報魏獻子。梗陽打官司的一方前來賄賂魏獻子，以女樂相贈。魏獻子本來打算收下，卻因屬下大夫的勸諫而謝絕了。從梗陽人行賄和魏獻子有意接受，以及前一案叔魚可因賄賂顛倒曲直看來，未鑄刑鼎以前的晉國刑獄，是非曲直無定則可言。又叔向論三人之罪，根據的並不是范宣子的刑書，而竟是一部舊籍《夏書》。可見在舊制之下，貴族如叔魚、叔向之流，於刑罰讞案，頗可以輕重由己。鑄造刑鼎，依明文議罪，一方面有助於保障平民權益，另一方面可以約束貴族賄賂公行，顛倒獄訟。平民與貴族勢力的消長，以及中央集權制的加強皆於此可見。

藏於所謂的盟府、太府（大府）。知道刑法憲令內容的是受憲的官吏，一般老百姓無由知悉刑典的內容。[48] 鄭、晉鑄刑書，使刑書的內容流布，一般百姓於是得悉條文。這是「民徵於書」，「民在鼎矣」的另一意義。否則，則無所謂「刑不可知，威不可測」。和子產可能同時的鄧析，又作竹刑。以竹刑為名，大約因書之於竹簡。竹簡較鼎大為輕便，傳抄也容易。據說鄭國百姓紛紛從鄧析「學訟」。[49] 這些都是刑書流布民間才能有的現象。鄧析的竹刑不但輕便，內容也許更為周致細密。[50] 因此，駟歂殺鄧析，卻要用他的竹刑。總之，鄭、晉鑄刑，反映兩國封建禮制沒落而新秩序有待建立。新秩序不再是封建下領主與領民的關係，而是以明文法令約束執政與齊民的關係為特色。換言之，建立新秩序的需要促使兩國走向法治公開明文化的道路。

　　大約在鄭、晉鑄刑書的前後，列國也陸續走上了法治明文化的道路。可惜史料有闕，我們無法作更多的舉證。最少在戰國之初，魏文侯（西元前445-396年）的宰相李悝已有機會參考諸國法，撰著《法經》一書。《晉書・刑法志》說他「撰次諸國法」，[51]《唐律疏義》說他「集諸國刑典，造《法經》六篇」。[52] 可見他的《法經》並非憑空捏造，而是就各國刑典，加以整理比較，去蕪存菁的結果，應較諸國法完美，不言可喻。原在魏國任官，又喜刑名的衛鞅，將這樣一部法典帶到秦國，使秦變為一個法治的強國。

48　《周禮》卷三十四，司寇刑官之屬，「大司寇」條：「正月之吉，始和。布刑于邦國都鄙，乃縣（懸）刑象之灋于象魏，使萬民觀刑象，挾日而歛之」；另《周禮》卷三十五，小司寇條、士師條和卷三十六，布憲條都提到懸示法禁憲令的事。《周禮》所述或有所本，然更近於戰國以降，法家諸子所鼓吹的公布法令的思想。春秋時代雖已有平民教育，然真能識字的一般平民恐極有限。即使憲令公布，其條目似非一般小民能確切瞭解。春秋中晚期以後，平民教育漸發達，民智漸開，平民的權益不再是貴族可以任意輕重，公布成文刑書乃成必要與有意義的舉動。

49　《呂氏春秋・審應覽・離謂》。

50　錢穆，〈鄧析考〉，《先秦諸子繫年》，頁19。

51　《晉書・刑法志》。

52　《唐律疏義・名例》。今本李悝《法經》雜有晚出的名詞用語，必非原來面目。但《晉書》和《唐律疏義》說李悝曾造《法經》一事，應有所本，非向壁虛構。

約略在同一時期，齊威王有騶忌幫助他「脩法律而督姦吏」；[53] 韓昭侯則有申不害為他規劃「因能授官」、「循名責實」、「任法不任智」[54] 的強國之道；楚懷王曾使屈原「造為憲令」。[55] 湖北荊門包山楚簡的出土，使我們第一次看見了約屬西元前四世紀楚國的司法文書。[56] 湖北雲夢睡虎地秦墓出土律簡中抄錄有戰國時期魏國的〈戶律〉和〈奔命律〉，近年湖北江陵張家山西漢初二四七號墓出土的《奏讞書》簡則引錄有「異時衛法」和「異時魯法」。[57]

　　總之，最遲到戰國初期，列國君主訂定的法令辟禁已經成為治政理民最重要的依據。馬王堆所出古佚書〈經法篇〉說：「人主者……號令之所出也」[58]；《韓非子》則說：「主上有令」，「官府有法」；「令者，言最貴者也」[59]，「法者，編著之圖籍，設之於官府，而布之於百姓者也」。[60]

　　法令辟禁既為治民的依據，官吏就不能不學習。前引《管子・立政》和《周禮・地官》「鄉大夫」之職，都提到地方官吏如何集於京師，學習憲令。雲夢睡虎地秦簡裡一份由郡守發給縣、道嗇夫的訓示〈語書〉，明明白白地說良吏和惡吏的一大區別是在能否「明法律令」（圖2）。[61]

圖2 〈語書〉「凡良吏明灋（法）律令」簡局部

---

53 《史記・田敬仲完世家》。

54 《韓非子・外儲說左上》；《太平御覽》卷六十三引《申子》。

55 《史記・屈原賈生列傳》。

56 有關法律及司法部分的研究甚多，可參陳偉，《包山楚簡初探》（武漢：武漢大學出版社，1996），第五章及本文前注31。

57 《張家山漢墓竹簡〔二四七號墓〕》（北京：文物出版社，2001），頁226-227。

58 馬王堆漢墓帛書整理小組，〈長沙馬王堆漢墓出土《老子》乙本卷前古佚書釋文〉，《文物》，10（1974），頁33。

59 《韓非子・問辯》。

60 《韓非子・難四》。

61 睡虎地秦墓竹簡整理小組，《睡虎地秦墓竹簡》（北京：文物出版社，1978），頁19-20：「凡良吏明法律令，事無不能 （也）；有（又）廉絜（潔）敦愨而好佐上；以一曹事不足獨治

律令之學因而興焉。

　　律令之學和法家之學本來都是隨著春秋戰國尚法之治的出現而興起。先秦法家言帝王之術，所論以帝王掌政治國的權術或君人南面之術的原則為主。談到刑賞，主要也在討論如何以刑賞為手段，達到統治的目的。律令學則以治獄理訟之實務為主，與法家所論有層次之別。但是法家言形（刑）名和刑獄實務似不無關係。當執法者依刑法條文治罪，刑條名目如何切合罪狀之實，以得其平，實為大問題。[62] 這個問題即名實之辨，也就是形名之學，所謂「刑名者，以名責實」[63]；《莊子‧天道篇》謂：「驟而語形名賞罰」，是形名與賞罰相連，形（刑）名辨而後賞罰中。雲夢秦簡〈法律答問〉有很大一部分即在界定律文裡用字措辭的確切含義。[64] 這是依律用刑不能不分辨的。將這種名實的分辨歸納為「循名責實」的原則，擴大運用到對整個官僚組織的任用和考核，也就成為法家學問的一大成分。[65]因此，《漢書‧藝文志》以為法家出於理官，頗有道理。

　　法家之學如何超脫實務的層次，已無法詳細尋索其軌跡。概括而言，先秦法家都在指導國君施法治，力集權，行富強，以求稱霸天下。等到秦、漢一統，許多法家揭櫫的原則，如因能授官，循名責實，依法而治，號令出一都已具體實現在大一統的政府中。先秦法家的歷史任務，於焉大致完成。[66] 秦漢一統以後，雖仍有以申、韓之學為名者，究其實多言律令

（也），故有公心；有（又）能自端（也），而惡與人辨治，是以不爭書。惡吏不明法律令，不智（知）事，不廉絜（潔），毋（無）以佐上⋯⋯。」

62　子產鑄刑書，鄧析難之的故事，似即反映了名實的問題。子產刑書初頒，或尚非周密。鄧析大可鑽條文漏洞，「以非為是，以是為非」（《呂氏春秋‧離謂》）。《漢書‧藝文志》以〈鄧析〉二篇入名家，即可見鄧析所為的性質。有關形名與刑名之義，可參戴君仁，〈名家與西漢吏治〉，《臺灣大學文史哲學報》，17（1968），頁 69-85。

63　《漢書‧元帝紀》師古注引劉向《別錄》。關於形名與刑名之義可參戴君仁，〈名家與西漢吏治〉，頁 69-85。

64　睡虎地秦墓竹簡整理小組，《睡虎地秦墓竹簡》（文物出版社，1978），頁 149-243。

65　H. G. Creel, "The Fa-Chia: Legalists or Administrators?",《慶祝董作賓先生六十五歲論文集》下冊（1961），頁 607-636。

66　法家思想與秦漢行政組織的關係，蕭公權論之甚精。參 Kung-chuan Hsiao, "Legalism and

治獄而已（詳後）。因為帝國的統治繼續戰國遺規，多依法令而治；帝國的官吏不能不習法，也就不得不有律令之學。

二、以吏為師——律令傳習的主要形式

為吏須習律令，欲習律令則以吏為師。以吏為師並不是李斯的發明。《商君書》和《韓非子》已言之在先。韓非子說：「明主之國，無書簡之文，以法為教；無先王之語，以吏為師。」[67] 這話看起來似乎在陳述一種理想，實際上只是肯定已經存在的事實。最少從戰國之初，法令成為政治的依據以後，學習法令就是以吏為師的。[68] 商鞅「少好刑名之學，事魏相公叔座為中庶子」。[69] 中庶子為私臣性質。商鞅「事」魏相，一方面是為魏相服務，一方面也是跟魏相學。此乃《禮記・曲禮上》所謂的「宦學事師」。商鞅好刑名，隨公叔座學，公叔座因「知其賢」，而想薦舉他。這應該是以吏為師，師又薦弟子出仕的一個例子。秦國據說有掌管法令的官吏，負責教人法令。《商君書》說：「故聖人必為法令置官也，置吏也，為天下師。」[70] 這一段出自〈定分篇〉。〈定分篇〉非商鞅手著，但成篇不遲於秦統一天下以前。雲夢睡虎地秦簡的主人翁喜，死於秦始皇三十年，其為吏生涯大半在天下統一之前。〈定分篇〉所說「為法令置官」，「為天下師」之制應是他曾經歷過的。他的經歷以及墓中簡冊似乎反映他不但掌司

Autocracy in Traditional China",《清華學報》，4：2（1964），頁108-122。

67　《韓非子・五蠹》。

68　以吏為師的傳統淵源久遠，章學誠《文史通義・內篇五・史釋》云：「以吏為師，三代之舊法也；秦人之悖於古者，禁《詩》《書》而僅以法律為師耳。三代盛時，天下之學，無不以吏為師。《周官》三百六十，天人之學備矣；其守官舉職而不墜天工者，皆天下之師資也。東周以還，君師政教不合於一，於是人之學術，不盡出於官司之典守；秦人以吏為師，始復古制，而人乃狃於所習，轉以秦人為非耳。秦之悖於古者多矣，猶有合於古者，以吏為師也。」（頁152）陳槃庵也認為以吏為師是「古代中國一向的傳統」。參氏著，〈春秋時代的教育〉，《中央研究院歷史語言研究所集刊》，45：4（1974），頁748。

69　《史記・商君列傳》。

70　《商君書・定分》。

法，還可能兼教授法令。過去我曾經推測喜職務的性質。[71] 現在擬就前旨，再作些討論。

根據墓中所出的〈編年記〉（或稱〈葉書〉），墓主喜曾任史、令史，並曾擔任「治獄」的工作。墓中陪葬的一千餘枚竹簡，大部分是秦國的法律文書。這些文書應和墓主生前的工作有關。其中〈為吏之道〉簡應是一份教材。它教人如何做吏，說明什麼是吏的五善，什麼是吏的五失。文中有很多「戒之戒之」、「謹之謹之」、「慎之慎之」教誨人的語句。這部分竹簡書寫的方式也和其他簡篇不同。其文句分上下五欄抄寫，而最下一欄為韻文。例如：「凡戾人，表以身，民將望表以戾真，表若不正，民心將移乃難親。」[72] 文字用韻，便於記憶。秦漢字書教本如《蒼頡》、《急就》都用韻，其理相同。[73] 從這些地方看來，這篇東西雖然非一次抄就，內容出於拼湊，卻可能是用來訓練地方官吏的。還有一份原題為〈南郡守騰文書〉，後改題為〈語書〉的簡編。這是南郡郡守在秦王政二十年發給轄下縣、道嗇夫的一份文件。這份文件並未提到什麼特定的事故，主要在宣揚法治並說明良吏和惡吏的區別。這或許是以一份實際的行政文書為教材，而〈為吏之道〉則是綜合多種材料而成。這些教材在墓中出現，說明些什麼呢？

這有兩個可能：或者說明墓主是一位司法兼教法的吏，或者說明這些是墓主自己受訓時所用的教本。何者為是？現在不易確斷。不論如何，這都不妨礙我們據以瞭解秦代以吏為師的實況。據前引《商君書·定分》，秦置法官和主法之吏，以為天下師。如果「主法令之吏有遷徙物故者，則輒使學議法令所謂，為之程式，使日數而知法令之所謂。不中程，為法令以罪之。有敢剟定法令，損益一字以上，罪死不赦」。[74] 這段文字的大意

---

71 拙著，〈雲夢秦簡簡介—附：對〈為吏之道〉及墓主喜職務性質的臆測〉，《食貨》，9：4（1979），頁33-39。

72 睡虎地秦墓竹簡整理小組，《睡虎地秦墓竹簡》（北京：文物出版社，1978），頁291。

73 秦漢字書用韻，從新近發現的阜陽漢簡《蒼頡篇》可以看得很清楚。參胡平生、韓自強，〈《蒼頡篇》的初步研究〉，《文物》，2（1983），頁37-39。

74 《商君書·定分》。

是：從吏學法有一定的日程進度和優劣考評，不中程就會受罰。教授的法令不得增損；增損一字以上就會招來殺身之禍。這是一段記載秦代法吏訓練難得的材料。

又根據秦簡，學法令者的身分或稱為「弟子」；學習的地方或稱之為「學室」。秦簡〈除弟子律〉謂：

> 當除弟子籍不得，置任不審，皆耐為侯（候）。使其弟子贏律，及治（笞）之，貲一甲；決革，二甲。[75]

秦墓竹簡的注釋者認為這是「關於任用弟子法律。按秦以吏為師，本條是關於吏的弟子的規定」。[76] 這個說法應可信。古來師有弟子，弟子有名籍曰弟子籍，《淮南子·道應》：「公孫龍曰：『與之弟子之籍』」。《史記·仲尼弟子列傳》，太史公曰：「學者多稱七十子之徒……弟子籍出孔氏古文，近是。」秦律裡的弟子籍應是同類的東西。弟子不但隨師學習，也要供師役使，服侍業師。《韓非子·五蠹》說為仲尼「天下聖人也……海內說其仁，美其義，而為服役者七十人」。根據《論語》的記載，樊遲、冉有和子路都曾為孔子駕過車。[77]〈鄉黨〉篇描述孔子的私生活，則為弟子服侍左右所見的記錄。《墨子·備梯》說禽滑釐「事子墨子三年，手足胼胝，面目黧黑，役身給使，不敢問欲」。弟子服侍業師最詳細的記載見於《管子·弟子職》和《呂氏春秋·尊師》。〈弟子職〉有人認為可能是齊國稷下學宮的學則。[78] 學則中對弟子一天從早到晚，如何侍候先生起床、進食、就寢、打掃屋室等都有詳細的描寫：

> 先生施教，弟子是則……少者之事，夜寐蚤作。既拚（維遹按：「拚」即「坌」之或體字，《說文》：「坌，掃除也」）盥漱，汜拚正席（王筠云：汜拚者，灑掃也），執事有恪，攝衣共盥（謂供先生之盥器也）……至於食時，先生將食，弟子饌

---

75 《睡虎地秦墓竹簡》，頁 131。張金光先生亦曾詳考學室之制，參所著，《秦制研究》（上海：上海古籍出版社，2004），頁 709-742。

76 《睡虎地秦墓竹簡》，頁 131。

77 分見《論語》〈為政〉、〈子路〉和〈微子〉篇。

78 郭沫若、聞一多、許維遹，《管子集校》（東京：東豐書店），頁 956。

饋，攝衽盥漱，跪坐而饋，置醬錯食，陳膳毋悖……先生已食，弟子乃徹。趨走進漱，拚前斂祭（洪亮吉云：古者每食必祭，斂祭者，斂攝所祭，不使人得踐履，所以廣敬），先生有命，弟子乃食。……凡拚之道，實水于盤，攘臂袂及肘，堂上則播灑，室中握手，執箕膺揲，厥中有帚……昏將舉火，執燭隅坐……先生將息，弟子皆起，敬奉枕席……先生既息，各就其友，相切相磋，各長其儀（沫若按：「儀」當為「義」），周則復始，是謂弟子之紀。[79]

《呂氏春秋・尊師》：

生則謹養，謹養之道，養心為貴。死則敬祭，敬祭之術，時節為務。此所以尊師也。治唐圃，疾灌寖，務種樹，織葩屨，結置網，捆蒲葦，之田野，力耕耘，事五穀，如山林，入川澤，取魚鱉，求鳥獸，此所以尊師也。視輿馬，慎駕御，適衣服，務輕煖，臨飲食，必蠲絜。善調和，務甘肥，必恭敬，和顏色，審辭令，疾趨翔，必嚴肅，此所以尊師也。

從〈弟子職〉和〈尊師〉看來，弟子服侍業師，衣、食、住、行無不在內，實與奴僕無異。[80]

　　或許因為有些老師過度使役弟子，秦律竟對役使弟子有所規定。如果使喚弟子超過法律的規定，又笞打弟子，要罰一甲；造成皮肉之傷，就要罰兩甲。老師還不可以不當地開除弟子，或對弟子作不當的保舉；如有不當，將被耐為候。秦代學吏的弟子不但有相當的保障，可能還享有徭役上的特權。秦律：「縣毋敢包卒為弟子；尉貲二甲，免；令，二甲」。[81] 縣令和縣尉不可以將兵卒包藏為弟子，以逃避兵役。如果這樣，縣令要罰二甲，縣尉除了罰二甲，還會丟官。漢武帝置博士弟子五十人，復其身。[82] 文翁於蜀郡置學官，有學官弟子，「為除更繇」。[83] 看來漢代弟子除復之

79　同上，頁 956-972；又戴望校，《管子・弟子職》，頁 26-27。

80　參裘錫圭，〈戰國時代社會性質試探〉，《古代文史研究新探》（南京：江蘇古籍出版社，1992），頁 402-407。

81　《睡虎地秦墓竹簡》，頁 131。

82　《史記・儒林傳》。

83　《漢書・循吏傳》。

制，應淵源於秦。

弟子學習的場所或稱之為學室。秦律〈內史雜〉有一條說：

令敢史毋從事官府。非史子殹（也），毋敢學學室，犯令者有罪。[84]

學室大概類似學校，但不是一般的學校，因為只有史之子才能入學。2015
年新刊布的嶽麓書院藏秦簡更進一步提到史子入學室似須在傅籍以後。[85]
古代職業尚世襲，所謂「士之子恆為士」、「農之子恆為農」，[86]「民不遷，
農不移，工賈不變」。[87] 學室只有史之子才可入學，似與這個傳統有關。當
然秦代為吏不一定皆是史之子，學習的地點也不一定全為學室。叔孫通為
秦博士，有弟子百餘人，他們的身分背景如何，如何隨叔孫通學習，可惜
都難以知道了。

做吏第一步須先能識字，即學書。[88]《說文‧序》引漢「尉律」：「學
僮十七已上，始試。諷籀書九千字，乃得為史。」[89] 第二步才學習計算和
律令文書。漢吏功令裡每將「能書、會計、頗知律令」三事連為一體。[90]
這些是做吏的基本條件。秦代吏的養成有學室，學室所授或許就是這些。

提到史子學於學室的秦律是〈內史雜律〉的一條。嶽麓書院藏秦簡則
提到「中縣史學童」（簡 1807 正）須參加考試。從嶽麓簡已刊布的資料可知
中縣應指內史的轄區。《漢書‧百官公卿表》謂：「內史，周官，秦因之，

84　《睡虎地秦墓竹簡》，頁 106-107。

85　陳松長主編，《嶽麓書院藏秦簡（肆）》（上海：上海辭書出版社，2015），簡 1236 正-158 正，
　　頁 120《繇律》：「載粟乃發敖童年十五歲以上，史子未傅先覺（學）覺（學）室，令與粟
　　事」。「未傅」指尚未傅籍，「先學室」應指史子其尚未進入學室者，則要接受徵調去載粟。
　　換言之，入學室就學，似應在傅籍以後。

86　《國語‧齊語》。

87　《左傳》昭公二十六年。

88　勞榦，〈史記項羽本紀中學書和學劍的解釋〉，《中央研究院歷史語言研究所集刊》，30 本下
　　冊（1959），頁 499-510。

89　段玉裁，《說文解字注》卷十五上，頁 11 下。現在另有張家山《二年律令‧史律》可參，言
　　者已多，不贅。

90　參本文前注 4。

掌治京師。」[91] 學室屬京師內史所轄，是不是意味京師才有學室、學童呢？或是郡、縣都有學室？這個問題一時還無法確實回答。

不過，從前引「縣毋敢包卒為弟子」一條看來，秦縣有弟子，即可能有學室。又由《二年律令・史律》可知漢初郡有郡史學童，學童皆史之子。郡以下的縣似乎也有。《居延新簡》EPT59.58 曾提到「縣校弟子」（圖3），此簡時代不明，應在西漢中晚期至東漢初之間。湖南益陽兔子山西漢晚期益陽縣衙遺址水井出土簡上出現「益陽學童」（圖4）。換言之，從西漢到東漢初期，除了開放給平民俊秀的太學和地方郡國學，承秦之舊，地方郡縣似仍有專供吏之子弟學為吏的學室。各郡各縣是否都有，則恐未必。因為東漢建武初，任延為武威太守，曾特別「造立校官（李賢注：「校，學也。」），自掾史子孫皆令詣學受業，復其徭役，章句既通，悉顯拔榮進之」。（《後漢書・循吏傳》任延條）從這一條看，在任延掌武威太守以前，武威郡原本似乎並沒有這類學校。任延為掾史子孫立校官，明顯師法古制，

圖3　EPT59.58 局部　　圖4　「益陽學童」簡　　圖5　校官碑拓本
　　　　　　　　　　　　　局部　張春龍提供　　　「構修學官」

91　有關秦內史的研究，可參于豪亮，〈雲夢秦簡所見職官述略〉，《文史》，8（1980），頁 5-7。

或因不同於當時，故而特見於史傳。又南宋時在今江蘇高淳縣發現東漢溧陽長潘乾校官碑，碑中記載他在靈帝光和中任溧陽縣長時，曾「構修學官」（圖 5）。學官內容如何，所謂構修是指維修既有的學官或新建創設，不得而知，疑應與任延所置類似。

　　雲夢秦墓裡〈法律答問〉簡的性質也有必要在這裡作些檢討。不少學者以為是律說，我懷疑這是墓主向「主法之吏」問法，或是他人向墓主問法的紀錄。[92] 秦有所謂主法之吏，《商君書‧定分篇》說：「聖人為法……為置法官，置主法之吏，以為天下師，令萬民無陷於險危。」同篇還說：

> 諸官吏及民有問法令之所謂也，於主法令之吏，皆各以其故所欲問之法令明告之。各為尺六寸之符，明書年月日時，所問法令之名，以告吏民；主法令之吏不告，及之罪，而法令之所謂也，皆以吏民所問法令之罪，各罪主法令之吏。即以左券予吏之問法令者，主法令之吏謹藏其右券木柙，以室藏之，封以法令之長印。及復有物故，以券書從事。

這一段說的很清楚，主法令的吏必須回答官吏與百姓的詢問，並將答問作成記錄。記錄像符一樣有左券、右券。左券交給詢問者，右券由主法吏保存。符長一尺六寸。雲夢竹簡〈法律問答〉的部分長約 22 至 23 公分，相當於秦尺一尺左右，沒有左右券，與〈定分〉所說並不相合。又〈定分〉說「明書年月日時」、「封以法令之長印」。現在所見的竹簡，出土時已散亂，不見封印，也不見日期注記。因此，並不能肯定〈法律問答〉簡就是〈定分〉所說的左券或右券。不過〈定分〉所述可能是某一時期的定制，實際上不可能全無出入。例如前引同篇所說「損益一字以上，罪死不赦」，很難想像在用手抄寫的時代，這種規定可以完全實行。根據〈定分〉，私意以為秦代看來應有將法律問答作成記錄的制度，而今所見的〈法律答問〉簡不無可能是這類遺存。

92　大庭脩 1977 年提出以為是「律說」，李學勤先生意見相同。參大庭脩，〈雲夢出土竹書秦律的研究〉，原刊《關西大學文學論集》27 卷 1 號，中譯見《簡牘研究譯叢》第 2 輯（北京：中國社會科學出版社，1987），頁 427。李學勤，〈論銀雀山守法、守令〉，《文物》，9（1989），頁 9-37。按：視為律說也有可取之處。此處姑存一己舊說，以誌當年想法。

另一個旁證是法律答問的形式和用語，在漢代還有痕跡可尋，而漢代的法律答問就產生在法律諮詢的場合。《漢書‧董仲舒傳》謂：

> 仲舒在家，朝廷如有大議，使使者及廷尉張湯就其家而問之，其對皆有明法。

所謂大議，最少有一部分是指大的疑獄，故由掌獄的廷尉出面請教。仲舒通經，亦擅律令。《漢書‧循吏傳》說他「通於世務，明習文法」，故「其對皆有明法」。這樣的諮詢不知有多少，但據說董仲舒編輯起來的有二百三十二事，也就是《漢書‧藝文志》所載的《公羊董仲舒治獄》十六篇。這十六篇已佚，只有數條尚存。[93] 這幾條形式皆同，僅舉一例，以概其餘：

> 時有疑獄曰：甲無子，拾道旁棄兒乙，養之以為子。及乙長，有罪殺人，以狀語甲，甲藏匿乙。甲當何論？仲舒斷曰：甲無子，振活養乙，雖非所生，誰與易之。《詩》云：螟蛉有子，蜾蠃負之。《春秋》之義，父為子隱，甲宜匿乙。詔：不當坐。[94]

董仲舒治獄記錄（1）採取答問，（2）以甲、乙擬設案情的形式以及（3）「何論」的用語，和秦簡〈法律答問〉的習慣可說十分相似。所不同者，不過是他以《春秋》斷獄，引用經義而已。倘使〈法律答問〉簡是法律諮詢的記錄，接著不禁要問：這些簡是墓主詢問主法之吏的結果？還是他本人就是主法之吏，備他人諮詢而留下這些諮詢問答的記錄？這個問題已無法肯定回答。不過，私意以為前者的可能性為大。〈法律答問〉簡的內容十分零碎，並無系統，不像是主法之吏藏有的記錄，而像是墓主隨治獄需要，有疑義則隨問隨記的結果。其次，如果墓主是主法之吏，大概也不能將與公務有關的記錄陪葬吧。無論如何，這都為秦代「欲有學法令，以吏為師」的實況提供了消息。

93　董仲舒《春秋斷獄》有〈玉函山房輯本〉一卷，共輯七條。其中兩條明言董仲舒；另四條明引「董仲舒春秋決獄」，蓋確為董氏所作。另有一條但稱《公羊》說，未明言董仲舒，果否為《決獄》之文，無它可證。參沈家本，《漢律摭遺》卷廿二，頁4上-6下。

94　沈家本，《漢律摭遺》卷廿二，頁4上。

秦代以吏為師的例子見於記載的很少。《史記‧賈誼傳》提到孝文帝時，河南守吳公治平為天下第一，「故與李斯同邑而常學事焉，乃徵為廷尉」。廷尉掌刑獄，可見吳公明習刑獄。他從李斯所學也應是治獄律令之事。這可以算是一個以吏為師的例子。秦二世胡亥從中車府令趙高習「獄律令法事」，[95] 也是以吏為師。或許以吏為師只是當時很普遍的事，除非有特殊的原因，否則就很難在史籍中留下一筆。

總之，秦代學法令，以吏為師，並不始於李斯的建議。這是一個相沿已久的習慣。那麼，他為什麼還要特別提出來呢？主要的原因是戰國以來，諸子並興，各逞異說以取合諸侯。諸子無論刑名、儒、墨，皆有弟子。弟子隨師仕宦，吏道為之駁雜。按照法家的看法，法令是國家唯一的標準，也是官吏唯一應該學習和遵照的。《慎子》說：「故有道之國，法立則私議不行，君立則賢者不尊。民一於君，事斷於法，是國之大道也」。[96] 李斯根據同一理路，認為「今天下已定，法令出一。百姓當家則力農工，士則學習法令辟禁。今諸生不師今而學古，以非當世，惑亂黔首」。[97]「不一」是不能不改革的事。李斯之議在始皇三十四年，雲夢墓主喜死於始皇三十年。其墓所出竹簡充分反映了李斯建議以前，思想上黑白不別，一尊未定的情況。〈為吏之道〉簡編則充滿儒、道兩家思想的色彩，[98] 這在李斯看來屬於虛言亂實，道古害今，應該嚴加禁止。這些簡出現在秦國小吏的墓中，不論它們是墓主教人或受訓的教材，都說明了李斯奏議的背景。於是他強調天下統一，應該以吏為師，而所應習唯有法令辟禁而已。

95　《史記‧秦始皇本紀》。

96　《慎子》逸文，《太平御覽》卷六三八引。

97　《史記‧秦始皇本紀》。

98　拙著，〈雲夢秦簡簡介——附：對〈為吏之道〉及墓主喜職務性質的臆測〉，頁 34-35。

三、小結

綜上所述,先秦法家與律令之學都是春秋戰國之際,社會、經濟變動和集權官僚政治形成過程中的產物。集權官僚制是繼封建制崩潰而起的新的政治形式,其目的在建立新的政治、社會、經濟和思想道德秩序。秩序的維繫不再依賴封建禮制下的宗法,而是公開明文的法律。法律的對象不再是封建領民,而是國君與官僚治下的編戶齊民。先秦法家是新秩序的建構、催生和辯護者。他們也從經驗中歸納出治國理民的原則,指導集權官僚政治進一步的發展。律令之學則是法制運作中的實務之學,以理訟治獄為主要內容。依法令治民的新官僚不能不曉習律令辟禁,而曉習的途徑則在以吏為師。

「以吏為師」之淵源久遠,並不始於李斯的建議。秦統一天下以前,從吏學法的梗概,可據雲夢睡虎地秦簡、嶽麓書院藏秦簡和《商君書》等,依稀得之。大體而言,秦代吏的子弟有機會入學室為弟子,從吏學書、學算、學律令文書。學習有教本,有進程和考核,不中程有罰則。弟子以吏為師,師不能任意役使弟子或橫加笞打。由於弟子是國家未來的公務員,他們或許還享有某些徭役上的特權。秦代可能還有所謂主法令之吏。一般人有法律疑義可以向他們請教。主法吏必須回答,也必須作成記錄,這可以說是一般人的「以吏為師」。如果〈為吏之道〉是一種教材,這樣的教材迄今已發現了多件,內容頗有相通相似的地方。[99] 以睡虎地〈為吏之道〉來說,其思想糅雜儒道,恰恰反映了李斯議焚書以前,思想未定於一尊的情況。李斯主張「若欲學法令以吏為師」的用意,即在企圖化律令辟禁為士人唯一可以學習的東西。它的主張雖然沒有完全成功,但是在漢代政治中卻留下了深刻的烙印。

---

99 目前已知相類的資料除了睡虎地秦簡,另有 1993 年湖北江陵王家臺十五號墓出土秦簡《政事之常》、嶽麓書院藏秦簡《為吏治官及黔首》。前者內容相似,但功用應有不同,參胡平生,《長江流域出土簡牘與研究》(武漢:湖北教育出版社,2004),頁 283-286;後者參陳松長主編,《嶽麓書院藏秦簡(壹)》(上海:上海辭書出版社,2010)。

三 漢代的律令學

一、漢代律令學的背景

（1）刑德相養——黃老與儒家對律令刑法的看法

秦漢大一統政治組織的建立，可以說是封建舊制解體以後，戰國中央集權官僚政制更進一步的發展。這種新制的發展，不能完全歸因於某一人或某一派的政治學說。不過，以申、商、韓非為代表的法家，無疑應居於主導的地位。新制的精神在於肯定君主是統治權力唯一的來源，君主的旨意以詔書、法、律、令等等為形式，透過分層專責的官僚，下及於編戶齊民，所謂：「生法者，君也；守法者，臣也；法於法者，民也」。[100] 理論上，法是一切政治運作的依據。擁護這種制度最力的是法家。李斯以一法家的後勁，參與秦帝國的創建，使許多法家的主張都落實在現實的國家機器之中。

這樣的一部機器一旦建立，依法而治的原則有了慣性，即難以動搖。戰國末期，當以法治為核心的集權官僚制逐漸成熟的時候，不論是道家或儒家都不能不放棄反法的傳統，紛紛在自己的思想系統中為法安排一個適當的位子。這樣作的，荀子是儒家主要的代表，而馬王堆墓所出《伊尹・九主》以及《老子》卷前古佚書，則可為道家的代表。儒、法和道、法的折衷調和是在戰國末到漢代，政治思想發展上一個主要的特色。單純的申、韓之學在進入漢初以後，雖然沒有戛然而止，但的確是逐漸沒落了。漢初治申、商、韓非的有賈誼、鼂錯、韓安國等人。武帝建元元年詔舉賢良方正直言極諫之士，丞相衛綰奏言：「所舉賢良，或治申、商、韓非、蘇秦、張儀之言，亂國政，請皆罷。」[101] 可見到武帝初，法家之學仍然傳而不絕。然而，其學被扣上「亂國政」的罪名，世變之亟，也就可見。

漢代人常將申、韓之學化約為嚴刑峻法的代名詞，並且與嚴酷的秦政

---

100 《管子・任法》。
101 《漢書・武帝紀》。

相提並論。他們反秦酷政，連帶也就反對申、商、韓非。董仲舒說：「至秦則不然，師申、商之法，行韓非之說，憎帝王之道，以貪狼為俗」；[102]《鹽鐵論》謂：「商鞅以重刑峭法為秦國基，故二世而奪」；[103] 劉向說：「秦孝公欲用衛鞅之言，更為嚴刑峻法」。[104] 申、韓在漢人眼中，直如蛇蠍。揚雄甚至以為「申、韓之術，不仁之至矣」。[105] 故劉陶作《反韓非》，[106] 王充《論衡》有〈非韓〉，[107] 馮衍作賦，大言「燔商鞅之法術兮，燒韓非之說論」！[108] 在這樣的空氣下，終兩漢竟少有從正面論述申、韓之學的。[109] 若干號稱好「申、韓法」、「韓非之術」或「申、韓之學」的，如樊曄、周紆、陽球，不過是一群「刻削少恩」、「（為）政嚴猛」、「專任刑法」、「嚴苛過理」的酷吏罷了。[110]

　　漢人有鑑於秦政，諱言申、韓，但骨子裡並不反對刑名法術。申、韓之說頗藉黃、老而繼續存在。漢初黃老之學盛行，黃指黃帝，老指老子。黃老皆言帝王治術。馬王堆所出黃老帛書即大談刑名法術。帛書《經法・道法》開宗明義第一句即說；「道生法」（圖6）；又《經法・君正》謂：「法度者，政之至也」[111]，《經法・名理》「是非有分，

圖6 《道法》1上，「道生法」

---

102 《漢書・董仲舒傳》。

103 《鹽鐵論・非鞅》。

104 《新序》卷九。

105 《法言》卷三。

106 《後漢書・劉陶傳》。

107 《論衡・非韓》，頁1上-10下。

108 《後漢書・馮衍傳》。

109 《漢書・藝文志》列法家十家，其中可確知為漢代著作的僅《鼂錯》三十一篇。雜家有博士臣賢對〈漢世難韓子商君〉。清侯康撰《補後漢書藝文志》卷四，法家類僅有崔寔《政論》六卷和劉陶的《反韓非》。顧懷三《補後漢書藝文志》收錄較廣，其卷八〈諸子類〉中亦不見漢代有關申、韓之作。

110 《後漢書・酷吏傳》。

111 馬王堆漢墓帛書整理小組，〈長沙馬王堆漢墓出土《老子》乙本卷前古佚書釋文〉，《文物》，10（1974），頁31；又見裘錫圭主編，《長沙馬王堆漢墓簡帛集成（肆）》（以下簡稱《集成

以法斷之；虛靜謹聽，以法為符」[112]；《稱》謂：「案法而治則不亂」[113]；又主張「循名究理」[114]、「審名察形」。[115]《稱》以為法治最高的境界在於「大（太）上無刑」[116]；《十六經》則說：「事恆自亘（施），是我無為」。[117]在這一點上，帛書所言與《老子》合轍。《伊尹·九主》說：「主分：以無職並聽有職，主分也」，「得道之君，邦出乎一道，制命在主」，「故法君為官求人，弗自求也」，「佐者無扁（遍）職，有守分也」，「故法君之邦若無人，非無人也，皆居丌（其）職也」。[118]這些話也反映出濃厚法道合流的色彩。漢初君臣好黃老，究其實乃好有法術刑名之實，而無申韓之名的東西。《史記·外戚世家》說：「竇太后好黃帝、老子言，帝及太子、諸竇不得不讀黃帝、老子，尊其術。」前引帛書出自漢初侯王之墓，實非偶然。[119]司馬遷說：「孝文帝本好刑名之言」，[120]應劭則說：「文帝本修黃老之言」。[121]黃老與刑名一表一裡的關係，於此可見。而太史公《史記》將老子與申、韓合傳也就不難理解。大體而言，漢初黃老和武帝以後的儒術類似，常常只是法術刑名政治的緣飾而已。

　　漢初黃老兼攝法家治術，繼黃老而興的儒學又如何看待法治呢？概略

（肆）》）（北京：中華書局，2015），頁 127、132。

112 同上，頁 35；又見，《集成（肆）》，頁 147。

113 同上，頁 40；又見，《集成（肆）》，頁 176。

114 同上，頁 35；又見，《集成（肆）》，頁 147。

115 同上，頁 40；又見，《集成（肆）》，頁 172。

116 同上，頁 41；又見，《集成（肆）》，頁 186。

117 同上，頁 40；又見，《集成（肆）》，頁 172。

118 凌襄，〈試論馬王堆漢墓帛書《伊尹·九主》〉，《文物》，11（1974），頁 21-27；又見《集成（肆）》，頁 97-98。關於漢初黃老與法家結合的內涵與意義，參余英時，〈反智論與中國政治傳統〉，收入《歷史與思想》（臺北：聯經出版公司，1977 三版），頁 10-20。

119 前引帛書出自馬王堆三號墓。對三號墓主身分，學者間意見並不一致，但毫無疑問是漢初的列侯或諸侯王。參傅舉有，〈關於長沙馬王堆三號漢墓的墓主問題〉，《考古》，2（1983），頁 165-172。

120 《史記·儒林傳》。

121 《風俗通義校注·正失》。

地說，漢儒大多繼續荀子的態度，不再像孔子那樣反對刑法。[122] 他們雖然主張以禮樂教化為主，但是承認刑法與禮樂各有作用，可以相輔相成，都是治國必要的工具。荀子說：

> 禮義法度者，是聖人之所生也。
>
> 故古者聖人以人之性惡……故為之立君上之埶以臨之，明禮義以化之，起法正以治之，重刑罰以禁之，使天下皆出於治，合於善也。
>
> 治之經，禮與刑，君子以修百姓寧；明德慎罰，國家既治四海平。[123]

荀子視禮義法度皆為聖人所生，又都是天下善治的工具。這個看法和秦、漢時期的儒者前後一貫。成書於戰國中期至漢初的《禮記》說：

> 禮以道其志，樂以和其聲，政以一其行，刑以防其姦；禮樂刑政，其極一也。禮節民心，樂和民聲，政以行之，刑以防之；禮樂刑政，四達而不悖，則王道備矣。[124]

《大戴禮記》也說：

> 德法者，御民之銜勒也。吏者，轡也；刑者，筴也。天子，御者；內史、太史，左右手也。古者以法為銜勒，以官為轡，以刑為筴，以人為手，故御數百年而不懈惰。[125]

《禮記》、《大戴禮記》與荀子所說義蘊一致。又漢初賈誼對禮、法功用的認識很可以代表漢儒的通見。他說：

> 夫禮者，禁於將然之前；而法者，禁於已然之後，是故法之所用易見，而禮之所為生難知也。若夫慶賞以勸善，刑罰以懲惡，先王執此之政，堅如金石，行此之令，信如四時，據此之公，無私如天地耳。[126]

---

122 孔子是否一味反對刑罰，在漢人眼中也不盡然。《史記‧孔子世家》說：「孔子在位，聽訟文辭有可與人共者，弗獨有也。」瀧川資言《史記會注考證》引《春秋繁露‧五行相生》：「孔子為魯司寇，斷獄屯屯與眾共之，不敢自專。」

123 《荀子集解》卷下。

124 《禮記正義‧樂記》。

125 《大戴禮記‧盛德》。

126 《漢書‧賈誼傳》。

賈誼的話為太史公引用，也全見於《大戴禮記》。[127] 大抵而言，在漢儒眼中，刑法只有禁於已然之後的消極作用。不過為了維持社會秩序，刑法和有防患於未然之效的禮樂教化，皆有其用，缺一不可。《淮南子》說：「治之所以為本者，仁義也；所以為末者，法度也」，「法之生也，以輔仁義」。[128] 劉向則說：「教化所持以為治也，刑法所以助治也」[129]；「治國有二機，刑、德是也。王者尚其德而希其刑，霸者刑德并湊，強國先其刑而后德。夫刑、德者，化之所由興也。德者，養善而進闕者也；刑者，懲惡而禁后者也」。[130] 東漢《白虎通》繼續同樣的觀點，謂：「聖人治天下，必有刑罰何？所以佐德助治，順天之度也。故懸爵賞者，示有勸也；設刑罰者，明有所懼也。」[131] 王充在《論衡・效力》裡說：「故叔孫通定儀，而高祖以尊；蕭何造律，而漢室以寧。案儀、律之功，重於野戰。」以上都是從治術一層，承認刑法或刑律有輔助禮樂德治的作用。

　　漢儒更從較高的層次上，肯定刑法的地位。《鹽鐵論・詔聖》文學曰：「春夏生長，聖人象而為令，秋冬殺藏，聖人則而為法。故令者，教也，所以導民人；法者，刑罰也，所以禁強暴也。二者治亂之具，存亡之效也，在上所任。」這是從四時生殺肯定教令刑罰皆為治亂之具。更重要的是董仲舒以陰陽比附刑德。他認為「陽為德，陰為刑」。[132] 雖然他傾向德治，以為「天之好仁而近，惡戾之變而遠，大德而小刑之意也」。[133] 但是在他「獨陰不生，獨陽不生」[134] 的思想結構裡，陰陽實相輔相成，刑德也就相互為用，不可或缺。

　　以陰陽比附刑德不始於董仲舒，也不僅他一人這樣說。馬王堆所出漢

127　《大戴禮記・禮察》；《漢書・司馬遷傳》。

128　《淮南子・泰族訓》。

129　《漢書・禮樂志》。

130　《說苑・政理》。

131　《白虎通德論・五刑》。

132　《漢書・董仲舒傳》

133　《春秋繁露・陽尊陰卑》。

134　《春秋繁露・順命》。

初帛書《十六經‧姓爭》已經將刑德與陰陽比附：

> 天德皇皇，非刑不行。繆（穆）繆（穆）天刑，非德必頃
> （傾）。刑德相養（圖7），逆順若成。刑晦而德明，刑陰
> 而德陽，刑微而德章。[135]

以刑德與陰陽、四時等並稱，更可以推到秦漢以前。[136]
可是董仲舒在漢代為「儒者宗」。他的說法有絕大的勢
力，也確立了刑法在漢儒政治思想體系中的地位。東漢大
儒馬融即說：「臣聞立天之道曰陰與陽，立地之道曰柔與
剛。夫陰陽剛柔，天地所以立也，取仁於陽，資義於陰，
柔以施德，剛以行刑，各順時月，以原群生。」（《後漢紀‧
順帝紀》）他的話可以說承襲了長期以來刑德相養的哲學。

圖7　《十六經‧姓爭》32上，「刑德相養」。

（2）霸、王道雜之──皇帝對律令刑法的看法

　　漢儒肯定刑法，漢代的皇帝也多重刑名法律。漢初君臣如劉邦、蕭何
本皆秦吏。在秦代尚法治的環境下，他們所認識的治民工具就是刑法律
令。劉邦入關中，第一件事即在除秦苛法，更與父老約法三章；蕭何則取
「丞相御史律令圖書」。[137] 帝國甫建，蕭何又忙著攗摭秦法，作律九章。因
為他們除了知道依律令而治，並沒有其他的途徑可以因循。文、景尚黃
老，好刑名，已如前述。文帝甚至請了一位治刑名之學的張歐侍奉太
子。[138] 其後景帝「不任儒者」不是沒有緣故的。

　　武帝尊儒是中國政治史上的一件大事。然而從武帝任用張湯、桑弘羊

---

135 馬王堆漢墓帛書整理小組，〈長沙馬王堆漢墓出土《老子》乙本卷前古佚書釋文〉，《文物》，
　　10（1974），頁37-38；又見《集成（肆）》，頁161-162。原帛漏書「養」字，經補寫在「相」
　　字下方，字體和墨色都有不同，參《集成（肆）》，頁162注六。

136 關於刑德問題見於先秦古籍以及漢代讖緯書者，參陳槃庵，〈古讖緯書錄解題〉，《尚書》，
　　「刑德放」條，頁109-113。

137 《史記‧蕭相國世家》。

138 《漢書‧張歐傳》。

諸人為輔弼，遣派董仲舒出京師，遠赴江都國為相等事看來，武帝實際上是陽儒而陰法。[139] 武帝以後，宣帝亦以尚法著名。《漢書・蕭望之傳》謂：

> 初，宣帝不甚從儒術，任用法律，而中書宦官用事。中書令弘恭、石顯久典樞機，明習文法，亦與車騎將軍高為表裡，論議常獨持故事，不從望之等。

蕭望之嘗薦明於經學的匡衡和張禹，宣帝皆不用。[140] 王吉批評宣帝任法不任儒，宣帝不納。王吉掛冠病免。[141] 蓋寬饒斥責宣帝時的政治是「聖道寖廢，儒術不行，以刑餘為周、召，以法律為《詩》、《書》」。[142] 宣帝的好法卑儒，莫明於與太子之間的這一段對話：

> 孝元皇帝，宣帝太子也……柔仁好儒。見宣帝所用多文法吏，以刑名繩下。大臣楊惲、蓋寬饒等坐刺譏辭語為罪而誅，嘗侍燕從容言：「陛下持刑太深，宜用儒生。」宣帝作色曰：「漢家自有制度，本以霸、王道雜之，奈何純任德教，用周政乎！且俗儒不達時宜，好是古非今，使人眩於名實，不知所守，何足委任。」乃歎曰：「亂我家者，太子也！」繇是疏太子而愛淮陽王，曰：「淮陽王明察好法，宜為吾子。」[143]

宣帝不喜好儒學的太子，因其出於糟糠之妻，不忍廢。太子遂即帝位為元帝。元帝以後，儒生逐漸抬頭。可是漢政尚法已成堅定難移的傳統。元帝時，黃門令史游作《急就》，其中有三章數十句與治獄訴訟有關，通篇於經書大義，反無一語及之。[144] 成帝時，儒者以為時政仍然偏於用法。劉向說成帝曰：「教化所恃以為治也，刑法所以助治也，今廢所恃而獨立其所

---

139 參《漢書》，〈公孫弘傳〉、〈兒寬傳〉、〈張湯傳〉。

140 《漢書》，〈匡衡傳〉、〈張禹傳〉。

141 《漢書・禮樂志》。

142 《漢書・蓋寬饒傳》。

143 《漢書・元帝紀》；另參〈宣元六王傳〉：「憲王壯大，好經書法律，聰達有材，帝甚愛之。太子寬仁，喜儒術。上數嗟嘆憲王曰：『真我子也！』」

144 《急就》篇在第二十六章提到《孝經》、《春秋》、《尚書》、《禮經》之名，但於經義一無涉及。《急就》篇內容所反映對治獄刑律的重視，可參沈元，〈急就篇研究〉，《歷史研究》，3（1962），頁 65-66。

助，非所以致太平也。」[145] 成帝本人除了好詩書，「尤善漢家法度故事」。[146]
由於成帝看重律令，因立「好文辭法律」的定陶王為太子，也就是後來的
哀帝。[147] 當時的皇帝不但好法律，大儒揚雄甚至認為「人君不可不學律
令」。[148]

　　可見西漢自高祖以迄哀帝，雖然漸重儒術，大體上天子仍重法律，而
成一個霸、王道雜之的局面。霸道用律，王道用經。經義與律令乃構成漢
代政治的兩大依據。

　　東京以降，於此不能稍改。光武尚儒，明帝「遵奉建武制度，無敢違
者」，但他又察察為明，「善刑理，法令分明。日晏坐朝，幽枉必達……斷
獄得情，號居前代十二。故後之言事者，莫不先建武、永平之政。」（《後
漢書・明帝紀》論曰）所謂「莫不先建武、永平之政」，即可見其時理政治
國，仍兼用儒法。傅玄《古今畫贊》從儒家立場曾痛批明帝：「仗法任
刑」，「察下以情，未弘道治，用致太平，專信俗儒，非禮之經。」[149] 和帝
時，尚書張敏奏言：

　　伏見孔子垂經典，皋陶造法律，原其本意，皆欲禁民為非也……夫春生秋

　　殺，天道之常……王者承天地，順四時，法聖人，從經、律。[150]

順帝時，胡廣上疏謂：

　　漢承周、秦，兼覽殷、夏，祖德師經，參雜霸軌。[151]

從張敏和胡廣的言論可以知道兩漢治道兼雜王霸的精神是一貫的。獻帝建
安十八年策曹操為魏國公，曰：「以君經緯禮、律，為民軌儀。」[152] 從胡

---

145 《漢書・禮樂志》。

146 《風俗通義校注・正失》。

147 《漢書・哀帝紀》。

148 《法言・先知》。

149 嚴可均輯，《全上古三代秦漢三國六朝文》（臺北：中文出版社，1981），〈全晉文〉卷四十六
　　錄《藝文類聚》卷十二，頁1724。

150 《漢書・張敏傳》。

151 《後漢書・胡廣傳》。

152 周天游校注本，《後漢紀・獻帝紀》（天津：天津古籍出版社，1987）卷三十，頁851。

廣所說「祖德師經，參雜霸軌」，張敏所說「從經、律」和獻帝策說「經緯禮、律」，置「經」或「禮」於「律」之前，對比宣帝所說漢家制度「以霸、王道雜之」，置「霸道」於「王道」之前，即可看出不同時代的漢代君臣對德禮、律令的主輔先後意見似乎已有微妙的變化。

(3)明習律令——仕宦的一個條件

然而兩漢君臣，不論在思想上尚黃老或崇儒術，大致都肯定律令刑罰是治民必要的手段；在現實政治中，經術與律令亦一體並用。如此，官吏除了明經，也不能不明律令。

漢有官有吏。吏更分文、武。文吏主治獄賦役，武吏職在禁姦捕盜。《漢書‧朱博傳》謂：「博本武吏，不更文法」，[153] 似乎武吏可不通文法律令。實則武吏捕盜禁姦，如何能不知法令辟禁？或許不如文吏專精罷了。朱博能以武吏遷為職典決疑的廷尉，就證明他並不是真的不更文法。[154] 又從漢代殘留的功令簡看來，漢代邊塞武吏身分的隧長、候長，幾乎沒有不是「頗知律令」的。茲舉居延簡兩條為例：

圖 8　簡 179.4 局部「頗知律令」

> □□候長公乘蓬士長富中勞三歲六月五日，能書、會計、治官民頗知律令，武，年卅七，長七尺六寸。（562.2，《居延漢簡（肆）》）
>
> 肩水候官並山隧長公乘司馬成中勞二歲八月十四日，能書、會計、治官民頗知律令，武，年卅二歲，長七尺五寸，觻得成漢里家去官六百里。（13.7，《居延漢簡（壹）》）

這裡一位候長，一位隧長，功狀註明他們是武吏，[155] 然而都「頗知律令」。

---

153 《漢書‧朱博傳》。

154 同上。

155 勞榦，《居延漢簡‧考釋之部》（臺北：中央研究院歷史語言研究所專刊之四十，1960）。按大庭脩曾指出這兩條資料中的「武」字應作「文」，參所著，〈論漢代的論功升進〉，中譯見《簡牘研究譯叢》第 2 輯（北京：中國社會科學出版社，1987），頁 336，注 33。經以紅外線

吏而不知律令，大概不太可能。熟悉不熟悉，專精不專精則可有差別。班固在《漢書・百官公卿表》末尾，曾提到西漢某時「吏員自佐史至丞相」的總人數是十二萬二百八十五人。今天已經無法估計這十二萬吏員中有多少高官，多少小吏。但是可想而知，高官只是金字塔尖端的少數，絕大部分乃是所謂的刀筆吏。對絕大多數的刀筆吏而言，「頗知律令」（圖8）很可能比「通明經學」更為實際和重要。

吏須通文法，官也要曉習法令。兩漢擇官，「明曉法令」一直是一個主要的條件。據衛宏《舊漢儀》，武帝元狩六年，令丞相設四科之辟，以博選異德。這四科是：[156]

第一科曰德行高妙，志節貞白；

二科曰學通行修，經中博士；

三科曰明曉法令，足以決疑，能案章覆問，文中御史；

四科曰剛毅多略，遭事不惑，明足以照姦，勇足以決斷，才任三輔（劇）令。

應劭《漢官儀》載光武中興甲寅詔書：「丞相故事，四科取士」云云，[157]其四科與武帝時之四科相同，故曰故事。光武重申以四科取士，可知後漢承西京之制，仍然以「明曉法令」為任官的條件之一。這四科之中，頭兩科關乎學行；第四科遭事不惑，明足照姦，實則也非據法律以決斷不可，因此四科實為兩類：一為學行，一為律令。兩者相較，明習律令更為基本。漢吏考核只問是否「頗知律令」，不問是否通明經術，即為明證。在漢吏一般考核中又常見「文毋害」一語，也可以證明精通法律是為吏的基本要求。[158]

檢查原簡，二者皆為「武」字，無誤。562.2 簡雖殘右半，左半字跡仍清晰可辨；13.7 簡字跡極清晰明確。

156 《漢官六種・漢舊儀》卷上。

157 《漢官六種・漢官儀》卷上。可參方北辰，〈兩漢的四行與四科考〉，《文史》，23（1984），頁304-305。

158 參王繼如，〈釋文毋害〉，《中華文史論叢》，4（1985），頁39-44。

在一個依律令法制運作的官僚組織裡，任何職位必然有不少相關的法令規章。要擔任這些職位就不能不熟悉它們。這是就一般職位而言。還有一些職位，由於職務的性質，漢代更明文規定須由明律令者出任：

1. **治書侍御史**　《續漢書‧百官志》：「治書侍御史二人，六百石。本注曰：掌選明法律者為之。凡天下諸讞疑事，掌以法律當其是非」。

2. **廷尉正**　《舊漢儀》卷上：「刺史舉民有茂材，移名丞相。丞相考召取明經一科、明律令一科、能治劇一科，各一人，詔選諫大夫、議郎、博士、諸侯王傅、僕射、郎中令，取明經；選廷尉正、監、平、案章，取明律令」。

3. **廷尉監**　同上。

4. **廷尉平**　同上。

5. **尚符璽郎中**　《續漢書‧百官志》：「尚符璽郎中四人。本注曰：舊二人在中，主璽及虎符、竹符之半者」。王先謙《補注》引《漢官》云：「當得明法律郎」。

6. **雒陽市市長、丞**　《漢官》：「洛陽市市長一人，秩四百石；丞一人，二百石，明法補」。

須以明律令者出補的職位必遠多於以上所舉。前引丞相設四科取士，其三科明曉法令，即用以補「四辭八奏」。[159] 廷尉是兩漢掌平獄的最高機構。廷尉正、監、平皆為屬官。以明法出任這些職位的實例如：張湯為廷尉時，「廷尉府盡用文史法律之吏」；[160] 黃霸「少學律令……持法平，召以為廷尉正」；[161] 何比干「經明行修，兼通法律」，「武帝時為廷尉正」；[162]

---

159 《漢官六種‧漢舊儀》卷上。

160 《漢書‧兒寬傳》。

161 《漢書‧循吏傳》。

162 《後漢書‧何敞傳》及注引《何氏家傳》。

丙吉「治律令，為魯獄史，積功勞，稍遷至廷尉右監」；[163] 陳球以「明法律，拜廷尉正」；[164] 郭旻治「律小杜……數遷敬陵園令、廷尉左平、治書侍御史」；[165] 陳咸「以明律令為侍御史」、「廷尉監」。[166]

除了上述可考，以明法除補的職位以外，還有很多職位也非精於律令者不足擔當。今以實例，略舉如下：

1. **廷尉** 廷尉一職例由精通法律者任之，如張湯「以更定律令為廷尉」；[167]于定國「少學法于父」，「為獄吏、郡決曹、補廷尉史……超為廷尉」。[168]成帝時何壽為廷尉。何壽蓋出於明法之家，其父即前引何比干。[169]廷尉出於明法之家，在東漢似已成傳統。例如郭躬自父郭弘始，世傳小杜律。《後漢書》卷四十六，其傳謂：「郭氏自弘後，數世皆傳法律，子孫至公者一人，廷尉七人，……侍御史、正、監、平者甚眾」。順帝時，廷尉吳雄明法律，「子訢、孫恭，三世廷尉，為法名家」。[170] 又陳寵曾祖父陳咸於成、哀間以律令為尚書。遭王莽之世，壁藏律令文書於家，遂成家學。其孫陳躬於建武初為廷尉左監。躬生寵，寵「明習家業」，於永元六年，代郭躬為廷尉。寵子忠亦以「明習法律，遷廷尉正、尚書、尚書令」。[171]靈帝時，楊賜「自以代非法家」，[172] 固辭廷尉。所謂法家，即傳律世家。可見東漢人以為廷尉應由世明律令者出任。

2. **御史大夫、御史中丞、侍御史、御史** 《漢書·百官公卿表》：「御史大夫……有兩丞，秩千石。一曰中丞，在殿中蘭臺，掌圖籍秘書，外督

---

163 《漢書·丙吉傳》。

164 《後漢書·陳球傳》王先謙《集解》引〈謝承書〉。

165 〈丹陽太守郭旻碑〉，《全後漢文》卷九十九，頁 6 上下。

166 《後漢書·陳寵傳》王先謙《集解》，惠棟引〈謝承書〉及〈東觀記〉。

167 《漢書·汲黯傳》。

168 《漢書·于定國傳》。

169 《漢書·百官公卿表》。

170 《後漢書·郭躬傳》。

171 《後漢書·陳寵傳》。

172 《後漢書·楊賜傳》。

部刺史，內領侍御史員十五人，受公卿奏事，舉劾按章」；《漢舊儀》卷上：「元封元年，御史止不復監。後御史職與丞相參。增吏員凡三百四十一人，分為吏、少史屬，亦從同秩補，率取文法吏」，「廷尉正、監、平物故，以御史高第補之」；又《續漢書・百官志》：「侍御史十五人，六百石。本注曰：掌察舉非法，受公卿群吏奏事，有違失舉劾之」。從前引可知御史大夫及屬官所職，與法令關係密切。武帝一朝，丞相備員，御史大夫權傾一時，任御史大夫者，如韓安國、張歐、公孫弘、張湯、杜周、桑弘羊皆深明律令之輩。以「明法令，為御史」的有鄭賓；[173]「以明習文法，詔補御史中丞」者，如薛宣；[174] 又前廷尉條引郭躬家世明法，子孫為侍御史者甚眾。本文開頭所引《漢舊儀》「天下之眾，受制於朕，以法為命，可不慎歟」云云，是出現在初拜御史大夫的策書裡，可見能任斯職者，不能不精於法令。

3. 丞相　丞相常由明律令的御史大夫轉遷，如公孫弘、薛宣、翟方進。丞相要明律令，亦須知經術。公孫弘「習文法吏事，緣飾以儒術」；[175]薛宣「其法律任廷尉有餘，經術文雅，足以謀王體，斷國論」；[176] 翟方進「兼通文法吏事，以儒雅緣飾法律，號為通明相」；[177] 陳寵「雖傳法律，而兼通經書，奏議溫粹，號為任職相」。[178]

4. 尚書、中書　武帝以後，丞相之權漸奪，尚書、中書因皇帝親信而日漸重要。尚書、中書之選每在熟嫻法令制度。宣帝時以弘恭為中書令，即因「恭明習法令故事，善為請奏，能稱其職」。[179] 揚雄《法言》卷六：「或曰……使子草律。曰：吾不如弘恭。」可見弘恭時以精通律令聞名。成帝

173 《漢書・鄭崇傳》。
174 《漢書・薛宣傳》。
175 《漢書・公孫弘傳》。
176 《漢書・薛宣傳》。
177 《漢書・翟方進傳》。
178 《後漢書・陳寵傳》。
179 《漢書・佞幸傳》。

時，孔光為尚書令，須先明習漢制法令而後可：「是時，博士選三科，高第為尚書……光以高第為尚書，觀故事品式，數歲明習漢制及法令，上甚信任之，轉為僕射、尚書令。」[180] 東漢以後，尚書權更重，所謂「雖置三公，事歸臺閣」。[181] 章帝時，韋彪曰：「天下樞要，在於尚書，尚書之選，豈可不重？而間者多從郎官超升此位，雖曉習文法，長於應付，然察察小慧，類無大能。」[182] 可見尚書之選多因明法。永初中，陳忠因「明習法律」，從廷尉正遷拜尚書；[183] 建武時，郭賀以「能明法」，累官至尚書令。[184]

從以上所舉，可見兩漢職官任用，從最高的丞相、御史大夫到掌握實權的尚書、中書令以及與刑獄有關的廷尉及其屬官，都常以明習律令為條件。當然兩漢也有很多擔任這些職位，卻不一定具備明律條件的。例如，東漢末，應劭就曾經批評：「頃者，廷尉多牆面，而苟充茲位；治書侍御史，不復平議讞當糾紛，豈一事哉。」[185] 應劭的批評意味著不通律令而任廷尉和治書侍御史，在他看來其實是不正常的現象。

總結以上，漢代為吏須知律令，為官須明經，也要曉律。如果只通經而不明律，則是宣帝所說不通世務，「不達時宜」的俗儒！最後再舉一例以證漢代公卿須兼明經、律。《後漢書·牟融傳》說東漢末的牟融「少博學，以大夏侯《尚書》教授，門徒數百人……公卿數朝會，每輒延謀政事，判折獄訟，融經明才高，善論議，朝廷皆服其能。」由此可見牟融通經也知律，而參加朝議的公卿既然要一體論議獄訟，不可能不知律令。從此可知，不論為官為吏，學習律令在兩漢都是一件重要的事。

---

180 《漢書·孔光傳》。

181 《後漢書·仲長統傳》，另參《後漢書·陳忠傳》：「今之三公，雖當其名，而無其實。選舉誅賞，一由尚書，尚書見任，重於三公，陵遲已來，其漸久矣。」又《後漢書·李固傳》：「今陛下之有尚書，猶天之有北斗也。斗為天喉舌。尚書亦為陛下喉舌。斗斟酌天氣，運平四時，尚書出納王命，賦政四海，權尊勢重，責之所歸。」

182 《後漢書·韋彪傳》。

183 《後漢書·陳忠傳》。

184 《後漢書·蔡茂傳》。

185 《風俗通義校注·佚文》。

二、律令傳習的特色

漢人學習和傳授律令的資料極為殘闕零碎。這可能是因為律令傳習是太基本而平常的事，除非有特別之處，一般傳記竟都略而不提。以下勉為勾稽，可得而言者，殆有三點：一曰以吏為師；二曰以律令為家學；三曰以經、律兼修為尚。

（1）以吏為師

漢人學法令，繼續長遠以來的傳統，仍然以「以吏為師」為主要的方式。從近年江陵張家山漢初墓出土的《二年律令・史律》看，漢初史、卜、祝之類有特定的教師和考課之法。史、卜、祝學童十七歲入學，由「學佴」負責輔導；三年後，由太史、太卜、太祝分別主持考試，地方郡史的學童則由郡守主持。考試內容不同。以史的學童而言，是考字書十五篇。能背誦和書寫五千字以上乃得為史。具史的資格以後，可任書寫之事；唯須進一步學習八種書體，通過「八體課」的課試，才可擔任更高等級文書吏的職位。史是最初級的小吏，擔任最底層的文書工作。可惜十五篇內容不明，無法知道其中包括多少法律上的知識。[186]

段玉裁在《說文解字注》裡曾認為，漢代學僮諷籀書九千字，就是能背誦《尉律》之文和發揮《尉律》的意思。他說：

> 諷籀書九千字者，諷謂能背誦《尉律》之文；籀書謂能取《尉律》之義，推演發揮而繕寫至九千字之多。諷若今小試之默經，籀書若今試士之時藝。[187]

如果段說可取，則似乎漢代學僮在為史或為吏以前，即能背誦法律內容，還能推演發揮其義。段氏這樣說，主要是因為誤解了許慎《說文・敘》。

---

186 請參《二年律令與奏讞書》校釋（一），頁 297。即使十五篇如李學勤先生所說是指《史籀》十五篇，仍然不知其中是否有律令的內容。詳參邢義田，〈漢代《蒼頡》、《急就》、八體和「史書」問題〉，《古文字與古代史》第二輯（臺北：中央研究院歷史語言研究所，2009），頁 429-468，或本書卷四，頁 573-619。

187 段玉裁，《說文解字注》卷十五上，頁 12 上。

《說文・敘》說：

> 《尉律》：學僮十七以上，使試。諷籀書九千字乃得為史。又以八體試之，
> 郡移大史並課，最者以為尚書史。書或不正，輒舉劾之。[188]

又《漢書・藝文志》謂：

> 漢興，蕭何草律，亦著其法，曰：「太史試學童，能諷書九千字以上，乃得
> 為史。又以六體試之，課最者以為尚書御史史書令史。吏民上書，字或不
> 正。輒舉劾。」

〈藝文志〉所說「亦著其法」的「法」應該和《說文・敘》引用的《尉律》
是同一件事。根據這兩段文獻，實不能證明漢代學僮始試，諷誦的就是
《尉律》之文。從六體或八體試之看來，考試的關鍵在是否能識和能書寫
九千個字。賈誼《新書》謂：「胡以孝弟循順為，善書而為吏耳。」[189]《漢
書・路溫舒傳》：

> 父為里監門，使溫舒牧羊。溫舒取澤中蒲，截以為牒，編用寫書。稍習
> 善，求為獄小吏，因學律令。轉為獄史，縣中疑事皆問焉。

路溫舒截蒲為牒，稍善書寫，即可為吏。為吏而後學律令。從《新書》「書
而為吏」和路溫舒的例子可知，試吏在能書識字，實非背誦《尉律》之
文。路溫舒這樣辛苦學習，因家貧，實不得已。否則，漢代有所謂「閭里
書師」，[190] 可從學識字書寫，能書而後為吏。《漢書・王尊傳》說王尊「少
孤，歸諸父……能史書，年十三，求為獄小吏」。又《漢書・貢禹傳》：「故
俗皆曰：何以孝弟為？財多而光榮；何以禮義為？史書而仕宦。」這裡說
的情形相同。所謂「史書」是指小史或小吏所用的書體和書法。[191] 學會了
即可為吏。

　　不過，從《急就》看，漢代的識字教本裡的確包含了初步的律令治獄

---

188 同上，頁 11-13 上。

189 《新書・時變》。

190 《漢書・藝文志》。

191 參勞榦，〈孔廟百石卒史碑考〉，《勞榦學術論文集甲編》（臺北：藝文印書館，1976），頁
　　1106。

知識。學僮一面識字，一面也對刑名司法有了起碼的認識。《急就》第二十八章至三十章謂：[192]

> 臬陶造獄法律存，誅罰詐偽劾罪人，廷尉正監承古先，總領煩亂決疑文，
> 變鬥殺傷捕伍鄰，亭長游徼共雜診，盜賊繫囚榜笞臀，朋黨謀敗相引牽，
> 欺誣詰狀還返真，坐生患害不足憐，辭窮情得具獄堅，藉受證驗記問年，
> 閭里鄉縣趨辟論，鬼薪白粲鉗釱髡，不肯謹慎自令然，輸屬詔作豀谷山，
> 菇䅕起居課後先，斬伐財木砍株根，犯禍事危置對曹，謾訑首匿愁勿聊，
> 縛束脫漏亡命流，攻擊劫奪檻車膠，嗇夫假佐伏致牢，疻痏保辜啼呼號，
> 乏興猥逮詗讀求，聊覺沒入徼報留，受賕枉法憤怒仇。

漢代學僮從這短短三章可以大略知道，在中央與地方由哪些人擔當治獄，審理些什麼罪行，辦案問供如何進行，刑罰的種類名目，以及罪犯的處置。安徽阜陽發現的漢初《蒼頡》殘簡有「殺捕獄問諒」（簡 C 041）的殘文。[193] 據推測，這些殘簡是以秦本《蒼頡》為底本的抄本。[194] 不久前刊布的北京大學藏西漢《蒼頡》篇剛巧也有「執囚束縛，訊論既詳」和「寇賊盜殺，捕獄問諒」殘句。[195] 換言之，從秦以來試吏，是以能書識字為基本條件。但學僮從習字的教本中，已能多少得到第一步的律令知識。

這樣當然不夠。這些「書而為吏」的，誠如勞榦先生所說，只是學徒性質，還須要跟隨在職的官吏，學習法令的內容以及其它做吏應該知道的東西。[196] 律令關係實務，實習極為重要。要實習，以吏為師可以說是最務實方便的方式。漢代政府組織下，絕大部分的基層員吏可能都是這樣訓練出來的。

---

192 王應麟校，《急就篇》（玉海附刻本）卷一，頁 9 上下。

193 阜陽漢簡整理組，〈阜陽漢簡蒼頡篇〉，《文物》，2（1983），頁 27。

194 胡平生、韓自強，〈《蒼頡篇》的初步研究〉，《文物》，2（1983），頁 35-40。

195 北京大學出土文獻研究所編，《北京大學藏西漢竹書（壹）》（上海：上海古籍出版社，2015），頁 114。

196 勞榦，〈史記項羽本紀中學書和學劍的解釋〉，《中央研究院歷史語言研究所集刊》，30 本下冊（1959），頁 902-903。

漢代以吏為師太過平常，如非特殊，很難進入史冊，因而現在能知道的例子很少。賈誼從吳公可為一例。《史記·賈誼列傳》謂：

> 賈生名誼，雒陽人也。年十八，以能誦《詩》屬《書》聞於郡中。吳廷尉為河南守，聞其秀才，召置門下，甚幸愛。孝文皇帝初立，聞河南守吳公治平為天下第一，故與李斯同邑而常學事焉，乃徵為廷尉。廷尉乃言賈生年少，頗通諸子百家書。文帝召以為博士。是時賈生年二十餘，最為少。

前文曾提到吳公嘗從李斯學，得為廷尉。他擅長的當為刑獄律令。他召賈誼置門下，就是收了一位隨侍左右的學徒，情形應該類似公叔座和衛鞅。弟子學習一段時間以後，可由師傅推薦為官；公叔座因而薦舉衛鞅，吳公因而薦舉賈誼。[197] 賈誼為博士以後，「每詔會議下，諸老先生不能言，賈生盡為之對」，「諸律令所更定，及列侯悉就國，其說皆自賈生發之。於是天子議以為賈生任公卿之位。」[198] 賈誼原習《詩》《書》百家之言，卻能議答詔令，更定律令，這應該是從吳公當學徒的結果。鼂錯習申商刑名，又從伏生受《尚書》。《後漢書·何敞傳》謂其六世祖何比干「學《尚書》於鼂錯」，李賢注引《何氏家傳》：「六世祖父比干，字少卿，經明行修，兼通法律，為汝陰縣決曹掾，平活數千人，後為丹陽都尉，獄無冤囚，淮汝號曰『何公』。」[199] 從何比干兼通法律觀之，他從鼂錯所學，除《尚書》似還兼及律令治獄。鼂錯習《尚書》以後，歷任太子舍人、門大夫、博士、中大夫、內史、御史大夫。何比干跟隨他的時間不可考。要之，以吏

---

197 師薦弟子由來已久。《論語》中例證甚多。例如〈公冶長〉篇：「子使漆雕開仕」，〈雍也〉篇：「季康子問：『仲由可使從政也與？』子曰：『由也果，於從政乎何有？』曰：『賜也可使從政也與？』曰：『賜也達，於從政乎何有？』曰：『求也可使從政也與？』曰：『求也藝，於從政乎何有？』」；〈先進〉篇：「季子然問：『仲由、冉求可謂大臣與？』子曰：『……所謂大臣者，以道事君，不可則止。今由與求也，可謂具臣矣。』曰：『然則從之者與？』子曰：『殺父與君，亦不從也。』」《墨子·公孟篇》有游於墨子之門者，墨子勸其善言而學，「其年，而責仕於子墨子」。《史記·叔孫通傳》謂叔孫通降漢，有弟子百餘人相從，叔孫通不薦弟子而為弟子所怨。可見業師推薦弟子為官是當時的習慣，也是相當悠久的傳統。

198 《史記·賈生列傳》。

199 《後漢書·何敞傳》。

為師，無可置疑。《漢書‧酷吏傳》謂：「嚴延年字次卿，東海下邳人也，其父為丞相掾，延年少學法律丞相府，歸為郡吏。」嚴延年在丞相府學法律，可能是因為父親的關係。吏之子在耳濡目染之餘，很容易走上為吏的道路。張湯父為長安丞。他從小習見父親治獄理案，也就學會了。據說有一次父出門，張湯看家。老鼠偷了肉，父親回來，大怒，打湯。張湯挖老鼠洞，尋得老鼠和剩下的肉。他「劾鼠掠治，傳爰書、訊鞫、論報，并取鼠與肉，具獄，磔堂下。父見之，視文辭，如老獄吏，大驚，遂使書獄」。[200] 嚴延年和張湯都受到父親的影響，但都說不上是家學。家學將於下文，另例舉證。

（2）以律令為家學

漢初承秦，從《二年律令》看，在地方郡這一級似乎仍有可供史子學習的學室。實際上兩漢為培養小吏的地方學室教育內容漸有轉變，法律教育或有不足，欲學法令，往往須遠赴京師。景、武帝時，蜀郡太守文翁曾「選郡縣小吏開敏有材者張叔等十餘人，親自飭厲，遣詣京師，受業博士，或學律令」。[201] 又秦豐「邡縣人，少學長安，受律令，歸為縣吏」；[202] 王禁「少學法律長安，為廷尉史」。[203] 東漢時，張浩「治律、《春秋》，游學京師」，[204] 皆為其例。

他們如何學律？向誰學？惜無可考。西漢昭宣時，嚴延年因父為丞相掾，「少學法律丞相府」。[205] 這是習律地點可考的一個例子。《續漢書‧百官志》司隸校尉條屬官有孝經師、月令師和律令師，並云：「孝經師主監試經，月令師主時節祠祀，律令師主平法律。」《宋書‧百官志》刺史條

---

200 《漢書‧張湯傳》。
201 《漢書‧循吏傳》。
202 《東觀漢記》卷廿三。
203 《漢書‧元后傳》。
204 《三國志‧張翼傳》裴注引《益部耆舊傳》。
205 《漢書‧酷吏傳》。

謂：「孝經師一人，主試經；月令師一人，主時節祠祀；律令師一人，平律……漢制也。」這些「師」，除孝經師，於東漢州郡無可考。[206] 律令師不論屬司隸，或普遍隸於州刺史之下，所職似並不在教授法令，而是「平法律」。東漢人赴京師習律令，應不是從律令師，而是從其它的途徑。

其他的途徑之一就是從學於私人。秦時學法令須以吏為師，大概沒有私人授受律令的。漢初，韓安國「嘗受韓子雜說鄒田生所」；[207] 鼂錯「學申商刑名於軹張恢生所，與雒陽宋孟及劉帶同師」。[208] 鼂錯與宋孟、劉帶同師張恢，是私人有學。所學名為申、商刑名，或亦有律令在內。後來鼂錯在文、景朝任官，於「法令多所更定」，又言「法令可更定者，書凡三十篇」。[209] 鼂錯這三十篇書，《漢書·藝文志》列入法家，其實只是法令。漢代以後言申、商刑名者，可能逐漸以律令治獄的實務為主，蓋時勢已異是先秦，不得不然。《晉書·刑法志》引《魏律》序：「故集罪例以為刑名，冠於律首」。此「刑名」指五刑罪例，已非先秦形（刑）名原義。[210] 名同而實異，時勢之變，於此可見。

漢初已有私人傳習律令，唯似尚無家學。漢代律令形成家學，和經學的發展有類似之處。西漢私家傳經，因章句解釋相異而成門派，律令亦因解釋比附之不同而有了武帝時的大杜律和小杜律。大杜指杜周，武帝時為廷尉、御史大夫。他和他兩個任郡守的兒子「治皆酷暴」。[211] 唯有三子杜

---

206 嚴耕望先生於郡縣學官云：「漢人極重孝經，顧州有孝經師，郡職無考，然宋恩等題名碑有孝義掾，文學孝掾，蓋即孝經師之類歟？」《中國地方行政制度史》上編，頁 255。又王莽以後，於鄉、聚立庠序，置孝經師各一人，見《漢書·平帝紀》。

207 《漢書·韓安國傳》。

208 《漢書·鼂錯傳》。陳直，《漢書新證》：「《漢舊儀》云『博士稱先生』，或簡稱為先，如梅福之叔孫先、〈李尋傳〉之正先，本傳之鄧先是也。或簡稱為生，如伏生、轅固生、賈生是也。此獨稱張恢生，在姓名下加以生字，尚屬創見。張恢亦疑為秦代之博士，故《史記》稱為張恢先」（頁 293-294）。如陳直說可取，則可見漢初傳申、商刑名者的身分。

209 同上，〈鼂錯傳〉。

210 《晉書·刑法志》。「形名」與「刑名」義，參王鳴盛，《十七史商榷》卷五，刑名條。

211 《漢書·杜周傳》。

延年，也就是小杜，「亦明法律」，「行寬厚」。[212] 據說大將軍霍光「持刑罰嚴，延年輔之以寬」。[213] 大、小杜治獄有寬嚴，蓋因比附律令不同，所謂「罪同而論異」，「所欲活則傅生議，所欲陷則予死比」。[214] 這種比附不同的情形必因武帝時法令增加，典者不能徧睹而趨於嚴重。律令比附解釋不同，傳習亦呈分歧，遂有章句出現。大、小杜律可能已有章句。[215] 杜周三子是否從父學律，不可考，然而私淑者或從大杜，或從小杜，竟演變成律令之學的兩個派別。

兩派律令傳習不絕。東漢時，習大杜律可考的有馮緄、苑鎮。〈馮緄碑〉云：「習父業，治《春秋》嚴、韓，《詩》倉氏，兼律大杜」；[216] 〈苑鎮碑〉云：「韜律大杜，綜皋陶甫侯之遺風」。[217] 傳小杜律者，則以潁川郭氏最為著名。《後漢書·郭躬傳》謂：「父弘，習小杜律」。《後漢書·陳寵傳》說：「漢興以來，三百二年，憲令稍增，科條無限，又律有三家，其說各異」。三家之律唯大、小杜可考。又《晉書·刑法志》云：「後人生意，各為章句，叔孫宣、郭令卿、馬融、鄭玄諸儒章句十有餘家，家數十萬言」。是三家之律又可再分為十餘家。家有章句，各數十萬言。漢代律令學派之盛，於此可見。

律令傳授分家立派雖始於西漢，但世世相承的家學多見於東京之世。西漢大、小杜的後人，仕宦頗盛：杜欽好經書，杜業以材能聞，未見以律

---

212 同上。

213 同上。

214 《漢書·刑法志》。

215 《晉書·刑法志》謂：「又叔孫、郭、馬、杜諸儒章句，但取鄭氏，又為偏黨，未可承用」。叔孫指叔孫宣，郭為郭令卿，馬為馬融，鄭氏為鄭玄。杜疑指大杜或小杜章句。然大、小章句非必成於杜周、杜延年本人。傳其學者，守師說而定章句也有可能。馬王堆漢墓出土《相馬經》也有訓故及傳，可見有漢一代之經學傳習方式，或早有淵源。參趙逵夫，〈馬王堆漢墓出土《相馬經·大光破章故訓傳》發微〉，《江漢考古》，3（1989），頁 47-51。

216 《隸釋》卷七，〈車騎將軍馮緄碑〉。

217 《隸釋》卷十二，〈荊州從事苑鎮碑〉。

令著名的。[218] 東海于定國「少學法于父，父死……亦為獄吏，郡決曹」，[219] 遷為廷尉，御史大夫。于氏子孫也不見繼續學法。只有西漢末，王霸家「世好文法」。[220] 王霸祖父為詔獄丞，父為郡決曹掾，霸少亦為獄吏。這是西漢所見三代習法的例子。

東漢以後，以律令為家學者，有郭、陳、吳、鍾四氏可考。潁川郭氏習法可考者自郭弘始。《後漢書·郭躬傳》謂：

> 父弘，習小杜律。太守寇恂以弘為決曹掾，斷獄至三十年，用法平。諸為弘所決者，退無怨情，郡內比之東海于公。

> 躬少傳父業，講授徒眾，常數百人。……元和三年，拜為廷尉。躬家世掌法，務在寬平。

> 中子旺，亦明法律，至南陽太守，政有名迹。

> 弟子鎮。鎮字桓鍾，少修家業……延光中為尚書……尚書令……拜河南尹，轉廷尉。（鎮）長子賀……累遷，復至廷尉。

> 鎮弟子禧，少明習家業，兼好儒學，有名譽，延熹中亦為廷尉。

> 郭氏自弘後，數世皆傳法律，子孫至公者一人，廷尉七人，侯者三人，刺史、二千石、侍中、中郎將者二十餘人，侍御史、正、監、平者甚眾。

又〈丹陽太守郭旻碑〉云郭旻治「律小杜」。[221] 《後漢書》卷四十六，王先謙《補注》引惠棟曰：「旻字巨公，太尉禧之子，乃知郭氏世傳小杜律矣。」郭氏一家傳律令，從東漢初以迄靈帝，與東漢一朝幾相始終。郭氏子孫憑律令可位至公侯、二千石，可見律令與經學同為獵取青紫的途徑。

沛國陳氏以律令為家學，始於西漢末，王莽之世。《後漢書·陳寵傳》云：

> 陳寵字昭公，沛國洨人也。曾祖父咸，成、哀間以律令為尚書。平帝時，王莽輔政，多改漢制，咸心非之。……及莽篡位，召咸以為掌寇大夫，謝

---

218 《漢書·杜周傳》。

219 《漢書·于定國傳》。

220 《後漢書·王霸傳》。

221 《全後漢文》卷九十九，頁6上下。

並不肯應。時三子參、豐、欽皆在位，乃悉令解官……其後，莽復徵咸，遂稱病篤。於是乃收斂其家律令書文，皆壁藏之。咸性仁恕，常戒子孫曰：「為人議法，當依於輕，雖有百金之利，慎無與人重比。」

建武初，欽子躬為廷尉左監，早卒。

躬生寵，明習家業，少為州郡吏……永元六年，寵代郭躬為廷尉。

寵子忠。忠字伯始，永初中辟司徒府，三遷廷尉正，以才能有聲稱。司徒劉愷舉忠明習法律，宜備機密，於是擢拜尚書，使居三公曹。忠自以世典刑法，用心務再寬詳。

陳咸為尚書，辭官以後，將律令文書，藏於家中，這是律令能為家學的重要條件。這些傳法之家，或傳子孫，或聚眾授徒，世世典守國家法律。法律的刪修整理也往往出自他們的手中。例如陳寵、陳忠父子曾先後鉤校律令條法。寵曾「撰《辭訟比》七卷，決事科條，皆以事類相從。（鮑）昱奏上之，其後公府奉以為法」[222]。忠曾承父志，除漢法溢於「甫刑」者，「奏上二十三條，為決事比，以省請讞之敝」[223]。

河南吳氏世傳法律，始於順帝時的吳雄。吳雄以明法律，斷獄平，起自孤宦，致位司徒。其子訢、孫恭，皆為廷尉，「為法名家」[224]。以上三家都是廷尉之家，世傳法律。唯一例外的是潁川鍾氏。《後漢書·鍾皓傳》謂：

鍾皓字季明，潁川長社人也。為郡著姓，世善刑律。皓少以篤行稱，公府連辟，為二兄未仕，避隱密山，以《詩》、律教授，門徒千餘人。

鍾家世善刑律，惜其家世不可考。鍾皓隱避不仕，以《詩》、律教授至千餘人。這一方面反映律令傳學之盛，不下於經學；另一方面也透露出漢人兼習經、律的風氣。

---

222 《後漢書·陳寵傳》。

223 同上。

224 同上。

（3）以兼習經、律為風尚

漢儒不同於後世儒生的一個特色即在兼重經、律，亦兼習經律。[225] 漢儒以為法律造於皋陶，[226] 而將皋陶與孔子並列，所謂「孔子垂經典，皋陶造法律」者是。[227] 皋陶代表公正、廉直。漢代故事，廷尉祀皋陶，繫獄者亦祭之。[228] 漢人碑銘讚辭每見「膺皋陶之遺風」等語，[229] 山東嘉祥出土的東漢畫像石上可以見到有榜題可據的皋陶畫像（圖9），與傳說中遭夏桀殺害的忠臣關龍逢並列。可見皋陶的地位。[230] 漢代律令之簡與經簡皆長二尺四寸，此亦可見律與經等量的地位。[231] 要之，漢人兼重經律而兼習。其著

---

225 南北朝時期間亦有兼習經律者，唯風氣之盛不及兩漢，詳後文。

226 漢儒之說本於古籍。《左傳》昭公十四年：「《夏書》曰：『昏墨賊殺，皋陶之刑也』」；《竹書紀年》：「帝舜三年命咎陶作刑」；《風俗通義》引〈皋陶謨〉曰：「虞始造律」。史游《急就篇》採之，曰：「皋陶造獄，法律存也」（《後漢書‧張敏傳》李賢注引）。

227 《後漢書‧張敏傳》。

228 《後漢書‧黨錮傳》：「滂坐繫黃門北寺獄。獄吏曰：『凡坐繫皆祭皋陶。』」（《集解》：「惠棟曰：『《摯虞集記》云：「故事：祀皋陶于廷尉」』。」）滂曰：『皋陶賢者，古之直臣，知滂無罪，將理之於帝，如其有罪，祭之何益？』」《晉書‧禮志上》：「故事：祀皋陶於廷尉寺。新禮移祀於律署，以同祭先聖於太學也。」

229 見《全後漢文》卷一〇二，〈博陵太守孔彪碑〉，頁2上；卷一〇六，〈荊州從事苑鎮碑〉，頁4上。又鮮于璜碑「有邵伯述職之稱」，蕩陰令張遷表「邵伯分陝，君懿于棠」，此皆用《詩經》甘棠之典以頌地方官司法之公。參張傳璽，《秦漢問題研究》（增訂本）（北京：北京大學出版社，1995），頁415。

230 清華大學購藏簡《四告》篇有周公向皋陶祝禱的告辭，見《清華大學藏戰國竹簡（拾）》（上海：中西書局，2020）。

231 關於漢代律令簡長問題，王先謙曾在《漢書‧杜周傳》的補注中有詳細的討論。他相信漢代所說的三尺法，即以漢尺三尺之簡書律令，非如沈欽韓所說，以漢之二尺四寸當周之三尺。他所依據的只有《漢書》的杜周與朱博兩傳，而未能解釋其它文獻中二尺四寸律簡的記載。《鹽鐵論‧詔聖篇》謂：「二尺四寸之律，古今一也。」《後漢書‧曹褒傳》謂曹褒修訂叔孫通《漢儀》，「撰次天子至庶人冠婚吉凶終始制度，以為百五十篇，寫以二尺四寸簡。」此蓋兩段律令簡長二尺四寸的記載。漢代儒經亦書以二尺四寸簡。《論衡‧謝短》：「二尺四寸，聖人文語。」又〈正說〉：「夫《論語》者，弟子共記孔子之言行……以八寸為尺記之，約省懷持之便也。以其遺非經傳文，紀識恐忘，故但以八寸尺，不二尺四寸也。」王充言下之意，一般經書蓋二尺四寸也。如此，兩漢經、律簡應同長。若從實物證之，武威所出《儀禮》簡，其甲、丙本經簡長皆近漢尺二尺四寸，乙本為經傳，

圖 9　山東嘉祥漢畫像中的「皋陶」、「關龍逢」，採自
傅惜華《中國漢畫像全集初編》，圖 198。

者，前有公孫弘、[232] 董仲舒，後有馬融、鄭玄。其餘士子小儒，不勝細
數。

稍短，為二尺一寸半，是《論衡・量知》篇所謂「大者為經，小者為傳」之制。參《武威
漢簡》，〈敘論〉，頁 55-56。陳夢家在寫《武威漢簡》〈敘論〉時，原主二尺四寸之說，可是
到 1963 年，寫〈西漢施行詔書目錄〉時，放棄原說，又主「三尺律令為漢制，先漢亦當如
此」（《漢簡綴述》，頁 275）。其證據是長 67.5 釐米，居延地灣出土的詔書目錄札。按：詔
書簡策長度在漢有定制。蔡邕《獨斷》載詔書之策「長二尺，短者半之」。武威磨咀子十八
號墓所出土王杖十簡，為制詔丞相、御史的詔書，簡長恰為漢尺一尺（參《武威漢簡》，頁
141）。但此十簡中一簡明書「蘭台令第卅三，御史令第卅三」，是律令簡長亦僅一尺！青海
大通上孫家寨有關軍事的律令木簡，長 25 釐米，稍多於漢尺一尺。見〈青海大通上孫家寨
一一五號漢墓〉，《文物》，2（1981），頁 18。居延新出「甘露二年丞相御史律令」簡長約
23 釐米，約合漢尺一尺（初仕賓，〈甘露二年丞相御史律令考述〉，《考古》，2（1980），頁
179-184）；同地所出之「塞上蓬火品約」簡則長 38.5 釐米，合漢尺一尺六寸餘（〈塞上蓬火
品約釋文〉，《考古》，4（1979），頁 360-364）。這些不等的律令簡長應如何解釋？它們是因
邊地材料限制而出現的變制？或者僅為抄錄的副本，其制較不嚴？又可參王國維原著，胡平
生、馬月華校注，《簡牘檢署考校注》（上海：上海古籍出版社，2004）；王利器，〈古書引
經傳經說稱為本經考〉，《王利器論學雜著》（北京：北京師範學院出版社，1990），頁 541-
542。

232 《西京雜記》卷三謂：「公孫弘著《公孫子》，言刑名事，亦謂字直百金。」證之下引《漢
書・循吏傳》之言，《西京雜記》之言應有所據。

董仲舒為一代儒宗，又作《公羊董仲舒治獄》十六篇。[233] 以春秋決獄，兩漢例證甚多。[234] 所謂《春秋》決獄，是以律令斷事，而以經義輕重之。《論衡》謂：「董仲舒表《春秋》之義，稽合於律」。[235] 如此，非但須通經義，亦必明於律令。《漢書・循吏傳》謂：

> 孝武之世，外攘四夷，內改法度，民用彫敝，姦軌不禁，時少能以化治稱者。惟江都相董仲舒，內史公孫弘，兒寬居官可紀。三人皆儒者，通於世務，明習文法，以經術潤飾吏事，天子器之。

「明習文法，以經術潤飾吏事」一語，將經術與律令之用，表露無遺。知律令而不知經術，則為刀筆俗吏；知經術而不知律令，則為不通世務的俗儒。兩者皆為漢人所不取。[236]

自董仲舒以後，馬融、鄭玄等大儒都有律令章句之作。《晉書・刑法志》說：

> 「盜律」有賊傷之例，「賊律」有盜章之文，「興律」有上獄之法，「廄律」有逮捕之事。若此之比，錯糅無常。後人生意，各為章句。叔孫宣、郭令卿、馬融、鄭玄諸儒章句十有餘家，家數十萬言。凡斷罪所當由用者，合二萬六千二百七十二條，七百七十三萬二千二百餘言，言數益繁，覽者益難。

除了〈刑法志〉提到的叔孫宣、郭令卿、馬融、鄭玄，漢儒作律章句可考的還有應劭。《後漢書・應劭傳》說應劭「撰《具律本章句》」。章句在於

---

233 此據《漢書・藝文志》。

234 程樹德，〈春秋決獄考〉，舉證甚備，可參。見氏著，《九朝律考》（上海：商務印書館，1927），頁 163-177。唯近年出土漢代司法類文書不少，迄今似不見任何案件和《春秋》或其它儒經有關，傳世文獻中所說春秋治獄這一現象是否被放大了？很值得繼續關注。

235 《論衡・程材》。

236 漢人斥俗吏但知刀筆律令，不識大體，始於賈誼。其後同調者甚多，參《漢書》〈賈誼傳〉、〈汲黯傳〉、〈王吉傳〉；《論衡》〈程材〉、〈量知〉、〈謝短〉諸篇。斥純任德教為不達時宜之俗儒，見本文前引《漢書・宣帝紀》宣帝詔。又王粲《儒吏論》以「吏服訓雅，儒通文法，故能寬猛相濟，剛柔自克也」為理想，此亦漢儒之理想也。

顯明家法，對抗異說。[237] 有家法章句則有傳習，是馬融、鄭玄諸儒於傳經之餘或亦傳律令矣。前引鍾皓以詩、律教授，門徒千餘人；鄭玄注《周禮》、《禮記》每引漢律以明經義，[238] 皆可為漢儒兼授經、律之證。

有兼授則有兼習。兩漢兼習經、律者，不可勝數，略舉若干如下：

1. 公孫弘「少時為獄吏……年四十餘，乃學《春秋》雜說」，「習文法吏事，緣飾以儒術，上說之，一歲中至左內史」。 （《漢書》本傳）

2. 何敞「六世祖比干學尚書於鼂錯，武帝時為廷尉正，與張湯同時」。
（《後漢書·何敞傳》）
李賢注引《何氏家傳》：「六世祖父比干字少卿，經明行修，兼通法律」。

3. 丙吉「治律令，為魯獄史」，「吉本起獄法小吏，後學《詩》、《禮》，皆通大義」。 （《漢書》本傳）

4. 于定國「少學法于父……超為廷尉。定國乃迎師學《春秋》，身執經，北面備弟子禮，為人謙恭，尤重經術士」。 （《漢書》本傳）

5. 黃霸「少學律令，喜為吏」，「繫獄當死，霸因從（夏侯）勝受《尚書》獄中，在陰冬，積三歲乃出」。 （《漢書·循吏傳》）

6. 谷永薦薛宣曰：「其法律任廷尉有餘，經術文雅，足以謀王體，斷國論」。 （《漢書·薛宣傳》）

7. 翟方進「失父孤學，給事太守府為小吏……西至京師受經……受《春秋》，積十餘年，經學明習」，「方進知能有餘，兼通文法吏事，以儒雅緣飾法律，號為通明相」。 （《漢書》本傳）

8. 路溫舒「求為獄小吏，因學律令」，「又受《春秋》，通大義」。
（《漢書》本傳）

9. 張敞「其治京兆，略循趙廣漢之迹，方略耳目，發伏禁姦，不如廣漢。然敞本治《春秋》，以經術自輔。其政頗雜儒雅，往往表賢顯善，不醇

237 錢穆，〈兩漢博士家法考〉，《兩漢經學今古文平議》（1971 自印本），頁 201-214。
238 薛允升，《漢律輯存》輯鄭玄以律解經者，《禮記》注一例，《周禮》注四十一例，見是書頁 64-84。

用誅罰」。　　　　　　　　　　　　　　　　　　　　　（《漢書》本傳）

10. 鄭弘「泰山剛人也。兄昌字次卿，亦好學，皆明經，通法律政事」。

（《漢書·鄭弘傳》）

11. 孔光「經學尤明，年未二十，舉為議郎」，「光以高第為尚書，觀故事品式，數歲明習漢制及法令。上甚信任之，轉為僕射，尚書令」。

（《漢書》本傳）

12. 侯霸「從鍾寧君受律為淮平大尹，政理有能名」。（《東觀漢記》卷十三）「師事九江太守房元，治《穀梁春秋》，為元都講。　（《後漢書》本傳）

13. 張浩「治律，《春秋》，游學京師」。

（《三國志·張翼傳》裴注引《益部耆舊傳》）

14. 王渙「敦儒學，習《尚書》，讀律令，略舉大義」。

（《後漢書·循吏傳》）

15. 黃昌「會稽餘姚人也……居近學官，數見諸生修庠序之禮，因好之，遂就經學，又曉習文法」。　　　　　　　　　（《後漢書·酷吏傳》）

16. 陳球「少涉儒學，善律令」。　　　　　　　　　　　（《後漢書》本傳）

17. 陳寵「雖傳法律，而兼通經書，奏議溫粹，號為任職相」。

（《後漢書》本傳）

18. 郭禧「少明習家業，兼好儒學」。　　　　　　（《後漢書·郭躬傳》）

19. 馮緄「習父業，治《春秋》嚴、韓，《詩》倉氏，兼律大杜」。

（〈車騎將軍馮緄碑〉）

20. 董昆「少遊學，師事潁川荀季卿，受《春秋》，治律令，明達法理，又才能撥煩。縣長潘松署功曹史。刺史盧孟行部，垂念冤結。松以孟明察於法令，轉署昆為獄史。孟到，昆斷正刑法，甚得其平。孟問昆：『本學律令？所師為誰？』昆對：『事荀季卿。』孟曰：『史與刺史同師。』孟又問昆：『從何職為獄史？』松具以實對。孟歎曰：『刺史學律，猶不及昆』，召之署文學」。　　（《太平御覽》638引《會稽典錄》）

以上第 20 例，董昆與盧孟同事荀季卿為師。荀季卿兼授律令與《春秋》，董、盧亦兼習之，可為漢儒經、律兼授兼習的最佳明證。盧孟因董昆明

律，召署文學，似乎意味漢代文學一職非必明經者任之。[239] 又《續漢書》卷二謂北海靜王興遷宏農太守，「分遣文學循行屬縣，理冤獄」。以文學理冤獄，可證所謂文學亦通律令。文學與律令有關，其淵源甚早。據《史記・蒙恬傳》：「蒙恬嘗為秦書獄典文學。」《索隱》謂：「恬嘗學獄法，遂作獄官，典文學。」瀧川龜太郎《考證》引中井積德曰：「謂作獄辭文書。」中井之說蓋得之。又律令是為吏的基本知識，僅為地方小吏，知律令即足。如欲更上層樓，出入中央，則更須經術文雅。桓譚《新論》謂：

> 賢有五品，謹敕于家事，順悌于倫黨，鄉里之士也；作健曉惠，文史無害，縣廷之士也；信誠（官本作誠）篤行廉平，公（當有脫）理下務上者，州郡之士也；通經術，名行高，能達于從政，寬和有固守者，公輔之士也；才高卓絕，疎殊（官本作竦峙）于眾，多籌大略，能圖世建功者，天下之士也。[240]

從他分的五品可見任官除了品德，郡縣以下地方之吏所求在「文史無害」，而任職中央的公輔或天下之士則更要「通經術」。以上公孫弘、丙吉、于定國、黃霸、翟方進、路溫舒皆先習律令為吏，而後學經。習經、律之次第於此可見。然亦有先經學而後律令者，如孔光。《急就》謂：「宦學諷《詩》《孝經》《論》，《春秋》《尚書》律令文。」[241] 此處為合韻腳，不足以見學經、律之次第。然用以證宦學須經、律兼習，則甚顯然。第 15 例之黃昌亦有可言之者。黃昌居近學官，「遂就經學，又曉習文法」，是黃昌於學官兼受經學與文法歟？兩漢郡國學官有經師，但不見有授律令之例。[242]

---

239 陳夢家在〈武威漢簡補述〉（《漢簡綴述》，北京：中華書局，1980，頁 286-290）中曾對漢代文學及文學弟子有所考述。他說：「漢代所謂『文學』，乃指經學而言。它同時又是一種資歷和學官的稱謂。」（頁 286）文學乃指經學一語，欠安。例如，文帝時，晁錯習申商刑名，「以文學為太常掌故」（《史記・晁錯傳》），此文學絕非經學。又武帝好文學，所好實指賦頌辭章，亦非經學。

240 《全後漢文》卷十三，頁 5 上。

241 王應麟校，《急就篇》（玉海附刻本），第廿五、廿六章，頁 8 下。

242 參嚴耕望，《中國地方行政制度史》（臺北：中央研究院歷史語言研究所專刊之四十五，1974）上編，頁 252-256。

如果前考漢儒兼授經、律可信，則學官經師或也可能如此。此事無確證，姑言之，待考。

　　總結而言，由於律令與經義是漢代政治運作的兩大依據，張敏謂：「法聖人，從經、律」[243]，孔光「據經、法」對上所問，[244] 王惲等二十五人議定陶傅太后尊號，「守經、法，不阿指從邪」，[245] 律令學與經學遂同盛於兩漢。學律令主要是以吏為師。以律令為家學者，幾全在朝為官。其門徒數百或上千，實亦以吏為師也。律令家學，說各有異，竟產生出十餘家，數百萬言的律令章句。這又是兩漢經師，因兼治經、律，以治經之法治律的結果。可惜各家律說不傳，程樹德所輯亦不過八條。[246] 否則，統一的律令如何能允許十餘家不同的章句解釋，倒是值得進一步追究。

四 律令學的沒落與曹魏以降律博士的出現

　　律博士初置，是在漢獻帝建安二十一年（西元 216 年），曹操稱魏王以後。《宋書·百官志》謂：「廷尉律博士，一人；魏武初建，魏國置。」據此，律博士原置於魏國。漢末，權在曹氏。律博士雖初現於漢末，實際上可以說是曹魏的制度。魏明帝立，因衛覬的建議，王國制下的律博士，又一變而為隸屬中央廷尉的職官。自曹魏初創，後代相沿。晉、宋、齊、梁、陳、北魏、北齊、隋、唐和宋代，都曾設置律博士。[247] 律博士為何至曹魏而出現？其意義何在？此事不但關係一代政治，亦足以覘時代學風的轉變。魏國的律博士如何，沒有進一步的資料。這可從衛覬的奏議說起。《三國志·衛覬傳》云：

---

243 《後漢書·張敏傳》。
244 《漢書·孔光傳》。
245 《漢書·平帝紀》。
246 見程樹德，《九朝律考》卷八（臺北：商務印書館，1927），頁 18。
247 徐道鄰，〈中國唐宋時代與法律教育〉，《東方雜誌》，復刊 6：4（1972），頁 30-32。

明帝即位，（覬）進封閿鄉侯，三百戶。覬奏曰：「九章之律，自古所傳，斷定刑罪，其意微妙。百里長吏，皆宜知律。刑法者，國家之所貴重，而私議之所輕賤；獄吏者，百姓之所縣命，而選用者之所卑下。王政之弊，未必不由此也。請置律博士，轉相教授。」事遂施行。

《晉書‧刑法志》也提到衛覬的奏議，內容相同而更簡略。《三國志》所述遂為魏立律博士最重要的資料。這一段資料已透露出律博士設立的背景。第一，律令長久以來是治民的依據，治民之吏不能不通律，所謂「百里長吏，皆宜知律」。衛覬提出這一點，似乎意味當時的官吏已有不明律令者；第二，他說：「刑法者，國家所重，而為私議所輕」。本文前論以為漢儒兼重經、律，是風氣至曹魏而有變乎？第三，他說百姓懸命於獄吏，獄吏卻為選用者之所卑下。兩漢吏治，首重治獄，所謂「秦有十失，其一尚存，治獄之吏是也」。[248] 漢代治獄吏擢登公卿者甚眾，是人材選用亦至曹魏而變乎？要了解律博士設立的背景，對這些問題都有必要作進一步的討論。

首先，世事之變，每在積漸，不在一時。曹魏建立（西元 220 年）到明帝即位（西元 227 年），不過短短七載。衛覬所說的情形絕非到曹魏以後才出現。曹丕父子明察好法，固可解釋「刑法者，國家之所貴重」，然兩漢天子亦重法，非曹氏獨然。選用卑下獄吏，私議輕賤刑法，其端倪實已見於東漢，歷兩百年而卒成其變。

前文所說兩漢重律，選材用人每因明曉律令，是就其大勢而言，也是以與後世比較而說。若細繹之，則東京以後漸有變化，此後經、律漸分，經學本身雖漸漸僵化貧乏，仍為士人所標榜，律學卻漸為士人所輕。這種變化是逐漸的，痕跡也不明顯。東漢末葉雖然仍有鄭玄、應劭兼治經、律，但這似乎已不是主流。東漢政治勢力的主流是一群標榜經學，重身分而以實務為次的豪門世族。他們憑藉門第身分，託名經學，假言德性，漸不屑於實務。《後漢書‧陳寵傳》說陳寵於建武時辟司徒府，「是時三府掾屬專尚交遊，以不肯視事為高。寵常非之，獨勤心物務」。尚交遊，不肯

---

248 《漢書‧路溫舒傳》。

視事的風氣與和帝時王符所說俗士之論,「以族舉德,以位命賢」[249]的風氣是相為表裡的。約略同一時代的王充也曾指出「不能慎擇友」是鄉里三累,朝廷三害之一。[250] 晉初傅玄批評漢、魏「百官子弟不修經藝而務交游,未知莅事而坐享天祿」。[251] 他批評「漢魏」的「漢」,實指東漢而言。東漢貴游子弟未知莅事而坐享天祿,一般以律令實務見長的刀筆吏反而沉淪下僚。這可從東漢孝廉的出身見之。孝廉是東漢士人由吏而官的要途。但是東漢可考的孝廉自地方長吏超拔的,只有和帝至順帝時,稍過一半,其餘絕大部分時期,都不及三分之一。[252] 官職既由世族盤據,官、吏遂分途,經、律亦兩判。世族不尚律令實務,律令之學遂衰。當然律令學衰微的原因是很複雜的,例如東漢律令日趨龐雜,足以造成學習的障礙等等,但是律令實務漸失世族的支持,似為其中主要的原因。律令學衰,龐雜的律令不能不有人整理,不得不有人專司教授,以培養治民不可少的明法之吏,於是有律博士的設立。

　　東漢經、律漸分和重經卑律風氣變化的痕跡十分隱微。大致而言,光武、明帝之世,似尚重律令。活在光武、明、章之世的王充曾感慨儒生的際遇不如文吏。他說:「儒者寂於空室,文吏譁於朝堂。」[253] 又說:

> 論者以儒生不曉簿書,置之於下第。法令比例,吏斷決也。文史治事必問法家。縣官事務,莫大法令。必以吏職程高,是則法令之家宜最為上。或曰:「固然。法令,漢家之經,吏議決焉。事定於法,誠為明矣。」曰:「夫五經亦漢家之所立。儒生善政大義,皆出其中。董仲舒表《春秋》之義,稽合於律,無乖異者。然則,《春秋》漢之經,孔子制作,垂遺於漢。論者

---

249 《潛夫論・論榮》。

250 《論衡・累害》。

251 《晉書・傅玄傳》。

252 參拙著,〈東漢孝廉的身分背景〉《第二屆中國社會經濟史研討會論文集》,頁19,表二,「屬吏出身孝廉比例表」。

253 《論衡・程材》。

徒尊法家，不高《春秋》，是闇蔽也。」[254]

約略和王充同時的韋彪也有類似的觀感。《後漢書·韋彪傳》說：

> 彪以世承二帝吏化之後，多以苛刻為能，又置官選職，不必以才……上疏
> 諫曰：「……天下樞要，在於尚書，尚書之選，豈可不重？而閒者多從郎官
> 超升此位，雖曉習文法，長於應對，然察察小慧，類無大能。」

風氣變化大約在東漢中期，章、和之時逐漸明顯。和帝時，樊準上言：

> 臣愚以為宜下明詔，博求幽隱，發揚巖穴，寵進儒雅，有如（趙）孝、（承）
> 宮者，徵詣公車，以俟聖上講習之期。公卿各舉明經及舊儒子孫，進其爵
> 位，使續其業。復召郡國書佐，使讀律令。如此，則延頸者日有所見，傾
> 耳者月有所聞，伏願陛下推述先帝進業之道。[255]

他顯然認為郡國書佐小吏應習律令，而舊儒子孫則守經學。所謂舊儒子孫
即世族子弟。換言之，他不再認為儒經與律令為官吏一體同守，而是各有
所習。順帝時，左雄言孝廉選舉，主張「諸生試家法，文吏課牋奏」。[256]
至此，經學與律學分別已更為清楚。因儒生與文史所習不同，課試遂亦有
別。漢末，世家大族更明白卑視律令。靈帝時，拜楊賜為尚書令，數日出
為廷尉。賜自以「代非法家」，固辭，言曰：「三后成功，惟殷于民，皋陶
不與焉，蓋吝之也（注：吝，恥也）。」[257] 弘農楊氏世傳經學，恥為廷尉，
於此可見世族對律令實務的態度。不唯如此，皇帝本人竟也以儒法雜揉為
非。靈帝中平五年九月己未詔：

> 頃選舉失所，多非其人，儒法雜揉，學道浸微。處士荀爽、陳紀、鄭玄、
> 韓融、李楷耽道樂古，志行高潔，清貧隱約，為眾所歸，其以爽等各補博
> 士。[258]

兩漢治道本在兼雜王、霸。靈帝竟斥責選舉儒法雜揉。漢末風氣的轉變，

---

254 同上。
255 《後漢書·樊準傳》。
256 《後漢書·左雄傳》。
257 《後漢書·楊賜傳》。
258 《後漢紀》卷廿五。

此又一徵驗。可是漢末經學空洞而不務實，也曾激起不少學者的反動。例如崔寔、仲長統、應劭等人有鑑於經學空言，無補亂世，主張改以嚴刑重罰。崔寔說：「刑法者，治亂之藥石也；德教者，興平之粱肉也。」[259] 仲長統則明言「定五刑以救死亡」。[260] 曹操與曹丕父子尚法務實，多多少少是承繼這一派的反動而來。但是經學世族卑視律令刑名終是不可挽回的大勢。[261] 和衛覬同時代的王粲曾作〈儒吏論〉，反映這種大勢甚為清楚：

> 古者，八歲入小學，學六甲、五方、書、計之事。十五入大學，學君臣朝廷王事之紀。則文法典藝，具存于此矣。至乎末世，則不然矣。執法之吏，不闚先王之典，搢紳之儒，不通律令之要……先王見其如此也，是以博陳其教，輔和民性，達其所壅，祛其所蔽，吏服訓雅，儒通文法。故能寬猛相濟，剛柔自克也。[262]

王粲所說的末世，其實就是漢末。所謂「執法之吏，不闚先王之典；搢紳之儒，不通律令之要」，乃是兩漢以來「吏服訓雅，儒通文法」傳統的最大轉變。

「吏服訓雅，儒通文法」是漢代官吏品質的一大特色。可是這並不始於漢初。漢初君臣，承秦遺風，唯知刀筆，並無所謂訓雅可言。賈誼說：「俗吏之所務，在於刀筆筐篋，而不知大體。陛下又不自憂，竊為陛下惜之。」[263]「陛下又不自憂」一句點破漢初天子所知，與俗吏無異。唯自武帝尚儒，以儒術緣飾法律，以古義附會律令，史謂「（張）湯由是鄉學」，[264] 此吏服訓雅之始也。此後，君臣議政，多引經據律，治獄或衡以《春秋》，

---

259 《後漢書‧崔寔傳》。

260 《後漢書‧仲長統傳》。

261 《三國志‧杜畿傳》杜恕議考課疏：「今之學者師商韓而上法術，以儒家為迂闊，不周世用，此最風俗之流弊，創業者之所宜慎也。」由此可見世族對法術商韓之反感。蜀昭烈帝遺詔囑後主所讀之書有《漢書》、《禮記》、諸子、《六韜》、《商君書》、《申不害》、《韓非》、《管子》，此亦可證杜恕所說非虛。參《三國志‧先主傳》裴注引《諸葛亮集》。

262 《藝文類聚》（上海：上海古籍出版社，1965），卷五十二。

263 《漢書‧賈誼傳》。

264 《漢書‧兒寬傳》。

遂促成漢代兼習經、律的風氣。這種風氣經數百年而後變。順帝時，儒生與文吏課試已不相同。魏文帝黃初三年詔：「其令郡國所選，勿拘老幼，儒通經術，吏達文法，到皆試用。」[265] 課試不同反映兼習的風氣發生變化。這個變化到曹魏時完全明朗，因而王粲對「吏服訓雅，儒通文法」的傳統，只能心嚮往之了。

曹魏設立律博士的意義不同於漢武帝置五經博士。五經博士的設立象徵儒學的興起，而律博士的設置則在挽救律令學的沒落，是律令學衰微的徵兆。曹魏以降，雖仍有言法之士，律令家學亦見記載，[266] 然而律令刀筆毫無疑問逐漸淪為寒門所職，已非高門貴族所屑為。晉代葛洪曾指出：「今在職之人，官無大小，悉不知法令⋯⋯作官長不知法，為下吏所欺而不知」；「或有不開律令之篇卷而竊大理之位」。[267] 他所說不知法令的官長大約都是因父兄得任的貴游子弟，而知法者多出身寒素。東晉初，熊遠上疏便說：「今朝廷法吏多出於寒賤。」[268] 在魏晉以後一個日益貴族化的社會裡，律令學得不到貴族的支持，便只有沒落一途。原本甚受推崇的皋陶，原受祀於廷尉，晉代一度被移往地位更低的律署。《晉書・禮志》謂：「太學之設，義重太常，故祭於太學，是崇聖而從重也；律署之置，卑於廷尉，移祀於署，是去重而就輕也。律非正署，廢興無常，宜如舊，祀於廷尉。」晉之司馬氏標榜儒學世族，一反曹魏，皋陶也保不住原有的風光。南齊崔祖思則曾感慨地說：

> 漢來治律有家，子孫並世其業，聚徒講授至數百人。故張、于二氏，絜譽文、宣之世；陳、郭兩族，流稱武、明之朝。決獄無冤，慶昌枝裔，槐袞相襲，蟬紫傳輝。今廷尉律生，乃令史門戶，族非咸、弘，庭缺於訓。刑之不措，抑此之由。如詳擇篤厚之士，使習律令，試簡有徵，擢為廷尉僚

---

265 《三國志・文帝紀》。
266 程樹德，《九朝律考》卷九，頁37-38；卷十一，頁26。
267 《抱朴子》外篇〈審舉〉、〈吳失〉。又參趙翼，《廿二史箚記》（臺北：華世出版社）卷八，「南朝多以寒人掌機要」條；王利器，《顏氏家訓集解・勉學》。
268 《晉書・熊遠傳》。

屬，苟官世其家，而不美其績，鮮矣。[269]

　　南齊孔稚珪也指出「尋古之名流，多有法學」，「今之士子，莫肯為業。縱有習者，世議所輕」。他建議「國學置律助教，依五經例，國子生有欲讀者，策試上過高第，即便擢用，使處法職，以勸士流」。[270] 從魏、晉至隋代，律博士始終是廷尉（晉、宋、齊、梁、陳、北魏）或大理寺（北齊、隋）的屬官，不得預國學學官之列。孔稚珪亦僅建議於國學置律助教，而非律博士，然「事竟不施行」。

　　北朝情形稍異。北朝世族保守兩漢舊風較多。他們在胡人政權下，不能不以實學討生活。例如北魏道武帝「既定中原，患前代刑網峻密，乃命三公郎王德除其法之酷切於民者，約定科令，大崇簡易」。[271] 崔浩即「留心於制度科律及經術之言」，[272] 神䴥中參與改定律令。[273] 其他先後參與訂律令的還有高允、侯方回、游雅和高閭等人。後趙石勒子石弘曾「受經于杜嘏，誦律于續咸」。[274] 續咸曾師事杜預，專《春秋》、鄭氏《易》，又「修陳、杜律，明達刑書」。[275] 這仍然保持著漢世經、律兼修的傳統。律令家學亦不絕如縷，其中足以稱述者，則唯北齊封氏。渤海封氏歷世明法，可考者有封隆之、封繪、封述。[276] 他們參與律令修訂。南北朝律，以北齊律

269　《南齊書・崔祖思傳》。

270　《南齊書・孔稚珪傳》。十六國時期，後趙石勒時，曾有經學祭酒、律學祭酒、史學祭酒和門臣祭酒之設，見《晉書・石勒載記下》。又〈載記〉姚興傳上謂後秦姚興時，曾立律學於長安，「召郡縣散吏以授之。其通明者，還之郡縣，論決刑獄。」惜其詳不可得知。

271　《魏書・刑罰志》。《資治通鑑》卷一百一十，〈晉紀〉三十二，安帝隆安二年十一月條謂：「魏王珪命尚書吏部郎鄧淵立官制，協音律，儀曹郎清河董謐制禮儀，三公郎王德定律令……。」

272　《魏書・崔浩傳》。

273　《魏書・世祖紀》。又參王伊同，〈魏書崔浩傳箋註〉，《中央研究院歷史語言研究所集刊》，45：4（1974），頁698。

274　《晉書・石勒載記下》附石弘傳。

275　《晉書・儒林傳》附續咸傳。

276　《北齊書》，〈封隆之傳〉、〈封述傳〉。

最優，此與律令家學一息尚存不無關係。[277] 封氏之後，即不見再有以律令名家者。律令家學既衰，雖有律博士之置，但律生出於寒門，高族不屑於刀筆，漢代律令學的盛況遂一去而不復返。

五 結論

　　從先秦到秦漢，中國出現了一個龐大的中央集權的官僚組織。這個組織相沿兩千年，其影響中國社會的深遠廣大，論者已多；它如何組成，如何演變，也不乏論述。但是它到底依循什麼而運作？組織中的官吏憑藉什麼處理日常例行的事務？這一類問題似乎還值得討論。據前文所述，從春秋戰國以來，隨著集權官僚組織逐漸形成，就已經有一套龐雜的「法」。法的來源是君主，所謂法出於君。君王的法令經由層層分責的官僚，下達於編戶齊民。這構成戰國政制的特色。秦漢政制延續戰國的規模，依法而治的原則也相沿未改。依秦漢的習慣，這些號令法規可統稱為律令。依律令而治，則官吏須先明律令。

　　大致來說，秦漢官吏習律令，基本上是依循「以吏為師」的形式。根據《商君書》和雲夢睡虎地秦簡看來，秦代有專主法令傳授的官吏，也有專供吏的子弟學習的學室。這些學習者在當時或稱為弟子。弟子享有某些除復徭役的特權，也有免於被過度役使的保障。他們學習有一定的進程、考核和教本。習不中程會受處罰。所學大約以政府的法令規程為主。以雲夢秦墓的主人為例，他不過是地方治獄的小吏，墓中出現的律目最少就有三十多種。這些他熟知習用的法律，內容相當廣泛。不過，大部分和處罰或治獄的事有關係。秦、漢吏治重在治獄，雲夢睡虎地秦簡可以說作了最適切的證明。

---

277 陳寅恪，《隋唐制度淵源略論稿》，見《陳寅恪先生論集》（《中央研究院歷史語言研究所特刊》之三，1971），頁 67-76。

漢代的官吏像秦代的一樣，大部分是所謂奉律令以從事的刀筆吏。雖然漢初以來，君臣上下或崇黃、老，或尚儒術，他們幾無不承認律令刑法是治民的必要工具。漢代政府選才用人，在大部分的情況下，也都以通曉律令為重要甚至必要的條件。因此，習律為吏在漢代應該是很普遍的情形。漢初史、卜之子有機會由專門的學侸輔導，學習文字書寫和專門技能，一般人則從閭里書師或其他途徑學書識字以後，即可試為小吏。在《蒼頡》、《急就》等識字的教本中已包括有初步的律令知識。但這是不夠的。小吏大概一邊任事，一邊還要見習。見習所學最重要的就是法令規章和公文程式。漢代基層的刀筆吏多半是這樣訓練出來的。秦、漢人學法令雖然都是以吏為師，但有一點不同：漢代似乎沒有設置專授律令的官吏，最少找不到這樣的證據。

　　漢與秦制另一點不同是漢代不禁私學，欲習律令，可從私人，非必以吏為師。漢初傳習申、商刑名的多為私人。他們傳習雖名為申、商，實則多與治獄律令有關。這從鼌錯等人所習所為即可窺見。西漢中晚期以後，由於法令日益龐雜，解釋比附不一，私人傳習不同，竟然造成章句家學。律令章句初或有三家，可考者唯武帝時的大、小杜律；東漢時演為十餘家，家各章句數十萬言。這種情形絕不是秦代禁私學的情況下所能有。漢代律令形成章句家學的另一個原因是武帝以後，士人兼習經、律；經師以治經之法以治律。經有章句，治律遂亦如法炮製而有律令章句之學。

　　漢儒兼習經、律實為漢代學風有異於秦，亦不同於後代的一大特色。秦人唯知律令，不習經；後世儒者一般而言則只守經而不習律。董仲舒通經明律，開一代學風之典型；馬融、鄭玄承其後，各有律令章句之作。

　　造成這種學風的關鍵似在漢儒重經而不輕律以及漢代學術與政治的緊密結合。漢代政治依經據律，學而優則仕的儒生就得兼明二者。不過，律令畢竟是基本。漢吏功令但問是否「頗知律令」，不察是否通明經術。只有在仕途上想要更上層樓，經學知識才是不可少的。因此，漢代公卿每多習律在先，明經於後者。當然也有經生先通經而後習律。何種情況較多，已不易細究。總之，從秦以來，習律令已成風氣；漢初以後，私家傳授又

甚普遍。漢代或竟因而不覺有設專人傳授律令的必要。此外，漢人雖然兼重經、律，但是根據漢儒的政治哲學，儒經代表德治，為主；律令代表刑法，為輔。五經為主，可立博士；律令不過為輔，豈可與為主之五經等列？漢儒德主刑輔的思想頗減少了律令博士在漢代出現的可能。曹魏以後則不然。曹丕父子出身「法家寒族」，他們非德尚法，不同於「儒家大族」。[278] 從漢末至曹魏時代的士人，也感於流於空洞虛偽的儒家德教，不足以應付混亂的世局。德主刑輔的思想不再那麼有說服力，律令之學遂可由婢女而為夫人。

然而曹魏律博士的出現似更植根於兩漢末以來「吏服訓雅，儒通文法」傳統的轉變。漢代士人自武帝以後兼習經、律，不但明聖人之言，也通刀筆實務，〈循吏傳〉中人物多為典型。東漢以降，豪門世族勢力膨脹，政治貴族化，仕宦漸重身分而輕實務。實務所寄之律令，高門世族不屑一為。經與律學遂漸分，儒生與文吏亦成兩橛。這種分化的發展，甚為緩慢，痕跡亦甚細微。抱經傳律的世族雖綿延至南北朝而不斷，但律令確實逐漸淪為寒門的技藝。作為政治勢力主流的世家大族既不屑於刀筆吏，律令學只有沒落一途。曹魏以降律博士的設立，不過是律令學在沒落中的掙扎罷了。

附記

本稿曾蒙陳槃庵先生，嚴歸田先生以及同儕好友杜正勝、陳鴻森、張榮芳、黃進興、劉增貴、劉淑芬諸君熱心指正，謹此誌謝。又本文寫作期間曾獲國家科學發展委員會獎助，一併誌謝。

原刊《中央研究院歷史語言研究所集刊》第五十四本第四分，1983；增修稿收入《秦漢史論稿》，1987；2005 年 3 月略作修訂；2007.1.7 再訂；

---

278 此處借用陳寅恪先生語。見氏著，〈崔浩與寇謙之〉，《陳寅恪先生論文集》（臺北：三人行出版社，1974），頁 587-589。

徵引書目：

1. 司馬遷，《史記》（宏業書局，《史記會注考證》）

2. 班固，《漢書》（藝文印書館，《補注》本）

3. 范曄，《後漢書》（藝文印書館，《集解》本）

4. 陳壽，《三國志》（藝文印書館，《集解》本）

5. 袁宏，《後漢記》（商務印書館《四部叢刊初編》）

6. 《東觀漢記》（中文出版社）

7. 《漢官六種》（中華書局，《四部備要》本）

8. 《國語》（里仁書局，校注本）

9. 《春秋左傳正義》（大化書局，《十三經注疏》本）

10. 《禮記正義》（大化書局，《十三經注疏》本）

11. 《尚書正義》（大化書局，《十三經注疏》本）

12. 《周禮注疏》（大化書局，《十三經注疏》本）

13. 竹添光鴻，《左傳會箋》（廣文書局）

14. 安井衡，《左傳輯釋》（廣文書局）

15. 屈萬里，《尚書釋義》（中華文化出版事業委員會，民國 57 年）

16. 朱熹，《四書集註》（世界書局）

17. 《逸周書》（重編本《皇清經解》，朱右曾《集訓校釋》）

18. 《韓非子》（世界書局，王先慎集解）

19. 《呂氏春秋》（中華書局，《四部備要》本）

20. 《商君書》（中華書局，高亨注譯）

21. 《管子》（東豐書店，郭沫若、聞一多、許維遹集校）

22. 《管子》（商務印書館，《國學基本叢書》）

23. 《荀子》（新興書局，謝墉集解）

24. 《淮南子》（世界書局，高誘注本）

25. 賈誼，《新書》（商務印書館，《四部叢刊》本）

26. 董仲舒，《春秋繁露》（河洛圖書出版社，蘇輿義證）

27. 韓嬰，《韓詩外傳》（商務印書館，《四部叢刊》本）

28. 戴德，《大戴禮記》（《武英殿聚珍版》）

29. 桓寬，《鹽鐵論》（世界書局，王利器校注）

30. 應劭，《風俗通義》（明文書局，王利器校注）

31. 劉向，《新序》（商務印書館，《四部叢刊》本）

32. 王充，《論衡》（商務印書館，《四部叢刊》本）

33. 王符，《潛夫論》（商務印書館，《四部叢刊》本）

34. 揚雄，《法言》（世界書局，汪榮寶義疏）

35. 蔡邕，《獨斷》（《抱經堂校定》本）

36. 班固，《白虎通德論》（商務印書館，《四部叢刊》本）

37. 顏之推，《顏氏家訓》（明文書局，王利器集解）

38. 葛洪，《抱朴子》（世界書局，孫星衍校本）

39. 《竹書紀年》（華世出版社，方詩銘、王修齡，《古本竹書紀年輯證》）

40. 許慎，《說文解字》（藝文印書館，段玉裁注）

41. 《急就篇》（玉海附刻本，王應麟校）

42. 魏收，《魏書》（鼎文書局，新校標點本）

43. 房玄齡，《晉書》（鼎文書局，新校標點本）

44. 蕭子顯，《南齊書》（鼎文書局，新校標點本）

45. 李百藥，《北齊書》（鼎文書局，新校標點本）

46. 洪适，《隸釋》（藝文印書館，《石刻史料叢書甲編》）

47. 嚴可均，《全後漢文》（中文出版社，《全上古三代秦漢三國六朝文》）

48. 長孫無忌，《唐律疏義》（商務印書館，《國學基本叢書》）

49. 《太平御覽》（商務印書館，《四部叢刊三編》）

50. 趙翼，《廿二史箚記》（華世出版社）

51. 王鳴盛，《十七史商榷》（藝文印書館，《百部叢書》本）

52. 章學誠，《文史通義》（華世出版社）

53. 薛允升，《漢律輯存》（鼎文書局，《中國法制史料》第二輯第一冊）

54. 沈寄簃，《漢律摭遺》（鼎文書局，《中國法制史料》第二輯第一冊）

55. 侯康，《補後漢書藝文志》（開明書店，《廿五史補編》）

56. 顧懷三，《補後漢書藝文志》（開明書店，《廿五史補編》）

57. 程樹德，《九朝律考》（商務印書館，1927）

58. 錢穆，《先秦諸子繫年》（香港大學出版社，1956 增訂初版）

59. 錢穆，《兩漢經學今古文平議》（1971 自印本）

60. 嚴耕望，《中國地方行政制度史》上編（中央研究院歷史語言研究所專刊之四十五，1974）

61. 嚴耕望，〈秦漢郎吏制度考〉，《中央研究院歷史語言研究所集刊》，23 本上冊，1951，頁 89-143。

62. 勞榦，《居延漢簡・考釋之部》（中央研究院歷史語言研究所專刊之四十，1960）

63. 勞榦，〈史記項羽本紀中學書和學劍的解釋〉，《中央研究院歷史語言研究所集刊》，30 本下冊，1959，頁 499-510。

64. 王伊同，〈魏書崔浩傳箋註〉，《中央研究院歷史語言研究所集刊》，45 本 4 分，1974，頁 681-727。

65. 陳槃，〈古讖緯書錄解題〉，《中央研究院歷史語言研究所集刊》，22 本，1940，頁 85-120。

66. 陳槃，〈春秋時代的教育〉，《中央研究院歷史語言研究所集刊》，45 本 4 分，1974，頁 731-812。

67. 陳槃，〈於歷史與民俗之間看所謂瘞錢與地券〉，《中央研究院國際漢學會議論文集》，歷史考古組中冊，1981，頁 855-905。

68. 陳槃，《漢晉遺簡識小七種》（中央研究院歷史語言研究所專刊之六十三，1975）

69. 陳寅恪，《隋唐制度淵源略論稿》（《中央研究院歷史語言研究所特刊》之三，《陳寅恪先生論集》，1971），又《陳寅恪先生論文集》（三人行出版社，1974）

70. 徐道鄰，〈中國唐宋時代的法律教育〉，《東方雜誌》，復刊 6 卷 4 期，

1972，頁 29-32。

71. 陳夢家，《卜辭綜述》（翻印本）

72. 陳直，《史記新證》（河洛圖書出版社，1980 影印本）

73. 陳直，《漢書新證》（天津人民出版社，1979）

74. 余英時，〈反智論與中國政治傳統〉，《歷史與思想》（聯經出版事業公司，1977 三版）

75. 邢義田，〈雲夢秦簡簡介——附：對〈為吏之道〉及墓主喜職務性質的臆測〉，《食貨》9 卷 4 期，1979，頁 33-39。

76. 邢義田，〈東漢孝廉的身分背景〉，《第二屆中國社會經濟史研討會論文集》，1983，頁 1-56。

77. Kwang-chih Chang, *Shang Civilization*（Yale U. P., 1980）

78. H. G. Creel, "The Fa-Chia: Legalists or Administrators"《慶祝董作賓先生六十五歲論文集》，下冊，1961，頁 607-636。

79. Kung-chuan Hsiao, "Legalism and Autocracy in Traditional China"《清華學報》4 卷 2 期，1964，頁 108-122。

80. 睡虎地秦墓竹簡整理小組，《睡虎地秦墓竹簡》（文物出版社，1978）

81. 中國科學院考古研究所甘肅省博物館，《武威漢簡》（文物出版社，1964）

82. 甘肅居延考古隊，〈居延漢代遺址的發掘和新出土的簡冊文物〉，《文物》，第 1 期，1978，頁 1-11。

83. 初仕賓，〈居延簡冊〈甘露二年丞相御史律令〉考述〉，《考古》，第 2 期，1980，頁 179-184。

84. 寶雞市博物館，〈寶雞市鏟車廠漢墓——兼談 M1 出土的行楷體朱書陶瓶〉，《文物》第 3 期，1981，頁 46-52。

85. 王光永，〈寶雞市漢墓發現光和與永元年間朱書陶器〉，《文物》，第 3 期，1981，頁 53-63。

86. 吳榮曾，〈鎮墓文中所見到的東漢道巫關係〉，《文物》，第 3 期，1981，頁 56-63。

87. 河南省博物館，〈靈寶張灣漢墓〉，《文物》，第 11 期，1975，頁 75-93。

88. 馬王堆漢墓帛書整理小組，〈長沙馬王堆漢墓出土老子乙本卷前古佚書釋文〉，《文物》，第 10 期，1974，頁 30-42。

89. 甘肅居延考古隊簡冊整理小組，〈建武三年侯粟君所責寇恩事釋文〉，《文物》，第 1 期，1978，頁 30-31。

90. 于豪亮，〈雲夢秦簡所見職官述略〉，《文史》，第 8 輯，1980，頁 5-25。

91. 胡平生、韓自強，〈蒼頡篇的初步研究〉，《文物》，第 2 期，1983，頁 35-40。

92. 傅舉有，〈關於長沙馬王堆三號漢墓的墓主問題〉，《考古》，第 2 期，1983，頁 165-172。

93. 凌襄，〈試論馬王堆漢墓帛書〈伊尹·九主〉〉，《文物》，第 11 期，1974，頁 21-27。

94. 高亨，《文史述林》（中華書局，1980）。

95. 冨谷至，〈史書考〉，《西北大學學報》，第 1 期，1983，頁 45-50。

96. 阜陽漢簡整理組，〈阜陽漢簡蒼頡篇〉，《文物》，第 2 期，1983，頁 24-34。

97. 沈元，〈急就篇研究〉，《歷史研究》，第 3 期，1962，頁 61-87。

98. 陳夢家，《漢簡綴述》（中華書局，1980）。

從安土重遷論秦漢時代的徙民與遷徙刑

　　遷徙離鄉在秦漢人心目中的嚴重性，可以從下面這個故事明白地看出來。武帝元狩元年（西元前 122 年），淮南王劉安謀反，苦無不安的情勢可以利用。中郎伍被於是獻上一計，鼓動民怨：

> 被曰：「必不得已，被有愚計。」王曰：「奈何？」被曰：「當今諸侯無異心，百姓無怨氣，朔方之郡土地廣美，民徙者不足以實其地。可為丞相、御史請書，徙郡國豪桀及耐罪以上，以赦令除，家產五十萬以上者，皆徙其家屬朔方之郡。益發甲卒，及其會日。又偽為左右都司空上林中都官詔獄書，逮諸侯太子及幸臣。如此則民怨，諸侯懼，即使辯士隨而說之，黨可以徼幸。」[1]

以伍被估計，在諸侯無異心，百姓無怨氣的情況下，如果製造徙民朔方的傳言，又假傳詔書逮捕諸侯太子及幸臣，將可激起平民與豪門普遍的疑懼怨恨，創造有利起兵的情勢。淮南王聞其計，也認為「此可也」。這個計畫後來雖然並沒有實現，卻很真切地反映了漢代人對遷徙，尤其是徙邊一事的感受。

　　伍被如此計謀，當然有他的背景。就在元狩元年的五年以前，也就是元朔二年（西元前 127 年）的春天，武帝遣衛青等人敗匈奴，收河南地，置朔方和五原郡。同年夏天，武帝即募民十萬口徙朔方。伍被說「民徙者不足以實其地」就是指這一次徙民。同時，武帝還曾徙郡國豪傑及訾三百萬

1　《漢書·蒯伍江息夫傳》（新校標點本，中華書局，下同）。又參《史記·淮南衡山列傳》，除字句大同小異，大體相同。

以上於茂陵。[2] 關東大俠郭解被迫遷徙又遭族誅一事，即發生在徙民茂陵的行動中。募民徙朔方一事在當時社會上造成什麼反應，文獻失載，不得而知。不過，根據《漢書‧游俠傳》，徙郡國豪傑及富人於茂陵一事，在當時震動了關山東西。時隔五年，人們記憶尚新，那些豪傑富人應該更是餘悸猶存。五年前遷徙的是家貲三百萬以上者，遷徙的地點是京師旁的茂陵，如今傳言徙家產五十萬以上者，受影響的富人將更多，遷徙的地點是荒遠新闢的邊郡朔方，其可能引起的疑慮震恐必然更大。這可以說是伍被此計的用心和最直接的背景。

　　如果深遠一點說，自從中國成為一個定居的農業社會，離鄉背井大概已是一般人最不得已和最難忍受的事之一。定居的農業使人傾向安土重遷。絕大部分的農民如果不是因為天災人禍或人口增殖的自然壓力，通常都不輕易離開他們的土地（圖 1.1-1.3）。這種社會習性最早從盤庚打算從奄遷到殷，「民不適（適，悅也）有居」（《尚書‧盤庚》）已經可以看見。漢代人對百姓安土重遷的特性也曾有深入的觀察。司馬遷指出：「關中汧、雍以東至河、華，膏壤沃野千里……故其民猶存先王遺風，好稼穡，殖五穀，地重，重為邪。」又說：「齊帶山海，膏壤千里，宜桑麻……地重，難動搖。」（《史記‧貨殖列傳》）所謂「地重」或「地重，難動搖」者，安土重遷也。漢元帝在永光四年勿徙民初陵的詔書裡說：「安土重遷，黎民之性。骨肉相附，人情所願也……秦徙郡國民以奉園陵，令百姓遠棄祖先墳墓，破業失產，親戚別離，人懷思慕之心，家有不安之意。是以東垂被虛耗之害，關中有無聊之民，非長久之策也。」[3] 劉向在《說苑》裡也說：「安故重遷，謂之眾庶。」[4] 東漢崔寔則謂：「小人之情，安土重遷，寧就飢餒，無適樂土之慮。」[5] 對遷徙感受最深刻的恐怕要數屬籍安定的王符。王符在《潛夫論‧實邊》篇中說：

<hr>

2　《漢書‧武帝紀》。

3　《漢書‧元帝紀》。

4　《說苑》（臺北：新興書局《漢魏叢書》本，1959）卷十九，〈脩文〉。

5　《通典》（臺北：新興書局景印武英殿本，1963）卷一，〈食貨一〉田制上。

圖 1.1　陝西靖邊楊橋畔東漢墓壁畫局部

圖 1.2　四川峨眉雙福鄉出土東漢持鍤
農夫石雕

圖 1.3　河南內黃三楊莊西漢農舍第三庭院遺址旁
的田壟

　　且安土重遷，戀慕墳墓，賢不肖之所同也。民之於徙，甚於伏法。伏法不
　　過一人死爾。諸亡失財貨，奪土遷徙，不習風俗，不辨水土，類多滅門，
　　少能還者。[6]

東漢明、章以後，帝國西疆飽受羌患，朝臣紛紛主張放棄邊郡並遷邊民於
內地。王符以邊郡人的切身感受，竟然說出「民之於徙，甚於伏法」，「奪

6　汪繼培，《潛夫論箋》（臺北：世界書局，1955），頁 118。「安土重遷」原作「夫土重遷」，
　　據汪箋校改。

土遷徙……類多滅門」這樣深痛的話來。[7] 他又指出邊地雖然危險，邊民「猶願守其緒業，死其本處，誠不欲去之極。」[8] 他的話和崔寔所謂「寧就飢餒，無適樂土之慮」可以說明白表露了當時人對遷徙離鄉的感受。

如果被迫離鄉，不論是因戰爭、災荒、仕宦或遭遷徙刑，都希望有朝一日能重返故里。楚、漢之際，因戰爭而人口流亡甚多。等到戰爭結束，天下安定，「民咸歸鄉里」。[9]〈國三老袁良碑〉記其先祖「當秦之亂，隱居河、洛。高祖破項，實從其冊。天下既定，還宅扶樂。」[10] 這是百姓於戰亂之後，返回鄉里的實證。漢人仕宦離鄉，致仕之時，例乞骸骨，歸故里。司馬遷曾親訪豐沛，說：「吾適豐沛，問其遺老，觀故蕭、曹、樊噲、滕公之冢」，[11] 可見這些追隨劉邦的漢初功臣歿後，即行歸葬。西漢元帝時，貢禹乞骸骨上奏裡有一段頗能反映思歸之心切：「自痛去家三千里，凡有一子，年十二，非有在家為臣具棺槨者也。誠恐一旦蹎仆氣竭，不復自還。洿席薦於宮室，骸骨棄捐，孤魂不歸。不勝私願，願乞骸骨，及身生歸鄉里，死亡所恨。」[12] 上書以「死無所恨」作結，可見他的心情。班超從西域上書求歸，說：「不敢望到酒泉郡，但願生入玉門關。」[13] 班超身在異域，以中土為故鄉，反映的也是同樣的心情。如果不幸未及生而返鄉，亦願死而歸葬。其他因天災人禍，離鄉望返的例子，下文還會再提到。總之，所謂「代馬望北，狐死首丘」，[14] 人們思鄉戀土之情如此濃烈，

7 類似的話也見於晉代王羲之給謝安的書信：「其滅死者，可長充兵役，五歲者可充雜工醫寺，皆令移其家以實都邑……今除罪而充雜役，盡移其家，小人愚迷，或以為重於殺戮……」（《晉書・王羲之傳》）

8 汪繼培，《潛夫論箋・實邊》。《三國志・駱統傳》也有類似的記述：「小民無知，既有安土重遷之性，且又前後出為兵者，生則困苦無有溫飽，死則委棄骸骨不反，是以尤用戀本畏遠，同之於死。」

9 《史記・高祖功臣侯者年表》。

10 《隸釋》（樓松書屋汪氏校本）卷六，頁 5 上。

11 《史記・樊酈滕灌列傳》太史公曰。

12 《漢書・貢禹傳》。

13 《後漢書・班超傳》。

14 《潛夫論・實邊》。

主要是因為秦漢承古遺風，家族聚居，親朋故舊，盡在於斯。田園廬墓，彼此相連，死生同恤，祭祀同福。人一生較緊密的血親和地緣關係通常都和鄉里故居分不開，而這一切又是農業聚落長期定居和安土重遷的自然結果。[15]

　　對這種社會習性和心理有所認識，才能比較深切地了解秦、漢時代若干徙民措施和遷徙刑所具有的意義。由於人們迫不得已不願遷徙，遷徙因此可以成為被視作「甚於伏法」的嚴重懲罰。又因為遷徙刑是以遷徙作為懲罪的方式，政府對於無罪的百姓就不能隨意遷之。如要徙民，須「募」，須以利誘之，尊重其意願。如不顧意願，強迫而行，就可能激起民變。伍被獻計，依據的就是這樣的社會背景。因此，我們看見秦、漢兩代為了政治或軍事的目的，大規模徙民或遷移罪犯於邊地，都採取了種種鼓勵的措施。

　　對鼓勵徙民的措施有比較詳細描述的是鼂錯。他在徙民實邊的建議中說：

> 臣聞古之徙遠方以實廣虛也，相其陰陽之和，嘗其水泉之味，審其土地之宜，觀其草木之饒，然後營邑立城，制里割宅，通田作之道，正阡陌之界，先為築室，家有一堂二內，門戶之閉，置器物焉。民至有所居，作有所用，此民所以輕去故鄉而勸之新邑也。為置醫巫，以救疾病，以脩祭祀，男女有昏，生死相卹，墳墓相從，種樹畜長，室屋完安，此所以使民樂其處而有長居之心也。[16]

他建議的種種措施，不僅在促使百姓樂於遷徙，更在於使民遷徙之後，願意長期定居下來。簡單地說，第一步為使百姓樂於遷徙，必須讓他們「至有所居，作有所用」；第二步為使人民願意長居，必須為他們安排一個他們原本習慣的聚落生活。儘管如此，這一切安排對傾向安土重遷的百姓，吸引力仍不足。事實上只有貧窮或因災無以維生，或犯罪的人才可能接受

15　邢義田，〈漢代的父老、僤與聚族里居〉，本書卷三，頁517-549。

16　《漢書・鼂錯傳》。

這樣的安排。因此，鼂錯建議募民，以犯罪為先，欲贖罪或得爵者次之：

> 乃募罪人及免徒復作令居之；不足，募以丁奴婢贖罪及輸奴婢欲以拜爵者；不足，乃募民之欲往者。皆賜高爵，復其家。予冬、夏衣，廩食，能自給而止。郡縣之民得買其爵，以自增至卿。其亡夫若妻者，縣官買予之。[17]

不論是對罪犯或平民百姓，用的方式都是「募」，而不是迫令。鼓勵的措施包括贖罪、拜爵、除復徭役、供給衣食，甚至代辦婚配。再加上前文提到的供給田、宅，為置巫醫等，條件可以說相當豐厚。

鼂錯議論的這許多徙民措施，有些可能是他的創意，例如沒有匹配的，官府「買予之」。即使這一點也可能有所本。《史記‧淮南衡山列傳》提到秦始皇使尉佗攻百越。尉佗上書「求女無夫家者三萬人，以為士卒衣補。秦皇帝可其萬五千人。」此事雖有不同，可見官方代籌匹配非無先例。其餘幾全沿襲前朝舊制。秦在爭霸東方的過程裡，為了控制新獲得的土地，很早即以賜爵和赦罪的方式鼓勵移民。《史記‧秦本紀》載昭襄王：

> 二十一年，錯攻魏河內，魏獻安邑。秦出其人，募徙河東賜爵，赦罪人遷之。
>
> 二十六年，赦罪人遷之穰。
>
> 二十七年，錯攻楚，赦罪人遷之南陽。
>
> 二十八年，大良造白起攻楚，取鄢、鄧。赦罪人遷之。
>
> 三十四年，秦與魏、韓上庸地為一郡。南陽免臣遷居之。

昭襄王收魏、韓、楚之地，不斷赦秦國的罪人實之。這些是什麼樣的罪人，記載中沒有說明。湖北雲夢睡虎地四號秦墓出土的兩封木牘家書卻透露了一點不很清楚的消息。家書的一封是當兵在外的惊寫給兄長衷。信中提到：「……聞新地域多空不實者，且今故民有為不如令者實……」[18] 據黃盛璋氏研究，新地域就是昭襄王二十八年，白起取鄢、鄧後，在新得的楚

---

17 同上。

18 《雲夢睡虎地秦墓》編寫組，《雲夢睡虎地秦墓》（北京：文物出版社，1981），頁25。

地上所建，即今四號墓旁的雲夢古城。[19] 衷和他的母親、姑姊等親人都住在新地。惊寫信回家問候親人，因而提到新地空虛不實，以故民不如令者實之的傳聞。「故民」似指民之在秦者，相對於遷「新地」者。如果這樣的理解不誤，二十八年所赦罪人大概就是「有為不如令者」。「不如令」意義甚泛，李斯提議焚書時，「令下三十日不燒，黥為城旦。」[20] 今下不燒應屬「不如令」的範疇，其懲罰是黥為城旦。據雲夢睡虎地秦律，「黥為城旦」較遷刑為重（詳下）。如此，赦不如令者遷之，就有以較輕的處分作為鼓勵遷徙的意味。昭襄王三十四年，以南陽免臣遷上庸。這裡的「免臣」和鼂錯所說的「免徒」似為一類。《漢書‧鼂錯傳》注臣瓚釋「免徒復作」曰：「罪人遇赦復作竟其日月者，今皆除其罰。」[21] 臣瓚之說如確，則免徒頗類漢代文獻和簡牘中常見的「弛刑徒」或「施（弛）刑」。弛刑徒乃徒之免鉗鈦赭衣者。免鉗鈦等刑具在漢代是要以從軍或戍邊等代價換取而來，[22] 秦代南陽的「免臣」則是以願徙居上庸為代價。

秦代鼓勵遷徙的另外兩種方式是除復徭役和賜爵。秦始皇二十八年南登琅邪，因徙黔首三萬戶於琅邪臺下，被徙者「復十二歲」；[23] 三十五年徙三萬家麗邑，五萬家雲陽，「皆復不事十歲」。[24] 這裡遷徙的是一般庶民，條件應該比罪犯優厚；三十六年遷北河和榆中三萬家，條件是「拜爵一級」。[25] 拜爵與除復條件的優劣差別，我們已難判定。在前引昭襄王二十一

19　黃盛璋，〈雲夢秦墓兩封家書中有關歷史地理的問題〉，《文物》，8（1980），頁 74-77。

20　《史記‧秦始皇本紀》。

21　《漢書‧鼂錯傳》。

22　《漢書‧宣帝紀》，神爵元年：「西羌反，發三輔、中都官徒弛刑……詣金城。」李奇曰：「弛，廢也。謂若今徒解鉗鈦赭衣，置任輸作也。」師古曰：「弛刑，李說是也。若今徒囚但不枷鎖而責保散役之耳。」《漢書‧昭帝紀》元鳳元年：「武都氐人反，遣執金吾馬適建……將三輔、太常徒，皆免刑，擊之。」免刑之徒，即弛刑徒，或亦即鼂錯所說的免徒。這種弛刑徒在居延邊塞的遺簡中常見，參勞榦，〈漢代兵制及漢簡中的兵制〉，《中央研究院歷史語言研究所集刊》，10（1943），頁 52-54。

23　《史記‧秦始皇本紀》。

24　同上。

25　同上。

年獲魏安邑，秦也曾募徙河東者，賜爵。以除復和賜爵鼓勵徙民的方式在《商君書・徠民》篇中曾經提到。〈徠民〉篇曾提出如何以田宅、多爵、久復之法吸引三晉人民開墾秦國的荒地。〈徠民〉篇成書甚晚，商鞅是否有招徠三晉百姓事亦不可確知。不過，從《孟子・梁惠王》篇討論如何增加人口，《逸周書・大聚》討論「王若欲來天下之民，先設其利，而民自至」，《管子・霸言》指出「夫爭天下者，必先爭人」看來，戰國時代各國之間確有人口和人才爭奪戰。[26] 當時各國訂定種種鼓勵移民措施的，恐怕不只是秦國而已。總之，鼂錯的建議淵源有自，其後漢代許多徙民的措施也與此一脈相承。

兩漢政府基於各種理由，曾不斷遷徙社會上不同身分的人到不同的地區去。例如基於政治上強本弱末的考慮，遷移郡國豪傑、高貲富人和吏二千石之家於京師；基於軍事、經濟和安定社會內部等原因，又大規模移送災民、貧民或罪犯到帝國的邊陲地帶。由於移民身分和遷移地區與目的的不同，漢代政府所採取的措施以及遭遇的問題當然也隨之有異。不過，誠如王符所說，安土重遷，戀慕墳墓，乃「賢不肖之所同」。在這個大前提下，漢代政府不論對移徙京師的高官、富人或遷往邊地的貧民和罪犯，都得給予不同形式和大小的鼓勵。

西漢本強幹弱枝之術，不斷遷徙郡國豪傑、高貲富人和吏二千石之家於關中。這些人本是社會中擁有社會、經濟和政治勢力的一群。將他們遷移到關中，意味著他們必須離開原有的產業和地緣上的社會關係。這一類人對遷移的疑懼和抗拒，已可從前述伍被的計謀和郭解的故事看出來。西漢政府遷移他們所遭遇的困難，很顯然不同於遷徙那些無甚產業的貧民或罪犯。因此，西漢徙民關中和帝陵，雖曰用「募」，實際上是威脅利誘，兼而有之。所謂威迫，是指在許多情況下，須遷徙者大概沒有不遷的自由。

西漢最早的一項徙民紀錄是高祖九年十一月，徙齊大族田氏、楚昭

26　《管子》〈輕重甲〉、〈牧民〉、〈形勢解〉等篇也有相關討論，不細舉。

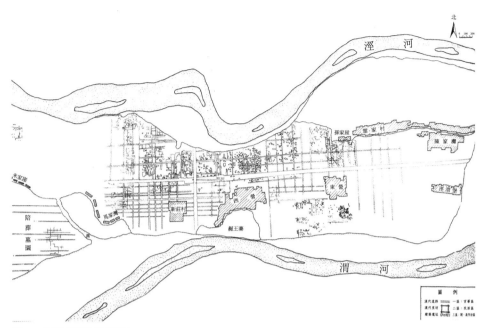

圖 2 　陽陵邑遺址平面圖

氏、屈氏、景氏和懷氏十萬餘口於關中。這些大族和秦時遷往咸陽的豪富
一樣，實際上都沒有拒而不遷的自由。西漢的二千石之家大概也只能遵令
而遷。利誘的方式則以賞賜金錢和田、宅為主。《史記・高祖本紀》未載
遷齊、楚大族的條件，《漢書・高帝紀》說是「與利田、宅」。[27] 此後募民
徙帝陵，都有金錢或田宅的賞賜。景帝募徙陽陵，賜錢二十萬（圖2）；武
帝賜徙茂陵者，戶錢二十萬，田二頃；昭帝募徙雲陵，賜田宅，戶錢十
萬；宣帝募郡國吏民貲百萬以上徙平陵，並以水衡錢為徙民起宅第，又徙
丞相、將軍、列侯、吏二千石及貲百萬者於杜陵，條件未詳，或「如故
事」，故不載也。[28] 元帝營陵，不復徙民。成帝初起初陵，又因解萬年與陳
湯之議，更作昌陵，徙郡國豪傑貲五百萬以上五千戶，凡丞相、御史、將

27　《漢書・高帝紀》。

28　以上參《漢書》各帝本紀。

軍、列侯、公主、中二千石徙者，賜宅第及冢地。[29] 解萬年與陳湯建議起昌陵徙民，是因各有私心。私心之一是陳湯家人「不樂東土」，又「可得賜田宅」。[30] 可見田宅賞賜對某些人而言確有吸引力。

賜冢地是前所未見的新條件。得皇帝賞賜冢地於帝陵附近應是一項榮譽，不過這也意味著不得返葬故里。因而這是不是受歡迎的條件頗成問題。漢人視祖墳至重，生則祀奉之，死則歸葬之。皇帝御賜冢地雖為榮耀，若因而不得歸葬祖塋，亦足以使人引以為恨。昭帝時，韋賢從魯國徙平陵，特留次子於故里守墳墓。可見過去徙帝陵似乎並不限制徙者死後歸葬祖塋。後其少子玄成別徙杜陵，病且死，因使者上書曰：「不勝父子恩，願乞骸骨，歸葬父墓。」上許焉。[31] 光武帝時，護羌校尉太原溫序卒，送喪到洛陽，光武賜城傍為冢地。後其長子夢其父告之曰：「久客思鄉里。」其子即棄官，上書乞骸骨歸葬。帝許之，乃返舊塋焉。[32] 明帝建初六年，琅邪人承宮卒，明帝賜以冢地，其妻上書乞歸葬鄉里。[33] 這些例子雖然和徙帝陵賜冢地的情況不同，但漢人盼望歸葬的心理是相同的。後來昌陵未成，遣返徙民，許多人因而免除了不得歸葬之恨，此後也不再見到有賜冢地以鼓勵徙民的例子。

武帝以後，每每為了救災、墾荒或實邊，將受災的貧民遷徙到邊地或有地可耕的地方去。要遷徙貧民也不是一件容易的事。第一，他們雖貧，也不一定願意離鄉；第二，由於他們貧窮，政府可能要花費比遷徙郡國富豪更大的財力，作更多的安排，才能將他們從一處遷往另一處。大家所熟知的例子是武帝元狩四年，山東被水災，「徙貧民於關以西及充朔方以南新秦中七十萬餘口。衣、食皆仰給縣官數歲。假予產業，使者分部護之，

29　《漢書·成帝紀》。
30　《漢書·陳湯傳》。
31　《漢書·韋賢傳》。
32　《後漢書·獨行傳》。
33　《後漢書·承宮傳》。

冠蓋相望，其貲以億計，不可勝數。」[34] 這是兩漢最大規模的一次移民。為了應付龐大的費用，武帝甚至不得不採取新的財政措施。《漢書‧武帝紀》說：「元狩四年冬，有司言關東貧民徙隴西、北地、西河、上郡、會稽凡七十二萬五千口。縣官衣食振業，用度不足，請收銀、錫造白金及皮幣以足用，初算緡錢。」[35] 遷徙災民不但要供給衣食，沿途護送，還要「假予產業」，《漢書‧食貨志》說是「貸予產業」。我們從後來平帝時的一個例子可知，所謂產業幾乎包括生活所需的一切。平帝元始二年夏，郡國大旱，青州尤甚，人民流亡。於是改安定呼池苑為安民縣，起官寺市里，「募徙貧民，縣次給食，至徙所，賜田、宅、什器、假與犁、牛、種、食」。[36] 東漢章帝時發生牛疫和糧荒，除了令郡國募人無田欲徙它界就肥饒者，恣聽之。到了徙所，還「賜給公田，為僱耕庸，賃種餉，貰與田器，勿收租五歲，除筭三年」。此外，更規定「其後欲還本鄉者，勿禁」。[37] 這次遷徙主要是為救災，不在實邊，因而允許遷民歸還本鄉。否則兩漢政府的政策都是希望徙民「占著所在」，不再遷移（詳下）。這次遷徙還定出免除租稅三年或五年的條件。條件即使這樣優厚，受災的貧民願意徙居的似乎仍只限於「無田」者。建武八年，郡國大水，杜林上疏建議：「其被災害民，輕薄無累重者，兩府遣吏護送饒穀之郡。」[38] 安帝永初年間，連年水旱，樊準上疏曰：「⋯⋯可依征和元年故事，遣使持節慰安，猶困乏者，徙置荊、揚孰郡。」[39] 杜林和樊準所說災民「輕薄無累重者」和「尤困乏者」，主要都是指無田產和家室的貧民（圖3）。事實上，大概也只有這些無產者才願意遠之他鄉。稍有產業的眷戀田園故居，也許就如崔寔所說，寧就飢餒而無適樂土之慮，政府對他們便只有「恣聽之」了。

34　《史記‧平準書》。

35　《漢書‧武帝紀》。

36　《漢書‧平帝紀》。

37　《後漢書‧章帝紀》。

38　《後漢書‧五行三》，李賢注引《東觀書》。

39　《後漢書‧樊宏傳》。

圖3　內蒙古和林格爾東漢壁畫墓中的牛耕圖

　　漢代政府徙民，雖然用募，依其意願而行，有時也用強迫。強迫的結果，不但百姓身受其害，統治者亦得不償失。東漢以後，由於邊患，常常強迫邊人內移。從光武建武九年開始到二十年，邊郡吏民不斷被遷往內地。據《後漢書‧吳漢傳》，建武十五年有六萬餘口從鴈門、代郡、上谷遷到居庸、常山關以東。建武二十六年，南單于遣子入侍，北邊轉危為安，又將雲中、五原、朔方、北地、定襄、雁門、上谷、代郡內遷的移民送還本土，「遣謁者分將施刑，補理城郭。發遣邊民在中國者，布還諸縣，皆賜以裝錢，轉輸給食。」[40] 所賜裝錢多少，未見記載。可是明帝永平五年「發遣邊人在內郡者，賜裝錢人二萬」。[41] 這可能是因循建武故事而來。如果一人錢二萬，單是遣返建武十五年的六萬餘口就要裝錢十二億！此外，轉輸給食，補理城郭之費尚不在內。然而據《東觀漢紀》，光武令邊民還鄉，結果是「未有還人」。二十七年，太尉趙憙奏「復緣邊諸郡」[42]，

40　《後漢書‧光武帝紀》。

41　《後漢書‧明帝紀》。

42　《後漢書‧趙憙傳》。

企圖在賜裝錢之外，更以除復徭役稅賦的辦法引誘邊民還鄉，「蓋憙至此，請徙之令盡也」。[43] 自內徙以後，時隔十餘年，邊民不願再遷的因素固然很多，其中一個大原因是他們當初被迫內徙時，他們的田園故居以及邊地城郭悉數遭到破壞。

摧毀城郭，以免為敵所用，毀民田園，乃在促迫邊民離去，無所後顧。這種破壞是東漢強迫遷民時常用的手段。《後漢書・西羌傳》說：「羌既轉盛……遂移隴西徙襄武，安定徙美陽，北地徙池陽，上郡徙衙。百姓戀土，不樂去舊，遂乃刈其禾稼，發徹室屋，夷營壁，破積聚。」《後漢書》的記載當是根據《潛夫論》而來。《潛夫論・實邊》篇說：「故爭郡縣以內遷，至遣吏兵，發民禾稼，發徹屋室，夷其營壁，破其生業，強劫驅掠，與其內入，捐棄羸弱，使死其處。當此之時，萬民怨痛，泣血叫號……邊地遂以丘荒。」《潛夫論》和《後漢書》所記都是羌禍轉熾以後的事。這種堅壁清野的策略似是師法自東漢初。[44] 因為當光武想要遣返邊民，面對殘破的城郭，曾感到後悔不及。《東觀記》說：「此時城郭丘墟，掃地更為，帝悔前徙之。」[45] 當初行破壞是因為百姓眷戀故土，難捨產業。從此也就可以理解，為什麼當董卓強迫獻帝和洛陽的百姓數百萬口遷往長安，必須將洛陽的「宮廟、官府、居家」付之一炬。[46]

在兩漢四百年間，強迫無罪的平民遷徙畢竟不是經常的事情。被迫遷徙最多和最經常的是罪犯。凡因罪遭遷徙，秦及漢初律皆名之曰遷。新近刊布的江陵張家山 336 號西漢初墓出土竹簡中即有律名簡〈遷律〉。[47]

漢人論刑，當提及刑罰的等級與種類（如西漢初，張蒼除肉刑的奏議，東

43　同上，李賢注引《東觀記》。

44　《後漢書・耿純傳》記載漢光武還在河北時，耿純率宗族賓客二千餘人從光武。純恐宗家懷異心，燒從者廬舍。光武問其故。純曰：「純雖舉族歸命，老弱在行，猶恐宗人賓客半有不同心者，故燔燒屋室，絕其反顧之望。」

45　《後漢書・光武帝紀》李賢注引。

46　《後漢書・董卓傳》。

47　參栗勁，《秦律通論》（濟南：山東人民出版社，1985），頁 283-287；荊州博物館編，《張家山漢墓竹簡（三三六號墓）》（北京：文物出版社，2022），簡 317。

漢諸帝聽亡命得贖的詔令），有死、有徒、有笞，卻不曾提及遷或徙。西漢文帝改革漢律，〈遷律〉是否保留或易以它名，不明。唯繼續以遷徙懲罪無疑，且多遷徙邊地，用於死罪降減。死罪降減頗有天子恩典的意味。不論用於遭廢黜的諸侯王、一般官員或每年以萬計的死罪囚，由於減死徙邊的恩典十分頻繁，尤其在東漢之後，徙邊實際上幾已成為死刑與徒刑之間重要的一類處罰。此外，漢代遭徙邊者，並無刑期可言，一旦徙往邊地，即占著所在。除了廢徙的諸侯王，這些徙邊者無論官民，都要擔任戍邊、築城、耕作等勞役。勞役或有期限，但除非在遇赦等特殊情況下，他們通常都喪失了重回故里的自由。這種不能回鄉的懲罰嚴重性，對得返鄉里則死無所恨的漢人來說是不難想像的。

　　遷徙刑在秦、漢刑罰體系裡的地位也不相同。遷刑在秦代刑罰中的地位可從雲夢睡虎地秦律中得知一二。秦律〈法律答問〉部分有一條說：

> 害盜別徼而盜，加罪之。何為加罪？五人盜，贓一錢以上，斬左止，又黥以為城旦；不盈五人，盜過六百六十錢，黥劓以為城旦；不盈六百六十到二百廿錢，黥為城旦；不盈二百廿以下到一錢，遷之。求盜比此。[48]

從這一條可以知道「遷」在秦代是與黥、劓、斬趾等肉刑以及城旦等徒刑並行的一種刑罰方式，並且較「斬左止」、「黥劓以為城旦」、「黥為城旦」為輕（圖4）。城旦在秦代是徒刑中最重的一級。城旦勞役再加斬趾、黥劓或黥，懲罰甚重。相比之下，遷刑只用以懲罰盜不盈五人，贓二百二十錢以下較輕的盜罪。

　　秦律中單獨以「遷」治罪的，還見用

圖4　河南洛陽出土髡鉗刑徒磚

48　睡虎地秦墓竹簡整理小組，《睡虎地秦墓竹簡》（北京：文物出版社，1978），頁150。釋文通假字一律改用通行字，不另注明。

於下列情況：（1）嗇夫不克盡職守，「以奸為事」；[49]（2）本為大夫而在陣前斬首級者；[50]（3）自佐、史以上的官吏利用馱運行李的馬匹和看管文書的私卒貿易牟利；[51]（4）因口舌「毒言」論罪的。[52]以上這些罪是輕是重，不容易比較，但情節似乎並非甚重。利用公家財務牟利和口舌有毒都不算是頂大的罪。嗇夫「以奸為事」，含意甚泛。如果只處以遷刑，或許所犯只是有虧職守的小過錯。大夫領兵作戰，職在指揮，斬敵首級乃士卒之事。《商君書‧境內》篇說：「其戰、百將、屯長不得斬首。」朱師轍《解詁》謂：「百將、屯長責在指揮，故不得斬首。」[53]《尉繚子‧武議》也提到「吳起臨戰，左右進劍。起曰：『將專主旗鼓爾，臨難決疑，揮兵指刃，此將事也；一劍之任，非將事也。』」指揮官逕自殺敵，不無與士卒爭首功之嫌，又會影響到指揮，因此也是有罪的。總之，這些罪比較而言似乎都不是太嚴重的。

如果是較重的罪行，在遷刑之外，往往還加上別的刑罰。例如，如果里典、父老和伍人在人口登記的事務上做手腳，除了要受遷徙處分，里典、父老和伍人還要分別罰繳甲或盾。[54]又如某里士伍因罪遷蜀邊縣，終身不得離遷所，還要受鋈足之刑。[55]鋈足大概不是刖足，而是釱足，在足部加上鐵或木製的刑具（圖5.1-3）。[56]此外，據《史記‧秦始皇本紀》，呂不

---

49 同上，頁177：「嗇夫不以官為事，以奸為事，論何也？當遷。」
50 同上，頁131：「故大夫斬首者，遷。」
51 同上，頁133：「吏自佐、史以上負從馬，守書私卒，令市收錢焉，皆遷。」
52 同上，頁276：「訊丙，辭曰：『外大母同里丁坐有寧毒言，以卅餘歲時遷。』」
53 朱師轍，《商君書解詁定本‧境內》（臺北：世界書局，1975）。又參《睡虎地秦墓竹簡》，頁131注。高亨《商君書新箋》謂：「斬首當作首斬，傳寫誤倒。『不得首，斬』為句，謂百將、屯長不得敵人之首級，則處以斬刑也。」（頁238）從前引《尉繚子‧武議》看來，高亨說未必可從。
54 《睡虎地秦墓竹簡》頁143：「……百姓不當老，至老時不用請，敢為酢（詐）偽者，貲二甲；典、老弗告，貲各一甲；伍人，戶一盾，皆遷之。傅律。」
55 同上，頁261：「……士五（伍）咸陽才（在）某里曰丙，坐父甲謁鋈其足，遷蜀邊縣，令終身毋得去遷所論之……。」
56 劉海年，〈秦律刑罰考析〉，《雲夢秦簡研究》（北京：中華書局，1981），頁179；馬非百，

韋死，其舍人臨葬的，「秦人六百石以上奪爵，遷；五百石以下不臨，遷，勿奪爵」。亦即在「遷」以外，還可加上奪爵與否的處罰。另一種加重的方式是在遷往邊縣以外，加上戍邊或築城等勞役。始皇三十三年，取陸梁地，為桂林、象郡、南海，「以適遣戍」，又使蒙恬渡河取高闕、陽山、北假中，「徙謫，實之初縣。」（《索隱》：「徙有罪而謫之，以實初縣。」）；三十四年，「適治獄吏不直者，築長城及南越地。」[57] 又始皇使蒙恬收河南地，因河為塞，築四十四縣城臨河，「徙適戍以充之」。[58] 所謂「以適遣戍」、「適戍」，沈家本謂：「謫戍者，發罪人以守邊也。」[59] 發罪人戍邊是遷刑而兼勞役也。綜上所見，遷刑在秦代是與罰金、鋈足、奪爵或戍邊、築城等徒刑配合，以達到加重懲罰的目的。

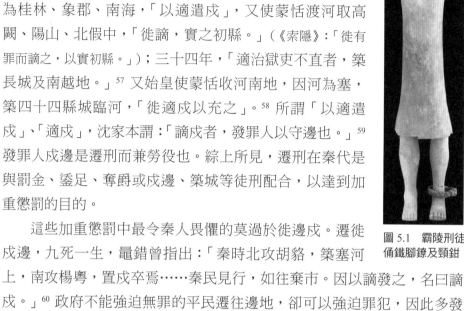

圖 5.1　霸陵刑徒俑鐵腳鐐及頸鉗

這些加重懲罰中最令秦人畏懼的莫過於徙邊戍。遷徙戍邊，九死一生，鼂錯曾指出：「秦時北攻胡貉，築塞河上，南攻楊粵，置戍卒焉……秦民見行，如往棄市。因以謫發之，名曰謫戍。」[60] 政府不能強迫無罪的平民遷往邊地，卻可以強迫罪犯，因此多發罪人戍邊。秦對這些「如往棄市」的戍邊者，似乎並未給予報酬或鼓勵，鼂錯曾經指責「秦之發卒也，有萬死之害，而亡銖兩之報；死事之後，不得一算之復。」[61] 他相信這是秦以威劫而行之，使民深怨而有背畔之心，終失天下的原因。鼂錯的話有些過甚其詞，因為從前引文可知，秦對遷民大抵以赦罪為報償。這或許不夠優厚，不符遷民期待，引發民怨。因此，

《秦集史》（北京：中華書局，1982），頁845。

57　《史記‧秦始皇本紀》。

58　《史記‧匈奴傳》。

59　沈家本，《沈寄簃先生遺書甲編》（臺北：文海出版社，1964），〈刑法分考〉卷十，頁19上。

60　《漢書‧鼂錯傳》。

61　同上。

圖 5.2 山東嘉祥武氏祠畫像石局部，鐵或木腳鐐。

圖 5.3 河南安陽曹操墓畫像石局部 刖足

鼂錯懲秦之失，在徙民實邊的建議中才對應募徙邊者訂出種種鼓勵和安置的辦法。其後，漢代政府對罪犯徙遷者的確採取了不少鼓勵的措施。在討論這些措施以前，我們先比較一下遷徙刑在秦、漢兩代刑罰中的輕重地位。「遷」在睡虎地秦律的刑罰中次於黥為城旦、黥劓為城旦和斬趾，在漢初《二年律令·具律》中，以贖金多少而論，次於死、城旦舂、鬼薪白粲、斬、劓、黥、耐。但此後「徙邊」變成僅次於死刑的重刑。

秦代遷刑的輕重，應曾隨著秦國勢力的擴張，版圖的加大而有變化。早期秦國偏處華夏西隅，版圖有限，能遷處罪徒之所應不出關中和巴蜀，就秦人而言巴蜀已是邊陲。隨著秦土擴大，邊境日遙，遷徙之地應隨之離秦人熟悉的關中越來越遠，江淮、南越、遼東，就秦遷徙而言，必益感不堪。遷刑在刑罰體系中即使地位不變，實質輕重已有變化。和秦國相似，漢帝國版圖在武帝以後益形擴張，罪民徙邊，離人口集中的關東、關西更為遙遠，徙邊只可能是一種令人感覺越來越嚴重的懲罰，甚至成為僅下死一等的重罰。秦代有肉刑、黥劓加終身勞役，在罰則等級上較遷為重。漢文帝廢肉刑，又將原本多屬無期的徒刑有期化，徒刑相對減輕，遷徙加勞役之刑在刑罰輕重的等級上就相對的提高了。

漢代的刑罰輕重等級從東漢時屢次所下「聽亡命得贖」的詔令可以清

楚地看出來。茲以明帝中元二年十二月甲寅詔為例:「天下亡命殊死以下,聽得贖論,死罪入繒二十匹,右趾至髡鉗城旦舂十匹,完城旦至司寇作三匹。」[62] 以贖繒多少而論,清楚分為(1)死罪,(2)右趾至髡鉗城旦舂,(3)完城旦至司寇作三級。這三級的劃分在東漢所有這類詔令中完全一致。下死罪一等,應為右趾。《漢書‧刑法志》謂:「斷獄殊死,率歲千餘口而一人;耐罪上至右止,三倍有餘。」在這裡右止亦僅次於殊死。然自文帝廢肉刑,斬趾之罪或改為棄市,或以笞代之。其時規定斬左趾者,笞五百,景帝改為笞三百,又減為二百。明帝永平八年詔:「三公募郡國中都官死罪繫囚,減罪一等,勿笞……屯朔方、五原之邊縣。」[63] 既云「勿笞」,顯然是以遷徙戍邊代替減死一等,亦即右趾以下笞二百的處罰。

減死而徙的事例,最早見於西漢之初。梁王彭越謀反,論以大逆棄市,高祖赦為庶人,徙蜀青衣。[64] 其後彭越雖因呂后之令,終遭族誅,兩漢諸侯王因謀反、殺人、姦淫等死罪降減而廢徙的很多。諸侯王廢徙者似並不服勞役,且享有一定的待遇。例如,淮南王劉長謀反,臣倉等議其罪曰:「長有大死罪,陛下不忍致法,幸赦,廢勿王。臣請處蜀郡嚴道邛郵,遣其子母從居。縣為築蓋家室,皆廩食給薪、菜、鹽、豉、炊食器、席蓐。」文帝制詔曰:「計食長給肉五斤、酒二斗。令故美人、才人得幸者十人從居。他可。」[65] 東漢明帝時,楚王英以大逆不道,廢徙丹陽涇縣,猶賜「湯沐邑五百戶」,「使伎人、奴婢、工技、鼓吹悉從,得乘輜軒,持兵弩,行道射獵」。[66]

減死而徙也適用於一般官員。例如,西漢哀帝時,賀良因「妄變政事」

62　《後漢書‧明帝紀》。

63　同上,頁111。此外,永平十六年九月丁卯、建初七年九月辛卯、建初九年、章和元年秋、元初二年冬十月減死一等詔中亦皆曰「勿笞」,見附錄所引詔書。

64　《漢書‧彭越傳》。

65　《史記‧淮南衡山列傳》。

66　《後漢書‧光武十王傳》。

伏誅，同黨李尋和解光減死一等，徙敦煌郡。[67] 這些官員和減死而徙的平民一樣，在邊地似乎也須負擔屯戍等勞役。靈帝時，蔡邕以「議害大臣，大不敬」等罪論棄市，後有詔「減死一等，與家屬髡鉗徙朔方」。[68] 據《後漢書・蔡邕傳》注引《蔡邕別傳》，他到了朔方，「乘塞守烽，職在候望」。可見一般官員大概並不能像諸侯王免除勞役之苦。不過，也有很多例證只提及徙往某邊郡，是否服勞役則不得而知。

最值得注意的是東漢明帝以後，將天下死罪繫囚減死，連同家屬遷往邊地充軍變成一種經常性的措施。見於記載最早的一次是明帝永平八年：「詔三公募郡國中都官死罪繫囚，減罪一等，勿笞，詣度遼將軍營，屯朔方、五原之邊縣，妻子自隨，便，占著邊縣，父母同產欲相代者，恣聽之。其大逆無道殊死者，一切募下蠶室，亡命者令贖罪各有差。凡徙者，賜弓弩衣糧。」[69] 此後，章帝、和帝、安帝、順帝、沖帝和桓帝都不斷下達類似的詔令（參本文附錄）。其不同，除了遷往的邊地因時而異外，自和帝時陳忠建議廢蠶室刑以後，詔令中即不再有大逆無道，募下蠶室的部分。

另外一個不同，是對遷徙者不斷增加鼓勵的措施。永平八年詔凡徙者，賜弓弩衣糧。第二年又規定凡徙邊不幸而死者，「皆賜妻父若男同產一人復終身；其妻無父兄獨有母者，賜其母錢六萬，又復其口筭。」[70] 永平十六年更允許「父母同產欲求從者，恣聽之。女子嫁為人妻，勿與俱。」[71] 這些除復、賜弓弩衣糧、金錢以及避免徙者親屬拆散的措施，在明帝以後類似的詔令裡並沒有提到。可想而知，它們應被視為「故事」而因循下來，只是記載有所省略而已。

減死徙邊的原因，據章帝時郭躬說是「聖恩所以減死罪使戍邊者，重

67　《漢書・李尋傳》。

68　《後漢書・蔡邕傳》。

69　《後漢書・明帝紀》。

70　同上。

71　同上。

人命也。」[72] 東漢以後利用罪犯戍邊成為經常之舉，顯然並不只是重人命而已。這和東漢以後，邊地人口減少、徵兵制度改變、兵源不足等因素有密切的關係。[73] 我們從前引詔書中要徙戍者與妻子家人同住，占著邊縣，又賜弓弩武器即可窺見。《後漢紀》卷十二引郭躬曰：「聖恩所以減天下死罪，使戍邊者，欲實疆境而重人命也。」《後漢紀》所多「實疆境」三字，點出了真正的重點在於實邊。

徙罪犯於邊，當然還可以有安內的效果。《潛夫論‧斷訟》篇說：「夫立法之大要，必令善人勸其德而樂其政，邪人痛其禍而悔其刑……髠其夫妻，徙千里外劇縣，乃可以毒其心而絕其後，姦亂絕則太平興矣。」所謂「姦亂絕」，是徙姦邪之人於千里之外，則姦亂絕於內。又邊地生活艱苦，敵寇侵迫，減死而徙者，雖暫逃一死，在邊地亦難長久，如此則絕其後。王符謂「太平興」者殆此之謂歟？

前文提到秦人戍邊，有「如往棄市」之感；漢人役於邊陲，也有「一人行而鄉曲恨，一人死而萬人悲」之嘆。[74] 戍邊尚有歸期可盼，因遷刑而徙邊者，幾無望於重歸故里，其感受何如，可想而知。因此，當郅壽論徙合浦，未行即自殺；[75] 馬融得罪梁冀，被劾徙朔方，也企圖自殺。[76] 他們自殺的原因不可確知，不過一個可能就是視徙邊甚於伏法，不如一死了之。公孫瓚以屬吏隨太守徙日南時，先「具豚、酒於北芒上，祭辭先人。酹觴祝曰：『昔為人子，今為人臣，當詣日南。日南多瘴氣，恐或不還，便當長辭墳塋。』慷慨悲泣，再拜而去。觀者莫不歎息。」[77] 或自殺，或辭祖墳，可見漢人視徙邊戍和去就死地無異，甚或過之。王符說「民之於徙，甚於伏法」，指的雖然是邊人內徙，但用來形容徙邊戍者的感受應當

---

72 《後漢書‧郭躬傳》。

73 參邢義田，〈東漢的胡兵〉，《國立政治大學學報》，28（1973），頁 154-157。

74 王利器，《鹽鐵論校注‧執務》（臺北：世界書局，1970）。

75 《後漢書‧郅壽傳》。

76 《後漢書‧馬融傳》。

77 《後漢書‧公孫瓚傳》。

更為合適。

因此，在漢代赦免徙邊者歸故里就成為極大的恩典。赦歸的例子在西漢較少見。成帝時，京兆尹王章為大將軍王鳳所陷，死，妻子徙合浦。王鳳死後，王商繼為大將軍，白上還章妻子故郡。王章為泰山郡人，產業田宅在此，皆得贖還。[78] 元帝時，京房與岳父張博兄弟三人因罪棄市，妻子徙邊。淮陽憲王欽是張博的甥兒，又是成帝的叔父。因此，成帝即位後，淮陽憲王向成帝求還張博家屬徙者，上加恩，還之。[79] 從這些例子看來，赦歸在西漢或只是針對個別特殊的情況而特加的恩典。

東漢章帝以後，赦歸徙者成為較為經常的事。其赦起於章帝建初元年的一場大旱災，朝臣以為旱災和徙民於邊有關。《後漢書·楊終傳》謂：

> 建初元年，大旱穀貴。終以為廣陵、楚、淮陽、濟南之獄，徙者萬數，又遠屯絕域，吏民怨曠。乃上疏曰：「……臣竊按《春秋》水旱之變，皆應暴急，惠不下流。自永平以來，仍連大獄，有司窮考，轉相牽引，掠考冤濫，家屬徙邊……民懷土思，怨結邊城。傳曰：『安土重居，謂之眾庶。』昔殷民近遷洛邑，且猶怨望，何況去中土之肥饒，寄不毛之荒極乎？……愁困之民，足以感動天地，移變陰陽矣……。」……帝從之，聽還徙者，悉罷邊屯。

又《後漢書·鮑昱傳》謂：

> 建初元年，大旱穀貴。肅宗召昱問曰：「旱既大甚，將何以消復災眚？」對曰：「……先帝詔言，大獄一起，冤者過半，又諸徙者骨肉離分，孤魂不祀，一人呼嗟，王政為虧，宜一切還諸徙家屬，蠲除禁錮，興滅繼絕，死生獲所。如此，和氣可致。」帝納其言。

楊終和鮑昱所言根據天人災異之論，代表時儒的一般見解。他們以為徙者冤氣動天，引起陰陽變異，遂至水旱。因此，主張還歸遷民，以致和氣。

78　《漢書·王章傳》。

79　《漢書·宣元六王傳》。

章帝在第二年夏四月即詔「還坐楚、淮陽事徙者四百餘家，令歸本郡。」[80]
此例一開，和帝永元元年，安帝永初四年二月、三月，桓帝建和三年，靈
帝中平元年都曾詔還徙者。桓帝建和三年五月乙亥的詔書說：「……昔孝
章帝愍前世禁徙，故建初之元，並蒙恩澤，流徙者使還故鄉，沒入者免為
庶民，先皇德政，可不務乎？其自永建元年迄乎今歲，凡諸妖惡，支親從
坐，及吏民減死徙邊者，悉歸本郡，唯沒入者不從此令。」[81] 從桓帝詔可
知，其赦是因循章帝故事。但章帝只赦因楚王和淮陽王謀逆而受牽連的徙
者，桓帝卻將凡諸妖惡、支親從坐及吏民減死徙邊者都赦而還之。他擴大
赦歸的範圍，淵源於和帝和安帝的先例。和帝「令郡國弛刑輸作軍營，其
徙出塞，刑雖未竟，皆免歸田里」。[82] 安帝則詔「自建初以來，諸祅言它過
坐徙邊者，各歸本郡」。[83] 所謂「它過」語焉不詳。不過從桓帝詔可知，很
可能是指「支親從坐」和「吏民減死」兩大類。至於靈帝時所赦，則是百
餘身死黨人的妻子。[84]

　　總之，這類赦令在東漢兩百年間並不算太多，因罪徙邊者卻是常年不
斷。現在已不易估計兩漢到底有多少百姓被遷往邊地。不過，罪犯徙邊的
人數恐怕遠遠超過自願應募實邊的無罪平民。第一，無罪平民除非是前文
提到的「無田」、「尤困乏者」，否則可能很少有人願意應募，自投死地；
第二，就兩漢統而觀之，募平民徙邊實非經常之舉，然減死徙邊或以其他
罪犯徙邊充軍卻是常事。罪犯徙邊的人數可以從《漢書・刑法志》中得一
極約略的印象。〈刑法志〉說：

　　今漢道至盛，歷世二百餘載，考自昭、宣、元、成、哀、平六世之間，斷
　　獄殊死，率歲千餘口而一人，耐罪上至右止，三倍有餘……今郡國被刑而
　　死者歲以萬數。……自建武、永平，民亦新免兵革之禍……以口率計，斷

80　《後漢書・章帝紀》。
81　《後漢書 桓帝紀》。
82　《後漢書・和帝紀》。
83　《後漢書・安帝紀》。
84　《後漢書・靈帝紀》、《後漢書・黨錮傳》。

獄少於成、哀之間什八,可謂清矣。

從昭、宣到哀、平到底有多少人犯死罪,〈刑法志〉並沒有明確地說出來。不過,宣帝時路溫舒曾說當時「大辟之計,歲以萬數」。[85] 東漢建武、永平以後,雖然斷獄少於成、哀之間什八,但其時被刑而死者仍以萬數,不比西漢為少。當然,〈刑法志〉所說「被刑而死者歲以萬數」的語意並不夠明確,他們是皆因死罪,或亦包括諸如遭鞭笞而死者?並不能肯定。如果假設他們皆因死罪而死,則逢詔減死戍邊的,一年就可能有萬人。再者,每年因罪徙邊的,除了吏民減死一等者外,還有「支親從坐」、「妖惡」等各式各樣的罪犯,其人數或不少於減死一等者。所有這些罪犯加上受牽連的妻子父母,每年徙邊的罪犯和家屬最少應在數萬人之譜。

這個極為粗略的推算,還可以和《後漢書》裡的一些記載相參證。《後漢書·郭躬傳》說:「今死罪亡命,無慮萬人。」從此可知,單是犯死罪逃亡未獲的即有萬人。他建議這些亡命者也應蒙赦減死一等,「以全人命,有益於邊」,結果章帝接納了他的建議。又《後漢書·楊終傳》提到明帝時的廣陵、楚、淮陽、濟南王之獄,「徙者萬數」,這是特殊的大獄案。但可推想東漢以後,每年以犯罪充邊人數的龐大。這樣年年累積,為數即十分可觀。班超說:「塞外吏士,本非孝子順孫,皆以罪過徙補邊屯。」[86] 班超熟於塞外之事,他的話很可以反映長期以罪犯徙邊的結果。又《漢書·地理志》說:「自武威以西……武帝時攘之,初置四郡……其民或以關東下貧,或以報怨過當,或以誖逆亡道家屬徙焉,習俗頗殊。」可見自武帝以後,河西四郡的人口就已經以內地遷來的下貧和罪犯為主,甚至連習俗都有了不同。據以上約略的數字估計和文獻的記述,可以說在漢代造成人口流動的經常性人為因素中,最主要的應是遷徙刑。

儘管秦、漢兩代都曾大規模地徙民,也廣泛地利用遷徙刑,秦、漢政府的基本政策毫無疑問仍在於維護一個安土重遷的定居農業社會(圖6)。

85　《漢書·路溫舒傳》。

86　《後漢書·班超傳》。

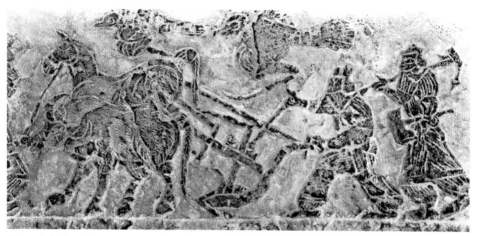

圖6　山東滕縣黃家嶺山土漢像石局部，2010.7.6 作者攝於滕州漢畫像石館。

因為安土重遷的農業社會最便於控制，也最能符合統治者的利益。對這一點，《呂氏春秋·尚農》篇說得十分明白透徹：

> 古先聖王之所以理其民者，先務於農……民農則樸，樸則易用……其產復
> （《太平御覽》作「厚」）則重徙，重徙則死其處而無二慮。民舍本而事末，則
> 不令；不令則不可以守，不可以戰。民舍本而事末，則其產約，其產約則
> 輕遷徙，輕遷徙則國家有患，皆有遠志，無有居心。民舍本而事末，則好
> 智，好智則多詐，多詐則巧法令，以是為非，以非為是。后稷曰：「所以務
> 耕織者，以為本教也。」

秦、漢兩代都重農輕商的一大原因即在於農民質樸、產厚、重徙，遠較多
智、產約、輕徙的商人易於控制。《管子·治國》也說：「凡治國之道，必
先富民……民富則安鄉重家，安鄉重家則敬上畏罪，敬上畏罪，則易治
也。民貧則危鄉輕家，危鄉輕家，則敢陵上犯禁，陵上犯禁，則難治也。」
秦、漢的統治者雖常利用徙民和遷刑達到實邊、救災、安內和強幹弱枝等
種種目的，不過基本上他們還是盡可能使人口安定，占著所在，納入編
戶。因為統治者很清楚，穩定而又便於掌握的人口資源是政權生存的重要
基礎；人口遷徙流動，難於控制，對他們是不利的。《鹽鐵論·未通》篇
說：「樹木數徙則諉，蟲獸徙居則壞。」《漢書·食貨志》則說：「理民之

古月集：秦漢時代的簡牘畫像與政治社會
　　── 卷四　法制、行政與軍事

道，地著為本。」鼂錯也以為：「不農則不地著，不地著則離鄉輕家，民如鳥獸，雖有高城深池，嚴法重刑，猶不能禁也。」[87] 因此，他的徙民實邊議有兩個要點：一是繼承古老的耕戰傳統，寓兵於農；二是始則使民「輕去故鄉而勸之新邑」，終則「使民樂其處而有長居之心」。他甚至建議編組邊民為什伍，「勿令遷徙」。[88] 簡言之，務農與地著是政策的根本著眼，徙民與遷刑只是造成人口暫時的流動。流動之後，統治者總是竭力使他們安定下來。如此，一個安土重遷的社會只會隨著移民所至而擴大，而不致使安土重遷的社會特性受到損害。至於秦、漢兩代如何掌握編戶，漢代如何致力於安輯流民，研究甚多，這裡就不再多說了。

附記

拙文曾蒙管東貴先生與蕭璠兄指正，獲益甚多，謹此致謝。

補記

校稿期間，得讀大庭脩氏〈漢の徙遷刑〉一文（收入氏著《秦漢法制史の研究》，創文社，1982，頁 165-198）。大庭氏懷疑漢代於元、成之際，因刪修律令，減少死罪，始立遷徙為刑罰之一類。他曾舉東漢明帝時，楚王英謀反，「死徙者數千人」，順帝永建元年詔「坐法當徙勿徙」等資料，懷疑「徙」不再只是死刑的「代刑」，而是「本刑」或「正刑」。他的懷疑不無道理，然而也有困難。第一，《漢書・劉屈氂傳》提到武帝末，戾太子起兵失敗後，「諸太子賓客常出入宮門，皆坐誅；其隨太子發兵，以反法族；吏士劫略者，徙敦煌郡。」所謂「吏士劫略者」當是指乘機打劫的。顏師古以為是指非有本心，但遭太子脅迫而從的人。不論何者為是，這和隨太子出入或發兵謀反的罪行不同，故處罰亦異。謀反者非誅即族，劫略者只是「徙」。照大庭氏的說法，這裡的「徙」似乎應是「本刑」，而非死刑的

87　《漢書・食貨志》。

88　《漢書・鼂錯傳》。

「代刑」。如此，遷徙刑之成為本刑，可早在元、成以前。由於大庭氏未引這項資料，不知他如何解釋？

第二，倘使確如他所說，元、成以後，遷徙刑成為本刑或正刑，這將很難解釋為什麼東漢諸帝在「聽亡命得贖」的詔令中，當提到刑罰的種類和等級時，只及「死」、「徒」，而從不提「遷」或「徙」？又為何東漢人論刑（包括班固〈刑法志〉），也從不將「遷」或「徙」視為與「死」、「徒」等列之另一類？張家山 247 號墓出土的《二年律令》曾提到遷，同為西漢初的張家山 336 墓出土的竹簡有〈遷律〉和相關簡八枚。因此，我懷疑遷徙之刑雖然一直存在，文帝改革以後卻似乎並沒有成為漢代刑罰正式之一級或一類。這也是為什麼漢人動輒要說「下死則得髡鉗，下髡鉗則得鞭笞」的理由。

遷徙刑既然實際存在，為何漢世屢屢修律，不將它納入正式的刑罰系統呢？這可能是因為漢代行政重因循，不肯輕改祖宗成法（參本書論漢代「故事」與「便宜從事」一文）。文帝改革刑法，廢肉刑等雖變改祖制，但他不願也不可能一次盡革舊規。另一方面，更可能是一種政治技巧。從漢初梁王彭越謀反，論以大逆棄市，高祖卻徙他於蜀青衣開始，到東漢諸帝頻頻減死徙邊，徙之施行一直有濃厚天子恩典的意味，象徵天子輕刑罰，重人命。誠如東漢郭躬指出減死徙邊是出於「聖恩」（《後漢書·郭躬傳》）。文帝在這一點上或出於治術的考慮，保留了以遷徙作為皇帝施恩的手段。這類因聖恩或曰「加恩」免死，或徙邊，或減輕懲罰的例子在《史記》、《漢書》和《後漢書》中不少（如《史記·三王世家》褚少孫補赦燕王旦妻子事；《漢書·景帝紀》三年冬十二月詔赦嘉為襄平侯事；《後漢書·張敏傳》有人侮辱人父者，肅宗貰其死刑而降宥之，自後因以為比。是時遂定議，以為輕侮法。敏駁議曰：**夫輕侮之法，先帝一切之恩，不有成科，班之律令也**；《後漢書·光武十王傳》阜陵質王延條，顯宗以延罪薄於楚王英，故特加恩徙為阜陵王云云）。如果將「遷」或「徙」化為正式刑罰之一類，這種恩典與象徵的意義將會完全喪失。

當然漢代也以徙邊懲處貪濁、傷人、請託遊說一類罪不及死的「中罪」，並不完全意味著恩典。不過，以下附錄中所舉十餘條死罪家屬從坐

徙邊的例子，頗可證明「支親從坐」徙邊是一項特殊的恩典。因為這十餘個例子中，所犯絕大部分是大逆不道之罪。依照漢法，大逆不道者腰斬，「父母妻子同產無少長，皆棄市」（《漢書·鼂錯傳》、《漢書·孔光傳》、《三國志·高貴鄉公傳》）。如果天子不加恩，親人皆死。武帝末，巫蠱事起，「民轉相誣以巫蠱，吏輒劾以大逆亡道，坐而死者前後數萬人」（《漢書·江充傳》）即為其例。這數萬人不可能都是正犯，應包含從坐的父母妻子同產。由此可知，犯大逆不道者，其家屬減死徙邊，是因天子法外施恩，否則都在棄市之列。只要這種恩典的意味存在，漢代天子寧可將遷徙刑掌握在自己手中，成為施恩的工具，而不讓它名實相副地納入正式的刑律系統

75.10.22 補記於哈佛，95.12.28 訂補，112.4.1 再訂

附錄：論遷徙刑之用與肉刑之不復

沈家本《歷代刑法考》〈分考〉卷五，議復肉刑條謂：

> 按班固以《荀子·正論篇》之言為善，既引《荀子》之言而復論之。如此，
> 文帝除肉刑議之者，自固始。（《沈寄簃先生遺書甲編》頁12下，又參頁24上）

文帝廢肉刑，寄簃先生以為議之者自班固始，待商。議復肉刑，其可考者
似以揚雄為第一人。《法言》卷九〈先知〉篇有云：「井田之田，田也；肉
刑之刑，刑也。田也者，與眾田之；刑也者，與眾棄之。」（《法言義疏》卷
十二，頁18上）李軌注：「三千之屬是正法也。」陶鴻慶《讀法言札記》曰：
「李注云……三千之屬是正法也，正得其義。」汪榮寶《義疏》謂：「田也
云者，謂田制之正；刑也云者，謂刑法之正。」是知子雲以井田、肉刑為
田制與刑法之正。《法言》雖未明言復肉刑，子雲實主張如此。《抱朴子外
篇·用刑》第十四論復肉刑云：「通人揚子雲，亦以為肉刑宜復也。」（《四
部刊要》本，頁126）《抱朴子》徵引前人議論，首舉揚雄，可知肉刑之議或
即自揚雄始。

又據《後漢書·杜林傳》，建武十四年，有群臣上言：「古者肉刑嚴
重，則人畏法令；今憲律輕薄，固姦軌不勝。宜增科禁，以防其源。」所
謂宜增科禁，意在恢復肉刑。群臣之議終因杜林及光武反對，未果。此亦
議復肉刑之早於班固者。自東漢初，朝廷內外頗有議刑罰寬嚴者（又參《後
漢書·梁統傳》），肉刑問題當在議論之列。明帝繼光武，以「善刑理，法令
分明」著於史冊。（《後漢書·明帝紀》論曰）上有所好，下必甚焉。刑律討
論在明帝一朝必甚盛。班固於明帝朝寫《漢書》，不免有感於時議，藉〈刑
法志〉以抒己見。其議肉刑於志尾，一則以此為全志之總結，標明個人之
見解，更以此揭出時人論刑關注之焦點歟？

揚雄論肉刑於西京之末，班固議之於東漢之初。肉刑經文帝一廢（文
帝十三年，西元前167年），為何於一百六、七十年後，又有人倡議恢復？如
確有復肉刑之價值與必要，為何至西漢末始有人提出？皆耐人尋味。

請先論班固之議。〈刑法志〉首述文帝廢肉刑，景帝定箠令，班固以

為「外有輕刑之名，內實殺人」；景帝雖定箠令，笞者得全，然「死刑既重，而生刑又輕，民易犯之。」班固不以除肉刑為是，於此已可見。志尾總結，他進一步評論道：

　　且除肉刑者，本欲以全民也，今去髡鉗一等，轉而入於大辟。以死罔民，失本惠矣。故死者歲以萬數，刑重之所致也。至乎穿窬之盜，忿怒傷人，男女淫佚，吏為姦臧，若此之惡，髡鉗之罰又不足以懲也。故刑者歲十萬數，民既不畏，又曾不恥，刑輕之所生也……豈宜惟思所以清源正本之論，刪定律令，纂二百章，以應大辟，其餘罪次，於古當生，今觸死者，皆可慕行肉刑。及傷人與盜，吏受賕枉法，男女淫亂，皆復古刑，為三千章……如此，則刑可畏而禁易避，……輕重當罪，民命得全，合刑罰之中，殷天人之和，順稽古之制，成時雍之化。

　　班固力主復肉刑，理由至明：其一，文帝變古制，去肉刑，外有輕刑之名，內實殺人；其二，既去肉刑，於穿窬之道，忿怒傷人，男女淫佚或吏為姦臧之罪，處以死刑則太重，懲以髡鉗又太輕，難得刑罰之中。因此宜「復古制，為三千章」，以順稽古之制，成時雍之化。簡言之，其意在於復古以救時弊。班固之言與時論之好古非今，實相一貫也。

　　謂其「非今」，蓋其批評時制，未盡合事實。去髡鉗一等，果轉而入於大辟乎？死刑誠重，生刑豈皆輕乎？謂其「好古」，蓋自西漢昭、宣、元、成以降，儒學大興，好古之風日濃。儒生士子浸潤古經，憧憬三代以上，以為復行古制，則堯舜之治可重見於今日。元帝時，貢禹主盡廢錢貨，租稅祿賜皆以穀帛，勿市井，民歸於農，「復古道便」。（《漢書·貢禹傳》）哀、平之世，揚雄又主復井田、施肉刑，皆思想時尚之點滴可見者。王莽藉此潮流，篡漢改制，其本人實即深信古制之可復，堯舜可再世之一儒生。莽雖未復肉刑，確曾措意於井田及其他「於古有據」之制度。唐虞畫象，三王肉刑，漢儒多信而不疑。[89] 肉刑之議至西漢末始見，正是時代

89　參沈家本，《沈寄簃先生遺書甲編》上冊，〈歷代刑法考〉，總考一，頁 1 下-2 下；分考五，頁 6 下。

好古風尚之反映。王莽敗後，好古之風並未稍戢。與班固先後的王充即曾痛評時人好古成風。（參《衡論》〈齊世〉、〈宣漢〉、〈恢國〉、〈驗符〉諸篇）班固雖據荀卿駁象刑，於肉刑古制之用，仍深信不疑。

自班固倡肉刑，東京主之者甚眾，如仲長統、崔寔、鄭玄、陳紀、荀悅（參《昌言·損益》、《申鑒·時事》、《晉書·刑法志》）。反對者亦夥，肉刑卒不見復於漢世。反對者以為肉刑殘人肢體，一旦被刑，終身無改，過於殘酷。再者，文帝蠲除酷刑，本於仁厚，祖宗遺德，不宜云變。此外，被刑之人，無以自新，類多趨惡，莫復歸正。重施肉刑，既無益於治，又失仁政之名，復之何為？以上持論可見之於東漢初杜林與末年孔融之議。（參《後漢書》〈杜林傳〉、〈孔融傳〉）

以上或主復或主廢，皆士子儒生之見。漢世天子意向如何？亦不可不注意。漢代天子一向標榜以孝治天下，敬宗法祖之餘，於先帝成法，不敢輕變。何況漢代列祖列宗，文帝享譽最隆，史遷、班固一致以「仁」相許。文帝之仁德以節儉與廢肉刑最為後世稱頌。大司馬車騎將軍許嘉等以為「孝文帝除誹謗，去肉刑，躬節儉……德厚侔天地，利澤施四海。」（《漢書·韋賢傳》），東漢陳龜上疏謂：「孝文皇帝感一女子之言，除肉刑之法，體德行仁，為漢賢主」（《後漢書·陳龜傳》），王暢稱頌文帝除肉刑，「仁賢之政，流聞後世」。（《後漢書·王龔傳》王暢條）如此，任何皇帝欲復肉刑，皆將冒不遵祖宗故事，不行仁政之大不韙。雖然屢屢有人建議恢復，不論光武或獻帝都反對，加以否決。

統治者礙於祖德和形象，不願恢復肉刑。即就實際而言，亦無復肉刑之必要。此乃肉刑始終未復之根本原因。主肉刑者持論最力之點在「下死則得髡鉗」，「今去髡鉗一等，轉而入於大辟」，以為髡鉗與死刑之間無不輕不重之刑以應偷盜、淫奔、貨賄等罪。對此，仲長統所言最明確：

> 肉刑之廢，輕重無品，下死則得髡鉗，下髡鉗則得鞭笞。死者不可復生，而髡者無傷於仁，髡笞不足以懲中罪，安得不至於死哉？夫雞狗之攘竊，男女之淫奔，酒醴之賄遺，謬誤之傷害，皆非值於死者也；殺之則甚重，髡之則甚輕。（《昌言·損益》）

漢代刑罰果如所言乎？果如此，議復肉刑何待西京之末，東京之初？必早復之矣。其不議未復，蓋漢代「髡鉗」非僅剔髮，無傷於仁，或但加鉗釱而已。髡鉗實與徒刑勞役相連，非可云輕。又兩漢多以遷徙為刑，徒罪不及死或減死一等者於邊。肉刑「懲中罪」之作用，無形之中被取代。遷徙外無傷人肢體，奪人性命之名，內有實邊安內之效，兩漢遂寧用「徒」與「徙」，依罪輕重，相輔為用，而終不復肉刑，以免徒傷仁政之名，又於實際無補。

先說「下死則得髡鉗」。李賢注：「下，猶減也。」減死而受髡鉗者於兩漢有證：

1. 《漢書‧賈捐之傳》：「捐之竟坐棄市，（楊）興減死一等，髡鉗為城旦。」

2. 《漢書‧朱雲傳》：「上於是下（陳）咸、（朱）雲獄，減死為城旦。咸、雲遂廢錮，終元帝世。」

3. 《漢書‧王吉傳》：「昌邑群臣坐在國時，不舉奏王罪過……皆下獄誅，唯吉與郎中令龔遂以忠直數諫正，得減死髡為城旦。」

4. 《漢書‧鮑宣傳》：「宣坐距閉使者，亡人臣禮，大不敬，不道，下廷尉獄……上遂抵宣罪，減死一等，髡鉗。宣既被刑，乃徙之上黨。」

5. 《漢書‧王章傳》：「與御史中丞陳咸相善，共毀中書令石顯，為顯所陷。咸減死髡，章免官。」

6. 《漢書‧循吏傳》龔遂條：「昌邑群臣坐陷主於惡，不道，皆誅……唯遂與中尉王陽（按：王吉字陽）以數諫爭得減死，髡為城旦。」

7. 《漢書‧酷吏傳》甯成條：「武帝即位，徙為內史，外戚多毀成之短，抵罪髡鉗。是時九卿死即死，少被刑，而成刑極，自以為不復收（如淳曰：「以被重刑，將不復見收用也。」師古曰：「刑極者，言殘毀之重也。」）乃解脫，出關歸家。」

8. 《後漢書‧皇后紀》安思閻皇后條：「（樊）豐、（謝）惲、（周）廣皆下獄死，家屬徙比景，（謝）宓、（樊）嚴減死，髡鉗。」

9. 《後漢書‧蔡邕傳》：「有詔減死一等，與家屬髡鉗徙朔方，不得以赦

令除。」

讀以上數例，必須先注意兩漢書措詞用字常有省減而不一定十分準確。據〈朱雲傳〉，陳咸「減死為城旦」，如據〈王吉傳〉，則是「減死髡」。龔遂「減死髡為城旦」，鮑宣、蔡邕則僅言「髡鉗」。「髡為城旦」和「髡鉗」的措詞在《漢書》中常見，實則這些都是「髡鉗為城旦」的省稱，「髡鉗城旦」才是正式的刑名。以上數例中，只有〈賈捐之傳〉未作減省。

「髡」是剔髮；「鉗」者，以鐵束頸。（《漢書・高祖本紀》顏師古注）鐵鉗實物曾在漢陽陵附近數十座刑徒墓中出土。[90] 鉗出土的位置正在墓中屍骨的頸部（另參本文圖 5.1）。墓中鉗徒身首異處，或曾處斬。頭骨雖存，惜不可知是否曾髡髮。「髡」、「鉗」本是兩事。然自秦以來，髡鉗似兼施並存。雲夢睡虎地秦律簡中有「完城旦」，「髡鉗城旦、舂」，不見單獨以髡或鉗為刑者。秦簡謂：「城旦、舂衣赤衣，冒赤氈，枸櫝欙杕之。」（《睡虎地秦墓竹簡》，頁 89）枸櫝、欙杕應是套在頭上或足部的刑具。頭上戴紅氈帽，或即因剔髮之故。《漢舊儀》云：「秦制：凡有罪，男髡鉗為城旦。」髡鉗相連亦由此可見。

髡鉗不但相連，也總是配合徒刑。遭髡鉗者不僅僅是剔髮加刑具而已。秦漢兩代都是如此。《史記・秦始皇本紀》《集解》引如淳曰：「律說：『論決為髡鉗，輸邊築長城，晝日伺寇虜，夜暮築長城。』」凡髡鉗者在秦全是刑徒。城旦據如淳說是四歲刑，在秦簡和漢初簡中亦見「繫城旦六歲」或「繫城旦舂六歲」之語。[91] 然刑徒不一定髡鉗，如完城旦即不髡髮，漢之弛刑即不戴刑具。髡鉗在可考的資料中幾全與城旦、舂相連，未見有鬼薪、白粲而髡鉗者。西漢初，呂后囚戚夫人，「髡鉗衣赭衣，令舂」（《漢書・外戚傳》）；東漢末，蔡邕「髡鉗徙朔方」，其《別傳》載邕上書自陳：「臣既到徙所，乘塞守烽，職在候望。」（《後漢書・蔡邕傳》李賢注引）此即

---

90 秦中行，〈漢陽陵附近鉗徒墓的發現〉，《文物》，7（1972），頁 51-53。

91 參邢義田，〈從張家山漢簡《二年律令》重論秦漢的刑期問題〉，《中國古代法律文獻研究》第三輯（北京：中國政法大學出版社，2007），頁 191-214。本書卷四，頁 119-144。

城旦之役也。因為髡鉗者必為城旦（或舂），故刑名「髡鉗城旦」可但省稱為「髡鉗」。東漢洛陽城南郊出土刑徒墓磚志八百餘塊，凡髡鉗城旦徒皆省稱「髡鉗」，即可證。[92]

文帝以後，城旦舂是四年至六年的徒刑，再加髡鉗已是漢代徒刑中最重的一級。班固和仲長統所說「下死則得髡鉗」的髡鉗，其實是指「髡鉗城旦」。他們只說「髡者無傷於人」，不提四至六年的勞役，是有意強調其刑太輕，以便突出復肉刑之必要。此士人老吏弄文之慣技，無足為奇。

再說減死一等的處罰還可以有許多的不同，不一定「則得髡鉗」。例如，永始元年，鄷侯蕭獲坐奴殺人，減死完為城旦。（《漢書·高惠高后文功臣表》）成帝時，劉輔減死罪一等，論為鬼薪。（《漢書·劉輔傳》）順帝時，翟酺坐減死，歸家。（《後漢書·翟酺傳》）史弼得減死罪一等，論輸左校。（《後漢書·史弼傳》）延熹二年，大將軍梁冀誅，胡廣、韓縯、孫朗皆減死一等，奪爵士，免為庶人；韓稜則以減死論，遣歸本郡。（《後漢書》〈胡廣傳〉、〈韓稜傳〉）這些處罰較髡鉗為城旦都要輕。也有更嚴重的，那就是下蠶室和徙邊戍。

減死下蠶室始於西漢初。景帝中四年秋，「赦徒陽陵者死罪，欲腐者，許之。」（《漢書·景帝紀》）腐刑剝奪人有子嗣之權，其嚴重僅次於剝奪生命。景帝中四年的赦令，似乎只及於陽陵的死罪徒。其餘可考的西漢例子，也都發生在特殊的情況下。《漢書·張湯傳》：「安世兄賀幸於衛太子。太子敗，賓客皆誅。安世為賀上書，得下蠶室。」又〈外戚傳〉上，宣帝許皇后父廣漢，「吏劾從行而盜，當死。有詔募下蠶室。」張安世是昭、宣

92　黃士斌，〈漢魏洛陽城刑徒墳場調查記〉，《考古通訊》，6（1958），頁 40-44；張政烺，〈秦漢刑徒的考古資料〉，《北京大學學報》，3（1958），頁 179-184；中科院考古所洛陽工作隊，〈東漢洛陽城南郊的刑徒墓地〉，《考古》，4（1972），頁 2-19；吳榮曾，〈漢刑徒磚誌雜釋〉，《考古》，3（1977），頁 193-196。唯居延漢簡中有「髡鉗鈦左右止」、「髡鉗鈦左止」者（《居延漢簡合校》簡 40.1、117.32）應如何解釋，目前以冨谷至之說較可取。他說：「髡鉗（城旦）這一刑罰名有廣狹二義，狹義指單獨的勞役刑名，廣義為鈦右趾刑、鈦左趾刑、髡鉗城旦刑的總稱。」參所著，《秦漢刑罰制度研究》中譯本（桂林：廣西師範大學出版社，2006），頁 80。

時代的重臣，為兄求情；而許廣漢是皇帝的岳父。張賀和許廣漢顯然都因特殊背景減死下蠶室。東漢以降，以死罪囚下蠶室成為通例，適用於所有的死罪繫囚。光武帝於建武二十八和三十一年曾兩度下詔，「詔令死罪繫囚皆一切募下蠶室，其女子宮。」（《後漢書‧光武帝紀》）這種情形到明帝永平八年曾有一次重要的改變。明帝不再將死罪繫囚一切募下蠶室，而只限於「其大逆無道殊死者」，其餘死囚減死一等，徙邊戍。和帝時，陳忠上言除蠶室刑。從和帝永元八年以後，即不再見以死罪繫囚下蠶室，從此徙邊戍就成為減死一等，一種主要的懲罰方式。上述變化可自下列各朝詔令清楚見之：

1. 建武二十八年冬十月癸酉，詔死罪繫囚皆一切募下蠶室，其女子宮。

2. 建武三十一年秋九月甲辰，詔令死罪繫囚皆一切募下蠶室，其女子宮。

3. 永平八年冬十月丙子，詔三公募郡國中都官死罪繫囚，減罪一等，勿笞，詣度遼將軍營，屯朔方、五原之邊縣，妻子自隨，便占著邊縣，父母同產欲相代者，恣聽之。其大逆無道殊死者，一切募下蠶室，亡命者令贖罪各有差。凡徙者，賜弓弩衣糧。

4. 永平九年春三月辛丑，詔郡國死罪囚減罪，與妻子詣五原、朔方，占著所在；死者皆賜妻父若男同產一人復終身；其妻無父兄獨有母者，賜其母錢六萬，又復其口算。

5. 永平十六年九月丁卯，詔令郡國中都官死罪繫囚減死罪一等，勿笞，詣軍營，屯朔方、敦煌，妻子自隨，父母同產欲求從者，恣聽之；女子嫁為人妻，勿與俱。謀反大逆無道不用此書。

6. 建初七年九月辛卯，詔天下繫囚減死一等，勿笞，詣邊戍，妻子自隨，占著所在，父母同產欲相從者，恣聽之，有不到者，皆以乏軍興論。

7. 建初九年，郡國中都官繫囚減死一等，勿笞，詣邊縣，妻子自隨，占著所在，其犯殊死，一切募下蠶室。

8. 章和元年夏四月丙子，令郡國中都官繫囚減死一等，詣金城戍。

9. 章和元年秋，死罪囚犯法在丙子赦前而後捕繫者，皆減死，勿笞，詣

金城戍。

10. 章和元年九月壬子，詔郡國中都官死罪繫囚減死罪一等，勿笞，詣金城戍；犯殊死者，一切募下蠶室，其女子宮。

11. 永元八年八月辛酉，詔郡國中都官死罪繫囚減死一等，詣敦煌戍。

12. 元初二年冬十月，詔郡國中都官死罪繫囚減死一等，勿笞，詣馮翊、扶風屯，妻子自隨，占著所在，女子勿輸，亡命死罪以下贖，各有差。

13. 延光三年九月乙巳，詔郡國中都官死罪繫囚減罪一等，詣敦煌、隴西及度遼營，其右趾以下及亡命者贖，各有差。

14. 永建元年冬十月辛巳，詔減死罪以下徙邊。

15. 永建五年冬十月丙辰，詔郡國中都官死罪繫囚皆減罪一等，詣北地、上郡、安定戍。

16. 漢安二年冬十月辛丑，令郡國中都官繫囚殊死以下出縑贖，各有差。其不能入贖者，遣詣臨羌縣居作二歲。

17. 建康元年十一月己酉，令郡國中都官繫囚減死一等，徙邊。謀反大逆，不用此令。

18. 建和元年十一月戊午，減天下死罪一等，戍邊。

19. 永興元年十一月丁丑，詔減天下死罪一等，徙邊戍。

20. 永興二年九月閏月，減天下死罪一等，徙邊戍。

（以上俱見《後漢書》各本紀）

以遷徙戍邊代死，嚴格言之，並不是懲中罪，而是懲重罪。《潛夫論·述赦》謂：「今主上妄行刑辟，高至死徙，下乃淪冤……」將死徙連言，可見皆王符口中之重刑。因天子「重人命」（郭躬語，見《後漢書·郭躬傳》），雖罪重至死，唯皇恩浩蕩，以遷徙代之罷了。

即使如此，遷徙刑在不少情況下確實發生實質上「懲中罪」的作用，懲罰所犯尚不及於死者。因此，文獻中每每死徙連言。《漢書·劉屈氂傳》：「諸太子賓客嘗出入宮門，皆坐誅；其隨太子發兵，以反法族；吏士劫略者，皆徙敦煌郡。」《後漢書·樊宏傳》：「先是河南縣亡失官錢，典負者坐死及罪徙者甚眾。」又明帝時，楚王英謀反，「所連及死徙者數千

人。」(《後漢書‧明帝紀》) 又〈光武十王傳〉楚王英條:「坐死徙者以千數。」非死即徙,可見以徙治罪之次於死者。此外,如「緹騎侯海等五百人毆傷市丞,(張) 酺部吏楊章等窮竟,正海罪,徙朔方」(《後漢書‧張酺傳》);「太守廉范為州所考,遣 (楊) 鳳侯終,終為范遊說,坐徙北地」(《後漢書‧楊終傳》);「(馬) 融有事忤大將軍梁冀旨。冀諷有司奏融在郡貪濁,免官,髡徙朔方。」(《後漢書‧馬融傳》) 毆傷市丞、請託遊說、在郡貪濁都不是生死重罪,而以徙邊懲之,正是「懲中罪」之例證。

兩漢所見以徙邊懲中罪最多的例子是家屬因從坐而徙。桓帝建和三年四月詔赦歸因「妖惡」、「支親從坐」與「吏民減死」而徙邊者,支親從坐是其中一大類。(《後漢書‧桓帝紀》) 這類例子兩漢書中極多,僅舉死罪家屬從坐徙邊的若干如下:

1. 京兆尹王章頌商忠直,言鳳顓權,鳳誣章以大逆罪,下獄死,妻子徙合浦。(《漢書‧五行志》)

2. (息夫) 躬……與巫同祝詛……死,黨友謀議相連下獄百餘人。躬母聖,坐祠竈祝詛上,大逆不道。聖棄市,妻充漢與家屬徙合浦,躬同族親屬素所厚者,皆免,廢錮。(《漢書‧蒯伍江息夫傳》)

3. 廷尉當 (楊) 惲大逆無道,要斬,妻子徙邊。(《漢書‧楊敞傳》)

4. 京房及博兄弟三人皆棄市,妻子徙邊。(《漢書‧宣元六王傳》淮陽憲王條)

5. (浩) 商兄弟會賓客……殺義渠長妻子六人,亡……會浩商捕得,伏誅,家屬徙合浦。(《漢書‧翟方進傳》)

6. (淳于長) 死獄中,妻子當坐者徙合浦,母若歸故郡。(《漢書‧佞幸傳》)

7. (董) 賢與妻皆自殺……父恭、弟寬信與家屬徙合浦,母別歸故郡鉅鹿。(同上)

8. 建寧二年冬十月丁亥,中常侍侯覽諷有司奏前司空虞放、太僕杜密、長樂少府李膺、司隸校尉朱禹、潁川太守巴肅、沛相荀昱、河內太守魏朗、山陽太守翟超皆為鈎黨,下獄,死者百餘人,妻子徙邊。(《後漢書‧靈帝紀》)

9. 永元初,(郭) 璜為長樂少府,子舉為侍中,兼射聲校尉。及大將軍竇

憲被誅，舉以憲女婿謀逆，故父子俱下獄死，家屬徙合浦，宗族為郎吏者，悉免官。（《後漢書‧皇后紀》光武郭皇后條）

10. （陰皇）后與朱共挾巫蠱道……大逆無道……帝使司徒魯恭持節賜后策，上璽授，遷於桐宮，以憂死……父特進綱自殺，（后弟）軼、敞及朱家屬徙日南比景縣，宗親外內昆弟皆免官還田里。（《後漢書‧皇后紀》和帝陰皇后條）

11. 中黃門孫程合謀殺江京等，立濟陰王，是為順帝。（閻）顯、景、晏及黨與皆伏誅，遷太后虞離宮，家屬徙比景。（《後漢書‧皇后紀》安思閻皇后條）

12. 時（竇）太后父大將軍武謀誅宦官，而中常侍曹節等矯詔殺武，遷太后於南宮雲臺，家屬徙比景。（《後漢書‧皇后紀》桓思竇皇后條）

13. 收捕疊、磊、璜、舉，皆下獄誅，家屬徙合浦。遣謁者僕射收（竇）憲大將軍印綬，更封為冠軍侯……憲、篤、景到國，皆迫令自殺。宗族、賓客為官者，皆免歸本郡。（《後漢書‧竇憲傳》）

14. （永平）四年冬，（梁松）乃縣飛書誹謗，下獄死，國除……竦後坐兄松事，與弟恭俱徙九真。（《後漢書‧梁統傳》）

15. （陳）蕃因與竇武謀之……及事泄，曹節等矯詔誅武等……遂令收蕃……即日害之。徙其家屬虞比景，宗族、門生、故吏皆斥免禁錮。（《後漢書‧陳蕃傳》）

16. 召詣詔獄，考死，妻子徙邊。門生、故吏及其父兄，並被禁錮。（《後漢書‧黨錮傳》李膺條）

17. 遂收球，遂洛陽獄，誅死，妻子徙邊。（《後漢書‧酷吏傳》陽球條）

從這些例子可以很清楚地看出，死罪犯的家屬妻子父兄因受牽連，罪次一等而徙邊；關係更遠的宗族、賓客、門生、故吏則或禁錮、或免歸，受更次一級的懲處。《漢書‧杜周傳》：「故事：大逆，朋友坐免官，無歸故郡者」，可見東漢之免歸故郡與西漢有不同。免歸不能算是徙，比徙更輕。不論如何，罪有輕重，遷徙刑懲「中罪」的作用，在這些例子裡看得再清楚不過。

據前引桓帝建和三年詔，坐徙邊之罪還有「妖惡」一項。妖惡即妖言。《漢書‧楊敞傳》載楊惲「為訞惡言，大逆不道」，將妖惡與妖言合語。又《後漢書‧章帝紀》，元和元年十二月詔：「往者妖言大獄，所及廣遠，一人犯罪，禁至三屬……諸以前妖惡禁錮者，一皆蠲除之。」此詔前稱妖言，後言妖惡，可見妖言與妖惡實一罪異名。安帝永初四年二月詔「諸祅言它過坐徙邊者，各歸本郡。」（《後漢書‧安帝紀》）這就是後來桓帝詔赦妖惡者的張本。犯妖惡或妖言者，罪可至於死，兩漢皆不乏其例。（《漢書》〈律曆志〉、〈眭弘傳〉；《後漢書》〈章帝八王傳〉清河校王慶條、〈李固傳〉）然而犯妖言者，非皆處死，亦依情節輕重，刑罰不一：或禁錮，如前引章帝元和詔；或徙邊，如桓帝詔。又殤帝時，鄧太后曾詔赦建武以來諸犯妖惡，「皆復之為平人（按：人即民）」。（《後漢書‧皇后紀》和熹鄧皇后條）從建武到殤帝延平已歷八十年，尚有未死，不得與齊民之列的「妖惡」罪徒。他們受何懲罰，不得而知。不過，他們應是受妖言牽連而從坐的人。妖言或妖惡罪之重者，死；次者徙邊，再次者或禁錮或受其他懲罰。遷徙刑懲罪之中者，在這裡也很明白。

總之，自西漢初廢肉刑，至西漢末始見恢復之議。復肉刑之議發生的原因儘管不止一端，隨儒學而興起的好古風氣當是十分重要的背景。主之者大抵非基於事實之必要，多半因為相信三王行肉刑，如復三王之制，則盛世可再。漢代以後雖然時移勢異，仍不斷有人主肉刑，其中一大緣故蓋在儒生對三代之憧憬從不曾中斷。這從後世議論總要提到肉刑乃聖王古制這一點可以概見。[93] 肉刑在漢代雖議而終不得復的原因當然也很多，主要在於漢代廣泛運用徒刑與遷徙刑，尤其是徙邊戍，實際上取代了肉刑懲中罪的作用。這使主肉刑者「死刑太重，生刑太輕」的立論失去了事實上的基礎。再者，遷徙之刑外無傷人肢體之名，內有實邊安內之效，統治者遂寧取徒與徙，而不復肉刑。

---

93 參沈家本，《沈寄簃先生遺書甲編》上冊，分考五〈議復肉刑條〉，頁 12 上-26 下。

原刊《中央研究院歷史語言研究所集刊》，57（1986），頁 321-349；改訂
稿刊《秦漢史論稿》，頁 411-446。97.2.5 再訂

從張家山漢簡《二年律令》重論秦漢的刑期問題

　　刑期是中國古代法律發展史上一個重要且關鍵性的問題。中國古代的刑從何時開始有了刑期？秦刑有期或無期？這些問題自睡虎地秦律發現以後引起極多的爭議，迄無定論。贊同秦刑無期、不定期或未定期以及自漢文帝始立刑期者，似乎較多。[1] 1983 年湖北江陵張家山二四七號漢墓出土大量簡牘，尤其是《二年律令》部分，對進一步討論這個問題提供了新的線索。[2]

　　本文原在《臺大歷史學報》31 期（2003）發表。不久即發現其中對「刑盡」一詞的解釋有重大錯誤。刑盡之刑實指肉刑，非指刑期。[3] 當時解讀和思考誤入歧途。為補前愆，近來改訂舊文，刪去不妥。唯私意以為某種形式的刑期制在文帝以前已然存在，原旨未變，論證則參酌時賢之作，頗有

1　一些早期的相關爭論可參栗勁，《秦律通論》（濟南：山東人民出版社，1985），頁 277-283；籾山明，〈秦漢刑罰史研究の現狀〉，《中國史學》，5（1995），頁 131-153。無期說贊同者較多，較占優勢，參張建國，〈西漢刑制改革新探〉，《歷史研究》，6（1996），頁 12-24，收入氏著，《中國法系的形成與發達》（北京：北京大學出版社，1997），頁 228-248。

2　以下徵引張家山漢律一律據張家山二四七號漢墓竹簡整理小組，《張家山漢墓竹簡（二四七號墓）》（北京：文物出版社，2001）。

3　刑盡之刑指肉刑，學者多已指出，不再贅言論證，參三國時代出土文字資料研究班，〈江陵張家山漢墓出土「二年律令」譯注稿その（一）〉，《東方學報》，76（2004），頁 176；支強，〈二年律令・具律中所見「刑盡」試解〉，《出土文獻研究》，6（2005），頁 162-166。又楊頡慧和李力主張刑盡是泛稱，肉刑和徒刑兼指，故刑盡也包含服刑期滿之義，參楊頡慧，〈張家山漢簡中隸臣妾身分探討〉，《中原文物》，1（2004），頁 58；李力，《「隸臣妾」身分再研究》（北京：中國法制出版社，2007），頁 525-527。

修訂增補，尤其對刑期制出現的背景作了較舊作為多的討論，篇幅幾增一半。《臺大歷史學報》刊出後，續有小幅修訂，修訂稿蒙中國政法大學法律古籍研究所編《中國古代法律文獻研究》第三輯（2007）收錄。如今又小有刪修。所說是否得當，敬祈方家指正。

一 繫城旦舂六歲

以下打算從《二年律令·具律》中的一條談起。簡九十～九二：

> 有罪當耐，其法不名耐者，庶人以上耐為司寇，司寇耐為隸臣妾。隸臣妾
> 及收人有耐罪，毄（繫）城旦舂六歲。毄（繫）日未備而復有耐罪，完為城
> 旦舂。城旦舂有罪耐以上，黥之；其有贖罪以下及老小不當刑、刑盡者，
> 皆笞百。城旦刑盡而盜臧（贓）百一十錢以上，若賊傷人及殺人，而先自告
> 也，皆棄市。[4]

我對這一條的理解可以語譯如下：「有罪當處耐刑的，如果法無明文處以耐刑，罪犯身分如為庶人以上（包括庶人及有爵者），[5] 耐為司寇；其身分如為司寇，則耐為隸臣妾。如隸臣妾及受牽連為收孥者有耐罪，則繫城旦舂六年；如果在繫城旦舂的服刑日數未滿之前，又犯了耐罪，即完為城旦舂。城旦舂如果又犯了耐以上的罪，黥為城旦舂；城旦舂如果又犯了贖罪以下的罪，以及因老小身分不當受肉刑、或城旦舂已受盡黥、劓、斬趾之肉刑，都要杖笞一百。[6] 城旦受盡〔前述〕肉刑後，又犯下盜贓一百一十錢

4　《張家山漢墓竹簡（二四七號墓）》，〈具律〉，簡 90-92，頁 146。

5　「庶人以上」指庶人及庶人以上有爵者採張建國說。參所著，〈張家山漢簡〈具律〉121 簡排序辨正──兼析相關各條律條文〉，簡帛研究網，http://www.jianbo.org/ 2005.11.30。

6　關於刑盡之義，支強認為指「肉刑執行完畢」，參前引〈二年律令·具律中所見「刑盡」試解〉一文，頁 165；日本三國時代出土文字資料研究班在前引〈江陵張家山漢墓出土「二年律令」譯注稿その（一）〉一文注 8 指出，如和簡 89 連讀，肉刑有黥、劓、斬趾之輕重，所謂刑盡或是指受盡了黥、劓、斬趾種種不同的肉刑。本刊匿名審查人也有相同之意見。我贊同後一看法。

以上的罪，或賊傷人和殺人，其先自首的，一律棄市。」

　　這是對理應處以耐刑，法條缺少明文的情形下，如何依當事人身分處以不同之徒刑，以及這些不同身分的當事人在又犯下輕重不等之罪行時的處罰規定。其詳細意義，張建國已作了極細密的分析。[7] 這裡關注的是一個關鍵性的詞：「繫城旦舂六歲」。「繫城旦舂六歲」亦見於睡虎地秦律。[8] 六歲應該如何理解？有些學者認為是刑期，有些認為不是。[9] 如果《二年律令》確實是呂后二年或更早的律令，其中之刑是否有了刑期，直接關係到刑期是否始於文帝的爭論。[10]

　　刑期問題或許可以從兩個不同的層次來看，一是刑期的概念，一是現實的刑律中是否有有期刑。本文所謂的有期刑，是相對於終身刑而言，不論它在刑罰體系中是本刑或加重刑，不論其形式是勞役、拘禁或贖金（可以金錢贖免之有期勞役或拘禁），不論期限是否固定，只要是一種有期限的刑罰，其期限可以日月年計算和規定者，都是有期刑。

　　就概念而言，刑期在戰國時已經明顯存在。《周禮·司寇刑官·司圜》

7　參前引張建國，〈張家山漢簡〈具律〉121 簡排序辨正——兼析相關各條律條文〉。

8　睡虎地秦墓竹簡整理小組，《睡虎地秦墓竹簡》（北京：文物出版社，1990），〈法律答問〉簡 111、118 等，頁 120、121。

9　如張建國在前引〈張家山漢簡〈具律〉121 簡排序辨正——兼析相關各條律條文〉一文中即特別強調「繫日未備而復有耐罪，完為城旦舂」一段可以用來證明秦沒有《漢舊儀》所說完城旦舂四歲、鬼薪三歲、司寇二歲的有期刑，而秦和漢初耐以上的勞役刑為不定期刑。

10　高恒，〈秦律中「隸臣妾」問題的探討〉，原刊《文物》，7（1977），〈秦律中的刑徒及其刑期問題〉原刊《法學研究》，6（1983），收入氏著《秦漢法制論考》（廈門：廈門大學出版社，1994），頁 60-73、86-97；吳樹平，〈雲夢秦簡所反映的秦代社會階級狀況〉，《雲夢秦簡研究》（北京：中華書局，1981），頁 79-130；栗勁、霍存福，〈試論秦的刑徒是無期刑——兼論漢初有期刑的改革〉，《中國政法大學學報》，3（1984）；張金光，〈關於秦刑的幾個問題〉，《中華文史論叢》，1（1985），頁 34-41；于豪亮，〈從雲夢秦簡看西漢對法律的改革〉，《于豪亮學術文存》，（北京：中華書局，1985），頁 146-149；張建國，〈西漢刑制改革新探〉，《歷史研究》，6（1996），頁 12-24，又收入其所著《中國法系的形成與發達》，頁 228-248；滋賀秀三，〈前漢文帝の刑制改革をめぐって〉，《東方學》，79（1990），頁 1-8，中譯見《日本學者研究中國史論著選譯》卷 8（北京：中華書局，1992），頁 76-82；李均明，〈張家山漢簡所見刑罰等序及相關問題〉，《華學》，6（2003），頁 122-134。

曰：「掌收教罷民，凡害人者弗使冠飾，而加明刑焉。任之以事而收教之。能改者，上罪三年而舍，中罪二年而舍，下罪一年而舍，其不能改而出圜土者，殺。雖出三年，不齒。」任之以事即服勞役；依罪之大小，服役之長短從一年至三年。服役期間除任事，還受教誨，能改邪歸正者，才有出圜土免歸的希望。這裡的一至三年，應可看作是有固定時限並有上中下等級的勞役刑或徒刑的刑期。這一點，《唐律疏議》卷一早已引證以說明徒刑之源，近年吳榮曾和劉海年都曾論及，我十分同意。[11]

其次，如果大家同意《周禮》是戰國時代的作品，其中反映的刑期概念剛好可以和出土的文獻對應起來。臨沂銀雀山所出漢簡有可能屬《田法》篇的殘文云：

> ……卒歲少入百斗者，罰為公人一歲，卒歲少入二百斗者，罰為公人二歲，出之之歲〔□□□□〕□者，以為公人終身。卒歲少入三百斗者，黥刑以為公人。[12]

又題為《李法》的部分有殘句：

> ……為公人三日，李主法，罰為公人一……[13]

《銀雀山漢墓竹簡〔壹〕》注釋謂：「公人指被罰為公家服役的人」。[14] 所謂「被罰為公家服役的人」，未使不可看成是勞役刑的刑徒。「黥刑以為公人」一句表明肉刑加徒刑的複合刑的形式已出現。由此或可推想可能也有斬趾或刖以為公人、劓以為公人等等。此外，依罪輕重，有三日、一歲，二歲、終身、加黥刑之別。因簡過殘，可能還有其它等級。這裡特別要指出

---

11 《周禮》中另有更多刑期的資料，吳榮曾〈胥靡試探——論戰國時的刑徒制〉一文已論之甚詳，不贅。見其《先秦兩漢史研究》（北京：中華書局，1995），頁 155，原刊《中國史研究》，3（1980）；又吳榮曾，〈論六國的從坐制和刑徒制〉，《周秦社會與文化研究》（西安：陝西師範大學出版社，2003），頁 261-273；劉海年，〈秦律刑罰考析〉，《雲夢秦簡研究》（北京：中華書局，1981），頁 186。

12 《銀雀山漢墓竹簡（壹）》（北京：文物出版社，1985），簡 941-942。

13 《銀雀山漢墓竹簡（壹）》，簡 894。

14 《銀雀山漢墓竹簡（壹）》，頁 147。關於公人還可參孫仲奎，〈「隸臣妾」與「公人」〉，《文史哲》，6（1988），頁 39。

三點：

　　第一，隨欠租穀或某種物資的多少（百斗、二百斗……），被罰服勞役的時間長短不同，其長短明白訂定，而並不是如某些學者所說因為不定期赦令或赦免而形成的不定期或未定期刑。

　　第二，「以為公人終身」一句十分關鍵。原簡（簡942）「終身」二字左側殘缺，但殘存筆劃清晰，所釋應可接受（圖1）。為何須要特別標明終身？如果當時所有的刑都是無期或終身刑，標明終身即了無意義。某些公人標明終身，正好證明有些必非終身，而有期限。

　　第三，「終身」一詞常見於先秦至秦漢時代傳世和出土的文獻，其意義和今天中文裡的終身，並無不同。[15] 以出土文獻言，「終身」一詞曾出現在睡虎地秦墓出土《日書》甲種（簡114、119「終身衣絲」）、《封診式》和雲夢龍崗六號墓秦簡。《封診式》提到「遷蜀邊縣……令終身毋得去遷所……」（圖2）這裡特別強調「終身毋得去遷所」，語意十分明確，也暗示了某些遷蜀邊縣的，似乎不是「終身」，而是可因赦、因限期或其它理由離開遷所。龍崗簡則有這樣一句：「耐者假將司之，令終身毋得見□□□□□□□」（圖3，中華書局本，頁91）。這一句較不完整，指涉的是耐者，「終身毋得」如何如何，措辭和睡虎地簡同，其意義也應相同。近年新刊布的嶽麓書院藏秦簡雖出土不明，其為秦代遺簡幾已為學界共同承認。《嶽麓書院藏秦簡（肆）》簡1109謂「……終身作遠窮山……」，簡0921+0898謂「……將司令終身毋得赦免……」，由此可證秦有些刑為「非終身」。「終身毋得赦免」一句更可以確證「終身」的意義和今天所說的「終身」無異。被判「終身作遠窮山」者，甚至被剝奪了其被赦免的機會。

圖1　銀雀山簡942「公人終身」字跡

15　參冀小軍，〈說上古漢語「終身」的副詞用法〉，《復旦大學出土文獻與古文字研究中心網》http://www.gwz.fudan.edu.cn/Web/Show/3005（2017.4.19 上網）。

此外，《嶽麓書院藏秦簡（參）》反覆提到繫城旦六歲、十二歲（簡0425-0426、0440、0482），《嶽麓書院藏秦簡（肆）》更一序列地提到繫城旦六歲、八歲、十歲和十二歲：

1. 奴婢繫城旦舂而去亡者，繫六歲者，黥其顏頯；繫八歲者，斬左止；繫十歲，十二歲
   （037 正—51）

2. 者，城旦黥之，皆畀其主。其老小不當刑者，繫六歲者，繫八歲；繫八歲者，繫十歲；繫十歲者，繫十二歲。皆
   （038 正—51）

3. 毋備其前繫日　　（039 正—51）

（《嶽麓書院藏秦簡（肆）》037～038 編號後數字為釋文頁碼）

圖 2　封診式簡 46「令終身毋得」字跡　圖 3　龍崗簡 43「令終身毋得」字跡

以上這三枚簡有背劃痕，劃痕和內容都可接讀，十分難得。單從這三枚簡即可見繫城旦舂即有六歲、八歲、十歲和十二歲之別。以時間長短，分兩年為一級，作為懲罰輕重的標準，這應可視為已等級化的刑期。這樣的刑期和《二年律令》所見一樣，都只針對罪犯的再犯罪行為，也只見和「繫城旦舂」聯繫在一起。

這些應該都是刑期制（包括固定的刑期等級）或刑期的概念，在戰國時已出現的有力證據。目前學界大致都承認《守法》、《守令》等篇是與《管子》有關的齊國著作，時代當屬戰國。[16] 至於《田法》和《李法》是不是如某些學者主張是齊國已施行的法律，文帝的刑期改革是否受到齊國法制

---

16 參李學勤，《簡帛佚籍與學術史》（臺北：時報出版公司，1994），頁 356-365。

的影響，還須要比較明確的證據。[17]

　　此外，《尉繚子‧兵令下》說：「三軍大戰，若大將死，而從吏五百人以上不能死敵者，斬。大將左右近卒在陣中者，皆斬。餘士卒有軍功者，奪一級；無軍功者，戍三歲。」《尉繚子》一書因山東銀雀山漢墓出土了相關殘簡，證明是先秦早已存在的文獻。據李解民考證，其作者比較不像是秦王政十年（西元前 237 年）入秦的尉繚，而是與梁惠王（369-319）對答的尉繚，反映的是梁惠王晚年的魏國情況。[18] 果如此，在西元前四世紀，尉繚可能已對梁惠王提出了以戍邊若干歲作為懲罰的建議。

　　秦刑在某些特殊情況下則無疑已存在有期刑。睡虎地秦簡《法律答問》有一條：「隸臣妾縠（繫）城旦舂，去亡，已奔，未論而自出，當治（笞）五十，備縠（繫）日。」這是說一位隸臣或隸妾又受到繫城旦或舂的加重處罰，他（她）逃亡並且確已逃出，在他（她）的逃亡罪還沒有論決之前，他（她）自首了。這時應罰杖笞五十，並服滿繫城旦舂應服的勞役期限。[19] 這裡的「備繫日」、前引〈具律〉的「繫日未備」以及下文所引張家山簡九三～九四.147「償日」的意義相近，都是以日數來計算某一種應受到的懲罰期限。〈法律答問〉「隸臣妾縠（繫）城旦舂」一句雖沒有說出繫城旦舂多久，但應是有期限的，否則下句「備繫日」就沒了著落。繫城旦舂有期限這一點，應屬無可否認。我們再來看〈法律答問〉中的兩條：

　　當耐為隸臣，以司寇誣人，可（何）論？當耐為隸臣，又（有）噭縠（繫）

17　吳九龍，〈銀雀山漢簡齊國法律考析〉，《史學集刊》，4（1984），頁 14-20；陳乃華，〈論齊國法制對漢制的影響〉，《中國史研究》，2（1997），頁 38-44。陳乃華認為文帝採刑期制是受齊法影響。本文要論證的是秦法本身已有部分刑期制的存在，文帝承秦制即足以發展出更全面的刑期制。文帝以後的刑名仍秦之舊，未見納入「公人」等非秦制的刑名，值得注意。戰國時各國有不同爵制，除楚漢之際，劉邦曾部分採用楚爵，天下一統之後，全採秦爵，可以參照。我比較贊成漢初全盤承襲秦制之說。

18　李解民，《尉繚子譯註》（石家莊：河北人民出版社，1992），頁 4-5。

19　「備繫日」已見於嶽麓書院藏秦簡。參《嶽麓書院藏秦簡（參）》，簡 0429 正；《嶽麓書院藏秦簡（肆）》（上海：上海辭書出版社，2015），簡 2071 正。

城旦六歲。[20]

　葆子獄未斷，而誣〔告人，其罪〕當刑鬼薪，勿刑，行其耐，有（又）毄
　（繫）城旦六歲。[21]

這兩條都是身為刑徒之人又去誣告別人，各該如何論處？結果是在其本刑
（耐為隸臣、耐為鬼薪）之外，再加繫城旦六歲。姑不論「城旦」本身是否有
一定的刑期或根本如某些學者所說為無期刑，[22] 在論處這兩種誣告時，增
加的繫城旦部分是以六年為期。這證明在加重處罰的情形下，城旦舂可以
以有期限的形式出現。這就不能說秦刑都是無期刑。

　再如《法律答問》的另一條：「或盜采人桑葉，臧（贓）不盈一錢，可
（何）論？貲繇（徭）三旬。」[23] 〈秦律雜抄〉：「不當稟軍中而稟者，皆貲
二甲，法（廢），非吏殹（也），戍二歲，徒食、敦（屯）長、僕射弗告，貲
戍一歲。」[24] 「徭」或「戍」本來都是孟子所說的力役之徵，不能說是一
種刑罰。秦代卻將百姓不樂於承受的負擔加在罪犯身上當作一種處罰，這
種處罰隨罪之輕重有三十日、一年或兩年之不同。將徭、戍當刑罰來利
用，三十日、一年或兩年就不無刑期的意味。高恒先生將這一部分貲徭和
貲戍當作是「有服勞役期限的刑徒」，無異於同意秦刑中有一部分是有期
刑。[25] 貲徭和貲戍之貲應是指積欠的罰金，可用徭役或戍守的勞役形式抵
償，其勞役的長短因金額的多少而不同。這和下節要說的「償日作縣官罪」
原則一致。

20　《睡虎地秦墓竹簡》（北京：文物出版社，1990），《法律答問》簡 118，頁 121。

21　《睡虎地秦墓竹簡》《法律答問》簡 111，頁 120。

22　如高恒，〈秦律中的刑徒及其刑期問題〉，《秦漢法制論考》（廈門：廈門大學出版社，
　　1994），頁 90-91。

23　《睡虎地秦墓竹簡》，簡 7，頁 95。

24　《睡虎地秦墓竹簡》，簡 11-12，頁 82。

25　高恒，前引文，頁 86-97。

二　「償日作縣官罪」

「償日作縣官罪」和「作官府償日」見於《二年律令》簡九三～九八。這對了解刑期問題也十分重要（圖4.1-3）：[26]

鞫（鞫）獄故縱、不直，及診、報、辟故弗窮審者，死罪，斬左止（趾）為城旦，它各以其罪論之。其當毄（繫）城旦舂，作官府，償日者，罰歲金八兩，不盈歲者，罰金四兩。□□□□兩，購、沒入、負償，各以其直（值）數負之。其受賕者，駕（加）其罪二等。所予臧（贓）罪重，以重者論之，亦駕（加）二等。其非故也，而失不□□以其贖論之。爵〔〈注釋〉：爵字疑衍〕戍四歲及毄（繫）城旦舂六歲以上罪，罰金四兩。贖死、贖城旦舂、鬼薪白粲、贖劓黥、戍不盈四歲，毄（繫）不盈六歲，及罰金一斤以上罪，罰金二兩。毄（繫）不盈三歲、贖耐、贖遷（遷）及不盈一斤以下罪，購、

沒入、負償、償日作縣官罪，罰金一兩。

這幾簡稍有殘缺，大意仍很清楚。它是規定官吏在司法上故意出罪入罪，不夠公正，在察驗、決斷和審理上有故意不徹底追查的情形時，凡所審理的罪行當處死刑者，司法官吏自己要斬左趾為城旦，其它則依輕重，分別論處。凡當處以繫城旦舂，以及以在官府服勞役的方式，抵償服刑日數者，一年課罰金八兩；凡繫城旦舂不滿一年者，罰金四兩（其下略有殘缺，尚難理解）。接著說收受不當財物枉法者，加其

圖 4.1　簡 97　　圖 4.2　簡 98　　圖 4.3　簡 93
簡 97-98「償日=作縣官罪罰金一兩」
簡 93「作官府﹅償日者」

26　《張家山漢墓竹簡（二四七號墓）》，頁147。

罪二等。如給予不當財物的罪較重，以量刑較重者論處，也加罪二等。凡不是蓄意審理不公的（以下稍殘），則以贖論之。此條以下的部分可以改列成下表：

凡當處以成四年、繫城旦舂六年以上罪的	罰金 4 兩
凡當處以贖死、贖城旦舂、鬼薪白粲、贖斬宮、贖劓黥、成不滿四歲、繫（城旦舂）不滿六年、罰金一斤以上罪的	罰金 2 兩
凡當處以繫（城旦舂）不滿三歲、贖耐、贖遷、罰金不滿一斤以下罪的購、沒入、負償、償日作縣官罪的	罰金 1 兩

如果以上的理解無誤，就不能不承認刑期的存在：

第一，在可以罰金贖罪的情形下，成四年、成不滿四年（在《二年律令》中有成二年、一年等情形）、繫城旦舂六年、不滿六年或不滿三年都有一定的服刑年數或年數等級，並且是以本刑而非在某刑之外，以加重刑的姿態存在。

第二，所謂「成四歲及繫城旦舂六歲以上罪」、「贖死、贖城旦舂、鬼薪白粲、贖劓黥、成不盈四歲，繫不盈六歲，及罰金一斤**以上罪**」、「繫不盈三歲、贖耐、贖遷及不盈一斤**以下罪**」，「以上罪」和「以下罪」之語明明將「繫城旦舂六歲」等當作區分刑罰輕重等級的界限。「繫不盈六歲」、「繫不盈三歲」的「繫」是「繫城旦舂」的省語。簡九四的「不盈歲者」是承簡九三「繫城旦舂作官償日者」而來，應指繫城旦舂不滿一年的。如果承認繫城旦舂三歲、六歲、不滿六歲、不滿一歲和成四歲、成不滿四歲具有以服刑時間長短表明刑罰等級輕重的意義，則必須承認刑期已成為量刑輕重和劃分刑罰等級的一個原則。

第三，此條出現前所未見的「償日作縣官罪」一詞。[27] 償日作縣官無疑是為官府勞役，也就是「作官府」，以一定的勞役日數抵償某種罪應受的懲罰。而所謂的「償日作縣官罪」從上下文看，應是被當作同一類某些

---

27 「償日作縣官罪」一詞見於簡 97 末（償日作縣）及簡 98 起首（官罪）。近來學者對簡 93-98 的歸屬頗有不同意見，但對簡 97、98 二簡相連接，並無異議。此二簡不論就木簡形制、字跡和內容上看，原本接續編連應無疑問。

古月集：秦漢時代的簡牘畫像與政治社會
——卷四 法制、行政與軍事

罪的處罰形式，繫城旦舂者就是以這樣的方式處罰。「其當繫城旦舂，作官府，償日者，罰歲金八兩，不盈歲者，罰金四兩」如果一年罰金八兩，繫城旦舂六歲，罰金達四十八兩，三歲廿四兩，不到一年的四兩。償日作縣官如果已被當作同一類的某些罪的處罰形式，無疑應該算是一種本刑，不是其它徒刑的加重刑；如可以論贖，其罰金依刑期長短而變化。這樣的刑不當作有期刑看待是說不通的。〈注釋〉即以刑期為前提，作以下解釋：「作官府償日，在官府服勞役以抵償刑期」。[28] 其說正確。

城旦舂基本上是勞役刑，誠如許多學者所指出和鬼薪、白粲、司寇一樣，原本都是以勞役內容為區分而有的刑罰。其差別在於勞動內容的性質、艱苦程度、是否加上刑具或穿上特殊顏色或樣式的衣帽。此外，它們還有是否加上肉刑名目的區別。以漢代的城旦為例，相關的肉刑名目有：

黥（〈奏讞書〉簡二七.215、四七、四八.216、七三.219、一二二.222、一五八.224、一八七.227、一九二.227、）、

斬左止（〈二年律令〉簡九三.147、〈奏讞書〉簡三四.215）、

右止（居延簡 EPT56：281）、

髡（居延簡 EPS4.T2：100）、

髡鉗（居延簡 227.8、560.2A、EPT56：37、EPT56：344）、

髡鉗釱左止（居延簡 117.32、EPS4.T2：25、69）、

髡鉗釱左右止（居延簡 EPT56：280AB）等。

漢初自文帝廢肉刑以後，這些肉刑名目只是傳統刑名和刑等關係的延續，應已非實質的肉刑。[29] 此外，繫城旦舂另有刑期上的區別。張家山這

28　《張家山漢墓竹簡（二四七號墓）》，頁147。

29　文帝廢肉刑後，雖不再行肉刑，名目持續存在，東漢明帝前後數詔可為證。又有些肉刑並未盡除，如宮刑，此見於明帝章和元年詔，前人早已指出。我以為文帝以後，肉刑基本已廢最好的證據是西漢末揚雄等人創議恢復肉刑（詳見〈從安土重遷論秦漢時代的徙民與遷徙刑〉一文附錄：論遷徙刑之用與肉刑之不復），王充《論衡・四諱》駁刑徒不上丘墓時說：「古者用（肉）刑，形毀不全，乃不可耳。方今象刑重者，髡鉗之法也。若完城旦以下，施刑綵衣系躬，冠帶與俗人殊，何為不可？」

幾簡證明：有些繫三年，有些繫六年。「繫不盈六歲」、「繫不盈三歲」、「不盈歲」之語意味著應還有其它不等的刑期長短。如前所述，在嶽麓書院藏秦簡中繫城旦已見六、八、十、十二歲明確的等級性刑期。目前出土的秦漢律令都是摘抄摘錄，而秦漢律令又以繁瑣細密著稱，因此可以推想應該還有很多我們不知道的內容，包括猶待發現的刑期等級在內。

以上都是從法條上看有期刑。有沒有具體實例呢？戰國時代各國刑律的實態，目前所知十分有限。[30] 不過湖南龍山里耶出土和嶽麓書院藏秦簡都可以證明罰戍若干歲應曾在秦具體實施。里耶簡不但提到「罰戍」，也提到「城父蘗陽士五（伍）枯取（娶）賈人子為妻，戍四歲」（8-466），嶽麓書院藏簡提到「癸、瑣等各贖黥，癸行戍衡山郡各三歲」的具體案例。[31]這是有期刑存在於戰國秦代的確證。

◼◼ 刑期制出現的背景

高恒、于豪亮、冨谷至、籾山明、張建國和滋賀秀三等學者都認為到文帝改革才有了刑期。最有力的證據不外是《漢書‧刑法志》說文帝詔廢肉刑，並「令罪人各以輕重，不亡逃，有年而免」和《漢書‧晁錯傳》稱頌文帝「罪人有期」這兩句話。[32] 文帝無疑曾改革刑律，對徒刑刑期訂出一套較完備和固定的制度，又減輕量刑並廢除肉刑，因此受到漢人的稱頌。

然而，這並不表示刑有刑期一事在文帝之前完全不存在，文帝一聲「有年而免」，刑期制就突然出現。從刑無刑期到刑而有期，從不定期到定期應是一個十分漫長而且複雜的發展和調整過程。刑期很可能是從偶然、

30　參吳榮曾，〈《周禮》與六國刑制〉，《讀史叢考》（北京：中華書局，2014），頁 57-68。

31　陳偉主編，《里耶秦簡牘校釋》（武昌：武漢大學出版社，2012），頁 161；朱漢民、陳松長主編，《嶽麓書院藏秦簡（參）》（上海：上海辭書出版社，2010），簡 1221 正。

32　參前注 10 及冨谷至，《秦漢刑罰制度の研究》（東京：同朋舍，1998），頁 152-163。

權宜、局部和非常態，逐步變成一種原則，走向常態化、全面化和系統化。睡虎地、龍崗、里耶、嶽麓書院秦律簡和張家山漢初律簡其實剛好見證了文帝以前刑期已以某些形式存在，卻尚未系統化和全面化的狀態。

前文提到的「其當繫城旦舂，作官府，償日者，罰歲金八兩」正是一個線索。這幾句話一方面說明某些繫城旦舂被允許為官府勞動以抵償服刑日數，而以每年罰金八兩計算，這也就意味著「刑期」曾以一定的形式存在。可是另一方面，這幾句話剛好也意味著另有一些城旦舂**並不能**作官府以償日，**而是終身勞役**。以終身勞役而言，城旦舂、鬼薪白粲和隸臣妾等原來並無不同。因此在《二年律令》的另一條中見到以金贖城旦舂和鬼薪白粲都是一斤八兩。[33] 如果城旦舂和鬼薪白粲非終身，有明白的刑期上的差異，屬於不同等級的勞役刑，就不應有罰金相同的情況。因此必須承認城旦舂和鬼薪白粲等原本毫無疑問都是終身刑，只有勞役輕重、類別和上不上刑具等等的差別。

可是在終身或無期刑中，因為某些還不清楚的因素，有些分化出來有了期限，或許是因債務、罰金、賦稅欠款、逃亡，按日計算而無固定的服刑時限，[34] 或以定額罰金折算一定的年月日數，這正是刑從「無期」、「不定期」或「未有期」到「有期」過渡階段的現象。在過渡階段，只局部見到某些無期刑在某些特定的情況下有了時限，有些仍舊不變。例如城旦舂在作為加重刑的情況下，有了年或日可以計算的時限，作為本刑仍為終身。此外，迄今並不見有繫司寇、繫鬼薪白粲，或繫隸臣妾若干歲的。[35]

33　《張家山漢墓竹簡（二四七號墓）》，簡 119，頁 150。

34　徐世虹指出「其當繫城旦舂，作官府償日者」的後半句是抵償逃亡或逋徭的天數。又指出城旦舂「這個勞役刑雖然是有期限的，但並不固定。當以勞役抵償時，其所抵償的是罰、贖、債務的錢數或亡天數，抵償方式是『日居某錢』及『償亡日』，即勞役的結束以錢款及亡天數的償清為底線。」見所著，〈「三環之」、「刑復城旦舂」、「繫城旦舂某歲」解——讀《二年律令》札記〉，《出土文獻研究》，第 6 輯（2004），頁 85、87。

35　日本學者若江賢三曾試圖論證犯耐罪的隸臣妾為三年刑，完刑者為四年刑，黥刑者為六年刑，見其〈秦漢時代の勞役刑——ことに隸臣妾の刑期について〉，《東洋史論》，1（1980）、〈秦律における勞役刑の刑期再論〉（上）（下），《愛媛大學法文學部論集》，25、

可見有期刑或許只是一局部的現象。

　　刑罰上小小的分化，開始時或出於一時權宜，問題較小；如果分化擴大，期限多樣甚至分出等級，逐漸變成某些類別刑罰的原則，就必然會牽動整個刑律體系。睡虎地秦律最少是商鞅變法後上百年中累積下來的，其刑罰有古老的肉刑和終身勞役，也有勞役加肉刑的複合刑，又有贖、遷和某些形式的有期刑，紛然雜陳。它們是如何構成了一個體系？過程如何？老實說迄今幾無所知。

　　要了解刑期制如何出現，似乎不能不注意商鞅以後上百年戰爭的大背景。商鞅以後的百餘年正是華夏大地戰爭頻仍，社會變動劇烈的時代，秦更是無日不戰，直到一統。秦民編為什伍，以耕戰為尚，其刑律只可能是戰時政治、社會、經濟體制下的一環。在百年戰爭期間，當政者如何考慮軍國體制，如何制訂刑律？又戰爭在無意中會對刑律體系和司法帶來什麼影響？一統之後，由戰時進入承平，秦的刑律從一國之制變為天下之制，是否有過全盤或某種程度的調整？這些問題十分重要，卻苦無資料足以回答。

　　以下僅僅提出一些初步猜想。秦的刑律體系為了因應戰爭和國土擴張造成的內外複雜情勢，不但刑律本身日益膨脹，也不免會有超乎常態的從權規定或法令。例如張家山漢簡《奏讞書》始皇二十七年南郡卒史蓋廬等獄簿提到一個令：「令所取荊新地多群盜，吏所興與群盜遇，去北，以儋乏不鬥律論。」（簡一五七～一五八.224）這個令很明顯是針對新降服的楚地的特別情況而頒布的。楚地情況原不適用既有的「儋乏不鬥律」或在適用上有疑義，因此才特別下令仍「以儋乏不鬥律論」。如須於律令之外權宜

27（1992、1994），頁 73-104、71-105；相關評論見籾山明，前引文，頁 139；若江之答辯見其〈秦律における隷臣妾の特質とその刑期〉，《古代文化》，49：6（1997），頁 343-354。又瀨川敬也對籾山明氏說也提出商榷，見氏著〈秦漢刑罰の再檢討—いわゆる「勞役刑」を中心に—〉，《鷹陵史學》，24（1998），頁 21-43。為何只見繫城旦舂，不見繫鬼薪白粲、隷臣妾等，私意以為韓樹峰的三大等級說較為合適。參所著，〈秦漢徒刑散論〉，《歷史研究》，3（2005），頁 37-52。

處置，在漢代就叫「便宜從事」。[36] 戰國之時，隨著戰爭規模擴大，曠日持久，領軍之將手握重兵在外，為不失機先，君王須充分授權，但又產生如何節制諸將，以免養虎貽患的問題。先秦兵家多主張「將在外，君令有所不受」，在出師的儀式中君授斧鉞，以示將軍有權便宜行事，無待君令。[37]又在軍國體制下，軍政民政一體，《尉繚子‧將理》謂：「凡將，理官也，萬物之主也。」一方的軍事首長也就是一方治民司法之官。例如睡虎地秦簡南郡守騰《語書》即提到當時「聖王作為法度」，聖王指秦王，但「法律未足，民多詐巧」，「故後有間令下者」，也就是原有的法律留有空隙，民得鑽隙為巧詐。因此又頒下彌補法律不足的「令」。可是這樣還不夠，南郡守騰更進一步自行頒布防民姦私的「方」。[38] 其所以稱之曰「方」，這猶如「藥方」、「養生方」之方，本指供書寫之木方，進而有指示、方向之義，如「間，義之方也；匿，仁之方也」（馬王堆老子甲本卷後古佚書《五行》）。《管子‧霸形》：「令百官有司削方墨筆，明日皆朝於太廟之門。」削方之方即供書寫用之木方。睡虎地秦律十八種〈司空律〉有謂：「令縣及都官取柳及木柔可用書者，方之以書；毋（無）方者，乃用版。」可見「方」在秦代是一種官府用以書寫，有一定形式的文書木方。湖南里耶秦遷陵縣城出土的更名木方，或即其形式之一種（圖 5.1-2）。前方將領或地方官員權宜頒布的規定，對一時一地的人而言，同樣意味著指示或命令，猶如漢代地方官之條教或教令。又漢代邊塞簡牘文書中常見「如府書律令」之類的套語，方即如府書之類，為地方郡府或都尉府等所下，乃官長之指示，卻有別於或用以補充正式的律令。

36　參邢義田，〈從「如故事」和「便宜從事」看漢代行政中的經常與權變〉，《秦漢史論稿》（臺北：東大圖書公司，1987），頁 333-410。

37　同上，頁 373-381。

38　關於「間令」和「為間私方」的意思，池田雄一認為「間私方」相當於「奸私法」，參所著，〈秦代の律令について〉，《中央大學文學部史學科紀要》，42（1997），頁 70；最新討論見陳偉，〈睡虎地秦簡語書的釋讀問題（四則）〉，武漢大學簡帛研究中心〈簡帛〉網站，http://www.bsm.org.cn，2005.11.18.陳偉曾討論吳福助、張建國、陳偉武、池田知久、王貴元等人的意見，而認為「間私」當讀作「奸私」，「間令」或如「板令」，應讀作「簡令」。

圖 5.1　湖南里耶出土秦更名木方，
採自網路 https://twitter.com/seantbm100/status/1069490513147883520。

圖 5.2　湖南里耶出土秦更名木方紅外線照片，張春龍提供。

　　南郡守騰不將自己所頒布的稱為「令」而稱為「方」，意味著其所頒
未必經過官方或上級同意，[39] 也未必有國家法律令同樣的效力，但在他任

39　漢代地方太守在一郡之內仍有不經同意，逕自頒布條教的權力，或即本於此。關於條教可
　　參余英時，〈漢代循吏與文化傳播〉，《中國思想傳統的現代詮釋》（臺北：聯經出版公司，
　　1987），頁 167-258。張建國在〈秦令與睡虎地秦墓竹簡相關問題略析〉一文中（收入《帝

職的南郡和在職期間，卻希望和要求一郡吏民遵守之，如同法律令。因此《語書》後文要求「舉劾不從令者」或「犯令」者，是將方視同令，合而言之，而不再特別提到不從或違犯方者。方乃為防民詐巧，其懲罰輕重或所涉範圍，應隨時因各地之宜，富於彈性而和既有律令有所出入。頒下「方」的類似情況在征服六國的過程中不知還有多少。如果一時一地的「方」或權宜規定一多，累積之下，難免牽動整個國家刑罰體系的平衡和公正。

春秋以來，軍有軍法、軍令。軍法比一般刑法可以想見要更嚴酷，更重時效。[40] 但是自齊桓公用管子，編民為什伍，「作內政而寓軍令」（《管子‧小匡》），軍、民法律原本可能有的界限不免趨於模糊。例如原本顯然屬於軍法的連坐制，在秦就被普遍擴大施用於編為什伍的民。這種情況恐怕不僅見於齊或秦，以爭天下為目標，軍國主義化的列強應都難免。在睡虎地墓主喜抄錄的秦律中，整理者將其中一部分歸為《雜抄》。《雜抄》多和軍官任免、軍隊訓練、戰場紀律、後勤供應或賞罰獎懲有關。所謂《雜抄》其實原來都是墓主喜職務上所須要並應歸屬在某些至今還弄不清的律目之下，軍民法之間的界限幾乎難以分清。當然也可以說古代兵、刑不分，所有的刑法原本都是軍法，治民之法是自軍法中分化出來。[41]

不論情況究竟如何，一旦戰爭結束，不再從馬上治天下，戰時軍民不分的政治社會和法律體制勢必要調整，軍歸軍，民歸民。司馬遷在近百年後回顧漢初的體制改革，曾概括性地說道：「於是漢興，蕭何次律令，韓信申軍法，張蒼為章程，叔孫通定禮儀。」（《史記‧太史公自序》）他將律令、軍法、章程、禮儀分開，又將改制之功籠統歸在四個人名下，這是司

制時代的中國法》）認為為間私方「這些法規必須得到中央政府或秦王的許可或批准」（頁30），或非如此。

40　參陳偉武，《簡帛兵學文獻探論》（廣州：中山大學出版社，1999），頁58-61；或見〈簡帛所見軍法辨證〉，《中國法制史考證》乙編第一卷（北京：中國社會科學出版社，2003），頁266-268。原刊《簡帛研究》第二輯，1995。

41　相關討論可參籾山明，〈法家以前——春秋時期的刑與秩序〉，《中國法制史考證》丙編第一卷（北京：中國社會科學出版社，2003），頁222-256。

馬遷，也是傳統文獻一貫的筆法。如果稍稍仔細研究一下，不難發現這些改制非必同時，也非完全成於一人之手。無論如何，司馬遷將律令與軍法分開，標舉出了變革的一個大方向。

變革的具體情況，可舉三例說明。第一，睡虎地、龍崗、里耶和嶽麓書院藏秦律簡中的貲罰常以甲或盾為單位，罰若干甲、若干盾或若干甲、盾。以甲、盾為罰不難推想這原本或與軍法有關。[42] 但承秦律的張家山漢律簡中已完全不見以甲、盾為貲罰的蹤影。其次，睡虎地秦律中有《軍爵律》，反映出商鞅以來以軍功賜爵的傳統。但漢初的《二年律令》中已無《軍爵律》而有《爵律》之目，依二十等爵授田宅的律則被整理者安排在《戶律》中，授田宅已和軍功無關。從《軍爵律》到《爵律》，「軍」一字之有無應非偶然，正好說明軍民律令之分化。第三，文帝元年「除收帑諸相坐律令（應劭曰：「帑，子也。秦法一人有罪，并坐其家室，今除此律。」）」（《史記·孝文本紀》）文帝廢相坐律令是在所謂「蕭何次律令」之後。這是指一般百姓不再連坐，並不表示軍伍之中也不再連坐。[43] 什伍連坐本為軍法，除相坐律令，軍民之法有了更進一步的區別。

秦在一統天下的過程裡，戰爭為先，刑律調整的腳步恐怕難以及時跟上，司法官吏的訓練也難如承平之時。最少從戰國起，官吏即分文武。但是在戰爭頻仍的時代，官吏出入文武之職，所司不免難以明確劃分。睡虎地秦墓墓主喜一生時而為令史、治獄，時而從軍參戰的經歷就是最好的例證。在這種情況下，如何保證司法官吏受到適當的訓練，有較充分的知識和執法的能力，維持司法的公正和公平，是先秦列國都面臨的考驗。喜的

---

42 《管子·小匡》提到寄軍令於內政，因甲兵不足，遂「輕重罪而移之於甲兵」，而有犀甲、蘭盾、束矢之罰。又可參《管子·中匡》。

43 青海上孫家寨屬王莽前後的 115 號墓中曾出土和《孫子》及軍中法令有關殘簡，殘簡中有這樣的話：「☐千行伍長斬什☐」（簡293）、「☐千行五百將斬以曲，千行候斬以部，千行司馬斬以校，千行軍尉斬」（簡44、56、27、232、218、354）。這些無疑是一些和連坐有關的規定。可見連坐制在軍中並未廢除。參青海省文物考古研究所，《上孫家寨漢晉墓》（北京：文物出版社，1993），頁193。

墓中既有《為吏之道》這樣充滿儒道色彩的小冊，也有南郡守騰下達縣道有濃烈以法為治色彩的《語書》，兩者內容雖有相通處，精神上歧異頗大。[44] 如果同意《為吏之道》的性質是一種吏的訓練手冊，它和長官發布的《語書》在精神上相出入時，這會對戰時或一統後的秦代司法或地方官吏帶來什麼影響，十分值得玩味。

在戰時的特殊情勢下，法律和司法都不免有權宜變例，軍法與民法不免混一，人員不免因兼司而訓練不足；戰爭遷延一久，這些問題都會使法律本身的失衡、矛盾和司法的不公趨於嚴重。[45] 所謂秦法酷烈，有不小一部分和法律的失衡、矛盾以及人員素質不盡理想脫不了關係。漢武帝時，「禁網寖密」，「郡國承用者駁（師古曰：不曉其指，用意不同也。），或罪同而論異。姦吏因緣為市，所欲活則傅生議，所欲陷則予死比。」（《漢書‧刑法志》）昭帝時議鹽鐵，文學曰：「方今律令百有餘篇，文章繁，罪名重（讀為從），郡國用之疑惑，或淺或深，自吏明習者不知所處」，「律令塵蠹於棧閣，吏不能徧覩而況於愚民乎。」（《鹽鐵論‧刑德》）這些應該是秦時就存在的老問題，不會到漢武帝和昭帝時才出現。漢高祖入關，即曾嫌秦法「煩苛」，而約為法三章（《漢書‧刑法志》）。秦一統之後，始皇雖「專任刑罰，躬操文墨」，但他和二世顯然還來不及清理法律體系積存的問題，國家就亡了。[46]

44　參邢義田，〈雲夢秦簡簡介——附：對「為吏之道」及墓主喜職務性質的臆測〉，《秦漢史論稿》，頁 493-504。

45　韓樹峰曾以睡虎地秦律為例舉出其中的矛盾和失衡，參所著，〈秦漢徒刑散論〉，《歷史研究》3（2005），頁 40、48、51 或孫家洲編，《秦漢法律文化研究》（北京：中國人民大學出版社，2007），韓樹峰執筆之第四章，頁 214-282。

46　秦始皇統一天下後，在法律體系上做了些什麼，很可惜幾乎沒有材料可考。琅邪等刻石中反覆強調：「端平法度」、「除疑定法，咸知所辟」，這是很籠統的政治宣傳，難知其詳，也難以完全信據。張建國據之說道：「秦統一中國後對法律做過系統的整理，這時距後來的漢二年只有短短的十四年，法律在這樣一段時間裡恐怕挑不出多少毛病。漢只要去掉一些不得人心的嚴法，少徵發點兒徭役，多幾次大赦，取銷一些讓人生不如死的督責之術，對有功之人捨得給予重賞，也就差不多彌補了秦的缺陷。」（見所著〈試析漢初「約法三章」的法律效力——兼談「二年律令」與蕭何的關係〉，收入《帝制時代的中國法》，頁 45）這樣的說法

張家山律簡已經證明所謂的「漢承秦制」，一個主要的現象就是漢代幾乎全盤接收了秦律，[47] 因此，也繼承了秦不及處理的問題。蕭何作律九章，擇秦律之尤切時需者，來不及全盤整頓。其中兩個來不及整頓的問題正是肉刑和刑期制。[48] 漢文帝進行改革，才正式面對。張蒼等在文帝的指示下，作了較原則性的整頓，一方面配合時代需要，廢除肉刑和減輕刑罰，另一方面將徒刑全面刑期化，以改善肉刑、勞役刑、無期刑和某些有期刑之間存在的不公、衝突和矛盾。張蒼和馮敬等人所擬的刑期方案，照張建國對《漢書‧刑法志》相關脫漏文句的復原，井然有序，如果說這些方案毫無以往學說理論或既存制度作為參考或依據，憑空構擬於一時，實在令人難以想像。[49]

刑制改革牽動廣泛，高祖劉邦已經開始，文帝繼續而較全面，不過不是在短時期內可由一人或數人畢其功於一役。有些學者認為法律改革就是改動一下條文字句，由皇帝一句「制曰可」，或在「瞬間一次性」的行動

或許太簡單了些，沒有充分考慮長期戰爭對法律和司法制度可能造成的影響。

47 高敏，〈漢初法律系全部繼承秦律說–讀張家山漢簡〈奏讞書〉札記之一〉，《秦漢史論叢》第六輯（南昌：江西教育出版社，1994），頁 167-176。全部二字當然是就大體而言，並不表示一模一樣。

48 此外，爵也是大問題。大家都知道秦尚軍功，自商鞅以來爵祿田宅以軍功為斷。自睡虎地秦律和張家山漢初律簡發現以後，大家也都知道有無爵和爵級高低影響到秦漢百姓的法律權益極大。等到秦一統天下，戰爭結束，立軍功機會必然減少，爵的取得、轉移或剝奪豈能不作相應的調整？高祖以後，屢屢賜民爵，而無關軍功，這會如何影響爵的性質和有爵者的法律權益？《二年律令》戶律中就有依爵授民田宅的規定。在大環境改變之後，相關法令的修訂調整恐怕都要相當長的時間。參楊一民，〈戰國秦漢時期爵制和編戶民稱謂的演變〉，《學術月刊》，9（1982），頁 68-73。此文已指出從軍功爵到賜民爵的問題，但未及深入討論和法律的關係。

49 滋賀秀三，〈前漢文帝の刑制改革をめぐって–漢書刑法志脫文の疑い〉，《東方學》，79（1990），頁 1-8，收入氏著，《中國法制史論集》（東京：創文社，2003），頁 557-566；中譯見《日本學者研究中國史論著選譯》卷 8，頁 76-82；張建國，〈西漢刑制改革新探〉，《歷史研究》，6（1996），頁 21-24；最近籾山明引用日本所藏北宋刊本《通典》和近衛家熙考訂《大唐六典》的夾注校語證明張建國對《漢書‧刑法志》的復原可以得到版本上的支持，參所著，〈《漢書》刑法志の錯誤と唐代文獻〉，《法史學研究會會報》，9（2004），頁 89-92。

裡，即可完成。[50] 事情不是這麼簡單。

刑罰是整個法律和司法體系的一部分，刑罰和犯罪的類別、輕重在每一個環節上都相互關聯，要保持法律和司法的公正，除了法律本身的合理平衡，還必須有足夠高素質的專業司法人員。刑律體系本身的的改變或人員素質的缺陷都可能造成牽一髮而動全身的影響。以秦刑本身來說，秦的刑罰體系原本以終身勞役和肉刑為特色，一旦出現刑期制這樣具有原則性的變化，整個體系都可能受到牽動，其調整不是頃刻間完成得了。張建國即曾指出廢肉刑，用其它刑替換，會造成長期延續的法律變動。文帝之後應該另有改革。這個看法十分有理。[51] 但我認為其後的改革似不限於他所說的隸臣妾的取消和刑期自六年級數改為五年級數而已，應還有無數微調工程，使體系趨於平衡和合理。奈何這些微調細節，除了景帝和武帝所為尚有隻字片語，絕大部分沒有能夠在史冊中留下痕跡。

近世學者討論刑期制多從法律本身或法律學的角度考慮，比較少注意傳統文獻背後的史觀以及這些史觀對真相可能造成的扭曲。中國傳統文獻經常將漫長時期之內出現的變化歸名於某一偉大人物的一時變革。神農氏發明農業，燧人氏鑽木取火，有巢氏教民宅居等等大家耳熟能詳，無須贅言。司馬遷寫《史記·秦始皇本紀》，以戲劇性的手法記錄了一場朝廷之上封建和郡縣制的大辯論；辯論以後，封建似乎即成過去，郡縣即從此確立。班固寫《漢書·刑法志》，以幾乎同樣戲劇性的手法描述緹縈救父如

---

50 例如栗勁，《秦律通論》說文帝的改革：「這是中國歷史上第一次為城旦舂、鬼薪白粲、隸臣妾、司寇等徒刑規定出具體刑期，一經漢文帝『制曰可』，就完成了立法手續，成為當時的成文法。」（頁282）張建國討論文帝肉刑改革時說：「這種改定只需要一次改動即可完成，也就是說，當文帝同意這一方案，中央機構下達指令後，這種改動無論是對任何機構或個人手頭的律章，是很快即可替換完成的。例如，《睡虎地秦墓竹簡》中有『擅殺子，黥為城旦舂』。我們假定漢代繼承了秦代的這一法律規定，那麼，根據張蒼等人改革方案，律文將變成『擅殺子，髡鉗為城旦舂』。」因此，雖說廢除肉刑並以其他刑罰換易，是從此以後長期延續下去的法律變動，但改定法律這一動作本身，卻非一種持續進行的行為，所以不妨將這種變動視為瞬間一次性的。」（《帝制時代的中國法》，頁208-209）

51 參張建國，〈西漢刑制改革新探〉，頁21-24。

何感動文帝，引發了文帝的刑法改革。從表面看，肉刑因此廢除而刑期制也於一日之間建立。這樣的英雄史觀和戲劇性的筆法不但支配著司馬遷和班固，也左右著無數的兩漢著作（其例可見《新語・道基》、《論衡・感虛》、《風俗通義・皇霸》等）。在這些著作裡，可以看見一個接一個的英雄，創造新的時代。今人讀這些文獻，不宜只讀字面而疏略了背後史觀所可能發生的作用。換言之，須要弄清《漢書・刑法志》的一字一句，釐清正文和夾注的錯亂脫誤，但不宜被字句完全綑綁。跳出來看，太陽之下無新鮮事。刑期制就像郡縣制，都不是因為某一二人的一場辯論或一件詔書而忽然出現，它們都是因應春秋戰國幾百年的時代需要，在幾百年變局中逐漸浮現的。某場辯論或某件詔書不過是變局裡最惹眼，被史家定格留住的浪花或亮點而已。

學者早已正確指出秦漢以前終身隸役罪犯是普遍的現象。終身服役的罪徒，不論隸臣或隸妾，地位都比庶人低下，但在統治者眼中其實和庶人相去不遠，說穿了都是孟子所說的「勞力者」，[52] 沒有資格像士以上的「勞心者」可以治人，可以講「禮」，或者可以執干戈以衛社稷。春秋戰國以來戰爭頻繁，戰爭型態改變，各國須要普遍徵兵，開始逐漸以不同的方式擴大兵源。除了國人，原本沒資格的野人開始可以當兵。[53] 這個時期之所以賜庶民田宅、土地、姓氏和爵，根本上是因為這時人們的思考還無法完全跳脫唯士以上可以執干戈以衛社稷的封建觀念。有了田宅、土地、姓氏和爵，庶民不論國野，彷彿躋身於士的行列，也就夠格成為國家動員的對象。秦漢二十等爵的最低一級名為「公士」，其意義很可玩味。

隨著春秋中晚期以來戰爭擴大持久，兵源消耗過劇，士兵不足，統治者不免注意到如何利用身分低下，但數量龐大的奴隸和罪犯。於是罪隸逐

---

52 近年湖南龍山里耶秦簡雖見到始皇二十七年興徭役的規定和徭役的徵調順序，但洞庭郡為傳輸兵器到內史等地，乘城卒、城旦舂、隸臣妾、鬼薪白粲、居貲、贖債、司寇、隱官和踐更縣者都在動員之列，其中乘城卒和踐更縣者應非罪犯，卻和城旦舂等刑徒雜列並處，即可為證。參〈湖南龍山里耶戰國——秦代古城一號井發掘簡報〉，《文物》，1（2003），頁33-34。

53 杜正勝，〈全國皆兵的新軍制〉，《編戶齊民》（臺北：聯經出版公司，1990），頁49-96。

漸可以贖，可以赦，可以免，或者在服役一定期間之後，依某些特定條件改變身分，成為庶人。這樣的改變在歷史上沒有留下多少痕跡。魯襄公二十三年（西元前550年），晉國諸大夫相爭時，范宣子焚毀罪隸斐豹之丹書，斐豹為之捨命殺欒氏之督戎，可以算是一個以免除罪隸身分為條件，換取勇士為當政者賣命的例子。[54] 這事大概是因太特殊才被記載下來。但偶發的事例一多就可能成為常態。

一旦常態化，原本不在徵召之列，形同禁錮的罪犯就變成數量可觀的兵源。魯昭公十四年（西元前528），楚子使然丹簡上國之兵於宗丘，使屈罷簡東國之兵於召陵，「且撫其民，分貧振窮，長孤幼，養老疾，收介特，救災患，宥孤寡，**赦罪戾**，詰姦慝，**舉淹滯**，禮新敘舊，祿勳合親，任良物官。」（《左傳》昭公十四年）在檢閱甄選部隊，安撫百姓的過程裡，特別有赦免罪犯，舉拔人才的舉動，值得注意。《左傳》魯哀公二年（西元前493年）趙簡子伐鄭，誓詞云：「克敵者上大夫受縣，下大夫受郡，士田十萬，庶人工商遂，**人臣隸圉免**」，免除「人臣、隸、圉」的賤隸身分，可見這時除了大夫和士，執賤役的奴隸之類也成為戰爭人力動員的對象，當政者須要對他們提出交換賣命的條件。這和晉國斐豹之事類似，但斐豹一人的特殊待遇在此似乎已變成適用於全體賤隸的原則。

《韓非子·說疑》謂聖王選才「內舉不避親，外舉不避讎……觀其所舉，或在山林藪澤巖穴之閒，**或在囹圄緤紲纆索之中**，或在割烹芻牧飯牛之事，然明王不羞其卑賤也。」郭店楚簡《窮達以時》說「管夷吾拘繇棄縛（裘錫圭按：繇疑當讀為「囚」，棄疑當釋為「束」），釋桎梏而為諸侯相，遇齊桓也……」[55] 這一類賢君選能於卑賤，拔才於桎梏的話常見於先秦典籍中，武丁舉胥靡傳說為相也是常被提起的例子。[56]《呂氏春秋·尊師》說：

54　《左傳》襄公二十三年：「初斐豹，隸也，著於丹書（杜注：蓋犯罪沒為官奴，以丹書其罪）。欒氏之力臣曰督戎，國人懼之。斐豹謂宣子曰：苟焚丹書，我殺督戎。宣子喜，曰：而殺之，所不請於君焚丹書者，有如日。……」

55　荊門市博物館編，《郭店楚墓竹簡》簡六（北京：文物出版社，1998），頁145。

56　胥靡據吳榮曾先生研究，其意正是「緤紲纆索之中」的刑徒，參前引所著〈胥靡試探——論

「子張,魯之鄙家也,顏涿聚,梁父之大盜也,學於孔子;段干木,晉國之大駔也,學於子夏;高何、縣子石,齊國之暴者也,指於鄉曲,學於子墨子;索盧參,東方之鉅狡也,學於禽滑黎。**此六人者,刑戮死辱之人也。**今非徒免於刑戮死辱也,由此為天下名士顯人,以終其壽,王公大人從而禮之。此得之於學也。」這一段話雖強調為學之用,無意中同樣告訴我們「刑戮死辱之人」,因學而可為「天下名士顯人」。囹圄中有賢而可為相者如傅說,更多的是不畏死,桀驁果敢,適合當兵的材料如上述的大盜、暴者和巨狡。春秋戰國以強兵為務的君王和謀士對他們豈能視而不見?《六韜‧犬韜‧練士》說:「有王臣失勢,欲復見功者,聚為一卒,名曰死鬥之士……有貧窮忿怒,欲快其志者,聚為一卒,名曰必死之士;有贅婿、人虜欲掩迹揚名者,聚為一卒,名曰勵銳之士;**有胥靡、免罪之人,欲逃其恥者,聚為一卒,名曰幸用之士……**」[57] 將王臣失勢者與貧窮、贅婿、胥靡、免罪等分而並列,可知後者都是身分原本卑下或犯罪的人。這些人招聚起來,變成了必死之士、勵銳之士和幸用之士!罪隸而被稱為「士」,是春秋戰國變局下浮現的,但這絕非於一夜之間驟然出現,也不會突然消失。秦漢以降常發遣赦免的罪犯(免徒、弛刑)充軍戍邊或從事征討,基本上仍然沿襲著這個傳統。

四 小結

　　刑期出現的背景因素必較以上的勾勒要複雜,現在已不易全面了解。從蛛絲馬跡觀之,刑期的出現和春秋中晚期到戰國不斷升高擴大的戰爭,軍制的改變和人力的需求有關。這只是一個角度的觀察,並不能完全解釋。各國需求不盡一致,即使都須要兵源,解決的手段也可以不同。

戰國時的刑徒制〉,頁148-161。

57　這一點吳榮曾已曾論及,見前引〈胥靡試探——論戰國時的刑徒制〉,頁159。

討論刑期制的出現，一個不可不注意的重要背景應該是秦在上百年戰爭狀態下發展出來的戰時法律體系，一統之後如何轉換成一個承平時代的體系。近數十年秦漢法律資料雖已出土不少，但要勾勒出一部戰國至秦漢法律「發展史」，現有資料仍遠遠不足。例如除了《語書》，幾無資料可以說明秦在征服六國的過程裡，如何將秦的法律令施行在新征服的土地上，如何調整原有刑律和戰時權宜措施的關係，又如何消解秦律本身以及與各國法律之間可能存在的衝突和矛盾，或如何將它國法律融入秦律系統。[58]刑期制在這個刑律調整的過程中又曾扮演什麼樣的角色，這些問題一時都還說不清楚。

大家都知道春秋戰國是中國古代法治發展的重要階段，各國各有自己的刑律制度。包山楚簡中的楚國刑法及司法即自成一套。張家山《奏讞書》提到魯國舊法有白徒和倡，[59]銀雀山《守法》、《守令》簡提到齊有公人，即和秦刑名不同，相關的體系也不會一樣。在類似的時代要求下，楚、魯、齊如同秦，可能都曾發展出了某種形式的有期刑，如齊有黥刑以為公人、公人一歲、二歲、終身等之不同，將肉刑、有期刑和終身刑整合成一套系統，意義重大。惜其詳不得而知，也不能確定是現實制度或僅為學說。尉繚曾向梁惠王建議以戍邊三歲處罰無軍功者，魏是否曾加實行，惜無證據。總之，刑期的概念在戰國既已出現，曾實行某種形式有期刑的國家應該不限於秦國吧。

從《二年律令》看，漢初之法及漢所承的秦法中無疑已有有期刑，唯有期限之刑僅見於某些特殊的情況下，刑期已見等級，但或尚不成體系。有期刑和其它大量無期刑之間結構性的關係仍待釐清。不論如何，于豪亮

---

58 睡虎地秦簡〈為吏之道〉抄有魏戶律和魏奔命律，張家山〈奏讞書〉在時代上屬於秦的部分，抄有假衛人史猷之名，內容卻和《韓非子‧內儲說下》晉文公有關的案子，又抄引一件「異時魯法」的案例。兩座地方小吏的墓中不約而同抄錄他國的法律資料，十分耐人尋味。這是否意味它們和秦律不同，值得參考或甚至被用來補充秦律之不足？秦的地方小吏在司法上用得著它們？

59 《張家山漢墓竹簡（二四七號墓）》，簡 174-179，頁 226-227。

強調漢文帝「規定了隸臣妾以及比隸臣妾更重的罪犯的刑期」，又結論說「在秦代，大多數罪人是無期的。」[60] 現在看來，這是極為明智的論斷。因為他沒有排除在秦代有某些較輕的罪（如作官府償日罪），和少數罪人處以有期刑的可能。其他學者將建立刑期之功完全歸於漢文帝，不免多少被古人著述背後的史觀所誤導，不知不覺將一個漫長複雜的歷史過程簡單化和個人英雄化的嫌疑。

92.3.25

原刊《臺灣大學歷史學報》，36（2005），頁 407-432；修訂稿刊中國政法大學法律古籍整理研究所編，《中國古代法律文獻研究》第三輯（2007），頁 191-214。97.4.10 再訂，106.4.19 三訂

60　于豪亮，〈從雲夢秦簡看西漢對法律的改革〉，《于豪亮學術文存》，頁 146-149。

月令與西漢政治
——從尹灣集簿中的「以春令成戶」說起

　　江蘇連雲港市東海縣溫泉鎮尹灣村六號漢墓所出「集簿」木牘的內容極為豐富，已有不少學者為文討論。[1] 本文打算從集簿中所謂的「以春令成戶」說起，略論月令與西漢政治的關係。

　　「集簿」為原牘名稱。牘兩面有字，背面有這樣的一段記事：

以春令成戶七千卅九，口二萬七千九百廿六；用穀七千九百五十一石八斗（？）□升半升，率口二斗八升有奇。[2]

以上四十二個字是成帝時東海郡「集簿」中許多地方縣邑鄉亭吏員人數、人口、土地、錢糧等統計數字的一部分。這是第一次有出土的資料證明作為四時月令之一的春令，曾對漢代地方行政發生指導的作用。[3]「以春令成

1　初步討論已見謝桂華，〈尹灣漢墓簡牘和西漢地方行政制度〉，《文物》，1（1997），頁 42-48；謝桂華，〈尹灣漢墓新出《集簿》考述〉，《中國史研究》，2（1997），頁 29-37；廖伯源，〈尹灣漢墓簡牘與漢代郡縣屬吏制度〉，《大陸雜誌》，95：3（1997），頁 14-20；紀安諾，〈尹灣新出土行政文書的性質與漢代地方行政〉，同上，頁 21-45；邢義田，〈尹灣漢墓木牘文書的名稱和性質〉，同上，頁 1-13；西川利文，〈漢代における 郡縣の構造について--尹灣漢墓簡牘を手がかりとして〉，《佛教大學文學部論集》，81（1997），頁 1-17；紙屋正和，〈尹灣漢墓簡牘と上計‧考課制度〉，《福岡大學人文論叢》，29：2（1997），頁 1135-1185。

2　以上釋文據連雲港市博物館、社科院簡帛研究中心、東海縣博物館、中國文物研究所編，《尹灣漢墓簡牘》（北京：中華書局，1997）。1996 年《文物》第八期〈尹灣漢墓簡牘釋文選〉所發表之釋文小有出入。「以春令成戶」之「以」加〔〕號，「口」字作口，「八斗（？）□升半升」作「八斗八升」。《尹灣漢墓簡牘》釋文當是據紅外線所見字跡而釋，所發表之圖版自「八斗（？）」以下難以辨識。「以春令成戶」等字清晰，據圖版可確認無疑。

3　在居延漢簡中曾經發現武帝、王莽和光武時期和月令有關的詔令殘文，但這些月令詔實際上

戶」一事不見於《史記》、《漢書》等文獻，將它和月令有關的其它簡帛合觀，大有助於認識月令和秦漢時代的政治、地方行政和人口政策之間的關係。

所謂「春令」乃春夏秋冬四時月令之一。昭帝時，賢良文學與大夫辯論鹽鐵，賢良曾提到當發春時所行的儀式以及所謂的「春令」：

> 古者春省耕以補不足，秋省斂以助不給……故召伯聽斷於甘棠之下，為妨農業之務也。今時雨澍澤，種懸而不得播，秋稼零落乎野而不得收。田疇赤地，而停落成市，發春而後，懸青幡而策土牛，殆非明主勸耕稼之意，而春令之所謂也。[4]

此「春令」一名可考於西漢文獻者。「發春」據王利器考證即「開春」，[5]也就是立春。立春時，「懸青幡而策土牛」，是當時政府依月令所行的儀式。這種儀式為東漢所沿襲，在《續漢書‧禮儀志》裡有較詳細的描述：「立春之日，夜漏未盡五刻，京師百官皆衣青衣，郡國縣道官下至斗食令史，皆服青幘，立青幡，施土牛耕人于門外，以示兆民。」又說：「是月也，立土牛六頭，於國都郡縣城外丑地，以送大寒。」《論衡‧亂龍》也說：「立春東耕，為土象人，男女各二人，秉耒把鋤，或立土牛，未必能耕也，順氣應時，亦率下也。」唯據敦煌懸泉月令五十詔條，王莽時，施土牛送寒氣不在立春而在季冬。

不論在何時行此儀式，賢良文學認為如果百官僅僅是服青幘，立青幡，施土牛，行禮如儀，卻不能讓農人在該播種時播種，應收成時收成，弄得秋稼零落，赤地千里，就喪失了「春令」的精神和用意。他們指責儀式虛有其表，更糟的是這些儀式有時變成百姓額外的負擔。東漢桓帝延熹二年（西元 159 年）南陽宛縣男子張景因縣府年年徵調鄉正十餘人造勸農土牛等事，花費六、七十萬，「重勞人功，吏、正患苦」，上言自願承擔此

發生多少作用，並不清楚，詳見本文下節。尹灣集簿上的「以春令成戶」有明確的人口數據，可明確無疑地證明春令曾發生實際的作用。

4　王利器，《鹽鐵論校注》，〈授時〉（臺北：世界書局，1970），頁 248。

5　同上，頁 250。

事，以換取免除其它縣中徭役的特權。結果得到允許，並刻石為憑（圖1）。[6] 由此一例可知，百姓未蒙「春令」之利，反因儀式勞師動眾而蒙受其害。

尹灣牘的「以春令成戶」則透露了月令在漢代政治中落實的另一種狀態：它不僅僅是儀式，而是具體指導地方行政和人口措施的「令」。集簿中明白列出在成帝某年，東海郡依據春令而成戶的戶口數。這對了解月令和漢代政治的關係增添了極有意義的證據。近年山東青島土山屯西漢 147號墓出土的哀帝「元壽二年（西元前 1 年）十一月見錢及逋薄」木牘上出現「以春令貸貧民戶五千九十一，口萬二千七百九十九」[7]，使我們再度看到所謂春令和實際政治之間的關係。

過去學者討論月令問題多本於文獻。焦點幾乎都集中在月令的淵源，不同典籍中月令篇章之間的關係，或月令與天象的關係。很少注意月令或時令是否曾經，或如何落實在古代的政治裡。[8] 現在有了較多的資料，本文試加集中排比，先略述秦政與月令，焦點則在西漢。

6　〈張景碑〉或〈張景造土牛碑〉參永田英正，《漢代石刻集成》（京都：同朋舍，1994），頁136-137；鄭傑祥，〈南陽新出土的東漢張景造土牛碑〉，《文物》，11（1963）。

7　青島市文物保護考古研究所、黃島區博物館，〈山東青島土山屯墓群四號封土與墓葬的發掘〉，《考古學報》，3（2019），頁 405-459。

8　參林慶彰編，《經學研究論著目錄，1912-1987》（臺北：漢學研究中心，1989），頁 536-537；《日本研究經學論著目錄，1900-1992》（臺北：中央研究院文哲研究所，1993），頁335-336。王夢鷗，〈讀月令〉，《國立政治大學學報》，21（1970），頁 1-14 曾簡略提及漢至宋代的讀令制度。徐復觀先生在〈呂氏春秋及其對漢代學術與政治的影響〉一文中曾指出《呂氏春秋》十二紀首對東漢的影響大於西漢，見《新亞書院學術年刊》，14（1972），頁1-53。勞榦先生研究元康五年詔簡，注意到夏至改火與《論語》、《周禮》、《鄹子》之說都不相應，但未對月令和漢代政治作較全面的討論，參其〈居延漢簡考證〉別火官條，《居延漢簡——考釋之部》，頁 12。島邦男教授曾以專書討論五行思想和《禮記·月令》，月令部分主要討論先秦至秦漢月令思想和陰陽五行的關係，幾種月令的成立和彼此的關係，幾乎完全不談月令和政治之間的關係，見其所著《五行思想と禮記月令の研究》（東京：汲古書院，1971，1984 二版）。

圖1　張景造土牛碑

一 秦政與月令

　　先秦諸子及經書言時令或月令者頗多。[9]時令的來源極早，戰國時則是
陰陽家的主要主張。《史記‧太史公自序》述司馬談論六家要指，說到：
「嘗竊觀陰陽之術，大祥而眾忌諱，使人拘而多畏。然其序四時之大順，
不可失也。」又說：「夫陰陽、四時、八位、十二度、二十四節各有教令。
順之者昌，逆之者不死則亡，未必然也。故曰『使人拘而多畏』。夫春生
夏長，秋收冬藏，此天道之大經也。弗順則無以為天下綱紀，故曰『四時
之大順，不可失也』。」《漢書‧藝文志》則說：「陰陽家者流，蓋出於羲、
和之官，敬順昊天，歷象日月星辰，敬授民時，此其所長也。及拘者為
之，則牽於禁忌，泥於小數，舍人事而任鬼神。」陰陽家這套觀念，簡單
地說即在講求行事順應春生、夏長、秋收、冬藏的自然之理，在不同的季
節裡，行事有所宜，亦有所忌。合乎宜忌，則陰陽調和，萬物生滅，各得
其所。

　　諸子所說的時令或月令並非憑空虛言，有很大一部分是觀察天時、地
利與人事的因果關係，一種長久經驗的歸納。人們在經驗中發現，如果人
的活動和季節、物候相配合，往往會有好的結果，反之則不然。《夏小正》
可以說就是這一類觀察記錄的殘存。[10] 近年出土的簡帛文獻更可以證明，
秦、楚社會最遲在戰國時期都有了一套依據季節，各有宜忌的行事系統，
其它各國因地理、氣候和生產活動的特殊性等等也應有大同小異的系統。

　　1986 年甘肅天水放馬灘出土一批戰國秦漢墓群，其中秦墓有十三座。
一號秦墓出土竹簡有《人月吉凶》、《日忌》、《月忌》、《四時啻》等。[11] 秦

9　有關月令之研究極多，蒐羅前人之說較備，較便閱讀者如楊寬，〈月令考〉，《齊魯學報》，2
　　（1941），頁 235-270；島邦男，《五行思想と禮記月令の研究》。

10　依古人的說法，夏已有月禁。如《逸周書‧大聚》：「旦聞禹之禁春三月山林不登斧，以成草
　　木之長；夏三月川澤不入網罟，以成魚鱉之長……。」

11　甘肅省文物考古研究所、天水市北道區文化館，〈甘肅天水放馬灘戰國秦漢墓群的發掘〉，
　　《文物》，2（1989），頁 1-11；何雙全，〈天水放馬灘秦簡綜述〉，同上，頁 23-31。

在統一天下前，社會上早已有了以春夏秋冬四時，或以月為準的一套時令宜忌系統，其它各國恐怕也是如此。不少學者認為，1942 年在湖南長沙子彈庫戰國中晚期墓中出土的楚帛書，其中有一部分即和時則月令相類，以言十二個月之宜忌為主。[12]社會上存在著時令宜忌，政府採擇而通行即成制度或法令。四川青川出土的秦武王二年（西元前 309 年）〈為田律〉木牘和屬於秦統一天下前夕，在湖北雲夢睡虎地秦墓出土的〈田律〉簡，則可以證明秦在戰國時確實已有了配合時令宜忌的法律。

　　1979 年至 1980 年，在川北青川縣郝家坪發現一批戰國墓。其中五十號墓出土了一件兩面墨書的木牘。正面是以秦王詔令形式頒布的法律，背面為與法律有關的記事。針對這件木牘已有不少學者發表論著。一般目光多集中在木牘中提到的田畝制度，只有少數學者注意到它和月令之間的關係。[13] 以下嘗試指出秦武王此詔與月令的關係。木牘釋文諸家不一，正面

---

12 參陳夢家，〈戰國楚帛書考〉，《考古學報》，2（1984），頁 137-158；曹錦炎，〈楚帛書《月令》篇考釋〉，《江漢考古》，1（1985），頁 63-67；李零，《長沙子彈庫戰國楚帛書研究》（北京：中華書局，1985），頁 33-47；李零，《中國方術考》（北京：人民中國出版社，1993），頁 168-185。但也有學者不贊成此說。如高明認為是一種比較原始的天文學著作，參所著〈楚繒書研究〉，《古文字研究》，12（1985），頁 363-395。其文提到一些其它各家對帛書性質的不同說法，不具引。饒宗頤以為楚帛書為楚天官書之佚篇，參所著〈楚帛書天象再議〉，《中國文化》，3（1990），頁 66-73。李學勤指出多數學者已同意是一種陰陽數術類的書，參氏著〈長沙子彈庫第二帛書探要〉，《江漢考古》，1（1990），頁 61。又李氏將內篇稱為月忌，和傳世的月令有相似處，但認為並不屬於月令的範疇，而是曆忌之書。他指出月令如付諸實施，只能由君主推行，和供一般使用的數術書籍有明顯的區別，參所著《簡帛佚籍和學術史》（臺北：時報出版公司，1994），頁 64-65。劉信芳則認為將內篇定名為月令或月忌並不周延，它兼有月令和日書的性質，參氏著，〈中國最早的物候曆月名——楚帛書月名及神祇研究〉，《中華文史論叢》，53（1994），頁 75-107。愚意以為內篇言宜忌，和月令有一體相通和淵源上的關係。這些月而來的宜忌本依物候，出於民間，君主採擇而以令行之即成了月令。民間的日禁月忌和官方的月令實出一源，似不宜分別為二。

13 過去的研究較注意牘文的考訂和田畝制度，如：李昭和，〈青川出土木牘文字簡考〉，《文物》，1（1982），頁 24-27；于豪亮，〈釋青川秦墓木牘〉，《文物》，1（1982），頁 22-24；楊寬，〈釋青川牘的田畝制度〉，《文物》，7（1982），頁 83-85；黃盛璋，〈青川新出秦田律木牘及其相關問題〉，《文物》，9（1982），頁 71-75；林劍鳴，〈青川秦墓木牘內容探討〉，《考古與文物》，6（1982），頁 62-64、112；李學勤，〈青川郝家坪木牘研究〉，《文

擇依李學勤和胡平生所釋，背面依李昭和舊釋，[14] 迻錄正背面文字如下：

〔正面〕 二年十一月己酉朔朔日，王命丞相戊、內史匽民、臂更修〈為田
律〉：田廣一步，袤八則，為畛。畝二畛，一百〔陌〕道，百畝
為頃，一千〔阡〕道，道廣三步。封高四尺，大稱其高；捋
〔埒〕高尺，下厚二尺。以秋八月修封捋〔埒〕，正彊〔疆〕畔，
及發千〔阡〕百〔陌〕之大草。九月，大除道及阪險。十月，為
橋，修波（陂）隄，利津梁〔胡作：利津沱（渡）〕，鮮草離。非
除道之時而有陷敗不可行，輒為之。

〔背面〕 四年十二月不除道者：
□一日，□一日，辛一日
壬一日，亥一日，辰一日
戌一日，□一日（圖2）

本文關注的是這件木牘中要求百姓在八、九、十月應作的事情。這些
事情可在先秦至西漢與月令相關的文獻中找到相應的記載。秦武王詔中的
月份行事與諸書所不同者主要在行事之月份，唯與《國語・周語中》所謂

物》，10（1982），頁 68-72；田宜超、劉釗，〈秦田律考釋〉，《考古》，6（1983），頁 545-
548；胡平生，〈青川秦墓木牘「為田律」所反映的田畝制度〉，《文史》，19（1983），頁
216-221；間瀨收芳，〈秦帝國形成過程の一考察一四川省青川戰國墓の檢討による〉《史林》
67：1（1984），頁 1-32；胡平生、韓自強，〈解讀青川秦墓木牘的一把鑰匙〉，《文史》，26
（1986），頁 345-346；佐竹靖彥，〈商鞅田制考證〉，《史學雜誌》，96：3（1987），頁 1-37；
原田浩，〈青川秦墓木牘考〉，《史海》，35（1988）；祝中熹，〈青川秦牘田制考辨〉，《簡帛
研究》第二輯（1996），頁 69-79；黃盛璋，〈青川秦牘「田律」爭議問題總平議〉，《國際簡
牘學會會刊》，2（1996），頁 201-217；提及和月令有關係的有：楊寬，〈雲夢秦簡所反映的
土地制度和農業政策〉，《上海博物館集刊》，建館三十周年特輯（1983），頁 127-135；張金
光《秦制研究》（上海：上海古籍出版社，2004），頁 114-156；渡邊信一郎，〈阡陌制論〉，
《東洋史研究》，43：4（1985），頁 34-58；楠山修作，〈青川秦墓木牘を讀む〉《東方學》，
79（1990），頁 1-12。楠山文主要是介紹渡邊氏一文中的看法，並未對青川牘與月令的關係
有進一步的討論。

14 李昭和，〈青川出土木牘文字簡考〉，《文物》，1（1982），頁 24-27；李學勤，〈青川郝家坪
木牘研究〉，《文物》，10（1982），頁 68-72；胡平生、韓自強，〈解讀青川秦墓木牘的一把
鑰匙〉，《文史》，26（1986），頁 345-346。

的「先王之教」及《夏令》則完全相同。這似乎意味著秦武王詔中的規定不但早有淵源，且不單是源自秦國本身的傳統。〈為田律〉木牘背面記載著一連串的日子。據曾親自目驗原牘的胡平生見告，背面文字十分清晰，應該是除道應避免的忌日，並不是某些學者所主張田主的名字。[15] 不論如何，武王此詔僅及八、九、十月之行事，是否可以推想十一、十二、一月，二、三、四月和五、六、七月，依四時之序也各有詔令呢？

　　武王詔牘如果可以看成是一份完整的文件，從整體來說，明明以「更修〈為田律〉」一事為重點，此事和時令似乎並沒有直接關係。據李學勤研究，武王詔牘中用的年月是周曆，與昭王至始皇時之顓頊曆不同。如用周曆，為何詔中的月份與《國語》提到的《夏令》月份相同？這些問題還不好回答。[16] 或許可以換一個方向思考：秦武王時的秦國尚無頒布時令和依時令行事的制度，詔令要求百姓在各月中所作的事，不過是依循社會上相沿已久的傳統而已。換言之，青川郝家坪出土的木牘詔令在性質上並不是月令詔；其中提到的月份行事，不過是和被納入戰國以來月令系統的一部分活動重疊相合而已。戰國的陰陽月令家，將社會上依時序早已實行的一些活動系統化，並增添五行、五方、五色、五味等新的內容，搭配在他們認為合適的時節裡，有些以春夏秋冬四時，有些增加季夏以五時為準，有些以十二月或廿四節氣為據，建構出一套套不完全相同的時令宜忌。

　　另外在雲夢睡虎地秦簡中可以看見若干和時令有關的禁令，這些禁令見於〈田律〉。睡虎地秦律的時代約在青川武王詔牘之後約七、八十年，其中有些部分則可能成於較早的時期。和時令禁忌有關的部分如下：[17]

15　據胡平生 2005.3.10 來信告知，他於 2004 年曾目驗原牘背面。本文從其說。

16　《史記‧曆書》謂：「夏正以正月，殷正以十二月，周正以十一月」，周曆與夏曆不同。黃盛璋曾質疑武公用周曆之說。他認為武公時仍用夏之顓頊曆而非周曆。參所著，〈青川秦牘田律爭議總平議〉，《國際簡牘學會會刊》，2（1996），頁 202-203。何雙全氏分析天水放馬灘一號秦墓出土《日書》之月建，也指出秦用夏正。又據墓主記，此墓主下葬當在秦王政八、九年（西元前 239、238 年）。參何雙全，前引文，頁 23-30。

17　見睡虎地秦墓竹簡整理小組，《睡虎地秦墓竹簡》（北京：文物出版社，1978），頁 26。

图二〇　木牘摹本（左：背面、右：正面）

2.1　　　　2.2上　　　　2.2中　　　　2.2下

圖 2.1-2　青川木牘正背面摹本及正面上中下三段

春二月，毋敢伐材木山林及雍〔壅〕隄水。不夏月，毋敢夜草為灰，取生荔、麛鸚〔卵〕鷇，毋□□□□□□毒魚鱉，置穽罔〔网〕，到七月而縱之。唯不幸死而伐綰〔棺〕亯〔槨〕者，是不用時。邑之紤〔近〕皂及它禁苑者，麛時毋敢將犬以之田。百姓犬入禁苑中而不追獸及捕獸者，勿敢殺；其追獸及捕獸者，殺之。河〔呵〕禁所殺犬，皆完入公；其它禁苑殺者，食其肉而入皮。〈田律〉

睡虎地秦律簡基本上是從諸多秦律中抄出，並不完整。所見〈田律〉的部分顯然只是秦代〈田律〉中的幾條。從上引這一條涉及的月禁，不難推知秦代在不同的月份，應曾有不同的月禁，而〈田律〉背後無疑應有成套的月禁思想。這些思想的來源甚早，和先秦文獻中月令的關係，楊寬已作過討論，[18] 這裡不再重複。從睡虎地秦簡可以確知，秦月禁存在於當時的〈田律〉中，不是按月頒布，也不像下文將提到的漢平帝詔，將一年十二個月的禁忌有系統地一次頒布出來。

綜觀目前可考的資料，我們對秦月令政治實態的了解還十分有限。秦承夏、周以來的傳統，社會上很早就有了時日月令宜忌，政治上也有與時日月令相配合，相關的詔令和法律規定，其詳則有待進一步的材料。

二 昭、宣以前的月令與政治

兩漢有按月、節氣或四時頒令、讀令之制。[19] 頒令、讀令之制或非從西漢一開始就存在，而是經歷一個漫長的發展過程。尹灣牘中所謂的「以春令成戶」是四時月令中「春令」的一部分，時代屬西漢中晚期。要明瞭其意義，有必要先勾勒一下月令和漢初制度的關係以及頒令制度化的過

---

18 楊寬曾將秦田律與《禮記‧月令》、《呂氏春秋》十二紀列表比較，參所著〈雲夢秦簡所反映的土地制度和農業政策〉，《上海博物館集刊》建館三十周年特輯（1982），頁133-135。

19 可參王夢鷗，〈讀月令〉，《國立政治大學學報》，21（1970），頁1-14。

程。

　　據宣帝時丞相魏相的說法，漢自高祖劉邦即已「法天地，順四時，以治國家」了。他在奏上《易陰陽》和《明堂月令》的奏疏中說：

> ……臣聞《易》曰：「天地以順動，故日月不過，四時不忒；聖王以順動，故刑罰清而民服。」天地變化，必繇陰陽，陰陽之分，以日為紀。日冬夏至，則八風之序立，萬物之性成，各有常職，不得相干……臣愚以為陰陽者，王事之本，群生之命，自古賢聖未有不繇者也。天子之義，必純取法天地，而觀於先聖。高皇帝所述書《天子所服第八》曰：「大謁者臣章受詔長樂宮，曰：『令群臣議天子所服，以安治天下。』相國臣何、御史大夫臣昌謹與將軍臣陵、太子太傅臣通等議：『春夏秋冬天子所服，當法天地之數，中得人和。故自天子王侯有土之君，下及兆民，能法天地，順四時，以治國家，身亡禍殃，年壽永究，是奉宗廟安天下之大禮也。臣請法之。中謁者趙堯舉春，李舜舉夏，兒湯舉秋，貢禹舉冬，四人各職一時。』大謁者襄章奏，制曰：『可』。」（《漢書・魏相傳》）

據〈魏相傳〉，魏相「好觀漢故事」，熟於漢代典章舊制。其奏章引用高祖《天子所服第八》，是高祖時的詔書（如淳曰：「第八，天子衣服之制也，於施行詔書第八。」），應是確有所本。高祖請臣下議天子之服，相國、御史大夫和太子太傅一致建議依四時之序，變換天子所服。衣服之制僅為政事之一端，由此一端已足以窺見時令思想對漢初制度發生的影響。

　　又據魏相所引，似乎高祖時已有中謁者分別舉奏春、夏、秋、冬四時宜忌之事。但四位中謁者之名分為「堯」、「舜」、「禹」、「湯」，又不禁使人疑心：為何與古聖王之名如此巧合？如果不是巧合，則似乎是因名而擇人。這似乎表明舉四時宜忌一事在當時應有較濃厚的象徵和儀式性意義。

　　然而由中謁者分舉四時之宜一事，在西漢並沒有成為制度。這從後來宣帝時魏相還須作類似的建議即可知道（見下文）。漢初儀制多承秦而來，又迭有改變。從制度上說，除了天子之服以外，漢初是否已有一套完整的

依月行令的制度，還缺少真正明確的證據。[20]

時令思想在文帝一朝的影響可從文帝和陳平的答問中見之。文帝曾問左丞相陳平：天子所主何事？陳平答以他誠惶誠恐以宰相之身輔助天子，「理陰陽，順四時，下育萬物之宜」云云。文帝即位後，不斷有養老、勸農之令，其背後的思想即在於所謂的「理陰陽，順四時，下育萬物之宜」。文帝元年春三月詔：「方春和時，草木群生之物皆有以自樂，而吾百姓鰥寡孤獨窮困之人或阽於死亡，而莫之省憂。為民父母將何如？其議所以振貸之。」又曰：「老者非帛不煖，非肉不飽。今歲首，不時使人存問長老，又無布帛酒肉之賜，將何以佐天下子孫孝養其親？今聞吏稟當受鬻者，或以陳粟，豈稱養老之意哉！具為令。」（《漢書‧文帝紀》）詔中所稱「今歲首」是指一歲開始的春季？還是指漢初以冬十月為歲首的歲首呢？從文帝於春三月下詔，詔書又說「方春和時，草木群生之物皆有以自樂」看來，不能不說此詔有意強調振貸孤獨窮困和時節的關係，歲首似以春季較為合理。又云「今聞吏稟當受鬻者，或以陳粟」，下此詔時，文帝初即位。在其即位前，應已有以粟鬻養老之法，只是地方官吏玩忽法令，以陳腐之粟給老者。為此，相關單位依文帝之意，作出以下規定：「有司請令縣、道，年八十已上，賜米人月一石，肉二十斤，酒五斗；其九十已上，又賜帛人二

---

20 王夢鷗先生曾認為西漢時「天子隨著季節而改換服色，向四郊迎氣，並由專任的官員分掌四時的政令……其中分掌四時政令的官員，究竟是怎樣執行或發布當時的政令？今已不得詳知。」他又據《後漢書‧禮儀志》：「每月朔旦，太史上其月曆，有司侍郎尚書見讀其令，奉行其政」，指出東漢每月讀令的禮儀，「當是直接承襲自西漢分派官員專主四時政令的故事。不過《漢書‧魏相傳》只說四時政令，但在東漢則已增為五時……」。王先生的意見似乎意味著月令之儀自西漢初以來即已存在，兩漢之不同在於四時或五時讀令。〈禮儀志〉所言，愚意以為此實乃東漢之制，無法上溯西漢，兩漢之不同也不僅僅在於四時或五時讀令。西漢一直到哀帝似乎還沒有按月讀令的制度。哀帝初，李尋曾批評「今朝廷忽於時月之令，諸侍中尚書近臣，宜皆令通知月令之意。設群下請事若陛下出令有謬於時者，當知爭之，以順時氣……」（《漢書‧李尋傳》）。如果其時已有「有司侍郎尚書見讀其令，奉行其政」之事，李尋當不致有諸侍中尚書近臣應「通知月令之意」的建議。參王夢鷗，前引文，頁3。又兩漢按四時或五時讀令之制在後世引起很大爭議，參《魏書‧禮志》、《宋書‧禮志》、《晉書‧禮志》、《隋書‧王劭傳》等。

疋，絮二斤，賜物及當稟鬻米者，長吏閱視，丞若尉致，不滿九十，嗇夫、令史致。」

從文帝到武帝和昭帝的時代，文獻裡見到若干零星順應時令的建議或舉措，施政似乎還沒有依照像《禮記・月令》中那樣完整固定的系統。文帝詔提到振貸鰥寡孤獨，賜老者酒肉，具體施行是否即依時令，年年在春季，其餘各季是否也有其它相應的措舉，並不清楚。又如文帝二年春正月丁亥詔「其開藉田，朕親率耕，以給宗廟粢盛」，十三年春二月甲寅又詔「朕親率天下農耕以供粢盛，皇后親桑以奉祭服」，景帝後元二年夏四月詔提到「朕親耕，后親桑，以奉宗廟粢盛」云云，此事在文、景時似乎成為例行之事。可是此後的記載，只見昭帝始元元年春二月己亥「耕于鉤盾弄田」，始元六年春正月「耕于上林」（以上俱見《漢書》各本紀）。例行公事，每為史書所略；無記載，不必然即無其事。昭帝始元六年，賢良文學與大夫辯論鹽鐵，大夫曰：「縣官之於百姓，若慈父之於子也……故春親耕以勸農，賑貸以贍不足，通滀水，出輕繫，使民務時也。」[21]從前後文意來看，大夫所說的「春親耕以勸農」，並不是特指昭帝始元六年春之耕于上林，而是將它當作一件教民務時的通常行事看待，皇帝百官和郡縣一體遵行。

西漢許多看似與時令有關的行事，是因不同的理由而存在。例如武帝時時存問孤寡，賜老者酒肉，即是基於時令以外的理由，施行的時間或在夏或在冬，也並不定時：元狩元年夏四月是因立太子，六年六月遣博士六人巡行天下「存問鰥寡廢疾」，元封元年夏四月因登封泰山，元封五年夏四月因增封泰山，太始三年因行幸東海、琅邪，冬「賜行所過戶五千錢，鰥寡孤獨帛人一匹」（詳見《漢書・武帝紀》）。宣帝時類似的賞賜更幾乎都是因為鳳皇、神雀等祥瑞的出現，並不是為配合時令。哀帝時賞賜鰥寡孤獨高年，已很有可能是配合月令，因為前引土山屯劉賜墓出土的木牘已明確記載「以春令」如何如何，但這已經來到王莽篡漢的前夕了。

21 王利器，《鹽鐵論校注・授時》（臺北：世界書局，1970），頁248。

時令在西漢中期以前沒有系統地反映在政治制度中。一個重要的原因是長久以來，時令之說系統不一，眾說紛紜。沒有那一說能夠贏得較多的支持者，取得較為長久明顯的優勢。依李零分析，諸說最少有「月令」和「四時五行時令」兩大系統，系統內則又異說雜沓。[22]這可以從《漢書‧藝文志》所收陰陽家達二十一家，以及 1972 年山東臨沂銀雀山一號墓所出之各式各樣時令書看出來。〈藝文志〉註明屬漢代以前的有十四家，屬漢世或注明「近世」者有五家，注明「不知作者」一家，不明者一家。此外，五行家也有《四時五行經》二十六卷、《陰陽五行時令》十九卷，不注撰人及時代。李零認為這兩書應是「四時五行時令」系統的著作。

銀雀山一號墓所出簡抄成的時間不一，大部分是抄於文、景之間。據吳九龍的《銀雀山漢簡釋文》本，[23] 這些簡有些有篇題，有些佚失。他在書末分類目錄的「陰陽時令占候之類」下，列有以下十二種：

1)《曹氏陰陽》　　（原篇題）

2)《陰陽散》　　　（同上）

3)《禁》　　　　　（同上）

4)〔《三十時》〕　（〔　〕表示篇題為整理者所擬）

5)〔《迎四時》〕

6)〔《四時令》〕

7)〔《五令》〕

8)〔《不時之應》〕

9)〔《為政不善之應》〕

10)〔《人君不善之應》〕

11)《天地八風五行客主五音之居》

12)〔《占書》〕

---

22 李零，〈《管子》三十時節與二十四節氣〉，《管子學刊》，2（1988），頁 18-25。王夢鷗則認為月令可分為農家月令、占星家月令、陰陽家月令和兵家月令等，參氏著〈禮記月令校讀後記〉，收入李曰剛等著，《三禮論文集》（臺北：黎明文化事業公司，1981），頁 251-265。

23 吳九龍，《銀雀山漢簡釋文》（北京：文物出版社，1985）。

以上有原篇題的《曹氏陰陽》、《陰陽散》、《禁》即都不見於《漢書‧藝文志》。李零分析以上十二種的內容，發現其中《曹氏陰陽》講天地四時和萬物的陰陽生剋，互為刑德的關係，是一種陰陽書；《陰陽散》僅存兩簡，也是講陰陽之書；《禁》屬時令曆忌類，《三十時》是一種以六日為一節，十二日為一時的時令書；《迎四時》則講天子於春、夏、秋、冬分居東、南、西、北四堂以迎四時，應屬古代「明堂月令」一類；《四時令》則以天子命四輔，配四方，授時於民，定其宜忌，亦古「明堂月令」之說；《五令》則以五令（德、義、惠、威、罰）與五行（金、木、水、火、土）、五蟲（鱗、羽、贏、毛、介）相配，以講五行生剋與陰陽刑德。《不時之應》依一年四季，每季分為「六時」，歷述每季「一不時」至「六不時」，即不順時令所可能造成的凶咎。

以上八種雖僅僅殘存少許，已足以顯現它們側重有別，系統不同。自先秦以來時令說法之多，恐怕遠遠超過今人所能想像的。李零在討論《三十時》以後，曾作以下十分精要的總結：「由於有《三十時》的發現，我們對古代時令的瞭解比前又進了一大步。一方面是增加了對其複雜性的認識，不但懂得這些時令書是分為兩大系統（按指：四時時令、五行時令），而且知道其每個系統內部還可以有許多不同『版本』，遠不是那麼整齊劃一。另一方面又增加了我們對其規律性的認識，弄清了這些不同『版本』的依據是什麼。它們的變化雖多（目前所見也不過是局部），但時段劃分、取名定義仍有則可循，總不外乎陰陽消長、分至啟閉、風名氣名、物候農時等等。編製時令者雜取而配伍之，有種種排列組合。」[24] 或許正因為時令系統不一，系統內各家又有種種排列組合，要具體落實成為制度，各系各家就不免要經過一番競爭。在競爭、選擇或妥協的過程裡，某些時令或月令宜忌會不規則、不完全地出現在現實的政治中。等到一個較優勢的系統浮現（不論是憑藉自身系統的優良或整合各家之長或依賴其它派別或政治因素），成為主導的力量，在理論上此一系統的時令才有可能較全面地落實成為制度。

24　李零，〈讀銀雀山漢簡《三十時》〉，《簡帛研究》第二輯（1996），頁208-209。

這種情形在西漢中期以後可以看到若干跡象。宣帝地節二年大將軍霍光死，宣帝親政。此後若干時令或月令行事因不同的理由，開始有常規化、制度化的趨勢。自地節三年（西元前 67 年）春三月因祥瑞，「賜鰥寡孤獨高年帛」開始，此舉一度變成春天的例行公事。元康元年（前 65）、二年（前 64）、三年（前 63）、四年（前 62），神爵元年（前 61），接連五年皆於春季有類似的行事，並自元康元年起規則地加上賜「吏民爵」和「女子百戶牛酒」兩項：

1. 地節三年春三月，詔曰：「鰥寡孤獨高年貧困之民，朕所憐也。前下詔假公田，貸種、食，其加賜鰥寡孤獨高年帛。二千石嚴教吏謹視遇，毋令失職。」

2. 元康元年春三月，詔曰：「乃者鳳皇集泰山、陳留，甘露降未央宮。朕未能章先帝休烈，協寧百姓，承天順地，調序四時，獲蒙嘉瑞，賜茲祉福，夙夜兢兢，靡有驕色，內省匪解，永惟罔極。《書》不云乎？『鳳皇來儀，庶尹允諧。』其赦天下徒，賜勤事吏中二千石以下至六百石爵，自中郎吏至五大夫，佐史以上二級，民一級，女子百戶牛酒。加賜鰥寡孤獨、三老、孝弟力田帛。所振貸勿收。」

3. 元康二年春三月，「以鳳皇、甘露降集，賜天下吏爵二級，民一級，女子百戶牛酒，鰥寡孤獨高年帛。」

4. 元康三年春，「以神爵數集泰山，賜諸侯王、丞相、將軍、列侯、二千石、郎從官帛，各有差。賜天下吏爵二級，民一級，女子百戶牛酒，鰥寡孤獨高年帛。」

5. 元康四年春三月，詔曰：「乃者神爵五采以萬數集長樂、未央、北宮、高寢、甘泉泰時殿中及上林苑。朕之不逮，寡于德厚，屢獲嘉祥，非朕之任。其賜天下吏爵二級，民一級，女子百戶牛酒，加賜三老、孝弟力田帛，人二匹，鰥寡孤獨各一匹。」

6. 神爵元年春三月，行幸河東，祠后土。詔曰：「朕承宗廟，戰戰栗栗，惟萬事統，未燭厥理。乃元康四年嘉穀玄稷降于郡國，神爵仍集，金芝九莖產于函德殿銅池中，九真獻奇獸，南郡獲白虎威鳳為寶。朕之不明，震于珍物，

飭躬齋精，祈為百姓，東濟大河，天氣清靜。神魚舞河。幸萬歲宮，神爵翔集，朕之不德，懼不能任。其以五年為神爵元年。賜天下勤事吏爵二級，民一級，女子百戶牛酒，鰥寡孤獨高年帛。所振貸物勿收。行所過毋出田租。」

（以上見《漢書‧宣帝紀》）

以上六例清楚表明，宣帝於春季行賞賜是因為鳳凰、神雀等瑞應，而不是因為時令。[25] 不過值得注意的是，這些瑞應並不一定都發生在春三月，而是發生在三月前的一段時間。詔中說「乃者鳳皇集泰山、陳留，甘露降未央宮」、「以神爵數集泰山」、「乃者神爵五采以萬數集長樂、未央、北宮、高寢、甘泉泰畤殿中及上林苑」，都是指在過去某一段時間內陸續發生的事。可是除了元康三年行於春季，月份不夠明確外，行賞賜卻一律在春三月。

為何行賞要在三月？這就和月令有了關係。《禮記‧月令》季春之月或《呂氏春秋‧季春紀》謂：「是月也……天子布德行惠，命有司發倉廩〔廩，《呂氏》作窌〕，賜貧窮，振乏絕，開府庫，出幣帛，周天下勉諸侯，聘名士禮賢者。」這些季春行事和詔令的內容和用意是很接近的：賜吏民爵、賜女子百戶牛酒、賜三老、力田、鰥寡孤獨高年帛都可以說是「布德行惠」；假公田、貸種、食、振貸勿收等正是所謂「發倉廩，賜貧窮，振乏絕」；賜予諸侯王、丞相、將軍、列侯、二千石帛，則與「出幣帛，周天下勉諸侯」有關。這些恩惠在宣帝朝以前，都曾因不同理由，個別地實行過。[26] 到這時卻成為於春三月配合瑞應施行的例行事務，這不能不說和月令有一定的關聯。

進一步看，這些時令在宣帝時期的施行趨於常規化，似與魏相和丙吉相繼為丞相有密切的關係。上述這段期間正由魏相任丞相，丙吉為御史大夫。上述行事於神爵四年（西元前58年）改行於春二月，五鳳三年（前55）

---

25 請見下文，如果宣帝時是依八節頒時令，春三月之節氣為清明、穀雨，即不在八節之內。

26 可參徐天麟，《西漢會要》（臺北：九思出版公司，1978），卷48、50。

又行於春三月。神爵四年至五鳳三年是由丙吉為相。五鳳三年丙吉卒，黃霸為相至甘露三年（前 51）。甘露二、三年改行於春正月。[27] 從此以後至宣帝末，行事的時節即又失去了規律。

魏相少學《易》，「明《易經》，有師法」，為丞相時奏上《易陰陽》和《明堂月令》，極力鼓吹施政宜應四時月令，其奏已見前文。更值得注意的是同一奏疏末尾竟有一段對文帝的批評：

> 孝文皇帝時，以二月施恩惠於天下，賜孝弟力田及罷軍卒，祠死事者，頗非時節。御史大夫鼂錯時為太子家令，奏言其狀。臣相伏念陛下恩澤甚厚，然而災氣未息，竊恐詔令有未合當時者也。願陛下選明經通知陰陽者四人，各主一時，時至明言所職，以和陰陽，天下幸甚！（《漢書·魏相傳》）

文帝雖施恩惠，施於二月卻不合時令，御史大夫鼂錯早已上奏言其不當。魏相以此為例，力言惠政必須與時令緊密配合，否則仍不足以和陰陽，去災氣。

因此魏相為丞相時，較固定地改於三月施惠，不能不說是一項刻意的調整。據《漢書·百官公卿表》，魏相為丞相始自地節三年，歷元康，至神爵三年薨；御史大夫丙吉繼為丞相，至五鳳三年春病逝為止。丙吉本治律令，為獄法小吏，不過據《漢書》其傳，「後學《詩》、《禮》，皆通大義。及居相位，上寬大，好禮讓」，可見他和西漢的許多官吏一樣兼習儒、法，[28] 在為相的作風上則傾向於儒。更可注意的是他和魏相一樣，緊緊關

---

27 其後黃霸為相，將春三月之行事提早到正月，或與所宗奉之經學派別不同有關。黃霸本習律令，唯宣帝初朝臣議為武帝立廟樂，習《尚書》及《洪範五行傳》，好說災異的夏侯勝獨排眾議，斥武帝無功於民，黃霸時任丞相長史，「阿縱勝，不舉劾，俱下獄。」據《漢書·夏侯勝傳》，兩人在獄中「既久繫，霸欲從勝受經，勝辭以死罪。霸曰：『朝聞道，夕死可矣。』勝賢其言，遂授之。繫再更冬，講論不怠。」從這一段獄中習經的故事可知黃霸經學之來歷。魏相習不明宗派之《易》，黃霸則受夏侯氏《尚書》，他們對如何順應月令即可能不同。

28 詳參邢義田，〈秦漢的律令學〉，《中央研究院歷史語言研究所集刊》，54：4（1983），頁 51-101，收入《秦漢史論稿》（臺北：東大圖書公司，1987），頁 247-316；《治國安邦》（北京：中華書局，2011），頁 1-61。

注著陰陽時令和政治的關係：

> 吉又嘗出，逢清道群鬥者，死傷橫道，吉過之不問，掾史獨怪之。吉前
> 行，逢人逐牛，牛喘吐舌。吉止駐，使騎吏問：「逐牛行幾里矣？」掾史獨
> 謂丞相前後失問，或以譏吉。吉曰：「民鬥相殺傷，長安令、京兆尹職所當
> 禁備逐捕，歲竟丞相課其殿最，奏行賞罰而已。宰相不親小事，非所當於
> 道路問也。方春少陽用事，未可大熱，恐牛近行用暑故喘，此時氣失節，
> 有恐有所傷害也。三公典調和陰陽，職所當憂，是以問之。」掾史乃服，
> 以吉知大體。（《漢書·丙吉傳》）

丙吉如此重視陰陽之調和，以「時氣失節」為丞相應關注之大事，可見魏
相、丙吉為丞相的時期，和宣帝行惠政在時間上趨於常規化的時期一致，
應該不是巧合。

魏相、丙吉強調施政與時令配合的另一證據則見於居延出土的一組元
康五年詔書簡。這份詔書及紀錄傳達情形的簡冊已由學者研究復原，依照
復原，錄之如下：[29]

> 御史大夫〔丙〕吉昧死言：丞相〔魏〕相上大常〔蘇〕昌書言，大史
> 丞定言：元康五年五月二日壬子日夏至，宜寢兵，大官抒井，更水火，進
> 鳴雞。謁移以聞，布當用者·臣謹案：比原泉御者，水衡抒大官御井，中
> 二二千二石二令官各抒。別火

> 官先夏至一日，以陰燧取火，授中二二千二石二官在長安、雲陽者，
> 其民皆受，以日至易故火，庚戌寢兵不聽事，盡甲寅五日。臣請布。臣昧
> 死以聞。

> 制曰可。

---

29 此簡冊之復原由余遜、勞榦先生開其端，大庭脩集大成。參勞榦，〈居延漢簡考證〉「別火
官」條，《居延漢簡考釋之部》（臺北：中央研究院歷史語言研究所，1960），頁 12；大庭
脩，《秦漢法制史の研究》（1982），林劍鳴等中譯本，頁 193-201；《漢簡研究》（京都：同
朋舍，1992），頁 13-22。關於個別釋文的釋法和意義，參照于豪亮，〈居延漢簡釋叢〉「陰
燧取火」條及〈居延漢簡叢釋〉「御者」條，收入《于豪亮學術文存》（北京：中華書局，
1985），頁 181-186。

元康五年二月癸丑朔癸亥，御史大夫吉下，丞相承書從事，下當用者，如詔書

二月丁卯丞相相下車騎將二軍二中二二千二石二大郡大守諸侯相承書從事下當用者如詔書少史慶令史宜王始長

三月丙午張掖長史延行大守事肩水湯兼行丞事下屬國農部都尉小府縣官承書從事下當用者如詔書／守屬宗助府佐定

閏月丁巳張掖肩水城尉誼以近次兼行都尉事下候城尉承書從事下當用者如詔書／守卒史義

閏月庚申肩水士吏橫以私印行候事下尉候長承書從事下當用者如詔書／令史得（圖3）

這份詔書由丞相魏相依太常的建議，經御史大夫丙吉向皇帝請詔，於夏至之時，實施配合節令的措施。詔書簡冊出土於帝國西陲的張掖郡居延地區，當時其它的郡國應該也會收到同樣的詔書，理論上應該都要遵行。[30]值得注意的是五月夏至應該遵守的規定，在該年二月癸丑（2月11日）由御史大夫下交丞相，丁卯（2月15日）由丞相經車騎將軍、中二千石、郡太守、諸侯相，向基層單位逐步傳達。三月丙午（3月24日）張掖郡代行太守事的長史，在收到後又下傳；閏月丁巳（4月5日）肩水城尉以代行都尉的身分再下傳。三天以後的庚申（4月8日），居延肩水部的士吏再將詔令下傳到最基層的各塞尉及候長手中。前後歷經五十餘日。由此或可想像，在夏至前約一個月，全國各地都收到了這份相關行事的詔書。

元康五年詔的夏至行事分別是：（1）寢兵、不聽事五日，（2）太官抒井，（3）更水、火，（4）進鳴雞。為何須要作這些事來順應夏至節氣？這些夏至行事又是根據那一派的說法呢？

關於寢兵、不聽事，在較早的文獻中還找不到直接明確的淵源。不過

30　在居延還出土可能屬元康五年四至五月的曆譜（179.10），其上注明四月廿九日庚戌寢兵，至五月四日甲寅盡，其中五月二日壬子為夏至，與詔書全合。有關討論可參勞榦，《居延漢簡考證》，頁12；大庭脩，《漢簡研究》，頁18。

古月集：秦漢時代的簡牘畫像與政治社會
——卷四　法制、行政與軍事

圖3　元康五年詔書簡

或與《易》卷三「復」象辭謂：「先王以至日閉關，商旅不行，后不省方〔王弼注：方，事也。冬至，陰之復也；夏至，陽之復也，故為復則至於寂然大靜……〕」，《禮記・月令》：「仲夏之月，君子齋戒，處必掩身無躁，百官靜事無刑，以定晏陰之所成」，仲冬之月，「君子齋戒，處必掩身，身欲寧，事欲靜，以待陰陽之所定」有關。所謂「事欲靜」、「靜事無刑」即不聽事之所本。古代兵、刑不分，「無刑」即無兵、寢兵。[31] 元康此詔要求「庚戌寢兵不聽事，盡甲寅五日」，是要百官不動兵、刑，不治政事五天，也等於是休假五天。[32]《續漢書・律曆志上》候氣條李賢注引《易緯》云：「冬至，人主不出宮，寢兵，從樂五日，擊黃鍾之磬。公卿大夫列士之意得，則陰陽之晷如度數。夏至之日，如冬至之禮。」依此則寢兵不聽事五日，乃指人主「從樂五日，擊黃鍾之磬」。

《白虎通》和蔡邕《獨斷》則另有說。《白虎通》冬至休兵條謂：「冬至所以休兵不舉事，閉關商旅不行何？此日陽氣微弱，王者承天理物，故率天下靜，不復行役，扶助微氣，成萬物也。」陳立《白虎通疏證》卷五詳引《禮記・月令》、《易》復象辭、《五經通義》、《左傳》諸文，力證至日閉關休兵，本不分冬至或夏至，「蓋以二至者陰陽升降之極，萬物非陰不長，非陽不生，故聖人於其微時，必寢事息兵，以待其成。」[33] 陳立《疏證》未引《獨斷》。按《獨斷》正可證其說：「冬至陽氣始動，夏至陰氣始起，麋鹿解角，故寢兵鼓，身欲寧，志欲靜，不聽事，送迎五日。」[34]《獨

---

31 參顧頡剛，《史林雜識初編》（北京：中華書局，1963），「古代兵、刑無別」條，頁82-84。
32 大庭脩研究元康五年詔已提出休假的看法，參《秦漢法制史研究》中譯本，頁470。按：居延漢簡170.10有「四月廿九日庚戌，寢兵」殘文。可見這類月令詔書確實曾下頒全國。
33 陳立，《白虎通疏證》（北京：中華書局，1994），頁217-219。
34 引文用1923年直隸書局影印乾隆庚戌雕抱經堂校本，相關異文請參《獨斷》研究ゼミナール，《蔡邕『獨斷』の研究》（五），《史滴》，1（1985），頁130-131。于豪亮將《後漢書・獻帝紀》因地震、日食，「帝避正殿，寢兵，不聽事五日」之事，與元康五年詔簡合看，認為「在重要節日或遇到大的自然災害時『寢兵不聽事五日』，乃是漢代的制度」。前引書，頁189-190。按避正殿，寢兵，不聽事五日之舉已見於東漢光武、章帝之時，皆因日食而行之，獻帝乃循先帝故事，詳見各帝紀。西漢宣帝本始四年夏四月因地震宗廟墮，「素服，避

斷》也認為冬、夏至日所行無別。這是目前所能找到對夏至寢兵、不聽事的解說。為何五日？則尚無可考。按元康詔簡，五日始於夏至之前兩日，止於至日之後兩日，加上至日當日前後共五天。

關於抒井、更水火則多異說：

（1）《管子‧禁藏》謂：「當春三月，萩室熯造，鑽燧易火，抒井易水，所以去茲毒也。」又同書〈輕重己〉謂：「以冬至日始，數四十六日，冬盡而春始……教民樵室鑽燧，墐竈泄井，所以壽民也。」馬非百曰：「萩室即樵室，熯造即墐竈，抒井即渫井，去茲毒即除去病害，亦即壽民之意也。」[35]《管子》所謂易火改水，或在春始，或在春三月，與元康五年詔之夏至節令不同。

（2）《淮南子‧時則》以為孟、仲、季春「服八風水，爨萁燧火」，孟、仲、季之夏和秋「服八風水，爨柘燧火」，孟、仲、季冬「服八風水，爨松燧火」。高誘注：「取銅槃中露水服之，八方風所吹也；取其木燧之，火炊之。」《淮南子‧時則》承自《呂氏春秋》十二紀，而有所改易。以上服八風水及爨木燧火之事即不見於《呂氏》。《淮南子》僅於春、夏、冬三季異木改火，[36] 不言易水，此與前述《管子》說有異，亦不同於元康五年詔。

（3）《周禮‧夏官‧司爟》：「司爟掌行火之政令，四時變國火，以救時疾。」鄭玄注：「行猶用也。變猶易也。鄭司農說以《鄹子》曰『春取榆、柳之火；夏取棗、杏之火；季夏取桑、柘之火；秋取柞、楢之火；冬取槐、檀之火。』」《論語‧陽貨》「鑽燧改火」集解引馬融云：「《周書‧月令》有更火之文。春取榆、柳之火；夏取棗、杏之火；季夏取桑、柘之火；秋取柞、楢之火；冬取槐、檀之火。一年之中，鑽火各異木，故曰改

正殿五日」，但未寢兵不聽事，見〈宣帝紀〉。元康時是因節令，與東漢光武、章、獻帝偶因日食所行者，其行事雖一，性質並不相同，似不宜一體觀之。

35　馬非百，《管子輕重篇新詮》（北京：中華書局，1988 第二版），頁 728。

36　陳夢家認為《淮南子‧時則》四時三火，恐有誤字，仍應看作四火。參注 3，前引文，頁151。

火也。」《周禮》賈疏謂：「先鄭引《鄹子書》，《論語注》引《周書》，不同者，《鄹子書》出於《周書》，其義是一，故各引其一。」按今本《逸周書‧月令》已佚，賈疏謂《鄹子》書出於《周書》，所據為何，不詳。不論如何，依此說，春、夏、秋、冬及季夏，非止四時而是五時，皆須異木改火。《藝文類聚‧火部》引《尸子》曰：「燧人上觀辰星，下察五木，以為火。」于豪亮以為這是說燧人氏觀季節的變遷，以五時用木鑽燧改火。可見五時改火之說也早有淵源。詔簡中「陰燧取火」之「陰」字，勞榦、《居延漢簡甲乙篇》和《居延漢簡合校》皆作「除」，本文從于豪亮所釋作「陰」。于氏並論證以陰燧取火即鑽木取火也。[37]

（4）《續漢書‧禮儀志》：「仲夏之月，萬物方盛，陰氣萌作，恐物不楙，其禮：……漢兼用之，……日夏至，禁舉大火，止炭鼓鑄，消石冶皆絕止。至立秋，如故事，是日浚井改水；日冬至，鑽燧改火云。」〈禮儀志〉以為漢制兼取各家之說，夏至禁舉大火，立秋浚井改水，冬至改火，皆與元康五年詔不同，可見兩漢之制前後有異。

元康五年詔還提到於夏至「進鳴雞」，其所本無可確考。《初學記》卷三十引《春秋說題辭》：「雞為積陽，南方之象，火陽精，物炎上，故陽出雞鳴，以類感也。雞之為言佳也，佳而起為人期，莫寶也。」[38]又《五行大義》卷五引《春秋考異郵》云：「雞火畜，丑近寅，寅陽有生火，喜故鳴。武事必有號令，故在西方。巽為雞，亦為號令。」[39]雞為積陽，為火陽之精（圖4），為火畜，陽出則雞鳴，皆與夏至時令相合，此或即於夏至進鳴雞之原由。[40]

37　見于豪亮，前引書，頁182-184。

38　轉見中村璋八編，《重修緯書集成》卷四下（東京：明德出版社，1992），頁109。

39　見中村璋八編，前引書，頁51；又見同編者，《五行大義校註》（東京：汲古書院，1984），頁218。

40　緯書之說雖晚，但以鱗、介、蠃、毛、羽等五蟲與五行相配早已存在《呂氏春秋》等書中。羅琨引證雲南佤族之俗，認為在佤族祭水井的儀式中，以紅白雞為供品與漢改水火時進鳴雞一事或許有淵源上的關係，參羅琨，〈說「改火」〉，《簡帛研究》第二輯（北京：法律出版社，1996），頁303。

圖4　高句麗壁畫中「陽燧之鳥逐火而行」榜題

　　綜而觀之，如以元康詔書和上述諸說比較，可以發現元康五年詔雖據
月令思想而來，但其行事與諸說差異頗大，元康詔之所本似在以上諸說之
外。[41] 魏相曾奏上《易陰陽》、《明堂月令》，疑元康詔所行之事與魏相所
上兩書有關。他曾習《易經》，「有師法」，惜其師法家派今已無可考。唐
晏《兩漢三國學案》將魏相歸於「不知宗派」，唯又云：「相所治《易》未
知何家，然彼時施、孟、梁丘盛行，考之《虞氏易》說〈震〉為春，〈兌〉
為秋，〈坎〉為冬，〈離〉為夏之說，與此正同，則相所治亦《孟氏易》
也。」[42] 魏相所上之《明堂月令》，陳夢家嘗考其九見於許慎《說文》，三
見於《淮南子》〈原道〉、〈主術〉、〈天文〉高誘注，兩見於《禮記·祭法》
鄭玄注，兩見於《國語·周語》韋昭注，一見於《後漢書·蔡邕傳》所上

41　陳槃，《漢晉遺簡識小七種》（臺北：中央研究院歷史語言研究所，1975），〈夏至寢兵更水
　　火不聽事五日及其它〉條已指出詔簡與古籍中月令之異同，頁96-99。

42　唐晏，《兩漢三國學案》（臺北：仰哲出版社影印中華書局吳東民點校本，1987），頁66。承
　　載也認為孟喜、京房《易》就是從魏相易學而來，見湯志鈞、華友根、承載、錢杭著，《西
　　漢經學與政治》（上海：上海古籍出版社，1994），頁210-212。

〈七事表〉，以為「《明堂月令》或亦《明堂陰陽記》的一篇」。[43]

夏至是廿四節氣之一。那麼宣帝時，逢到其它的節氣是否也頒令呢？不禁令人好奇。古代曆法重「分至啟閉」所代表的八節，山東臨沂銀雀山二號墓所出武帝元光元年曆譜注有冬至日、立春、夏至日、立秋、伏、臘等重要的節氣，敦煌清水溝東墩出土的宣帝地節元年曆譜則是已知以完整八節注曆的最早例證。[44]陳久金在研究敦煌、居延漢簡中的曆譜以後說：「西漢、東漢一般都只以八節注曆⋯⋯八節是二十四節氣中最重要的節日，八節一定，四季的季始和季中都已確定。」[45] 元康年間，是不是隨著八節的來臨，由御史大夫和丞相請詔，再由皇帝分別頒下應時的節令呢？一年二十四節，每逢節日都要下詔，未免太過繁瑣。勞榦曾經指出如果是四時改火，當在立春、立夏、立秋和立冬改之，五時改火則再加上季夏之小暑。元康五年頒夏至之令，「夏至乃中氣而非節氣，與四時之界畫俱不相涉」。[46] 元康時當不致僅於夏至頒令，置其餘七節於不顧。由此推想，元康頒令之制應非依立春、立夏、立秋、立冬四時，而有可能是以八節為據。

前引魏相奏疏中建議仿高祖之制，「選明經通知陰陽者四人，各主一時，時至明言所職，以和陰陽」。他的建議無形中反證高祖時所謂以中謁者四人各職一時的事，應該沒有成為事實，[47] 因此他才會引高祖故事，再作建議。而他的建議也沒有被接納。因為元康五年詔書很清楚提到，仍是

---

43 詳見陳夢家，前引文，頁143。

44 陳久金、陳美東，〈從元光曆譜及馬王堆帛書天文資料試探顓頊曆問題〉，《中國古代天文文物論集》（北京：文物出版社，1989），頁83-103；殷光明，〈敦煌清水溝漢代烽燧遺址出土《曆譜》考述〉，《簡帛研究》第二輯，頁376-385；〈敦煌清水溝東墩新出土漢簡—兼論敦煌漢簡曆譜〉，《國際簡牘學會會刊》，2（1996），頁174-177。

45 陳久金，〈敦煌、居延漢簡中的曆譜〉，見前引《中國古代天文文物論集》，頁125。殷光明認為武帝元光時僅以四節注曆，太初改曆後才以八節注曆，參其前引文，頁379。

46 勞榦，前引書，頁12。

47 《漢書》中有不少處提到中謁者及一度改名的中書謁者。但完全沒有他們主時令的相關記事可考。

由太史來負責建議因應時令的事。太史有令，有丞，其職掌據《續漢書‧百官志》本注曰：「掌天時、星曆。凡歲將終，奏新年曆。凡國祭祀、喪、娶之事，掌奏良日及時節禁忌。凡國有瑞應、災異，掌記之。」太史掌天時、星曆，負責報告「時節禁忌」。這份出土的詔書不但可以和文獻互證，也證明魏相、丙吉和時令政治的密切關係。他們任丞相時，某些時令措施趨於常規化不是偶然的現象。

三 元、成以降的月令與政治

元、成以降，儒生漸成朝臣主流。元帝以「好儒」聞名、成帝「好經書」（各見《漢書》本紀），元、成兩朝施政與陰陽時令之配合似乎趨於緊密。元帝初元三年六月詔：「蓋聞安民之道，本繇陰陽，間者陰陽錯謬，風雨不時，朕之不德……有司勉之，毋犯四時之禁，丞相御史舉天下明陰陽災異者各三人。」這是「四時之禁」一詞第一次出現在可考的漢代詔書裡。詔書中還要求丞相、御史大夫察舉明陰陽災異者。魏相在宣帝時所提的請求，現在才有了眉目。成帝陽朔二年（西元前 23 年）春，因天氣異常寒冷，下詔曰：

> 昔在帝堯立義、和之官，命以四時之事，令不失其序，故書云：『黎民於蕃時雍』，明以陰陽為本也。今公卿大夫或不信陰陽，薄而小之，所奏請多違時政〔李奇曰：時政，月令也〕，傳以不知，周行天下，而欲望陰陽和調，豈不謬哉！其務順四時月令。（《漢書‧成帝紀》）

天寒異常在漢代儒生看來是陰陽失調之象。成帝特別下詔要求群臣行事須與四時月令配合，這是「四時月令」一詞第一次明確出現在漢代詔書裡。[48] 此詔和江蘇尹灣集簿上的「以春令成戶」以及山東青島土山屯縣令

---

48 成帝下詔強調「務順四時月令」，顧頡剛先生以為「在這篇詔書裡，『月令』一名是跳出來了」（參顧頡剛，《顧頡剛讀書筆記》卷三，頁 1758）。他認為在此之前並無《月令》一書。現在

劉賜墓中出土的哀帝元壽二年十一月木牘上「以春令貸貧民戶」的記載互證，可以確信「四時月令」之制在成、哀帝時不但存在，而且有實際的作用。尹灣集簿牘和其它木牘出土於六號墓，從其它木牘上的紀年可知這些木牘應是成帝永始二年至元延三年間（西元前 15-10 年）之物。集簿牘上有東海郡某年「以春令成戶」明確的戶口數，土山屯出土木牘有元壽二年一年賞賜「昆（鰥）、寡、孤、獨、高年」九百三十九人，用穀七萬一千八百六十七石三斗六升的記錄，證明作為四時月令一部分的春令，最少在成、哀之時不是表面文章，而確曾對郡國行政發生指導的作用。這和春耕勸農的流於儀式化，在意義上很不一樣。

　　不過，上引成帝詔提及當時「公卿大夫或不信陰陽，薄而小之，所奏請多違時政」，卻也是有根據的。舉例來說，建昭三年（西元前 36 年），陳湯誅匈奴郅支單于，上疏請懸郅支頭於槀街蠻夷邸，「以示萬里」。事下有司，引起辯論。丞相匡衡和御史大夫繁延壽認為「郅支及名王首更歷諸國，蠻夷莫不聞知。《月令》春『掩骼埋胔』之時，宜勿縣。」匡衡所說的《月令》出自《禮記‧月令》。車騎將軍許嘉和右將軍王商以為「春秋夾谷之會，優施笑君，孔子誅之，方盛夏，首足異門而出。宜縣十日乃埋之。」兩派意見不同，結果是「有詔將軍議是」（《漢書‧陳湯傳》）。成帝贊成兩位將軍的意見，無異證明他自己也認為不一定要死守《月令》。另外，只要稍一檢視文獻中元、成以來的詔令和記事就可以發現，許多《月令》禁止或宜行之事，發生的月份也不一定合於《月令》，其中最明顯的就是戰爭。郡國內外的動亂和戰爭隨時都可能爆發，事實上不可能謹守《月令》秋冬方得用兵的禁忌。[49]這一方面反映現實政治本不可能依照死板規律的月令

　　看來這樣的看法並不妥當。其實成帝要大家遵守的恐怕並不是經書裡的月令，而是一套「漢家月令」。因為尹灣一號牘「以春令成戶」中的「春令」必然是成帝時漢政府所已採行月令的一部分，而這一部分並不見於《禮記‧月令》。套用宣帝的話說，這是「漢家自有月令」，其內容和淵源將於下文討論。

49 這只要稍一檢視《漢書》元、成以後的〈本紀〉即知。例如元帝時賜民爵、賜鰥寡孤獨及女子百戶牛酒事，或在春正月，或在二月，或在三月，或在夏四月。成帝陽朔三年於夏六月遣

宜忌，另一方面也可以見到經書中的月令，這時並沒有取得絕對支配的地位。

這種情形到哀帝時似乎也沒有完全改變。哀帝初即位，以李尋待召黃門，問以災異，李尋對曰：「間者春三月治大獄，時賊陰立逆，恐歲小收。季夏舉兵法，時寒氣應，恐後有霜雹之災。秋月行封爵，其月土濕奧，恐後有雷霆之變。夫以喜怒賞罰而不顧時禁，雖有堯舜之心猶不能致和⋯⋯故古之王者，尊天地，重陰陽，敬四時，嚴月令，順之以善政，則和氣可立至，猶枹鼓之相應也。今朝廷忽於時月之令，諸侍中尚書近臣，宜皆令通知月令之意。設群下請事若陛下出令有謬於時者，當知爭之，以順時氣⋯⋯。」（《漢書・李尋傳》）李尋曾學月令，是當時言陰陽災異之學的大師。在他眼中，漢廷上下對時月之令仍然不夠尊重，未能嚴格遵守。前引土山屯元壽二年木牘是哀帝在位的最後一年，可見從哀帝即位到駕崩的二十六年間（西元前 27 年-前 1 年），月令應曾逐漸受到重視，實際的施政則仍存在著必要的彈性。

不過就在西漢末，頒布月令似乎已經制度化，兩大系統中的四時月令系統已明顯取得了優勢。一個相當完整的四時月令物證是西漢平帝時所頒，甘肅敦煌懸泉置一處房址北牆上題寫的〈使者和中所督察詔書四時月令五十條〉。1995、2005、2008 年三度在蘭州甘肅省文物考古研究所參觀，得見這篇題寫在牆上的月令（圖 5）。這五十條月令以墨筆書寫，高約 60 公分，寬約 240 公分，內容分上下兩欄，只有小部分殘缺。前後一百行，依孟春至季冬十二月一條條舉出各月的禁忌。條與條之間有紅豎線分隔，共五十條。其中殘缺者僅兩條，孟夏至孟冬的下半截殘缺較多。這份月令文件由安漢公王莽請詔，由「太皇太后制曰可」而成詔書，文件中註明「詔條元始五年五月甲子朔丁丑」。這個詔條就是題名的「詔書四時月令五十條」。因條條列舉，故稱詔條。平帝元始五年（西元 5 年）五月甲子

丞相長史、御史中丞逐捕潁川鐵官徒申屠聖等；鴻嘉二年夏，徙郡國豪傑訾五百萬以上五千戶于昌陵。依月令，此皆不合月令之事。

圖5　使者和中所督察詔書四時月令五十條局部，2008年作者攝。

朔丁丑可能是下詔的日期。五月甲子朔與《二十史朔閏表》合，丁丑即五月十四日。這件資料現在已經刊布，並已有胡平生先生作了仔細的研究。[50]總之，這份元始五年月令宜忌詔，由中央政府統一一次頒布於全國，被題寫在帝國西陲敦煌一個小小的驛站——懸泉置的牆上，表明「月令」系統到這時可以說已戰勝了「四時五行時令」系統，取得了在政治上的優勢指導地位。

　　地方郡國官民是否遵行呢？是否如崔寔所言「得詔書，但掛壁」呢？在1930和1973-74年先後出土的居延簡中，有王莽始建國時期要求務順時氣的詔令和地方上報「毋犯四時禁者」等文件殘簡：

1.　・敬授民時曰揚穀咸趨南☑　　　　　　　　　　（《居延新簡》EPT4：16）
2.　☑山林燆草為灰縣鄉所☐☐☐☑　　　　　　　　　　　（EPT5：100）
3.　辨衣裳審棺 郭之厚營丘龍之小大高卑薄厚度貴賤之等級　・始建國二年十一月丙子下
　　　　　　　　　　　　　　　　　　　　　　　　　（《居延漢簡》210.35）
4.　制詔納言其令百遼屢省所典脩厥職務順時氣　・始建國天鳳三年十一月戊寅

50　胡平生，《敦煌懸泉月令詔條》（北京：中華書局，2001）。

古月集：秦漢時代的簡牘畫像與政治社會
　　—— 卷四　法制、行政與軍事

下　　　　　　　　　　　　　　　　　　　　　　　　　（EPT59：61）

5. □□掌酒者秫稻必齋麴櫱必時湛饎必絜水泉香陶器必良火齋必得兼六物大酋
　　　　　　　　　　　　　　　　　　　　　　　　　（EPT59：343）

6. 制詔納言農事有不收藏積聚牛馬畜獸有□□之者取之不誅　·始建國天鳳三
　年十一月戊寅下　　　　　　　　　　　　　　　　（EPT59：62，63）

7. 制詔納言其〔虞〕官伐林木取竹箭　始建國天鳳三年十一月戊寅下

　　　　　　　　　　　　　　　　　　　　　　　（《居延漢簡》95.5）

8. 以書言會月二日　·謹案部隧六所吏七人卒廿四人毋犯四時禁者謁報敢言之
　　　　　　　　　　　　　　　　　　　　　　　　　（EPT59：161）

以上簡 1 出於破城子探方 4，圖版清晰，字跡工整，像是詔令中文字。探方 4 所出文書有年號者多屬王莽始建國時期，[51]此簡有可能是王莽時某詔令的一部分。簡文云「敬授民時」，出自《尚書·堯典》，疑與月令有關。簡 2 圖版僅部分約略可識，字跡工整。「山林燔草為灰」云云，與雲夢秦〈田律〉：「不夏月，毋敢夜〔按：夜疑讀為擇〕草為灰」；[52]《禮記·月令》仲夏之月：「毋燒灰」相近，疑亦與月令有關。此簡依何雙全公布的簡出土層位與時代歸屬表，屬始建國時期。[53]

　　簡 3、4、5、6、7 圖版清晰，[54] 簡牘大小形制一致，木紋相類，字跡工整且十分近似，簡 3、7 出自破城子 A8，簡 4、5、6 出自破城子探方 59，出於同一遺址，這些簡疑是王莽始建國天鳳年間詔書冊的一部分，由同一人所抄錄。[55] 簡 3 內容見於《禮記·月令》孟冬之月和《呂氏春秋·

51　參何雙全，〈居延漢簡研究〉，《國際簡牘學會會刊》，2（1996），頁 14。
52　《睡虎地秦墓竹簡》，頁 26。
53　參何雙全，前引文，頁 14。
54　簡 6《居延漢簡合校》釋文作「制詔納言其□官伐林木取竹箭 始建國天鳳□年二月戊寅下」。我以紅外線細查原簡，「□年」處簡殘斷，唯依殘存筆劃可補為「三年」，「二月」應作「十一月」無誤。
55　破城子 A8 有四個簡出土地點，可惜標號 210 的簡出自何一地點，無可考。標號 95 者，據《居延漢簡甲乙編》（頁 293），其詳確出土地點亦不可知，唯何雙全〈居延漢簡研究〉一文認為出於貝氏第四地點，不知根據為何（見何氏前引文，頁 27）。簡 4、5、6 所出自的探方

孟冬紀》。詔簡詞句較接近《呂氏春秋》。[56] 簡 4 要求百僚務順時氣；簡 5 要求掌酒者「秫稻必齋，麴蘗必時，湛饎必絜，水泉〔必〕香，陶器必良，火齊必得，兼〔用〕六物，大酋……」；簡 6 規定凡積聚、牛馬、畜獸都要收藏，如收藏不妥，為他人取去，取之者不誅；簡 7 又令虞（？）官「伐林木，取竹箭」。[57] 這些都明顯抄自《呂氏春秋・仲冬紀》或《禮記・月令》仲冬之月。從字句上說，兩簡也與《呂氏春秋》較為接近。[58] 簡 8 圖版清晰，字跡工整。這是居延甲渠候官某部回報「部隧六所，吏七人，卒廿四人，毋犯四時禁者」的上報文書殘文。這一上報文書表明王莽時所頒月令

59 相當於貝氏第二地點。這是目前研究這些簡之間的關係，在出土地點上還不夠完全明確的地方。

56 以簡文與《呂氏春秋》、《禮記・月令》相對照，文字異同如下：

詔　　簡	棺郭之厚	營丘壟之小大	高卑薄厚度
呂氏春秋	棺槨之厚薄	營丘壟之小大	高卑薄厚之度
禮　　記	棺郭之〔薄厚〕	〔塋〕丘壟之〔大小〕	高卑〔薄厚〕之度

陳奇猷《呂氏春秋校釋》卷十孟冬紀注二九謂「丘壟無所謂薄厚，薄厚二字當因上而衍」（頁521）。今據此詔簡，可證「薄厚」二字為原文所有，非衍。

57 〔虞〕字各家未釋，今據紅外線所見補。紅外線所見筆劃不全，唯字形與居延簡 171.18、194.20 兩簡中清楚之「虞」字幾乎相同，因而暫定為虞字。《管子・立政》有「虞師」掌山澤：「修火憲，敬山澤林藪積草。夫財之所出以時禁發焉。使民於宮室之用，薪蒸之所積，虞師之事也」，《周禮》司徒教官有「山虞」，「掌山林之政令。物為之屬而為之守禁。仲冬斬陽木，仲夏斬陰木……令萬民時斬材，有期日……」。《呂氏春秋・仲冬紀》有「野虞」，高誘注：「野虞，掌山澤之官也」；同書〈季夏紀〉：「乃命虞人入材葦」，高誘注：「虞人，掌山澤之官。」又云：「虞人，〈月令〉作澤人。」可見野虞與虞人實皆指山澤之官。莽令虞官伐林木，取竹箭與《呂氏春秋》合。

58 按簡文「掌酒者」字跡可辨，《禮記・月令》、《呂氏春秋・仲冬紀》作「乃命大酋」〔按高誘注：大酋主酒官也；鄭玄注：大酋者，酒官之長也〕；簡文「湛饎」字跡十分清晰，《禮記・月令》作「湛熾」，《呂氏春秋・仲冬紀》作「湛饎」，與簡全同。又簡文「伐林木，取竹箭」，《禮記・月令》作「伐木，取竹箭」，《呂氏春秋・仲冬紀》則全同，可見王莽此詔源自《呂氏春秋》的可能性較大。《呂氏春秋・仲冬紀》：「是月也，農有不收藏積聚者，牛馬畜獸有放佚者取之不詰。〔高誘注：詰，誅也。〕」《禮記・月令》仲冬之月同。鄭注云：「此收斂尤急之時。人有取者，不罪，所以警懼其主也。」《王居明堂禮》曰：「孟冬之月，命農畢積聚繫收牛馬。」王莽此詔乃完用《禮記》或《呂氏春秋》之文。簡 59：161 中段缺字或即「放佚」二字。

時禁，最少得到地方郡國表面上的尊重。

另一顯示郡國對月令時禁遵行的文件屬光武初期。建武四年、六年居延甲渠候官根據詔書的要求，報告該部沒有人違犯屠殺牛馬和砍伐樹木禁令的文件。從文件看，光武應和平帝或王莽一樣，曾頒布過類似的四時禁令，這些禁令的實際效果難以估計，最少表面上似乎也受到地方的尊重：

　　甲渠言部吏毋

1. ·

　　犯四時禁者　　　　　　　　　　　　　　　　　　　　　　（EPF22：46）

2. 建武四年五月辛巳朔戊子甲渠塞尉放行候事敢言之府移使者□/所詔書曰毋得
　　屠殺馬牛有無四時言·謹案部吏毋屠殺馬牛者敢□□　（EPF22：47A）
　　掾譚　　　　　　　　　　　　　　　　　　　　　　　　　（EPF22：47B）

3. 建武四年五月辛巳朔戊子甲渠塞尉放行候事敢言之詔書曰吏民/毋得伐樹木有
　　無四時言·謹案部吏毋伐樹木者敢言之　　　　　　　（EPF22：48A）
　　掾譚　　　　　　　　　　　　　　　　　　　　　　　　　（EPF22：48B）

　　甲渠言部吏毋犯

4. ·

　　四時禁者　　　　　　　　　　　　　　　　　　　　　　（EPF22：49）

5. 建武四年五月辛巳朔戊子甲渠塞尉放行候事敢言之府書曰吏民毋犯四/時禁有
　　無四時言·謹案部吏毋犯四時禁者敢言之　　　　　　（EPF22：50A）
　　掾譚（EPF22：50B）

6. 建武六年七月戊戌朔乙卯甲渠鄣守候 敢言之府書曰吏/民毋犯四時禁有無四
　　時言·謹案部吏毋犯四/時禁者敢言之　　　　（EPF22：51A，52）
　　掾譚令史嘉　　　　　　　　　　　　　　　　　　　　　（EPF22：51B）

7. 建武六年七月戊戌朔乙卯甲渠鄣守候 敢言之府書曰吏/民毋得伐樹木有無四

時言‧謹案部吏毋伐樹木 （EPF22：53A）

捸譚令史嘉 （EPF22：53B）

平帝元始五年詔條和前述宣帝元康五年詔相同之處在於兩者都是由臣下建議，而由皇帝「制曰可」成為詔書後頒下；其一大不同點是在內容上：宣帝元康詔僅及夏至一節的節令，頒令似乎以八節為準；平帝詔條一次頒布了一年十二個月的五十條宜忌月令，證明最遲平帝時已改以十二個月為準。這樣的改變意味著什麼呢？有待進一步研究。王莽月令簡有始建國二年、三年頒下者，光武有四年、六年頒下者。他們似乎是每年都頒布，但是否每月都頒，或像平帝時一次頒布全年十二月的禁忌？現在仍不能論斷。

不論如何，西漢所頒月令的內容受到傳統時令的影響，可是前後不盡相同，淵源也有差異。成帝時的「以春令成戶」不見於《呂氏春秋》或《禮記》，卻可在《夏小正》、《管子》中找到淵源（詳下），平帝和王莽之月令詔則本於《呂氏春秋》或《禮記》。以光武所頒四時禁令中禁屠牛馬和砍伐樹木兩項來說，「毋伐木」見於先秦至漢代的月令文獻，行於春或夏。雲夢秦律則規定於春二月禁伐木山林。禁屠馬牛一項在經書中找不到根據。經書中的月令提到「游牝別其群」，不得放佚「牛馬畜獸」，卻不見禁屠之事。這一措施疑與秦、漢政府長期以來積極養馬、養牛，配合農戰需要的政策有關。[59]

換言之，除了王莽時期，漢朝應自有一套「漢家月令」。這套月令一方面採擇經書，一方面很可能也考慮到國家社會的實際需要而作了增刪調整。經書中的月令除了與季節相應的農牧活動以外，更有許多與陰陽五行

59　關於秦之重馬牛，可參雲夢秦簡〈田律〉、〈廄苑律〉及雲夢龍崗六號秦墓出土簡，參劉信芳、梁柱，《雲夢龍崗秦簡》。關於漢代情形可參傅筑夫、王毓銓，《中國經濟史資料》（北京：中國社會科學出版社，1982），頁313-319；資料蒐集較全，討論較周全的可參余華青、張廷皓，〈秦漢時期的畜牧業〉，《中國史研究》，4（1982），頁16-30。當然也有可能與某種佚失的時令禁忌有關。例如銀雀山漢簡有「……不可殺畜生可以先……」（2761）之殘文。此簡列入陰陽時令占候之類之《三十時》，參吳九龍，《銀雀山漢簡釋文》，頁146。

古月集：秦漢時代的簡牘畫像與政治社會
──卷四　法制、行政與軍事

理論配合的虛文。這些虛文在現實上或許可以化成某些象徵性的儀式，有些則窒礙難行，不能不調整，或曲作解釋。[60] 經過調整增刪以後的月令，應該就成了可施行的漢家月令。

以春令成戶一事來說，經書裡只說「春以合男女」，並沒有設想一套具體的制度。東海郡集簿上的「以春令成戶」無疑受經書思想影響，依據具體制度施行的結果。在具體成為制度的過程裡，有些經書原則不可避免要與現實的需要和條件相配合。「以春令成戶」與漢初以來鼓勵人口增加的政策頗可配合，[61] 可以說是漢代儒生理想在現實政治中落實的最佳例證之一。

此外，漢家月令應該還包含不少自漢初以來的「故事」，例如前文提到的「賜三老、力田帛，女子百戶牛酒」。這些具體措施不見於經書，其用意卻與經書的月令相合。月令要求於春季行德施惠，重視祖宗故事的西漢皇帝順理成章地將相關的故事納入了月令行事之中。[62]再如文帝曾「詔書數下，歲勸民種樹」（《漢書‧文帝紀》十二年春三月詔）。經書月令有禁止伐木之文，卻無勸民種樹之事。春天勸民種樹似亦因「故事」而成為漢家月令的一部分。尹灣牘集簿特別提到成帝時某年「春種樹六十五萬〔六千〕七百九十四畝，多前四萬六千三百廿畝」，這也可證明漢代許多行事的精神與月令有關，卻不一定僵守月令書中的文字。

---

60 例如依明堂月令之說，天子須依十二月衣不同色之衣，居於不同方位之室。四時衣不同色之衣從魏相疏及《續漢書‧禮儀志》似曾實行，居不同方位之室則無可考。依《禮記‧月令》於孟秋、仲秋「戮有罪，嚴斷刑」，「申嚴百刑，斬殺必當」，漢則調整為唯於冬月決囚行刑。參沈家本，《歷代刑法考》（北京：中華書局，1985），〈行刑之制考〉，頁 1235-1242。冬月行刑固然合於古人「賞以春夏，刑以秋冬」（《左傳》襄 26 年）之傳統，但已與〈月令〉相出入。關於用兵難與月令配合，《呂氏春秋‧孟春紀》和東漢時蔡邕論月令都曾提到同樣的彈性解釋：「兵戎不起，不可以從我始。」換言之，只要不是主動挑起戰端，即不算違令（《說郛》引《蔡中郎集》，見《全上古三代秦漢三國六朝文》卷八十，頁 8 下）。

61 關於西漢人口政策可參葛劍雄，《西漢人口地理》（北京：人民出版社，1986），頁 33。

62 關於故事，請參邢義田，〈從「如故事」和「便宜從事」看漢代行政中的經常與權變〉，《秦漢史論稿》，頁 333-410。

進一步說，兩漢政府實際施行的漢家月令，或許就是《禮記》鄭玄注提到與《禮記・月令》有出入的「今月令」。梁玉繩、桂馥、羅以智、黃以周等人都曾主張所謂「今月令」即漢月令，也就是鄭玄當代施行的月令。[63]鄭玄注提到今月令有十八條，與《禮記・月令》相較，多半是字句上的小差異。鄭玄注經，限於體例，凡與《禮記》無涉者必不納入，而僅提及今月令之文與經文有出入者，這並不表示今月令與經書之異只限於十八條。

兩漢的漢家月令不必相同。王夢鷗早已指出西漢用「四時月令」，東漢所讀之令卻是「五時月令」。[64]從新出土的平帝「詔書四時月令五十條」，王莽簡「毋犯四時禁者」、光武初期簡「吏民毋犯四時禁」簡觀之，西漢中晚期經王莽至光武初，四時月令系統應該已取得了政治上的優勢。東漢即使改讀五時月令，也應當是建武六年以後的事。

四 「以春令成戶」淵源試論

綜合先秦及秦漢文獻所見，四時月令中之春令，殆與以下四類行事有關：一曰恤鰥寡、二曰改水火、三曰勸農桑、四曰行嫁娶。《管子・輕重己》曾兩言天子之春令：

以冬至日始，數四十六日，冬盡而春始。……發出令曰：生而勿殺，賞而勿罰，罪而勿斷，以待期年。教民樵室鑽鐩，墐竈泄井，所以壽民也。耟耒耨懷，鉊銍又橿，權渠繩纂，所以御春夏之事也必具。教民為酒食，所以為孝敬也。民生而無父母謂之孤子，無妻無子，謂之老鰥，無夫無子，謂之老寡。此三人者皆就官而眾，可事者不可事者食如言而勿遺。多者為

---

63 梁、桂等人及不同意見，其詳可參蔣維喬、楊寬、沈延國、趙善詒，〈今月令考〉，《制言》，5（1935），頁1-13。今人王夢鷗先生也有同樣的意見，見前引文，頁8。

64 王夢鷗，前引文，頁3-7。王先生特別指出東漢朝廷所讀之令必與《禮記・月令》有異。從前引光武時之居延簡資料看來，光武時仍言「四時之禁」，改為五時應在光武朝之後。

功，寡者為罪。是以路無行乞者也。路有行乞者，則相之罪也。天子之春令也。[65]

以冬日至始，數九十二日，謂之春至。天子東出其國九十二里而壇，朝諸侯卿大夫列士，循於百姓，號曰祭星。十日之內，室無處女，路無行人。苟不樹藝者，謂之賊人，下作之地，上作之天，謂之不服之民。處里為下陳，處師為下通，謂之役夫。三不樹而主使之，天子之春令也。[66]

其春令發於春始、春至之時，重點在恤養鰥、寡、孤、老，鑽鐩改火，泄井改水，勸民無分男女，理器具，治農桑。《呂氏春秋·孟春季》謂孟春之月「率三公九卿諸侯大夫躬耕籍田……是月也，天氣下降，地氣上騰，天地和同，草木繁動。王布農事，命田舍東郊，皆修封疆，審端徑術，善相丘陵阪險原隰，土地所宜，五穀所殖，以教道民必躬親之，田事既飭，先定準直，農乃不惑。」漢文帝元年春三月詔：「方春和時，草木群生之物皆有以自樂，而吾百姓鰥寡孤獨困之人或阽於死亡，而莫之省憂，為民父母將何如？其議所以振貸之。」又曰：「老者非帛不煖，非肉不飽，今歲首，不時使人存問長老，又無布帛酒肉之賜，將何以佐天下子孫孝養其親？今聞吏稟當受鬻者，或以陳粟，豈稱養老之意哉！具為令。」二年春正月丁亥詔：「夫農天下之本也，其開藉田，朕親率耕，以給宗廟粢盛。民讁作縣官及貸種食未入，入未備者，皆赦之。」（《漢書·文帝紀》）兩詔內容不外乎恤養鰥、寡、孤、老，開藉田、親耕、勸農，與《管子·輕重》、《呂氏春秋》的春令明顯類似。此外，值得注意的是《管子·輕重》、《呂氏春秋》和文帝詔都沒有提到於春季令民嫁娶。

春季令民嫁娶一事的淵源何在呢？請先看戰國中晚期長沙子彈庫出土的楚帛書。子彈庫楚帛書的內容和性質，論者已多。經過多年討論，現在學者一般同意帛書中央甲、乙篇的部分主要言及順令、知歲和四時的產生；四周十二章，所謂「丙篇」的部分則是一份較早形式的月忌。依此月

65　馬非百，《管子輕重篇新詮》（北京：中華書局，1979），頁 726-727。
66　同上，頁 731。

忌，春二月「不可以嫁女，取臣妾」，夏四月「取〔娶〕女」，秋八月「取〔娶〕女，凶」。[67]依此月忌，春、秋皆不宜而以夏季宜嫁娶。從此似可推知漢「以春令成戶」一事似非出於楚國月忌的傳統。

可考的淵源或見於《管子》佚文〈時令〉。《周禮・媒氏》賈疏引《管子篇・時令》云：「春以合男女」。[68]又《管子》〈幼官〉、〈幼官圖〉（按「幼官」應作「玄宮」）有春、秋始、中、下卯「合男女」之說，分見〈幼官〉及〈幼官圖〉之東方本圖和西方本圖。《周禮正義》孫詒讓引惠士奇云：「《管子・幼官》：春三卯，十二始卯，十二中卯，十二小卯，而始卯合男女。秋三卯，十二始卯，十二中卯，十二小卯，而始合男女……《管子》尤合《周官》。」依〈幼官〉則春、秋兩季皆合男女之時。[69]

《管子・幼官》所用的時節系統係三十時節，與一般所熟知的廿四節氣不同。銀雀山漢墓所出時令簡中恰有一組簡為《三十時》（原篇題），與《管子・幼官》屬同一系統。更引人注意的是《三十時》殘文言及嫁娶時令，正和〈幼官〉相類，都是主張春、秋皆可嫁娶：

(1) 時卅（四十）八日涼風殺氣也……利奮甲於外，以嫁女……（0240）[70]

(2) ……〔卅六日〕，秋沒，上六生，以戰，客敗。可為嗇夫，嫁女取婦，禱祠。下六刑，以戰，客勝。以入人之地勝，不亟去後者且及吏，以辟（避）舍不復……（2272、0789、0924）[71]

(3) 〔卅六〕日春沒，上六刑，以伐，客勝。下六生，以戰，客敗。不可以舉事，事成則身廢，吏以（已）免者，不復置。春沒之時也，可嫁（2608，0243）[72]

(4) ……□必三遷至春二月，喜，可冠，帶劍，嫁女取（娶）婦，禱祠

67 參李零，《長沙子彈庫戰國楚帛書研究》，頁75-79；《中國方術考》，頁180-185。

68 孫詒讓，《周禮正義》第四冊（北京：中華書局，1987），頁1041。

69 同上，頁1043-1044。

70 此條之復原，採李零說。見李零，《讀銀雀山漢簡三十時》，注16，頁203。

71 同上，注23，頁203。

72 同上，注8，頁202。

三十時節的「涼風」約當於廿四節氣秋一月之立秋，「秋沒」約當秋三月之霜降，「春沒」約當於春三月之穀雨。《三十時》和《管子·幼官》的三十個節氣名稱小有差異，宜嫁娶之時節也似小有不同。[73]《三十時》主張春二月、春沒（穀雨）、涼風（立秋）、秋沒（霜降）可嫁娶；〈幼官〉提到宜合男女的時節有春三月之始卯、中卯、下卯（清明、穀雨）和秋三月之始卯、中卯、下卯（寒露、霜降）。[74]〈幼官〉所主張合男女的時節似較《三十時》為多，但這也可能只是因為《三十時》竹簡有所殘缺而已，實際並無不同。

宜嫁娶之時令，古來本有兩說：一在春，一在秋。漢以降儒者辯論不休。孫詒讓《周禮正義》媒氏條曾詳引諸說。主秋者有董仲舒、王肅等，以《詩》：「三星在天」、「將子無怒，秋以為期」為據。《春秋繁露·循天之道》云：「天之道嚮秋冬而陰來，嚮春夏而陰去，是故古之人霜降而迎女，冰泮而殺內，與陰俱近，與陽俱遠也。」蘇輿〈義證〉：「霜降九月，冰泮二月也。故《詩》云：士如歸妻，迨冰未泮。」《荀子·大略篇》：「霜降逆女，冰泮殺內，內亦止之誤〔《通典》引內正作止〕。注：殺，減也，內為妾御也。」

主春者有《白虎通》諸儒、鄭玄等，以《周官·媒氏》：「中春之月，令會男女」及〈夏小正〉春二月：「綏多士女」，〈傳〉：「冠子取婦之時也」為據。[75]《白虎通》論嫁娶以春條謂：「嫁娶必以春何？春者，天地交通，萬物始生，陰陽交接之時也。詩云：『士如歸妻，迨冰半泮。』《周官》曰：『仲春之月，令會男女，令男三十娶，女二十嫁。』〈夏小正〉曰：『二月，

73　參李零，前引文附表，頁201-202；《中國方術考》附表，頁151-152。

74　《管子·幼官》原文作：「十二始卯合男女，十二中卯，十二下卯。三卯同事。」十二指一時十二日；三卯同事，意謂始、中、下三卯皆可合男女。

75　各家之說可見於《通典》卷五十九，禮十九，嫁娶時日議條（臺北：臺灣商務印書館，1987臺一版），頁341；《周禮正義》媒氏條，頁1040-1044；陳立，《白虎通疏證》卷十，右論嫁娶以春條，頁466-467。

冠子娶婦之時」也。」《白虎通》諸儒和鄭玄代表的是東漢學者的意見，並不能反映西漢時的情況。關鍵在於兩漢學者對《周官》的態度並不相同，《周官》在西漢，除了王莽時期，還不能像在東漢那樣為學者所接受，成為影響政治的論據。

庶民婚配，而由地方吏主導之，這容易使人聯想到《周官‧媒氏》。可是《周官》據馬融《周官傳序》，於武帝時出於山巖屋壁，入於秘府，「五家之儒莫得見焉。至孝成皇帝達材通人，劉向子歆校理秘書，始得列序，著於《錄》、《略》，然亡其〈冬官〉，以〈考工記〉足之。時眾儒並出，共排以為非是，惟歆獨識。」在「以春令成戶」已成為制度的元、成時代，五家之儒尚莫得見《周官》！見到以後，眾儒對之又完全排拒。如馬融之言可信，則成帝時「以春令成戶」之制必不出於《周官》。

可是馬融所說的卻不完全符合事實。呂思勉先生曾明確指出「武帝時群儒久見《周官》矣」。[76]《史記‧封禪書》謂武帝時群儒採《封禪》、《尚書》、《周官》、《王制》望祀射牛之事以言封禪禮，《漢書‧藝文志》提到景、武帝時河間獻王「好儒，與毛生等共采《周官》及諸子言樂者，以作《樂記》」就是證明。諸儒既願採擇《周官》以言禮、樂，可見武帝時眾儒對之應沒有「共排以為非是」。馬融所說當是指較晚的成、哀之世。這時除了劉歆及其弟子杜子春等，的確找不到治《周官》的學者。哀帝時，劉歆請立《左氏春秋》、《毛詩》、《逸禮》、《古文尚書》，沒有提到立《周官》。[77]即使如此，劉歆之請，已觸怒諸儒。結果他被排擠出京，成為地方太守。《周官》或《周禮》在政治上發生作用要到平帝朝，王莽為安漢公，以劉歆為羲和官以後。[78]歸結而言，除非「以春令成戶」之制可以推早到武帝時期，否則不好說此制即本於《周官》。我過去以為與《周官》有關，

---

76 呂思勉，《讀史札記》，〈馬鄭序周官之謬〉條（上海：上海古籍出版社，1982），頁729。

77 錢穆，〈劉向歆父子年譜〉，收入《兩漢經學今古文平議》（臺北：三民書局，1971），頁62。

78 同上，頁80。

與《管子》無關,乃一時失察,應改正。[79]

尹灣集簿牘為成帝時物,考古簡報推定墓主下葬於成帝元延三年(西元10年)(〈簡報〉,頁24)。「以春令成戶」之制必存在於成帝時,甚至可推前到元帝朝。元帝時治齊《詩》之大儒翼奉嘗言及縣曹職掌,其於戶曹云:「主婚慶之禮」,嚴耕望先生以為「可視為西漢中葉以後之制度」。[80]戶曹主民戶,亦主婚慶,可以推想所謂以春令成戶,當指每年入春,行春令,鼓勵百姓婚配而後成戶。此事應與戶曹有關。一種思想從形成到能發揮影響,導致某些相關制度的建立往往須要相當長的時間。元、成帝時已有以春令成戶之制,影響此制成立的思想必然在元、成以前。

《史記・夏本紀》太史公曰:「學者多傳〈夏小正〉」,可見〈夏小正〉在武帝之世已風行。武帝立五經博士,《禮》經為其一。可考的《禮》經博士則自宣、元時期的后倉始。宣、元以下,學者所風從者有大、小《戴氏禮》,而〈夏小正〉正是《大戴禮》之一部。《管子》諸篇據《史記・管晏列傳》說乃「世多有之」,儒生多能誦習。西漢群臣章奏和朝議中引證管子之言或故事的相當不少,例如:賈誼治安策引《管子・制分》「屠牛坦解牛」事;[81]《鹽鐵論・授時》賢良引《管子》曰:「倉廩實而知禮節」云云,出《管子》〈牧民〉和〈輕重〉。鄒陽奏用「齊桓用其仇,而一匡天下」典故;董仲舒謂「桓公決疑於管仲」;公孫弘謂「管仲歸齊,有三歸」;東方朔引管仲與豎貂、易牙故事;梅福用齊桓用其仇之典,以上俱見《漢書》本傳。西漢初期墓葬中也曾出土與《管子・乘馬》內容相關的簡冊。[82]可見太史公謂《管子》諸篇「世多有之」的話,可信。易言之,西漢「以春令成戶」之制似較可能與〈夏小正〉、《管子》〈時令〉、〈幼宮(玄宮)〉

---

79 邢義田,〈尹灣漢墓木牘文書的名稱和性質〉,《大陸雜誌》,95:3(1997),頁3。

80 嚴耕望,前引書,頁236-237。

81 賈誼治安策作「屠牛坦一朝解十二牛」,《漢書・賈誼傳》師古曰:「事見《管子》。」查今本《管子・制分》作「屠牛坦朝解九牛」。

82 山東臨沂銀雀山西漢初期墓所出簡《守法、守令等十三篇》中之田法、市法即與《管子・乘馬》有關。參李學勤,《簡帛佚籍與學術史》(臺北:時報出版公司,1994),頁356-386。

諸篇、《三十時》有關。由於《周官》已見於武帝之世，諸儒議禮亦曾有所採擇，此制是否一定與《周官》無關，目前還難完全論定。

經過以上討論，或許可以較為寬鬆地作一個暫時性的結論：成帝時的以春令成戶之制乃是本於月令中主張「春合男女」一派的思想。

五 結論

本文能夠重新檢討月令的淵源以及月令和秦、漢政治的關係，可以說完全拜近數十年考古發掘之賜。1930年顧頡剛先生作《郊居雜記》，根據當時的材料和認識，他相信「〈月令〉之書必不在元、成前出現」，「若元、成、哀、平乃其醞釀時期耳。」[83]同一雜記中還有一條抄錄元帝、成帝詔，而以「〈月令〉當出成帝時」為標題。[84]近幾十年簡帛資料的出土，可以說大大改變了今人對月令出現時間的認識。

現在敢於確言月令不但出現甚早，而且知道時令宜忌說法眾多，《禮記‧月令》不過其一而已。天水放馬灘的《月忌》、《四時啻》、青川郝家坪秦〈為田律〉牘、雲夢睡虎地秦〈田律〉簡、雲夢龍崗秦簡、長沙子彈庫楚帛書等背後，都各有和時令相關的傳統。

秦漢兩代的政治在很多方面都曾受到「理陰陽，順四時」思想的影響。但是所謂的時令宜忌在這時還有很多不同的系統和內容，其中有些是實際農業生活經驗的歸納，也有不少是基於種種宇宙圖式，推衍而出的增添或附會。月令只部分和零星地反映在政治制度中。以可考的資料看，一些與時令宜忌有關的規定已出現在秦代的法律中，有些已出現在詔令裡。

漢代自高祖起，已有天子之服依四時而更換的制度。文帝開始有春耕藉田、親桑、養老、恤孤寡之禮。武、昭、宣帝的時代，一些漢家故事如

---

83 顧頡剛，《顧頡剛讀書筆記》卷三（臺北：聯經出版公司，1990），頁1771。
84 同上，頁1758。

賜吏民爵、賜女子百戶牛酒、賜鰥寡孤獨高年帛，基於不同的理由施行於不同的場合。不過在宣帝時，卻因丞相魏相和丙吉的重視時令，一度和春令配合，皆行於春三月。

宣帝以前，漢代似乎還沒有依月頒令的制度。自宣帝起，頒令之制迭有改變。宣帝元康五年五月曾於夏至頒令，似以八節為準；成帝時班春令，則似以四時為據。尹灣東海郡集簿牘中「以春令成戶」的記錄，證明作為月令一部分的春令在成帝，甚至成帝以前，就已存在。新近山東青島土山屯劉賜墓出土的元壽二年木牘則可證明春令在哀帝時曾施行。

漢代施行的月令，不是遵照那一部儒經或那一系統的月令，而是經過多方採擇，不斷改變調整，摻雜現實的需要以及「祖宗故事」而形成的漢家月令。「以春令成戶」和「種樹」的規定應該當作「漢家月令」，而不是某部經書的一部分來理解。這是拙文的初步結論。

以《呂氏春秋》十二紀首為代表的這一月令系統（包括《禮記·月令》）於平帝時在眾說中取得優勢。平帝曾根據這一系統，一次頒布了一年十二個月的宜忌五十條。王莽和光武時也都每年頒令。王莽頒布的月令，從殘文看，在文字上與《呂氏春秋》較為接近，在內容上則與《呂氏》、《禮記·月令》基本一致。光武帝所頒月令的內容不可全知，殘文中有些如禁伐木與今本月令合，有些如禁屠馬牛則不見於今本月令。前輩學者認為鄭玄注《禮記》時提到的「今月令」即指漢月令，這個意見應該是可信的。

綜合前文，可以知道西漢時漢家月令中的春令，最少有以下的內容：

1. 文帝、景帝時行親耕、親桑之禮以勸農。
2. 昭帝時親耕勸農，懸青幡，策土牛。賑貸以贍不足，通溝水，出輕繫，使民務時。
3. 宣帝時一度較常規性地於春三月賜吏民爵、賜鰥寡孤獨、高年、三老、力田帛，賜女子百戶牛酒。
4. 元、成帝時以春令成戶、種樹。
5. 哀帝時以春令貸貧民戶，所貸為種子或其他，不明。
6. 平帝時頒四時月令五十條（孟春月令十一條，仲春月令五條，季春月令四

條，不具錄）。

　　總體而言，尹灣牘中「以春令成戶」和「春種樹」的記事，啟示我們有必要去重新認識所謂的漢家月令。它使我們明確體認到，除了王莽時期一味依循經典外，漢家其實自有月令。漢月令的內容，或淵源有自，或雜揉現實，不拘於家派經說而每在《呂氏春秋》和《禮記‧月令》之外。例如宣帝時所行諸事，在精神上和月令相近，在具體內容上，卻少見傳世月令文字上的根據。到王莽當權，行事必依經典以後，宣帝賜吏民爵、賜鰥寡孤獨、高年、三老、力田帛，賜女子百戶牛酒這一套，就從月令五十詔條中消失了。這對月令和兩漢政治關係的認識，可以說帶來了突破。限於篇幅，拙文沒有進一步討論以春令成戶和人口政策之間的關係。這個問題須要和一號牘中其它的材料放在一起討論，而月令和司法、刑律之間的關係，和東漢政治的關係等都是可以進一步討論的大問題，這篇小文都暫時割捨，以待將來。

86.9.24/87.2.1

原刊《新史學》，9 卷 1 期（1998），頁 1-54：97.2.9 訂補
105.2.10/109.5.30/111.2.20 再訂

月令與西漢政治
——重讀尹灣牘「春種樹」和「以春令成戶」

　　最近在《歷史研究》2004年第3期上讀到楊振紅先生的大作〈月令與秦漢政治再探討——兼論月令源流〉。楊先生對拙文〈月令與西漢政治——從尹灣集簿中的「以春令成戶」說起〉（以下簡稱〈月令〉）提出了嚴肅而有益的商榷，令我十分振奮。學術進步正須要這樣面對問題，嚴肅公正客觀的討論。楊先生的商榷使我受益很多。1998年發表〈月令〉一文時（《新史學》9卷1期），江陵張家山漢簡和敦煌懸泉月令詔條都還沒有正式公布。現在這些不但刊布，還有更多新材料的發現或報導。目前也許是個時機，依據同行的商榷、自己的反省和新出的材料，對多年前的舊文作些檢討。為示對楊先生的敬意，以下先談談楊先生提出的質疑，再說我自己的檢討。

■ 一　春種樹

　　尹灣集簿所說的春種樹，曾有中外好幾位學者表示意見。我照字面將春種樹理解為春季栽植樹木。後來在另一篇楊先生沒提到的小文〈十年樹木，百年樹人——從尹灣出土簡牘看漢代的「種樹」與「養老」〉（以下簡稱〈種樹〉）裡，[1] 又對中國從古代到唐宋的種樹、燃料和材木供求等問題作

1　宋文薰、李亦園、張光直主編，《石璋如院士百歲祝壽論文集——考古、歷史、文化》（臺

了進一步的討論。或許由於發表在祝壽論文集上，流通較窄，楊先生如曾讀到，應會一併商榷吧。

將「種樹」當動詞，理解為「種植」，在很多情況下是正確的。王子今和楊振紅都舉了不少例子，毋庸爭論。林甘泉主編《中國經濟史——秦漢經濟卷》在林業的部分早已指出，兩漢文獻中的種樹可以是指「廣義的栽植，也包括林木栽植」。[2] 這是一個較為彈性的看法。《急就》也可證明此說有理。《急就》基本上是將同類或相關的字編排在一起。《急就》卷二有「稻黍秫稷粟麻秔，餅餌麥飯甘豆羹」之句，卷三有「疆畔畷伯（陌）耒犁鋤，種樹收斂賦稅租，捃穫秉把插捌杷，桐梓樅榕榆椿樗，槐檀荊棗葉枝扶」。[3] 種樹和收斂、稅租連言，指穀物的種植、收藏和納稅。但其前其後又羅列了與農業、農具相關的字和樹名，不能說和栽樹或樹木無關。又《淮南子・主術》說：「教民養育六畜，以時種樹。務脩田疇，滋養桑麻。肥墝高下，各因其宜。丘陵阪險不生五穀者，以樹竹木。春伐枯槁，夏取果蓏，秋畜蔬食，冬伐薪蒸，以為民資。」這裡的種樹包含五穀、竹木、果蓏、蔬食，也只能作廣義的栽植解。

不過，這裡要考慮的是在尹灣集簿的脈絡下，「春種樹」是否可以理解為廣義在春季的栽植，或者說也包括林木的栽種：

第一，古代文獻中有「種樹」（見前引王、楊文，不備舉）、「種穀」（《淮南子・本經》：「糞田而種穀」、《漢書・食貨志》：「種穀必雜五種，以備災害。田中不得有樹，用妨五穀。」）、「樹穀」（《管子・權修》：「一年之計，莫如樹穀；十年之計，莫如樹木」、《淮南子・詮言》：「后稷播種樹穀」、《說苑・貴德》：「糞田樹穀」）、「殖穀」（《史記・蔡澤傳》：「廣地殖穀」）等詞。提到大田作物時，不論禾、稻、粟、麥等無不各有專名；如合而言之，也有穀、五穀、諸穀等詞。尹灣集簿總計一歲收支之穀類，即用「諸穀」一詞。東海郡集簿這樣

北：南天書局，2002），頁 531-551。

2　林甘泉主編，《中國經濟史——秦漢經濟卷》（北京：經濟日報出版社，1999），頁 302-303。

3　曾仲珊校點，《急就篇》（長沙：岳麓書社，1989），頁 130-132、237-244。

性質的文書不用意義較明確的「樹穀」、「種穀」等常詞,而用其義可廣可狹的「種樹」二字,須要解釋。

對秦漢行政和法律文書稍有認識的人大概都承認,秦漢官文書的一個不可忽視的特徵是:措詞用語嚴謹,不容含混。尹灣集簿提到種「宿麥」若干畝,不說種麥若干畝,懸泉月令詔條用〈月令〉原文「乃勸種麥」,隨即進一步解釋是「謂趣民種宿麥」。宿麥是兩漢官方文書中的常詞,其義明確,是指秋收後種植,經冬春,於初夏收穫的麥。懸泉詔條的解釋基於現實執行的需要,就顯示出一種比經典原文更精確的精神。此外,居延和敦煌出土文書有不少穀物出納的記錄。其為何種穀物,除非是總計性質,一般都分別明言,從不見將樹木和穀物合而言之曰「種樹」若干的例子。如果要記錄穀物的春植秋穫,照當時的慣用語大可說春種稻、種麥、種禾、種粟等各若干畝(例如「種禾」見周家台 30 號秦墓簡 354,「種麥」、「種禾、麥」、「種黍」分見《漢書》〈食貨志〉、〈溝洫志〉、〈蕭望之傳〉),或合而曰春種(或樹、或殖)穀、諸穀、五穀若干畝。收穫亦同,可說「收粟」、「收麥」、「收稻」、「收穀」、「收五(諸)穀」。懸泉詔條仲秋月令在「務蓄采,多積聚」條下即合而曰「趣收五穀」云云。[4] 餘不另舉。

第二,將「春種樹」理解為春天種植之穀物(楊文:「春種樹」就是指與宿麥的秋季種植相對的春季種植,種植的作物可能是粟,也可能是稻、菽,或者是它們的集合……」,頁 22),會面臨另一個難題,即東海郡秋季種宿麥的面積遠遠超過春天種植的穀物。集簿統計「種宿麥十萬七千三百□十□頃」;一頃以百畝計(張家山漢簡《二年律令》:「百畝為頃」(簡 246)),約合一千七百多萬畝。東海郡春種樹的面積只有「六十五萬六千七百九十四畝」,約宿麥的三分之一強,相差實在太大。西漢時,政府尚在推廣種植宿麥。宿麥是當時防備春夏之交,糧食青黃不接的補充性作物。這裡要借用《中國經濟史——秦漢經濟卷》一段權威性的敘述:

4　中國文物研究所、甘肅省文物考古研究所編,《敦煌懸泉月令詔條》(北京:中華書局,2001),頁 27。

> 西漢時期麥類種植尤其是冬小麥的種植獲得推廣。一般穀類作物都是春種
> 秋收，冬麥成熟在夏初，正當青黃不接之際，可以接續民食，因此它的作
> 用日益為人們所認識。（頁 226-227）

中國古代的農耕活動主要始於春季，秋收後依各地自然條件作補充性的栽
植。春耕的面積和動員的勞力都要遠大於秋收以後的農活。秋收後的種植
又常出於備荒。武帝元狩三年關東大水，「勸有水災郡種宿麥」（《漢書‧武
帝紀》）。可見當時不但關中，關東也不常種宿麥，災而後勸民種之。前文
提到懸泉〈月令詔條〉仲秋月以「謂趣民種宿麥」釋〈月令〉中的「乃勸
種麥」，可見王莽曾將推廣宿麥提高成為國家一項普遍的政策。《中國經濟
史——秦漢經濟卷》指出當時中國北方的主要作物是粟，南方也普遍種
植。江蘇徐州曾有考古出土的粟，[5] 徐州即在東海郡左近。楊振紅先生推測
東海郡春天種植的「可能是粟」（楊文，頁 22），也可能包含其它的作物。
果真如此，以粟為主，也包含其它作物的栽植畝數，竟然遠少於尚在推廣
中，救急用的宿麥面積，這是否有點不可思議？如果將種樹的樹理解為樹
木，種樹木的面積約為栽植主糧畝數的三分之一，應該較為合理。

為何要以這麼大的面積植樹？這和戰國以來急速開發，人口增長，材
木需求大增，森林急速減少等背景有關。[6] 過去我們對此理解的很不夠。前
引小文〈種樹〉稍有討論，請參看。1986 年甘肅天水放馬灘一號秦墓出土
了極為珍貴的木板地圖七塊。經過專家反覆論證，現在大致可以確定其時
代應屬秦末或晚至西漢，地圖有總圖和分圖，所涉的地區很可能是放馬灘
所在嘉陵江的上游河流——花廟河和西漢水以及分水嶺嶓冢山。地圖上不
僅注明山脈、水系、行政建置和居民點等，值得注意的是其中三幅甚至注
明森林和伐木的情形。如以曹婉如所作地圖釋文和圖為準，在第二塊地圖
上有「大松」、「松刊（刊即斬伐）」、「大松刊」，第三塊地圖上有「陽盡柏

5　《中國經濟史——秦漢經濟卷》，頁 226。

6　另一個和東海郡特殊有關的背景是東海郡有鹽鐵工官，須要大量燃料，其詳參本書第三卷所
　　收〈從尹灣出土簡牘看漢代的「種樹」與「養老」〉一文。

木」、「櫨刊」、「北有灌夏（夏即楸）」、「陽有薊木」，第四塊地圖上有「有薊木」。曹婉如更進一步指出「在森林注記的附近，還注記有道里的數字」。[7] 這就表明注記中的各種林木要被砍伐並輸送到需要的地方。這樣的林木資源調查絕非偶然，不能不使人聯想到湖南沅陵虎溪山漢初墓出土的新材料。

第三，湖南沅陵虎溪山漢初墓的時代據出土文物證實屬西漢初。墓主吳陽是長沙王吳臣之子，為第一代沅陵侯，高后元年受封，死於文帝後元二年（西元前 162 年）。此墓出土竹簡一千三百餘枚，其中有二四一枚（或殘段），包括一二〇枚整簡，經初步整理，認為屬於「黃簿」。[8] 簡報沒有說明為何以黃簿名之，對內容則有以下的陳述：

> 整簡長 14、寬 0.7、厚 0.1 釐米。兩道編繩，簡兩端齊平，隸書，書寫工整。黃簿詳細記載了西漢初年沅陵侯國的行政設置、吏員人數、戶口人民、田畝賦稅、大型牲畜（如耕牛）、經濟林木（如梨、梅等）的數量，兵甲船隻以及各項的增減和增減的原因，還有道路交通、亭聚、往來長安的路線和水陸里程。（頁 50）

虎溪山這些簡詳細記載了沅陵國的行政設置、吏員人數、戶口、田畝賦稅、經濟林木（如梨、梅等）、兵甲船隻、道路交通、亭聚和水陸里程等。這樣的內容使我不由得想起湖南里耶古城的秦簡、湖北江陵張家山漢簡和江蘇連雲港尹灣的東海郡集簿木牘。

這裡要特別注目的是所謂梨、梅等經濟林木。梨、梅等經濟林木的數量雖然不敢說一定和尹灣木牘所說的春種樹若干畝是同一回事，但都出現在類似集簿的地方行政文書裡，性質上應該相去不遠。地理上，湖南沅陵和江蘇連雲港尹灣則相去甚遠。自然條件不同，所宜栽植的樹當然不必相同。古人說「勸農桑」或「勸耕桑」都是習用語；桑者，非必皆桑。西漢宣帝時龔遂為渤海太守，「勸民農桑」，卻「令口種一樹榆」（《漢書‧循吏

7　曹婉如，〈有關天水放馬灘秦墓出土地圖的幾個問題〉，《文物》，12（1989），頁 85。

8　〈湖南沅陵虎溪山一號漢墓發掘簡報〉，《文物》，1（2003），頁 36-55。

傳》）。梨、梅等在沅陵長沙王國的簿籍中出現，對如何理解「春種樹」或「勸農桑」都有啟發性。秦始皇不燒種樹之書，《漢書・藝文志》有《種樹臧果相蠶》十三卷。此書雖佚，王褒〈僮約〉說：「植種桃李，梨柿柘桑。三丈一樹，八尺為行。果類相從，縱橫相當」，這正說明那個時代如何以適當的間距，同類相從，種植樹木，而柘桑是和桃李梨柿等果木一體被看待的。《韓詩外傳》卷七：「春樹桃李，夏得陰其下，秋得食其實。」《四民月令》和《齊民要術》都說種樹一般在春天，可種之樹品類繁多。舊作〈種樹〉一文稍稍談到，不再重複。出土材料日增，我們對許多問題的認識只能與時俱進，隨時調整。這裡只提虎溪山出土的材料，[9] 用以進一步說明春種樹的樹以作樹木解，恐怕較為妥當。

二　以春令成戶

關於以春令成戶，楊先生指出「男女結婚立戶，家庭成員通常為兩人，立戶 7,039 戶，口應該是 14,078 人，但是簡文卻作 27,926 人，即每戶平均近 4 人，即使考慮到再婚家庭的情況，這一數字也過高，對此，邢先生〈讀記〉一文也感到『其中仍不無疑點』。」（楊文，頁 18）楊先生所說〈讀記〉，是我於 1997 年發表的一篇討論尹灣簡牘名稱和性質的小文（《大陸雜誌》95 卷 3 期），其中有不少我的疑惑和誤讀。因此又寫〈月令〉一文，稍作改正。

拙文將「以春令成戶」雖然說成是以春令嫁娶成戶，並不認為這個家庭就只有夫妻小兩口。正如楊先生在自己文章中所說「婚後與父母共居的情形十分普遍」（楊文，頁 19），從春天成婚到八月案比，在一般情況下孩子還來不及出生，夫妻加父或母，或加父母，因此一戶人口近四人，不是十分合理嗎？以春令成戶之戶數為 7,039 戶，〈集簿〉提到本年「多前」之

9　湖南郴州出土晉簡也有很多樹木種植的記錄，因時代較晚，不多說，請讀者自行參看。

戶數卻只有 2,629 戶，如果成戶真的是新增戶，為何多前之戶數反而如此之少？難道是這一年有更多的絕戶或流亡或其它原因，造成「多前」之戶數較少？成戶的意義恐怕不是存戶或存恤孤寡。春令成戶主要指嫁娶，有些當然可能單獨成立新戶籍，但顯然多數仍與父母同居，這樣解釋或許較為合適。

舊作〈月令〉曾提到元帝時治齊詩的大儒翼奉嘗言縣曹職掌，戶曹的職掌之一是「主婚慶之禮」（〈月令〉，頁48）。戶曹主婚慶，不知如何主法？是否一成婚即須報戶口，別立戶籍？粗看似乎如此。然而沒有積極證據。楊先生曾引用《二年律令・戶律》：「民欲別為戶者，皆以八月戶時」，又引用關於依先令分田宅，八月書戶的律文，並解釋說：「父母去世，允許即時按照父母的遺囑——『先令』進行家產的分割，但是登記入冊卻仍需要等到『八月戶時』。」（楊文，頁19）順著楊先生的理路，不禁好奇：家產可以先分割，登記入冊則必須等到八月；那麼，以春令婚嫁成戶，到八月才「書戶」或者說登記入冊，不是應該也可以嗎？看不出「以春令成戶」和「八月書戶」之間有必然的矛盾。

為何成戶時，一口給穀二斗八升有奇？為何糧食平均攤在戶內所有的人的頭上？確實沒有好的答案。楊先生據字形及其它的考慮，認為「以春令成戶」應作「以春令存戶」。照楊先生之說，存作存立，存恤孤寡解。如此一來，第一，每戶近四人的平均數較漢一般每戶平均五人要低，正反映集簿以春令所「存」者是「鰥寡孤獨貧窮戶」（頁21）；其次，穀二斗八升餘，不夠一個成年男性三天的口糧，正證明是「慰問性質」（頁21）的存恤孤寡。第三，這樣解釋正合乎月令中春令的精神，可以證明「成帝時傳世月令精神已以十分具體的政策措施貫徹到現實政治中」（頁23）。存戶之說，看來順理成章。

存恤孤寡，拙文〈月令〉曾作討論，但並沒有將它和「以春令成戶」連繫起來。主要原因是聯繫不上：

第一，集簿牘上的字到底是「成」或「存」？如我沒記錯，曾在社科院歷史所聽謝桂華先生說，他曾用紅外線儀讀過原牘，但對「成」字之釋

似不曾有異議。在他的大作中，謝先生是以「新增戶」或「新增加的戶」解「成戶」。[10] 我僅見過發表的圖版（圖1）。依圖版看，此字字形離「成」字應較近，和楊先生在大作中摹寫的稍有距離，是否宜釋作「存」，須再斟酌。成、存兩字在睡虎地秦簡、馬王堆簡帛、懸泉月令詔條等簡帛材料中都有，字形判然有別，不易相混，大家可以參看。

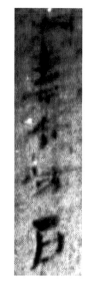

圖1　集簿「以春令成戶」

第二，即使釋作存，或如楊先生所說，「成」字也應作存、存立解，「存戶」即存恤孤寡之意嗎？恐怕不見得。正如楊先生引用的「存諸孤」、「存孤獨」、「存恤孤寡」、「賜鰥寡，振孤獨」等是古籍和漢代詔書、奏議中的習用語，甚至見於睡虎地秦簡《為吏之道》。如此不禁要問：如果集簿裡的「存戶」真的是指「存恤孤寡」，為何集簿不用早已通行且意義較明確的「存孤獨」、「存恤孤寡」，反而用無可考且意義較不明確的「存戶」一詞？這裡同樣存在著公文用語，如前文所說的「種樹」，是否精確的問題。

第三，再來仔細讀讀楊先生所引文帝元年三月的詔。誠如楊先生指出《漢書‧文帝紀》所錄元年三月的詔有兩道，一道自「詔曰」始，關乎鰥寡孤獨窮困者；一道自「又曰」始，關於存問老者。第一道詔說：「而吾百姓鰥寡孤獨窮困之人或阽于死亡，而莫之省憂。為民父母將何如？其議所以振貸之。」詔書之言清楚告訴我們在文帝元年以前，漢政府對鰥寡孤獨窮困「莫之省憂」，也就是無所照顧。因此為民父母的文帝才要群臣商議「所以振貸之」。從第二道詔書看，在文帝之前，漢中央已有存養老者的措施（張家山《二年律令‧傅律》已經證實），但官吏所給老者的卻是陳腐的粟。有司於是依文帝之旨，商議了依年齡，更優厚的養老辦法：「年八十已上，賜米人月一石，肉二十斤，酒五斗。其九十已上，又賜帛人二匹，

10　謝桂華，〈尹灣漢墓簡牘和西漢地方行政制度〉，《文物》，1（1997），頁43；〈尹灣漢墓新出《集簿》考述〉，《中國史研究》，2（1997），頁35。

絮三斤。」年八十、九十以上，當然可能是鰥或寡。存恤鰥寡孤獨和養老本是兩回事；鰥寡不一定老，老不一定鰥寡，意義有別，但也可能老而鰥或寡。或許因為如此，《史記·文帝本紀》曾較為含混地說：「賜天下鰥寡孤獨窮困及年八十已上，孤兒九歲已下，布帛米肉各有數。」楊先生注意到既已言「孤」，又說「孤兒九歲以下」，不好理解。我認為這是太史公摘錄諸詔要點，合而言之的結果。總之，從文帝時所訂的辦法看，年八十以上，賜米人月一石，肉二十斤，酒五斗，九十以上加帛二匹，絮三斤，這樣的數量和內容具有實質意義，非僅慰問性質。我們雖不知道八十以下的賜予數量和內容，想必是年齡越小越少。即便如此，這和楊先生相信的存戶，或者說存恤孤寡，每口一年予穀二斗八升餘，差別太大。

再來想想穀二斗八升餘的意義。張家山《二年律令·賜律》不見對鰥寡孤獨窮困的賜予，但有對吏、有爵和無爵者的飯、肉、酒等賞賜的殘文。其中「毋爵者，飯一斗，肉五斤、酒大半斗、醬少半升。司寇、徒隸，飯一斗，肉三斤，酒少半斗，鹽廿分升一」（簡293）。無爵之平民有飯一斗，肉五斤；有爵最低之「上造、公士比佐史」（簡292），佐史可有肉八斤，酒七升（簡297），飯量則失載，理應多於無爵平民之一斗，或在二斗左右。如果東海郡的鰥寡孤獨每口僅得穀二斗八升餘而無酒肉等，待遇比無爵者、司寇或徒隸都還不如。這不能不使人懷疑文帝詔所代表的政策，有沒有真正如楊先生所說被「貫徹到現實政治中」（楊文，頁23）？要不，這二斗八升餘穀就和存恤孤寡無關，才好解釋。懸泉〈月令詔條〉季春行事以「存諸孤」為首，可惜下半部解說的部分幾乎全殘，不知具體上如何存諸孤，否則倒可以解決問題。

由於楊先生指出拙說是建立在對「春種樹」和「以春令成戶」認識的基礎上，如認識不確，則全盤皆誤。因此特別針對拙說作了進一步說明。總之，我仍然相信尹灣集簿上的春種樹，種的就是樹木，並非穀物；以春令成戶，是依春合男女之旨，婚嫁成戶，而非存戶或存恤孤寡。所謂成戶非必即與父母別居，因此戶口不限夫妻，可在二人以上。或許也因為婚嫁並不意味同時即別父母或分家產而另立戶，這和一般「民欲別為戶者，皆

以八月戶時」或「至八月書戶」不必然矛盾。當然我對「成戶」一詞的確實意義，因為缺少更多的資料，還不敢說完全了解，成戶一詞含有其它意義的可能性是存在的。楊先生的商榷使我有機會作新的反省，新出的資料則使我對己說略多了些信心。月令和西漢政治的關係牽涉甚廣，拙文不過點到為止。楊先生的相關意見，可以供有興趣的朋友參考。

三 自我檢討

楊振紅先生正確指出了拙文〈月令〉的若干問題，有些沒有談到。以下針對沒談到的，作些自我檢討和補正：

1. 《後漢書・陳寵傳》：「秦為虐政，四時行刑。盛漢初興，改從簡易。蕭何草律，季秋論囚，具避立春之月。」陳寵曾任廷尉，是東漢的法律名家，熟知典故，所說當有據。從此可知漢自高祖始，論囚於季秋，避立春之月，司法制度上已受月令影響。月令和漢代司法關係的資料還不少，須要專文詳論。

2. 《居延新簡》中有一宣帝地節三年詔書抄件殘文：

   制詔御史：秋收斂之時也，其令郡諸侯□/

   地節三年八月辛卯下 印日居延都尉章　　　　　　　　（EPT53：70A）

   地節三年十月壬辰步廣卒□/　　　　　　　　　　　　（EPT53：70B）

   這一宣帝詔書的具體內容雖已殘損難明，但從「秋，收斂之時也，其令郡、諸侯」云云，可知它和居延舊簡中所見元康五年夏至改火詔或屬同一性質。

3. 舊文引《漢書・魏相傳》提到漢高祖時中謁者趙堯舉春，李舜舉夏，兒湯舉秋，貢禹舉冬，四人各職一時。我曾疑心四位中謁者之名，為何為堯、舜、禹、湯，和古聖如此巧合？如果不是巧合，也是因名而擇人。（〈月令〉，頁16）顧炎武《日知錄》卷廿四〈假名甲乙〉條認為「同以堯舜禹湯為名，若有意撰而名之者。及讀急就章有云：祖堯

舜，樂禹湯，乃悟若此類皆古人所假以名之也。」按：趙堯確有其人，其名非假。高祖時趙堯為符璽御史、御史大夫，擊陳豨有功封江邑侯，《史記·張丞相傳》、《漢書·高惠高后文功臣表》和《漢書》本傳俱載其事。顧炎武說：「或曰高帝時實有趙堯，然非謁者。」顧氏之意，高祖時之趙堯為另一人，非此中謁者趙堯，堯乃假名。我估計實即同一人。以趙堯和高祖之親近，曾任中謁者，十分可能。《史記》失載其曾任斯職而已。

4. 舊文第一節有一段曾從地理交通艱難，論證青川郝家坪木牘上的秦武王為何在前一年冬季即下詔規定第二年秋季的行事（頁 11-12）。如今想來所說太過迂曲，宜全刪。

5. 舊文第一節末有一段論雲夢龍崗秦簡（頁 14-15），頗多不妥。全刪。

6. 舊文第三節論居延新簡 EPT4：16「敬授民時曰揚穀咸趨南」句，以為典據不詳（頁 37、51），誤。胡平生已正確指出，出於《尚書·堯典》。可參《敦煌懸泉月令詔條》（中華書局，2001，頁 13）。

7. 舊文第三節注 63 論居延簡 171.18 和 194.20 之「虞」字。按：相關問題，日本森鹿三教授曾作討論，謝桂華先生〈新舊居延漢簡冊書復原舉隅（續）〉（《簡帛研究》第一輯，頁 147-148）也曾論及，應參看。

8. 舊文第三節曾論及禁屠牛馬（頁 40）。當時沒有找到太多根據。今按：雲夢龍崗秦簡有殘文：「馬牛殺之及亡之，當償而誶……」（簡 101，《龍崗秦簡》，中華書局，2001，頁 106），張家山《二年律令·田律》：「殺傷馬牛，與盜同法」（簡 251），《淮南子·說山》高誘注：「王法禁殺牛，民犯禁殺之者，誅。」可證禁殺牛馬，可能已見秦律，而確出於漢律，而不見於任何傳世月令。

93.8.16

後記

　　這篇〈重讀〉，原題為〈月令與西漢政治再議——對尹灣牘「春種樹」和「以春令成戶」的再省思〉。題目太過累贅，改作今題。內容上基本未動，只增補了天水放馬灘秦墓木板地圖上有關森林和伐木的注記資料。

　　原刊《新史學》，16：1（2005），頁 159-170；96.1.27 訂補

行政

秦是否曾都櫟陽？

　　秦獻公徙都櫟陽（圖 1.1-2）之說，早已有之。自從王國維發表〈秦都邑考〉以後，近世學者多遵從，普遍認為獻公曾徙都櫟陽（例如林劍鳴《秦史稿》，頁 173）。可是自從王子今先生發表〈秦獻公都櫟陽說質疑〉（《考古與文物》5（1982）），反對王國維等之舊說，引起不少新的討論，贊成與反對都有。依目前所見，贊成王子今說者有王學理和梁雲（《秦文化》，文物出版社，2003，頁 143-144）。王、梁主要從考古遺址的規模評估，認為櫟陽城規模太小，不像一個都城（圖 2.1-4）。反對者有劉榮慶和王輝。他們分別從文獻和考古論證，認為文獻中所謂的徙治就是徙都。戰國時秦行兩都制，雍為先君宗廟所在為都，櫟陽為國君所居，亦為都城。王輝另據櫟陽有工官的設置，傳世和出土有以櫟陽為銘的矛和戈（圖 3.1-2），雖不能直接證明櫟陽為都城，但相信劉榮慶的兩都說「較近事實」（劉榮慶〈秦都櫟陽本屬史實〉，《考古與文物》，5（1986）；王輝，《秦銅器銘文編年集釋》，三秦出版社，1990，頁 55）。張沛則有不同的看法，認為《史記‧商君列傳》「秦自雍徙都之」之說最可信，古人以宗廟所在為都，櫟陽實為東略之軍事基地，並未成為秦之都城（張沛，〈涇陽、櫟陽並非秦都〉《陝西歷史博物館館刊》14（2007），頁 71-75）。對這個問題，我也想提一點私見，請大家指教。

　　私意以為討論這個問題有三個方面須要考慮：第一，文獻到底如何記載，記載有所不同的原因何在？第二，我們應追隨古人或後世的觀點去看待所謂的一國之「都」？第三，櫟陽曾否為都，是否最好回到當時秦國內部的情勢中去了解？

　　簡單地說，第一，我們必須小心掌握司馬遷師法《春秋》而來的細緻

圖 1.1-2　有櫟陽（左）櫟市（右）題刻的殘陶

圖 2.1-2　櫟陽城遺址現場

圖 2.3-4　櫟陽三號宮殿遺址及出土大半圓瓦當

圖 3.1-2　傳世櫟陽武當矛及「櫟陽」矛銘

古月集：秦漢時代的簡牘畫像與政治社會
　　　　——卷四 法制、行政與軍事

筆法，才能了解他「徙治」、「徙都」遣詞用字不同的含意。第二，這時秦的宗廟和政治中心曾經分離。如果依古制，凡宗廟所在為都，則櫟陽不為都；但從後世都城以君王宮室為中心的觀點看，獻公理政於櫟陽，視櫟陽為都也無可厚非。但這不是司馬遷的觀點。第三，孝公十二年（西元前 350 年）遷都咸陽，剛好也是商鞅進行第二波變法的一年。愚以為這不是偶然。我們如果注意商鞅兩波變法的內容，可以發現第一波變法與櫟陽的特殊環境有關；遷都咸陽後，孝公和商鞅又發動了另一波的變法。〈秦本紀〉說孝公十二年「作為咸陽，築冀闕，秦徙都之」（按〈秦始皇本紀〉附〈秦紀〉作「其十三年始都咸陽」），〈商君列傳〉說「秦自雍徙都之」，似乎意味著秦孝公十二年以前是以雍為都城。

在古人的觀念裡，宮室和宗廟原本合一，國君治政的宮室和宗廟同在一處，凡宗廟所在即為都城。《左傳》莊公廿八年說：「有宗廟先君之主曰都，無曰邑。」雍是長期以來秦宗廟的所在，所以稱它為都。但是獻公為了東進，將治理大政的中心遷到櫟陽，宗廟留在雍。秦的宮、廟從此分在兩地。因為獻公遷的只是治政的中心，〈秦本紀〉只說「城櫟陽」、「徙治櫟陽」而不說「徙都櫟陽」。《史記·貨殖列傳》又稱櫟陽為櫟邑，以邑名之，可見司馬遷遣詞用字，遵守古義，十分小心。公孫鞅入秦，應是來到孝公治理大政所在的櫟陽。這裡是秦向東發展的前進軍事基地。因此可以看見公孫鞅變法的一大項目正是依軍隊的編組形式，編民為什伍。又強調以軍功定爵高下，雖宗室無軍功也不得屬籍。這些以軍隊方式編組百姓和崇尚軍功的措施出現在櫟陽這樣一個軍事前進基地，應該十分容易理解。在櫟陽發現帶櫟陽之名的戈矛以及有工官的設置，都和櫟陽作為軍事基地的性質密切有關。

等到改革有成，國力增強，秦須要一個更大更長遠的國都，使分離的宮、廟能再合而為一，於是「築冀闕、宮庭於咸陽」。冀闕是宮城門外高大的闕樓，用以公布政令。〈商君列傳〉特別提到在咸陽築宮庭和公布政令的闕，是強調咸陽作為政治中心的作用。但是因為宗廟這時也從雍遷到了咸陽（〈秦始皇本紀〉：「諸廟及章臺、上林皆在渭南」），〈商君列傳〉才會說

「自雍徙都之」而不說自櫟陽徙都，因為櫟陽無宗廟。〈秦本紀〉和〈商君列傳〉「徙治」、「徙都」的用詞差異，一方面顯示出太史公繼〈春秋〉，嚴守「有宗廟曰都」的傳統，一方面也顯示了他筆法的細膩。

學者間每每爭論秦是否曾都櫟陽（參梁雲、王學理《秦文化》，頁143-144）。如果和太史公一樣恪遵傳統，以宗廟所在之處為都，則可以說秦不曾都櫟陽；如果從後世以國君理政之所而不以宗廟為中心，就未嘗不可說獻公城櫟陽就是以櫟陽為國都。後來咸陽既有宮室也有宗廟，就沒有了是不是都城的問題。漢以後，天子所在宮室的地位遠遠超越了宗廟，漢甚至遷宗廟到了都城之外的近郊，在都城附近。從此以後，天子所在即都城，宗廟已不在計較之內。

92.11.11/97.11.12/112.2.17

試釋漢代的關東、關西與山東、山西

一　引言

　　關東、關西、山東、山西是兩漢典籍中經常出現的名詞。這些名詞不僅指涉自然地理的範圍，更反映出漢代人的地域觀念，影響到漢代政治、社會和經濟的發展，有豐富的人文地理意義。

　　舉例來說，兩漢擇都，都曾受地域觀念影響，發生都關中或都山東的爭論。[1]在經濟上，關中一直仰賴山東的轉輸，但是東漢政府受關東豪族左右，就不能再像西漢時一樣支援關中，連傳統移民充實關中的作法也被迫停止。[2]這當然是因為東漢都洛陽，帝國的重心東移，但是東漢的「西州士大夫」總是覺得關東人士太地域本位，不惜犧牲關西地區的利益。[3]漢末涼州軍人與山東士族的對抗，可以說在相當程度上是關東、關西兩地人士長期相互不滿和猜疑的結果。在社會上，西漢人士以隸籍關中為榮，[4]認為

1　有關西漢建都的爭論參《史記》（臺北：宏業書局景印《史記會注考證》本）〈留侯世家〉、〈劉敬叔孫通傳〉等。有關東漢建都的爭論參《後漢書‧班固傳》（臺北：藝文印書館景印《集解》本）的《兩都賦》、〈文苑傳〉杜篤的《論都賦》、〈循吏傳〉王景的《金人論》等。

2　參勞榦，〈兩漢戶籍與地理的關係〉，《中央研究院歷史語言研究所集刊》，5：2（1935），頁201。

3　參《後漢書》〈龐參傳〉、〈虞詡傳〉、〈傅燮傳〉以及王符《潛夫論‧救邊》（臺北：新興書局景印《漢魏叢書本》）。有關討論參拙文，〈東漢的胡兵〉，《國立政治大學學報》，28（1973），頁156-158。

4　以隸籍關中為榮見《漢書‧武帝紀》（臺北：藝文印書館景印《補注》本）王先謙《補注》引應劭曰：「時樓船將軍楊僕數有大功，恥為關外民，上書乞徙東關，以家財給其用度，武帝意亦好廣闊，於是徙陽於新安，去弘農三百里。」這個故事也見於樂史《太平寰宇記》卷六「陝州，臨寶縣」條。按楊僕乃宜陽人（《漢書‧酷吏傳》。先謙《補注》曰：宜陽弘農

「鄙儒不如都士，文學皆出山東……希涉大論。」[5] 都士者，關中京都之士，鄙儒乃指山東文學。這是關中人的優越意識。到了東漢，關中沒落，山東士族又看不起「頗習兵事」的關西人，關西人則譏關東人為「山東兒」。[6] 要明瞭漢代人這些地域觀念，就頗有必要弄清楚他們所說的關東、關西或山東、山西是指那些地區？而所說的關、山又是什麼？

漢人所說的關東、關西的「關」是指函谷關，古今沒有異說，不成問題（圖1.1-4）。山東、山西則眾說紛紜，莫衷一是。現在大約可見三種說法：或陝山、或太行山、或華山。主華山者如：[7]

《史記·楚世家》：「山東、河內可得而一也」。

張守節《正義》：「謂華山之東，懷州河內之郡」。

《史記·太史公自序》：「蕭何填撫山西」。

張守節《正義》：「謂華山之西也」。

主陝山者，如：

《後漢書·鄭興傳》：「更始諸將皆山東人，咸勸留洛陽。興說更始曰：陛下起自荊楚，權政未施，一朝建號，而山西雄桀爭誅王莽，開關郊迎者，何也？」

李賢注：「山西謂陝山之西也。」

主太行山者，如：[8]

縣），武帝遷關至新安，則僕為關中人。先謙《補注》引何焯已證這個故事不確，蓋楊僕拜樓船將軍，立功在徙關以後。事雖不確，但為應劭所述，可見其時「恥為關外人」一事或不遠於事實。

5　《鹽鐵論·國疾》（臺北：世界書局景印《校注》本）。

6　參《後漢書》〈蓋勳傳〉、〈鄭太傳〉、〈馬融傳〉。「山東兒」見《三國志·孫堅傳》裴注引《山陽公載記》。

7　近代學者主華山者有傅師樂成，見所著〈漢代的山東與山西〉，收入《漢唐史論集》（臺北：聯經出版公司），頁65；陳直，《居延漢簡研究》（天津：天津古籍出版社，1986），頁574。

8　近代學者主太行山者有勞榦，見前引文，頁183。唯據勞先生見告，他實主張以關殽為界。錢穆《史記地名考》引太行山與華山兩說，認為「山東乃大名而所指內容有異」（頁57）。

圖 1.1 　《嶽麓書院藏　　　　圖 1.2 　《二年律令》
秦簡（肆）》　　　　　　　　簡 502

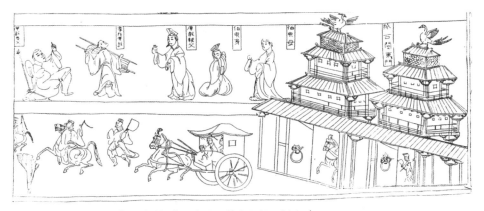

圖 1.3 　漢畫像石上的「函（咸）谷關東門」摹本局部，採自 É.Chavannes, *Mission Archéologique dans la Chine Septentrionale*, 1913, Pl.DXLII。

圖 1.4 　函谷關出土「關」字瓦當
河南博物院藏

顧炎武《日知錄》卷卅一〈河東山西〉條引王應麟《地理通釋》曰：
「秦、漢之間稱山北、山南、山東、山西者，皆指太行，以其在天下之
中，故指此山以表地勢。《正義》以為華山之西，非也。」（頁89）
張守節除了認為山東是指華山以東，似乎還認為山東可以有別的解釋。《史
記·河渠書》：「如此，漢中之穀可致，山東從沔無限」。《正義》：「無限
言多也。山東謂河南之東，山南之東及江南、淮南。皆經砥柱主運，今竝
從沔，便於三門之槽也。」〈河渠書〉這一句文意實難通曉。沔在漢中，
如果《正義》以「河南之東、山南之東及江南、淮南」釋山東，「山東從沔
無限」一句的文意實不可通。瀧川資言《考證》引凌稚隆之說，以「無從
阻隔」釋「無限」，又引王先謙「漢世謂關外為山東」。不論張守節或王先
謙的說法，都不易解通《史記》這一句的意思。因此，對張守節的這一說
法，擬暫存而不論。顧炎武一方面引王應麟之說，一方面在《日知錄》同
卷〈山東河內〉條又同意《正義》的看法，認為：「古所謂山東者，華山以
東。」同條顧氏又自注：「唐人則以太行山之東為山東。杜牧謂山東之地，
禹畫九土，曰冀州是也。」《日知錄》成篇前後積三十餘年，〈河東山西〉、
〈山東河內〉兩條不知何者在先？要之，顧氏於山東、山西，意見前後有
變，並且認為漢、唐人對山東一詞的用法有所不同。

指出這種不同，並曾詳細討論山東山西問題的還有王鳴盛。王鳴盛
《十七史商榷》卷卅五〈山東山西〉條謂：

河北之山莫大於太行，故謂太行以東為山東。《後漢》〈鄧禹傳〉，光武安
集河北，在鄴。及王郎起兵，光武自薊至信都，使禹別攻樂陽，從至廣
阿。以上所說皆在今河北之彰德、大名、廣平、真定等府。而其下文則言
赤眉西入關，光武籌長安必破，欲乘釁并關中而方自事山東，未知所寄。
是謂河北為山東也。下至李唐尚有以河北為山東之言，詳見後第九十卷。
〈鄧禹傳〉於此下又述率諸軍大破樊參，王匡等軍，遂定河東。光武使使持
節拜禹大司徒，策曰：前將軍禹斬將破軍，平定山西云云，是謂河東為山
西也。漢河東、太原、上黨諸郡皆在太行之西，即今山西省太原、平陽、
蒲州、潞安、汾州、澤州等府，自漢以來，名稱不易。近儒乃謂惟河東一

郡在山西,殊非。

又〈鄭興傳〉更始諸將皆山東人,勸留洛陽,勿遷都長安。興說更始曰:陛下一朝建號,山西雄桀爭誅王莽,開關郊迎云云,注(按:即李賢注):山西謂陝山以西也。陝,隘也,侯夾切,見《說文》四下阜部。大約〈鄧禹傳〉之山東、山西總據太行分東西,〈鄭興傳〉之山西即謂關中,今陝西、西安等府,是其指陝山以西固不待言,而所云山東者亦指陝山以東。注雖未及,可以意揣,與〈鄧禹傳〉之山東、山西皆無涉。

〈陳元傳〉,元上疏曰:若先帝所行而後主必行,則陛下不當都山東也,此謂洛陽為山東,其實亦是指陝山以東。又〈寇恂傳〉,高祖任蕭何於關中,無西顧憂,所以得專精山東;又〈鄭康成傳〉,造太學受業,又從東郡張恭祖受諸經,以山東無足問,乃西入關,事扶風馬融,此山東與《史記》〈秦本紀〉太史公引賈生言秦并兼諸侯山東三十餘郡,又山東豪俊遂並起而亡秦之山東同。若〈吳蓋陳臧傳〉論山西既定,威臨天下,注謂:誅隗囂、公孫述則隴蜀皆得名山西,又不但如〈鄭興傳〉以關中為山西矣。

(藝文印書館,《史學叢書本》,頁1上-2上)

又同書卷九十〈唐以河北為山東〉條謂:

《新(唐書)》藩鎮〈魏博傳〉首論蕭代以下,瓜分河北地以付叛將。杜牧以山東王不得不王,霸不得不霸,賊得之,故天下不安。愚謂唐以河北、魏博、冀諸鎮為山東。前於《後漢》〈鄧禹傳〉論山東、山西與此亦略同。至今之山東則大不同。《潛邱劄記》第三冊言今山東本宋之京東東路,京東西路。金以都不在汴,改京為山,而山字無著矣。愚謂今之山東若指為陝山以東亦可,未必遂無著。如《史記》云山東豪傑並起亡秦,是要與河北之山東大異。《通鑑》第二百七十一卷〈後梁君王紀〉下,龍德二年,晉王李存勗率兵至新城南,候騎白契丹前鋒宿新樂,涉沙河而南,諸將勸擊之。晉王亦自負云:帝王之興,自有天命,契丹如我何?吾以數萬之眾平定山東云云。胡三省注云:河北之北在太行、常山之東。此下北字誤,當作地。觀此,則河北之為山東自明。(頁3上下)

王鳴盛的討論有幾點值得注意:第一、他發現唐以太行為山東西之界,而

《後漢書・鄧禹傳》「大約」也是「總據太行分東西」；第二、他舉出漢代其他的例證，認為如李賢所說，都是以陝山為山東西的分界；第三、山西在漢代指關中，也可以包含隴、蜀。

就第一點而言，姑不論唐代如何，王鳴盛的發現是正確的。但是〈鄧禹傳〉以太行山分山之東西可以說是相當特殊的例子。西漢人一般不這樣分，東漢人也不這樣分，即使是漢光武同時代河北集團以外的人也不這樣分。王氏所舉鄭興說更始的故事就是一例。漢光武龍興於河北，赤眉流竄河東，更始帝於關中。劉秀河北集團的發展是從太行山以東，擴張到山西的河東，再進窺關中。劉秀與鄧禹在河北謀劃大業，他們所說的山東、山西很自然是以太行山為界。《後漢紀・光武皇帝紀》：「上璽書勞鄧禹曰：『……平定山西，功效尤著……』」云云即是如此。等到光武帝定了天下，形勢改變，這種用法在東漢即不再出現。（詳見後文）

就第二點來說，以陝山分東西是一個很古老的傳統。《春秋公羊傳》隱公五年，「自陝而東者，周公主之；自陝而西者，召公主之」。何休注：「陝者，蓋今弘農縣是也。」《水經注疏》卷四「河水四・又東過陝縣北」條謂：「東則咸陽澗水注之水，出北虞山，南至陝津注河。河南即陝城也，昔周召分伯，以此城為東西之別。」熊會真按：「《續漢志》陝有陝陌，注引《博物志》二伯所分，《括地志》陝原在陝縣西南二十五里，分陝不因其城，乃從原為界。」（頁51下-52上）漢之陝縣即今河南陝縣，陝原在陝縣西南二十五里，按之地圖，實即崤山之一部，地近秦之函谷關。漢代人所說的山東和山西很可能是繼承了這個傳統，可是他們觀念裡的山似乎並不是陝山。秦漢兩代甚至沒有陝山一名。

本文的目的是希望找出漢代人所說的「山」到底是指什麼？和「關」有什麼關係？關西、關東、山東和山西這些名詞是如何出現的？指涉哪些地區？王鳴盛所論曾觸及範圍的問題，惜說未盡，本文聊以續貂。

二 關東、關西、山東、山西名稱的出現

　　關東、關西、山東、山西這四個名詞在漢代以前已經出現，不過不是同時出現。其中山東一詞出現可能最早，大約在秦孝公變法的時代。山西一名或相應於山東而起，但是沒有積極的證據。關西、關東的概念存在或早，兩詞出現卻晚，不見於戰國早或中期的著作。這些名詞因應時代形勢而出現，也隨形勢的變化發生涵義上的改變。秦孝公時代山東一詞原可能指華山以東，等到秦據殽函，與六國形成對峙，山東、關東乃指殽山和函谷以東的東方六國，以下試為之說。

　　關東、關西、山東、山西這些名詞在《詩》、《書》、《易》、《春秋》及三《傳》、三《禮》、《國語》、《論語》、《孟子》、《荀子》、《墨子》、《老子》、《莊子》和《呂氏春秋》中都沒有。「山東」一詞卻見於《管子》、《商君書》、《韓非子》和《戰國策》，不過這四書也都只有山東一詞，而沒有其他三個名詞。山東在《管子》《商君書》中都只一見：

> 桓公問於管子曰：楚者，山東之強國也。（《管子·輕重》）
>
> 今利其田宅而復之三世，此必與其所欲而不使行其所惡也，然即山東之民無不西者矣。（《商君書·徠民》）

我們知道《管子·輕重》既不是作於桓公、管仲之時，《商君書·徠民》也非商鞅手著。兩篇應都是戰國時的作品。《管子·輕重》的著成時代爭論甚多。近人胡家聰作〈管子·輕重作於戰國考〉最得其實。[9]他根據〈輕重〉的內證以及其書在秦漢間的流傳，一舉擊破作於文景、武昭、甚至王莽時代的舊說，確定它為戰國著作。據他考證，桓公與管子對答乃齊威、宣王時代稷下先生們慣用的文體。《管子·輕重》可能即出於他們的手筆。《商君書·徠民》寫成的時代更晚，因為篇中已提到戰國晚期秦坑趙卒四十萬的「長平之勝」（西元前 260 年）和秦滅西周的「周軍之勝」（西元前 256 年）。因此，就名詞的出現而言，沒有任何「山東」一詞出現在戰國中期以

9　《中國史研究》，1（1981）。

前的證據。[10]

齊之威、宣正值秦孝公和惠文王之世。孝公用商鞅變法，增強國勢。
《史記‧商君列傳》說衛鞅在第一階段變法成功以後，於孝公二十二年（西
元前340年）曾說孝公曰：

> 秦之與魏，譬之人有腹心疾，非魏并秦，秦即并魏。何者？魏居嶺阨之
> 西，都安邑（《索隱》：蓋即安邑之東，山嶺險阨之地，即今蒲州之中條以東，連汾
> 晉之險嶝是也。），與秦界河，而獨擅山東之利……今以君之賢聖，國賴以
> 盛，而魏往年大破於齊，諸侯畔之。可因此時伐魏，魏不支秦，必東徙。
> 東徙，則秦據河山之固，東鄉以制諸侯，此帝王之業也。

結果孝公果然派衛鞅伐魏，魏被迫遷都大梁。衛鞅因功，得封商君。假使
《史記》這一段確為商鞅所說，這是「山東」一詞的第一次出現。衛鞅說
「魏居嶺阨之西，都安邑」，嶺阨正是司馬貞《索隱》所說安邑東方的中條
山。「與秦界河」不完全正確，因為魏趁孝公繼立以前秦國的內亂，奪了
秦的河西之地。孝公是為了雪恥，才下詔求賢的。他說「獨擅山東之利」，
似應指安邑西南解池的池鹽之利。[11] 他所說的「山東」應是華山以東。

華山是秦防守的門戶，但是孝公的野心不在防守，而在東窺天下。他
下詔求賢以後，曾出兵圍魏之陝城，希望在東方尋找一個前進的據點，可
惜沒有成功。衛鞅為孝公規劃的就是「東鄉以制諸侯」的帝王之業。要成

10　《史記‧晉世家》有「晉兵先下山東，而以原封趙衰」一句，似「山東」一詞已用於晉文公
　　時。實際上司馬遷此處乃據《左傳》魯僖公二十五、二十七年的記載。《左傳》不曾說「晉
　　兵先下山東」，而司馬遷所說晉出兵與以原封趙衰事，時間上也是錯誤的。瀧川資言引梁玉
　　繩已指出這種錯誤（《史記會注考證》卷三十九）。「晉兵先下山東」是司馬遷為解釋《左傳》
　　而增。他以漢人習用的山東一詞去理解《左傳》的記事。時晉都於絳，在中條山以西，司馬
　　遷所說山東似指中條山以東，而不是如錢穆所說指太行山以東（《史記地名考》，頁56）。因
　　為《左傳》僖公二十八年曾清楚記載晉出兵的路線是「自南河濟」，《史記》改作「河南度」。
　　晉兵越中條渡河，不必經太行也。總之，不能根據這一條證明春秋時已有「山東」一詞。

11　關於池鹽之利可參佐伯富，〈山西商人的起源〉，《史學評論》，2（1980），頁518。又參《韓
　　詩外傳》（臺北：新興書局景印《漢魏叢書本》）卷七，頁4下，秦穆公使人載鹽事、《左傳》
　　成公六年晉人從故絳遷都事、《三國志‧衛覬傳》。王應麟《漢制攷》卷四引《說文》：「鹽，
　　河東鹽地袤五十一里，廣七里，周百十六里。安定有鹵縣，東方謂之廣，西方謂之鹵。」

帝王之業，一方面要收復河西，一方面要建立一個東進的據點，這就是陝城所傍的崤山。衛鞅所說「據河山之固」應作此解。

這可以從孝公以後秦國擴張的步驟得到完全的證明。繼孝公的惠文王就是依照衛鞅的藍圖，一步步推展秦的勢力。惠文王八年（西元前330年），秦敗魏，奪回河西之地。次年，再取魏河東的汾陰、皮氏，圍攻陝附近的焦，降之。魏被迫獻上郡十五縣於秦，換回焦和曲沃（西元前327年）。從此，秦、魏真正以河為界，河西之地全為秦有。惠文王後元年（西元前324年），秦終於取陝；陝以西，崤山和函谷的險要從此落入秦人之手，奠定了秦東鄉以制諸侯的基礎。[12]

秦據殽函，關稱函谷關，塞為殽塞，二者成為秦在戰國時期攻防最重要的據點：

1. （楚懷王）十一年（西元前318年），蘇秦（按：應為公孫衍）約從山東六國共攻秦。楚懷王為從長，至函谷關。秦出兵擊六國，六國兵皆引而歸。

   （《史記·楚世家》）

2. 魏安釐王三十年（西元前247年）……公子（無忌）率五國之兵破秦軍於河外，走蒙驁，乘勝追擊秦軍至函谷關，抑秦兵，秦兵不敢出。　　（《史記·魏公子傳》）

3. 春申君相二十二年（西元前241年），諸侯患秦攻伐之無已時，乃相與合從西伐秦，而楚王為從長。春申君用事，至函谷關，秦出兵攻，諸侯兵皆敗走。

   （《史記·春申君傳》）

4. 楚圍雍氏五月，韓令使者求救於秦，冠蓋相望也。秦師不下殽……韓王遣張翠……果下師於殽以救韓。　　（《戰國策·韓二》，河洛出版社，新校標點本）

5. 蘇代謂燕昭王曰：「……以自憂為足，則秦不出殽塞，齊不出營邱，楚不出疏章。」

   （《戰國策·燕一》）

---

12 關於秦國的擴張可參楊寬《戰國史》（1980 新版）所附戰國大事年表，頁 569-571。至於賈誼〈過秦論〉、劉向《新序》說「秦據殽函之固」是不正確的。孝公時，殽函尚非秦有。清，張琦《戰國策釋地》卷上，頁 8 下-9 上，已辯之甚明，可參。

自從秦據殽、函，進可攻，退可守，東方六國開始真正感受到秦的威脅。於是合從和連橫的國際外交活動蠭起雲湧。[13] 不論六國合而敵秦或橫而朝秦，秦與六國隔山河對峙成為當時的基本形勢。穿梭不絕於秦與六國之間的縱橫說客，很可能就在這個時候，為了談說的方便，開始以山東為六國的代名詞。山東一詞出現最多的就是在《戰國策》裡：

1. 范雎（說秦王）曰：大王之國，北有甘泉、谷口，南帶涇渭，右隴蜀，左關阪……今反閉而不敢窺兵於山東者，是穰侯為國謀不忠，而大王之計有所失也。 （〈秦三〉）

2. 頓弱曰：山東戰國有六，威不掩於山東，而掩於母，臣竊為大王不取也。秦王（政）曰：山東之建國可兼與？ （〈秦四〉）

3. 秦伐魏，而陳軫合三晉而東謂齊王曰……今齊、楚、燕、趙、韓、梁六國之遞（鮑彪注：遞，言其更相伐也）甚也，不足以立功名，適足以強秦而自弱也，非山東之上計也。能危山東者，強秦也……天下為秦相烹，秦不曾出薪，何秦之智而山東之愚耶？ （〈齊一〉）

4. 蘇秦為趙合從說楚威王曰……大王誠能聽臣，臣請令山東之國，奉四時之獻，以承大王之明制。 （〈楚一〉）

5. 蘇秦從燕之趙，始合從，說趙王曰……當今之時，山東之建國，莫如趙強……莫如一韓、魏、齊、楚、燕、趙，六國從親，以儐畔秦……秦必不敢出函谷關以害山東矣。 （〈趙二〉）

6. 張儀為秦連橫，說趙王曰……大王收率天下以儐秦，秦兵不敢出函谷關十五年矣。大王之威，行於天下山東。 （〈趙二〉）

7. （闕文）獻書秦王（案：鮑本作秦昭王）曰……梁者，山東之要也……秦攻梁者，是示天下要斷山東之脊也……今秦國與山東為讎，不先以弱為武教，兵必大挫……。 （〈魏四〉）

---

13 關於戰國時的合從連橫活動，參楊寬前引書，頁 15、342；又參錢穆《先秦諸子繫年考辨》〈蘇秦考〉：「然則合從連橫之說乃盛於趙武靈、惠文王父子之際也」（頁 290）。武靈、惠文正值秦惠文王、武王、昭王之世。

8. 昭忌曰：山東之從，時合時離，何也哉？秦王曰：不識也。　　　（〈魏四〉）

9. 張儀為秦連橫說韓王曰……夫秦卒之與山東之卒也，猶孟賁之與怯夫也，以重力相壓，猶烏獲之與嬰兒也。　　　（〈韓一〉）

10. 或謂韓王曰……今韓不察，因欲與秦，必為山東大禍矣……不如急發重使之趙、梁，約復為兄弟，使山東皆以銳師戍韓、梁之西邊，非為此也，山東無以救亡。　　　（〈韓三〉）

11. 或獻書燕王……今山東合弱而不能如一，是山東之知不如魚也……不如以兵南合三晉，約戍韓、梁之西邊，山東不能堅為此，此必皆亡。　　　（〈燕三〉）

　　《戰國策》裡出現的「山東」不止於此，要皆與秦相對稱，沒有以「山西」稱秦的；[14] 其次，所謂山東指的都是六國，沒有歧義，可見山東在當時已經是一個有特定涵意的通用名詞，為諸國君臣與從橫之士所習用。這種情形證之成書或更晚的《韓非子》也不例外：

1. 地廣主尊者，秦是也……地削主卑者，山東是也。　　　（《韓非子集解‧飾邪》）

2. 世人多不言國法而言從橫……山東之言從橫，未嘗一日而止也。

　　　　　　　　　　　　　　　　　　　　　（《韓非子集解‧忠孝》）

　　《韓非子》裡還有〈初見秦〉篇提到山東：「然則邯鄲不守，拔邯鄲，

14　《戰國策》不見「山西」，卻有「山南」和「山北」。這有略作解釋的必要。《戰國策‧魏三》：「所亡乎秦者，山北、河外、河內」；《史記‧魏世家》作「所亡於秦者，山南、山北、河外、河內」。馬王堆帛書本《戰國縱橫家書》此句與《史記》相同。是知今本《戰國策》在「山北」以前脫「山南」二字。山南、山北的山指的是什麼山？《史記正義》：「山，華山也。華山之東南，七國時，鄧州屬韓，汝州屬魏。華山之北，同、華、銀、綏並魏地也。」瀧川資言《考證》引中井積德反對《正義》之說，認為「山者，河東之山，大行、王屋一帶也。即上之所謂河山之山，不當指華山」。實則此處所說的山似應為崤山。按這一段是魏公子無忌說魏安釐王（今本《戰國策》「無忌」作「朱己」，因形近而訛，鮑彪已據《史記》改正。帛書本於說者之名有闕，《史記》作無忌，應有所據）。其時崤山南北、河內外之地早在秦人之手，故為「所亡乎秦者」。張琦《戰國策釋地》卷下，頁25下，辯之甚確：

　　釋曰：鄧、汝不得云華山之東南，唐汝州今汝、裕二州，亦非屬魏，山南蓋謂商、洛，本魏地；山北則陝、虢、華陰若同州以北，後云河外是不得於山北並數之。

　　商、洛與陝、虢、華陰之間所隔正是崤山。如果戰國時已以崤山為中心分出山東、山北、山西、山南，則「山西」一詞在戰國時已出現，就不是不可能了。

笭山東、河閒」。鄭良樹在《戰國策研究》中曾詳細論證〈初見秦〉是抄自《戰國策》。[15] 盧文弨則指出《戰國策》此句原無「山東」二字，這是〈初見秦〉篇的作者加上去的。[16] 不論如何，今本《戰國策》和《韓非子》都用了山東一詞。山東的山是指崤山。戰國時人有時候將崤山與函谷關連稱。燕太子丹的師傅鞠武以為秦「南有涇、渭之沃，擅巴、漢之饒，右隴、蜀之山，右關、崤之險」（《史記·刺客列傳》）。關崤有時也稱關阪。范雎說秦王曰：「大王之國，北有甘泉、谷口，南帶涇、渭，右隴、蜀，左關、阪」（《戰國策·秦三》）。阪即殽阪，也就是崤山。戰國時人說山東，以關、殽連稱，但是今本《戰國策》和《韓非子》中卻不見「關東」一詞。戰國人用「關東」一詞見於《史記》的記載：

1. 王稽辭魏去，過載范雎入秦……有頃，穰侯果至，勞王稽，因立車而語曰：「關東有何變？」曰：「無有。」 　　　　　　　　　　　　　　（〈范雎蔡澤列傳〉）

2. 李斯說秦王曰：「……自秦孝公以來，周室卑微，諸侯相兼，關東為六國，秦之乘勝役諸侯，蓋六世矣。」 　　　　　　　　　　　（〈李斯列傳〉）

　　這裡關東的意義很清楚，和山東一樣，指的都是六國。[17]

---

15 鄭良樹，《戰國策研究》（臺北：學生書局，1982），頁 121-133。

16 《韓非子集解·初見秦》（臺北：世界書局）集解引。

17 在進一步討論秦、漢時代的關東、關西和山東、山西以前，還必須澄清先秦典籍提到的「關中」和「關內」兩個名詞。《戰國策·秦四》，楚人黃歇說楚王曰：
　　王襟以山東之險，帶以河曲之利，韓必為關中之候。若是，王以十（萬）成（戍）鄭，梁氏寒心，許、鄢陵嬰城，上蔡、召陵不往來也。如此，而魏亦關內候也。王一善楚，而關內二萬乘之主注地於齊，齊之右攘可拱手而取也。
此處所說「關中之候」、「關內候」、「關中」是什麼意思？後代注釋各有不同。高誘認為關中之候是「為秦察諸侯動靜也」。鮑彪則謂「比之候吏」。《史記·春申君傳》曾抄錄這一段，不過司馬遷改「關中之候」為「關內之侯」，改「關內候」為「關內侯」。瀧川資言《考證》引中井積德曰：
　　關內之侯，諸侯獻土去爵，臣事秦國，享封邑於關內也。
《韓非子·顯學篇》：「關內之侯，雖非吾行，吾必使執禽而朝。」《戰國策·魏策一》：「王不若與竇屢關內侯」。蓋六國亦有此號，不獨秦。中井積德釋為爵號名，非秦獨有。鮑彪卻以為「侯於關內者，此時未為爵」。關內、關內侯尚見於《管子》、《墨子》、《韓非子》和《呂氏春秋》：

1. 《管子·大匡》:「公不聽,果伐魯。魯不敢戰,去國五十里而為之關(戴望注:更立國界而為之關),魯請必於關內,以從於齊,齊亦毋復侵魯。」

2. 《管子·小匡》:「魯有夫人慶父之亂……桓公聞之,使高子存之,男女不淫,牛馬選具,執玉以見,請為關內之侯,而桓公不使也。狄人攻邢,桓公築夷儀以封之,男女不淫,牛馬選具,執玉以見,請為關內之侯,而桓公不使也。」

3. 《定本墨子閒詁·號令》(臺北:世界書局)「城周里以上,封城將三十里地,為關內侯」。
   畢沅云:「《韓非子·顯學》云:關內之侯雖非吾行,吾必使執禽而朝。《史記·春申君傳》黃歇上書云韓必為關中之侯,又云魏亦關內侯則戰國時有關內侯也。」
   孫詒讓案:「《戰國策·魏策》:王與竇屢關內侯;《漢書·百官公卿表》:秦制,賞功勞爵二十級,十九關內侯,顏注云:言有侯號而居京畿,無國邑。」

4. 《韓非子·顯學》:「故敵國之君王,雖說吾義,吾弗入貢而臣,關內之侯,雖非吾行,吾必使執禽而朝。」

5. 《呂氏春秋·貴信》:「齊桓公伐魯。魯人不敢輕戰,去魯國五十里而封之,魯請比關內侯以聽。」
   梁仲子云:「關內侯,秦爵也。劉昭注《續漢書·百官志》引劉劭《爵制》曰:秦都山西,以關內為王畿,故為關內。然則齊安得有關內侯乎?《管子·大匡篇》載此事云魯不敢戰,去魯國五十里而為之關,魯請比於關內,以從於齊。據此,疑侯字衍。」

歷來注家對於關內、關內侯的解釋大概都受秦關內侯一名的影響,或以為關內侯為秦爵,非他國所能有,因疑「侯」字衍;或以為《韓非子》、《戰國策》所記適足以證明關內侯之號非秦所獨有。受秦爵名影響的,漢朝人已經如此。所以劉劭以「秦都山西,以關內為王畿」解釋「關內侯」。漢代侯、矦兩字的用法有清楚的區別。據漢簡、漢印和漢碑看來,諸侯的「侯」幾無例外皆作「矦」,有候望之意的「候官」、「候史」、「候長」等之「候」皆作候。趙平安研究秦漢印,指出「矦」與「候」有別。參趙平安,《秦西漢印章研究》(上海:上海古籍出版社,2012),頁180。由是而知司馬遷之改是有意為之。其所以如此更改,也很可能也是受秦爵名的影響。然而漢人也有不同的理解。例如董仲舒以為「古之聖人……為其遠者,目不能見,其隱者,耳不能聞。於是千里之外,割地分民而建國立君,使為天子視所不見,聽所不聞。朝者,召而問之也。諸侯之為言猶諸候也。」(《春秋繁露·諸侯》)蘇輿《春秋繁露義證》:「周禮職方氏,侯服注:侯為王者斥候也。」如此,是以為「侯」即「候」,實一事也。

另一種理解則如應劭在《風俗通義》中說:「秦時六國未平,將帥皆家關中,故稱關內侯。」(《太平御覽》卷一九八引)六國未平之時,秦國將帥當然皆家關中,家關中的將帥何能盡封侯?他的說法純屬臆測。實際上,如果將秦爵暫時撇開,而從春秋戰國以來的關制去瞭解,或許可以省去許多不必要的誤解。

關於春秋關制,陳槃先生曾有很詳細的討論(陳槃,〈春秋列國的交通〉,《中央研究院歷史語言研究所集刊》,37(1967),頁892-901)。大抵春秋列國於封疆險要與通道之處皆置關。關在邊境,《荀子》謂之「竟關」(〈富國〉)。蘧伯玉懼社稷之傾覆「從近關出」(《左》襄

三 關東、關西、山東、山西四詞在漢代的用法

要瞭解漢代人觀念中這些名詞的涵意，可以看看他們如何使用這些名詞。這樣，一方面可以避免和漢代以後的用法混淆，一方面也可以從這些用法的特點，發現漢代人所說山東的山，是否沿襲戰國以來的說法，或是有所改變。

最少從秦末以後，秦漢人使用關東、關西、山東、山西這些名詞一個很重要的特點就是以東、西相對的關、山，相互配對使用。通常，「關東」與「關西」或「關中」相對稱，「山東」與「山西」相對稱，例如：

1. 《史記‧貨殖列傳》

十四年），杜預注：「懼難作，欲速出竟」，竹添光鴻《會箋》：「關，界上之門，衛都不當境中，其界有近有遠，故自近關出矣。」是出關即出境，關在封疆之上甚明。《管子》說「魯去國（安井衡《纂詁》釋國為「城中」甚是）五十里而為之關」，《呂氏春秋》說「去魯國五十里而封之」，「為之關」、「封之」其實一也。所謂「請比於關內」也就是「請比於封內」。「封內」的意義在於其不同於「國（城）內」。封與國之間有郊、野。郊野之人納貢服役，無權像城中之國人一樣問聞國政。魯人去國五十里而封，請比於關內的意思是求五十里之地，在待遇上比之齊封疆內納貢服役的野人。所謂「關內之侯」，實應為「關內之候」，《戰國策》並不誤，反是後人受秦爵關內侯一名的影響而誤改。關內之候即在封關之內任候望，高誘注得之。《左傳》昭公二十三年：「慎其四境……明其五候」，杜注：「使民有部伍，相為候望。」《國語‧周語》中有「候」、「候人」，《周禮‧夏官》也有「候人」。《荀子‧富國》：「觀國之治亂臧否，至於疆易而端已見矣。其候、徼支繚，其竟關之政盡察，是亂國矣」。於此可見《管子》、《戰國策》、《墨子》、《韓非子》和《呂氏春秋》中的「關內」一詞和秦漢人所說關殽之內的「關內」完全不同。俞正燮〈關內侯說〉即深得此旨，他說：

> 所謂關者，凡國皆有關。〈燕策〉蒙嘉云願舉國為內臣，比諸侯之列，給貢賦比郡縣，是魯比關內諸侯之義，其地固不能遷也。《荀子‧疆國篇》云秦聽咸陽則兵不復出於塞外而令行天下，雖為築明堂於塞外，朝諸侯可矣。所謂塞者，各國俱有邊塞與言關同，非定殽、函始謂關也。

他看出關是「封疆之界」，不過他從司馬遷，改關內之「候」為關內之「侯」，認為「候吏」之解為曲說（《癸巳類稿》卷十一，頁 9 下-10 上），是又為秦爵之名所拘。至於秦爵「關內侯」之名是不是和這些書中所說的「關內」、「關內之候」、「關內侯」有關係，是另外一個問題，此處不擬多論。總之，先秦典籍中出現的「關內」、「關中」兩詞和秦漢時代所說的地域「關中」、「關內」是兩回事。

夫山西饒材竹穀鱸旄玉石，山東多魚鹽漆絲聲色。

山東食海鹽，山西食鹽鹵。

2. 《漢書·趙充國辛武賢傳》贊曰：

秦漢以來，山東出相，山西出將。

3. 同上，〈貨殖傳〉：

子錢家以為……關東成敗未決，莫肯予。唯毋鹽氏出捐千金貸……吳楚
平，一歲之中，則毋鹽氏息十倍，用此富關中。

4. 《後漢書·虞詡傳》：

諺曰：「關西出將，關東出相」。

5. 揚雄《方言》卷九：

箭，自關而東謂之矢……關西曰箭。

但秦漢時人也常常以「山東」與「關西」或「關中」相對稱，例如：

1. 《漢書·張陳王周傳》：

劉敬說上都關中，上疑之。左右大臣皆山東人，多勸上都洛陽。

2. 《漢書·賈鄒枚路傳》：

今天子新據天子之遺業，左規山東，右制關中。

3. 《後漢書·鄧禹傳》：

禹進說曰：「更始雖都關西，今山東未安。」

4. 《後漢書·鄭興傳》：

更始諸將皆山東人，咸勸留洛陽。興說更始曰：「……山西雄桀爭誅王莽，
開關郊迎者，何也？……」更始曰：「朕西決矣。」拜興為建議大夫，使安
集關西及朔方、涼、益三州。

從以上所引，可以看出「關西」就是「關中」。又《史記·蕭相國世家》：
「相國守關中，搖足則關以西非陛下有也」；《漢書·蕭何曹參傳》作「關
西非陛下有也」，是關以西即關西，亦即關中。

關中又可稱作關內。《史記·申屠嘉傳》載申屠嘉為關內侯，同書卷卅
二〈漢興以來將相名臣年表〉則作「關中侯申屠嘉」是關中即關內。和「關
內」或「關中」相對的還有「關外」一詞：

1. 《史記‧秦始皇本紀》：「關中計宮三百，關外四百餘。」

2. 《史記‧高祖本紀》：「二年，漢王東略地……於是置隴西、北池、上郡、渭南、河上、中地郡，關外置河南郡。」

3. 《漢書‧高帝紀上》：「二年……漢王如陝，鎮撫關外父老。」

4. 《漢書‧武帝紀》王先謙《補注》引應劭：「時樓船將軍楊僕數有大功，恥為關外民，上書乞徙東關。」

5. 張家山《二年律令‧關津令》簡504：「□、相國上中大夫書、請中大夫、謁者、郎中、執盾、執戟家在關外者，得私買馬關中。」（圖2.1-2）

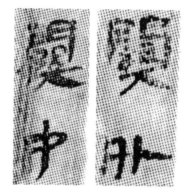

圖 2.1-2　張家山漢簡 504「關中」「關外」

　　此外，還有稱關中為關右的。古人習於坐北朝南，關中遂成關右。這和古地圖多「上南下北」，出於一理。關右一詞不見於史、漢，而見於《三國志》和《後漢書》。例如《三國志‧荀彧傳》：「關中將帥以十數，莫能相一，唯韓遂、馬超最彊」，同書〈徐晃傳〉則說：「韓遂、馬超等反關右」，是關中即關右。《後漢書‧西羌傳》論：「遂徙西河四郡之人，雜寓關右之縣」，這裡的關右也是關中。其餘的例子還有《三國志‧武帝紀》裴松之注引王粲之五言詩：「相公征關右，赫怒振天威。」

　　「關右」也可與「山東」相對稱：

1. 《三國志‧荀彧傳》：「荀彧勸太祖曰：『將軍首唱義兵，徒以山東擾亂，未能遠赴關右。』」

2. 《三國志‧鍾繇傳》：「時關中諸將馬騰、韓遂等各擁彊兵，相與爭。太祖方有事山東，以關右為憂，乃表繇為侍中守司隸校尉持節督關中諸軍……繇至長安，移書騰、遂等，為陳禍福。」

綜上所述，漢代山東一詞常常與關東或關外互用；山西又可與關西、關內、關中、關右互用。在用法上，關西可與山東相對，關東又可與山西相對。如此，漢代人所說的關和山應在同一地，最少也在同一區域之內。否

則山東、關東指涉的範圍必不相同，也就不可能互用了。

如果這一點可以確定，又確知所謂的關就是函谷關，則漢人所說的山應該是函谷關所在的崤山，而不是在華山或太行山。如前文所說，以太行山分東西大概只有劉秀在河北時期是如此，其餘兩漢一般的用法，可以說承秦之舊，是以崤、函分關、山之東西。

秦之函谷關在今河南臨寶縣。漢武帝元鼎三年（西元前 114 年）冬徙函谷關於新安，以故關為弘農縣（《漢書·武帝紀》）。顧棟高《春秋大事表》卷八〈春秋列國山川表〉說：

> 蓋自華而虢而陝而河南，中閒千里，古立關塞有三：在華陰者，潼關也，自潼關東二百里至陝州靈寶縣，則秦函谷關也，自靈寶縣東三百餘里至河南府新安縣，則漢函谷關也。王氏曰：自靈寶以西、潼關以東，皆曰桃林〔按：即即春秋時晉之桃林之塞（左文十三年）〕，自崤山以西，潼津以東，通稱函谷，然則桃林、函谷，同實異名。

新安漢屬弘農郡，地在崤山之東尾。崤亦稱二崤或二殽，班固〈兩都賦〉：「漢之西都……左據函谷、二崤之阻」；《三國志·龐悳傳》：「張白騎叛於弘農，悳……破白騎於兩殽間」是也。顧氏同書卷九〈春秋列國地形險要表〉，「二殽」條說：

> 今在河南府永寧縣北六十里，東北入澠池縣界，自新安以西歷澠池、硤石、陝州、靈寶、閿鄉而至于潼關，凡四百八十里。皆河流翼岸，巍岸插天，絕谷深委，險甲於天下。

是漢武帝將函谷關從靈寶遷往新安，函谷關的位置仍不出崤山的範圍（圖3.1-2）。漢人因此可以不必改變戰國以來崤、函並稱的老習慣：

1. 《史記·秦始皇本紀》，太史公引賈生曰：「秦孝公據殽函之固，擁雍州之地。」

2. 《史記·商君列傳》《集解》引劉歆《新序》論曰：「秦孝公保殽函之固，以廣雍州之地。」

3. 《史記·留侯世家》：「夫關中，左殽函，右隴蜀，沃野千里。」

4. 《鹽鐵論·險固》：「秦左殽函，右隴邸，前蜀漢，後山河，四塞以為固。」

圖 3.1　靈寶、新安函谷關相對位置圖，採自 Google Earth 地圖。

圖 3.2　新安函谷關遺跡，採自網路。

5.　《鹽鐵論‧論勇》：「秦兼六國之師，據殽函而寓宇內。」

6.　劉向《戰國策書錄》：「是故秦始皇因四塞之固，據殽函之阻，跨隴蜀之饒。」（《全漢文》卷卅七，頁 2 上）

7.　《後漢書‧班固傳》〈兩都賦〉：「漢之西都⋯⋯左據函谷、二崤之阻。」

8. 《後漢書·文苑傳》杜篤〈論都賦〉：「夫廱州本帝皇之所以育業……關函守嶢，山東道窮。」

9. 《三國志·董卓傳》：「董卓曰：……崤函之固，國之重防。」

10. 《三國志·荀彧傳》：「越騎校尉伍瓊等謀曰：……據殽函，輔王命，以號令天下。」

11. 《三國志·賀邵傳》：「昔秦建皇帝之號，據殽函之阻。」

　　從這種殽函連稱習慣的繼續，可以得知漢人所說山東、山西的山，通常應該仍是崤山。

四 漢代關東、關西或山東、山西的範圍

　　戰國以前關東、山東泛指東方的六國。秦漢一統以後，關、山之東、西又指那些地區呢？這實在是不易回答的問題。因為隨著秦漢帝國的擴張，新地區的開發和郡縣增廢或調整，這些名詞指涉的範圍也勢必跟著變化。但漢人有時固守舊的觀念，用這些名詞指涉舊的地域範圍。因此同樣的名詞，在漢代具有的意義就並不一定完全一致了。從某些例子看，這些名詞指涉的地域，在行政上應該有嚴格和一定的範圍，例如：

漕轉關東粟以給中都官，歲不過數十萬石。　　　　　　（《漢書·食貨志》）

河東守番係研漕從山東西，歲餘百萬石。　　　　　　　（《史記·河渠書》）

山東漕益歲六百萬石。　　　　　　　　　　　　　　　（《史記·平準書》）

關東流民二百萬口。　　　　　　　　　　　（《史記·萬石張叔列傳》）

調關東輕車、銳卒以伐匈奴。　　　　　　　　　　　　（《漢書·宣帝紀》）

自擇除關西人為校尉、軍吏，將關東甲卒，發奔命以擊〔翟〕義。

（《漢書·翟方進傳》）

這些漕運、流民的統計和軍事的調發區域都以山東、關東或關西為言。如果這些名詞代表的區域沒有共喻的界限，則無法統計，也無從調發。1957

年在武威磨咀子十八號漢墓發現所謂「王杖十簡」。[18]
這些簡是成帝和哀帝時規定受王杖者特殊待遇和權利
的制書。其中有一節關係除復的特權，提到「如山
東」。(圖4)顯然西漢曾有專行於山東地區有關除復徭
役的特殊規定，受王杖者享有的這方面特權，得如山
東。如此所謂山東的區域範圍，必須曾有清楚的劃定。

圖4　磨嘴子漢墓出
土簡「如山東復」(局
部)《甘肅省博物館文
物精品圖集》頁106

　　當然，正如勞榦先生所說，漢人用這幾個名詞有時
其實並不嚴格。[19]舉例來說，《後漢書·馬援傳》李賢
注引《方言》:「襌衣，江、淮、南楚之間謂之褋，關
之東西謂之襌衣。」是江、淮、南楚不屬於關之東西。
按漢人分楚為三:西楚、東楚和南楚。《史記·貨殖列
傳》:「夫自淮北、沛、陳、汝南、南郡，此西楚也……
彭城以東、東海、吳、廣陵，此東楚也……衡山、九江、江南、豫章、長
沙是南楚也。」南楚加上江、淮等於三處之地皆不在關東西的範圍之內。因
此，勞先生在假定關東範圍時，將荊、揚二部除去。不過秦漢時人似亦並
不絕對將楚地排除在關東之外。《史記·高祖本紀》:「韓信說漢王曰:項羽
王諸將之有功者，而王獨居南鄭，是遷也。軍吏、士卒皆山東之人也，日
夜跂而望歸。」劉邦起豐、沛，到稱漢王時雖然已有了各地的部隊，但是所
謂的山東軍吏、士卒不能說不包括從龍的豐沛子弟。又《漢書·武帝紀》
元狩四年:「有司言關東貧民徙隴西、北地、西河、上郡、會稽，凡七十二
萬五千口。」根據這一條，會稽似應在關東之外。[20]然亦有不然。西漢宣帝
時有一位會稽楚士明明以關東人自居。《漢書·蕭望之傳》:

> 會稽鄭朋陰欲附望之……朋與大司農史李宮俱待詔……(周)堪獨白黃門
> 郎。朋，楚士，怨恨。更求許、史，推所言許、史事曰:皆周堪、劉更生

18　〈甘肅武威磨咀子十八號漢墓發掘〉，《考古》，9(1960)。

19　勞榦，前引文，頁5。

20　有學者以為這一段資料中的會稽為衍文。參葛劍雄，〈漢武帝徙民會稽說正誤〉，《歷史地理》
　　第3輯(1983)，頁152-159。

教我。我關東人，何以知此？

韓信言山東包括豐沛而鄭朋以為會稽為關東，證明漢人仍然沿襲戰國的觀念，以六國舊地為山東。這種觀念到東漢末年依然如此。《續漢書·五行志》：「中平元年，黃巾賊張角等立三十六方，起兵燒郡國，山東七州，處處應角。」《續漢書》於山東七州沒有指明是那七州，不過我們可以從《後漢書》看出大概。《後漢書·皇甫嵩傳》：

> 鉅鹿張角自稱大賢良師……弟子八人使於四方……十餘年間，眾徒四十萬，連結郡國，自青、徐、幽、冀、荊、揚、兗、豫八州之人，莫不畢應，遂置三十六方。……中平元年，大方馬元義等先收荊、揚數萬人，期會發於鄴。

兩書雖然一說七州、一說八州，但從馬元義等先收荊、揚之眾，預備起事這一點看來，所謂的山東七州應當包括荊、揚。例如張曼成和趙弘所領的黃巾在荊州的南陽和宛即達十餘萬（《後漢書·朱儁傳》）。再如《後漢書·孔融傳》：「太傅馬日磾奉使山東，及至淮南，數有意於袁術。」袁術為揚州刺史，到揚州的淮南可以說是奉使「山東」，是揚州亦山東也。

漢人沿襲戰國觀念，可以關東或山東泛指六國舊地。可是毫無疑問，漢代的關東是有一個範圍較小的核心區域。在漢代，尤其是在東漢政治、社會和經濟上扮演舉足輕重角色的是核心區的關東，而不是廣義的關東全域。這個核心的範圍，大致如勞榦先生所說，不包括北方邊郡、南邊以淮河為界，除去荊、揚兩部。不過淮河以南的廣陵、荊州的南陽仍應在關東之內。關東的西界在關殽，包括河南、河內以及太行山以西的太原和上黨。換言之，漢代的關東是以青、冀、兗、豫、徐五州為核心，加上荊的北端、司隸的東部以及并州東南角（圖5）。

圖 5　敦煌馬圈灣漢簡 784（局部）「殺人長安臧（藏）關東變名易為羊翁」《敦煌漢簡》

東漢時的黨錮人物絕大部分來自這個核心區。據金發根先生的統計，一七三名黨錮人物的籍貫有一四七名屬上述區域。[21] 漢末，袁紹率山東群豪起兵對抗董卓，起兵人物的籍貫和起兵的地區很有代表性：

> 初平元年，紹遂以勃海起兵，與從弟將軍術、冀州牧韓馥、豫州刺史孔伷、兗州刺史劉岱、陳留太守張邈、廣陵太守張超、河內太守王匡、山陽太守袁遺、東郡太守橋瑁、濟北相鮑信等同時俱起，眾各數萬，以討卓為名……董卓聞紹起山東……。(《後漢書·袁紹傳》;《後漢紀》卷廿六略同)

以上起兵的區域包括了冀、豫、兗、徐、司隸。同時俱起的還有在并州西河的崔鈞（《後漢書·崔寔傳》）、上黨的張楊（《三國志·張楊傳》）等。從起兵人物的籍貫來看，除了張楊（雲中人）其餘也全來自上述的核心區。[22] 當時荊州方面，因刺史劉表依違於袁紹與董卓之間，未見行動。不過劉表表袁術為南陽太守，荊州的士卒曾在孫堅的率領下敗董卓於陽人（《三國志·孫堅傳》、《後漢書》〈劉表傳〉、〈袁術傳〉）。東漢的政治大抵和關東的核心地區脫不了關係。

關東的範圍在漢代可有上述廣狹二義。關中、關西或山西也可有廣狹不同的範圍。狹義的用法是指三秦、三輔、函谷關和散關兩關之間的地區或殽函與隴蜀之間：

1. 夫關中，左殽函、右隴蜀，沃野千里。　　　　　　　　　　　（《史記·留侯世家》）

2. 令沛公西略地入關，與諸將約：先入關中者，王之。

　　（《索隱》引《三輔舊事》云：「西以散關為限，東以函谷為界，二關之中謂之關中。」）

　　　　　　　　　　　　　　　　　　　　　　　　　　　　（《史記·高祖本紀》）

3. 漢元年……三分關中，立秦三將章邯為雍王，都廢丘；司馬欣為塞王，都櫟陽；董翳為翟王，都高奴。　　　　　　　　　　　　　　　（《漢書·高帝紀》）

4. 時漢王時定三秦。羽聞和王并關中且東，齊梁畔之。

21　金發根，〈東漢黨錮人物的分析〉，《中央研究院歷史語言研究所集刊》，34（1963），頁517-520。

22　袁紹、袁遺、袁術為汝南人，韓馥為潁川人，孔伷是陳留人，劉岱是東萊人，張超是河間人，鮑信、王匡是泰山人，橋瑁是梁國人，崔鈞是涿郡人。

（《漢書‧陳勝項籍傳》）

5. 初，帝入關，三輔戶口尚數十萬。自傕、汜相攻、天子東歸後，長安城空四
十餘日……二、三年間，關中復無人跡。 （《後漢書‧董卓傳》）

項羽立劉邦為漢王時說：「巴、蜀亦關中地也」（《史記‧項羽本紀》）只是託
詞，因為他將真正的關中分給了三個秦的降將。

漢武帝時開疆拓土，關中的範圍為之擴大。不但武帝新闢的河西四郡
和在西南夷所置的郡可以算在關中之內，武帝還有意將關中的東界推到黃
河以東。武帝元朔四年（西元前 125 年）置西河郡，界跨黃河以東，《漢書‧
地理志》即以西河郡屬關中。兩漢選山西六郡良家子為羽林郎，西河郡即
在其中。（《續漢書‧百官志》本注；《三國志‧董卓傳》）不過西河郡黃河以東
的部分在漢代到底屬山東還是關中，並不完全清楚。例如崔鈞為西河太
守，《後漢書‧崔寔傳》說：「獻帝初，鈞與袁紹俱起兵山東」，既言西河
太守崔鈞「俱起兵山東」，西河似又屬山東。這是漢人運用山東、關中等
名詞並不十分嚴格的另一個例子。

關中廣義的用法可以《漢書‧地理志》為代表。〈地理志〉關中的範圍
包括甚廣：

秦地……其地自弘農故關以西、京兆、扶風、馮翊、北地、上郡、西河、
安定、天水、隴西，南有巴、蜀、廣漢、犍為、武都，西有金城、武威、
張掖、酒泉、敦煌，又西南有牂柯、越嶲、益州，皆宜屬焉……故秦地之
天下之三分之一，而人眾不過什三，然量其富居什六。

〈地理志〉「故秦地天下之三分之一，而人眾不過什三，然量其富，居什六」
一段是抄自《史記‧貨殖列傳》。所不同之處是〈貨殖列傳〉原作「故關
中之地」。〈地理志〉改「關中」為「秦地」。此外，《史記》所記關中的範
圍和《漢書》所說的秦地也略有出入。〈貨殖列傳〉說：

關中自汧、雍以東自河、華，膏壤沃野千里……南則巴、蜀，巴蜀亦沃
野……南御楚、僰……西近邛笮……然四塞，棧道千里，無所不通，唯褒斜綰
轂其口，以所多易所鮮。天水、隴西、北地、上郡與關中同俗……畜牧為天下
饒。然地亦窮險，唯京師要其道。故關中之地，於天下之三分之一，而人眾不

過什三，然量其富，什居其六。

司馬遷所說關中範圍頗令人困惑。一是他說「關中自汧、雍以東至河、華」，汧是汧水，雍是秦故都雍在今陝西鳳翔南，這沒有問題。問題出在河、華。如果河是黃河，華是華山，就違背了司馬遷身處漢武帝時代的事實了。根據李長之的推測，司馬遷寫〈貨殖列傳〉大約在李陵案發，天漢貳年（西元前 99 年）以後。[23] 而武帝早在元鼎三年（西元前 114 年）即十五年前已將函谷關遷到新安，而西河郡之置更在二十六年前，司馬遷為何不顧這些事實，仍說關中「東至河、華」呢？這有兩個可能，一是司馬遷仍借用秦人的老觀念。秦從穆公起曾擁有河西，以河、華與晉國為界。另一個可能，或許是司馬遷對「意好廣闊」的漢武帝暗中褒貶。何者為是？不敢確說。

此外，司馬遷將天水、隴西、北地、上郡與關中並列，似乎意味著這些郡是在關中以外。他這種筆法頗像《漢書・趙充國辛慶忌傳》贊：

> 贊曰：秦漢以來，山東出相，山西出將。秦時，將軍白起，郿縣人；王翦，頻陽人。漢興，郁郅王圍、甘延壽、義渠公孫賀、傅介子、成紀李廣、李蔡、杜陵蘇建、蘇武、上邽上官桀、趙充國、襄武廉褒、狄道辛武賢、慶忌，皆以勇武顯聞，蘇辛父子著節。此其可稱列者，其餘不可勝數。何則？山西、天水、隴西、安定、北地，處勢迫羌胡……。

班固亦以山西與天水、隴西、安定、北地並列，是不是也意味著這四郡不屬於山西呢？實則不然，他所提到的山西名將包括北地郡者四位（王圍、甘延壽、公孫賀、傅介子）、隴西五位（上官桀、趙充國、廉褒、辛武賢、辛慶忌）、天水兩位（李廣、李蔡）。可見班固雖然以山西和四郡並列，但山西還是可以包括四郡在內的。同樣的情形，司馬遷筆下的關中也應包括並列的天水、隴西、北地和上郡。否則無法解釋為什麼《漢書・地理志》將這些郡都納入秦地（也就是關中），而史、漢又都說這塊區域的面積占天下的三分之一。當然占天下三分之一的關中還包括他們所提到的巴、蜀等地，這是

---

23 李長之，《司馬遷的人格與風格》（臺北：開明書店），頁 182-185。

廣義的關中。隨著漢武帝時代的對外擴張，關中的範圍擴大。《漢書·地理志》將河西四郡和武帝在西南夷所置之郡都算在內，可是司馬遷竟然不提，或許有他的春秋筆法在內吧。[24]

五 結論

關東、關西和山東、山西是秦漢時人常用，也常令後世感到困惑的地域名詞。困惑的原因，一方面是我們忽略了這些名詞非形成於一朝一夕，其意義也非數百年而不變。另一方面是沒有注意到，即使同樣的名詞已有了新的意義和用法，舊的觀念和舊的用法並不一定就此消失，而可以同時並存。另一個原因是後人常將漢以後的用法套在漢人的身上，其不困擾亦難矣。

本文企圖找出這些名詞如何出現，從觀察漢人使用這些名詞的特點，理解它們在漢代的涵義以及涵義又如何隨時期而變化。其中最早出現的可能是「山東」一詞，應指華山以東。隨著秦國的擴張，秦以函谷關、崤山與六國對峙，「山東」應指崤山以東的用法開始通行。

不過這並不妨礙以華山之東為山東舊觀念的繼續存在。王莽末，劉秀起於河北，在特定時空條件之下，曾一度有以太行山為山東西分界的說法。天下大定之後，由於東漢關中和關東兩地分立的基本形勢並無異於西漢或秦，因此東漢時人仍以函谷關和崤山劃分關、山東西。大致而言，終兩漢四百年，漢人所說的山東、山西通常是以崤山為界，至於這些名詞指涉的範圍則有新舊廣狹之分。

這種分別也因時勢而異。戰國末期，山東原泛指東方六國，秦漢以後

---

24 漢末王允曰：「昔武帝不殺司馬遷，使作謗書，流於後世。」（《後漢書·蔡邕傳》）魏明帝曾以為「司馬遷以受刑之故，內懷憂切，著《史記》，非貶孝武，令人切齒」（《三國志·王肅傳》）。

有時也這樣說。不過隨新的政治和社會情勢的發展，關東又有一個以青、冀、兗、豫、徐、荊州北端、司隸東部和并州東南為中心的核心區。山西或關中在漢代可以只指三秦舊地，也可以將武帝以來在西北和西南開拓的疆土包括在內。

附記

　　本文承蒙勞榦、陳槃、王叔岷、管東貴、杜正勝先生指正，謹此致謝。唯一切錯誤，仍由作者負責。又，本文寫作期間曾蒙國家科學委員會補助，謹此致謝。

原刊《食貨月刊》復刊 13：1、2 合刊（1983）；修訂稿收入《秦漢史論稿》（1987），96.1.27 再訂補

附錄：〈試釋漢代的關東、關西與山東、山西〉補正

〈試釋漢代的關東、關西與山東、山西〉一文成於倉促之間，因不敢自信，曾就教於勞榦，杜正勝與張榮芳諸先生，不意引起熱情的回響。拋磚引玉，斯之謂歟？文成之後，又見資料若干，拙文論點因而有可得補證者，亦因而有須修正者，遂不憚煩，再向各位方家請益。

先說可以補證之處。拙文提到關東、關西和關中、山東對稱的用法在漢代很普遍，現在再舉兩條作為補充。

《說文》（臺北：藝文印書館，景印經韵樓刊本），六篇上，木部，「槌」：
「關東謂之槌，關西謂之㭨」。

《漢書・蕭何傳》：「陛下雖數亡山東，蕭何常全關中以待陛下，此萬世功也。」

此類例子，兩漢書中還有很多，不再多舉。

又拙文推論漢代所說的關、山必在一處，否則山東、關東等詞就無法互用。《漢書・五行志中之上》谷永的一句話或亦可為證。他說：「函谷關距山東之險」，此山東非指崤山以東不可。又《後漢書・劉盆子傳》：「赤眉遂出關，南向，征西大將軍馮異破之於崤底。」李賢注：「即崤坂也。」此關即函谷關，與崤山在一處。殽有二陵，又稱二殽，《左傳》僖公三十二年：「晉人禦師必於殽，殽有二陵焉。」《後漢書・梁冀傳》：「廣開園囿，採土築山，十里九坂，以象二殽。」可見二崤從春秋以來一直是險要之地。梁冀園中築假山竟然也要十里九坂，仿二崤之勢。王元遊說隗囂有一句話說的很有趣，顯現函谷關如何為關中之門戶：「元請以一丸泥為大王東封函谷關，此萬世一時也。」（《後漢書・隗囂傳》）關、崤在漢人心目中的重要性從此兩例即可概見。清末 1906-1910 年間，在西安任教職的日人足立喜六曾親自考察函谷關（圖 6.1-2），留下一段途經函谷關的生動描述，讓景象活生生地重現在我們眼前，吆喝聲迴盪在我們的耳際：

谷中的道路，不容兩駕馬車並行，兩側屹立著數十丈高的絕壁，從下面向

圖 6.1 函谷關北門，隔沙河望關口，攝於 1906 至 1910 年間　　圖 6.2 函谷關內道路，由東向
採自足立喜六《長安史蹟の研究》（東洋文庫刊行 1933），　　西望。
圖一、圖二。

上仰望，恰如井底觀天。在谷中連續行走五、六里，不能不令人膽寒。如
果東西往來的車馬在此狹路相逢，常常會惹起爭端：始則發生口角，喝令
「你退開！」、「讓他避開！」繼而就像電車發生故障，後方馬車殺到，越
積越多，進退維谷，數小時在臨路上喧譁騷擾，以至於上演流血的慘劇。
因此，經過此處時，一般都是十幾輛馬車結為一隊，預計時間，偵察前
方，吶喊疾行，聲勢頗為悲壯。[25]

其次，談到漢人觀念中的關東或山東的範圍。勞榦先生說的很對，戰國時
的山東包括楚國，漢代人仍將楚視為山東。拙文提到漢初言山東包括豐沛
當時根據的是《史記‧高祖本紀》的話。又《漢書‧高惠高后文功臣表》
壯武侯宋昌條：「以家吏從高祖起山東」，亦可證豐沛屬山東無疑。此外，
《漢書‧英布傳》：「上曰：『何謂上計？』薛公對曰：『東取吳，西取楚，
并齊取魯，傳檄燕、趙，固守其所，山東非漢之有也。』」這裡很清楚是
以六國之地為山東。又勞先生改其舊說，以為漢時山東包括荊、揚，也是
極正確的。拙文原據《續漢書‧五行志》、《後漢書》〈皇甫嵩傳〉、〈朱儁

25　參王雙懷、淡懿城、賈云中譯，《長安史迹研究》（西安：三秦出版社，2003），頁 2。

傳〉、〈孔融傳〉等申明此義。《續漢書》說「山東七州處處應（張）角」。《曹全碑》說：「張角起兵，幽、冀、兗、豫、荊、揚同時並動」。碑中提到六州，內有荊、揚；荊、揚兩州毫無疑問屬於山東。

拙文以司隸的東部屬於關東，西部屬關西，但界限何在沒有說的很清楚。這大概已不易劃得清楚，只能確定弘農的華陰是屬於關西。楊震是弘農華陰人，諸儒稱他為「關西孔子楊伯起」（《後漢書·楊震傳》）。又《漢書·楊敞傳》：「楊敞，華陰人也……家本秦也，能為秦聲……」是華陰為秦地，也就是關中了。

又杜正勝先生大作〈說古代的關〉提到關中乃函谷關、散關、蕭關和武關四關間地，這種說法在疑似之間。《史記·項羽本紀》：「或說項羽曰：『關中阻山河四塞，地肥饒，可都以霸。』」裴駰《集解》引徐廣曰：「東函谷關，南武關，西散關，北蕭關」。又《史記·漢興以來將相名臣年表》「高皇帝五年」條，司馬貞《索隱》也以關中在此四關之中。唯一稍異處是徐廣認為「南武關」，司馬貞作「南嶢、武」。嶢是嶢關。漢人有這樣說的。杜篤《論都賦》有「關函守嶢」之句可證。以四關釋四塞，是以一關當一塞。不過，《史記·蘇秦列傳》張守節《正義》對「秦四塞之國」一句的解釋卻不相同。《正義》說：「東有黃河，有函谷、津浦、龍門、合河等關；南山及武關、嶢關；西有大隴山及隴山關、大震及烏蘭等關；北黃河、南塞，是四塞之國。」很明白《正義》是以四面山河關塞之固釋四塞，非必四關也。

總之，這些都是後人的注釋。漢人到底是不是以四關之中為關中，我們並沒有直接的證據。《史記·蘇秦列傳》說：「（蘇秦）說惠王曰：『秦四塞之國，被山代渭，東有關、河，西有漢中，南有巴、蜀，北有代馬，此天府也。』」《鹽鐵論·險固》說：「秦左殽函、右隴邸、前蜀漢、後山河，四塞以為固」，這裡的四塞都不是指四關。

然則，函谷、武、散、嶢關的確存在於漢代。函谷關固不必說。武關是入關中的要道之一，劉邦即由武關入關中亡秦。嶢關在武關之西，（《漢書·高帝紀》李奇曰：「在上洛北，藍田南，武關之西。」）亦為入關中的要道，

前引杜篤《論都賦》可證。關於蕭關的記載有「孝武十四年，匈奴大入蕭關」（《漢書‧李廣傳》）、「燕王北定代、雲中，搏胡眾入蕭關，走長安」（《史記‧吳王濞傳》、《漢書‧吳王濞傳》）、「上北出蕭關，從數萬騎行獵新秦中」（《漢書‧食貨志》）等條。蕭關據顏師古注在「上郡北」（《漢書‧李廣傳》），《史記‧吳王濞傳》《正義》謂：「今名隴山關，在原州平涼縣界。」又《漢書‧武帝紀》元封四年，如淳曰：「〈匈奴傳〉『入朝𨙸蕭關』，蕭關在今安定朝𨙸縣也。」錢穆《史記地名考》尊舊說以為蕭關當今甘肅固原縣東南。羅豐據考古調查認為應在今固原西北，距秦長城約七百公尺的一座古城遺址，為長城之關隘。[26] 意見頗有不同，要之蕭關應在今固原周近。散關的位置十分明確，地當秦、蜀來往的咽喉。《後漢書‧劉盆子傳》：「時漢中賊延岑出散關，屯杜陵」。又〈宗室四王三侯傳〉「順陽懷侯」條：「復與延岑連戰，岑引北入散關」。李賢注：「散關故城在今陳倉縣南十里，有散谷水，因取名焉。」《集解》先謙曰：「寶雞縣大散關，亦曰散關，在縣西南大散嶺上，為秦、蜀襟喉，距和尚原才咫尺。」桓帝建和十年「司隸校尉楊孟文頌」謂：「高祖受命，興于漢中，道由子午，出散入秦，建定帝位」（《金石萃編》卷八）。可見秦地與漢中以散關為界，出散入秦，也才算入了關中。

接著，談一談拙文應修正之處。拙文原以為漢代以太行山分山東、西只是劉秀在河北，一時一地的特殊用法。現在發現這個問題並不如此單純。關鍵之處在於漢武帝於元鼎三年徙函谷關於新安，關中的東界可能就擴展到了太行山（圖 7.1-2）。《史記‧梁孝王世家》：「十九年，漢廣關，以常山為限，而徙代王王清河。清河王徙以元鼎三年也。」又《漢書‧文三王傳》：「元鼎中，漢廣關，以常山為阻，徙代王於清河。」這是兩條很重要的證據。所謂「廣關」、「以常山為阻」很清楚是以常山所在的太行山為界，太行山以西之地此後都是關中了。《漢書‧食貨志上》說：

---

26 參羅豐，〈漢代蕭關地理位置初步研究〉，《西北史地》，1（1987），頁 86-94。作者已有排校中新稿，唯意見未變。承羅兄擲下新作稿，謹謝。

圖 7.1　2013.8.18 作者自晉城赴鄭州，途經太行山途中所攝。

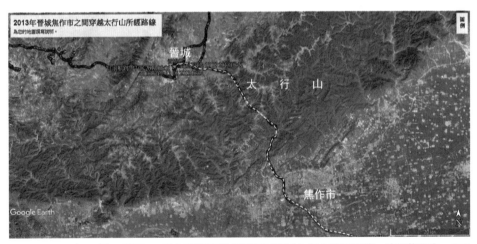

圖 7.2　2013 年 8 月 8 日至 18 日在晉城和鄭州間來回穿越太行山所經路線，途經焦作市。GPS
路線記錄。

> 大司農中丞耿壽昌……五鳳中奏言：「故事：歲漕關東穀四百萬斛以給京
> 師，用卒六萬人。宜糴三輔、弘農、河東、上黨、太原郡穀足供京師，可
> 以省關東漕運卒過半。」……御史大夫蕭望之奏言：「……今壽昌欲近糴漕
> 關內之穀……。」

蕭望之所說的「關內之穀」，也就是耿壽昌所說的「三輔、弘農、河東、
上黨、太原郡穀」。換言之，在蕭望之看來，這些地方都是關內。三輔、
弘農舊屬關內，河東、上黨、太原應是武帝廣關以後才併入關內的。這個
新關內的東界非是太行山不可。以太行山為界在官方的文件內似被繼續遵
行。《漢書‧成帝紀》，陽朔二年秋，「關東大水，流民欲入函谷、天井、
壺口、五阮關者，勿苛留。」應劭曰：「天井在上黨高都，壺口在壺關，五
阮在代郡。」王先謙《補注》說：

> 齊召南曰：「案〈地理志〉代郡無五阮關，有五原關，疑五阮即五原音之轉
> 耳。」沈欽韓曰：「淮南氾論北至飛狐陽原，注或曰陽原，代郡廣昌東五阮
> 關是也（代郡廣昌今蔚州縣）。」《後漢》〈烏桓傳〉：「伏波將軍馬援將三千
> 騎出五阮關，掩擊烏桓。」《方輿紀要》：「天井關在澤州南四十五里當太
> 行絕頂，其南即羊腸坂道。壺關山在潞安府東南十三里，山形似壺，古置
> 關於此。紫荊關在保定府易州西八十里，代州廣昌縣東北百里，或曰即古
> 之五阮關。愚謂五阮蓋在飛狐、倒馬間，非紫荊關也。」先謙曰：「……流
> 民上疑當有詔字。」

根據應劭和王先謙的《補注》，可以很清楚看出成帝的詔令是以天井、壺
關、五阮關所在的太行山為關東、西之界，關東的流民可以經由這些關，
進入關中。如此，劉秀在河北，稱太行山以東為山東，就不是一時一地的
現象而是其來有自了。

　　武帝之所以要擴大關中的地區，是因為關中為京師所在。在漢代強幹
弱枝的政策下，一直蓄意加強關中的人口和財富。另一方面，誠如勞先生
指出，就自然地理形勢而言，太行山實在是河北平原與山西山脈地帶之間
較自然的界限。武帝這樣作，不是沒有道理。隋、唐以後的山東多以太行
山為界，應該和順應這種天然地理形勢有關係。武帝擴展關中，改變了關

　古月集：秦漢時代的簡牘畫像與政治社會
　　　　——卷四　法制、行政與軍事

中和關東的分界，必然造成這些地域名詞用法的不統一。因為幾百年的老觀念、老用法，一般人已習以為常，大概不是一夕之間可以完全改變。

問題是：東漢以後，東漢政府是不是仍以太行山為關東、西的分界呢？答案是否定的。原因很簡單：東漢不再都長安，而都洛陽。政治中心一轉，關東成為帝國的重心。從光武帝開始不但不再徙民關中，關中的東界在這個時候又回復原來的關殽一線。《後漢書‧文苑傳上》杜篤〈兩都賦〉明確提到：「其歲四月，反于洛都，明年，有詔復函谷關。」這是說光武定都洛陽後，第二年即下詔回復以函谷關為關東西之界。因此武帝元鼎以來屬關東的河東、太原、上黨，東漢以降，很清楚又都是關東的一部分。這些例子，拙文已舉出，此處不贅。

從兩漢關東、關西界限的變化，可以證實勞榦先生所說：「戰國秦漢時代所謂『關東』和『關西』，在政治方面的意義，實在超過文化上的意義及民族上的意義。」政治情勢轉變，地域的分界也跟著改變。至於勞先生提出來的問題：「殽函以北以甚麼為東西之界，殽函以南又以什麼為東西之界，關東和關西，其南界和北界又到了什麼地方？」這對了解漢代的地域範圍的確很重要。可惜從現在所能見到的材料，恐怕很難理出明確的答案了。[27]

72.6.15 於端陽之夜

補記

本文寫作期間竟然未能注意到嚴耕望先生早有〈揚雄所記先秦方言地理區〉之作，見《新亞書院學術年刊》，17（1975）。嚴先生文主要有兩處

27　近承辛德勇先生賜下其大作〈兩漢州制新考〉。此文利用新出土材料，於關西關東範圍有較明確的考證，並結合兩漢州制變化作進一步討論，頗多創發，值得參考。辛先生大文詳見《文史》，1（2007），頁 5-75。又近年因張家山漢簡《二年律令》出土，〈關津令〉部分提到五關：扜關、鄖關、武關、函谷關、臨晉關，現在可以明確知道這五關之中應即關中。王子今先生在研究後指出，當時確實有廣義和狹義的關中。詳參王子今，〈張家山漢簡《二年律令‧關津令》所見五關〉，《秦漢交通考古》（北京：中國社會科學出版社，2015），頁 221-233。

提到關東西或山東西之分，一處謂：「關東、關西為最大方言區，即以函谷關、大（太）行山為界，分東西兩大區域，關西以秦、晉為主，關東以周、韓、趙、魏、宋、陳為主……」（頁38）；另一處謂：「關東西就函谷關而言，山東西就太行山而言，其實際範圍則相同，故古人得任意言之。……大抵北自太行山迤南至殽函為界，中分中國為東西兩部也。」（頁46）嚴先生以太行山分界的結論是以方言區為標準而言。方言主要是一種文化現象，文化的地理區本不必合於政治之區劃。武帝擴大關中，東以太行山為界，這是較合乎自然，也較合乎人文的界線。光武帝恢復函谷關，是出於政治考慮。拙文所論主要以政治意義上的劃分為準。因此與嚴文結論雖有不同，實非相悖也。

75.8.16

原刊《食貨月刊》，復刊 13：3、4 合刊（1983）；收入《秦漢史論稿》（1987）；96.1.28 訂補; 106.11.29 再補

論漢代的邊郡與內郡

　　漢承秦制，分天下為郡縣。郡縣或郡國之制，論者多矣。可是兩漢文獻中常見有邊或外郡和內郡之分，邊或外郡、內郡到底指那些郡？如何劃分？有何意義？注意的人似乎不多。余英時先生討論漢帝國內部結構及對外關係時，曾暢論內、外郡的意義。[1] 嚴耕望先生《中國地方行政制度史》一書曾提到邊、內郡在組織上的差異，但對內、外郡如何劃分，內外郡確實各包含那些郡，並未著墨。

　　學者通常將兩漢典籍中常見的邊、內郡當作一種泛稱，泛指緣邊和內地諸郡，沒有特指的意義。此外，認為遠郡、近郡、外郡等，大抵皆相對而言，沒有嚴格或一致的範圍。文帝時，鼂錯議邊，曾有「益以邊郡之良騎」的話（《漢書·鼂錯傳》）。他說的邊郡乃泛指與匈奴為鄰北邊的郡。景帝後元二年春，因年歲不登，匈奴擾邊又須糧食供軍馬之用，景帝曾「令內史郡不得食馬粟」（《史記·孝景本紀》）。同一事，《漢書·景帝紀》則說「禁內郡食馬粟」。班固或以為「內史郡」的「史」是衍文，因而改為內郡，或以為內史所轄之京畿為內郡。以京畿為內郡，京畿以外為外郡的說法還見於《漢書》嚴安和蕭望之傳。或者說《史記·孝景本紀》本無誤，內史和郡斷開，指內史所轄和內郡之地。內郡另一種籠統的說法是以有蠻夷障塞的郡為外郡或邊郡，而以「中國」為內郡。例如，《鹽鐵論·地廣》：「故邊民百戰，而中國恬臥者，以邊郡為蔽扞也」；《漢書·宣帝紀》顏師

1　Ying-shih Yu, *Trade and Expansion in Han China*（University of California Press, 1967），pp. 67-75.

古注引韋昭曰:「中國為內郡,緣邊有夷狄障塞者為外郡。」含糊籠統使用這些名詞的例子還很多,不勞細舉。

是否如此呢?如果稍作進一步查考,就可以發現邊、內郡有時確實是泛稱,但是在許多情況下應該曾有特定的範圍和意義。這篇小文即嘗試對兩漢邊、內郡的區別和意義作一些初步的探討。

一 邊、內郡的差別待遇

邊、內郡在漢代行政上有不同的地位和差別待遇。以下請先從東漢舉孝廉的辦法說起。和帝永元十三年冬十一月丙辰詔云:

> 幽、并、涼三州戶口率少,邊役眾劇,束脩良吏,進仕路狹。撫接夷狄,以人為本。其令緣邊郡口十萬以上,歲舉孝廉一人;不滿十萬,二歲舉一人;五萬以下,三歲舉一人。(《後漢書·孝和孝殤帝紀》)

和帝此詔乃針對邊郡選舉而發,也是東漢以來對選舉辦法的第三次修訂。和帝以前,郡國舉孝廉原無邊、內郡之別,一概以郡為單位,每郡歲舉二人。和帝以為不依人口,有所不公。因而於永元四、五年間,依丁鴻和劉方之議,規定郡國人口凡二十萬歲舉孝廉一人,四十萬二人,六十萬三人;不滿二十萬,兩年舉一人,不滿十萬,三年舉一人(《後漢書·丁鴻傳》)。新法實施數年,邊郡因人口稀少,能產生的孝廉人數也大為減少。於是又有第三次的修訂,將邊郡舉孝廉的人口比例從二十萬降為十萬人。如此,邊郡和非邊郡地區在選舉孝廉上就有了差別待遇。

邊郡和非邊郡或內郡的待遇差別不止以上這種經常性的人才薦選。兩漢不定期的詔舉,也常常是邊、內郡有別。內郡多舉文學賢良,邊郡則舉勇猛知兵法。以下舉若干例子:

1. 宣帝本始元年:「詔內郡國舉文學、高第各一人。」
2. 本始四年:「令三輔、太常、內郡國舉賢良方正可親民者。」
3. 地節三年:「令內郡國舉賢良方正可親民者。」

4. 神爵四年：「令內郡國舉賢良可親民者各一人。」（以上《漢書・宣帝紀》）

5. 元帝永光二年：「其令內郡國舉茂材異等賢良直言之士各一人。」（《漢書・元帝紀》）

6. 成帝建始二年：「詔三輔、內郡舉賢良方正各一人。」

7. 建始三年：「丞相、御史與將軍、列侯、中二千石及內郡國舉賢良方正直言極諫之士，詣公車，朕將覽焉。」

8. 元延元年：「內郡國舉方正能直言極諫者各一人，北邊二十二郡舉勇猛知兵法者各一人。」（《漢書・成帝紀》）

9. 和帝永元六年：「其令三公、中二千石、內郡國守相舉賢良方正能直言極諫之士各一人。」（《後漢書・和帝紀》）

從文帝到武帝詔舉賢良文學直言極諫之士，本無內、邊郡的區別。宣帝以後則多自內郡國舉之。成帝元延元年詔更清楚規定自北邊二十二郡舉勇猛知兵法者。兩漢邊郡以兵馬為務，多勇猛知兵法者不難想見。其後哀帝建平四年、元壽元年、平帝元始二年秋都曾舉勇武明兵法者。《漢書》各本紀並未明言舉自邊郡。這很可能是因為哀、平之詔因循成帝故事，以邊郡為對象，班固為了免於重複，簡略了詔書的內容。

邊、內郡的區別還見於財賦上的待遇。兩漢邊郡財賦常有不足，例由內郡府庫轉輸支援。這樣的支援甚至是列入《金布令甲》中。《漢書・蕭望之傳》提到：「金布令甲曰：邊郡數被兵，離饑寒〔師古曰：離，遭也〕，夭絕天年，父子相失，令天下共給其費。」雖說令天下共給其費，事實上有能力支援邊郡的主要是經濟較富庶的內郡。到東漢，內郡在財賦上支援邊郡仍然是一種制度性的辦法，由大司農統籌調度。《續漢書・百官志》大司農條本注曰：「郡國四時上月旦見錢穀簿，其逋未畢，各具別之。邊郡諸官請調者，皆為報給，損多益寡，取相給足。」胡廣注曰：「邊郡諸官請調者，皆為調均報給之也。……郡國所積聚金帛貨賄，隨時輸送諸司農，曰委輸，以供國用。」

這樣損多益寡，以內郡稅賦挹助邊郡的紀錄，頗有可考。例如：《後漢書・劉虞傳》：「舊幽部應接荒外，資費甚廣，歲常割青、冀賦調二億有

餘以給足之。」同書〈伏湛傳〉:「漁陽以東,本備邊塞,地接外虜,貢稅微薄。安平之時,尚資內郡,況今荒耗,豈足先圖?」邊郡貢賦微薄,安平之時即資於內郡的情形,非獨東漢,西漢《鹽鐵論》〈輕重〉、〈地廣〉等篇都早已提到同樣的情況。大司農將內郡的財賦輸往邊郡,在邊塞居延和敦煌出土的簡牘中可以見到第一手的證據:

1. 守大司農光祿大夫臣調昧死言:守受簿丞慶前以請詔,使護軍屯食守部丞武以東至西河郡十一農都尉官˝調均錢穀,漕轉糴,為民困乏,啟調有餘,給□　　　　　　　　　　　　　(《居延漢簡》214.33A,圖1)

這是漢代常見,由臣下建言請詔,經「制曰可」而成的某一詔書的殘文。部分內容不甚清楚,大意是一位名調的光祿大夫守大司農之職,提到守受簿丞慶曾建言,自某處以東至西河郡十一個農都尉應利用漕運,調轉錢穀物資,以有餘給不足,濟民困乏。詔書不全,不知是接濟何地百姓的困乏。除了西河郡,是那些地方的十一個農都尉也不清楚。我們只知道邊郡設置有農都尉。此殘詔既在邊塞居延發現,居延似應在受大司農調度濟助的範圍之內。居延官吏薪奉得之於內郡或大司農轉來的賦錢可以從以下兩簡得到證明:

2. 廣谷隧薛昌　　　　未得本始三年正月盡三月奉月錢千八百
　　元鳳元年辛丑除　　已得河內賦錢千八百　　(《居延漢簡》498.8,圖2)
　　　　都內賦錢五千一百卌

3. 　入　給甲渠候史利上里高何齊
　　　地節二年正月盡九月積九月奉　　(《居延漢簡》111.7,圖3)

居延漢簡中有不少受賦錢若干的記錄,宣帝時的這兩簡不知為何,明確提到賦錢是來自河內和都內。河內指河內郡;都內則是大司農的屬官,漢中央最主要的藏錢及財物之處。邊郡接受內郡財賦支援更直接的證據還可以從以下這兩件簡上的記錄看出:

4. 熒　　　　　　　東利里父老夏聖等教數
　　秋賦錢五千　　西鄉守有秩志臣佐順
陽　　　　　　　□□親具　　　　　(《居延漢簡》45.1A)

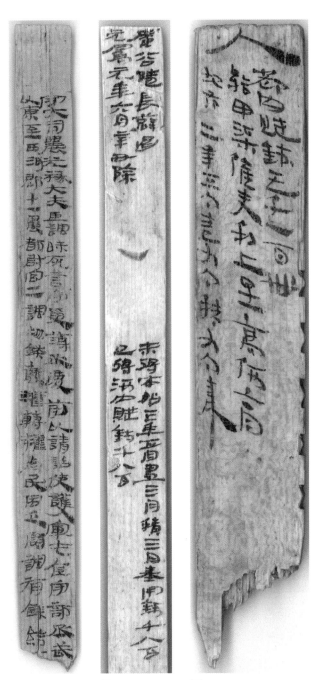

圖1　214.33A　　圖2　498.8　　圖3　111.7

```
   □              □□里父老□□
5. □秋賦錢五千    正安釋□□
   鄉          嗇夫京佐吉□                    (《居延漢簡》526.1A)
```

這兩簡形式相近,原本應是繫在河南滎陽和某鄉解送到居延,內裝五千秋賦錢的囊袋上。內郡地方上的父老、里正和鄉嗇夫等親自將納來的錢封裝起來,再原封不動地被送到居延,生動反映出內郡錢財如何支援邊塞。

但滎陽縣和某鄉的賦錢是直接由縣、鄉直接送到居延或先解交中央,再由大司農統籌運往邊塞,其中過程並不十分清楚。依目前可考的資料看,很可能情況不一。一種情況是由中央大司農直屬的郡國專責機構——司農負責徵收,再由地方均輸官解送大司農。前引胡廣注云:「郡國所積聚金帛貨賄,隨時輸送**諸司農**,曰委輸,以供國用。」所謂隨時輸送諸司農,是郡國隨時應大司農要求,將地方積蓄的財富送交各該地的司農。唯胡廣所說諸司農可能是東漢之制,西漢地方是否有司農?或農官即司農之別名?《史記·平準書》說:「初,大農笇鹽鐵官布多,置水衡,欲以主鹽鐵;及楊可告緡錢,上林財物眾,乃令水衡主上林。……乃分緡錢諸官,而水衡、少府、大農、太僕各置農官,往往即郡縣比沒入田」(《索隱》:「比昔所沒入之田也,田之。其沒入奴婢,分諸苑養狗馬禽獸,及與諸官」,《集解》如淳曰:「水衡、少府、太僕、司農皆有農官。」)頗疑大司農可直轄所屬各地的農官;農官有農都尉,居延簡可證。地方農官有一部分屬大司農,因而或即名司農,又因分布各地,遂總稱諸司農。《續漢書·百官志》大司農條屬吏有「太倉令一人,六百石。本注曰:主受郡國傳漕穀。」李賢注引《漢官》:「員吏九十九人」。又有「平準令一人,六百石。本注曰:掌知物賈,主練染,作采色。」李賢注引《漢官》:「員吏百九十人」。太倉令接受郡國漕運而來的穀物,平準令則須負責原絲或其它織物原料的練染上色。雖沒有明說這些織物原料來自郡國,但此條承上條太倉令之後,為避行文重複,應也是來自郡國無疑。從這兩屬吏的工作可知,大司農手中確實掌握郡國送來的穀物和織物原料,再由大司農加工並運送出去。以下這枚出自敦煌的殘簡,反映了由大司農僱用民伕運送(僦送)錢、布和運送

中布匹有所損傷的情形：

6. □實以道里就送大司農錢布轄酒泉□□□□□□□

　　九匹轃扉傷莫毀傷縣官布　　　　　　　　　　（《敦煌漢簡》2107）

居延、敦煌只是諸多邊郡中的兩地。兩地邊軍可以向中央要求調度財賦支援，因而必然有不少郡國必須將郡國中的財賦上繳，供中央的大司農去調度。郡國扮演的角色在《鹽鐵論·本議》中還有些消息：

　　大夫曰：「往者郡國諸侯，各以其方物貢輸，往來煩雜，物多苦惡，或不償其費。故郡國置輸官以相給運，而便遠方之貢，故曰均輸。」

所謂「往者」均輸，過去多以為是指武帝時的均輸法，但自江陵張家山247 號呂后時期漢墓出土〈均輸律〉簡以後，又有湖北、湖南漢初墓出土的〈均輸〉律目簡，可知均輸之法在漢初即已存在。[2] 武帝時對此法或許有所加強或改革，例如「郡置輸官」，即指郡置均輸官。郡之均輸官稱均輸長。黃霸曾「察補河東均輸長」（《漢書·黃霸傳》）。我在居延漢簡中也找到了均輸長的證據，曾為文論及，不贅。[3] 郡國既然置均輸官「以相給運」，也就是說郡國要負責輸送的工作，那必然要有物可送。可送之物無疑來自郡國內的各鄉縣。換言之，由鄉縣而郡國，由郡國司農而中央大司農，再由大司農轉輸到需要的地方去，應是財賦流通的方式之一。

　　為了節省時間和可觀的運費，接近邊郡的內郡就近直接輸送應是另一種方式。前文談到大司農要求某地以西至西河郡十一農都尉輸錢穀一簡，由於農都尉見於邊郡，可以說是邊郡就近轉輸居延的一個例子。江蘇尹灣西漢末墓所出簡牘中有不少東海郡屬吏「輸錢都內」[4] 或「輸錢齊服官」的

2　李學勤，〈論張家山二四七號墓漢律竹簡〉，《簡帛佚籍與學術史》（臺北：時報出版公司，1994），頁 208-215。湖南雲夢睡虎地七十七號漢墓和湖北荊州胡家草場十二號漢初墓出土律目簡都有均輸律。其意義可參陳偉，〈秦漢簡牘所見的律典體系〉，《中國社會科學》，1（2021），頁 104-121。

3　拙文，〈從簡牘看漢代的行政文書範本──「式」〉，《嚴耕望先生紀念論文集》（臺北：稻香出版社，1998），頁 389、393。

4　關於都內較詳之考定請參拙文〈尹灣漢墓木牘文書的名稱和性質〉，《大陸雜誌》，95：3（1997），頁 7-8。

記載;「輸錢齊服官」也可以證明是由東海就近直接送到齊地去。前引《後漢書・劉虞傳》謂「舊幽部應接荒外,資費甚廣,歲常割青、冀賦調二億有餘以給足之」。青州、冀州並不是最富庶的地區,但和幽州相近或相臨,由青、冀支援幽州,很清楚也是出於就近省費的考慮。

那麼,在什麼情形下,那些郡有資格接受財賦支援?那些又必須輸出財賦,支援它郡?在行政上不能不有清楚明確的規定。財務收支關係到地方的實際利益。從帝國行政運作的角度看,邊郡和內郡不可能只是泛稱,沒有清楚的界定。

再以徵稅而言,武帝時算軺車,曾規定:「非吏比者、三老、北邊騎士,軺車一算,商賈人軺車二算。」(《漢書・食貨志》)漢代地方有騎士的不限於北邊(參《漢書》〈韓延壽傳〉、〈趙廣漢傳〉),可是各地騎士中只有北邊騎士才享有軺車一算的特殊待遇。在這種情況下,所謂「北邊」必然有一定的範圍,否則上述規定難以施行。

簡牘中的「北邊挈令」或「北邊絜令」已有不少學者討論,高恒先生以敦煌和居延所見《大鴻臚挈令》、《太尉挈令》、《北邊挈令》殘簡為據,又對挈令或絜令的性質作了專門研究。[5]他認為絜令就是法令集。姑不論絜令或挈令的含意是否是法令集,不可否認「北邊挈令」的「令」特別以北邊為範圍,特別適用於北邊。除了中央官署如大鴻臚、太尉有和本單位相關的特殊法令,也有地方單位自有的法令,如《說文》糸部「式」字條提到的《樂浪挈令》。《樂浪挈令》應適用於樂浪郡,北邊挈令當適用於所謂的「北邊」。從居延簡《北邊挈令》第四的內容可知候長、候史日迹天田,勞二日當三日(《居延漢簡》10.28、562.19,圖4.1-2)。這應是特別適用於北邊吏,在計算勞績上的優待辦法。其它非北邊吏,並不適用。

5　例如:高恒,〈漢簡牘中所見令文輯考〉,《簡帛研究》第三輯(桂林:廣西教育出版社,1998),頁396討論北邊挈令時說:「『北邊』是指地區,但不是指某具體地段。它常用於泛指漢王朝與匈奴等少數民族接壤的北部邊陲……所謂《北邊挈令》是適用於匈奴接壤的北部地帶的有關法令集。」李均明、劉軍也以為「漢時稱北部邊塞諸郡為北邊」,見所編〈漢代屯戍遺簡法律志〉,《中國珍稀法律典籍集成》甲編第二冊(北京:科學出版社,1994),頁125。

從以上的例子不難推知，那些郡屬邊郡，那些屬內郡，不僅關係到帝國選用人才和財政調度，更深深影響到軍民百姓的權益。再如在法律上，王莽時邊民流入內郡，為人奴婢。王莽「迺禁吏民敢挾邊民者，棄市」（《漢書‧王莽傳》）。所謂「邊民」當指籍屬邊郡之民。如果那些郡是邊郡沒有明確規定，邊民身分即無由認定，棄市之律亦無從施行。光武帝建武十八年三月詔：「今邊郡盜穀五十斛，罪至於死，開殘吏妄殺之路。其蠲除此法，同之內郡。」（《後漢書‧光武帝紀》）此詔十分明白地告訴我們，邊郡和內郡某些法律上的差別。邊郡之民盜穀五十斛即罪至於死，同樣的罪在內郡顯然並不至於死。如此，哪些郡屬邊郡，適用此法，哪些是內郡，不適用此法，原本都不能沒有明確的規定。

王莽時，曾調整邊郡、內郡的範圍。他下令「粟米之內曰內郡，其外曰近郡，有鄣徼者曰邊郡。」（《漢書‧王莽傳》）這是他附會古義，作了改動。但顯然哪些郡屬粟米之內，哪些在粟米之外等等，必須有明確劃定，否則就是空文。在王莽之前，原本也不能沒有某種劃分。《漢書‧宣帝紀》韋昭注曰：「中國為內郡，緣邊有夷狄障塞者為外郡。成帝時內郡舉方正，北邊二十二郡舉勇猛士。」他所謂的外郡即邊郡。其謂北邊二十二郡，見前引成帝詔，當是成帝時的情

圖 4.1　10.28

圖 4.2　562.19

況。對所謂邊郡、內郡或近郡，原都曾有過明確的規定，否則涉及內或邊郡的差別待遇都難以落實。

這種差別待遇可以追溯到武帝初年。公孫弘為學官，乃請曰：「以文學禮義為官，遷留滯，請選擇其秩比二百石以上及吏百石通一藝以上，補左右內史、大行卒史；比百石已下，補郡太守卒史：皆各二人，邊郡一人。」（《漢書‧儒林傳》）官吏通一藝以上補官，補郡太守卒史郡各二人，他卻特別建議邊郡只補一人。武帝同意他的建議。在這種情況下，那些郡是所謂的邊郡，在行政上不可能沒有明確的規定。五、六百年後的唐朝，在〈戶部式〉中也曾規定：「靈、勝等五十九州為邊州。」（《唐律疏義》卷廿八，〈諸在官無故亡者〉條疏引）其中道理，一同於漢。

《史記‧漢興以來諸侯年表》謂「是以燕、代無北邊郡，吳、淮南、長沙無南邊郡」；《漢書‧西南夷兩粵朝鮮列傳》則說「和輯百粵，毋為南邊害」，「北邊」、「南邊」有時候使用得並不嚴格，可以是泛泛之言，可是在帝國行政上必須有明確的意義。最清楚的證據就是簡牘中見到的「北邊挈令」或「北邊絜令」。

邊、內郡的劃分必曾隨帝國擴張或退縮、人口移動、稅賦、司法、人才和國防等等需要而變化，目前還沒有足夠資料可以說清楚。簡牘文書出土日多，較明晰的輪廓在不久的將來應有機會逐步浮現。

88.5.9/90.2.8/95.2.1

漢代案比在縣或在鄉？

一 地點問題

　　漢代八月算民，謂之案比。案比在那兒舉行？學者意見並不一致。一般根據《續漢書·禮儀志》：「仲秋之月，縣、道案戶比民」，以為案比在縣、道治所。例如王毓銓先生說：

> 漢制，縣道有戶曹，職掌戶口簿籍。「案比」、「算民」當由戶曹主持。其事，著於漢法。既曰漢法，後漢如此，前漢當亦如此。

> 案比的實例，見於《後漢書·江革傳》。傳云：「建武末年，與母歸鄉里。每至歲時，縣當案比，革以母老，不欲搖動，自在轅中挽車，不用牛馬，由是鄉里稱之曰江巨孝。」由此可以想見，當案比之時，老百姓必須扶老攜幼，前往縣府，聚集廷中，待主吏驗閱。李賢注「案比」曰：「猶今貌閱也。」「今」，即唐；漢唐一揆。漢張遷為穀城長，據說他對民惠政，案比之時，不招集老百姓到縣廷，而是自己到老百姓住的鄉村里去，所以撰碑者頌其功德曰「八月算民，不煩於鄉，隨就虛落，存恤高年。」（《金石圖說》甲上）（圖 1）漢人弔民伐罪，往往指斥秦始皇帝「頭會箕斂」，看來，「頭會」是有根據的。秦如此，漢何嘗不然。[1]

圖 1　張遷碑拓本局部

王先生舉〈江革傳〉和張遷碑為證，說明「案比之時，老百姓必須扶老攜

1　王毓銓，〈民數與漢代封建政權〉，《中國史研究》，3（1979），頁 69-70。

幼,前往縣府,聚集廷中,待主吏驗閱。」池田溫先生引用相同的證據,說:「凡是原籍地的居民,甚至連老嫗也不遺一人地全部集合於縣城,參加手實的檢查,這一措施說明漢代的案比,乃悉皆調查而且具有相當程度的有效性。」[2] 池田先生並因張遷碑,相信一直到東漢末,黃巾之亂發生的前夕,「仍然屬行縣的算人」。池田和王先生有三點看法一致:(1)漢代案比是在縣城舉行;(2)全縣百姓,無分男女老幼,當案比之時,皆集合於縣城,進行驗閱;(3)池田以手實比況案比,王先生引李賢注,都認為漢代案比與唐代貌閱類似。

漢代於縣、道行案比,似乎是證據確鑿,近代學者加以質疑的很少。[3] 其實,如果仔細推敲,頗有商榷的餘地。第一,通常徵引的資料,如以上所及,是否明確地支持在縣、道案比?有無別解?第二,有沒有其他的資料支持其他的可能性?第三,從漢代縣的大小、人口多少以及交通條件衡量,每年在一定的時限內,將全縣人口集中於縣城的可能性有多大?如果從這幾點考慮,愚意以為漢代百姓恐怕不是人人每年都得赴縣城接受貌閱,或許只在某些情況下才去;或者,案比雖名義上由縣、道負責,實際施行卻在鄉、里。

漢代縣、道是中央直轄最低一層的行政單位。中央直接任命縣令、長,透過他們掌握縣以下地方的人口、土地、財富和秩序。縣、道則以最低一級行政機構的地位,負責將地方鄉、里的「戶口墾田、錢穀出入、盜

2　池田溫,《中國古代籍帳研究》(東京:東京大學東洋文化研究所,1979),頁 22;中譯本(臺北:弘文館出版社,1985),頁 60。

3　近代學者較注意案比舉行的時間,較少討論案比的地點。錢劍夫對地點的看法,與王毓銓和池田溫完全相同(錢劍夫,〈漢代案比制度的淵源及其流演〉,《歷史研究》,3(1988),頁100)。佐藤武敏則企圖調和文獻中的矛盾,認為大縣如洛陽是以鄉為單位,進行貌閱;小縣則在縣廷(佐藤武敏,姜鎮慶中譯,〈漢代的戶口調查〉,《簡帛研究譯叢》第二輯,中國社會科學出版社,1987,頁 318-319)。佐藤說不無可能。問題是漢代臨淄是以人口眾多著名的大縣,如此依佐藤說,臨淄案比應在鄉。那麼,江革和其老母為何要親赴縣城呢?蘇誠鑒曾有一短札(蘇誠鑒,〈頭會箕斂與八月算人〉,《中國史研究》,1(1983),頁 158-160),對縣道案比舊說提出質疑,並主張案比應在鄉舉行。

賊多少」(《續漢書・百官志》注引胡廣曰),上報於所屬的郡,郡再遣吏上報於中央。在漢代這叫上計。郡、縣每年上計的基礎之一即在八月算民。〈禮儀志〉謂仲秋之月,縣、道皆案戶比民,這是表示推動和負責的在縣、道這一級的基層單位;至於縣、道如何執行,是否即在縣城案比,〈禮儀志〉並沒有進一步說明。

姑以唯一可考的江革實例來說。江革是齊國臨淄人。每至歲時,縣行案比,他自挽車,載母赴縣的故事發生在建武末年。臨淄為齊國首縣。據《續漢書・郡國志》,齊國有六縣,六縣戶六萬四千四百一十五,口四十九萬一千七百六十五。這些大約是順帝時期的戶口數。以這時期而言,齊國一縣平均為萬餘戶,一戶七口餘。臨淄戶口應在此平均數之上。臨淄久為大城,以人口多著名。武帝時,主父偃說:「齊臨淄十萬戶,市租千金。」(《漢書・高五王傳》)主父的話多少有些誇張。不過,到王莽置五均官時,臨淄仍然是天下五個擇定的大都市之一(《漢書・食貨志》),其人口必較一般縣為多。東漢初,編戶減少,臨淄人口應不下於萬戶。《江革傳》注引《華嶠書》謂:「臨淄令楊音高之,設特席,顯異巨孝於稠人廣眾中。」漢制萬戶置令,萬戶以下置長。楊音既稱臨淄令,似可為建武末臨淄人口不下萬戶的旁證。又據譚其驤《中國歷史地圖集》所繪地圖估計,齊國面積約在三千三百七十平方公里左右。[4] 齊共有六縣,每縣平均約有五百六十餘平方公里,人口密度每平方公里近乎一百五十人。換言之,齊國是每縣面積不達「方百里」置縣標準,而人口又極為稠密的地區(詳下)。由於面積不大,各鄉距離縣城較近,江革為免其母顛簸之苦,尚有可能捨牛馬,自行挽車載母赴會。然而,我們得要想像臨淄各鄉百姓,包括江革及其老母,五至七萬之眾每年八月浩浩蕩蕩奔赴縣城的景況。西漢末全國有一千五百八十七縣(《後漢書・光武帝紀》下)。當臨淄縣民集於縣廷之時,全國還有上千的縣城也正萬頭攢動,等待縣吏案比。這在事實上有多大的可能

---

4 勞榦估計齊國面積為五千四百平方公里。見勞榦,〈兩漢郡國面積之估計及口數增減之推測〉,《中央研究院歷史語言研究所集刊》,5:2(1935),頁221。

性？值得檢討。如果不是人人赴縣廷，江革為何載著老母於案比時赴縣城呢？這一點請容後解釋。

這裡先討論幾個學者用來支持縣、道案比的證據。一個是前引的張遷碑。碑文說張遷於八月算民，「不煩於鄉，隨就虛落」。王毓銓對這一「鄉」字沒有直接疏解，只籠統地說，不召集老百姓到縣廷，張遷自己到鄉村裡去；池田則解鄉為「村里」。「鄉」字就文義可有二解：一為漢代縣、鄉、里制中的鄉；一為泛稱，泛指鄉間或鄉村。如就碑文看，「不煩於鄉」的鄉只宜解作鄉里制中的鄉。如解為鄉間或鄉村，則既說不煩於鄉村，又說「隨就虛落」，前後兩句就自相矛盾。虛落即聚落，在漢代又稱里落（《後漢書・儒林傳》孫期條），也就是鄉村、村落的意思。漢代縣、鄉分明。縣多有城，城中有朝廷命官；鄉不一定有城，鄉中只有地方署置的少吏。因此，根據此碑，認為原來百姓須赴縣廷案比，顯然不妥。我的理解是，張遷任穀城縣長時，每逢八月算民，不煩縣民前往所屬的鄉治，而就百姓所居的聚落或村莊舉行。此外，這兩句碑文似乎更意味著，如果按常規，算民是「煩於鄉」，在鄉舉行的。張遷體恤百姓往返之苦，連上鄉這一趟都免了，故百姓感戴，為之立碑作頌。這一點，蘇誠鑒先生已經指出，個人與蘇氏同感。[5]

還有的學者舉《後漢書・皇后紀》：「漢法常因八月筭人，遣中大夫與掖庭丞及相工，於洛陽鄉中閱視良家童女」這一段，證明案比在縣。[6] 實則這一段「洛陽鄉中」的「鄉」字十分重要。這一段明明是說中大夫和掖庭丞等到洛陽所屬各鄉，如果算人是在縣廷舉行，又何須下鄉？漢縣通常分四、五鄉。洛陽鄉名可考的有北鄉、東鄉。這有建武十五年以前的居延簡和靈帝建寧二年「肥致碑」可證。[7] 既有北、東鄉，依漢四鄉通例，即可能

5　蘇誠鑒，〈頭會箕斂與八月算人〉，頁158-160。

6　例如錢劍夫，〈漢代案比制度的淵源及其流演〉，《歷史研究》，3（1988），頁100。

7　《居延漢簡》334.45：「河南郡雒陽北鄉北昌里公乘□忠年／」。河南郡於建武十五年改為河南尹（《續漢書・郡國志》）。此簡稱河南郡，顯然是建武十五年以前的簡，又此簡鄉字左半漫漶，但釋為鄉字應可信。肥致碑參〈偃師縣南蔡莊鄉漢肥致墓發掘簡報〉，《文物》，

古月集：秦漢時代的簡牘畫像與政治社會
——卷四 法制、行政與軍事

還有南、西鄉，長安即是如此。[8]東漢洛陽既為京師，鄉數與鄉名不知是否曾有改動；如未改動，《皇后紀》所說的「洛陽鄉中」，應指洛陽四鄉而言。即使曾改變，也無妨證明算民是在鄉，而非在縣舉行。

二　鄉與案比

根據以上所說，就斷言算民是在鄉舉行，證據似嫌不足。以下再提些想法，對舊說及漢代實際的情況作進一步檢討。依各種證據看來，鄉都是漢代掌握地方戶籍和人口的重要單位。《續漢書‧百官志》說：

> 鄉置有秩、三老、游徼。本注曰：有秩，郡所署，秩百石，掌一鄉人；其鄉小者，縣置嗇夫一人。皆主知民善惡，為役先後，知民貧富，為賦多少，平其差品。三老掌教化……游徼掌徼循，禁司姦盜。又有鄉佐，屬鄉，主民收賦稅。

《漢書‧百官公卿表》所記較略，謂：「鄉有三老、有秩、嗇夫、游徼。三老掌教化。嗇夫職聽訟，收賦稅。」鄉官的工作歸納起來不外徭役、賦稅和治安三端，[9]而這三端無不須以對地方人口和戶籍的確切掌握為基礎，即

9　（1992），頁 39；拙文〈東漢的方士與求仙風氣——肥致碑讀記〉，《大陸雜誌》，94：2（1997），頁 1-13。本書卷三，頁 655-677。

8　長安鄉可考的有東鄉、西鄉。東鄉見武威新出土王杖詔令冊：「長安東鄉嗇夫田宣坐擊鳩杖主……」（甘肅省文物工作隊、甘肅省博物館，《漢簡研究文集》（蘭州：甘肅人民出版社，1984），頁 37）；西鄉見 1973 年在居延肩水金關發現漢簡：「河平四年七月辛亥朔庚午，西鄉有秩嗇夫誼，守斗食佐輔敢言之」云云，轉見裘錫圭文（中華書局編輯部，《雲夢秦簡研究》，北京：中華書局，1981，頁 235）。裘文稱該簡係一份長安縣給居延的過所文書，西鄉為長安縣屬鄉。長安有東鄉、西鄉，則南、北鄉可推知。又《大唐六典》卷三十（臺北：文海出版社景印，1962）「尉六人從八品下」條謂：「漢氏長安有四尉，分為左右部……後漢洛陽置四尉，皆孝廉作，有東部、南部、西部、北部尉，魏世因之。」（頁 27 上下）按羅福頤，《秦漢南北朝官印徵存》（北京：文物出版社，1987）卷五有「長安左尉」印（頁169）。此京師四尉之制或配合四鄉而置的吧。

9　《漢書‧百官公卿表》和《續漢書‧百官志》都說三老掌教化。〈百官志〉謂：「凡有孝子

〈百官志〉本注所說的「掌一鄉人」。

　　漢代鄉對戶籍的掌握可見之於幾方面：第一，鄉嗇夫或有秩掌有一鄉的戶籍，無論文獻或簡牘皆確切可證。《周禮·冢宰·宮伯》注，鄭司農云：「版，名籍也，以版為之。今時鄉戶籍，世謂之戶版。」又〈宗伯·大胥〉注，鄭司農云：「版，籍也。今時鄉戶籍，世謂之戶版。」鄭司農提到漢世戶籍，皆曰「鄉戶籍」，因一鄉之籍皆書於版，漢人謂之戶版。這是漢世鄉有戶籍，戶籍以鄉為單位的文獻證據。其次，從簡牘資料看，鄉有秩或嗇夫係以戶籍為根據，從事「知民善惡，為役先後，知民貧富」等工作。以「知民善惡」為例，鄉民赴他地，例須通行證——過所。過所須由鄉有秩或嗇夫查對戶籍資料，證明某某鄉民沒有犯罪入獄或積欠賦役，亦即證明為「良民」後才填發。[10] 持過所赴他地，關津才放行：

順孫，貞女義婦，讓財救患，及學士為民法式者，皆扁表其門，以興善行。」根據簡牘資料看，三老的工作較文獻所載為複雜。例如，從江蘇儀徵縣胥浦 101 號墓所出先令券書可知，三老參與遺囑的訂立。參陳平、王勤金，〈儀徵胥浦 101 號西漢墓《先令券書》初考〉，《文物》，1（1987），頁 105。

三老也參與查緝逃犯。如新出居延簡云，甘露二年令郡縣通緝要犯，縣令以下「嗇夫、吏正、三老」也被要求「雜驗問鄉里吏民」。參初仕賓，〈居延簡冊甘露二年丞相御史律令〉，《考古》，2（1980），頁 179；裘錫圭，〈關於新出甘露二年御史書〉，《考古與文物》，1（1981），頁 105。

又據三老趙寬碑，三老還要「聽訟理怨，教誨後生」參高文，《漢碑集釋》（鄭州：河南大學出版社，1985），頁 446。可見三老的工作絕非單純的教化，而是以地方長老的身分，參與協助鄉有秩或嗇夫維持地方治安與秩序。所謂教化，目的在此。

10　「良民」一詞習見於漢代文獻，泛指良善之民，或與「盜賊」相對，指無犯罪者。前義參《史記》〈汲黯傳〉及〈循吏傳〉太史公曰；後義參《漢書》〈循吏傳〉龔遂條、〈于定國傳〉及〈王遵傳〉。江蘇連雲港市花果山所出西漢哀帝時牘，「良民」一詞與「盜賊」連言，亦屬後義。參李洪甫，〈江蘇連雲港市花果山出土的漢代簡牘〉，《考古》，5（1982），頁 476-480。李文認為這批殘牘是決事比之類，恐不妥。張廷皓以為是地方上報獄案情況的計簿，就牘內容看，張說應較可從。參張廷皓，〈江蘇連雲港市出土的法律版牘考述〉，《文博》，3（1984），頁 29-32。另外關於良民的意義，可參堀敏一，《中國古代の身分制》（東京：汲古書院，1987），頁 111-124。

（1）甘露四年六月丁丑朔甲辰，西鄉有秩□□□／王武案皆毋官徵事，當
為傳致□□／□□□六月雒陽□／印曰雒陽丞印

（《居延漢簡》334.20AB）

（2）永始五年閏月己巳朔丙子，北鄉嗇夫忠敢言之義成里崔自當自言為家
私市居延。謹案自當毋官獄／徵事，當得取傳，謁移肩水金關，居延
縣索關敢言之／閏月丙子，櫟得丞彭移肩水金關，居延縣索關，書到
如律令／掾晏令史建

（《居延漢簡》15.19）

（3）建平三年二月壬子朔丙辰，都鄉嗇夫敢言之□□／同坅戶籍，臧鄉名
籍如牒，毋官獄徵事，當得□□□

（《居延漢簡》81.10）

（4）建平五年十二月辛卯朔丙寅，東鄉嗇夫護敢言之嘉平□／□□□□□
□案忠等毋官獄徵事，謁移過所縣邑門亭河津關毋苛留敢言之／十二
月辛卯祿福獄丞博行丞事移過所知律令／掾海守令史眾／祿福丞□印

（《居延漢簡》495.12、506.20A）

以上四條都是西漢末五十年內的過所文書。這類文書的
殘文在居延簡中還有不少。[11] 其中第三條明白提到嗇夫係
按「戶籍」（圖2）或「藏鄉名籍」，證明鄉民「毋官獄徵
事」。

前引《周禮·宮伯》鄭注以名籍釋戶籍，漢代「名
籍」為名冊籍簿的通名，漢邊塞簡牘中有各色名籍。[12] 其

圖2　簡81.10 紅
外線局部「戶籍」
二字

11　例如：

□元康二年正月辛未朔癸酉，都鄉嗇夫□／當以令取傳，謁移過所縣道□□／正月癸酉居延令
勝之丞延年□

（《居延漢簡》213.28A、213.44A）

□／□充光謹案戶籍在官者弟年五十九，毋官獄徵事，願以令取傳乘所占用馬□／八月癸酉
居延丞奉光移過所，河津金關毋苛留止如律令／掾承□

（《居延漢簡》218.2）

□弘敢言之祝里男子張忠臣與同里□／□年三十四歲譚正□大夫年十八歲，皆毋官獄□／□□
苛勿留止律令／令史始□□

（《居延漢簡》340.6）

12　例如，吏奉賦名籍（73.16），郵卒名籍（143.11，206.30），賜勞名籍（159.14），省卒家屬
名籍（133.8），卒家屬名籍（203.15），四時吏名籍（190.30），其餘還有秋射騎賜勞名籍，
稟鹽名籍，吏民出入名籍，車父名籍，戍卒病死衣物名籍等，不具錄。可見名籍乃名冊簿籍

以戶為單位者則為戶籍。「藏鄉名籍」為藏於鄉之名籍。官獄是指犯罪獄訟，〈百官表〉說嗇夫職司聽訟，新出居延簡冊「建武三年侯栗君責寇恩爰書」更證實了其職司所在。鄉民犯罪情況，以他們最清楚；因此開立證明之事，非有秩或嗇夫莫辦。「徵事」指徵賦或徵役；「毋徵事」即某人沒有未完的賦役，不在待徵之列，故可准其離鄉他去。居延另出一哀帝時簡謂：

> 建平五年八月戊□□□□廣明鄉嗇夫宏，假佐玄敢言之，善居里男丘張自
> 言與家買客田居／延都亭部，欲取□。謹案張等更賦皆給，當得取檢，謁
> 移居延如律令敢言之　　　　　　　　　　　　　　　　　　（《居延漢簡》505.37A）

還有一殘簡云：

> □秩護佐敢言之□／□況更賦給鄉里□　　　　　　　　　　　（《居延漢簡》212.55）

兩簡之「更賦皆給」、「更賦給」，意即更賦已完。更賦錢係以代役，與前引諸簡所說「徵事」有關。徵事指役，還有唐律可旁證。《唐律疏議·衛禁》〈諸不應度關而給過所〉條，謂「不應度關者，謂有征役番期及罪譴之類，皆不合輒給過所……」（頁174），《疏議》所說與漢簡的「毋官獄徵事」幾同出一轍。

　　以上諸簡涉及的鄉有都鄉、北鄉、西鄉、東鄉、廣明鄉，可見鄉戶籍存在於一縣之各鄉，而非集中於縣治所在的都鄉。這不是西漢末五十年才如此，而是兩漢通制。如果湖北江陵鳳凰山十號墓主確如裘錫圭先生所考，是一位江陵西鄉的有秩或嗇夫，[13] 則其墓中隨葬的各式鄉里名籍帳冊

之通名。

13 鳳凰山十號墓墓主身分迄今無定論。主要有黃盛璋的地主兼商人說，弘一的地方豪強說，裘錫圭的西鄉有秩或嗇夫說，以及永田英正的里正說，好並隆司的父老或三老說。地主兼商人或地方豪強的墓中如何會出現各里繳納算錢的紀錄，鄭里貸種簿及以里為單位繳納芻槀和田租的記錄？算錢、芻槀繳官固不待言，田租亦為繳官者。繳官者稱田租，有文帝二年九月詔可證（《漢書·文帝紀》）。這些明顯帶有官方色彩的文書，出現在地方小吏的墓中，應比出現在地主、商人或地方豪強的墓中為合理。墓中雖然只發現沒有官銜的木質印章，我們並不能就此認定墓主不是官員。漢代官員墓非必有官印。如果《續漢書》說嗇夫秩百石，此制可上推至西漢初，即不難理解遣策上死者為何寧可以「五大夫」爵稱為頭銜。《漢

古月集：秦漢時代的簡牘畫像與政治社會
　　　　—— 卷四　法制、行政與軍事

就可以當作西漢初，鄉有鄉戶名籍的一個佐證。嚴格而言，漢代「戶籍」的形式和內容，由於還沒有真正的戶籍版牘出土，難以完全確知。[14] 例如，戶籍中是否列有「官獄」和「徵事」的紀錄？否則，有秩或嗇夫如何據戶籍知某人「毋官獄徵事」？或者，「戶籍」或「戶版」在漢代只是各類以戶為單位的戶口籍、貲產籍、徭役簿、官獄簿、租稅簿等的總名稱，而更細的冊子則見於如江陵鳳凰山十號墓、張家山 247 號墓出土文書中所提到的各式簿籍。至今為止，真正較完整的漢代戶籍到底包括那些內容還須要更多資料去證明（圖 3）。

　　總之，籠統來說，「戶籍」存在於各鄉的一個重要意義，是它在鄉里

舊儀》謂：「秦制爵等生以為祿位，死以為號諡。」五大夫為九級高爵。元帝時賜吏六百石以上爵五大夫（《漢書・元帝紀》），可見原來六百石之長吏亦非人人有此高爵。文帝曾從晁錯議，入四千石可為五大夫，至五大夫以上乃復一人（《漢書・食貨志》）。墓主五大夫爵不論是否因入粟而來，其尊貴性顯然較百石嗇夫高出多多，故墓主捨嗇夫或有秩，而稱五大夫。不用有官銜之印陪葬，也可同理理解。里正身分太低，極不易理解一位平里里正的墓裡會藏有其它市陽里和鄭里的租賦算錢帳冊。永田雖試圖解釋，終嫌迂曲。一般而言，漢地方父老並不管賦稅，墓主墓內有租稅帳冊，不易解釋。綜而言之，個人相信鄉有秩或嗇夫說仍是目前較合理的推測。以上諸說分見黃盛璋，〈江陵鳳凰山漢墓簡牘及其在歷史地理研究上的價值〉，《文物》，6（1974），頁 66-77；弘一，〈江陵鳳凰山十號漢墓簡牘初探〉，《文物》，6（1974），頁 78-84；裘錫圭，〈湖北江陵鳳凰山十號漢墓出土簡牘考釋〉，《文物》，7（1974），頁 49-63；永田英正，〈江陵鳳凰山十號漢墓出土の簡牘—とくに算錢を中心として—〉，《森鹿三博士頌壽記念論文集》（東京：同朋舍，1977），頁 129-157；好並隆司，《秦漢帝國史研究》（東京：未來社，1984），頁 285。

14　近年有學者認為長沙東牌樓七號井所出東漢簡牘中有戶籍。唯據公布的圖版，文字漫漶難辨，簡過殘，且寬窄形制不一，是否確為戶籍，待商。參長沙市文物考古研究所，〈長沙東牌樓 7 號井（J7）發掘簡報〉，圖 14、15，簡 1104、1124、1154；王素，〈長沙東牌樓東漢簡牘選釋〉，《文物》，12（2005），頁 18、69-71；長沙市文物考古研究所、中國文物研究所編，《長沙東牌樓東漢簡牘》（北京：文物出版社，2006），圖版四二，簡 79-84。安徽天長安樂鄉常莊西漢十九號墓出土自名為戶口簿和算簿的木牘。不過這些是各鄉戶口數以及總計，並不是各戶的戶口記錄。參天長市文物管理所、天長市博物館，〈安徽天長西漢墓發掘簡報〉，《文物》，11（2006），頁 4-21。我認為目前比較可以說是戶籍的應屬湖南龍山里耶出土的秦戶籍木牘，參湖南省文物考古研究所編，《里耶發掘報告》（長沙：岳麓書社，2006），頁 203-208，彩版卅六-卅九；邢義田，〈龍山里耶秦遷陵縣城遺址出土某鄉南陽里戶籍簡試探〉，武漢大學簡帛研究中心《簡帛網》（www.bsm.org.cn 2007.11.1）。

行政上有實際的作用，不是像上計的「計文」那樣供呈報的表面文章。郡、縣上計的計文不免虛應故事（《漢書‧宣帝紀》黃龍元年詔；〈石奮傳〉武帝元封四年詔），鄉戶籍是知民善惡，知為役先後，知民貧富的依據，不得不經常保持一定的可靠性。每年八月算民就是保持可靠性的一個手段。如此，八月算民較可能在縣或鄉執行，不難推測。

再從縣、鄉的大小和交通條件來考慮，鄉也都比縣有可能成為實際執行案比的單位。先就縣的大小和人口來說。

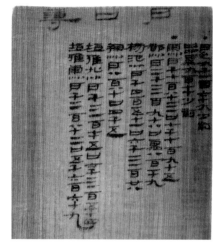

圖 3　安徽天長十九號漢墓出土戶口簿木牘局部

漢縣以土地和人口為區劃標準。《漢書‧百官表》說：「縣大率方百里，其民稠則減，稀則曠。」西漢一里約合 417.53 公尺，[15] 百里約 41 公里餘，方百里則合 1600 餘平方公里。勞榦、葛劍雄和楊遠曾估計漢代郡國面積，如果依據他們的估算並參照譚其驤的《中國歷史地圖集》，再估計漢末的縣平均面積（詳見附表一），可以發現上述方百里之縣只占極少數：

縣面積（平方公里）	縣數	
100～500	232	
501～1000	499	882
1001～1500	151	
1501～2000	95	
2001～3000	117	
3001～4000	149	601
4000 以上	335	
總計	1578	

15　參用陳夢家說。見陳夢家，〈畝制與里制〉，《考古》，1（1966），頁 36-45。

如果將「方百里」的標準放寬至 1500 與 2000 平方公里之間，在 1500 餘縣中「方百里」者僅 95 縣；低於標準的有 882 縣，多集中在人口稠密的關中和關東；高於標準的則有 601 縣，幾乎都在邊郡。（詳見附表二）

以上的估算可以見到郡國間的差異。可是漢人設郡立縣，劃分行政區域，當是以行政所及之地為範圍，與實際地理上的面積並不一致。這正如同漢代記載的人口只是編戶人口，並非實際存在的人口。近人將推測出來的郡國範圍畫在地圖上，並由此估計郡國的面積，與實際情況與差距必不可免。[16] 縣平均面積的估計也是如此。

因此，或可從另一途徑下手。《漢書・地理志》有提封田數。〈地理志〉謂：

> 訖於孝平，凡郡國一百三，縣邑千三百一十四，道三十二，侯國二百四十一。地東西九千三百二里，南北萬三千三百六十八里。提封田一萬萬四千五百一十三萬六千四百五頃，其一萬萬二百五十二萬八千八百八十九頃，邑居、道路，山川、林澤，群不可墾，其三千二百二十九萬九百四十七頃，可墾〔不可墾〕，定墾田八百二十七萬五百三十六頃。

這一段先說郡國縣邑之數，再說地東西南北里數，再及提封田數。師古曰：「提封者，大舉其封疆也。」封疆之內不只有田，也包括邑居、道路、山川、林澤等不可墾之地。王先謙《補注》引王鳴盛謂「定墾田」前「不可墾」三字衍，可從。從數字看，數字雖小有脫誤，但「群不可墾」、「可墾」與「定墾」三數相加基本上即提封田數，皆一億四千餘萬頃。換言之，所謂「提封田」實際上並不單指田地，而是漢代全國土地總數，也就是漢代郡國行政所及的範圍。如果將這一總數和縣、道、侯國數（1587）平均，則一縣約有 91800 餘頃。按漢代一尺等於 0.23 公尺，六尺為步，240

---

16 如果將勞榦、葛劍雄和楊遠估計的西漢郡國總面積（參附表一）和《漢書・地理志》的提封田數比較，不難發現近人的估計遠小於漢人的田數（145,136,405 頃）。這個提封田數如果無誤，約有 6,632,733 平方公里。勞氏所估為 4,443,319 平方公里，葛氏所估為 3,944,788 平方公里，楊氏估計為 4,996,580 平方公里。本文根據三氏所作的平均值估算為 3,838,738 平方公里。為何近人的估計反小於漢人記錄的田數，而且相差如此之多？仍待解釋。

步為畝，百畝為頃的方式換算，一縣面積約合 4130 餘平方公里，即約 64
公里之平方。64 公里以漢里計，約 130 里。這一數字不失為有意義，因為
和所謂「縣大率方百里」相去不算太遠。漢人喜附會古制，封建侯國小者
有國方百里（《孟子》〈萬章〉、〈告子下〉、《周禮·職方氏》鄭玄注），故曰縣亦
方百里；又漢人言數常但舉成數，〈地理志〉即明說「方百里」是「大率」
而已。

　　以上兩種方式的估計，都是就縣的平均面積而言，事實上大縣、小縣
可有很大的差距。嚴耕望先生早已指出邊遠之縣有相去數百里或千餘里
者。[17] 例如，建安六年益州牧劉璋將巴郡劃分為三郡，其中一個理由就是
郡縣鄉亭相去過於遙遠：「遠縣去郡千二百至千五百里，鄉亭去縣或三、
四百，或及千里。土界遼遠，令、尉不能窮詰姦凶……」（《華陽國志·巴
志》，頁 48）巴郡在漢代並不是人口最稀少的地區。荊、揚人口密度更低，
郡縣相去亦十分遙遠。以桂陽為例，《後漢書·循吏傳》衛颯條謂：

> 遷桂陽太守……先是含洭、湞陽、曲江三縣，越之故地，武帝平之，內屬
> 桂陽。民居深山，濱溪谷，習其風土，不出田租。去郡遠者，或且千里。
> 吏事往來，輒發民乘船，名曰「傳役」。每一吏出，傜及數家，百姓苦之。
> 颯乃鑿山通道五百餘里，列亭傳，置郵驛。於是役省勞息，姦吏杜絕……

桂陽一例說的雖是郡、縣距離，不是縣、鄉之間，但是文中提到的交通困
難則不限於郡縣，值得進一步討論。

　　漢帝國幅員廣闊，各地山川、道路條件不一，開發遲速不同。在開發
早，河川或道路良好的地方，交通不是難事，其它地區則否。因此就交通
而言，百姓每年赴縣廷貌閱，有些地方或許可能，顯然不是全國所有的地
區都能做到。漢代人旅行以步或車，一日約五十至七十里。《九章算術·
均輸》謂：「車載二十五斛，重車日行五十里，空車日行七十里」；又謂「今
有程傳委輸，空車日行七十里，重車日行五十里。」漢代軍隊行軍，通常

17　嚴耕望，《中國地方行政制度史》上編（臺北：中央研究院歷史語言研究所，1974），頁
　　44。

輕行一日五十里，重行三十里（《漢書‧陳湯傳》、〈王吉傳〉、〈賈捐之傳〉）。在輕兵兼行的特殊情況下，也有一日一夜行二百餘里的（《後漢書‧段熲傳》）。一般百姓自然不會輕兵兼行。一個實際的例子是建武三年，寇恩以牛車載魚從觻得到居延出售，二十餘日行千里，[18] 一日約五十餘里，剛好符合《九章算術》所說的重車腳程。另一個可參考的例子是日本和尚圓仁入唐往五臺山朝聖，在其《入唐求法巡禮行記》中曾詳記每日腳程。他一日少則行三十里，多則八十里，四十四日共行二千三百餘里，平均一日五十餘里。[19] 唐里較漢里稍長，又有大、小里之別，唯漢、唐人腳程應不致有太大的差別。

　　腳程大致如此，則可略估漢代百姓離鄉赴縣廷一趟須多少時日。以齊國縣平均 560 餘平方公里為例，合漢制方 75 里，最多約一日半至二日可達，來回約三、四日。江革棄牛，挽車載母，必更多耗些時日。如為方百里之縣，一趟多則須兩、三日，來回四至六日。如以前述一縣平均 4000 餘方平方公里，方 154 里計，則須三、四日，來回六至八日。前文統計漢縣在 4000 平方公里以上的有 335 個，其中牂牁、巴郡、玄菟、南海、鬱林、合浦之縣平均甚且在 10000 平方公里以上（參附表一）。前引《華陽國志》謂巴郡之「鄉亭去縣三、四百及千里」，試問這些地區的百姓，一家老小在途中數日至十餘日的食宿如何解決？他們又如何有能力年年負擔？前引日行五十里的例子都是在道路交通條件良好的情況下進行的。寇恩從觻得到居延，曾行經「北部」、「第三置」，可知他是沿羌谷水和弱水的邊塞驛道前進。圓仁往五臺山，據嚴耕望先生研究，所行路線是當時僧侶商旅常

18　《居延新簡》（北京：中華書局，1994）：「居延鳴沙里去太守府千六十三里」（EPT50.10）。太守府指居延所屬之張掖太守府，治觻得。這是居延去觻得距離的第一手資料。寇恩從觻得去居延，「行道二十餘日」，見建武三年粟君責寇恩爰書簡，《文物》，1（1978），頁 30-31。

19　《入唐求法巡禮行記》（顧承甫、何泉達點校，上海：上海古籍出版社，1986）卷二：「自去二月十九日，離赤山院直至此間，行二千三百餘里，除卻虛日，在路行正得卌四日也。」（頁 105）又敦煌所出天寶令式表殘卷有令曰：「馬，日七十里；步及驢，日五十里；車，日卅里」，可見步行一日五十里為漢唐常規。殘卷見劉俊文，《敦煌吐魯番唐代法制文書考釋》（北京：中華書局，1989），頁 359。

行的主要道路。沿途尖食、住宿皆有「特供之設備」。[20] 如果交通條件惡劣如桂陽諸縣，旅行時日必更長，要全縣男女於一月之內陸續趕到縣城，誠難想像。

所謂一月之內，是據八月算民，計斷九月而說。《後漢書·百官志》注引盧植《禮注》：「計斷九月，因秦以十月為正故。」武帝太初以後，雖改以正月為歲首，但計斷九月仍承秦舊，以迄東漢未變。[21]《周禮·秋官·小行人》鄭玄注：「若今計文書斷於九月。」盧、鄭同辭，東漢計斷九月應可確認。東漢於八月算民，因證據甚多，學者討論的也很多，沒有人懷疑。西漢算民是否也在八月，曾有一些學者表示異議或有所保留。[22] 但現在有了出土簡牘可以為證。江陵張家山西漢初《二年律令·戶律》明確記載「恒以八月令鄉部嗇夫、吏、令史相雜案戶籍」（簡328）。

還不甚清楚的是《漢書·高帝紀》載高帝四年「八月初為算賦」，《後漢書·皇后紀》李賢注引《漢儀注》曰：「八月初為算賦，故為算人」，算民和徵收算賦是否能看成是一回事？私意以為八月算民在核驗戶口和身分，並不必然同時就徵收了算賦。江陵鳳凰山十號墓所出西漢初算錢簡已清楚顯示，算錢不一定一次繳納，從二月至六月幾乎月月都在收繳。這是否是正常現象，雖可懷疑，不過，漢代徵賦的實際情況必遠較文獻上所說的複雜。《漢書·貢禹傳》說農民「已奉穀租，又出稾稅，鄉部私求，不

---

20 嚴耕望，《唐代交通圖考》第五卷（臺北：中央研究院歷史語言研究所，1986），頁1508。

21 大庭脩曾據漢簡推斷西漢亦計斷於九月，見氏著〈論漢代的論功升進〉，姜鎮慶中譯本，《簡牘研究譯叢》第二輯，頁333。又葛劍雄也認為計斷九月通兩漢未變，見所著〈秦漢的上計和上計吏〉，《中華文史論叢》第二輯（北京：中華書局，1982），頁185。又參于豪亮，〈居延漢簡甲編補釋〉，《考古》，8（1961），頁451。從居延新簡中幾件建昭和五鳳時期的木楬「五鳳三年十月盡四年九月詣官廩書」、「建昭五年十月盡六年九月刺史奏事簿錄」、「建昭二年十月盡三年九月吏受府記」看，西漢計斷九月應可確認。參《居延新簡》EPT51：418AB、EPT51：151AB、EPT67：112AB。

22 如佐藤武敏，〈漢代的戶口調查〉，頁307-312；高敏，〈從江陵鳳凰山十號漢墓出土簡牘看漢代的口錢、算錢制度〉，《文史》，20（1983），頁31-32。對兩漢算人不同時說之批判見杜正勝，〈中國戶籍制度淵源〉，《食貨月刊》，17：3、4（1988），頁27，注18；又參于豪亮，〈居延漢簡甲編補釋〉，《考古》，8（1961），頁451。

可勝供」。甘肅甘谷所出桓帝時簡證明，除更錢、算錢，還有道錢、橋錢、水簿錢、門錢等名目之苛捐雜稅。[23] 八月算民絕不像有些學者認定「即為徵收算錢」那麼簡單。[24]

算民的重要作用在確定身分以及由身分所引起的賦役義務的改變。在這一點上，秦漢制度一貫。睡虎地秦簡《倉律》有一條：「小隸臣妾以八月傅為大隸臣妾，以十月益食。」[25] 大、小隸臣妾的口糧配給不同，他們身分改變的時間在八月，秦因以十月為歲首，故自十月益食。在八月變更身分的恐怕不只是隸臣妾，而是一種普遍性的制度，適用於所有百姓。秦代如此，東漢如此，如果說西漢反而不在八月，是很難說得通的。算民和徵算賦儘管不是同一回事，然高帝於八月為算賦，在時間上，仍可看出和秦制關係密切。近年新出江陵張家山西漢初《二年律令》〈田律〉已清楚證明西漢初各地上計內史是以八月十五日為期限。[26] 總之，如果通兩漢算民於八月而計斷於九月，各縣能用來算民的時間極其緊迫，不過一個月或不到一個月而已。以上所說只是文字上的規定，事實上能否做到，又當別論。

再以每縣人口來說，〈百官表〉謂縣萬戶以上置令，減萬戶為長。縣的戶數，通常在一萬上下。〈地理志〉縣戶可考的有四、五萬至七、八萬的差別，[27] 這應該是縣人口特別多，才被記載了下來。如果以〈地理志〉所載西漢末總戶數（12,233,062）與總縣、道、侯國數（1587）相平均，一縣約七千七百餘戶。《漢書・文帝紀》十二年三月詔曰：「今萬家之縣，云無

---

23 參張學正，〈甘谷漢簡考釋〉，《漢簡研究文集》（蘭州：甘肅人民出版社，1984），頁 88-89。
24 錢劍夫，〈漢代案比制度的淵源及其流演〉，頁 99。
25 睡虎地秦墓竹簡整理小組，《睡虎地秦墓竹簡》（北京：文物出版社，1978），頁 50。
26 參拙文，〈張家山漢簡二年律令讀記〉，《燕京學報》，新 15（2003），頁 18 或本書卷一，頁 171-226。
27 《漢書・地理志》載縣戶表：

長安	80,800	長陵	50,057	茂陵	61,087
洛陽	52,839	陽翟	41,650	傿陵	49,101
宛	47,547	成都	76,256	魯	52,000
彭城	40,196				

應令，豈實人情？是吏舉賢之道未備也……」是一縣約以萬戶計。建武時，馬援擊交阯，曾建議將交阯有三萬二千戶的西于縣分為二縣（《後漢書‧馬援傳》），是一縣平均一萬六千戶。《九章算術‧均輸》曾有兩處虛擬縣戶的算題，一縣最低有五千餘戶，最多兩萬餘戶，九例中有五例為萬餘戶，九例平均為一萬一千餘戶。[28] 據前引尹灣出土木牘集簿，西漢末東海郡平均一縣約七千戶。姑以七千至萬戶，戶五口，有人三萬五千至五萬計，一縣三、五萬人每年在一個月內趕赴縣城，來回數百里，這是什麼樣的場面？漢縣有戶曹，掌民戶。如果算民是由戶曹負責，戶曹又有多少可以動員的人力去查驗三、五萬子民的身分和面貌？從以上幾方面考慮，很難想像八月算民可如學者通常相信的那樣在縣城實施。

三 李賢注的啟示

其次，再考慮李賢提供的線索。《後漢書‧江革傳》李賢注「縣當案比」云：「案驗以比之，猶今之貌閱也。」李賢以唐代貌閱比況案比，應當有他的根據。王毓銓、池田溫和錢劍夫等也都同意漢唐制之間的傳承關係。因此，考查唐代如何貌閱，對推敲漢代的案比應有幫助。關於唐代貌

---

28 《九章算術》卷六，

頁一：	甲縣	10,000 戶	頁三～四：	甲縣	20,520 戶
	乙縣	9,500 戶		乙縣	12,312 戶
	丙縣	12,350 戶		丙縣	7,182 戶
	丁縣	12,200 戶		丁縣	13,338 戶
	戊縣	5,130 戶			

九縣平均，一縣 11,392 戶。關於《九章算術》反映漢代社會的史料價值，參裘錫圭，〈漢簡零拾〉，「從漢簡反映的關於用車運糧的情況談《九章算術》的史料價值」條，《文史》，12（1981），頁 8-12。又可參《水經注》（陳橋驛復校本，江蘇古籍出版社，1989）卷廿三谷水又東南逕已吾縣故城西條引《陳留風俗傳》曰：「縣故宋也，雜以陳、楚之地，故梁國寧陵縣之徙種龍鄉也。以成哀之世，戶至八九千，冠帶之徙，求置縣矣。」（頁 1942）

閱，池田溫的《中國古代籍帳研究》為集大成之作，值得參考。根據池田的研究，唐代貌閱有五點值得注意：

第一，貌閱是由縣令親自主持。武周延載元年八月勅：「皆縣〔令〕親視其形狀以作定簿。」

第二，唐初承隋制，每年貌閱；開元二十九年以後，改為三年一次。

第三，開元時，縣令除親自貌定形狀，還親定戶等和徭役。《大唐六典》卷三十，〈京縣畿縣天下諸縣官吏〉條謂：「京畿及天下諸縣令之職，皆掌……所管之戶，量其資產，類其強弱，定為九等。其戶皆三年一定，以入籍帳。若五九，謂十九、四十九、五十九、七十九、八十九；三疾，謂殘疾、廢疾、篤疾，及丁中多少，貧富強弱，蟲霜旱澇、年收豐耗、過貌形狀，及差科簿，皆親自注定，務均齊焉。」

第四，從前引可知，縣令貌定的對象限於在年齡上將成丁，將免課役，將為「老」，將可受賜侍丁及有三疾等特殊情況的縣民，而不是全縣的男女老幼。前引延載八年八月敕謂：「凡計年而將入丁、老、疾，應免課役及給侍者，皆縣〔令〕親視其狀，以作定簿」，十分明白。

第五，縣令定戶，非一人獨斷，而有鄉村父老參加共評。一個直接的證據是在吐魯番發現的開元二十一年蒲昌縣上呈西州都督府文書，其中有「本縣定戶……鄉村父老具狀前來……明府對城鄉父老評定戶等，並無延誤，人無怨言」等語。又天寶四載三月敕也有「自今以後，每至定戶之時，宜委縣令與村鄉對定，審於眾議」的規定。[29]

從這五點出發，回頭看漢代案比，可以有不少啟發。首先，漢代案比由誰主持？王毓銓以為是由戶曹負責。這是一個合理的推測，不過並沒有積極的證據。前引《華嶠書》說顯異江革於「稠人廣眾」之中的是臨淄令。如果這個稠人廣眾的場合是指案比時群集的縣民，則不無可能是由縣令或長親自主持算民，而由戶曹執行實際操作。這個問題當然還要更多的證據才能解決。其次，李賢是高宗時人，武則天當政時被殺。在李賢的時代，

---

29 以上俱見池田溫，前引書中譯本，頁 185-187。

貌閱照規定還是每年舉行，這和漢代每年案比相當。他以貌閱比附案比的一個理由當在於此。再者，唐縣令貌閱只限該年賦役義務或優待身分將有改變的縣民，而不是所有的人。這一點甚有啟發性，漢代案比是否也只對類似身分的縣民進行面對面的查驗？這樣似乎要比年年集合全縣男女老幼合理得多。

漢代百姓依年齡大小傅籍，有大、小、使，未使男女等名目，不同的身分負擔差別的賦役；至五十六歲為「老」，賦與役皆免；七十或八十歲則稱「高年」，可受有鳩首為飾的王杖，享有各種優待。近來因江陵張家山《二年律令》簡的出土，進一步知道授鳩杖的年齡和爵級高低有關，因賜爵、奪爵或因功晉爵，都會造成權益的改變。[30] 此外，鰥、寡、孤、獨、廢疾、罷癃、宗室等在賦役和優待上也是幾種不同的身分。[31] 種種不

---

30 參注 35 和拙文，〈從尹灣出土簡牘看漢代的「種樹」與「養老」〉，《天下一家》（北京：中華書局，2011），頁 552-564。

31 兩漢對高年的年齡規定，前後曾有改變。文帝元年詔令養老，有司請令「縣道年八十已上，賜米人月一石，肉二十斤，酒五斗。其九十已上，又賜帛人二疋，絮三斤。」賈山謂文帝「禮高年，九十者一子不事，八十者二算不事」（《漢書‧賈山傳》），可證八十、九十以上稱「高年」。不過在法律刑責上，優待似乎自七十以上。武威出土王杖詔令第一簡即說：「制詔御史，七十以上，人所尊敬也，非首殺傷人，毋告劾，它毋所坐。年八十以上，生日久乎？六十以上毋子男為鰥，女子年六十以上無子男為寡……」云云（《漢簡研究文集》，頁 35）。這與 1959 年武威磨嘴子 18 號墓所出王杖十簡，建武二年九月甲辰制詔內容雖有不同，但甲辰制詔御史曰：「年七十以上受王杖者比六百石，入廷不趨，犯罪耐以上毋二尺告劾，有敢徵召、侵辱者比大逆不道。」（《武威漢簡》，北京：文物出版社，1964，頁 140）也是以七十為高年。近年江蘇連雲港尹灣西漢墓出土〈集簿〉清楚記載東海郡老者「七十以上受杖」，江陵張家山漢簡《二年律令》也明白可證七十歲以上即享有法律上「有罪當刑者，皆完之」（簡 83）的優待。七十歲以上所享有的特權，到東漢時似要到八十以上者才能享有。《周禮‧司寇刑官‧司刺》鄭司農云：「幼弱老旄若今律令年未滿八歲，八十以上，非手殺人，他皆不坐。」八十或七十歲為「高年」與五十六歲免賦役之「老」，身分不同。居延簡中對免賦役「老」的身分有特別註記（參《居延漢簡》162.7、162.10）。《漢書‧高帝紀》上，如淳引《漢舊儀》云：「民年二十三為正，一歲為衛士，一歲為材官騎士，習射御騎馳戰陳。又曰年五十六衰老，乃得免為庶民，就田里。」此五十六免役之證。又《後漢書‧光武帝紀》下，李賢注引《漢舊儀》曰：「人年十五至五十六出賦錢，人百二十為一算」云云，可見算賦之出亦至五十六而止。到七十歲則為「高年」，享受更多優待。七十受王杖最早可

同身分的改變和認定似乎就是八月算民時的主要工作。

　　一般而言，這個工作是在鄉進行。《漢官儀》謂：「民年二十三為正」，生於東漢的崔琰說：「年二十三，鄉移為正」（《三國志·崔琰傳》）。這是鄉主理賦役身分改變的明顯證據。張景造土牛碑稱這種正為「鄉正」，亦可為一證。[32] 竊疑江革每至歲時，載母赴縣城，是因所居適在縣廷所在的都鄉，或因其母年老，身分特殊，去接受「高年」可享有的禮物和優待。1959 年和 1981 年，從甘肅武威磨嘴子東漢墓中先後發現兩份王杖詔令簡冊。兩冊都抄有一件相同的制詔：「高皇帝以來至本始二年〔1959 年簡脫「始」字〕，朕〔1959 年簡作「勝」〕甚哀憐耆老〔1959 年簡無「憐」字，「耆老」作「老小」〕，高年賜王杖〔1959 年簡「賜」作「受」〕，上有鳩，使百姓望見之，比於節」云云。[33] 這證實了《續漢書·禮儀志》和《呂氏春秋·仲秋紀》高誘注所載八月賜高年鳩杖的事。[34] 這種養老尊高年的措施，本於古禮。從簡冊看來，自高皇帝以來已經如此。自西漢初，確已行養老尊年，具體的內容則和東漢不盡相同。最明顯的例子是施糜粥、賜王杖等尊高年的活動在西漢並沒有和八月案比聯繫起來。在四川成都、山東臨沂、嘉祥的畫象磚或畫象石上都有手持鳩杖老者圖；1959 年在武威磨嘴

考的案例為成帝河平元年（西元前 28 年）一位汝南西陵縣昌里名先的老者，見磨嘴子十八號墓王杖簡。江蘇尹灣〈集簿〉所載東海郡七十受杖者要晚十餘年（約元延二、三年左右，西元前 11-10 年）。東漢以後，高年受王杖與鰥、寡、孤、獨等受粟、帛不再並行。前者行之於案比之時，後者則於大水、時雨不降等禳災，或即位、立皇太子、立后、皇帝加元服、改元或有瑞應等吉慶場合行之。參《東漢會要》卷二十八，「賜民爵·賜粟帛」條。鰥、寡、孤、獨各有定義，詳見上引王杖簡。宗室也有一定賦役特權，甘肅甘谷縣漢墓所出桓帝詔令簡，於宗室身分和特權明確引述，參張學正，〈甘谷漢簡考釋〉，《漢簡研究文集》，頁 85-141。

32　高文，《漢碑集釋》，頁 235。

33　分見《武威漢簡》，頁 140；《漢簡研究文集》，頁 34-61。

34　《續漢書·禮儀志》：「仲秋之月，縣道皆案戶比民。年始七十者，授之以王杖，餔之糜粥，八十九十，禮有加賜。玉〔王〕杖長九尺，端以鳩鳥為飾。」《呂氏春秋·仲秋紀》高誘注：「今之八月，比戶賜高年鳩杖、粉粢。」此外，《論衡·謝短篇》也提到七十賜王杖事，不俱引。

子，1972 年在武威旱灘坡東漢早期墓中更出土鳩杖實物。[35] 可見東漢賜鳩杖一事相當普遍。建武末的江革老母可能即有。她大概不會年年受鳩杖，[36] 但年年應有粥糜可喝。《後漢書‧江革傳》未載老母年歲，《東觀漢記》卷十八謂其「母年八十」，八十合乎「高年」的標準。據〈禮儀志〉，她應可得「加賜」的禮物，這也許值得每年往縣城跑一趟吧。一些和高年相關的特權，在這個場合，當然也可以得到重新確認。

此外，必須注意漢、唐縣的大小相差甚大。唐代置縣的人口標準雖曾有改動，但據《大唐六典》卷三，《舊唐書‧職官志》和《通典‧職官十五》，大致上唐縣分七等：京都所治為赤縣，京之旁邑為畿縣，其餘依人口和土地美惡分為望、緊、上、中、下縣。六千戶以上為上縣、二千戶以上為中縣，一千戶以上為中下縣，不滿一千戶為下縣。京畿附近，有時不限戶數，緣邊縣只要五千戶即屬上縣（《唐會要》卷七十）。唐代以五、六千戶為上縣，較漢代一縣萬戶的標準低甚多。漢置縣最少須三千戶，[37] 這標準已超過唐代的一個中等縣。漢一鄉有戶五千則置有秩。換言之，漢鄉有秩所轄人口已相當於唐代上縣的縣令。漢萬戶之縣如分為四至五鄉，每鄉

35　參劉志遠等，《四川漢代畫像磚與漢代社會》（北京：文物出版社，1983），頁 95；容庚，《漢武梁祠畫像錄》（考古學社，1936），頁 40；傅惜華《漢代畫像全集》二編（巴黎大學北京漢學研究所，1951），圖版 219，圖中有三位持鳩杖的老者。又《沂南古畫像石墓發掘報告》（北京：文物出版社，1956）謂墓中西壁南段拓片 48（圖版 59）有「古時所謂的鳩杖」（頁 25）。鳩杖實物分見張朋川、吳怡如編，《武威漢代木雕》（北京：人民美術出版社，1984），頁 23-24；《武威漢代醫簡》（北京：文物出版社，1975），頁 22 及插圖；〈海州西漢霍賀墓清理簡報〉，《考古》，3（1974）。更多相關資料參拙文，〈十年樹木，百年樹人──從尹灣出土簡看漢代的「種樹」與「養老」〉，《石璋如院士百歲祝壽論文集》（臺北：南天書局，2002），頁 545-546。本書卷三，頁 627-653。

36　據磨嘴子十八號墓所出王杖簡：「王杖不鮮明，得更繕治之。」以墓中所出王杖鳩首而言，木質雕刻，鳩身通體塗白色，以黑、紅二色繪眼、喙、翅、羽等。所謂王杖不鮮明，應指褪色，得重新塗飾整修。可見王杖並非年年發給。參張朋川、吳怡如編，《武威漢代木雕》，頁 23-24。

37　如西漢平陸縣，到東漢建武元年，因戶不滿三千而降改為陵樹鄉。東漢初承動亂之後，編戶減少，三千戶大約是置縣的最低標準。參嚴耕望，《中國地方行政制度史》上編，頁 44。

嗇夫所掌人口也等於唐代中等縣的縣令。以實際一縣編戶人口而言，前文已提到漢一縣平均約 7700 餘戶。而唐代，據梁方仲氏的統計，貞觀十三年（西元 639 年）是 2201 人；天寶元年（西元 742 年）為 5715 人；元和時期（西元 806-820 年）又降為 2311 人。[38] 唐縣戶口事實上當然有差別，不過就平均數而言，唐縣令所轄編戶實際上約略等於漢代的鄉有秩或嗇夫。這一點頗有助於考慮，貌閱或算民這樣的查驗工作較可能在多大的人口和行政單位中進行。

再從貌閱的內容看，唐代貌閱所涉較漢世算民複雜。依前文可知，貌閱之時，縣令除了親定形貌、五九、三疾以外，還要評定貧富強弱、蟲霜旱澇、年收耗實和差科。換言之，貌閱是一次人口，生產和財產的總檢查。而漢代的算民似只限人口、年齡、形貌（身高、膚色）和身分類別（爵、大小、男女、使、未使等）的查核登記。其它另外舉行。《周禮・地官・小司徒》鄭玄注「大比」曰：「謂使天下更簡閱民數及其財物也」；鄭司農曰：「五家為比，故以比為名，今時八月案比是也。」賈公彥《疏》又說：「謂若今之造籍，戶口地宅具陳於簿也。」二鄭與賈說容易使人誤會，以為漢代案比簡閱「民數」以外，還要核驗「財物」。[39] 其實，鄭玄是針對小司徒之職「頒比於六鄉之大夫，使各登其鄉之眾寡，六畜車輦，辨其物，以歲時入其數」而說，並沒有意味漢代也行三年大比或案比亦計或核及財務。至於鄭司農注，賈公彥說的很對，是因為「周以三年大比，未知定用何月，故司農以漢法況之」，重點在以「八月」說明「歲時」，漢代八月案比是否在人口以外，兼及財物，並未明言。實則「算民」一詞已很明白揭示「算」是以「民」或「民數」為對象。民數登記即成戶籍。劉熙《釋名・釋書契》謂：「籍者，籍也。籍疏人名、戶口故也。」從此可知，漢代戶口

38　參梁方仲，《中國歷代戶口、田地、田賦統計》（上海：上海人民出版社，1981），表 23-27，頁 78-96。又唐憲宗元和時庫部員外郎李渤上言：「竊知渭南縣長源鄉本有四百戶，今纔一百餘戶，閿鄉縣本有三千戶，今纔有一千戶，其他州縣大約相似。」（《舊唐書・李渤傳》）此可為唐中期縣鄉戶數之一斑。

39　如韓連琪，《先秦兩漢史論叢》（濟南：齊魯書社，1986），頁 382。

名籍是以各戶人名、年齡、賦役身分等「人」的資料為主。[40]

　　算民在查核戶口；土地、貲產另有文簿、圖冊，別有查驗的制度，不可相混。《周禮・冢宰治官・司會》鄭玄注謂：「版，戶籍也；圖，土地形象，田地廣狹。」田土有圖，淵源久遠，最少蕭何入關中，收圖、籍，戶籍與圖籍已然分開。戶籍用版，圖籍或繪於帛。馬王堆所出地圖帛製，居延簡：「徐路人等以治輿地圖，帛薄（簿）毋餘，素帛錢千」（217.7＋49.15）[41] 亦地圖繪於帛簿之例。唯帛製地籍迄今無可考。田地在西漢如何登記查驗，已不得而知。據居延簡，知元、成時期有「墾田簿」（113.6、139.24）。簿中須依年成好壞登記得穀情況，又據一些有限的線索，知道百姓在轉移田產時，須要知會從縣到里的鄉吏。江蘇儀徵胥浦 101 號西漢墓所出先令券書就是例子。[42] 墓主在平帝元始五年臨死前，請來縣、鄉三老、都鄉有秩、鄉佐、里師以及伍人、親屬等為見證，立下遺書。遺書主要內容關係到田產的轉移處分。因關涉人口和財產，據漢戶律，須知會鄉吏，居延曾出幾枚和「先令」相關的殘簡可以參證：

　　□□□□父病甚，之縣南鄉，見嗇夫□以為先令券書，家財物一錢〔以上〕□
　　辨券中辨在破胡，父□□〔嗇夫〕□□□二年三月癸丑□
　　□□

（202.11+212.15+202.22）

---

40 從學者研究長沙走馬樓三國吳簡中的戶籍以及晉代的戶籍內容也可旁證漢代戶籍和財產籍是分開的。基本上三國時代的吳和晉代戶籍承漢之舊，僅包括一戶之男女、郡縣里名、爵、生卒年月等人口資料。參胡平生，《長江流域出土簡牘與研究》（武漢：湖北教育出版社，2004），頁 615-616；張鵬一編，《晉令輯存》（西安：三秦出版社，1989），頁 12-13；唐長孺，〈太平道與天師道〉，《中華文史論叢》，3（2006），頁 51 引陸修靜〈陸先生道門科略〉。〈科略〉提到如何為奉道者「編戶著籍」，編著內容不外生死、男女、口數，不及財物。唐先生認為〈科略〉所說雖是後世之言，其錄籍之法必淵源於張陵三世創立天師道時。張陵所創，可想而知又必師法漢之戶籍。

41 此處釋文據紅外線簡影修正，其詳參拙文，〈中國古代的地圖——從江蘇尹灣漢牘的「畫圖」、「寫圖」說起〉，中山大學《藝術史研究》，6（2005），頁 123，注 36；本書卷四，頁 418-419。

42 陳平、王勤金，〈儀徵胥浦 101 號西漢墓《先令券書》初考〉，頁 20-25；李解民，〈揚州儀徵胥浦簡書新考〉，《長沙三國吳簡暨百年來簡帛發現與研究國際學術研討會論文集》（北京：中華書局，2005），頁 449-457。

□□□□

□知之，當以父先令、戶律從（202.10）（圖
4.1-2）

這三枚編編號 202 的殘簡，出於同一地點。
據中研院簡牘整理小組目驗原簡，無論其木
紋、厚薄和書法都一致，原應屬同一簡冊。
其中 202.11+202.15+202.22 為同一簡之削片，
可綴合（圖4）。「甚」字，《甲乙編》（頁 134）
與謝桂華等《合校》（頁 314）俱作「臨」，實
誤，經簡牘整理小組綴合改釋後，文意即
通。202.10 與 212.11+202.15+202.22 的前後文
關係已不易肯定，暫時排列如上。幸好內容
有四點甚明確：一、簡中所述與某人父親的
遺囑有關；二、遺囑與財物有關；三、「當以
父先令、戶律從」，「從」下應是「事」等字，
「從事」是公文慣用語，以戶律從事意即依戶
律辦理；四、「父病甚，之縣南鄉見嗇夫」，
父病危，往南鄉見嗇夫，與胥浦墓先令券書
參讀，則知當是與請嗇夫參與立遺書，認定
財產分配有關。以上殘簡與「神爵元年正月卅
日／二月卅日」（202.9）紀年簡同出破城子

圖 4.1
居延漢簡
202.10

圖 4.2
202.11+202.15+
202.22

A8，二者木質與厚薄皆同，時間上應十分接近。從鄉吏參與立遺書，使我
們了解到西漢鄉吏掌握地方人口和財產的部分實況。

　　關於東漢土地查核也只有片段的資料。建武十五年六月，光武曾「詔
下州郡檢覈墾田頃畝及戶口、年紀」（《後漢書·光武帝紀》下）。檢覈的情況
據《東觀記》說，當時「刺史、太守多為詐巧，不務實核，苟以度田為名，
聚人田中，並度廬屋里落，聚人遮道啼哭。」這次行動本是承大亂，天下
初平以後的一次人口與土地的總清查，性質頗不同於例行性的縣、道案

比。[43] 結果，不但地方官多與地主勾結，地主豪族甚至激烈反抗。光武雖處決了不少地方官，最後仍不了了之。地方官與地方勢力結合，包庇容私的問題並沒有解決。到章帝時，山陽太守秦彭才成功地建立了一套田地評等和在鄉、縣立文簿登記土地的制度；[44] 立了文簿，查對有依據，終使「姦吏跼蹐，無所容詐」（《後漢書‧循吏傳》）。秦彭將其法上奏，章帝又將之「班令三府，並下州郡」，可見章帝以前查核土地是一個州郡普遍存在的問題，尚乏具體可行的制度，也反映自東漢初以來，東漢政府在地主勢力的對抗和缺乏完善依據的情況下，對田地一直無法有效地查核。建武末的江革正生活在這樣一個土地難以查核的年代。很難想像他赴縣參加案比，當時的臨淄縣除了貌閱和存問高年之外，還能清查他家的土地田宅。

　　總之，即使算民只查核戶口身分，也不是件輕鬆的事。唐代戶籍登記有輕便的紙張可用，漢代只有竹木質的簡牘。唐代每年在相當於漢一鄉的範圍內，只針對「五九」和「三疾」實行貌閱，已無法確實執行。開元二十九年以後或天寶初以「人不欲擾，法貴從寬」（《唐會要》卷八十五，〈定戶等第〉）為由，改為三年一次。開元時期是史家公認的治世，尚且如此，漢代難道更有效率？東漢建武查戶口、墾田，官員親自下鄉，就田中聚民而度之，民已不堪其擾，遮道啼呼；若令民必跋涉百里，遠赴縣廷，豈非更加不堪？度田在傳統中國一直是一件極其擾民的事，建武十五年度田失敗就是一例。它幾乎不可能像貌閱人口一樣，年年舉行。如果度田僅根據簿冊又會不免因舞弊而與實際出入愈來愈大，所謂「度」泰半流為虛應故事。時日一久，要求政府進行總清查，頂多是某些人的夢想，漢、唐盛世

---

43 蘇誠鑒前引文認為建武十五年事「實際就是一次八月算人的寫照」（頁160），恐不確。第一，建武十五年度田在六月，非八月；第二，建武十五年由刺史和太守親自下鄉，與縣道案比常例不同；第三，據本文所論，八月算民以查核戶口、年紀、形貌為內容，不包括檢覈墾田頃畝。武威旱灘坡東漢墓出土簡謂：「鄉吏常以五月度田」，見李均明、劉軍，〈甘肅武威旱灘坡東漢墓〉，《文物》，10（1993），頁30，圖三。可證八月案比與查核田畝無涉。

44 關於秦彭之法和漢代土地查核，平中苓次、米田賢次郎等日本學者有詳細討論，參米田賢次郎，〈漢代田租查定法管見〉，姜鎮慶中譯本，《簡帛研究譯叢》第二輯，頁272-291。

都不曾真正做到。曾有學者認為八月算民兼及貲產，更是惑於表面文字，未顧及實際。

漢一鄉的面積只是一縣的四、五分之一。數十里至百里的距離，鄉民一、二日之間可至，這對於習於安土重遷的一般小農而言，是平日活動所及較可能的空間。小農於耕作之餘，亦從事小規模的買賣，但漢世早有「百里不販樵」的諺語（《史記‧貨殖列傳》）。轉販日常必需品於百里之外，注定得不償失。這是古代運輸成本局限貿易活動範圍的自然結果。[45]因此，

45　從王褒《僮約》和崔寔《四民月令》看來，似乎漢代農民不但常年買賣，甚至遠赴他地。《四民月令》中，農戶從二月至十一月，每月都在作糧食或布絮縑縛的交易，而《僮約》的主角便了販易各地，甚至遠赴兩公里以外。參宇都宮清吉，《漢代社會經濟史研究》（東京：弘文堂，1955），頁 350。這些資料容易使我們誤會漢世農民一般的情況。其實，楊聯陞先生早已指出《四民月令》說的是少數的富農兼商人，參楊聯陞，〈從四民月令所見到的漢代家族生產〉，《食貨》，1：6（1935），頁 8-11。而《僮約》所述是以買入的僮僕從事各種雜役、生產和買賣，其主人只可能是大地主。絕大部分漢代小農不可能像他們一樣。

事實上，古代陸上運輸成本極為昂貴，一般小農不可能從事遠距離貿易。這點中外皆然。《漢書‧食貨志》謂：「天下賦輸或不償其就費」，又謂：「千里負擔餽饟，率十餘鍾致一石」；如果自琅邪負海之郡轉粟於北河，則「率三十鍾而一石」（《漢書‧主父偃傳》）。東漢時，虞詡為武都太守，當地「道道艱險，舟車不通，驢馬負載，僦五致一」。（《後漢書‧虞詡傳》）一個實際的例子是建武三年，候粟君出牛、穀僱請寇恩以牛車從居延赴觻得賣魚。魚五千頭預估可售錢四十萬。粟君付給寇恩工錢為值六十石穀的牛一頭，另穀二十七石，合為穀八十七石。其時觻得穀價一石四千錢。換言之，這一趟四十萬錢的買賣，「載魚就（僦）直」即高達三十四萬八千錢。如果再加上粟君請寇恩子捕魚的工錢穀二十石，就如同許倬雲師所說，真是令人費解的賠本生意。參許倬雲，〈跋居延漢簡出土的寇恩爰書〉，《陶希聖先生八秩榮慶論文集》（臺北：食貨出版社，1979），頁 179。運費之昂又可參王子今，〈秦漢時期的私營運輸業〉，《中國史研究》，1（1989），頁 15-25。

水上運輸成本可參例如《戰國策》楚策一：「秦西有巴蜀，方船積粟，起於汶山，循江而下，至郢三千餘里。舫船載卒，一舫載五十人，與三月之糧，下水而浮，一日行三百餘里；里數雖多，不費馬汗之勞（《史記》作汗馬）。」有學者估計，戰國鄂君啟節裡說的「舿」，一舿載重約一千五百斛（劉和惠，〈鄂君啟節新探〉，《考古與文物》，5（1982），頁 62），而漢一車載二十五斛，一舿相當於六十車，可知車船載量差別之大，因而《史記‧淮南衡山列傳》有「一船之載當中國數十兩車」之語，水陸運費的差別不難由此推想。《晉書‧載記》「石季龍」條：「季龍謀伐昌黎，……以船三百艘運穀三十萬斛詣高句麗。」「季龍將討慕容皝，……具船萬艘，自河通海，運穀豆千一百萬斛于安樂城。」是一船可運一千餘斛，約當四十餘車運量，亦可參考。

除非迫於天災人禍，徭役或人口自然增殖的壓力，漢世小農可能和中國此後上千年的村夫農婦一樣，終生不出其鄉里一步。漢人習於連言「鄉里」，絕非偶然，因為這正是絕大部分漢人一生活動和熟悉的空間。這個空間之內，鄉民彼此非親即故，禍福與共，關係密切。陳平為陽武戶牖鄉人，家貧，「邑中有喪，以先往後罷為助」（《史記‧陳丞相世家》）。此處所謂邑即鄉，[46] 鄉有喪事，一鄉之人無論貧富皆往相助。戶牖富人張負即在喪所見陳，偉之，遂妻以女。宣帝外祖母王媼，涿郡蠡吾平鄉人，十四歲嫁同鄉王更得為妻（《漢書‧外戚傳》）。此鄉里間婚姻之證。東漢陳留人李充出妻，呼「鄉里內外共議其事」（《後漢書‧獨行傳》）。內外者，親戚朋友之謂。因鄉里間非親即故，漢人賑災濟困，每不限己族，而遍及鄉黨鄰里。[47] 以德

古代羅馬人以擅築路聞名，然陸上運費之昂與水運相較仍不成比例。近代學者根據戴克里先「限價令」中所訂運費研究，發現如果以車運送一千二百磅麥子赴三百哩外，麥價即高漲一倍；如果經水路運送相同重量的麥子橫越地中海，其費較陸運七十五哩之費猶廉。凡穀物陸運超過五十哩即得不償失。參 M.Grant, *History of Rome*（Charles Scirbner's Sons 1978），p. 266; M.I. Finley, *The Acient Economy*（Chatto & Windus, 1973），p. 126; A. H.M. Jones, *The Later Roman Empire*（University of Oklahoma Press, 1964），pp. 841-845; R. Duncan-Jones, *The Economy of the Roman Empire*（Combridge University Press, 1974），pp. 366-369.

46 漢初邑與鄉相當。《史記‧商君列傳》：「集小鄉、邑、聚為縣」，是鄉、邑、聚為小於縣的聚落單位。《漢書‧高帝紀》「高祖，沛豐邑中陽里人也。」應劭曰：「沛，縣也；豐，其鄉也。」豐邑乃當於鄉。秦時，縣以下鄉、邑為同級地方單位。高祖入關中，「乃使人與秦吏行至縣鄉邑告諭之」，此處縣為一級，鄉、邑為一級。這從《史記‧樊噲傳》：「與諸將共定代鄉邑七十三……定燕地，凡縣十八，鄉邑五十一」的措詞即可證明。晁錯徙民策云：「此民所以輕去故鄉而勸之新邑也」（《漢書‧晁錯傳》），其措詞仍然是以鄉與邑相當。當然，後來漢制以皇后和公主所食曰邑，情形就不全相同了。不過，《說文》仍然說：「鄉，國離邑」。

47 這類例證極多。例如疏廣乞骸骨，歸鄉里，日設酒食，請族人故舊賓客「與鄉黨宗族共饗其賜」（《漢書‧疏廣傳》）。西漢末郇越「散其先人訾千餘萬，以分施九族州里」（《漢書‧鮑宣傳》附）東漢例子更多：廉范「積財粟，悉以賑宗族朋友」；樊宏「訾至巨萬，而賑贍宗族，恩加鄉閭」；朱暉「盡散其家資，以分故舊之貧羸者，鄉族皆歸焉」；獻帝初，百姓饑荒，張儉「傾竭財產，與邑里共之，賴以存者以百數」；童恢父仲玉「傾家賑恤，九族鄉里賴全者以百數」；黃巾賊起，郡縣饑荒，劉翊「救給乏絕，資其食數百人，鄉族貧者，死亡則為具殯葬，煢獨則助營妻娶」，以上見《後漢書》各本傳。

古月集：秦漢時代的簡牘畫像與政治社會
—— 卷四 法制、行政與軍事

行聞於鄉里，為漢世仕宦之初階，所謂「舉孝弟有行義聞於鄉里者」（宣帝地節三年十一月詔），兩漢皆然。這一點已是常識，無勞舉證。漢世能行鄉舉里選，根本基礎即在有一彼此知識，關係密切的鄉里社會。

漢世社會秩序的維繫也在於這樣密切的鄉里關係。昭帝始元五年，有一夏陽卜者成方遂（一名張延年）駕黃犢車詣闕，詐自稱衛太子，京師為之震動，長安吏民聚觀者數萬人；公卿、將軍、二千石雜識之，無人敢定其真偽。廷尉後傳召其「鄉里識知者張宗祿等」，終於揭穿其詐（《漢書·雋不疑傳》）。人離其鄉，即少人能識；要辨識人，必得靠「鄉里識知」。另一個例子是宣帝訪求流落民間的外祖母，經過太中大夫、丞相、御史屬雜考問「鄉里識知者」四十五人，因所述「皆驗」，而後確認（《漢書·外戚傳》上）。鄉里間多彼此知悉，歹徒難在鄉里間施詐。他鄉之民，稱為「客民」，亦在所客居之鄉有秩或嗇夫的管轄之下。[48] 因此，流亡的歹徒不易藏

---

48 寄居他鄉者稱「客民」，疑亦稱「客子」。「客子」一名見居延簡 88.5：

居延騎士廣都里李宗坐殺客子楊克元鳳四年正月丁酉亡☐（88.5）
客子漁陽郡路縣安平里
　　　馬二匹
張安上
　　　軺車二乘

客民的一個佳例是建武三年候粟責寇恩爰書冊中的寇恩。寇恩是穎川昆陽市南里人，但是他在居延的身分，據爰書冊很明白是「客民」，受居延都鄉嗇夫管轄。有關他的訟案，並不送回原籍，而由客居的鄉嗇夫偵辦。客民一詞又見居延簡 308.38。在文獻中可以《後漢書·馬援傳》為例：「於是詔武威太守令悉還金城客民，歸者三千餘口，使各反舊邑。」客民在他鄉稱「客居」。「客居長安當利里者雒陽上商里范義」云云（157.24A）此處標明當事人原籍及客居所在，客居一詞意義明確。與此相對者，稱「居民」。昆陽都鄉正衛彈碑：「臨時顧（僱）慕（募），不煩居民」（《隸釋》卷十五，頁十三上）；《潛夫論·實邊》有云：「內郡人將妻子來占著，五歲以上，與居民同均，皆得選舉。」換言之，客民在五年以內，原本不能和居民享受同等選舉的權利。不但如此，客民更常遭居民欺負。《後漢書·賈宗傳》謂：「建初中為朔方太守。舊內郡徙人在邊者，率多貧弱，為居人（按：即居民）所僕役，不得為吏。宗擢用其任職者，與邊吏參選……」此可與《潛夫論》所說相參證。又《古詩源》錄古歌一首頗能反映客民在他鄉的境遇：「高田種小麥，終久不成穗；男兒在他鄉，焉得不憔悴！」

匿。漢代追捕逃犯或打擊宵小，必賴鄉里合作，[49] 理由在此。

費辭勾勒這樣一個鄉里社會，目的在幫助我們思考：如果縣、道案比算民，應可能較採取何種方式？唐代定戶，鄉村父老具狀赴縣，與縣令對定。唐縣相當於漢鄉，漢代是不是也由里中父老、里正帶頭赴鄉，配合鄉嗇夫或有秩、鄉佐等，與縣廷來的長官會同貌閱？個人以為很可能是如此，積極的證據雖然沒有，居延簡中三件記載秋賦錢的殘文頗有啟發性：

```
        熒              東利里父老夏聖等教數
(1)      □秋賦錢五千    西鄉守有秩志臣佐順臨        （45.1A，圖5）
        陽              □□親具
```

49 子賞為長安令，「乃部戶曹掾吏與鄉吏、亭長、里正、父老、伍人雜舉長安中輕薄少年惡子，無市籍商販作務，而鮮衣凶服，被鎧扞持刀兵者，悉籍記之，得數百人。」（《漢書‧酷吏傳》）韓延壽為潁川、東郡太守，「置正、五長，相率以孝弟，不得舍姦人，閭里仟佰有非常，吏輒聞知，姦人莫敢入界。」（《漢書‧韓延壽傳》）宣帝甘露二年五月，丞相少史和御史府少史從長安轉發通緝令，要求張掖太守「嚴教屬縣令以下嗇夫、吏、正、三老，雜驗問鄉里吏民……務得實情」云云。張掖太守將通緝令層層下轉，我們看到的一份即在居延肩水金關出土。在通緝令裡，根據「試（識）知外人者，故長公主大奴千□等」的供詞，詳細陳述了逃犯的來歷、年齡、容貌，甚至習慣的動作和性情，而真正擔任追查的正是鄉嗇夫、里正、三老等鄉里之吏和鄉中長老。以上引文有些須略加考證。韓延壽所置正、伍長為何？顏師古說：「正若今之鄉正、里正也；五長，同伍之中置一人為長也。」如顏說可從，則韓延壽置正、五長，不知當地本無此類組織，或自秦以來的里、什伍之制趨於廢弛，有待延壽加以重建。從文獻和出土資料看，漢代里制普遍存在，一無可疑。尤其馬王堆所出長沙國南部地圖可以證實里制存在於邊遠地區。漢世地方伍制似亦始終存在。《續漢書‧百官志》謂民有什伍，本注曰：「什主十家，伍主五家」。唯迄今所見，只有伍、伍長可考，什長或什這一級地方組織尚無法證實。前引甘露二年通緝令的釋文和標點，多從裘錫圭。如「吏、正」，初仕賓作「吏正」；裘讀「試知」的試為「識」，初氏則釋「試知」為「試證得知」。初氏雖為文駁裘說，十分勉強。許青松另有文支持裘說。從本文所引「鄉里識知者」在司法中的作用可知，裘釋應屬正確。諸說分參初仕賓，〈居延簡冊甘露二年丞相御史律令〉，《考古》，2（1980），頁179；初仕賓、伍德煦，〈居延甘露二年御史書冊考補〉，《考古與文物》，4（1984），頁76；裘錫圭，〈關於新出甘露二年御史書〉，《考古與文物》，1（1981），頁105-106；〈再談甘露二年御史書〉，《考古與文物》，1（1987），頁100；許青松，〈甘露二年逐驗外人簡考釋中的一些問題〉，《中國歷史博物館館刊》，8（1986），頁22。

古月集：秦漢時代的簡牘畫像與政治社會
—— 卷四 法制、行政與軍事

　　　　　　☑

（2）☑　　　　　　　　　　　　　　　　　　　　　　　　（49.2A）

　　　七月秋賦錢五千

　　　☑　　　　　　　　　　☑☑里父老☑☑

（3）☑　　　　☑秋賦錢五千　　正安釋☑☑　　　　　　（526.1A）

　　　鄉　　　　　　　　嗇夫京佐吉☑

圖5　簡45.1 紅外線照片

這三枚都是封檢。封檢形式上窄下寬，據勞先生考證，是專門施於囊橐者（《居延漢簡考證》，頁2）。可以想見囊橐所盛裝很可能就是秋賦錢，封檢上則注明來源、數量以及徵收、封繳人。這三件封檢注記的形式稍有不同。（1）簡有縣名「滎陽」，屬河南郡；（2）簡右半斷失，左半右側尚有筆劃痕跡，不可識；（3）簡有封檢凹槽二，有某鄉名，無縣名。有鄉無縣名的情形還見於另一秋賦封檢：「廣鄉☑秋賦☑五千／王德少三／☑四」（21.A）。（1）簡有縣名，封檢上卻很明白說這筆錢是來自滎陽之西鄉。因此，大體上可以說，當時秋賦錢的徵收是以鄉為單位，《九章算術》卷三所舉南、北、西鄉徵算錢之算題，亦可為徵賦以鄉為單位之一證。徵收封妥後，被（縣？大司農？）送到居延邊地。此外，據（2）簡可知徵收秋賦錢是在七月。七月徵賦如果是通例，很顯然就和八月算民不是一回事。然而，值得注意的是一鄉賦錢的徵收和封繳，是由里父老、里正、鄉有秩或嗇夫以及鄉佐共同具名負責。[50] 從而不難推

50　鎌田重雄認為（1）簡的意思是由東利里的父老夏聖等點數，西鄉有秩志臣和鄉佐順在場，以下不可解。大庭脩和米田賢次郎看法相同。他們都從勞榦，釋「☑☑親具」為「從請親且」。不過，鎌田加了一個附註，以為「且」或為「見」之誤。大庭氏則指出此四字筆跡與簡上其餘字跡不同。經查原簡及紅外線照片，這四字書法確與同簡其餘文字不同，但為某某親具無疑。米田將此四字解為「按照請求，親自……」云云，應可信從。第（2）、（3）簡也皆因殘損，看不出這些人在徵賦上確實各擔任什麼角色。然而，賦錢徵收由鄉和里共

測，算民之時，除了鄉有秩或嗇夫，里正和父老也應參與。在秦代，里典和父老對百姓戶籍的差錯（弗告，不審）負有極重的責任，唐代里正對脫戶漏口或增減年狀也負重責，[51] 漢代似不可能例外。

四 結論

　　釐清案比舉行的地點，有助於了解漢代地方控制和地方行政的實況。縣是中央直轄最低一級的行政單位。漢是如何，又是否能有效控制縣以下的地區？漢中央和地方的勢力在那兒接榫？案比的地點可以作為一個指標。以上從對資料的詮釋，縣鄉和戶籍的關係，縣鄉的大小，交通和行政條件，漢唐制的比較，漢代鄉里社會的特質等方面，對縣道案比舊說提出質疑，並討論其它的可能性。由於積極的證據不算充分，本文並不敢作什麼新的結論，只歸納幾點初步想法，求教於先進：

1.　漢代八月算民，每年要全縣男女老幼集於縣廷，接受貌閱的可能性十分微小。從縣的人口與面積，以及交通、地方行政條件等方面考慮，即使有某些縣有此可能，亦不可能全國通行。

2.　案比算民的實態可能是名義上由縣道負責，實際施行卻在更基層的鄉和里。

同負責，則可確定。請參鎌田重雄，《秦漢政治制度史の研究》（東京：日本學術振興會，1962），頁 421；米田賢次郎，〈漢代田租查定法管見〉，姜鎮慶中譯本，《簡牘研究譯叢》第二輯，頁 183；大庭脩，《秦漢法制史の研究》（東京：創文社，1982），頁 517。

51　《睡虎地秦墓竹簡》，頁 143：「匿敖童，及占病（癃）不審，典、老贖耐．百姓不當老，至老時不用請，敢為酢（詐）偽者，貲二甲；典、老弗告，貲各一甲；伍人，戶一盾，皆（遷）之．傅律」。《唐律疏義》卷十二，「諸里正不覺脫漏增減」條：「議曰：里正之任，掌案比戶口，收手實，造籍書。不覺脫漏戶口者，脫謂脫戶，漏謂漏口，及增減年狀，一口笞四十，三口加一等；過仗一百，十口加一等，罪止徒三年。」（頁 233）同卷「諸里正及官司妄脫漏增減」條：「議曰：里正及州、縣官司，各於所部之內，妄為脫漏戶口，或增減年狀，以出入課役，一口徒一年，二口加一等，十五口流三千里。」（頁 235）

　古月集：秦漢時代的簡牘畫像與政治社會
　　　　—— 卷四　法制、行政與軍事

3. 從唐貌閱之制判斷，漢世算民似非無分男女老幼，年年皆在被算之列；很可能只限於賦役身分將有改變，身分須要重新核定的一部分人。

4. 漢世算民以查核「民數」為主，種種不同賦役身分的改變和認定似乎是算民的主要工作。整體而言，漢代算民和唐代貌閱一大不同在漢代只及「民數」，不及財物，而唐代兼及兩者。唐代之所以能夠兼及二者，蓋唐世已用紙而不用竹簡木牘，在行政文書處理上效率大為提高，應是根本原因之一。

5. 漢代算民在不同時期，不同區域的實際狀況可能有差別，例如，東漢案比，並行養老之禮，此於西漢無徵；漢代縣、道、侯國面積與人口相差甚大，交通、行政條件不齊，齊國臨淄和桂陽在實施算民的方式即難免有所不同，志書所載為一代典制之原則，實際情況必容許若干彈性，否則難以落實。

6. 本文強調鄉在戶籍掌握上的重要地位，以為戶籍調查是以鄉為單位。不過，仍有不易解釋的困難：果如此，為何漢人名籍，以署縣、里為通例，而少有署鄉者？為何馬王堆所出長沙國南部地圖只標縣、里名，不見鄉的蹤跡？漢世固多以南、北、東、西、左、右名鄉者，鄉有專名者亦極多，為何偏偏省略鄉名？這些問題還須更多的證據和進一步的思考，才能解決。

7. 最後，不能不強調，漢世治風，代有不同，或清靜無為，或察察為明，而漢代地方官權又大，案比如何施行，在鄉或在縣，不無可能由各郡國自行斟酌。例如，文帝尚無為，百姓「自六七十翁亦未嘗至市井」（《史記・律書》），這個時代怎麼會施行擾民的案比？再如，劉寵為會稽太守，「下車以來，狗不夜吠，民不見吏」（《後漢書・劉寵傳》）；外黃縣令以爰延為鄉嗇夫，「人但聞嗇夫，不知郡縣」（同上，〈爰延傳〉），這些地方官大概都不曾認真執行一年一度的案比或算民吧。但在某些地區，八月算民似乎成為傳統。例如東漢末，三國時的薛綜提到「自臣昔客，始至之時，珠崖除州縣嫁娶，皆須八月引戶，人民集

會之時，男女自相可適」（《三國志・薛綜傳》）。「引戶」據〈集解〉引梁章鉅云：「即古之案比」。因此，討論漢代案比的實況，恐不能不考慮到區域、時代和地方官態度的差別，制度規定則是另一回事。

78.8.11

附記

本文寫成後，承嚴耕望先生、杜正勝、蕭璠、廖伯源諸友賜教，謹此致謝。

原刊《中央研究院歷史語言研究所集刊》，60：2（1989），頁 451-487。

又記

當年花了很大的氣力論證案比在鄉，而不是在縣舉行。近年江陵張家山漢簡《二年律令》一出，證實了過去的臆測。《二年律令》〈戶律〉有一條說：「恆以八月令鄉部嗇夫、吏、令史相雜案戶籍」（簡 328），另一條說：「民宅園、戶籍、年紬籍、田比地籍、田命籍、田租籍，謹副上縣廷」（簡 331），明白證明案驗戶籍由鄉嗇夫配合縣廷官吏在鄉進行，案驗後將結果抄送縣廷。秦漢時代，皇權無疑深入縣以下的鄉里。

96.1.11 訂補；105.2.10 再訂；111.2.22 三訂

附表一：西漢末郡國與縣面積估計表 (說明)

　　曾作漢代郡國面積估計的先後有勞榦、葛劍雄和楊遠三氏。梁方仲的《中國歷代戶口、田地、田賦統計》也有估計，但係轉錄勞氏的成果。勞榦所估是利用楊守敬圖，重繪在申報館所出《中國分省地圖》上；朝鮮部分曾參考滿鐵所出《最新滿洲地圖》；安南部分參考《法國百科全書》所附《印度支那圖》。葛劍雄的估計則是根據譚其驤主編的《中國歷史地圖》。楊遠文中未說明他的依據。唯在其文表二的說明中曾說：「以本文圖的郡界面積為準。」（頁 383）楊文郡界係由楊氏自作考訂；如何考訂，文中沒有進一步說明。

　　漢代郡國邊界已難確考。三氏所估郡國面積常有相差達一倍以上者。這種情形尤以邊郡為甚，如河西四郡、雲中、定襄、會稽、玄菟、五原、九真、日南等。本表暫依葛劍雄數字，作最保守的估計。有些三氏估計不同，其中兩人較為接近，另一人相差甚遠，如真定、河間、平原、蜀郡，則參照譚其驤圖，只取兩氏得出平均數。葛劍雄估計中有兩處將若干郡國合併，又分估會稽南北部。本表為方便統計，依譚其驤圖，將合併的郡國分別作了估計（沛郡、梁國、山陽、魏郡、鉅鹿、清河、廣平、信都），又將葛氏分估的會稽南北部合併。由於勞氏未估計會稽郡閩中部分，本表據葛、楊估計得其平均數。其餘郡國，三人所估計皆有出入，唯出入尚非甚鉅者，則將三種估計數字平均，得一平均約數，作為本文估計各縣面積的依據。

　　勞、葛、楊三氏的估計皆以平帝元始二年（西元 2 年）為準。元始二年時，部分郡國的分合和縣的歸屬已無法完全肯定，這是葛氏為何將若干郡國合併計算的原因。但本表暫隨譚其驤圖不得已的辦法，在無法肯定的情形下，暫以《漢書・地理志》為準。（參譚其驤《中國歷史地圖集》第二冊，西漢「冀州刺史部」圖附小注。）

西漢末郡國與縣面積估計表

郡國		縣數	郡國面積估計				縣平均面積
			勞榦	葛劍雄	楊遠	平均	
1.	京兆尹	12	8,599	7,145	8,800	8,181	681
2.	左馮翊	24	14,247	22,718	24,100	20,355	848
3.	右扶風	21	27,675	24,154	22,900	24,909	1,186
4.	弘 農	11	41,130	40,177	34,100	38,469	3,497
5.	河 東	24	36,090	35,237	36,975	36,100	1,504
6.	河 內	18	18,270	13,261	15,700	15,743	874
7.	河 南	22	11,250	12,884	13,500	12,544	570
8.	穎 川	20	10,710	11,512	12,700	11,640	582
9.	汝 南	37	37,097	31,364	40,750	36,403	983
10.	沛 郡	37	36,990	〔27,500〕	30,475	31,655	855
11.	梁 國	8	5,408	〔5,750〕	4,900	5,352	669
12.	魏 郡	18	10,800	〔15,300〕	14,000	13,366	742
13.	鉅 鹿	20	7,440	〔5,700〕	5,475	6,457	322
14.	常 山	18	15,930	15,747	14,475	15,384	854
15.	清 河	14	4,500	〔6,125〕	6,700	5,775	412
16.	趙 國	4	4,050	4,186	3,800	4,012	1,003
17.	廣 平	16	1,199	〔3,100〕	3,100	2,466	154
18.	真 定	4	1,881	937	1,000	986	242
19.	中 山	14	9,234	7,451	10,200	8,961	640
20.	信 都	17	8,253	〔6,014〕	5,750	6,672	392
21.	河 間	4	3,069	2,324	1,375	2,696	674
22.	東 郡	22	13,500	13,456	15,700	14,218	646
23.	陳 留	17	10,890	12,100	11,625	11,538	678
24.	山 陽	23	9,000	〔8,800〕	10,675	9,837	427
25.	濟 陰	9	6,210	5,225	4,900	5,445	605
26.	泰 山	24	18,000	19,048	15,350	17,466	727
27.	城 陽	4	3,375	2,748	3,150	3,091	772

郡國		縣數	郡國面積估計				縣平均面積
			勞榦	葛劍雄	楊遠	平均	
28.	淮　陽	9	11,000	10,256	6,975	9,410	1,045
29.	東　平	7	3,150	3,744	2,850	3,248	464
30.	琅　邪	51	23,625	21,212	22,050	22,295	437
31.	東　海	38	22,500	19,756	24,600	22,285	586
32.	臨　淮	29	42,372	28,856	37,900	36,376	1,254
33.	魯　國	6	5,400	3,724	3,500	4,208	701
34.	楚　國	7	5,247	6,476	5,350	5,691	813
35.	泗　水	3	3,375	2,908	1,925	2,736	912
36.	廣　陵	4	7,467	6,364	6,400	6,743	1,685
37.	平　原	19	1,595	9,172	9,750	9,461	497
38.	千　乘	15	5,481	4,096	6,000	5,192	346
39.	濟　南	14	7,923	6,888	6,625	7,145	510
40.	齊　郡	12	6,147	3,928	4,200	4,758	396
41.	北　海	26	7,830	4,000	5,150	5,660	217
42.	東　萊	17	10,872	14,592	13,550	13,004	764
43.	甾　川	3	1,431	916	650	783	261
44.	膠　東	8	7,425	7,256	8,500	7,727	965
45.	高　密	5	1,269	1,032	1,700	1,333	266
46.	南　陽	36	46,170	48,831	51,050	48,683	1,352
47.	南　郡	18	74,250	63,919	71,500	69,889	3,882
48.	江　夏	14	76,518	61,569	63,875	67,320	4,808
49.	桂　陽	11	51,390	53,069	53,500	52,653	4,786
50.	武　陵	13	116,100	122,456	112,050	116,868	8,989
51.	零　陵	10	59,778	45,050	52,475	52,434	5,243
52.	長　沙	13	75,510	80,544	86,475	80,843	6,218
53.	廬　江	12	44,325	36,180	39,450	39,985	3,332
54.	九　江	15	37,710	26,181	23,650	29,180	1,945

郡國		縣數	郡國面積估計				縣平均面積
			勞榦	葛劍雄	楊遠	平均	
55.	會 稽	26	83,970（閩中未計入）	（北部）68,835（南部）158,568	232,700 227,403	23,005	8,848
56.	丹 陽	17	59,700	52,569	50,200	54,156	3,185
57.	豫 章	18	174,960	165,915	161,700	167,525	9,306
58.	六 安	5	10,881	11,907	6,450	9,746	1,949
59.	漢 中	12	69,894	70,488	73,700	71,360	5,946
60.	廣 漢	13	55,953	50,328	63,800	56,693	4,361
61.	蜀 郡	15	24,219	67,266	76,400	71,833	4,788
62.	犍 為	12	129,930	125,640	109,000	121,523	10,126
63.	越 嶲	15	108,747	90,612	108,575	102,644	6,842
64.	益 州	24	258,320	140,013	268,275	222,202	9,258
65.	牂 柯	17	183,969	182,700	222,400	196,356	11,550
66.	巴 郡	11	135,810	125,694	126,650	129,384	11,762
67.	武 都	9	25,750	26,460	25,575	25,928	2,880
68.	隴 西	11	26,925	25,443	48,500	33,622	3,056
69.	金 城	13	59,500	34,888	54,275	49,554	3,811
70.	天 水	16	17,000	23,238	25,050	21,762	1,360
71.	武 威	10	83,250	24,243	127,250	〔24,243〕	2,424
72.	張 掖	10	135,500	45,264	130,750	〔45,264〕	4,526
73.	酒 泉	9	58,250	37,301	143,300	〔37,301〕	4,144
74.	敦 煌	6	149,750	28,236	81,350	〔28,236〕	4,706
75.	安 定	21	64,750	54,807	58,600	59,385	2,827
76.	北 地	19	59,750	55,100	55,250	56,700	2,984
77.	太 原	21	51,750	43,525	38,500	44,591	2,123
78.	上 黨	14	29,770	26,875	28,750	28,465	2,033
79.	雲 中	11	17,750	8,213	36,725	〔8,213〕	746
80.	定 襄	12	17,000	7,938	16,350	〔7,938〕	661

郡國	縣數	郡國面積估計				縣平均面積
		勞榦	葛劍雄	楊遠	平均	
81. 雁　門	14	18,900	24,356	24,400	22,552	1,610
82. 代　郡	18	27,750	23,731	30,900	27,460	1,525
83. 涿　郡	29	16,020	15,372	16,500	15,964	550
84. 勃　海	26	22,725	16,272	19,575	19,524	750
85. 上　谷	15	31,250	22,644	34,150	29,348	1,956
86. 漁　陽	12	37,900	41,409	51,400	43,569	3,639
87. 右北平	16	36,750	45,558	67,700	50,002	3,125
88. 遼　西	14	39,750	46,431	46,975	44,385	3,170
89. 遼　東	18	83,700	78,093	147,000	102,931	5,718
90. 玄　菟	3	84,750	55,296	199,525	〔55,296〕	18,432
91. 樂　浪	25	69,750	84,411	87,120	80,427	3,217
92. 廣　陽	4	2,700	3,114	3,425	3,079	769
93. 上　郡	23	44,784	63,025	87,550	65,119	2,831
94. 西　河	36	44,010	55,000	45,600	48,203	1,338
95. 朔　方	10	79,775	58,369	58,100	65,414	6,541
96. 五　原	16	16,150	9,063	30,900	〔9,063〕	566
97. 南　海	6	95,670	98,527	92,850	95,682	15,947
98. 鬱　林	12	125,190	126,200	157,900	13,643	11,369
99. 蒼　梧	10	57,510	56,313	55,000	56,274	5,627
100. 交　趾	10	77,490	73,059	56,850	69,133	6,913
101. 合　浦	5	56,970	97,591	95,875	82,478	16,495
102. 九　真	7	55,620	12,066	67,175	〔12,066〕	9,596
103. 日　南	5	94,500	33,884	56,160	〔33,884〕	6,776
面積總計：		4,443,319	3,944,788	4,996,580	3,838,738	
					（以上各郡平均值總計）	

附表二：西漢末縣平均面積分類表

縣面積 （平方公里）	郡國（附縣數）	郡國數 合計	縣數 合計
100～500	鉅鹿（20）清河（14）廣平（16）真定（4）信都（17）山陽（23）東平（7）琅邪（51）平原（19）千乘（15）齊郡（12）北海（26）甾川（3）高密（5）	14	232
501～1000	京兆（12）馮翊（14）河南（18）河南（22）潁川（20）汝南（3）沛郡（37）梁國（8）魏郡（18）常山（18）中山（14）河間（4）東郡（22）陳留（17）濟陰（9）泰山（24）城陽（4）東海（38）魯國（6）楚國（7）泗水（3）濟南（14）東萊（17）膠東（8）雲中（11）定襄（12）涿郡（29）勃海（26）廣陽（4）五原（16）	30	499
1001～1500	右扶風（21）趙國（4）淮陽（9）臨淮（29）南陽（36）天水（16）西河（36）	7	151
1501～2000	河東（24）廣陵（4）九江（15）六安（5）雁門（14）代郡（18）上谷（15）	7	95
2001～3000	武都（9）武威（10）安定（21）北地（19）太原（21）上黨（14）上郡（23）	7	117
3001～4000	弘農（11）南郡（18）盧江（12）丹陽（17）隴西（11）金城（13）漁陽（12）右北平（16）遼西（14）樂浪（25）	10	149
4001～	江夏（14）桂陽（11）武陵（13）零陵（10）長沙（13）會稽（26）豫章（18）漢中（12）廣漢（13）蜀郡（15）犍為（12）越嶲（15）益州（24）牂牁（17）巴郡（11）張掖（10）酒泉（9）敦煌（6）遼東（18）玄菟（3）朔方（10）南海（6）鬱林（12）蒼梧（10）交趾（10）合浦（5）九真（7）	28	335
	總計	103	1578

從出土資料看秦漢聚落形態和鄉里行政

　　近幾十年來因為出土材料增加，中外學者從新的視角，重新審視底層庶民的社會和文化，激起不少新的秦漢基層社會研究，也獲致不少新的成果。以材料而言，新材料主要包括兩方面：一是古代聚落遺址本身；二是涉及地方基層組織和生活的簡牘文書、銘刻與畫像等。新材料雖不足以完全揭開古代底層社會的面貌，已容許我們重新評估某些傳世文獻，開啟新的視野或提出新的研究課題。

　　以方法而言，過去的研究有不少受到理論的束縛，生搬硬套，刻舟求劍，現在看來只剩下若干學術史上的意義；有些偏重文獻，有些偏重考古發現，更多的人企圖結合兩者，但傳世文獻和出土材料如何相互照應，仍然有不少一時難以克服的困難。

　　以視角言，過去研究基層社會，較多的心力是放在基層社會的組織、制度或結構，如家族、鄉里、人口結構等；也頗注意地方與中央的權力關係，例如地方豪強或豪族以及所謂的農民起義等等。當然還有更多的人投入土地或經濟問題的探索。自從生態環境和人的關係受到關切以後，逐漸有較多的人，尤其是考古工作者將注意力放在古代聚落形態和生態環境關係的研究上。[1] 又自從所謂文化史、生活史、醫療史的研究興起後，庶民文

1　例如嚴文明，〈中國新石器時代聚落形態的考察〉，《慶祝蘇秉琦考古五十五年論文集》（北京：文物出版社，1989），頁 24-37；高廣仁、胡秉華，〈王因遺址形成時期的生態環境〉，《慶祝蘇秉琦考古五十五年論文集》，頁 165-171；陳雍，〈姜寨聚落再檢討〉，《華夏考古》，4（1996），頁 53-76；岡村秀典，〈遼河流域新石器文化的居住形態〉，《東北亞考古學研究》（北京：文物出版社，1997）；張弛，《長江中下游地區史前聚落研究》（北京：文物出版社，2003）；陳星燦，〈中國文明腹地的社會複雜化進程——伊洛河地區的聚落形態研究〉，《考

化成為新的焦點。[2] 例如不少人將出土日多的日書當作民間信仰的材料，深入民間信仰的世界；[3] 也有人利用畫像或碑刻，注意區域性的信仰組織和活動，例如巴蜀的道教藝術，或華北農村的佛教傳播。[4] 當然有更多的人企圖深入基層聚落、城市、家族問題作較全面性的綜述，勾勒一部秦漢至隋唐的鄉村社會史。[5]

古學報》，2（2003），頁 161-218；許宏、陳國梁、趙海濤，〈二里頭遺址聚落形態的初步考察〉，《考古》，11（2004），頁 23-31；田廣林，〈夏家店下層文化時期西遼河地區的社會發展形態〉，《考古》，3（2006），頁 45-52；劉建國，〈陝西周原七星河流域考古信息系統的建設與分析〉，《考古》，3（2006），頁 79-83；陳朝雲，《商代聚落體系及其社會功能研究》（北京：科學出版社，2006）；王巍，〈聚落形態研究與中華文明探源〉，《文物》，5（2006），頁 58-66；陳洪波，〈魯豫皖古文化區的聚落分布與環境變遷〉，《考古》，2（2007），頁 48-60；裴安平，〈史前聚落的群聚形態研究〉，《考古》，8（2007），頁 45-56；王子今，《秦漢時期生態環境研究》（北京：北京大學出版社，2007）。

2 這些新研究以中央研究院歷史語言研究所為一個重鎮。不一一介紹，請參杜正勝，王汎森編，《新學術之路—中央研究院歷史語言研究所七十周年紀念文集》（臺北：中央研究院歷史語言研究所，1998）。

3 蒲慕州，《追尋一己之福：中國古代的信仰世界》（臺北：允晨出版公司，1995）；劉樂賢，《簡帛數術文獻探論》（武漢：湖北教育出版社，2003）；李零，《中國方術正考》、《中國方術續考》（北京：中華書局，2006）；劉增貴，〈禁忌——秦漢信仰的一個側面〉，《新史學》，18：4（2007），頁 1-69。

4 劉淑芬，〈五至六世紀華北鄉村的佛教信仰〉，《中央研究院歷史語言研究所集刊》，63：3（1993）；侯旭東，《五六世紀北方民眾佛教信仰》（北京：中國社會科學出版社，1998）；巫鴻，《禮儀中的美術》（北京：三聯書店，2005）下卷，〈中古佛教與道教美術〉章各篇。

5 近年相關研究出版極多，以下不過就所見，略舉一二而已。李零，〈中國古代居民組織的兩大類型及其不同來源〉，《文史》，28（1987），頁 59-75；俞偉超，《中國古代公社組織的考察》（北京：文物出版社，1988）；杜正勝，《編戶齊民》（臺北：聯經出版公司，1990）；杜正勝，《古代社會與國家》（臺北：允晨出版公司，1992）；林甘泉，〈秦漢帝國的民間社區和民間組織〉，《燕京學報》，8（2000），頁 59-85；五井直弘，《漢代の豪族社會と國家》（東京：名著刊行會，2001）；池田雄一，《中國古代の聚落と地方行政》（東京：汲古書院，2002）；江村治樹，《戰國秦漢時代の都市と國家》（東京：白帝社，2005）；佐竹靖彥，《中國古代の田制と邑制》（東京：岩波書店，2006）；高村武幸，《漢代の地方官吏と地域社會》（東京：汲古書院，2008）；許宏，《先秦城市考古學研究》（北京：北京燕山出版社，2000）；周長山，《漢代城市研究》（北京：人民出版社，2001）；曲英杰，《古代城市》（北京：文物出版社，2003）；張繼海，《漢代城市社會》（北京：社會科學文獻出版社，2006）；趙

古月集：秦漢時代的簡牘畫像與政治社會
—— 卷四 法制、行政與軍事

本文並不打算對古代基層社會或文化作全面性的綜述，也不想對學界已有的成果作全面檢討，只擬以若干出土資料為例，輔以文獻，略說一些自己對中國古代基層社會聚落形態和鄉里行政的觀察。

一　《漢書・食貨志》描述的古代基層社會

在出土材料還不多的時代，要談中國古代聚落生活和形態這類問題，不得不依賴古代文獻裡極為零碎，或者難以分辨真偽的描寫，作一些不免以偏概全的論述。先秦古籍裡曾有各式各樣對一般人民生活、習性、風俗倫理、農牧工商或土地分配等等的描述，可是其中出現的詞語如「民」、「人」、「臣」、「奴」、「宗族」、「百姓」、「三族」、「五服」、「井田」、「開阡陌」、「初稅畝」、「作丘甲」、「五口之家」、「山澤之禁」等等應如何理解，有幾分事實，又有幾分是理想，千百年來聚訟，至今不已。

曾綜合諸家，較有系統地描述古代中國基層社會的無過於班固。他在《漢書・食貨志》篇首，曾以一位漢世儒生的觀點，綜述了三代以降古聖先王如何開創了一個黃金時代，其後又如何一步步走向墮落衰敗。〈食貨志〉開篇先引《洪範》，說明八政以食、貨為首。接著描述聖王如何築城郭，均土地，使民有業有居，如何開市場，通有無，又如何設庠、序，施教化。如此士、農、工、商四民，得以各安其生。

緊接著進一步談井田制：六尺為步，步百為畝，畝百為夫，夫三為屋，屋三為井，井方一里，是為九夫。這方一里的土地由八家平均共享，

<hr />

沛，《兩漢宗族研究》（濟南：山東大學出版社，2002）；李卿，《秦漢魏晉南北朝時期家族、宗族關係研究》（上海：上海人民出版社，2005）；閻愛民，《漢晉家族研究》（上海：上海人民出版社，2005）；馬新，《兩漢鄉村社會史》（濟南：齊魯書社，1997）；齊濤，《魏晉隋唐鄉村社會研究》（濟南：山東人民出版社，1994）侯旭東，《北朝村民的生活世界》（北京：商務印書館，2005，2022）；魯西奇，《中國古代鄉里制度研究》（北京：北京大學出版社，2021）。

各受私田百畝，其中公田十畝，如此用於耕種的田地有八百八十畝，餘二十畝作為居住的廬舍之用。這八戶人家「出入相友，守望相助，疾病相救，民是以和睦，而教化齊同，力役生產可得而平也。」不僅如此，又描述了城郭之中和郊野百姓的戶口編制，郊野叫作廬，城中則有里。凡五家編為一鄰，五鄰為一里，四里為一族，五族為一黨，五黨為一州，五州為一鄉，如此一鄉共有一萬二千五百戶。各里設一序，各鄉設一庠，當作教化的機構。

春秋兩季農活忙碌的時節，每天太陽一出來，里中的百姓都要外出幹活，管理一里的里胥坐在里門房右邊，鄰長坐在左邊，監看大家的離去；太陽下山，又要監督所有的人都回了家。回家時，大家要帶著輕重相當的柴薪，不能讓白髮老者提得過重。

冬天，農活結束。年輕的孩子，八歲開始到庠序中受教育，先進入小學，學寫字、算術等基本功課以及長幼禮節；十五歲入大學，進一步學習先聖禮樂和朝廷君臣之禮；其中優秀的，一層層選拔上去成為天子的官員。被選上的俊秀，如果才德相當，則用比賽射箭的方式，決定官爵高低。

商、周的古聖先王建立了這樣井然有序，美好和樂的黃金世界，卻在周王室衰落後，崩潰了。春秋戰國以後，政令不信，貴詐力而賤仁義，災害生而禍亂作。五口一家的農夫，耕田百畝，辛苦終年，卻迫於徵斂，難以為生。秦孝公用商鞅之法，廢去井田，另立田制，結果百姓有錢的越來越富，貧窮的越來越窮。始皇兼併天下，對外大事征伐，對內大興土木，橫徵暴斂，弄得「男子力耕，不足糧餉，女子紡績，不足衣服」，最後激起民怨，失掉天下。接著班固又長篇徵引漢初才子賈誼和武帝時大儒董仲舒的議論，指出在幾百年的亂世之後，應如何步武先聖先王，重建太平盛世。

班固筆下古代基層社會的面貌，很顯然受先秦經典和諸子書的影響，是同一個思路和論述脈絡下的產物，夾雜著真實與理想，好惡與議論。要釐清真相，很不容易。千百年來其所以聚訟不已，一方面是因為大家對這

些描述的理解和判斷不同，一方面也因為缺少其它可以參照的材料。近幾
十年來考古材料不斷出土，恰恰提供了新的參照依據，為了解古代基層社
會帶來曙光。

■二 秦漢地圖上的聚落形態

1. 放馬灘和馬王堆地圖的基本性質

　　近年研究中國古史的學者十分幸運，居然有機會看見約兩千一百甚至
兩千兩百多年前畫在松木板和帛上的秦漢地圖。

　　先談木板上的地圖。1986 年 3 月，甘肅天水市小隴山林業局黨川林場
在放馬灘護林站修建房舍時，偶然發現了古代墓葬群。放馬灘地處秦嶺山
脈中部，海拔 1400 至 2200 公尺，是渭河和黨川河的分水嶺，東臨陝西的
寶雞和鳳縣，西距著名的麥積山佛教石窟只有 20 公里。考古隊在這裡共發
掘了墓葬十四座，出土文物甚多，其中一號墓出土了戰國時期秦代的木板
地圖七幅（圖 1.1-6），五號墓出土了西漢初期的紙質地圖殘片一件。[6]

　　七幅木板地圖分在四塊板上，其中三塊兩面有圖，一塊一面有圖。四
塊木板長度都在 26.5 公分左右，寬 15 至 18 公分，厚約 1 公分。地圖的年
代，發掘者定在秦王政八年（西元前 239 年），李學勤先生認為在昭王卅八
年（西元前 269 年）左右。從地圖附注的文字看，字形篆味較濃，應早於馬
王堆帛地圖上的隸書字。距今兩千兩百多年前的放馬灘地圖可說是目前所
知，中國出土時代最早的地圖。

　　馬王堆三號墓墓主是長沙國相軑侯利倉之子。其墓東邊廂的漆盒內出
土了共約十餘萬字的古佚書，也包括三幅帛畫地圖。除去其中一幅僅勾畫

6　甘肅省文物考古研究所、天水市北道區文化館，〈甘肅天水放馬灘戰國秦漢墓群的發掘〉；何
　　雙全，〈天水放馬灘秦墓群出土地圖初探〉，《文物》，2（1989），頁 1-11、12-22。

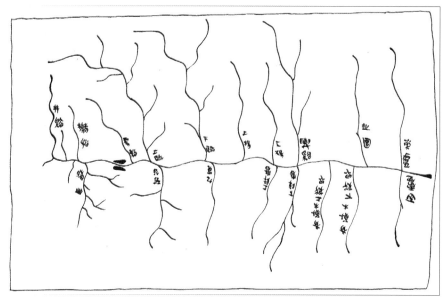

圖 1.1 放馬灘地圖第四塊 A 面線描圖

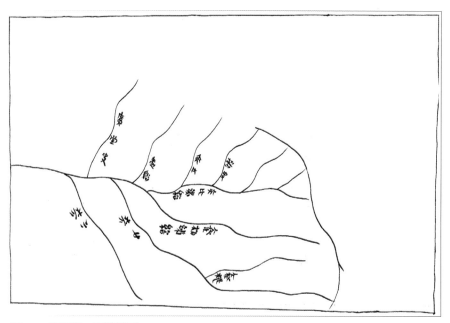

圖 1.2 第四塊 B 面線描圖

古月集：秦漢時代的簡牘畫像與政治社會
—— 卷四 法制、行政與軍事

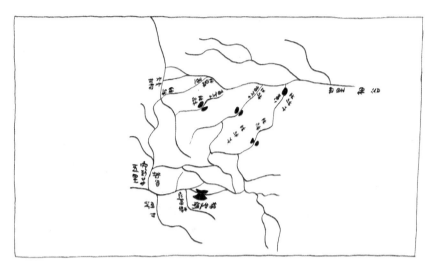

圖 1.3　第二塊線描圖

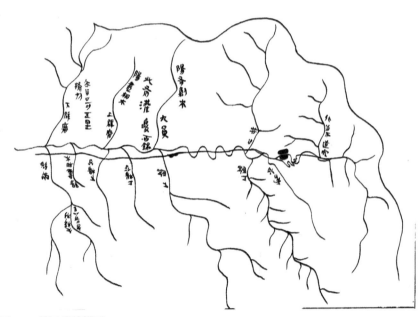

圖 1.4　第三塊線描圖

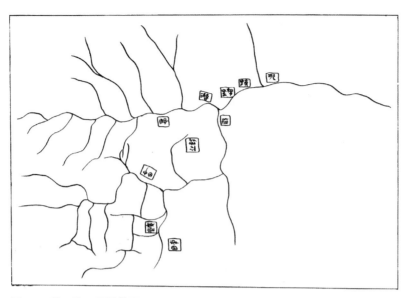

圖 1.5　第一塊 A 面線描圖

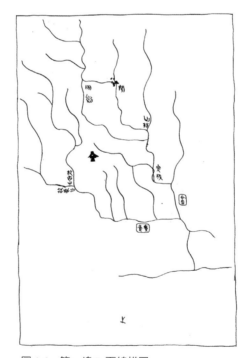

圖 1.6　第一塊 B 面線描圖

建築，所謂的城邑或園寢圖，[7] 真正具有較大範圍地圖意義的是描繪長沙國南部所謂的地形圖和駐軍圖。學者據字形和避諱等線索研究的結果，證明這個漆盒中的古佚書應是由不同的人抄寫於漢代以前至漢初文帝初元三年左右。這些地圖的製作時代一般認為和呂后七年（西元前 181 年）南越王攻打長沙國南部邊境到漢文帝元年（西元前 179 年）罷兵以前的長沙國緊張情勢有關。

馬王堆和放馬灘地圖雖有木、帛質地之異，基本性質應該極為類似。我傾向於相信軚侯之子曾在箭道擔任重要官職，其墓中的兩幅帛圖相互關聯，大家所說的那幅「駐軍圖」應該是「箭道封域圖」，另一幅「地形圖」則是顯示箭道和周邊較大範圍內自然山川形勢和人為建置的示意圖。這麼說，是基於和放馬灘地圖性質的比較。請先看看這兩墓出土的地圖，在紛紜的眾說中，有那些大家比較能共同承認的特點和類似之處：

1. 地圖都出土於墓葬，一繪於帛，一繪於木板；木板地圖繪製年代早於帛圖，其間相差約數十年，不到百年。也就是說它們時代相差不算太遠，有可能是類似喪葬習俗下的產物。

2. 出土墓葬的地點一在今湖南長沙，西漢初年的長沙國，一在今甘肅天水，秦漢的氐道及其附近；在空間上，它們都處在秦漢帝國西或南部較邊緣的地帶。

3. 馬王堆出土的兩幅地圖相互有關，所謂的「駐軍圖」（或應正名為箭道圖或箭道封域圖）[8] 是所謂「地形圖」的一個區域，而天水放馬灘的幾幅地圖也相互關聯。木板圖上所畫的地區有重疊，地圖可分為總圖和分圖，儘管那一或兩幅為總圖，那些是分圖，學者意見有不同。換言之，兩墓地圖的一個共同特色是最少有一幅較大範圍的「總圖」，另有某一或某些區域，較小範圍內的「區域圖」。

---

7 韓仲民先生認為有可能是園寢圖，徐蘋芳先生認為應是城邑圖。韓、徐意見請參徐蘋芳，〈馬王堆三號漢墓出土的帛畫「城邑圖」及其有關問題〉，收入《中國歷史考古學論叢》（臺北：允晨出版公司，1995），頁 105-114。

8 參附錄：〈論馬王堆漢墓「駐軍圖」應正名為「箭道封域圖」〉。

4. 不論總圖或區域圖,基本上呈現的其實都是某一地區區域性質的地圖,而此區域都和墓主生前的經歷或活動有關。[9]

5. 地圖的畫法和內容有很高的相似性。不論帛或木板地圖無疑都以水系為主,顯示水系的主幹和支流,標注水名、地名、道里數,也都利用文字以外的標示符號(如在標注文字外加方框、亭形符號、關隘符號,以篆形山字和曲線相連象徵山脈),以象徵自然地形或人為建置。放馬灘和馬王堆地圖在內容上繁簡不同,在畫法上精粗有別,然而圖例上有相承相似之處(例如都以墨筆線條表示山川,以方框和文字注記地名等)。

6. 就地圖而言,一個關鍵的相似處是這些地圖的精確度都不高,僅僅是示意而已。自從兩墓地圖出土以後,不論是地圖的整理者或歷史地理學者花了極大的精力試圖比定這些地圖的實際地理位置,迄今都最少各有四五種以上的說法,難以取得共識。[10] 大家比較能同意的是放馬灘地圖所示應是墓主生前活動所在的區域,也就是秦漢的氐道及其附近地區,馬王堆地圖則以和西漢桂陽、齕道相鄰的箭道及其周邊地區為範圍。它們準確的範圍恐怕已無法在今天的地圖上清楚地標示出來。

氐道和長沙國南部的箭道相距甚遠,一在秦帝國西陲,一在漢帝國的南緣。遙遠的兩地卻在數十或百年,相距不算太長的時期內,出土如此相似的地圖,不能不令人好奇是什麼因素促成了這樣的現象?

9　過去大家傾向於認為它們應是墓主生前實用過的地圖。私意以為它們比較像是依據實用地圖,專為陪葬所複製的明器,因而或許較為簡略和不準確,詳後文及附錄。

10　參何雙全,〈天水放馬灘秦墓出土地圖初探〉,《文物》,2(1989),頁 12-22;曹婉如,〈有關天水放馬灘秦墓出土地圖的幾個問題〉,《文物》,12(1989),頁 78-85;張修桂,〈當前考古所見最早的地圖——天水放馬灘地圖研究〉,《歷史地理》,10(1992),頁 141-161;藤田勝久著,李淑萍譯,〈戰國時秦的領域形成和交通路線〉,《秦文化論叢》第 6 輯(西安:西北大學出版社,1998),頁 141-161;雍際春、黨安榮,〈天水放馬灘木板地圖版式組合與地圖復原新探〉,《歷史地理論叢》,4(2000),頁 179-192。陳松長,《帛書史話》(北京:中國大百科全書出版社,2000),頁 82;雍際春,《天水放馬灘木板地圖研究》(蘭州:甘肅人民出版社,2002)。

這些地圖依我看，恐怕不是學者通常所說和南越國入侵有關的駐軍圖、防區圖或守備圖，而是秦漢邊地縣、道一級地方官吏通常使用的行政地圖。[11] 地方官員死後，以這樣的地圖陪葬，應是秦至漢初，某些地區這類官吏的一種習俗。[12] 這背後的思維，應該和秦始皇陵「上具天文，下具地理」的設計理念有異曲同工之妙。也就是說，不論中央或地方的統治者以不同的形式和規模，將他們生前所治理的世界帶入或重現於地下。始皇是天下之主，其陵墓利用各種形式的陪葬物、建築或雕畫，具體而微地象徵著「天下」。[13] 近年從事秦漢都城和帝陵考古的學者幾乎一致認為秦漢帝陵有意模仿都城或宮城的規模，[14] 而帝都宮室又是天下的縮影。《三輔黃圖》提到咸陽故城時說秦始皇更命信宮為極廟，「象天極」，築咸陽宮「以則紫宮」，「渭水貫都，以象天漢，橫橋南渡，以法牽牛」，又說漢築長安，「城南為南斗形，北為北斗形」。[15] 班固〈西都賦〉說：「其宮室也，體象乎天地，經緯乎陰陽，據坤靈之正位，倣太紫之圓方。」[16] 這些說法

11　參邢義田，〈論馬王堆漢墓「駐軍圖」應正名為「箭道封域圖」〉，《湖南大學學報（社會科學版）》，5（2007），頁 12-19。修訂稿見本文附錄。

12　在放馬灘五號墓中另出土有墨繪山脈線條的紙質地圖殘片。因太過殘碎，無法多論，但不同的墓有類似的陪葬地圖，多少可以證明以某種質材繪製的地圖陪葬，似乎是秦至漢初，某些地區的地方官吏的一種習慣。

13　參巫鴻，〈說「俑」——一種視覺文化傳統的開端〉，《禮儀中的美術》（北京：三聯書店，2005），頁 610：「綜合陵園內的這些現象，我們可以清楚地看到兩重圍牆之內的中央區域是秦始皇的私人領地，兩重圍牆之間代表他的宮闈。圍牆外面的廣大地區則象徵著秦帝國，所埋葬的朝臣、奴隸和仿製的地下軍隊反映了秦代的國家機構。」

14　劉慶柱、李毓芳，〈關於西漢帝陵形制諸問題探討〉，《考古與文物》，5（1985）；潔西卡·羅森，〈中國的統一：一個宇宙的新圖像〉、趙化成，〈秦始皇陵園布局結構的再認識〉、梁雲，〈「漢承秦制」的考古學觀察與思考〉，三文都收入《遠望集——陝西省考古研究所華誕四十周年紀念文集》（西安：陝西人民美術出版社，1998），頁 453-490、501-508、533-543；段清波，〈秦始皇陵園 K0006 陪葬坑性質芻議〉，《中國歷史文物》，2（2002），頁 59-66；焦南峰，〈左弋外池——秦始皇陵園 K0007 陪葬坑性質蠡測〉，《文物》，12（2005），頁 44-51；〈漢陽陵從葬坑初探〉，《文物》，7（2006），頁 55-56；〈試論西漢帝陵的建設理念〉，《考古》，11（2007），頁 78-87。

15　何清谷，《三輔黃圖校注》（西安：三秦出版社，1998），頁 20-21、58。

16　蕭統編，李善注，《文選》（臺北：文津出版社，1987），卷一，頁 11。

都是象徵性的，不必去和實測的城或宮一一對應。重要的是帝都宮城對應的「天文」，也正是象徵性的「地理」，也就是天下。生前的宮城如此，死後的陵墓自不例外。

城和墓能如此「法象天地」的只有皇帝；皇帝以下，陪葬帝陵的諸侯王、二千石等不同秩級的官員，焦南峰先生指出其「墓園至少能代表其王國的都城，甚至象徵著其所管轄的整個諸侯王國」，雖然西漢二千石官員的墓還不能確實辨認，但從新莽以後的十餘座二千石官員墓規模看，「其墓葬形制的流行趨勢應與列侯墓大致相同」。[17] 換言之，秦漢的諸侯王和地方官員隨身分高下，是以較為簡單卑微的陪葬物和規模，呈現他們是「一方」之主。木、帛或紙上某一地的地圖正是「一方」的象徵。此外，以一鄉、一縣或一郡的戶口簿、算簿、集簿，或官印陪葬，物品不同，象徵的意義殊無二致。陪葬的簡牘文書或地圖，雖然可能是生前實用之物，性質上應該都是副本（漢代稱之為「副」），而官印則是仿製品。真正的官印和文書圖籍正本，在正常情況下，不太可能用來陪葬。[18]

2. 自然錯落河岸──聚落分布形態的特色

如果承認馬王堆地圖是縣、道一級的行政地圖，則比較好解釋其上為何沒有駐軍或守備圖該有的「敵情」標示，也比較好理解為何地圖上反而有不少和普通民政較相關的注記。本文關注的正是地圖上和民政較相關，

17　焦南峰，〈試論西漢帝陵的建設理念〉，《考古》，11（2007），頁82。

18　墓葬出土官印非原印說，參羅福頤，《秦漢南北朝官印徵存》（北京：文物出版社，1987）前言，頁1-2。秦漢官府圖籍除正本，多抄製有副本。官員除了私人文書，或可保有若干與個人有關的公家圖籍副本，正本無疑須藏之官府，像官印一樣，列入交代，幾不可能用以陪葬。睡虎地秦簡《秦律十八種》〈效律〉曾有一條針對儲糧單位之佐、史免職或調任，其長官嗇夫與離任、接任者或同一官署留任者，在不同情況下職務交接上的責任劃分。相關討論參邢義田，〈漢代書佐、文書用語「它如某某」及「候粟君所責寇恩事」簡冊檔案的構成〉，《中央研究院歷史語言研究所集刊》，70：3（1999），頁568-569。由此一例可以推想，官吏一旦死亡，其所經手的官府文書亦必在交代之中。墓中出土典籍類的簡帛，抄錄時間或有先後，比較可能屬墓主生前所用，與公文書不宜一體看待。

頗多以里為名的聚落。

前文已經提到放馬灘和馬王堆地圖的一大相同之處是不論全圖或分圖，明顯都是以水系的主支流為骨幹。另一個不可否認的相同特色是，圖上標注的居民點幾乎都分布在河流的兩岸。

先來看看放馬灘的木板地圖。放馬灘地圖分畫在幾塊木板的兩面或一面，除了都以水系為骨幹，在內容上可區分為三類：（一）圖上只有主支流水系和水名，如第四塊木板地圖 AB 兩面（圖 1.1-2）；（二）除水系、水名，在某些河川兩側有墨塗的符號，象徵關隘，另以文字標注某地有某種樹或可伐之木，又注明去某地若干里，如第二、三塊地圖（圖 1.3-4）；（三）在水系旁有加框或不加框的地名，如第一塊地圖（圖 1.5-6）。在第一塊地圖 B 面上還有一個亭形符號，唯其旁沒有注記文字。基本上放馬灘地圖的繪製，不論繪製的圖例或內容都比馬王堆的簡略，今天要完全正確認識，一時還不太可能。

以本文關切的聚落來說，最有關係的是第一塊木板地圖。它們是同一塊木板的兩面。第一塊地圖 A 面出現了十個地名，地名文字外圍一律用墨線加了方框（封（邦）丘、略、中田、廣堂、南田、邸、漕、楊里、貞里、邤），B 面注記了八個地名，其中有水名（明谿），有關（寫作「閉」），有的或是廢置的行政單位名（「故」西山、「故」東谷），有地名（山格、永成），也有文字外加方框的地名（中田、廣堂）。因為兩圖出現了相同的地名（中田、廣堂），兩地附近的河流地形又相似，幾乎所有的學者都同意這兩面畫的應是部分重疊的同一個區域。遺憾的是這些地名，除了邸，都無法和傳世文獻對應。「邸」字之釋，原發掘者釋作鄔，認為即文獻中的邦縣，也就是邦丘。[19] 但有不少學者認為應釋作邸，也就是秦漢的氐道。[20] 我同意釋作邸較好，但是為何作為縣道一級的單位，在圖上會使用和「楊里」、「貞里」

---

19 何雙全，〈天水放馬灘秦墓出土地圖初探〉，《文物》，2（1989），頁 20-21。

20 曹婉如，〈有關天水放馬灘秦墓出土地圖的幾個問題〉，頁 79；胡平生，《長江流域出土簡牘與研究》（武漢：湖北教育出版社，2004），頁 235。

鄉里一級單位完全相同的方框符號？令人困惑。一個可能的答案是這份地圖是為陪葬而複製，非供實用，在複製時不經心造成了符號體例上的錯誤。由於明器屬「貌而不用」（《荀子‧禮論》）之物，錯誤也就不去更正了。

不論如何，放馬灘第一塊地圖 AB 兩面可以肯定兩點：第一，肯定有里的存在。不過也必須指出：在 A 面十個注記名稱的地點中，以里為名的只有兩個，它們彼此的層級或隸屬關係並不清楚。第二，不論圖上這些居民點屬於那一個層級，在分布的形態上，看不出曾經歷人為的規劃，而比較像是依水土之宜，自然錯落在河流的兩岸。這樣的聚落分布形態和馬王堆地圖上所見極其相似。

由於放馬灘地圖十分簡略，關於聚落形態僅能作以上粗略的觀察。接著來看看馬王堆的地形圖和箭道封域圖。這兩圖的一個共通處是都以文字外加圓圈的方式注記了許多表示居民點的某某里，甚至注明某里戶數及現今人口狀況。地形圖有五十七個里名及其它地名共八十多個，以及陸路交通線近二十條。箭道封域圖涵蓋的區域，以箭道為中心，和地形圖部分重疊，呈現的區域比地形圖小，里名則有四十二個，也有稱作「部」的地點四處。

張修桂曾注意到地形圖的鄉里分布有以下的現象：

地形圖鄉里的分布有一個十分奇特的現象，即幾乎所有的鄉里都是分布在深水支流的兩岸，而深水主幹的兩岸，除深平附近的三個居民點之外，絕無鄉里設置。這究竟是什麼原因？我認為當與深水的洪水氾溢有密切關係。當時社會生產力比較低下，先民，尤其是這偏僻的山區先民，尚無能力抗禦洪水所帶來的災害。因此只能把鄉里設置在地勢較高的支流兩岸。這裡既可取水，又不致遭沒頂之災。正因為當時先民無法克服洪水泛濫之災，所以寧可放棄深水幹流兩岸肥沃的土地，而去開發土地顯然較為瘠薄的支流域地區。結果就形成了深水幹流反而沒有居民點的局面。聚落尚未下山，說明這種聚落還處在比較原始落後的狀態。[21]

21　張修桂，〈馬王堆地形圖測繪特點研究〉，收入曹婉如等編，《中國古代地圖集 戰國─元》（北

姑不論是否因為洪水使得深水主幹分布著較少的居民點，也不論聚落是否「尚未下山」，「處在比較原始落後狀態」（由於地圖沒有等高線，且不夠精細，從地圖實看不出以上這兩點），不可否認的是幾乎所有的居民點都分布在河流的兩岸。

這不禁使我想起《史記·龜策列傳》褚先生補的一個宋元王時泉陽令使吏「按圖索人」的故事。據說宋元王二年，元王夢有泉陽漁人豫且得神龜。[22] 遣使者求之：

> 於是王乃使人馳而往問泉陽令曰：「漁者幾何家？名誰為豫且？豫且得龜，見夢於王，王故使我求之。」泉陽令乃使吏案籍視圖，水上漁者五十五家，上流之廬，名為豫且。泉陽令曰：「諾。」乃與使者馳而問豫且曰：「今昔汝漁何得？」豫且曰：「夜半時舉網得龜。」

泉陽令所案之圖籍，顯然是縣治內某種行政地圖。圖上標明了河流和沿河人戶之數（五十五家），甚至姓名及其居處所在（上流之廬，名為豫且）。這比馬王堆地圖上所見似乎更為詳細。在同一個故事裡，宋元王的博士衛平為元王解說聖人之所為，說道：「夫妻男女，賦之田宅，列其室屋，為之圖籍，別其名族……」（同上）可見其時圖籍上，可能已注明百姓的家族、男女人數和田宅等資料。戰國時代地方行政地圖的傳統，無疑被一統的秦漢帝國所繼承。有趣的是在不同的區域，人群聚落不論為了打魚、農耕、生活取水或交通，都明顯沿河流而分布。泉陽令之圖和長沙國之圖有一大不同，即前者完全沒有提到里或其它縣以下的地方行政單位，後者則沿水系注記了數十個，絕大部分以里為名的聚落。

過去有不少學者爭論古代聚落的性質是自然村或行政村。如果以放馬灘和長沙國箭道封域圖和地形圖顯示的情況判斷，在這些區域因地形等自然條件形成的聚落，無疑是和地方行政中的鄉里組織重疊在一起。在放馬

京：文物出版社，1990），頁6。

22 于豪亮曾據梁玉繩《史記志疑》指出這個故事演化自《莊子·外物》。《莊子·外物》有元君夢余且事，但並無下文所引這一段。參于豪亮，《于豪亮學術文存》（北京：中華書局，1985），頁 244-245。

灘的地圖上可以看見里，但有更多並未標明是里；在馬王堆的地圖上則以里占絕大多數，很少其它可稱之為自然聚落的居民點，而沿河主支流不規則分布的居民點，無疑是隨地理形勢和生活環境之宜，自然形成的；絕大部分最少形式上，也都納入了里的組織，有了里名。

馬王堆地圖中的里，可被視為自然聚落的另一個證據是，四十二個里中有二十一個注明了戶數。從戶數多寡看不出這些里曾依一定的標準，經過一致化的人為編組。其戶數多少極不平均，多者如龍里可達一百零八戶，也有八十餘戶、五十餘戶、四十餘戶、三十餘戶、二十餘戶者，少者如乘陽里、波里和資里不過十七至十二戶。這應是聚落人口原本不一，自然存在的狀態。這樣的里就戶數論，只能看成是自然聚落，或如張金光先生所說是鄉野之里，而絕不是經過「一里若干家」規劃的城邑之里。[23]

令人納悶的是箭道封域圖上不見任何鄉名，而鄉在地方行政上的重要性已由近年出土的律令簡牘資料一再證明。[24] 這是怎麼一回事呢？有些學者相信圖中的「部」應相當於鄉。[25] 戰國時，這一帶原本是楚地。從時代屬於西元前四世紀末的包山楚簡看，楚地原有州、里等基層組織，但不見有鄉。[26] 這些地方到秦漢時，仍然沒有鄉嗎？這個問題一時難有確切的答案，但封域圖所繪的範圍到底有多大？如果能夠大致推定，則有希望了解西漢初長沙國南部一個角落裡的聚落，到底是如何組織的，在縣里之間是否有鄉一級的單位。

幸好圖上有些注記頗有助於推定封域圖的大致範圍。從圖西南角的石里到故乘城有五十里，到圖中央的箭道有六十里，封里到箭道也是五十里，那麼就可依比例推估略呈方形的箭道封域邊界，一邊約在百里左右，

---

23 參張金光，《秦制研究》（上海：上海古籍出版社，2004），第九章，頁 597-602。

24 參邢義田，〈張家山漢簡《二年律令》讀記〉，《燕京學報》，15（2003），頁 11-12。

25 參張修桂，〈馬王堆地形圖測繪特點研究〉和傅舉有，〈馬王堆漢墓出土的駐軍圖〉，收入曹婉如等編，《中國古代地圖集 戰國—元》，頁 6、10。

26 參陳偉，《包山楚簡初探》（武漢：武漢大學出版社，1996），頁 84-85；魯西奇，《中國古代鄉里制度研究》（北京：北京大學出版社，2021），頁 85-105。

恰恰合於《漢書‧百官公卿表》所說的一縣「大率方百里」。如果這一估計尚非無理，也就可以證明過去所謂的駐軍圖或守備圖，在性質上，更準確地說，應是箭道圖或箭道封域圖。

在這個基礎上，如果比較封域圖和地形圖重疊的部分，不難發現若干里名如石里、波里、利里、胡里、綯里，重複出現在兩張地圖大致相對應的位置上。在相對應同樣的區域內，封域圖注記的居民點常多於地形圖。由於封域圖還有里戶數、人口動態、各地間距離和里與里合併等的記錄，這大有助於我們認識一定範圍內聚落的分布和聚落前後變動的情形。

首先，如果大家同意地形圖繪製的時間早於封域圖，而且它們之間有一段數十年不到百年的差距；比較兩圖，其實可以發現在數十年裡，在大致同一個地區內，以里為名的聚落數量，頗見增加，而不像封域圖注記留給大家那樣人口流亡或減少的印象。

在這數十年中，有些里持續存在，例如前述的石里、波里、利里、胡里和綯里。由於它們在兩圖上的相對位置大體上能相互對應，又因為這些里名沒有重複，因此可以合理推定，兩圖上同名之里就是同一里。注記中固然說某里併入某里、「戶若干今毋人」或「不反」等等，總的趨勢應該是聚落增加，或者更確切地說，納入里制的聚落數量增多了。舉例來說，在兩圖上，石里和波里都出現在同一主河上游兩支流的右岸（以我們坐北朝南觀看方向為準，左支流封域圖注明為隃水，右支流為蓄水），這兩支流在封域圖的乘陽里附近會合流入主河。比較一下這兩支流沿岸注記的里，就可以發現地形圖僅有四里（石里、波里、□里、□□），而封域圖一度多達八里，而後有些合併（石里、波里、封里、弇里（併波里）、慮里、兼里（併慮里）、乘陽里、□（併陽））（圖2、3）。另一值得注意的現象是增加的里，全都集中在隃水的沿岸。在封域圖上，綯里位於智水的中游，智水北流到智里附近和另一支流滿水會合。滿水沿岸完全沒有聚落注記。沿智水從上游算起共有用圓圈畫的七個里或部（綯部、綯里、淄里、沙里、□里、數里、智里），地形圖沿智水只標注了五個里（綯里、桃里、州里、□里、□里），根本不畫沒有聚落的滿水。

其它的區域如利里和胡里所在的河川沿岸，也有里數增加的情況，但較不明確。依封域圖，利里和胡里在箭道治所的北方和西北方，分在兩條支流的沿岸，又在深平城的東南，但是照地形圖，兩里同在一條支流的南岸，卻位於深平的東北。兩圖所繪差距較大，幾乎無法劃定大致相應的範圍，進行比較。依我對地圖的理解，封域圖上箭道治所（即圖上以三角形城堡所示者）的位置或許約略相當地形圖上邢里、壘部、壘君（疑君字應作里，形近而誤）之所在。以兩圖全圖而論，這一帶都被注記成聚落較為密集的區

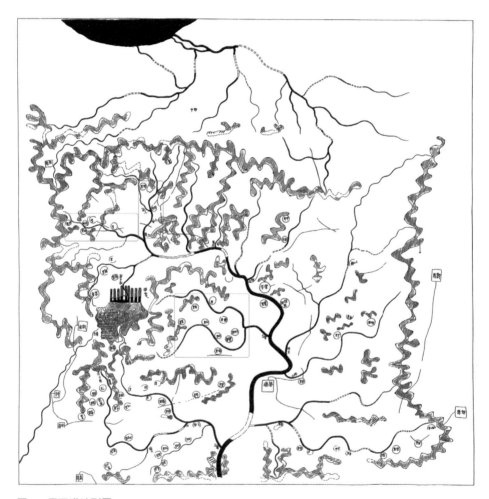

圖 2　馬王堆地形圖

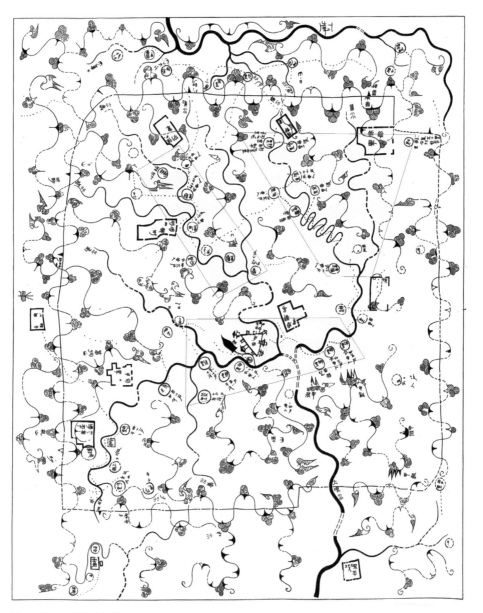

圖 3　馬王堆箭道封域圖

域之一。因無法劃定範圍，也就難以估計相應區域內聚落數量的增減。這裡僅提出兩點印象：第一，如果以上箭道位置的比定可以接受，地形圖上的邢里、壘部、壘君（里）等在封域圖上不見了，有可能是因為設置了箭道，原本鄉野之里的人口被歸入箭道治下的「城邑之里」。第二，這一帶的聚落數量，雖不敢確切說到底有多少，從注記看，似乎沒有減少。可是，一個不個否認的事實是各里注記中有併某里，今毋人或不返者，卻沒有任何一個注記注明戶數增加。其中原因，須要解釋。

我的一個猜想是，這個問題恐怕不能從短期或某單一事件，如南越國的入侵去理解，而應該從秦漢政府的力量深入地方基層，與地方原本勢力長期拉鋸的角度來思考。出土的地圖是帝國邊陲道一級行政官吏手中的地圖。它們僅僅描繪和注記了某一地區之內，這些官吏可以組織和掌握的部分。所謂組織和掌握，簡單地說是指可以將當地人口納入帝國的鄉里系統，可以徵收賦稅和徭役，可以進行治安和司法管理。從秦到漢代，其所以在帝國邊緣有「蠻夷」的地區設置「道」，正是因為還不能長期和穩定地控制這些地方。箭道封域圖上所謂某里有戶若干，僅是那些曾被掌握到的，並不表示這一帶山谷中只有這些里戶或人口。

再者，以天水放馬灘的氐道和長沙國南部的箭道一帶來說，文化和民族都比較複雜。這些華夏文化邊緣地帶的居民，不論在主觀的認同上或客觀的存在上，其為「編民」或「蠻夷戎狄」的界線往往不那麼明確而固定。江陵張家山漢墓出土〈奏讞書〉中有兩個富於啟發性的案例。一例見於秦始皇廿七年的一件南郡獄簿。獄簿稱呼地方官吏能夠動員去參加「捕盜」的人為「新黔首」。[27] 南郡地當長江中游、漢水和雲夢大澤，原屬楚，昭襄王二十九年（西元前 278 年）白起拔郢而後置南郡。五十一年後，也就是秦王政廿年（西元前 227 年）南郡守騰下達縣、道的文書裡仍大為感嘆「法令

27　參張家山 247 號墓竹簡整理小組，《張家山漢墓竹簡（二四七號墓）》（北京：文物出版社，2001），〈奏讞書〉釋文，頁 223-224。

已具」，「而吏民莫用，鄉俗淫泆之民不止」。[28] 這些風俗有異，不遵秦法的吏民，有些或是楚人，有些無疑是所謂的蠻夷。

到始皇廿七年，楚亡已久，仍被稱之為「新黔首」的很可能是新納入編戶的蠻夷。[29] 這些蠻夷是否願意成為黔首，是否甘願以黔首的身分為秦朝皇帝服務，頗成問題。因為在另一個漢高祖十一年南郡夷道丞上讞的案例裡，夷道治下的男子毋憂就寧可以蠻夷自居，以蠻夷大男子歲出五十六錢充當徭役為理由，並以逃亡的行動，來對抗地方官員額外「為都尉屯」的要求。[30] 毋憂拒役而逃亡，而南郡的新黔首被徵發捕盜，帶頭捕盜的官吏一旦戰死，「新黔首恐，操其假兵匿山中」，「黔首當坐者多，皆搖恐，吏罪之，又別離居山谷中」。[31] 可見這些所謂的新黔首大概原本就習居於山谷中。《後漢書‧循吏傳》衛颯條說武帝時：「〔衛颯〕遷桂陽太守。先是含洭、滇陽、曲江三縣，越之故地。武帝平之，內屬桂陽。民居深山，濱溪谷。習其風土，不出田租。」漢初長沙國箭道正在桂陽之旁。這一帶本是越人的故地，其居民「居深山，濱溪谷」的居住形態和箭道封域圖上見到的頗相符合。這裡的人，在秦代有些或曾被收編，成了「新黔首」；可是，從「習其風土，不出田租」又可證明，一直到武帝時所謂的新黔首不但不見得漢化，有些漢民反而山越化了。[32]

---

28 睡虎地秦墓竹簡整理小組，《睡虎地秦墓竹簡》（北京：文物出版社，1978），頁15。

29 在漢代文獻和出土文書中常見「故民」、「故胡」與「新降」等詞。新降指新歸順的蠻夷或胡人，故胡指歸順較久者。他們和新黔首類似卻不全同，不論故胡或新降，以可考的例子看，都不入編戶，守其故俗，仍由降漢的胡王統轄。新黔首雖非華夏之民，但身分上已納入編戶，受制於帝國基層官員和鄉吏，故稱黔首。在據推斷屬武帝早期的湖北荊州紀南松柏村一號墓出土的木牘中，有南郡和江陵西鄉的戶口簿，也有一種「歸義簿」，內容雖未刊布，但這應是指歸順的蠻夷，值得注意。參荊州博物館，〈湖北荊州紀南松柏漢墓發掘簡報〉，《文物》，4（2008），頁29。

30 《張家山漢墓竹簡（二四七號墓）》，〈奏讞書〉釋文，頁213。

31 《張家山漢墓竹簡（二四七號墓）》，〈奏讞書〉釋文，頁224。

32 《資治通鑑》卷五十六靈帝建寧二年條胡三省謂：「山越本亦越人，依阻山險，不納王租，故曰山越。」（頁1817）陳可畏先生指出山越中除了東越的後人，還有很多自東漢晚期以來不堪腐敗吏治的漢人亡入山越地區，構成了山越的一個組成部分。參所著〈東越、山越的來

〈奏讞書〉中的這兩個案例和《後漢書‧循吏傳》衛颯的故事可以幫助我們從不同的角度去認識馬王堆箭道封域圖上有關「某里并某里」,「今毋人」或「不返」的注記。也就是說,原在里中的人戶其所以「今無人」或「不返」,並不是因戰爭而死亡或減少,很可能是這些納入里的人戶不堪徭役,亡入山中而不返;也有可能是被徵調到地圖注記中的徐都尉軍或周都尉軍的各個駐地,去「為都尉屯」。可惜現在已無從知道這些都尉軍是中央或地方軍,也不知屯駐了多久。如果時間一久,即可能造成被徵服役的人戶長期不在本里,或里中人戶減少的局面。這些久屯和逃亡是否進一步造成里的合併?沒有確切的證據,但可能性不能排除。

總之,就政治而言,秦漢帝國地理上的邊緣地帶,往往也是帝國控制力較為薄弱的地帶。在此邊緣地帶,就文化而言,原居民的文化風俗和中原核心區的主流文化風俗長期處於拉鋸的狀態。文化和政治上的優勢力量並不必然每一刻都居於優勢。某里併某里、今無人或不返,並不意味著人口減少,只是脫離掌控,反映了帝國控制力一時受挫,這是拉鋸下長期存在的現象和問題。其原因非常多,可以和南越國的一時入侵有關,也可以完全無關。

經過以上的檢討,或許可以說從秦到漢初,在帝國西部和南部的邊緣地帶,在基層已經出現象徵帝國統治力量的鄉里制。從某個角度看,不能不承認秦漢帝國對地方基層控制之深入。[33] 不過,地圖上鄉的存在還不明確(或因在邊地,以都尉及都尉別軍之長,兼理相當於一鄉之民)。所謂的里,明顯是就原本的自然聚落加以編制,各有了里名。各里戶數多寡不一,大概

源和發展〉,原刊《歷史論叢》第一輯(中華書局,1964),收入中國社會科學院歷史研究所編,《古史文存》秦漢魏晉南北朝卷(北京:社會科學文獻出版社,2004),頁80-102。

33 近年湖南龍山里耶秦簡透露的信息也可以讓我們看見秦一統天下後,鄉嗇夫任命最基層小小的里典和郵人,也要得到縣級單位的同意。參邢義田,〈湖南龍山里耶J1(8)157和J1(9)1-12號秦牘的文書構成、筆跡和原檔存放形式〉,《簡帛》,1(2006),頁275-276。關於傳統中國皇權是否曾深入縣以下的鄉里,魯西奇先生有較全面的研究,請參前引《中國古代鄉里制度研究》。

也沒有文獻中描述的各有里門、里垣和掌一里事務的里典或里正那樣標準化的建置；在分布上，顯然隨水土之宜，幾乎全都散布在河川谷地的兩岸。在放馬灘的地圖上除了里，另有許多並不以里為名的居民點，其性質如何，和里有無行政層級和隸屬上的關係，一時還難說清。其次，這些地圖都是帝國邊陲「道」一級地方行政單位的地圖，在漢代地方建置上，有其特殊性。因此並不適宜由此推想帝國內部較具典型意義的基層鄉里聚落形態。

以下打算將目光轉移到帝國較為核心的黃河中下游以及帝國東北邊陲，檢視一下這些地方發現的農村和農村院落遺址。

三 從聚落遺址看聚落形態

1. 河南內黃三楊莊遺址

位於河南濮陽西方，接近河南、山東和河北三省交界處的內黃梁莊鎮三楊莊北側，在 2003 年實施水利工程時，於地表下約五公尺，發現了漢代農村院落遺址十餘處，初步清理了其中四處。相關正式發掘報告尚待出版。以下所依據的僅是一些簡略的報導和河南省文物考古研究所和內黃縣文物局 2007 年 1 月編印的《三楊莊漢代遺址》。[34]

三楊莊漢代遺址曾由河南省文物考古研究所對部分遺存進行了初步探勘和清理。探勘總面積迄今已達約一百萬平方公尺。清理後初步判定，十三處遺存均為漢代庭院建築。三楊莊位於黃河故道旁，因黃河的某一次氾濫而被完全淹沒。全面發掘正在進行中，目前較清楚，報導也較多的僅限

---

34 劉海旺、朱汝生，〈河南內黃三楊莊漢代聚落遺址〉，《中國文物報》，2006.1.13；河南省文物考古研究所，《文物考古年報 2003》；河南省文物考古研究所、河南省內黃縣文物局編，《三楊莊漢代遺址》（內部刊物，2007）。《三楊莊漢代遺址》一書承徐蘋芳先生寄贈，謹此申謝。又參劉海旺，〈新發現的河南內黃三楊莊漢代遺址性質初探〉，《簡帛研究二〇〇六》（桂林：廣西師範大學出版社，2008），頁 293-301。

圖 4.1　第一處庭院俯瞰局部

圖 4.2　主房北面瓦頂保存原狀（由東向西）

古月集：秦漢時代的簡牘畫像與政治社會
　　　　　—— 卷四　法制、行政與軍事

於九千平方公尺內的四處庭院遺存。

　　第一處庭院建築遺存位於三楊莊村北約五百公尺，已鑽探面積為三千六百平方公尺。在鑽探範圍的南部和北部都發現了夯土遺存，南部有道路遺跡，寬約四公尺左右。這些遺跡都距現在地表深五公尺左右。（圖4.1-2）

　　庭院遺存已清理面積約四百餘平方公尺。清理出的遺跡有庭院圍牆，正房的瓦屋頂、牆體磚基礎、坍塌的夯土牆、未使用的板瓦和筒瓦、建築廢棄物、拌泥池、灶、灰坑等。出土輪盤、盆、甕等陶器。已清理的部分應當為整座庭院（應為二進庭院）的第二進院落的一部分。其中有一部分尚未使用的板瓦、筒瓦仍被整齊地疊壘在第二進院落的東部。從主房東北側有一堆筒板瓦碎塊（為建築廢棄物），西南側有一小的拌泥池，推測主房在維修過程中遭遇洪水而沒能完成。由於洪水過後這裡成了黃河河道的一部分，維修時的原狀，得以保存下來。

　　第二處庭院遺存位於三楊莊村西北，東距第一處庭院遺存約五百公尺。（圖5.1-5）這一遺址揭露較為完整，遺址總面積近二千平方公尺。庭院的平面布局從南向北依次為：第一進院南牆及南大門、東廂房、西門房，第二進院南牆、南門、西廂房、正房等。南大門外偏東南約五公尺處還有一眼水井及通往水井的用碎瓦鋪設的便道，水井壁是用小磚（與房基用磚相同）圈砌，井口周圍用同樣的磚鋪砌成近方形的井臺。水井的周圍分布有水槽、盆、甕等陶器和石磨等石器。水井西側約五公尺處，有一編織遺存。遺存四角為三塊磚壘成的四個分布呈長方形的磚垛，磚垛內堆積有不少長十公分，寬五公分的磚塊，磚塊的中部刻有可以纏線（或細繩）的凹槽。推測該處可能為編製秸席或草席類物品的遺跡。庭院西北角有一帶瓦頂的廁所。在庭院的西側，清理出一個圓形水塘。在庭院遺址內及南大門外、水池內，清理出五個大石臼、兩個小石臼、石磨、石碾等石器，陶水槽、碗、甌、盆、罐、豆、甕、輪盤等陶器，銅鏃、鐵犁、釜、刀等金屬器；主房瓦頂東側表層初步清理出帶有「益壽萬歲」字樣的筒瓦數件；二進院內西部地面已清出三枚「貨泉」銅錢。

　　第三處庭院建築遺存位於三楊莊村北，東北距第一處庭院遺存近一百

圖 5.1　三楊莊農莊遺址的水塘，水塘遠處右側為建築遺留，2012.8.6 作者攝。

圖 5.2　第二處庭院俯瞰

古月集：秦漢時代的簡牘畫像與政治社會
　　　　——卷四　法制、行政與軍事

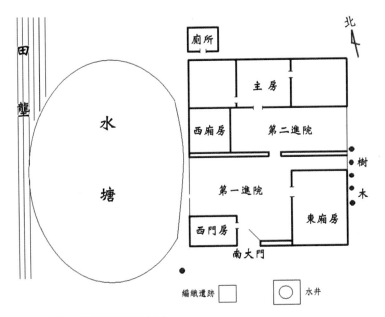

圖 5.3　第二處庭院平面示意圖

圖 5.4　益壽萬歲瓦當　　　　圖 5.5　泉貨

圖 5.6　石磨

圖 5.7 第二庭院遺址門前發現的漢代道路車轍，2012.8.6 作者攝自遺址展廳陳列的照片。

公尺。（圖 6.1-5）該庭院建築遺存揭露得也較為完整，面積大約有九百平方公尺。庭院的平面布局從南向北依次為：第一進院南牆及南大門、南廂房，第二進院牆、正房等，庭院東西兩側有牆。庭院東西牆外分別有一條寬窄、長度大致相同的水溝，西側水溝分為南北兩段。南門外西側有水井一眼，井壁的用磚及砌法與第二處庭院的水井相同，但沒有磚鋪的井臺。庭院後有一小的建築遺存，可能是廁所。正房北側和東側發現有兩排樹木殘存和大量留在泥塊上的樹葉遺痕。從樹葉遺痕初步判斷，多為桑樹和榆樹。南廂房夯土南牆（也為整個庭院的南牆，已經倒塌）的版築塊狀大小清晰可辨。特別是在該庭院的東西兩側水溝外和後面（北側）清理出有排列整齊，十分明晰的高低相間的田壟遺跡。田壟多為南北走向，但也有東西向的。田壟寬度大致在 60 公分左右。在南門外一塊活動場地的南側，發現多

圖 6.1　第三處庭院俯瞰

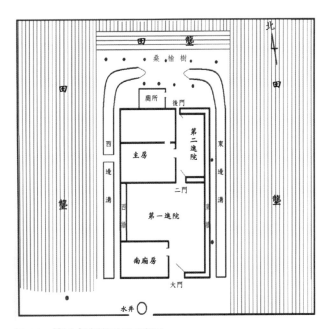

圖 6.2　第三處庭院平面示意圖

圖 6.3　第三處庭院西側田壟遺跡

圖 6.4　泥上的樹葉印痕　　　　　　圖 6.5　牛蹄印

處清晰的車轍和牛蹄印跡。這裡也為農田，且有一條不寬的東西向可和第二處庭院遺址相連的道路。在庭院內外的地面上散落有石碓、小石臼、陶甕、陶盆等遺物，同時還發現有半枚「貨泉」銅錢。

　　第四處庭院建築遺存位於第三處庭院遺存東 25 公尺，大致上東西並排，尚未完整清理與揭露（圖 7.1-2）。平面布局和第三處庭院遺存類似，但西側沒有邊溝，而有一排南北向的樹木；院後有一附屬遺跡，與第三處庭院遺存類似，可能是廁所。廁所後也栽種有樹木，並有一方形坑。

　　另外，在第一處庭院遺存與第二處庭院遺址之間的原開挖渠道內，還發現有兩處漢代建築遺存。其中在第二庭院遺址西北五百公尺處，發現了

圖 7.1 第四處庭院俯瞰

圖 7.2 東邊溝、方坑、廁所及樹木遺痕。

面積超過一萬平方公尺的建築遺存，性質尚不明。在這些遺址間另發現若干漢代道路遺跡。依寬窄，可分為主幹道（最寬約 14 公尺），次幹道（寬約 5 公尺）和小道（庭院和主幹道相通的道路，約寬 3 公尺）。

這個被宣揚為「古代中國的龐貝」的農村院落遺址，無論性質和規模都大不同於羅馬時代的龐貝城。但是對認識漢代的農村聚落形式，無疑是迄今最為珍貴，也最為具體的標本，其重要性不會因為不是龐貝而稍減。根據公布的資料，已可證實：

第一，三楊莊遺址無疑是西漢至王莽時代，一處鄰近黃河中下游，位居關東核心地區農業聚落的一部分。出土的大量農具、田壟和牛蹄印跡，無不證明庭院遺址的主人以農為業，其為農居遺址幾乎無可疑。

第二，四處庭院建築內外出土大量和整排的瓦片、瓦當和木椽遺痕，證明漢代農舍使用夯土牆、木椽和瓦頂。這和下文將提到的遼陽三道壕西漢村落建築用料相似。

第三，第三處庭院遺址出土有鐵犂、鐵鐮、鐵犂鏵等農具，又出現牛蹄印痕，直接證明了西漢牛耕和鐵製農具使用於關東地區的農村。遼陽三道壕西漢村落也出土了大量的鐵製農具。

第四，第二和第三處庭院都出土了王莽時代的泉貨，量雖不多，但這是以最直接的方式證明了貨幣是當時農村經濟生活的一部分。遼陽三道壕西漢村落出土貨幣數量更多。貨幣在漢代農村經濟中的重要性已無可置疑。

第五，農舍有兩進院落，外有牆、溝，有大門，內外有樹，有井，耕地即在農舍周圍。這樣的的布局在漢代應具有一定的典型意義。[35]

第六，由於耕地即在農舍庭院的四周，這四處庭院的分布又並不整齊相鄰，幾乎可以證明文獻中所描述的那種「室居櫛比，門巷修直」的里，應較可能存在於長安這樣的城邑，或如陽陵、茂陵為遷徙富豪和二千石以

---

35 相關討論可參前引劉海旺，〈新發現的河南內黃三楊莊漢代遺址性質初探〉，《簡帛研究二〇〇六》，頁 297-301。

上而新建的帝陵邑，或為安置流民、屯卒而在邊塞或內郡新建的屯墾區。睡虎地秦律簡中曾出現「里門」，然而是和「邑邦門」同時出現，可見比較可能是指城邑中的里。居延邊塞簡牘文書經常提到里，有不少無意中透露了里的形制，但這些里無疑是邊塞沿線為屯墾之民開闢的居住區。它們頗像漢初鼂錯徙邊議中所描述那樣的移民社區，有較為整齊的規劃。一般農村聚落即使納入鄉里編制，其原本取決於地理自然條件和農耕活動方便性的居住形態大概不會改變；也就是說，不會僅僅因為行政管理的便利或里制的畫一需要而遷移、分割或集中。

2. 河南遂平小寨漢代村落遺址

不過這似乎又難以一概而論。因為在河南南部今漯河市南的遂平縣小寨村曾發現了一個據報導從戰國末期持續到東漢的村落遺址，其布局似乎又相當緊密有序。[36]

1975 年河南省遂平沙河岸邊因洪水沖刷，岸邊漢代村落遺址中的路面、水井、大量建築用的瓦筒、板瓦和陶器等殘跡暴露出地面。村落遺址清理後，東西長約四百公尺，南北寬約三百公尺。遺址內「排列著七條道路，東西方向六條，南北方向一條」，另有六行水井。「井行和道路平行，布局十分密集，形成了一個完整的村落整體。」[37] 報導中又說第一號路位於遺址中部，東西向，殘長 144 公尺，寬 5.5-7.5 公尺。第七號路位於遺址中部，南北向，長 210 公尺，寬 14 公尺，南端與一號路中部交會，形成丁字街口。第六號路位於遺址的西北，東西向，殘存三段，連接起來長約27.5 公尺，寬約 1 至 2 公尺。路南為第四行井，路北為第五行井。這三條路的結構完全相同，應同屬西漢時期。報導中對其餘第二、三、四、五號路僅有如下數語的描述：「位於遺址的西北部，是在遺址地勢最低之處。

---

36 河南省文物研究所，〈河南遂平縣小寨漢代村落遺址水井群〉，《考古與文物》，5（1986），頁 41-44、67。

37 同上，頁 41。

這四條路方向各異，與水井不發生任何關係，說明它與村落遺址不屬同一時期。」[38] 遺址水井成排，發現的有二十八處。報導者對水井的分布和作用，有如下的總結：「分布集中，又具有規律性地排列為六行，與街道道路平行分布。兩井之間最近者七米，這麼多的井不會都是飲水井。根據鄭韓故城和咸陽六國宮殿發現地下井的情況，我們認為這批井有兩種用途，一是吃水，二是作儲藏物品的地窖。」[39]

這個遺址可惜僅經過簡單的清理，報導也極其簡略，甚至沒有附遺址平面圖，很難據以作太多進一步的討論。報導者認為這是一個「完整的村落整體」，簡略的報導實不足以確認其整體性。重要的是這個遺址位於秦代陳郡或西漢汝南郡的上蔡附近，地當秦漢帝國的核心地區，其遺址現象和布局應比前述地圖上所見到的更有代表性。例如，對照三楊莊遺址大量的板瓦和筒瓦，幾可確認西漢民居瓦頂已十分普遍。其次，從道路東西向和南北向排列，丁字街口的存在，以及水井在道路的兩旁等跡象看來，這個遺址的屋舍應井然布列在街巷的兩側，和文獻中所說「室居櫛比，門巷修直」的里巷，有可呼應之處。第三，三楊莊遺址已發表的水井都在庭院之外，遂平小寨遺址的水井在道路的兩旁，應該也在私人院落的外圍。這不禁使我想起東漢初淳于恭在北海淳于縣農村中的家。《東觀記》和《後漢書》〈淳于恭傳〉提到其家有「山田果樹」，又有人偷刈恭家的稻禾，可見他家應在一農村聚落裡。更有趣的是其家「井在門外，上有盆，鄰里牧牛而爭飲牛。恭惡其爭，多置器其上，為預汲水滿之。小兒後爭，恭各語其父母，父母乃禁怒之。里落皆化而不爭。」（《太平御覽》卷 403 引《東觀記》）。所謂「井在門外」，無疑是指在門庭院牆之外，也就是在路邊，因此過路的鄰里牧童可以在此飲牛。淳于恭家水井這樣的位置和前述遺址所見頗為類似。第四，「鄰里」和「里落」之語不禁使人好奇農村聚落中是否有里。《史記》、《漢書》和《後漢書》習見「田里」一詞。「田里」似亦

---

38 同上，頁 41-42。

39 同上，頁 67。

表明聚落的田和里制的關聯。內黃三楊莊和遂平小寨遺址都不能真正證明聚落和里制的關係；從淳于恭家看來，關東地區則無疑存在著聚落結合里制的情形。結合密切的程度可能因地因時而異。中原地區可能也有未納入鄉里的自然聚落；能有多少，目前缺乏材料可以估計。

3. 遼陽三道壕西漢村落遺址

前述的地圖和村落遺址可以共同證實的一點是，古來幾乎所有的居民點不論是在華夏中原的核心或邊緣，都在河流的兩岸。地圖不必說，三楊莊遺址在黃河故道的邊上，遂平小寨遺址在沙河之側，而位居秦漢帝國東北邊緣的遼陽三道壕遺址則在太子河西岸的沖積平原上（圖 8）。三楊莊遺址中的房舍看不出有規劃性的排列，遂平小寨遺址則表現出規劃性排列的可能性。就三道壕房舍遺址而言，則接近前者，也看不出規律性。

鄉野聚落本質上是農戶的自然聚居，一個可能的證據就是遼陽三道壕的西漢村落遺址。1955 年在遼陽市北三里的三道壕村，發掘到西元前 200 年至西元 25 年左右的村址遺存。發掘面積約一萬平方公尺，僅是全村址的一小部分。發掘的部分基本上分為居址和墓地兩大部分。在居址部分共發現農舍遺址六處，水井十一眼，磚窯址七座和鋪石道路兩段。在墓地出土兒童甕棺墓三六八座。[40] 遺址中出土陶、瓦、鐵、錢幣等器十九萬餘件。發掘報告中對六處農民居住址有如下概要的描述：

> 雖都受過損壞，但還保存著當時以農家為生產和生活的所安排的成為一個完整系統的必要設備。初期的建築物以土木為主，後期有的增加了礫石材

---

40 高煒先生曾據遺址中出土銅鐵兵器、玻璃耳璫、琉璃珠飾、陶片上「昌平」和「軍廚」戳記等，推測遺址可能是漢遼東郡襄平縣（王莽時改名昌平）附近的一處屯戍據點。參《新中國的考古發現和研究》（北京：文物出版社，1984），頁 399。漢代一般聚落使用兵器，並不奇怪。農業聚落除耕種生產，也常狩獵，或以兵器防盜賊，崔寔《四民月令》言之甚明。琉璃珠飾等正說明有婦女，遺址有三百六十餘兒童甕棺墓，據孫守道先生報導（參註 42），墓地和遺址同時。果如此，這比較不易從屯戍據點去理解。陶器戳記在此存在的原因可以很多，非必是屯戍據點才會有的現象。不論它是不是屯戍據點，高煒在這本《新中國的考古發現和研究》中仍然將它歸入漢代聚落遺址來報導。

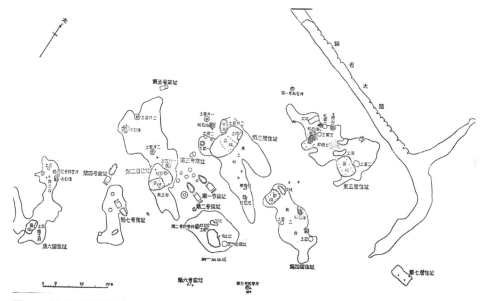

圖 8.1　遼陽三道壕遺址平面圖

圖 8.2　遼寧省博物館復原遼陽三道壕西漢村落模型，此圖角度與平面圖約略一致。

　古月集：秦漢時代的簡牘畫像與政治社會
　　　　　　—— 卷四　法制、行政與軍事

料。各住宅都向南或稍偏東、西開門，互不連接，排列的也無次序。各宅院間的距離，近的十五米，遠的約三十米或更遠些。宅院大都具備有：房屋、爐灶、土窖、水井、廁所土溝、木欄畜圈、垃圾堆等。在這些分散的宅院遺址中間和附近，分布著磚窯址和卵石路。[41]

這裡不打算對六處居址分別記述，只略提幾個值得觀察的現象：第一，各住宅都向南或稍偏東西開門，這和三楊莊第二處、第三處庭院大門及主房門的方向朝南一致。可見門朝南是這時住屋普遍採取的方向。第二，六處居址互不相連，這和三楊莊遺址的庭院遺址相似。三楊莊庭院之間隔的是田地，三道壕居址間卻隔著窯址（如第一、二、三居址間有第一、二、三號窯址，第二、六居址間有第四、七號窯址，參圖 8.1-2）。這裡似乎沒有屋舍與田壟相連的情形。第三，三楊莊庭院外有水井，遂平小寨遺址的水井是在路旁，三道壕村的水井有些在居址遺址範圍內（如第一居址），有些在居住遺址範圍外（如第一、三號陶管井），水井和居址之間的關係似乎較沒有規律性。第四，三道壕各居址除了第一號居址，都有廁所土溝和牲畜糞便的痕跡，而且土溝都和畜圈相近，充分反映漢代農村利用積肥的方式。這和漢代墓葬中大量出土附有廁所的畜圈明器所反映的現象相合。這樣的廁所也見於三楊莊的庭院遺址，可見其普遍性。第五，三道壕居址遺址和前述村落遺址一大不同處，是在其「東頭不遠的地方」（按：具體距離，報導中沒提），有一片時代相同的甕棺葬墓地，出土童棺三百六十八個。為何都是童棺？成年人的墓地何在？可惜沒有進一步較多的報導。[42] 重要的是這為我們提供了一個古來聚落居住區、生產區和墓葬區相鄰的一個實際例證。[43]我相信在三楊莊和遂平小寨村落遺址附近較高處，應該也可以找到聚落居民的墓地。

這些聚落遺址都沒有被完全發掘揭露，報導詳略不一，數量不過二

---

41 東北博物館，〈遼陽三道壕西漢村落遺址〉，《考古學報》，1（1957），頁 119-120。

42 孫守道，〈論遼南漢魏晉墓葬制之發展演變〉，《遼海文物》，1（1989），頁 123-135。

43 參邢義田，〈從戰國至西漢的族居、族葬、世業論中國古代宗族社會的延續〉，《新史學》，2（1995），頁 1-18。

三，還不容易據以概括漢代聚落內部的居住形態。可以說的是這些遺址已隱約透露，漢代農村聚落內部布局形態非一，不像文獻中說的那樣整齊畫一。這迫使我們不得不考慮城邑之里和鄉野聚落之里在形態上的不同。城邑中的里經過規劃，可能較為規整，鄉野農村即使納入里的編制，其居址布局顯然並不一定十分整齊。

四 從簡牘看城邑里制

另一種情形是在新開闢的土地上建立新城邑，其里往往有較整齊的規劃。[44]這包括兩類比較顯著的例子：一類是為「強榦弱枝」，在渭河北岸帝陵區建立的帝陵邑。漢世修帝陵，通常會遷移帝國各地一定貨產以上的豪富和一定秩級以上的官員居住在附近。另一類是為實邊，在邊塞建立的屯墾區。

帝陵邑可以景帝陽陵為代表。[45] 目前已在陽陵東側二公里處，探得陵邑的位置和大致範圍。陽陵邑東西長 4.5 公里，南北寬 1 公里左右，總面積 4.5 平方公里。在陵邑南部探明一段 970 公尺長的城牆，牆外有護城壕。城內有東西向街道十一條，寬 9 至 50 公尺不等；南北向街道卅一條，組成了兩百多個棋盤式的里（圖9）。東西向主街寬 62 公尺，將陵邑分為南北兩個部分。北部或為官署區，南部建築規築較小，遺存較簡單，當為居住區。城內建築遺址群密布，除了官署區和民居區，還有製陶作坊區、鑄造錢幣的遺址和兒童墓地等。一萬餘件的出土文物中，有大量的筒瓦、五稜水管等建築材料，有盆、罐等陶製生活用具，還有數十個用陶製井圈作成的水井。

---

44 關於城邑規劃當然還有漢代河南縣城遺址、馬王堆三號墓出土小城圖殘片、和林格爾東漢墓壁畫上的縣城圖等等可以參考，可惜看不出城中里制的情形。

45 陝西省考古研究所編，《漢陽陵》（重慶：重慶出版社，2001）；漢陽陵考古陳列館編，《漢陽陵考古陳列館》（北京：文物出版社，2004），頁 128-133。

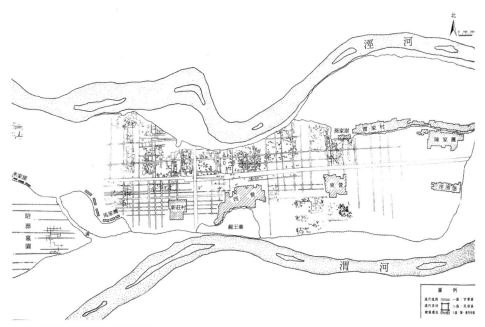

圖 9　陽陵東側帝陵邑平面圖

　　這個遺址沒有保留，現在僅能從發掘後所繪遺址平面圖想像一二。從街道遺跡橫豎圍繞的情形，可以推想陽陵邑有「室居櫛比，門巷修直」的里，里或呈長方形。里以上則有鄉。遺址中出土有「陽陵涇鄉」瓦當。出土的「陽陵令印」封泥則證明鄉里之上有縣。由於沒有從事進一步發掘，細節多不可知。目前比較可以透露里內部規劃情形的是雲夢睡虎地秦簡和居延邊塞出土漢簡中記載的里。

1. 雲夢睡虎地秦簡中的里制

　　雲夢睡虎地秦律簡無意中透露出不少秦代里制的情況，這些里應屬城邑之里。〈法律答問〉有一條說如果賊入甲室，賊傷甲，甲呼喊有賊。其四鄰、里典和父老都外出不在，沒有聽到呼喊。如此，除了里典和父老外，其他鄰居無須論罪。[46] 這一條設問的基礎是四鄰同伍的住家必須相當

46　睡虎地秦墓竹簡整理小組，《睡虎地秦墓竹簡》（北京：文物出版社，1978），頁 193：「賊入

接近，甚至緊鄰彼此；如果各戶如三道壕遺址中的居址相距十餘甚至數十公尺，或像三楊莊的四處庭院相距 25、100 或 500 公尺，如何能要求他們聽到彼此的呼喊？由此可以推知這樣的法律規定應比較適合城邑中同里各戶住處較緊密的里民。前文已提到〈法律答問〉還有一條規定失火延燒了里門，要罰一盾，如果更延燒了邑邦門，要罰一甲。[47] 里門和邑邦門連言，可見這裡的里應也是指城邑中的里。[48]

這種里不但有里門，更有里的垣牆和街巷，各家住屋周圍還有院子。〈法律答問〉有一條說：「越里中之與它里界者垣，為『院』不為？巷相直為『院』；宇相直者不為『院』。」（頁 231）這是說越過里內的界牆和越過里與里之間的界牆，該牆是否視同為「院」？答案是：如果它們之間是以巷為界，巷牆之間算是「院」；如果是以相連的屋宇為界，屋宇間的牆不算是「院」。[49]〈封診式〉在一件屋中衣物被偷的案子裡，曾提到居室、院牆和牆外街巷的相對關係：「房內在其大內東，比大內，南嚮有戶。內後有小堂……內北有垣，垣高七尺，垣北即巷也。垣北去小堂北唇丈，垣東去內五步。」（頁 271）可見這家有高七尺的院牆，西牆向東，離內室有五步，北牆和住屋小堂之間有一丈寬的院子，牆外有巷。

此外，城邑中的空間多依功能分幾個區域，或為官府，或為市場，或為手工業作坊和農田園圃，居住區往往較集中，因此一里之鄰舍會有屋宇相連，甚至僅有一壁之隔的情形。最好的證據是西漢東海承縣人匡衡家貧無燭，「鄰舍有燭而不逮，乃穿壁引其光，以書映光而讀之」（《西京雜記》卷二）。不論這個故事是不是出於穿鑿，無意中透露鄰家僅隔一壁，故能穿

甲室，賊傷甲，甲號，寇，其四鄰、典、老皆出不存，不聞號寇，問當論不當？審不存，不當論；典、老雖不存，當論。」

47　同上，《睡虎地秦墓竹簡》，頁 219。

48　據陳偉對包山楚簡的研究，西元前四世紀末楚國的城邑和鄉野也有不同的地域組織，里屬城區，邑屬鄉野。參陳偉，《包山楚簡初探》（武漢：武漢大學出版社，1996），頁 84-85。

49　《睡虎地秦墓竹簡》注釋將「相直」解釋為相對。按「相直」為漢世常詞，指相遇或相值。《漢書‧李陵傳》：「陵至浚稽山，與單于相直。」（頁 2452）《漢書‧孫寶傳》：「顧受將命，分當相直。」顏師古注：「言自顧念受郡將之命，分當相值遇也……直讀曰值也。」

壁而引鄰家燭光。東漢時梁冀跋扈，催刺客殺邴尊和鄧香之妻宣，「宣家在延熹里，與中常侍袁赦相比。冀使刺客登赦屋，欲入宣家。赦覺之，鳴鼓會眾以告宣。」（《後漢書‧梁冀傳》）這個故事更清楚表明這是洛陽延熹里內住家的情形。里中宣家和袁家屋宇相連或相接近（相比，相毗鄰），因此刺客才可能登上袁家屋頂而侵入宣家。劉熙《釋名‧釋州國》說：「五家為伍，以五為名也；又謂之鄰。鄰連也，相接連也；又曰比，相親比也。」不論相接連或相親比，都可以說明鄰伍之宅應很可能是相連的。

　　城內各戶住屋相連或間隔較小，也可從城中火災難以控制得到旁證。東漢安帝永初二年四月，漢陽郡河陽城中失火，「燒殺二千五百七十人」；順帝漢安元年三月，雒陽「劉漢等百九十家為火所燒」，「火或從室屋間物中不知所從起，數月乃止。」（《後漢書‧五行志》及注引《東觀書》、《古今注》）因城中住屋密集，土木建築失火即難控制。如何防火成為古代城市的一個大問題。成都城內曾因「邑宇逼側」，不得不為防火燭而「禁民夜作」就是一個例子（《後漢書‧廉范傳》）。這樣住家緊密相連的里多在城邑之內；鄉野聚落中，應該比較少。不過華北較寒冷的地帶或建材較缺乏或昂貴的地方，也不排除為禦寒和節省建材而多戶相連。

2. 居延漢簡中的里制

　　以下從居延出土簡牘，看一看邊塞屯墾區另一種形態的里制。今天內蒙古額濟納河流域，也就是漢代的弱水一帶，原本是匈奴等游牧民族的天下。漢武帝逐退匈奴，開河西四郡，建立烽燧障塞並移民屯墾，在這一帶闢建出一條屬張掖郡居延和肩水都尉管轄的邊防線。居住在這裡的有很多是遠自內郡而來的戍卒和田卒，也有不少因犯罪徙邊，久而安家落戶的。漢世屯墾區的範圍雖然可以從水渠遺痕和出土簡牘內容大致推定，遺憾的是在此區內還沒有發現里的居住遺址。[50] 里只能從出土文書上得到印證。

50　參徐蘋芳，〈大灣出土的西漢田卒簿籍〉、〈瓦因托尼出土廩食簡的整理與研究〉兩文，收入《中國歷史考古學論叢》（臺北：允晨出版公司，1995），頁46-86。

文書中的爵里資料，不但明確證明居延縣下有鄉有里，也透露出某些里內的結構。這些里顯然經過較齊一的規劃，和漢初鼂錯在徙民實邊議中所建議的頗相呼應。

文帝時鼂錯在徙民實邊議中，對在邊塞建立移民能夠長居久安的屯墾區有過理想性的規劃：

> 陛下幸憂邊境……不如選常居者，家室田作，且以備之。以便為之高城深塹，具藺石、布渠答，復為一城其內，城間百五十步。要害之處，通川之道，調立城邑，毋下千家。為中周虎落。先為室屋，具田器，乃募罪人及免徒復作令居之；不足，募以丁奴婢贖罪及輸奴婢欲以拜爵者；不足，乃募民之欲往者，皆賜高爵，復其家。

據說文帝聽了鼂錯的建議，募民徙塞下。於是鼂錯又上言更詳細地說明如何設立這些邊地的屯墾區：

> 臣聞古之徙遠方以實廣虛也。相其陰陽之和，嘗其水泉之味，審其土地之宜，觀其草木之饒，然後營邑立城，製里割宅，通田作之道，正阡陌之界，先為築室，家有一堂二內，門戶之閉，置器物焉，民至有所居，作有所用，此民所以輕去故鄉而勸之新邑也。為置醫巫，以救疾病，以脩祭祀，男女有昏，生死相卹，墳墓相從，種樹畜長，室屋完安，此所以使民樂其處而有長居之心也。臣又聞古之制邊縣以備敵也，使五家為伍，伍有長，十長一里，里有假士；四里一連，連有假五百，十連一邑，邑有假候，皆擇其邑之賢材有護，習地形知民心者……

在他的建言裡明確提到「營邑立城，製里割宅，通田作之道，正阡陌之界。」居住之制和田地之制不但整體規劃，連巫醫和墳墓，養生送死之需也考慮在內。

這樣的規劃隱約可以在居延等漢代邊塞找到具體實行的痕跡。居延漢簡中有不少契約，契約會寫明訂約的地點，這些地點即往往在某里某門某人舍：

1. 「**居延**某里王丙舍在某辟」（EPT56：113）
2. 「任者某縣某里王丙舍在某里」（EPT56：208）

古月集：秦漢時代的簡牘畫像與政治社會
—— 卷四　法制、行政與軍事

3. 「某里王☐若門東西南北☐」（EPT56：233）

4. 「觻得富里　張公子所舍在里中二門東入任者同里徐廣君」（282.5）

5. 「觻得定安里隨方子惠所舍在上〔中〕門第二里三門東入」（287.13）

6. 「觻得長社里郭偃君所舍里中東家南」（EPT51：84）

7. 「屋蘭定里石平所舍在郭東道南」（EPT56：10）

8. 「第四里☐☐三門北☐」（31.18）

9. 「居延西道里不更許字年卅五長七尺二寸 自有舍入里一☐」（37.23）

10. 「自有舍入里五門東入舍居延包能長君舍祿福廣漢」（340.33）

前三個例子剛巧是文書「式」，也就是文書範本。[51] 根據範本，契約要載明立約雙方和中間保證人（任者）的住址是某縣某里某方向第某門之某舍。而在實際的例證中，的確是如此。第一例「居延某里王丙舍在某辟」證明在邊塞地區，居住區的「里」可能和作為防禦建置的塢、壁相結合。居延簡「陷陳辟左子務舍」（EPT43：2）和「徐子禹自言家居延西第五辟用田作為事」（401.7A）可以證明「辟」供居住。這些辟有門（EPT48：18A：「辟門疾犂一」），有些有專名，有些則以數字為序（如宜農辟（EPT40：76A）、遮虜辟（EPT51：125）、宜穀辟（EPT51：262）、第五辟（EPT51：64）、第十辟（EPS4.T2：51））。

　　以上例證中的里或在居延、或在觻得，或在屋蘭縣治下。這三縣都屬張掖郡，是武帝開河西四郡以後才陸續設立的。張掖郡設立，據考應在武帝元鼎六年左右，而居延一帶的防線，據《漢書·大宛傳》，應建於太初二年或以後（「酒泉、張掖北置居延、休屠以衛酒泉」，並遣強弩都尉路博德築居延）。[52] 設立郡縣，須先有軍隊和百姓。從武帝到宣帝時，不斷徙民實之。據《漢書·地理志》，張掖郡十縣，共有 24,352 戶，887,310 口，平均一縣約二千四百餘戶，不到九千人。居延縣偏處張掖郡北部的最邊緣，立縣時

---

51 關於文書範本——式，請參邢義田，〈從簡牘看漢代的行政文書範本——「式」〉，收入《嚴耕望先生紀念論文集》（臺北：稻鄉出版社，1998），頁 387-404；本書卷四，頁 493-514。

52 張春樹，〈漢代河西四郡的建置年代與開拓過程的推測〉，收入氏著，《漢代邊疆史論集》（臺北：食貨出版社，1977），頁 19-121。

間必遠在郡治轢得和轢得左近的屋蘭之後，或在宣帝本始、元康年間，人口也必遠低於上述的平均數。[53]

目前居延縣有東、西鄉和都鄉三鄉（居延簡 484.23、EPF22：1-29）以及四十個里名可考。[54] 隨著武帝的擴張和昭、宣時的鞏固邊防，這些鄉里應陸續出現於百年之內，而非同時存在。居延這些里像內郡的鄉里一樣，絕大多數有專名，看不出里與里的關係，但有些里以第一、第二……數字命名排列（如前引例中的「第二里」、「第四里」），可知這些里極可能是在某種情況下，整批次第興建而成。這不禁使我想到東漢初京兆長陵人第五倫。他的先人是齊田氏，「諸田徙園陵者多，故以次第為氏」（《後漢書・第五倫傳》）。命氏和里的命名雖然是兩回事，但都發生在整批移民的情形下，都以數字為次第，這可幫助我們推想居延邊地以數字命名的里是怎樣出現的。

此外，一里可有數門。有門，即有牆垣和街巷。里內有街巷，也可能另有門相區隔。文獻中所說里閭、里閣或里閈的閭、閣或閈是指里門或里中之門。入里某門之後，又以東南西北說明舍所在的方向，如第二里三門東入，是說由東邊里門進入第二里，其第三個門即某舍所在。可見這些里和里內住宅的座向和漢代城市一樣，大致上都是依循一定的方向而規劃。又漢代城市大體上多呈方形，一個里整體上很可能也呈方形或長方形。四川畫像磚上呈方形，有市門、垣牆和十字街的市（圖 10）；曲阜闕里則為長方形，「南北一百二十步，東西六十步，四門各有石闕」。這些都是漢代里制結構可以參考的縮影。[55]

---

53 張春樹，〈漢代河西四郡的建置年代與開拓過程的推測〉，頁 90。

54 參何雙全，〈漢簡鄉里志及其研究〉，收入氏著，《雙玉蘭堂文集》（臺北：蘭台出版社，2001），頁 728-729；周振鶴，〈新舊漢簡所見縣名和里名〉，《歷史地理》，12（1995），頁 162。周文承侯旭東兄示知，謹謝。周振鶴考得居延縣四十里名。吳昌廉考得五十七個里名，其中無疑者約四十一個，和周氏所得相近。詳見吳昌廉，〈漢張掖郡縣「里」新探〉，《東海大學文學院學報》，48（2007），頁 303-331；〈漢居延縣「里」新考〉，《白沙歷史地理學報》，3（2007），頁 155-192。

55 龔廷萬、龔玉、戴嘉陵編，《巴蜀漢代畫像集》（北京：文物出版社，1998），圖 26、27；段

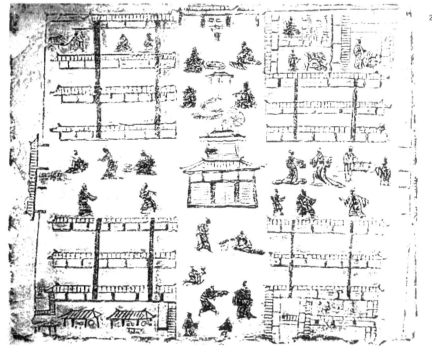

圖 10　四川出土畫像磚上的漢代街市

　　漢世在新闢的土地上如何「割里製宅」，雖可揣度一二如上，可惜居
延縣鄉里的具體位置，又壘錯口中與諸鄉里同在的「阡陌」、「墳墓」以及
一里有幾戶，都仍然是謎。王莽為爭取人心，曾於長安城內闢建五個新的
里，「宅二百區，以居貧民」（《漢書‧平帝紀》元始二年）。貧民大概不太可
能一戶分得數宅；如此，一里應有四十戶。這是漢代規劃性城邑之一里戶
數可以參考的數字。[56]

熙仲點校，陳橋驛復校，《水經注疏》（上海：江蘇古籍出版社，1989）卷二十五，〈泗水〉，
頁 2100；張春樹，〈漢代邊地上鄉和里的結構〉，《漢代邊疆史論集》，頁 131-142；何雙全，
〈漢簡鄉里志及其研究〉，《雙玉蘭堂文集》，頁 766-769。

[56] 一里戶數在漢代可以差別甚大。河南偃師出土侍廷里父老僤買田約束石券上的侍廷里約有
二十五戶左右。江蘇尹灣出土西漢末東海郡集簿木牘，據集簿東海郡有廿六萬六千二百九十
戶，有里二千五百卅四，平均一里約一百零五戶。

另外《居延漢簡》81.10 號簡中提到的「同畛」或「同畛戶籍」極值得注意：

「建平三年二月壬子朔丙辰都鄉嗇夫長敢言之□□
同 坍 戶籍臧鄉名籍如牒毋官獄徵事當得取□□」

此簡原簡清晰程度與圖版相當。2007 年 11 月 27 日我在香港大學圖書館得見當年向達所作，馬衡和賀昌群所校此簡釋文，除「當得」下少一「取」字，其餘所釋全同。[57] 按原簡字形作「坍」，可釋作「坍」、「畛」。同樣字形之「坍」字又見 283.42：「居延移民以坍共取門者□第四候長吉等言會月廿八」。「土」、「田」偏旁通用之字在古文字中常見。[58] 畛一般以為指田間之路，應也指一定的畛域。[59] 移殖居延的百姓以墾田為業，「以畛共（供）取」或指凡居於同一田畛或畛域範圍內的居民供求相助，經營一種共同體的生活。這不能不使人想到「居同邑，耕同野」的古制。[60] 也不能不使人想到漢初鼂錯在徙民實邊策中「營邑立城，製里割宅，通田作之道，正阡陌之界」，將城邑里宅與田道阡陌相提並論的規劃，以及對徙民「邑里相救助」，「生死相卹」的期待（《漢書·鼂錯傳》）。看來居延的移民聚落似乎正是如此。81.10 簡「同畛」二字清楚。「同畛」與下文之戶籍、臧鄉名籍之間應如何句讀？戶籍和臧鄉名籍以什麼為編成單位？在邊塞新闢的土地上，里制與田畛有怎樣的關係？都是極值得進一步探究的問題。

---

57 參香港大學圖書館特藏部《居延漢簡整理文件》檔（檔案編號：特 796.7 10）。

58 高明《中國古文字學通論》曾舉出四例，參高明，《中國古文字學通論》（北京：北京大學出版社，1996），頁 155。關於此字較詳細的討論，請參本書卷一〈中央研究院歷史語言研究所藏居延漢簡整理近況簡報（1998-2000）〉，或《地不愛寶》（北京：中華書局，2011），頁 478-519。

59 參張金光，《秦制研究》（上海古籍出版社，2004），頁 118-119；汪桂海，〈青川秦牘《為田律》與秦田畝制度〉，《出土文獻研究》第十四輯（2015），頁 128-129。

60 參孫詒讓，《周禮正義》卷二十九（北京：中華書局，1987），〈地官〉遂人條，頁 1132-1137。

古月集：秦漢時代的簡牘畫像與政治社會
—— 卷四 法制、行政與軍事

五 秦漢鄉里的戶口與賦役行政

　　近年在湖南龍山里耶秦代遷陵縣城遺址井中、湖北江陵鳳凰山十號西漢墓、荊州紀南松柏村西漢一號墓、安徽天長十九號西漢墓和江蘇連雲港尹灣西漢墓分別出土了和基層戶口和賦役行政相關的簡牘文書，已經可以大略呈現出從里、鄉、縣到郡各級戶口和賦役行政作業的情況。以下先從最基層的里說起。

1. 秦里戶籍——里耶出土的遷陵縣南陽里戶籍簡

　　近年刊布最新有關秦漢戶籍的新資料，一種是湖南龍山里耶古城護城河遺址中出土的戶籍木簡，一種是安徽天長西漢中早期墓出土的戶口簿和算簿木牘，另一種是江蘇連雲港尹灣出土西漢晚期東海郡功曹史師饒墓集簿等木牘。三者詳略和性質不盡相同，但都為揭開秦漢地方郡國人口管理和戶籍的真面目帶來前所未有的突破。[61] 其中尤以里耶戶籍簡意義重大。我認為它讓我們第一次較清楚地看見了秦漢戶籍登記某一個較早階段的真面目。[62]

　　里耶戶籍簡出土於里耶古城北護城壕中段底部編號為 K11 的凹坑中。城壕大部分發掘於 2005 年下半年，出土遺物很多。古城北、西、南三面有護城壕。北城壕殘長約 85 公尺，寬約 6 至 9 公尺。西端深約 2 公尺，東端

61　參天長市文物管理局、天長市博物館，〈安徽天長西漢墓發掘簡報〉，《文物》，11（2006），頁 4-21；湖南省文物考古研究所編，《里耶發掘報告》（長沙：岳麓書社，2006），頁 203-211；彩版 36-39。另有學者認為長沙走馬樓西漢武帝簡中有戶籍，但從已公布的資料來看，太過零碎，是否為戶籍，有待確定。長沙東牌樓七號井出土東漢簡中則有和戶籍相關的簡，參長沙市文物考古研究所、中國文物研究所，《長沙東牌樓東漢簡牘》（北京：文物出版社，2006），頁 107-108。

62　三國孫吳戶籍的真面目已因走馬樓吳簡出土而為大家所知，頗可參看。參汪小烜，〈走馬樓吳簡戶籍初論〉，《吳簡研究》第一輯（2004），頁 143-159；李均明、宋少華，〈《長沙走馬樓三國吳簡》竹簡〔四〕內容解析八則〉之第一則「戶籍」，《出土文獻研究》，第八輯（2007），頁 182-186。

約深 3.2 公尺。據《里耶發掘報告》（以下簡稱《報告》）圖十、十三，K11 出現在所謂二期城壕內。在二期城壕內還有 K12-14 一連三個凹坑。《報告》謂：「在北城壕內還發現了 K11、K12、K13、K14、F20、J7，這些遺跡位置相近，地層關係一致，推測應有一定的關係，可能為一處製陶作坊遺址，年代應為戰國至秦代。」（頁 026）據《報告》所附里耶城址遺跡登記表附表一，K11 坑開口於第八層下，打破第九層，K12、K13、K14 層位幾乎相同。在這些坑內都發現木殘片、少量殘陶、K12-K14 甚至有炭末層。我猜想這些或許是推測為製陶作坊的依據。附表一 K11 條說：「堆積可分四層。（1）層：深灰色膏泥層，出土簡牘 52 支（包括殘損），均分布在（1）層表面，多數為平鋪，少量斜插或豎插入土層中，簡牘分布散亂。看不出有什麼次序，應屬隨意丟棄所致。」（頁 690）為何城壕所在會出現製陶作坊？製陶作坊為何又會出現隨意丟棄的戶籍殘簡？未見解釋。這是饒有興味的問題。

戶籍簡有五十一或五十二個殘段，經綴合成完整簡十枚，殘簡十四枚。[63]完整簡長 46 公分，剛剛好是一般秦漢木簡長度的兩倍。寬約 0.9-3 公分。這些簡中內容較多的十四支，有圖版刊布。可惜可能因簡原本情況不理想，也可能因印製關係，圖版字跡基本上難以辨識，無法確定釋文的精確性（例如下文徵引的第一、二例的妻名都是「嗛」，即不知是否有誤），以下討論暫時只能依據刊布的釋文。唯從圖版尚可看出戶籍簡是用隸書抄寫。

不論城壕坑是否為製陶遺址，這批出現在坑中的戶籍簡應該是因作廢而被丟棄的。漢代官府公文書有定期廢棄銷毀之制，汪桂海先生曾有很好的論證。[64]兩漢邊塞發現的簡牘，有很多就出現在丟棄廢物的垃圾堆中。里耶同一批簡中有用於習字的情形（簡原編號 K19，《報告》，頁 208）。這和居延和敦煌邊塞所見到的習字簡情形類似，[65]應可作為簡在丟棄前，已

---

63 報告附表一說出土五十二支簡（頁 690），但《報告》正文說是五十一支（頁 203），未知孰是。

64 汪桂海，《漢代官文書制度》（桂林：廣西教育出版社，1999），頁 227-232。

65 關於利用廢簡習字，參邢義田，〈漢代邊塞吏卒的軍中教育〉，《大陸雜誌》，87：3（1993），

廢，並移作它用的證據。

　　正因為如此，這批戶籍簡原本很可能是秦代地方官府正式戶籍簿冊的一部分。第一，簡為木質，不同於一般竹簡文書。睡虎地秦律〈司空律〉規定，縣及都官所用文書要以柳木及木之柔者製成方或版。[66] 這應是指正式的簿籍或文書而言，副本或其它用途的文書應也可用竹。第二，其長度二尺（46 公分）。秦漢不少正式的官文書是以二尺為度。[67] 例如江陵張家山《二年律令‧田律》規定「官各以二尺牒疏書一歲馬、牛它物用菒數，餘見芻菒數，上內史，恆會八月望。」（簡 256）上報馬、牛一年用菒數的正式文書要用二尺牒，上報人口應該同例。如果能確認其為正式戶籍簡，今後就有了重要的質材、長度和格式標準，去區別秦代這類正式簡冊和副本。[68]

　　這批戶籍簡有不少值得注意以及和其它傳世或出土文獻不同的地方。里耶簡牘出土數萬，至今只刊布了少數。《報告》僅刊布了 K11 坑的二十八件戶籍簡，沒有說明是否戶籍簡盡在於此。以下略舉數例（圖 11.1-2），看看秦國戶籍中，洞庭郡遷陵縣南陽里某七戶的家戶構成：[69]

　　　頁 1-3；〈漢代《蒼頡》、《急就》、八體和「史書」問題——再論秦漢官吏如何學習文字〉，本書卷四，頁 573-619。

66　睡虎地秦墓竹簡整理小組，《睡虎地秦墓竹簡》（北京：文物出版社，1978），頁 83：「令縣及都官取柳及木柔可用者，方之以書；無方者乃用版。」

67　《漢書‧元帝紀》永光五年詔：「得為大父母兄弟通籍」，應劭注：「籍者，為二尺竹牒……」蔡邕《獨斷》：「策書……其制，長二尺，短半之。」《說文》：「檄，二尺書。」在出土簡中長二尺左右者也不少見，性質較類似的如青川郝家坪為田律木牘長 46 公分，江陵王家台十五號秦墓出土效律簡長 45 公分，長沙走馬樓出土嘉禾吏民田家莂佃口租稅券書木牘長 47 至 55 公分。此外，又有所謂「二尺告劾」，可見法律上告或劾之文件也用二尺簡牘。參甘肅武威磨嘴子十八號漢墓出土王杖簡。簡牘長度之制其詳見胡平生、馬月華校注，王國維原著，《簡牘檢署考校注》（上海：上海古籍出版社，2004），導言及表一至表八，頁 10-34。

68　《嶽麓書院藏秦簡（肆）》已刊布對簡寬度行數和一行字數規定的資料，對認識簡冊制度極有價值，須另文詳說。

69　《里耶發掘報告》，頁 203-208。

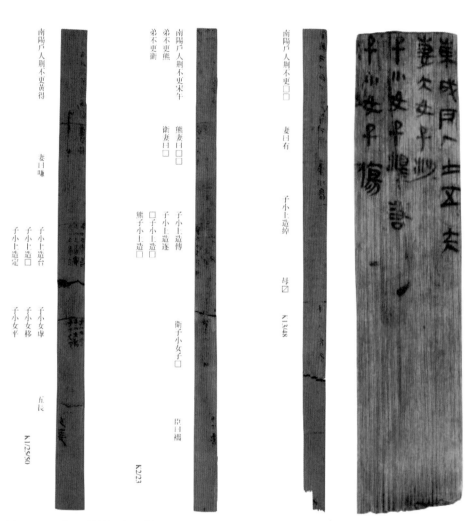

圖 11.1-2　里耶戶籍簡　採自《湖南出土簡牘選編》

古月集：秦漢時代的簡牘畫像與政治社會
　　——卷四　法制、行政與軍事

1. （編號 K27）　　　第一欄：南陽戶人荊不更蠻強
　　　　　　　　　　　第二欄：妻曰嗛
　　　　　　　　　　　第三欄：子小上造□
　　　　　　　　　　　第四欄：子小女子駝
　　　　　　　　　　　第五欄：臣曰聚
　　　　　　　　　　　　　伍長　　　　（原簡完整）

2.（K1/25/50）　　　第一欄：南陽戶人荊不更黃得
　　　　　　　　　　　第二欄：妻曰嗛
　　　　　　　　　　　第三欄：子小上造台
　　　　　　　　　　　　　　　子小上造
　　　　　　　　　　　　　　　子小上造囷
　　　　　　　　　　　第四欄：子小女虜
　　　　　　　　　　　　　　　子小女移
　　　　　　　　　　　　　　　子小女囝
　　　　　　　　　　　第五欄：五長　　　　（原簡完整）

3. （K43）　　　　　第一欄：南陽戶人荊不更大□
　　　　　　　　　　　　　　　弟不更慶
　　　　　　　　　　　第二欄：妻曰嬛
　　　　　　　　　　　　　　　慶妻規
　　　　　　　　　　　第三欄：子小上造視
　　　　　　　　　　　　　　　子小上造□　　　（原簡完整）

4. （K42/46）　　　第一欄：南陽戶人荊不更□□
　　　　　　　　　　　第二欄：圉曰義
　　　　　　　　　　　第三欄：……
　　　　　　　　　　　第四欄：母睢
　　　　　　　　　　　第五欄：伍長　　　　（原簡完整）

5.（K30/45）　　　第一欄：南陽戶人不更彭奄
　　　　　　　　　　　　　　　弟不更說

第二欄：母曰錯

　　　　　妾曰□

第三欄：子小上造狀　　　（原簡殘）

6.　（K4）　　　第一欄：南陽戶人荊不更縊喜

　　　　　　　　　　　　子不更衍

　　　　　　　第二欄：妻大女子媞

　　　　　　　　　　　　隸大女子華

　　　　　　　第三欄：子小上造章

　　　　　　　　　　　　子小上造

　　　　　　　第四欄：子小女子趙

　　　　　　　　　　　　子小女子見　　　（原簡殘）

7.　（K2/23）　　第一欄：南陽戶人荊不更宋午

　　　　　　　　　　　　弟不更熊

　　　　　　　　　　　　弟不更衛

　　　　　　　第二欄：熊妻曰□□（原注：第二欄第一行應是宋午

　　　　　　　　　　　　　　　　妻名，原有文字削去）

　　　　　　　　　　　　衛妻曰□

　　　　　　　第三欄：子小上造傳

　　　　　　　　　　　　子小上造逐

　　　　　　　　　　　　□子小上造□

　　　　　　　　　　　　罷子小上造□

　　　　　　　第四欄：圍子小女子□

　　　　　　　第五欄：臣曰襦　　　（原簡完整）

這些南陽里的戶籍簡既然出土於遷陵縣城外的城壕溝裡，可以推想這個里
應是城中之里。因為某些原因，戶籍簡廢棄，被丟到壕溝中。里耶戶籍簡
內容十分簡單，但不可因此以為秦代戶籍登記僅止如此。從大部分沿襲秦
律而來的張家山《二年律令》中有如〈宅園戶籍〉、〈年紬籍〉（按：指為某
特定目的自年籍抽選部分而成之籍）、〈田比地籍〉（按：疑指田地四至之籍）、〈田

租籍〉、〈田命籍〉（按：命者，即任命之命，疑指因授田、繼承或買賣而「名有田地」之籍）就可以知道，所謂戶籍只是一個總的概念和名稱，實際上包含多種內容和名稱不同的簿籍。《商君書·去強》說：「舉民眾口數，生者著，死者削。」又說：「強國知十三數：竟內倉口之數、壯男壯女之數、老弱之數、官士之數、以言說取食者之數、利（按：高亨注疑為黎或刑之訛）民之數、馬牛芻藁之數。」[70] 既要知百姓男女之少壯、老弱、生死和職業身分，須要登記的就不止里耶簡中所見，也就絕不會只有一種戶籍。要知馬牛芻藁，即不可不知百姓的財產，因此必皆有籍。這些都可以說是廣義戶籍的一部分。

秦代有那些戶籍？目前所見到的應屬那一類？名稱為何？都還無以確定。唯一可以確知的是里耶簡中已提到百姓從「初產」即須登記年紀，納入「年籍」：

廿六年五月辛巳朔庚子，啟陵鄉□敢言之：都鄉守嘉言渚里□□

劾等十七戶徙都鄉，皆不移**年籍**✓。令曰移言✓，今問之劾等徙□

書告都鄉，曰啟陵鄉未有葉（牒），**毋以智（知）劾等初產至今年數**，□

□□□謁令，都鄉具問劾等年數，敢言之。

□　遷陵守丞敦狐告都鄉主以律令從事／。建手□

甲辰水十一刻，下者十刻，不更成里午以來/犟手（里耶 169）[71]

這份始皇廿六年，也就是天下剛統一之年的文件有些殘缺，大意是渚里十七戶人口遷移到都鄉去，他們的年籍資料卻沒有隨之轉移，引起追查。「毋以智（知）劾等初產至今年數」的初產即初生。「產」字用法又見睡虎地秦墓所出墓主喜〈大事記〉「喜產」、「敢產」、「獲產」的人口出生記事。「初產至今年數」適可證明《史記·秦始皇本紀》所載秦王政十六年「初令男子書年」。既然有專門的「年籍」，即有可能另有和人口相關的其它戶口簿籍。不論如何，據以上資料，里耶戶籍簡有幾點值得注意：

70　高亨注譯，《商君書注譯》（北京：中華書局，1974），頁 48-50。

71　《里耶發掘報告》，頁 194。

第一，格式特色。完整的簡牘分為上下五欄書寫，分欄處以墨畫上橫線，只有一例（K33）第二、三欄是用硬物刻劃。第一欄記某地戶人某某（包括戶人姓名和同戶籍兄弟之爵、名），第二欄配偶（包括兄弟配偶，也有母、妾一例），第三欄兒子（包括兄弟兒子）、第四欄女兒（包括母、兄弟女兒），最後一欄以較大字體注明戶人是否為伍長，或記錄同戶籍之臣。劉欣寧指出五欄是以戶中人口的大男、大女、小男、小女等的賦役身分為準而排列。這應是合理的推測。[72]

在秦和漢初，大男稱大男子，大女稱大女子，小男稱小男子，小女稱小女子，漢初以後簡化為大男、大女、小男和小女。[73] 大小男女子稱謂最好的證據見於睡虎地秦律《封診式》和西漢初江陵張家山247號墓所出的《奏讞書》。《封診式》說：

> 封守 鄉某爰書…… · 子**大女子**某，未有夫。 · 子**小男子**某，高六尺五寸。 · 臣某，妾**小女子**某。……（簡9-10）[74]

「大女子」又見於《封診式》〈黥妾〉和〈出子〉爰書，不俱錄。《封診式》都是爰書的「式」，也就是文書範本，措辭用語必合於當時行政和法律中的正式用語，準確和可信度很高。〈封守〉爰書中同時出現「大女子」、「小男子」和「小女子」三詞，可證它們確實是秦代身分稱謂的正式名稱；如果和里耶戶籍中女子名稱互證，可以證明「子」字不是人名的一部分。[75]和「大女子」相對，「大男子」見於張家山漢簡《奏讞書》十一年八月甲申朔己丑蠻夷大男子和八年十月己未舍匿無名數「大男子」兩個案例。[76]

---

72 劉欣寧，〈里耶戶籍簡牘與「小上造」再探〉，武漢大學簡帛研究中心《簡帛網》（上網日期：2008.4.20）。

73 王子今和劉欣寧對身分稱謂曾有討論，舉證不同意我早先對大男、大女、大女和小女稱謂的說法。參王子今，〈秦漢「小女子」稱謂再議〉，《文物》，5（2008），頁70-74。劉欣寧前引文表示贊同王說。我現在也贊同他們的意見，並舉出一些他們沒有提到的證據。

74 睡虎地秦墓竹簡整理小組，《睡虎地秦墓竹簡》（北京：文物出版社，1990），頁149。

75 這批戶籍簡中最少有兩件（編號K1/25/50，K17）登記小女時只稱小女而非小女子。為何如此？仍不可解。

76 武漢大學簡帛研究中心等編，《二年律令與奏讞書》（上海：上海古籍出版社，2007），頁332-333、351。

八年、十一年據考是漢高祖八年和十一年。由此可知以上的身分稱謂似從秦代一直沿用到漢初。其後於何時開始改稱為大男、大女和小男、小女值得進一步察考。[77]

總之，里耶秦戶籍簡的整個格式可簡化為下表：

附表一：戶籍格式表

第一欄	（大男子）：某地戶人／爵／姓名
第二欄	大女子：配偶：妻 ／母、妾／名
第三欄	子（男子）：子／爵／名
第四欄	子小女子：女／名
第五欄	伍長（字體較大） ／臣／名

戶籍登記以南陽戶人某某開頭；戶人即戶長，已多次見於其它秦或漢初出土資料。戶長成年有子女，身分必為大男子或大女子；有爵則以爵稱，不稱大男子。子有爵，也以爵稱，不稱小男子。其次可注意的是戶籍只記載了爵里（南陽、荊不更、不更、上造、小上造、荊大夫）、戶長、人名（姓及名）、賦役身分（伍長、大女子、小女子）和親屬關係（妻、子、弟、母、妾），完全沒有年齡、身高、膚色形貌和財產記錄。秦代應另有田宅或財產簿。

戶籍登記中伍長特別值得注意。這無疑證實秦自獻公以後，的確編民為伍（《史記·秦始皇本紀》：獻公十年，「為戶籍相伍」。）。不過里耶簡只能證明城內居民有伍。城外聚落是否也行伍制，又什、伍之「什」是否確實存在，都還有待證據。伍有伍長，出任伍長應該也是齊民家戶的一種義務，因此可視為賦役身分的一種。[78]

---

77 在西漢中期以後的居延漢簡中曾出現「□□平明里大女子充上書一封……」（506.5）這樣的文字，但在其它居延和敦煌名籍類簡牘文書中，大女子皆作大女。此處大女或名子充，也未可知。

78 鈴木直美也推測伍長和伍的編組有關，參氏著，〈里耶秦簡にみる秦の戶口把握——同居・

「荊不更」、「荊大夫」應如何理解？《報告》（頁208）認為荊指楚國，又說：「『不更』是秦爵的第四級，此處連言『荊不更』有可能是秦占領楚地後對居民登記時錄下其原有爵位，而不是『楚地的秦不更』，後文的『小上造』和17號簡的『荊大夫』也可能是楚爵位。」我認為秦占領楚地後，戶籍中登記的爵只可能是秦爵。這些楚人原有楚爵，秦國政府為爭取楚人支持，保證歸順者既有的權益，不去剝奪他們原有的爵位，而是以相當等級的秦爵，重新登記。如果說「登記時錄下其原有爵位」，這話容易使人誤會不更、大夫和上造都是楚爵名，其實這些是秦爵。為標示他們原為楚人，在爵前加一「荊」字而已。K30/45號簡登記「南陽戶人不更彭奄」，《報告》認為是省去「荊」字（頁208）。我認為不是省略，而較可能是書寫上的遺漏。

又同一戶諸子皆為「小上造」，十分引人注意。這和漢初張家山《二年律令》中規定一戶只有後子一人承爵，並降兩級的情形很不一樣。《二年律令》又規定「不更至上造子為公卒」。里耶簡中戶人的爵多為不更，而諸子爵為小上造。情形大不相同。由此不難推想：從秦到漢初《二年律令》為止的爵制，在不同的時期，應曾經歷了不止一次的變動。所謂「小上造」很可能即《二年律令》中所提到「小爵」中的一級，指未傅籍或未成年而有的爵。[79] 這或許是秦籠絡或爭取占領區楚民歸順的一種辦法，因此不論軍功，不論傅或未傅，男子人人有爵。當然這也不排除楚人爵制不同於秦，楚之諸子有爵，歸順後，仍然都有爵。[80]

室人再考〉，《東洋學報》，89：4（2008），頁10。

79 尹在碩，〈睡虎地秦簡和張家山漢簡反映的秦漢時期後子制和家系繼承〉，《中國歷史文物》，1（2003），頁31-43；劉敏，〈張家山漢簡「小爵」臆釋〉，《中國史研究》，3（2004），頁19-26。鈴木直美前引文頁8認為小上造的「小」和小女子的「小」同指未成年。

80 戰國時，韓上黨守馮亭遣使入趙，願以上黨城市邑十七歸順趙國。趙國告馮亭說如以上黨來歸，太守和縣令都世世封為侯，而且「吏民皆益爵三級」。（《史記·趙世家》）這樣爭取鄰國民心「皆益爵三級」的作法，可以參考。又《後漢書·南蠻西南夷傳》巴郡南郡蠻條謂：「及秦惠王并巴中，以巴氏為蠻夷君長，世尚秦女，其民爵比不更，有罪得以爵除。其君長歲出賦二千一十六錢，三歲一出義賦千八百錢，其民戶出賨布八丈二尺，雞羽三十鏃。漢

秦王政十六年九月，「初令男子書年」（《史記‧秦始皇本紀》）如果此令通行全國，又曾經貫徹執行，是不是意味著這批戶籍登記簡冊是秦王政十六年以前的呢？果真如此，則這一批用隸書寫於十六年以前的簡冊，再一次證明隸書書體在秦王政二十六年統一前早已通行。要不然，就是秦的政令，不見得都能貫徹於地方。同樣的情形也見於不別籍一事。

第二，兄弟結婚，有妻有子而不別籍（K43、K2/23、K5）。《史記‧商君列傳》謂商鞅改革，令「民有二男以上不分異者，倍其賦」。這些戶籍是否意味著仍有不少家庭寧可背負重賦而不分異？或者商鞅之令應另作它解？或其令未曾貫徹到洞庭郡遷陵縣這樣邊遠的小城？其中意義值得進一步探索。

第三，戶籍登記包括「臣」（原簡編號K27、K2/23）在內。如果臣依一般了解是指奴，證明戶籍登記包括奴在內。這可以結束長久以來聚訟的戶籍人口包不包括奴婢的問題。[81] 戶籍簡中有妾一例（K30/45）。但此妾出現在第二欄，寫在母之下，此妾似應指妻妾之妾，而非臣妾之妾。從幾支完整的簡看，包括臣，一戶人口少則五人，多則十一人（詳下）。這不禁使我想到睡虎地秦律〈法律答問〉設問中有以五口為一戶，也有以十口為一戶的，證明這些設問在相當程度上是實況的反映。

第四，所有的戶人都是南陽戶人。這南陽何指？《報告》指出：「『南陽』在此處可能是里名，也可能是郡名，聯繫到『荊』字，『南陽』表示郡名的可能性似乎更大。然而，南陽郡人的戶籍為什麼出現在這裡？卻是一個值得探討的問題。」（頁208）如果參讀其它漢代「戶人」一詞出現的脈絡，可以確言此處之南陽應是里名，不會是郡名。第一，依秦漢公文書書寫爵里的慣例，寫在爵名之前的一律為郡、縣、里名，偶爾有書鄉名的，從不曾見郡名之後直接書寫戶人某某之例。第二，南陽作為鄉里名

興，南郡太守靳彊請一依秦時故事。」秦惠王併巴中，為爭取民心，予巴民爵比不更，有罪得以爵除，可見秦在征服過程中賜歸順者爵，早已有成例在先。

81　三國孫吳戶籍也包括奴婢在內。參陳爽，〈走馬樓吳簡所見奴婢戶籍及相關問題〉，收入北京吳簡研討班編，《吳簡研究》第一輯（武漢：崇文書局，2004），頁160-166。

稱，在秦漢之時十分常見。孫慰祖《古封泥集成》收錄「南陽鄉印」多達六例。[82] 而居延新舊簡中都有南陽里之例（《居延漢簡》15.2：「濟陰郡成陽縣南陽里狄奉」、《居延新簡》EPT56：68：「南陽里」）。第三，「戶人」之前書里名的直接證據見於湖北江陵鳳凰山十號文景時代墓出土的鄭里戶人廩簿和一六八號墓衡杆文字中有「市陽戶人嬰家」，市陽與它簡參證，明確指市陽里無誤。[83] 又敦煌懸泉簡中有「驪靬武都里戶人大女高者君」云云（《敦煌懸泉漢簡釋粹》簡六三，上海古籍出版社，2001，頁61）。此簡時代雖較晚，無疑是沿襲淵源甚早的文書格式。

2. 江陵鳳凰山十號墓出土的西漢初鄉里戶口和賦役簡牘

1973 年在湖北江陵紀南城發掘到九座漢墓，其中八、九、十號墓發現竹簡四百餘枚。其中十號墓於邊箱竹笥內藏有竹簡一百七十枚。此墓還出土了木牘六件，內容為遣策、服約、算錢和芻藁等賬簿。從遺簡內容可知墓主是一位擁有五大夫爵的鄉吏，裘錫圭先生認為可能就是西漢景帝初臨江國國都江陵西鄉的有秩或嗇夫張偃。[84] 一個證據是他的墓裡居然有西鄉市陽里、當利里和鄭里不同月份的算錢收支記錄（四、五號木牘）、平里和藁里徵收戶芻和田藁賬目（六號木牘）、[85] 市陽里租穀記錄（七號大竹簡）、貸穀給鄭里各戶以及市陽里各戶服勞役的記錄等等。這十分符合《續漢書·百官志》所描述一位鄉嗇夫或有秩職責內該有的記錄。在算錢五號木牘正背面有如下的記錄（節摘）：

> 市陽二月百一十二算二 卅五錢三千九百廿正偃付西鄉偃佐纏吏奉卩受正忠
> （？）二百卅八
> 市陽二月百一十二算二 十錢千一百廿正偃付西鄉佐賜 口錢卩
> 市陽三月百九算二 九錢九百八十一……

82　孫慰祖，《古封泥集成》（上海：上海書店出版社，1994），印 1798-1803，頁 302-303。

83　李均明、何雙全編，《散見簡牘合輯》（北京：文物出版社，1990），頁 70-72、77。

84　裘錫圭，〈湖北江陵鳳凰山十號漢墓出土簡牘考釋〉，《文物》，7（1974），頁 54、56。

85　按：「藁里」裘錫圭先生原釋為「藁上」，疑「上」為「里」的壞字或殘存筆劃。

市陽四月百九算〓八錢八百七十二……

市陽五月百九算〓九錢九百八十一……

市陽五月百九算〓廿六錢二千八百卅四……

市陽五月百九算〓八錢八百七十二……

鄭里二月七十二算〓卅五錢二千五百廿……

鄭里二月七十二算〓八錢五百七十六……

鄭里二月七十二算〓十錢七百廿……

在算錢五號木牘正面有如下算錢支出的記錄：

當利正月定算百一十五

正月算卅二給轉費　卩

正月算十四吏奉　卩

正月算十三吏奉　卩

正月算□傳送　卩

在這些江陵西鄉賦役賬目中，有一些可能和各戶服役有關，有些意義至今不明。其中有一種不見於其它出土資料的是所謂的「鄭里稟（廩）簿」。鄭里稟簿是竹簡上的原標題，記錄了鄭里二十五戶貸糧總額、各戶的戶人（即戶長）名、戶中能田人數、戶人口數、田畝數、貸糧數量以及發放的記號。學者早已從田畝數和貸糧數之間的比例，正確指出所貸為種子，每畝貸種子一斗。這頗能印證兩漢中央和地方官員為救荒或勸農，不斷向百姓「貸種食」或「假與種糧」的文獻記載（《漢書》〈文帝紀〉、〈昭帝紀〉、〈宣帝紀〉、〈元帝紀〉、《後漢書》〈和帝紀〉、〈張禹傳〉等）。

更重要的是這份記錄透露西漢初一個里的戶數和人口結構。鄭里二十五戶雖不確知是否為全里戶數，應離全部戶數不可能太遠。從上引鄭里、市陽里和當利里所繳算錢看，鄭里算錢七十二，市陽里一百十二或一百零九，當利里一百一十五，依比例推算，市陽里當有三十八、九戶，當利里當有約四十戶。這個規模和前文所說王莽在長安為貧民所建五個新里，每里四十戶頗為接近。

這樣推算的一個假設是這些里各戶的人口結構沒有大的出入。以下先將各戶資料列表：

附表二：江陵鳳凰山十號墓鄭里廩簿統計表

戶人	能田人數	口數	田畝數	貸糧數（石）
聖	1	1	8	0.8
〔　〕	1	3	10	1
擊牛	2	4	12	1.2
野	4	8	15	1.5
〔　〕冶	2	2	18	1.8
□	2	3	20	2
立	2	6	23	2.3
越人	3	6	30	3
不章	4	7	30	3.7
勝	3	5	54	5.4
虜	2	4	20	2
〔　〕	2	6	20	2
小奴	2	3	30	3
佗（？）	3	4	20	2
定民（？）	4	4	30	3
青肩	3	6	27	2.7
□奴	4	7	23	2.3
□奴	3	□（3-6）※	40	4
□□	4	6	33	3.3
公士田	3	6	21	2.1
駢	4	5	30	缺
朱市	3	4	30	缺
□奴	3	3	14（？）	缺
□□	2	3	20	缺
公士市人	3	4	32	缺
總　　　計	69	112-115	〔617〕	61.7（原簿總數）
平均每戶田數			24.68	
平均每戶人數	2.76	4.48-4.60		

（※ 此處數字缺，姑且借用有能田三人之其它各戶，每戶有人口三至六人估計）

此處所謂「能田」當是指能下田幹活的人口，其範圍應當包括居延和敦煌簡中常見的「使男」、「使女」和「大男」、「大女」，也就是約指七歲以上，未「老」以前，有勞動力的男女。一戶口數則包括有勞動力的男女和不能下田的老、小。鄭里各戶平均有四、五人，能田者三人左右。這樣的人口結構和里耶秦代戶籍、尹灣西漢末集簿、走馬樓三國孫吳戶籍或居延、敦煌其它簿籍中所顯示的漢世戶口數或文獻所說的「五口之家」，結構上基本一致。這再次肯定了《漢書‧地理志》記載的西漢末全國戶口數字有很高的可靠性，也肯定了父母加上二、三未成年子女構成的家戶，是從秦到三國家戶結構的主要形態。這幾百年裡所謂的大族或豪族應該是因較多的同姓五口之家聚居，又在政治和經濟上利害與共而形成。

3. 安徽天長十九號墓出土戶口簿和算簿木牘

2004 年安徽天長市安樂鎮紀莊發現一座屬西漢中期偏早的豎穴土坑墓。[86] 墓中隨葬品頗為豐富，有陶器八件，銅器八件，鐵器七件，漆器四十七件，木器四十九件。能表明墓主身分的是屍骨兩旁出土的鐵劍和鐵削，頭箱中成疊的木牘，漆硯盒以及漆器上和木牘中提到的名字謝孟。最重要的是木牘中有西漢臨淮郡東陽縣的算簿和戶口簿。這些無疑證明謝孟應該是一位和江蘇連雲港市尹灣東海郡功曹史師饒身分相似，縣一級的地方官吏。其所以推定謝孟是縣一級的官吏，主要是因為隨他而葬的戶口簿和算簿都明顯僅及一縣之內的諸鄉。[87]

這一方木牘上兩面分別為戶口簿和算簿（圖 11）。因內容不太長，先全文逐錄如下：

86　天長市文物管理所、天長市博物館，〈安徽天長西漢墓發掘簡報〉，《文物》，11（2006），頁4-21。

87　袁延勝先生也推定天長簡牘是「縣級算賦文書」。參氏著，〈天長紀莊木牘算簿與漢代算賦問題〉，《中國史研究》，2（2008），頁105。

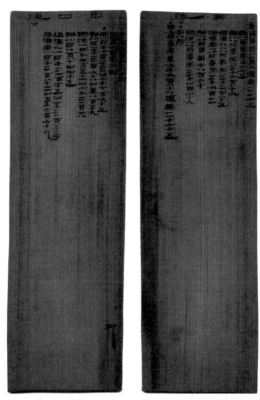

圖 12.1-2　安徽天長木牘正（戶口簿）背（算簿）面

　　●凡九千一百六十九少前　　　　　　　卿[88]

戶　　口四萬九百七十少前

　　●南[89]鄉戶千七百八十三口七千七百九十五

口　　都鄉戶二千三百九十八口萬八百一十九

　　楊池鄉戶千四百五十一口六千三百廿八

簿　　掏[90]鄉戶八百八十口四千五

　　垣雍北鄉戶千三百七十五口六千三百五十四

88　天長市文物管理所、天長市博物館，〈安徽天長西漢墓發掘簡報〉所錄釋文漏「卿」字。

89　同上，釋文「南」字，〈發掘簡報〉作「東」。按字形及算簿同字，以作「南」為宜。

90　同上，釋文「掏」字，〈發掘簡報〉作「鞠（？）」。按字形，疑作「掏」，左側提手寫成「手」，或「翔」字，居延簡 503.15，勞圖版 443 之翔字可參。

垣雍南[91]鄉戶千二百八十二口五千六百六十九

集八月事算二萬九復算二千卅五

都鄉八月事算五千卅五

算　南鄉八月事算三千六百八十九

　　垣雍北鄉[92]八月事算三千二百八十五

　　垣雍南[93]鄉八月事算二千九百卅一

簿　掬鄉八月事算千八百九十

　　楊池鄉八月事算三千一百六十九

　　　●右八月

　　　●集九月事算萬九千九百八十八復算二千六十五

　　　　☐[94]

附表三：漢臨淮郡東陽縣各鄉戶口及事算表

	戶數	口數	一戶平均口數	八月事算　九月事算	一戶平均事算數
南鄉	1783	7795	4.37	3689	2.06
都鄉	2398	10819	4.51	5045	2.10
楊池鄉	1451	6328	4.36	3169	2.18
掬鄉	880	4005	4.55	1890	2.14
垣雍北鄉	1375	6354	4.62	3285	2.38
垣雍南鄉	1282	5669	4.42	2931	2.28
總計	9169 少前	40970 少前	4.46	20009　19988 復算 2045　復算 2065	2.18

91　同上，釋文「南」字，〈發掘簡報〉作「東」，誤。

92　同上，釋文「鄉」字後，〈發掘簡報〉衍一「戶」字。

93　同上，釋文「南」字，〈發掘簡報〉作「東」，誤。

94　頗疑牘左側邊緣還有字，唯極模糊，無可釋。楊以平和喬國榮以為是「卿」字。他們認為卿字證明「本戶口名簿不是上報之本，而是本級政府最高長官的審核本，被確認後，作為戶口統計年報底冊檔案被保存下來」。參氏著，〈天長西漢木牘述略〉，《簡帛研究二○○六》（桂林：廣西師範大學出版社，2008），頁196。按木牘文書通例，疑卿是抄手之名。

從出土資料看秦漢聚落形態和鄉里行政　|　351

據《漢書・地理志》漢武帝元狩六年（西元 117 年）置臨淮郡，下轄廿九縣，東陽為其一。西漢末臨淮郡有戶二十六萬八千二百八十三，口一百二十三萬七千七百六十四，平均一縣有九千二百五十一戶，一戶四・六一人。根據上表，臨淮郡東陽縣有六鄉，各鄉少則八百餘戶，多則二千餘戶，平均一鄉一千五百餘戶，全縣共九千一百六十九戶，一戶平均四・四六人，十分接近〈地理志〉各縣和各戶的平均數字。這和江蘇尹灣出土西漢末東海郡集簿木牘上的戶口數一樣，頗可以證明《漢書・地理志》記載的戶口數有相當高的準確性。又從各鄉平均事算數可知，所謂事算是一戶中老小以外，必須承擔徭役的人口，也就是傅籍的使男、使女或丁男、丁女。

戶口簿和算簿寫在同一牘的兩面，內容上很可能相互關聯。二者合而觀之，既有各鄉的戶口數，也有各鄉的事算統計，這給了我們絕好的材料，去進一步討論因江陵鳳凰山十號漢墓出土算錢簡和走馬樓三國吳簡而引起的對事、算意義的爭論。

第一，三國吳簡記錄各戶各人幾事幾算，其所謂的事、算是沿襲漢制，和這裡算簿上所說的事、算有脈絡上的關係，實質內容卻已頗有不同。三國吳簡上各人的事和算分別記錄，事指徭役，算指口錢；[95] 東陽縣算簿上各鄉的事算卻合而計之，合為一個數目字。在這種情形下，事和算之間必然要有一種可以換算的關係，才可能合成一數，加以記錄。

第二，如果比較屬西漢初期鳳凰山十號墓簡上的算錢、東陽縣算簿和文獻中所說的算，可以確定「算」應指算賦及其它性質租稅或徵繳的計算

---

95 張榮強，〈說孫吳戶籍簡中的「事」〉，《吳簡研究》第一輯（武漢：崇文書局，2004），頁 203-221；胡平生，〈《長沙走馬樓三國吳簡》第二卷釋文校證〉，《出土文獻研究》第七輯（上海：上海古籍出版社，2005），頁 123-125；孟彥弘，〈吳簡所見「事」義臆說——從「事」到「課」〉，《吳簡研究》第二輯（武漢：崇文書局，2006），頁 201-213；于振波，《走馬樓吳簡續探》（臺北：文津出版社，2007），頁 129-152。

單位，[96] 並不意指固定的錢數。[97] 例如漢惠帝時令「女子年十五以上至三十不嫁，五算」（《漢書・惠帝紀》，頁91）。所謂五算是說這些女子要繳五倍的算，他人一算，她們繳五算。至於一算是多少，則可因時因事而不同。應劭說：「漢律：人出一算，算百二十錢，唯賈人與奴婢倍算」（同上）。《後漢書・光武帝紀》李賢注說一算一百二十錢，見於《漢儀注》。不論見於漢律或漢儀注，這一算值應已固定化，不可能像鳳凰山木牘上所見的算，其錢數可隨月份而有八錢、九錢、十錢、廿六錢、卅五錢、卅六錢等等的不同。應劭說一般人繳一算，賈人和奴婢要繳二算。從賈人和奴婢倍算來看，應劭所引漢律很可能是武帝時為打擊豪強和富商，籌措戰費才訂立的。[98] 武帝將算的數值固定下來，從此以後算簿才可能出現事、算合併計算的狀況。[99]

96　袁延勝先生將「算」單純理解為算賦，欠安。他說天長算簿中的「事算」可以理解為「『事』、『算』一致性下的『算賦』，這裡的『事』儘管含有『徭役』的性質，但並不具有獨立的意義，它是用來修飾『算』的，是『事』、『算』一致性下的『算』的修飾語。」（前引文，頁109）換言之，他將事、算看成就是算賦。我以為事是事，算是算，不宜視為一事。天長算簿所記為總計性質，列計各鄉一年內事、算若干。又戶口簿總計各鄉戶及口數。這裡的口明顯是指全戶人口，包括老小，不僅僅是十五歲至五十六歲須負擔算賦的成年人。天長牘上所謂的算包括算賦，似也應當包括西漢賦稅其它以「算」計徵的收入，例如算緡錢、算車船、算牛馬羊等。其他學者對「事」、「算」的理解和袁先生有所不同，請參前註95。

97　此處從裘錫圭先生意見。參氏著，〈湖北江陵鳳凰山十號漢墓出土簡牘考釋〉，《文物》，7（1974），頁58。又劉增貴兄從漢簡得算、負算之語，論證算非指一百二十錢，而是記優缺點或功過之數，類似今日的記點制。此說與裘先生的意思有相通處，但又不完全相同。詳參劉增貴，〈《居延漢簡補編》的一些問題〉，收入史語所簡牘整理小組編，《居延漢簡補編》，頁43-47。類似看法又參山田勝芳，〈前漢武帝代の地域社會と女性徭役──安徽省天長市安樂鎮十九號漢墓木牘から考える〉，《集刊東洋學》，97（2007），頁5或《秦漢財政收入の研究》（東京：汲古書院，1993），第三章，頁188。

98　從裘錫圭先生說。參氏著，〈湖北江陵鳳凰山十號漢墓出土簡牘考釋〉，《文物》，7（1974），頁59。

99　算值固定問題，可參岳慶平，〈漢代「賦額」試探〉，《中國史研究》，4（1985），頁29-43。東陽算簿上八、九月份事算和復算總數有異（20009-19988＝21，2065-2045＝20），有些學者認為是「統計數和核查數有誤差」。私意以為這些都是統計數，每月實徵和所免復之數會因種種原因（如人口賦役身分的改變或增減）而出現差異。這從鳳凰山十號漢墓出土簡牘上

接著要來看看所謂的事。學者早已指出事是指徭役。居延漢簡中有許多旅行證件——傳或過所，其上要由鄉嗇夫或有秩證明某人「毋官獄徵事」，關津才會放行。所謂「徵事」，正是賦役徵發。一個人必須證明沒有積欠未服的徭役或未繳的賦稅，也沒有當入獄而未入獄的情況，才能獲得旅行的憑證。如果某人「不事」，是說他享有不服徭役的特權。這在文獻中十分清楚，無須多說。問題是事、算連言合計，事和算必須可以在相同的計算單位下互通才行。也就是說如果一算為一百二十錢，一事也必須等值於若干錢，如此事和算才可能在算簿上合計成一個數目字。

《漢書·昭帝紀》注如淳曰：「更有三品……貧者欲得顧更錢者，次直者出錢顧之，月二千，是謂**踐更**也。天下人皆直戍邊三日，亦名為更，律所謂徭戍也。雖丞相子亦在戍邊之調。不可人人自行三日戍，又行者當自戍三日，不可往，便還。因便住，一歲一更，諸不行者，出錢三百入官，官以給戍者，是謂**過更**也。」（頁230）如淳此注所說和《史記·吳王濞傳》引《漢書音義》或張守節《正義》都有出入，引發極多爭議和討論。[100] 儘管有出入，可以肯定的是漢世勞役，也就是事，無疑允許繳定額的錢，僱人代替。現在因張家山《奏讞書》漢高祖時的一個案子提到「踐更咸陽」，可知踐更之制已見於西漢初，而且可能源於秦。[101] 居延新舊簡中也有宣帝時「更錢」若干錢的出入記錄殘文（EPT56：98：「入元年五月六月逋更錢千二百 五鳳三□」；EP.S4.T2：93：「出十一月更錢五百 甘露二」；135.36：「更錢五千具□ 從張田具」）。可見從西漢初到東陽縣算簿所屬的時代，所謂的「事」可以換算為錢；算簿上各鄉所謂事、算若干千百，無疑應是以錢為合計單位，指若干千百錢。

如果臨淮郡東陽縣的算簿真的是西漢中期或偏早的，各鄉一戶八月事算平均不過 2.18 錢，即使每月不完全相同，一年估計也不過在二十六、七

各月算錢數即可推知。參前引楊以平、喬國榮，〈天長西漢木牘述略〉，頁197。
100 黃今言，《秦漢賦役制度研究》（南昌：江西教育出版社，1988），頁281-294。
101 參張家山247號墓竹簡整理小組，《張家山漢墓竹簡（二四七號墓）》，〈奏讞書〉釋文，頁221-222。

錢至三十錢左右。這應該不是武帝時的情況。武帝時糧價一石約在三十至八十錢之間，宣帝元康時，比年豐收，穀一石不過五錢，這是打破漢代記錄的低價。元帝後至王莽初糧價一石約在一百錢上下。[102] 由此對比，武帝時代和昭宣元成以降百姓的徭役負擔，有天壤之別。宣帝時匈奴歸服，減天下戍卒什二，元、成之時竭力節省國家和宮廷用費，減租除賦。例如元帝時曾詔令「有可蠲除減省以便萬姓者，條奏，毋有所諱」。他在位時，曾「令大官損膳，減樂府員，省苑馬」，「諸宮館希御幸者勿繕治，太僕減穀食馬，水衡省肉食獸」，「罷黃門乘輿狗馬」，「罷角抵、上林宮館希御幸者、齊三服官、北假田官、鹽鐵官、常平倉」，又對官員百姓動加賞賜，蠲除租賦，結果弄得「用度不足，民多復除，無以給中外徭役」（以上見《漢書‧元帝紀》）。成帝建始二年春正月，罷雍五時，又「減天下賦錢，算四十」（《漢書‧成帝紀》）。孟康曰：「本算一百二十，今減四十，為八十。」從成帝詔原文看，也未嘗不可理解將算錢減成四十錢。東陽縣算簿意味著算錢應該還曾進一步削減，減至三十或更少。西漢中晚期百姓的負擔大為減輕，也讓我們真實體會到漢鏡銘文所說「胡虜殄滅天下復（復者，復除徭役也）」的深刻意涵。[103] 如果以上對算錢的了解無誤，這樣的算錢負擔應是西漢中晚期元成以後，或最少也是昭宣以後才可能出現的情況。[104] 如此，此墓的時代或許就不是考古報告所說的西漢中期偏早，而是中期偏晚才是。

　　漢代武帝以後，事、算以錢為單位可以換算合計。這種情形到三國時代的孫吳，明顯已有不同，事與算已無法合計。算指算賦，以錢計，但數

---

102 林甘泉編，《中國經濟通史——秦漢經濟卷》（北京：經濟日報出版社，1999），頁570。

103 參林素清輯〈漢代鏡銘集錄〉，中央研究院歷史語言研究所文物圖象研究室，《簡帛金石資料庫》http：//saturn.ihp.sinica.edu.tw/（2007.9.18）。

104 山田勝芳認為木牘上的「十二月」是指武帝元狩四年的冬十二月，墓主應死亡於元狩四年中。參山田勝芳，〈前漢武帝代の地域社會と女性徭役——安徽省天長市安樂鎮十九號漢墓木牘から考える〉，《集刊東洋學》，97（2007），頁2。

額不一；[105] 事指徭役，但不知何故，似已不見可花定額的錢僱人代替的例子。既不能換算，事與算在記錄中只能分而計之。[106] 以上是鄉里內戶口和賦算徭役出土資料透露的消息。

由鄉、里上至郡、縣，則有西漢武帝早期江陵西鄉有秩嗇夫或南郡某官周偃墓出土的南郡和江陵西鄉戶口簿、正里簿、南郡免老簿、新傅簿、罷癃簿等以及西漢末東海郡功曹史師饒墓出土的集簿木牘帶來新的曙光。[107]

4. 西漢武帝時期南郡各縣的免老、新傅及罷癃記錄——湖北荊州紀南松柏村西漢周偃墓出土的三十五號木牘

2004 年在湖北荊州市紀南鎮松柏村發現古墓群，清理了其中四座。第一號墓（M1）出土了木牘六十三塊，木簡十枚。木牘長 22.7-23.3 公分，寬 2.7-6.5 公分，厚 0.2 公分。其中六塊無字，三十一塊單面墨書文字，二十六塊雙面墨書文字。根據出土位置推測，木牘原應分類捆綁。經初步整理，木牘所書內容有以下幾類：（1）遣書（策）；（2）各類簿冊，包括南郡及江陵西鄉等地的戶口簿、正里簿、免老簿、新傅簿、罷癃簿、歸義簿、復事算簿、見（現）卒簿、置吏卒簿等；（3）葉（牒）書，記載秦昭襄王至漢武帝七年歷代帝王在位年數；（4）令，主要是漢文帝頒布的某些律令；（5）曆譜，主要是漢武帝時期的曆譜；（6）周偃的功勞記錄；（7）漢景帝至漢武帝時期周偃的升遷記錄及升調文書等抄件。內容如此豐富，可惜目前僅有第三十五號牘（圖 13.1-2）和一枚簡的圖版和釋文刊布出來。

---

105 參于振波，《走馬樓吳簡續探》，頁 138-139。

106 關於走馬樓三國吳簡中事、算的意義，已有多家說法，總覺仍多未安，因無更好的想法，暫不多論。相關說法參于振波，《走馬樓吳簡續探》，頁 129-151。如果參照《抱朴子內篇·微旨》，則也有一算指三日的說法。但〈微旨〉此處「算者，三日也」有版本異文，或作「一日也」，謹錄供參考。

107 連雲港市博物館、社科院簡帛研究中心等編，《尹灣漢墓簡牘》（北京：中華書局，1997），頁 13、77；荊州博物館，〈湖北荊州紀南松柏漢墓發掘簡報〉，《文物》，4（2008），頁 24-32。

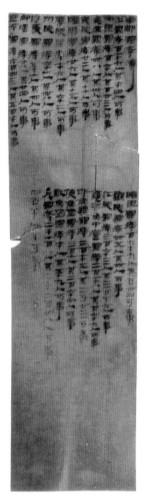

圖 13.1-2　荊州紀南松柏村西漢周偃墓出土三十五號木牘

　　發掘簡報根據出土的文字，推測墓主應是江陵西鄉的有秩嗇夫周偃。
如果墓主身分確如簡報所推測是一位鄉嗇夫，即和前文江陵鳳凰山十號墓
的墓主身分相同；鳳凰山十號墓出土簡的內容全和一鄉的人口和賦役有
關，為何周偃這位鄉嗇夫會以南郡各縣總計性的免老、新傅和罷癃簿陪
葬？不禁令人納悶。由於大部分的資料尚未公布，本文只能暫時放下墓主
身分的問題，僅談談三十五號木牘的內容。

三十五號木牘內容最顯眼的特徵是將南郡的免老簿、新傅簿各分上下兩欄，由右而左抄寫在牘的一面，而在背面以同樣的格式抄寫南郡罷癃簿。換言之，在同一牘的兩面抄了三個不同的「簿」。這三個簿以相同的順序列出南郡十二縣（巫、秭歸、夷陵、醴陽、孱陵、州陵、沙羨、安陸、宜成、臨沮、顯陵、江陵），一道（夷道）和四侯國（襄平侯中廬、邔侯國、便侯國、軑侯國）的免老、新傅和罷癃人數。第一個值得討論的當然是南郡諸縣道、侯國的建置和《漢書‧地理志》記載的出入。第二個可注意的是各縣道和侯國免老、新傅和罷癃人數之間的比較和關係，由此應可看出一些和人口年齡結構相關的現象。第三，必須追問這塊木牘的真正性質為何？是墓主生前擁有的公文書？或是為陪葬而特別製作的明器？

以下先從第三個問題談起。弄清木牘的性質，才好進一步討論木牘的內容。第一，如前文所說，這塊牘本身不是「簿」，而是因某種原因，將三種簿的統計抄寫在同一塊木牘的兩面。這和前文所談安徽天常木牘兩面分抄戶口簿和算簿，下文將提到的江蘇尹灣出土的東海郡「集簿」以及「永始四年武庫兵車器集簿」等統計性木牘相類似，只是後二者是一牘抄一簿，沒有三簿合抄在同一牘上而已。不論合抄或分抄，這些性質相近的木牘不約而同出現在不同地區的墓葬裡，適足以反映秦至西漢某種流行的葬俗。地方官吏會將與自己生前職掌有關的公文書或地圖（如甘肅天水放馬灘木板和紙地圖、長沙國南部帛繪地圖）複製成陪葬品，伴同遣策等埋入墓中。[108]這些陪葬品是要向地下世界的主管（泰山府君或其它想像中的冥府之主）證明墓主生前為一「方」（一里、一鄉、一縣或一郡）之主，掌理一方的土地和人民，希冀他們的權位在地下仍能繼續，甚至提升。

它們的基本性質，我越來越相信是為陪葬而重抄，具有明器的性質而不是墓主生前使用過的簿籍或文書原件。雖為明器，內容上卻又絕不是如

---

108 關於以地圖陪葬的意義請參邢義田，〈論馬王堆漢墓駐軍圖應正名為箭道封域圖〉，《湖南大學學報（社會科學版）》，21：5（2007），頁 12-19。增補本見武漢大學簡帛研究中心《簡帛網》http://www.bsm.org.cn。

魏晉以降地券之程式化。迄今所知，除了類別大體相近，沒有任何內容重複或據同一個範本複製的跡象。它們比較像是據墓主生前所用，真實的文書抄錄或摘節而成。內容上包括地方性的戶口、賦役簿籍、律令、曆譜、日書以及和個人相關的「大事記」或典籍等等。我傾向於相信西漢墓，甚至秦墓出土的竹木簡文書和帛書，基本上多為陪葬而抄製。由於明器「貌而不用」，不免露出它們的「不實用性」，例如不顧使用上的困難，將數百簡編連成一冊（如隨州孔家坡日書簡）；內容有錯誤脫衍，卻不見在使用過程中應有的訂正痕跡。[109]

如果以上對基本性質的認定可以成立，則可推定大部分隨葬文書應製作於墓主死後，備辦喪葬的過程中。除非墓主早已準備或有遺囑（漢世名之曰遺令、先令），文書的挑選和抄錄都不會是墓主本人，而是家人或籌辦喪禮者依當時的習俗而進行。這是為什麼在迄今所知秦或西漢地方官吏的墓葬中出土這麼多類別大體相近的文書。

如何挑選？我們一無所知。推想或有三個較大的可能：一是挑選和複製墓主死前最後所經手的文書資料；二是選製墓主所經歷最高職位上所用的文書。官吏生前不免會有升遷或貶謫，死前之職不一定是所曾經歷的最高職位；三是選製最能彰顯墓主事功的記錄。例如某年考課被評為「最」，即選製這一年的戶口或賦役記錄入葬。由於有以上不同的可能，因此不宜太輕易認定這些文書上的年代即墓主死亡或下葬之年，雖然相距也不會太遠。

從這個角度看，三十五號木牘上的免老、新傅和罷癃簿就有三點值得注意：第一，墓主或許如簡報所說，曾任西鄉嗇夫，然而這不一定是他所歷最高的職位，否則不易解釋為何其墓中會出現涉及南郡一郡的簿籍抄件？簡報提到出土的文書中還有墓主升遷和功勞記錄。這些資料一旦刊

---

109 參邢義田，〈漢代簡牘的體積、重量和使用——以中研院史語所藏居延漢簡為例〉，《古今論衡》，17（2007），頁 66-101。訂補本見武漢大學簡帛研究中心《簡帛網》http://www.bsm.org.cn。但隨葬的典籍簡須另當別論，其中不乏墓主生前所使用者。

布，應大有助於了解墓主的身分。[110]

第二，這件木牘上的記錄或許是令墓主和家人最感得意的，而不一定是墓主死前最後的記錄。如此猜想的理由是看到木牘上「罷癃」和「可事」的統計數字，不禁使我想到武帝以來喜用能吏、酷吏和以「以法律為詩書」的政治風氣。這種風氣下所謂的能吏，並不以寬徭薄賦為尚，而以苛刻為能事。王莽曾批評漢朝號稱要減輕田租，三十而稅一，實際上「常有更賦，罷癃咸出」。（《漢書·食貨志》和《漢書·王莽傳》）南郡各縣道和侯國罷癃者有二千七百零八人，所謂罷癃是指先天殘廢或後天受刑而可減免賦役的人口。[111] 經過墓主周偃的檢核，認定二千七百多人中真正「不可事」，也就是可以減免徭役的只有四百八十人，其餘「可事」的高達二千二百二十八人！換言之，他為朝廷增添了二千多可服役的人口，將減免服役的人口大幅壓縮。這一木牘一方面為王莽的批評添了註腳，另一方面換個角度看，就那時考核官吏的標準而言，墓主無疑是一位受到肯定的能吏。墓主和其家人極可能也以此自傲。

第三，如果參見以下附表四，可以輕易地發現原牘五項統計中，免老和新傅兩項的總計（凡）都有小錯誤。原牘墨書文字十分清晰，數字基本上都能清楚辨識，不存在誤釋。這樣的錯誤，雖有可能出自原來正式的簿籍，也不排除是謄抄時不慎所造成。謄抄造成錯誤的機率，我以為要更大一些。因陪葬而抄製的明器，比較不在乎錯誤，有錯就不見得更正了。

不論數字是否完全正確，這方木牘的三種簿計使我們有了第一手的資料，認識到西漢中晚期南郡一郡之中免老、新傅和罷癃的人口數字，其珍貴自不待言。免老和新傅都有年齡上的規定，如果該墓木牘資料陸續發表，尤其是在南郡和西鄉的戶口簿刊布以後，我們就有可能進行人口年齡

---

110 彭浩先生最近在簡帛網上刊布〈讀松柏出土的西漢木牘（一）〉一文，提到周偃曾任西鄉嗇夫，最高曾任南平尉，唯未公布原牘文字。見《簡帛網》http://www.bsm.org.cn（上網日期：2009.4.2）

111 罷癃之意請參于豪亮，〈秦律叢考〉，《于豪亮學術文存》（北京：中華書局，1985），頁138-139。

結構的研究。關於木牘上所列南郡各縣道和侯國之數目和名稱為何和《漢書・地理志》有不小的出入？又為何首縣是巫而不是江陵？這或許牽涉到西漢中晚期一次未見記載的郡國政區重劃，須要另文詳論，這裡暫不多說。

附表四：荊州紀南松柏村西漢墓三十五號木牘資料統計表

	縣道侯國	免老	新傅	罷癃	可事	不可事
1	巫	278	203	116	74	（42）
2	秭歸	246	261	160	133	（27）
3	夷道	66	37	48	40	（8）
4	夷陵	42	45	22	17	（5）
5	醴陽	61	25	26	15	（11）
6	孱陵	97	26	76	62	（14）
7	州陵	74	15	61	48	（13）
8	沙羨	92	50	51	40	（11）
9	安陸	67	19	28	24	（4）
10	宜成	232	546	643	570	（73）
11	臨沮	331	116	199	134	（65）
12	顯陵	20	12	45	40	（5）
13	江陵	538	255	363	316	（47）
14	襄平侯中盧	162	78	218	169	（49）
15	邔侯國	267	220	275	223	（52）
16	便侯國	250	123	307	264	（43）
17	軑侯國	138	56	70	59	（11）
	凡（原牘之總計）	2966	2085	2708	2228	480
	實際總計	2961	2087	2708	2228	480

5. 江蘇連雲港尹灣西漢東海郡功曹史墓出土集簿木牘上的老少人口

1993 年在江蘇連雲港市尹灣村西南發現西漢墓群，其中六號墓出土了

多種與東海郡功曹屬吏所職有關的重要木牘，包括集簿、郡屬縣鄉吏員定簿、長吏遷除簿、吏員考績簿、武庫永始四年兵車器集簿等。和本文關係最密切的是自名為「集簿」的木牘。它不但反映了漢代上計制的重要環節，更讓我們具體看到西漢自鄉里到郡縣，一個層次井然的行政控制體系。

以集簿來說，郡功曹無疑匯集所屬縣鄉里的人口賦役等成為總計性的數字，再上報到中央。郡的總計包含以下十二種數字：(1) 所屬縣邑侯國鄉亭數、(2) 縣三老、鄉三老、孝、悌、力口人數、(3) 郡縣侯國吏員數、(4) 戶口數、(5) 提封、園田數、(6) 種宿麥畝數、(7) 男子數、女子數、(8) 年八十以上、六歲以下、年九十以上、七十以上人數、(9) 春種樹之數、(10) 以春令成戶之數、(11) 一歲出入諸錢數、(12) 一歲出入諸穀數。這比文獻中提到集簿的戶口、墾田、錢穀三大項要詳細得多。這裡不打算一一細說，僅就其中一郡的男女人口與年齡表示一點看法，其餘則請見它節。

集簿木牘上有東海郡人口統計數字，部分內容先徵引如下：

戶廿六萬六千二百九十多前二千六百廿九其戶萬一千六百六十二獲流

口百卅九萬七千三百卅三其〔？〕四萬二千七百五十二獲流

年八十以上三萬三千八百七十一，六歲以下廿六萬二千五百八十八，凡廿九萬六千四百五十九

年九十以上萬一千六百七十人，年七十以上受杖二千八百廿三人，凡萬四千四百九十三，多前七百一十八

依人口年齡結構常理，高齡人口年齡越大，人數應越少。以古代平民的衛生、營養、醫療和生育等條件估計，能活到八、九十歲十分不容易，人數應不會太多。[112] 東海郡八十歲以上者占總人口 2.42％；九十歲以上者占總

---

112 目前有關中國古代人口年齡結構的研究很少。史前人口結構可參王建華，〈黃河中下游地區史前人口年齡構成研究〉，《考古》，4（2007），頁 63-73。據王先生分析墓葬人骨，黃河中下游地區史前人口高死亡率時期的年齡都在中年（36-50 歲），能活到五十歲以上的很少。這雖然不能說明漢代的情況，或可供參考。

人口 0.83％。這個比例如果和現代社會（如 1953 和 1990 年的中國，1999 年的臺灣）的人口年齡結構稍一比較，即刻顯現高得出奇離譜。[113] 以 1999 年臺灣已呈老年化的人口年齡結構為例，九十歲以上至九十九歲者僅占總人口的 0.11％，八十至八十九歲者僅占總人口 1.15％。由此可見漢代東海郡九十歲以上老人占總人口比例比現代臺灣多七倍以上，八十歲以上老人約多近一倍。東海郡集簿記錄的不合理，十分明顯。

如果說漢代和現代社會相差太多，不宜比較。我們可以再參看同屬農業社會的清初人口年齡比例。據學者研究，傳統中國農村人口年齡結構有穩定的特徵，西漢和清初應不會有太大差別。有人以康熙五十二年（1713）赴暢春園老人宴的七十歲以上老人的數字和當時的總人口作比較，發現清初七十歲以上老人約占總人口的 2％左右。[114] 換言之，八十歲以上老人依比例推之，應在 1％以下。西漢末東海郡八十以上老人比例高達 2.42％，比清初高兩倍多，其誇大至為明顯。

為何會這樣呢？比較可能的解釋是，漢代地方官在某些情況下會去虛報老年和幼年人口數字。依漢代的規定，老、幼年人口都在免除賦役之列；免賦役的人口越多，地方郡國就可以減少賦稅的上報和上繳。前文提到文帝時規定，家中有九十歲老人，可以有一個兒子不服繇役；有八十歲老人，可以免除家中兩人的算賦。有八十歲老人即可免兩人算賦，如有九十歲老人，可想而知可減免的賦稅應更多。元帝以後又規定，民年七歲出口錢，七歲以下免。[115] 要減少上繳的一個辦法就是增報老年和七歲以下的人口數。當然這樣的結果是地方官在考課時，大概不會被視為「能」，更

---

113 詳參高大倫，〈尹灣漢墓木牘集簿中戶口統計資料研究〉，《歷史研究》，5（1998），頁 110-123；邢義田，〈十年樹木，百年樹人——從尹灣出土簡牘看漢代的「種樹」與「養老」〉，《石璋如院士百歲祝壽論文集——考古、歷史、文化》（臺北：南天書局，2002），頁 541-547。

114 關於二十世紀初及清代資料請參劉翠溶，〈清代老年人口與養老制度初探〉，收入《近代中國之傳統與蛻變：劉廣京院士七十五歲祝壽論文集》（臺北：中央研究院近代史研究所，1998），頁 259-281。

115 這類研究甚多，可參黃今言，《秦漢賦役制度研究》（南昌：江西教育出版社，1988），頁 206-218。

不會被評為「最」。

前文對老年人口數已作檢討，現在來看看集簿中六歲以下的人口數是否合理。第一個問題是集簿為何統計六歲而非七歲以下人口？已無法確知原因。僅能猜測從元帝到集簿作成的成帝時代曾發生了口錢起徵年齡的變化。[116] 東海郡集簿記錄六歲以下有 262,588 人，占總人口（1,397,343）的 18.79%。1999 年臺灣六歲以下人口約為 2,157,536 人，占總人口比例約為 9.76%。古代人口夭折率依一般理解遠高於今日，但東海郡六歲以下人口比例竟然幾乎是當今臺灣的一倍！和老年人口數一樣，其誇大增報幾無可疑。[117] 虛報老、小人數，以避上繳賦錢，這正是宣帝所曾嚴厲批評的上計簿「務為欺謾，以避其課」（《漢書‧宣帝紀》黃龍元年春正月詔）。

其次，或許更重要的因素是地方官為贏得善政的美名。漢代考課將地方人口的增減列為重要的項目。人口中多高年和幼小，表示地方官符合了漢高祖以來鼓勵增加人口和照顧老者的要求，可以贏得養老慈幼的美名和考課上的好處。[118] 實利和虛名都足以促使年齡統計偏離事實。

歸結來說，東海郡集簿木牘雖是極可貴的新材料，透露很多不容懷疑的內容，證實西漢時的確賞賜高年鳩杖，並應自高祖時即已如此，但是其人口年齡的統計違反人口學常識，是否可靠，不能不令人懷疑。值得更進一步追問的是這樣的虛報老少，是鄉里一層即已如此，還是到了縣、郡才

---

116 黃今言前引書中曾詳論兩漢口錢起徵年齡有武帝時三歲，元帝以後七歲，東漢時各別地區有一歲即起徵的變化，並謂「七歲起徵口錢，約為元帝以後的通制」（頁 218）。黃先生特加一「約」字，現在看來十分明智。自江陵鳳凰山十號墓出土有關口錢和算賦的簡牘後，我們幾乎可以確信兩漢稅制有遠比文獻記載更為複雜的制度和變化。尹灣集簿計六歲而非七歲以下人口正提醒我們元、成間也可能有我們過去所不知的制度變動。

117 現代臺灣盛行節育，導致出生率及兒童人口比例下降；漢代鼓勵生育，一家育有子女相對較多，因此東海郡六歲以下人口比例較高，似乎並非不合理。不過，如果我們注意一下東海郡每戶人數，就會發現東海郡每戶平均人數約為 5.24 人，與《漢書‧地理志》所見之戶均人口數十分相近。除去父、母和一、二長輩如祖父或母，每戶未成年子女人數並不可能太多。

118 《漢書‧高帝紀》高祖七年：「民產子，復勿事二歲。」相關人口政策參葛劍雄，《兩漢人口地理》（北京：人民出版社，1986），頁 33-34。

作假？可惜這個問題目前還難以確切回答。

六 從出土資料看縣鄉里與八月案比

　　對秦漢基層社會的控制，過去學界長期存在著這樣的兩種看法：一是秦漢控制地方是以中央直接任命的縣令長為基礎，縣以下的鄉里在中央控制之外，屬於由地方父老、豪族或其它勢力主導的自治或半自治的廣大農村聚落。另一種看法是秦漢政府的控制深入縣以下，例如秦代鄉嗇夫任命本鄉的郵人和里典，也須要徵得縣廷的同意，漢代每年八月舉行案比，由縣負責，由縣派人下鄉，和鄉里的嗇夫、里正等共同查核戶口。[119]

　　隨著出土資料的增加，事實越來越清楚，秦漢政府對地方的控制無疑深入縣以下。縣以下的鄉在地方行政上扮演著關鍵性的角色。一鄉的鄉嗇夫或有秩以及里中的里正和父老代表著帝國控制力的最末梢，也代表著鄉里聚落裡兩種不同來源和性質的政治力量。沒有他們，可以說就沒有秦漢帝國。

　　以下先利用幾件出土資料，重新審視一下鄉里的權力結構，再看看八月案戶算民執行的實況。

一、湖南龍山里耶秦牘里典和郵人任命木牘

　　我們先從前文提到過的湖南龍山里耶出土秦代遷陵縣的木牘文書看看秦始皇卅二年，行政最基層的里典和郵傳系統的郵人是如何任命的（圖14.1-2）。這反映出秦代由中央任命的縣令長如何控制著鄉里最基層的人事。在里耶出土的眾多木牘中有如下一件：

　　J1（8）157正：卅二年正月戊寅朔甲午，啟陵鄉夫敢言之：成里典、啟陵

119　參邢義田，〈漢代案比在鄉或在縣？〉，《中央研究院歷史語言研究所集刊》，60：2（1990），頁451-487。

郵人缺，除士五成里勾二成
二為典，勾為郵人。謁令、
尉以從事，敢言之。

J1（8）157背：正月戊寅朔丁酉，遷陵丞昌
郤（卻）之啟陵：廿七戶已有
一典。今有（又）除成為典，
何律令？應（疑衍）尉已除
成、勾為啟陵郵人，其以律
令。／氣手／正月戊戌日中，
守府快行。

正月丁酉（20日）旦食時，隸妾冉以來／欣
發

壬手。

公文內容主要有兩部分，分寫在牘的兩
面：一面是啟陵鄉嗇夫報告建議由士伍成里之
勾、成二人分別擔任啟陵鄉成里的里典及啟陵
鄉之郵人，請縣令、尉批示。另一面則是縣丞
的批示及對批示送回的處理。

我曾另文指出木牘上或有抄寫上的錯誤，
否則有語法上的困難，不易講通。[120]「何律令」
後的「應」字疑衍；刪去應字，這一文書就可
完全通讀。刪去應字後，這份文件的大意是：
秦代的郵人和里典（即里正），是由鄉嗇夫報請
上級，經縣府同意而後任命。啟陵鄉照規定，

圖 14.1-2　里耶出土秦代木牘 J1
（8）157 正背面

---

120 詳見邢義田，〈湖南龍山里耶 J1（8）157 和 J1（9）1-12
號秦牘的文書構成、筆跡和原檔存放形式〉，《簡帛》第
一輯（2006），頁 275-296。本卷，頁 515-540。

上報人選，請求縣令和縣尉批准。可是遷陵縣丞在批文中認為廿七戶的成里已有一位里典，又任命成為里典，於法無據，退回（卻之），並說縣尉已任命成和匄二人為啟陵郵人，即遵此令。如此，由縣丞轉達縣尉的命令或批示。

　　不論衍字的推測是否正確，啟陵鄉的鄉嗇夫對鄉中的里典和郵人有權提名，卻無權決定。決定權在縣。這件文書是否具有普遍的代表性，雖然不確知，它可以說是最明確的一份文件，顯示秦王朝透過縣，可以左右帝國最末梢鄉里的人事，秦中央的控制力絕不止到縣一級而已。可是這是否反映秦漢政府就控制了最基層的鄉里聚落呢？並非如此。在鄉吏之外，鄉里間另有非中央可左右，代表地方利益的父老。這可以從以下河南偃師出土的父老僤買田約束石券談起。

二、河南偃師出土侍廷里父老僤買田約束石券裡的父老與地方權力結構

　　1973 年河南偃師縣緱氏鎮鄭搖大隊南村在整地時，無意掘到高 1.54 公尺，寬 80 公分，厚 12 公分的長方形石券。不平整的石面上刻有隸書十二行二百一十三字（圖 15）。石券內容大意是說：東漢章帝建初二年（西元 77 年）正月十五日，侍廷里于季等二十五位父老僤的成員，在里的治所共同訂立這個約束石券。石券涉及他們在明帝永平十五年（西元 72 年）六月中組織父老僤時，湊錢六萬一千五百所買的八十二畝田地。現在約定凡僤中成員有因貲次，當為里父老的，可以借用僤中的田經營，以收穫的穀實等物，供給開銷。如果家貲不足，不夠格當父老，須要將田交出，轉給其他為里父老者。這些田就這樣子子孫孫的傳下去。如果成員有過世的，由他的後代接替，每戶一人。如果僤中的成員都因不中貲，不夠父老的資格，于季、左巨等人可將田租出去。約文之後刻上立約二十五人的名字。[121]

---

121 其詳參邢義田，〈漢代的父老、僤與聚族里居──漢侍廷里父老僤買田約束石券讀記〉，《漢學研究》，1：2（1983），頁 355-377；〈漢侍廷里父老僤買田約束石券再議──兼與俞偉超先生商榷〉，《中央研究院歷史語言研究所集刊》，61：4（1990），頁 761-782。本書卷三，頁 517-571。

図 15 侍廷里父老僤買田約束石券拓本

古月集：秦漢時代的簡牘畫像與政治社會
—— 卷四 法制、行政與軍事

這方石券的發現使我們第一次知道漢代地方有父老僤這樣的組織。要談這個組織，應先談談父老。過去討論秦漢鄉里組織的學者，或者將「父老」當作一個代表特定身分的專名，或者認為與「三老」不同，只是對年高德劭者的泛稱。現在根據這方石券可以肯定「父老」除作通名用，應也是專名，指有一定貲產的里中領袖。秦漢里中的領導人物有里正和父老。為了避始皇諱，秦代稱里正為里典。

《公羊傳》宣公十五年何休注謂：「（里）選其耆老有高德者名曰父老；其有辯護伉健者為里正。」何休此注本在宣揚一種井田制的理想。但是他提到的父老和里正卻有漢代的影子，並不是純然虛構。武帝建元元年夏四月己巳詔曰：「古之立教，鄉里以齒，朝廷以爵，扶世導民，莫善於德。然則於鄉里先耆艾，奉高年，古之道也。」（《漢書·武帝紀》）鄉里以齒，不但是古之道，也是漢之道。劉邦於漢初擇民年五十以上為鄉三老，是三老須年高者為之（《史記·高祖本紀》）。西漢屢有尊高年，賜帛之舉。[122] 江蘇尹灣西漢東海郡功曹史墓所出土的木牘文書上明白統計西漢晚期東海郡七十歲以上老者受王杖人數。年七十者受王杖，享有各種特權。1959 年，武威磨嘴子漢墓所出王杖十簡，將受王杖者的特權一一列舉：他們得出入官府，見到官吏不必小跑步（不趨），可行於馳道旁道；有人敢妄加毆罵者，比之大逆不道。[123] 這些簡是西漢成帝時物，簡上明說賜王杖之制始於高祖。東漢尊高年依舊。據《續漢志》，授王杖是仲秋案比時之常舉。明帝以後更有養三老、五更之儀，「用其德行年耆高者一人為老，次一人為更」（〈禮儀志〉）。尊高年有德者，蓋以其為百姓之表率領袖。《白虎通》卷上謂：「教民者皆里中之老而有道德者」，是理想，也是寫實。東漢里父老除選擇年高與有德者，也須具有一定的貲產。蔡邕《獨斷》謂：「三老，

---

122 參徐天麟，《西漢會要》（臺北：九思出版公司，1978）卷四十八，「尊年高」條，頁 560-562。

123 郭沫若，〈武威王杖十簡商兌〉，《考古學報》，2（1965），頁 117；大庭脩，《秦漢法制史の研究》（東京：創文社，1982），頁 332-356；林劍鳴等中譯本，《秦漢法制史研究》（上海：上海人民出版社，1991），頁 273-287。

老謂久也，舊也，壽也。皆取首（「首」或作「有」）妻男女完具者。」[124] 據蔡邕之說，要當三老，還必須是有妻小的人才夠資格。

要了解秦漢基層社會的形態，似乎應該把握這兩點：第一，一個以安土重遷為特色的農業社會從先秦到兩漢並沒有根本上大的變化。如果不是迫於人口自然增加的壓力或天災人禍，絕大部分的農民大概不會輕易離開他們的土地。漢元帝在詔書中曾說：「安土重遷，黎民之性。」這是歷史經驗的總結。

其次，要理解秦漢社會的基本形態，家與族的問題不宜和作為地方基本組織的里制分開。里制淵源甚早，大行於春秋戰國之世。隨著封建秩序的崩潰，爭衡的君王權卿，先後以閭里什伍之制將庶人百姓嚴密地組織起來，作為自己的後盾。這種閭里組織原本可能只存在於城市（國），後來擴大運用到鄉野聚落（野）。不過將閭里組織推行到鄉野，應不是將原來族居的聚落打散，再納入新的閭里結構。大部分的情形很可能只是在原來自然分布的聚落之上加上新的編組，形成鄉與族疊合的現象。《墨子・非命上》：「是以入則孝慈於親戚，出則弟長於鄉里」；《韓詩外傳》卷四：「出則為宗族患，入則為鄉里憂」。親戚、宗族與鄉里連言，顯示宗族與鄉里組織關係的密切。前文提到長沙馬王堆墓出土的長沙國南部的地圖上有幾十個以里為名的聚落，大概在漢以前老早已經存在。它們很清楚是自然地、不規則地分布在河流的兩岸。同墓所出另一幅箭道封域圖上，幾十個里也是依山水之勢，不規則地坐落各處。這意味它們原本是一些自然的農村聚落，後來加上了里名，納入了鄉里的組織。里制的建立並沒有改變原來聚落的形態。當然在新闢的土地上，移民組織新里，又當別論。

世代不遷的農村聚落大抵因婚姻建立起濃厚的血緣關係。少數幾族人聚居一處，「祭祀同福，死喪同恤」（《國語・齊語》），族中的長者就是聚落的領袖。後來的鄉三老、里父老一類的人物應淵源於此。《公羊傳》宣公

---

124 按《太平御覽》卷五三五（臺北：商務印書館景印靜嘉堂文庫藏宋刊本，1997 七版）引作「三老五更皆取有妻男女完具者」。

十五年，何休注謂里「選其耆老有高德者名曰父老」，是可信的。父老也許原本是長者的泛稱，但是隨著新的鄉里行政的需要，通稱變成了專名。由於新里制並沒有破壞原有的血緣性聯繫，而是與舊聚落疊合在一起，因此聚落的三老、父老才不失其力量的基礎，在新的鄉里中仍然居於領導的地位。

他們憑藉傳統的威望，和代表君王徵兵、抽稅、執法的有秩、嗇夫、里正，成為鄉里間領袖的兩種類型。鄉里間的事，多由這兩類人物參與解決。魏文侯時，西門豹為鄴令。河伯娶婦，送之河上，「三老、官屬、豪長者、里父老皆會」。[125]《墨子‧號令篇》描寫守城戰備，「三老守閭」；里中父老「分里以為四部，部一長，以苛往來不以時行」，而「里正與皆守，宿里門……吏行其部，至里門，正與開門內吏，與行父老之守」。[126]前引雲夢秦簡，里正與父老連稱，共同任事，共同受罰。不過有關徭役和法律事務，似乎主要由「吏」、「令史」和里正負責，父老未見出面。[127]前引《公羊傳》何休注接著說「其有辯護伉健者為里正」，頗說明了里正與父老性質的不同。《說苑‧善說》有一段齊宣王與父老的對話，也足以表明父老與地方官吏代表的不同意義：

> 齊宣王出獵於社山。社山父老十三人相與勞王。王曰：「父老苦矣。」謂左右賜父老田不租。父老皆拜，閭丘先生不拜……復賜父老無徭役，父老皆拜，閭丘先生又不拜。……王曰：「……賜父老田不租，父老皆拜，先生獨不拜，寡人自以為少，故賜父老無徭役。父老皆拜，先生又獨不拜。寡人得無有過乎？」閭丘先生對曰：「……此非人臣所敢望也。願大王選良富家

---

125 《史記‧滑稽列傳》，褚先生補。

126 定本《墨子閒詁》（臺北：世界書局，1965），頁 348、355。

127 秦律：「可（何）謂『逋事』及『乏繇（徭）』？律所謂者，當繇（徭），吏、典已令之，即亡弗會，為『逋事』；已閱及敦（屯）車食若行到繇（徭）所乃亡，皆為『乏繇（徭）』。」（《睡虎地秦墓竹簡》，頁 221）可見徭役是由吏與里典（正）主持。此外從秦律〈封診式〉各條看來，有關法律刑案的調查、報告，有里正配合亭長、令史、丞等為之，不見父老參與其事。

子有修行者以為吏，平其法度，如此臣少可以得壽焉。春秋冬夏，振之以
時，無煩擾百姓，如是臣可以少得以富焉。願大王出令，令少者敬長，長
者敬老，如是臣可少得以貴焉……」齊王曰：「善，願請先生為相。」

父老閭丘先生的請求，顯示父老代表地方百姓的利益。他們關心的是君王
所指派的吏，在執行法令時，如何能不煩擾百姓，如何能維護地方敬長尊
老的風氣。又《史記‧滑稽列傳》褚先生補錄的一則故事也可以反映漢初
父老如何為百姓的利益說話。據說西門豹為鄴令，曾發民鑿渠十二：

到漢之立而長吏以為十二渠橋絕馳道，相比近，不可。欲合渠水，且至馳
道，合三渠為一橋。鄴民人父老不肯聽長吏，以為西門君所為也，賢君之
法式，不可更也。長吏終聽置之。

漢代地方官為了馳道，曾打算改變西門豹所修的水渠，鄴的父老人民反
對。地方官只得尊重，放棄計畫。從西門豹為鄴令的魏文侯時代（西元前
445-396 年）到漢代建立，二百多年間父老在鄴的力量，一點不見減弱。這
意味著鄉里尚齒的風氣未曾間斷。所謂「鄉黨莫如齒」或「鄉黨尚齒」（《孟
子‧公孫丑下》、《莊子外篇‧天道》）是父老在鄉里間地位和力量的基礎。這
和由君王所擇，一心以田租和徭役為務的吏，有代表意義上的差異。

　　秦末，天下一亂，地方官吏的權力即不穩固，而權力不來自政府的父
老，反而成為亂局中地方最有力量的人物。劉邦得以起兵，沛縣父老的支
持是一大關鍵。他打天下期間，無時不以爭取父老好感為要務。他入關
中，即與父老約法三章。漢二年冬十月「如陝，鎮撫（師古曰：鎮，安也；
撫，慰也）關外父老」；同年二月，令「舉民年五十以上，有脩行，能帥眾
為善，置以為三老，鄉一人；擇鄉三老一人為縣三老，與縣令丞尉以事相
教，復勿繇戍，以十月賜酒肉。」漢四年，「西入關，至櫟陽，存問父老，
置酒。」[128] 劉邦這樣爭取基層聚落領袖的支持，是他終能成事的重要本
錢。《史記‧高祖本紀》描述劉邦入咸陽以後：

召諸縣父老豪桀曰：「父老苦秦苛法久矣，誹謗者族，偶語者棄市。吾與諸

---

128 以上俱見《漢書‧高帝紀》。

侯約，先入關者王之，吾當王關中。與父老約，法三章耳：殺人者死，傷
人及盜抵罪。餘悉除去秦法，諸吏人皆案堵如故。凡吾所以來，為父老除
害，非有所侵暴，無恐！且吾所以還軍霸上，待諸侯至而定約束耳。」乃
使人與秦吏行縣鄉邑，告諭之。秦人大喜，爭持牛羊酒食獻饗軍士。沛公
又讓不受，曰：「倉粟多，非乏，不欲費人。」人又益喜，唯恐沛公不為秦
王。

劉邦爭取父老的支持，以「為父老除害」為說，是因為他深深認識到父老
力量的強大。劉邦初起兵，沛縣父老率領子弟殺沛令，迎他入城為沛公的
一幕，必然令他難以忘懷。

　　強大的父老力量在血緣性聯繫和尚齒風氣破滅的聚落裡是不可能存在
的。我們必得承認從戰國以來，父老能與里正成為閭里的雙元領袖，正顯
示傳統聚落的血緣性聯繫和尚齒風氣未遭破壞，最少是還存在著。舊聚落
與新里制應是處於疊合的狀態，這就是聚族里居的現象。鄉里中的人戶即
使是小家庭，左鄰右舍大概仍然以或親或疏的宗族親戚為多。商鞅行什伍
連坐，漢人批評：「以子誅父，以弟誅兄，親戚相坐，什伍相連。」、「至
於骨肉相殘，上下相殺。」[129] 商鞅的連坐法是以在同一什伍者為原則，[130]
但連坐牽扯的卻是父子、兄弟、親戚。這不從宗族聚里而居是無法理解
的。由若干族姓的人戶構成鄉里，應該是秦漢社會的普遍現象。[131]〈侍廷
里父老僤約束石券〉正好證明了東漢明、章之世的情形。

三、從江陵張家山西漢初墓出土《二年律令》〈戶律〉簡看八月案比

　　約十八年前，我曾從縣鄉和戶籍的關係，縣鄉的大小，縣鄉的行政條
件、交通條件、漢唐制的比較以及漢代鄉里社會的特質，對學者一向主張

---

129 王利器，《鹽鐵論校注・周秦》（臺北：世界書局景印中華書局本，1970），頁 354-356。
130 《史記・商君列傳》，《韓非子》〈和氏篇〉、〈定法篇〉提到商鞅的連坐法，都是指什伍相連
　　坐。
131 當然從戰國到漢初，社會上無疑有許多游離於鄉里宗族之外的人口，情況十分複雜。今天已
　　難以評估這樣的人口到底有多少，占多大的比例。

的縣、道案比舊說提出質疑，並推測案比算民很可能名義上由縣道負責，實際施行卻在更基層的鄉里。[132] 當時花了很大的氣力，作了大膽的論證。不意 2001 年張家山《二年律令》〈戶律〉簡刊布，直接證實了十八年前的推測，也證明極盡辛苦和仔細的論證，不論是被證實或被推翻，有時竟敵不過一件破土而出的新材料。

張家山《二年律令》簡三二八（圖 16）原文如下：

> 恒以八月令鄉部嗇夫、吏、令史相雜案戶籍，副臧（藏）其廷。有移徙者，輒移戶及年籍、爵紬徙所，并封。留弗移，移不并封，及實不徙數盈十日，皆罰金四兩。數在所，正、典弗告，與同罪。鄉部嗇夫、吏主及案戶者弗得，罰金各一兩。（〈戶律〉）

這是漢代八月案比，審定戶籍一條極重要的新資料。「恆以八月」案戶籍，和文獻記載完全相合。其重要性在於證實八月案比不僅行於東漢，自西漢初，甚至秦以來即已如此。《二年律令》簡三三五言立先令，「至八月書戶，留難先令，弗為券書，罰金一兩」。簡三四五言民別立戶籍，「皆以八月戶時，非戶時勿許」。可以證明所謂八月案比主要的工作即在處理這些戶籍或財產繼承轉移，而不是將全縣男女老少集合起來貌閱。〈戶律〉這一條又明確證明漢初戶籍是由鄉部嗇夫和縣吏、令史共同編定。鄉無令史。此令史和所謂的吏應當都是縣吏，嚴耕望先生考證縣之屬吏已言之甚詳。[133] 案戶比民由縣主持，實際上是由縣廷派員到各鄉和各鄉嗇夫共同執行，此即所謂「鄉部嗇夫、吏、令史相雜案戶籍」。

圖 16　張家山《二年律令》簡三二八

---

132 參邢義田，〈漢代案比在鄉或在縣？〉，《中央研究院歷史語言研究所集刊》，60：2（1990），頁 451-487。

133 嚴耕望，《中國地方行政制度史甲部——秦漢地方行政制度》（臺北：中央研究院歷史語言研究所，1990），頁 221-222。

過去我曾推測案比還應有鄉以下的里正等最基層的吏參加。〈戶律〉這一條說「數在所正、典弗告，與同罪」，「數在所」是指「名數」所在的單位，也就是最基層的里。〈注釋〉以為正、典是指里正和田典，我以為應指里正或里典。[134]「副藏其廷」是指戶籍副本藏於縣廷。此「廷」怎知是縣廷？因為簡三三一言民宅園戶籍、年紬籍、田租籍等，有「謹副上縣廷」的話，本條之廷也應是縣廷無疑。副本上縣廷，正本則在鄉里。如果戶籍遷移，不能在時限內完成移戶手續，從里正或里典、鄉部嗇夫到縣級主管官員都要受到懲罰。「恆以八月令鄉部嗇夫、吏、令史相雜案戶籍」一語清楚證明了鄉在漢代地方行政和案戶算民上的重要地位。

七 結論：安土重遷——古代基層社會的特色

　　經過以上對出土資料的檢討，可以獲致什麼結論呢？我覺得最大的收穫是幾乎可以確定秦漢農村聚落內的空間布局形態非一，不像文獻中描述的那樣整齊劃一。文獻中所說那種「室居櫛比，門巷修直」的里，應該比較可能存在於長安、洛陽這樣的都城，或郡、縣城，或如陽陵、茂陵為遷徙富豪和二千石以上而新建的帝陵邑，或為安置流民、屯戶而在邊塞或內郡新建的屯墾區。睡虎地秦律簡中曾出現「里門」，然而是和「邑邦門」同時出現，可見比較可能是指城邑中的里。居延邊塞簡牘文書經常提到里，有不少無意中透露了里的形制，但這些里無疑是沿邊為屯墾之民開闢的居住區。它們頗像漢初鼂錯徙邊議中所描述那樣的移民社區，有較為整齊的規劃。一般農村聚落即使納入鄉里編制，其原本取決於地理自然條件和農耕活動方便性的居住形態大概不會改變。也就是說，不會僅僅因為行

134　〈錢律〉有「正典、田典、伍人不告，罰金四兩」（簡二〇一）之句，原簡字跡清晰。正典之外，另有田典，如此正典的典明顯不是指田典。疑正典指里正或里典，正、典之間漏書一「若」字。按〈置後律〉有「諸當拜爵後者，令典若正、伍里人毋下五人任占」（簡三九〇，頁185）。這是說諸當拜爵後者，須以里典或里正以及同伍里人不下於五人作保並記錄在案。

政管理的便利或里制的劃一需要而遷移、分割或集中。這迫使我們不得不考慮城邑之里和鄉野聚落之里在形態上的不同。城邑中的里經過規劃，格局較為整齊一致，鄉野農村即使納入里的編制，其分布和內部布局仍然更近乎隨水土之宜而存在的農業聚落。

雖然存在以上的差異，我要強調從春秋戰國以來，列國統治者為了更有效掌握人力物力資源，一個總的大趨勢是將原本行於「國」中的鄉里制，透過分層負責的郡縣統治體系，逐漸推行到國外之「野」，終而模糊了國、野的界線。這是一個變化遲速不一，極其漫長的過程。至秦、漢之世，雖然在帝國邊緣地區的地圖上看見了鄉和里，其實質存在的形態和不同等級城市中的里（京師、郡、縣城之里）仍不能一體看待。

在鄉里行政上，出土資料可以說完全證實了文獻裡有關鄉—縣—郡分層上計制度的存在。不誇張地說，沒有鄉里人口、土地和財產的上計制度，就不會有秦漢帝國。出土的鄉、縣、郡的簿籍名稱和內容，遠比文獻中提到的複雜，填補了大量我們過去認識上的空白。這類資料仍源源不斷地出土，相信將來秦漢基層社會的面貌會呈現得更清楚。

在作最後的結論之前，容我先說一個漢武帝時的故事。[135] 武帝元狩元年（西元前 122 年），淮南王劉安謀反，苦無不安的情勢可以利用。於是中郎伍被獻上一計，鼓動民怨：

> 被曰：「必不得已，被有愚計。」王曰：「奈何？」被曰：「當今諸侯無異心，百姓無怨氣，朔方之郡土地廣美，民徙者不足以實其地。可為丞相、御史請書，徙郡國豪桀及耐罪以上，以赦令除，家產五十萬以上者，皆徙其家屬朔方之郡。益發甲卒，及其會日。又偽為左右都司空上林中都官詔獄書，逮諸侯太子及幸臣。如此則民怨，諸侯懼，即使辯士隨而說之，黨可以僥幸。」[136]

以伍被估計，在諸侯無異心，百姓無怨氣的情況下，如果製造徙民朔方的

---

135 詳見本書卷四，〈從安土重遷論秦漢時代的徙民與遷徙刑〉，頁 79-117。

136 《漢書・蒯伍江息夫傳》，頁 2174。又參《史記・淮南衡山列傳》，字句大同小異。

傳言，即可激起疑懼怨恨，創造有利起兵的情勢。淮南王聞其計，也認為「此可也」。這個計畫後來雖然並沒有實現，卻很真切地反映了漢代人對遷徙，尤其是徙邊一事的感受。

伍被如此計謀，其實有他的背景。就在元狩元年的五年以前，也就是元朔二年（西元前 127 年）的春天，武帝遣衛青等人敗匈奴，收河南地，置朔方和五原郡。同年夏天，武帝即募民十萬口徙朔方。伍被說「民徙者不足以實其地」就是指這一次徙民。同時，武帝還曾徙郡國豪傑及貲三百萬以上於茂陵（《漢書‧武帝紀》）。關東大俠郭解被迫遷徙又遭族誅一事，即發生在徙民茂陵的行動中。募民徙朔方一事在當時社會上有什麼反應，文獻失載，不得而知。不過，根據《漢書‧游俠傳》，徙郡國豪傑及富人於茂陵一事，在當時震動了關山東西。時隔五年，人們記憶尚新，那些豪傑富人應更是餘悸猶存。五年前遷徙的是家貲三百萬以上者，遷徙的地點是京師茂陵，如今傳言徙家產五十萬以上者，受影響的富人將更多，遷徙的地點是更糟的邊郡朔方，其可能引起的疑慮震恐必然更大。這可以說是伍被此計的用心和最直接的背景。

如果更深遠一點說，自從中國成為一個定居的農業社會，離鄉背井大概已是一般人最不得已和最難忍受的事之一。定居的農業使人傾向安土重遷。絕大部分的農民如果不是因為天災人禍或人口增殖的自然壓力，通常都不輕易離開他們的土地。這種社會習性最早在《尚書‧盤庚》篇已經可以看見。漢代人對百姓安土重遷的特性早曾有深入的觀察。漢元帝在永光四年勿徙民初陵的詔書裡說：「安土重遷，黎民之性。骨肉相附，人情所願也……奏徙郡國民以奉園陵，令百姓遠棄祖先墳墓，破業失產，親戚別離，人懷思慕之心，家有不安之意。是以東垂被虛耗之害，關中有無聊之民，非長久之策也。」（《漢書‧元帝紀》）劉向在《說苑》裡也說：「安故重遷，謂之眾庶。」[137] 東漢崔寔則謂：「小人之情，安土重遷，寧就飢餒，

---

137 《說苑‧脩文》（《漢魏叢書》本，臺北：新興書局，1966），頁 2 上。

無適樂土之慮。」[138] 對遷徙感受最深刻的恐怕要數屬籍安定的王符。王符在《潛夫論‧實邊》篇中說:

> 且安土重遷,戀慕墳墓,賢不肖之所同也。民之於徙,甚於伏法。伏法不過一人死爾。諸亡失財貨,奪土遷徙,不習風俗,不辨水土,類多滅門,少能還者。[139]

東漢明、章以後,帝國西疆飽受羌患,朝臣紛紛主張放棄邊郡並遷邊民於內地。王符以邊郡人的切身感受,竟然說出「民之於徙,甚於伏法」,「奪土遷徙……類多滅門」這樣深痛的話來。[140] 他又指出邊地雖然危險,邊民「猶願守其緒業,死其本處,誠不欲去之極」。[141] 他的話和崔寔所謂「寧就飢餒,無適樂土之慮」可以說明白表露了當時人對遷徙離鄉的感受。

這一切的根源在於長久以來中國古代的百姓早已形成族居、族葬和世傳其業,老死一地的定居農業生活。[142] 不論從文獻或出土資料來看,古來農業聚落的生產活動區、居住區和埋葬區往往相連,層層疊壓。在戰國變化最劇烈的幾百年裡,變法諸家編民為什伍,組織鄉里,除了在城邑地區或新征服的土地上,一般應不會去割裂、遷移或集中舊有的鄉野聚落,反而是力圖恢復舊聚落「居同樂,行同和,死同哀」的共同體精神,並將這種精神貫注到新的什伍鄉里組織中。馬王堆和放馬灘地圖上的聚落,沿河自然分布,我相信早已存在,秦漢時編組成什伍,加上了里名而已。

除了族居和族葬,宗族或家族生業的世世相承也是自遠古以來不分貴賤的傳統。殷周封建之世,貴族職司世守,固不待言。隸屬各級封君的平

---

138 《通典》(臺北:臺灣商務印書館,1987 臺一版)卷一,〈食貨一〉田制上,頁 12 上。

139 汪繼培,《潛夫論箋》(臺北:世界書局,1955),頁 118。「安土重遷」原作「夫土重遷」,據汪箋校改。

140 類似的話也見於較晚王羲之給謝安的書信中:「其滅死者,可長充兵役,五歲者可充雜工醫寺,皆令移其家以實都邑……今除罪而充雜役,盡移其家,小人愚迷,或以為重於殺戮……」(《晉書‧王羲之傳》)。

141 汪繼培,《潛夫論箋》,頁 119。

142 以下詳見邢義田,〈從戰國至西漢的族居、族葬、世業論中國古代宗族社會的延續〉,《臺灣學者中國史研究論叢》家族與社會篇(北京:中國大百科全書出版社,2005),頁 88-121。

民通常也沒有改業這樣的事。所謂：「良冶之子，必學為裘；良弓之子，必學為箕」（《禮記‧學記》），職業之世代相承，在古代是普遍通常的現象。改業或遷徙都是出現於封建鬆弛以後。春秋中晚期至戰國，棄農就工、商，或游學以獵卿相的很多。當時的人感於時代的變化，多去記述變局中的特殊異常現象，後世學者受資料影響，也無不暢言戰國之變。

由於對戰國之「變」有先入為主的印象，一些足以顯示「不變」的資料反而在有意或無意之間被忽略掉。這些資料十分零星，卻可以顯示出時代的另一面；也就是說，世業相承在戰國那樣的時代裡，仍有其典型意義。例如《呂氏春秋‧召類》有一個春秋時，宋人世世賣鞋履的故事：

> 士尹池為荊使於宋。司城子罕觴之。南家之牆擁（曲出也）於前而不直，西家之潦徑其宮而不止。士尹池問其故。司馬子罕曰：南家，工人也，為鞔（履也）者也。吾將徙之。其父曰：吾恃為鞔以食三世矣。今徙之，宋國之求鞔者不知吾處也，吾將不食。為是故，吾弗徙也。

司城子罕見《左傳》襄公六年（西元前 567 年）。這個故事不論是否確有其事，但工人不遷居、不改業，是那個時代的常態，十分清楚。《莊子‧逍遙遊》另有一個大家熟知，宋人賣不龜手藥方的故事：

> 宋人有善為不龜手之藥者，世世以洴澼絖為事。客聞之，請買其方百金。
> 聚族而謀曰：我世世為洴澼絖，不過數金，今一朝而鬻技百金，請與之。

這又是一個假借為宋人的寓言。宋人世世以洴澼絖為事，洴澼絖是用水漂絮的工作，表明宋人的身分是勞力的平民，他們代代以此為生；有事則聚族而謀，表明凡涉同族之共同利益，由族人共商。這個故事生動地反映了戰國時期族人聚居生活，世守其業的現象。《莊子‧漁父》的另一個故事也有同樣的反映：

> 孔子遊乎緇帷之林……客指孔子曰：彼何為者也？子路對曰：魯之君子也。客問其族，子路對曰：族孔氏。客曰：孔氏者何治也？子路未應。子貢對曰：孔氏者，性服忠信，身行仁義……

客問孔子何族，又問其族以何為治，這雖是寓言，卻反映戰國時代的人認為族和治業之間仍然相互關聯，否則不會有這樣的設問。〈逍遙遊〉為莊

子所作，〈漁父〉則為莊子後學所作；兩篇著作有先後，不約而同反映相同的現象，這是值得注意的。在墨子後學所作的《墨子‧公孟》篇中另有類似的故事：

> 有游於子墨子之門者，子墨子曰：盍學乎？對曰：吾族人無學者。子墨子曰：不然，夫好美者，豈曰吾族人莫之好，故不好哉？

「吾族人無學者」一語所謂的「學」是學為仕宦，顯示這個族原本是不學的平民之族；其次，當時的職業是以族為單位，同族的人多以同樣的職業世世相傳。《莊子》中客對孔子的詢問，《墨子》裡游於墨子之門者的答語，都在無意中顯現一直到戰國，當時人的觀念中，還都以為無論像孔子這樣的君子（治人者）或漂絮的平民（治於人者），他們的族屬和職業是二而一的。遷徙改業是戰國時代一個顯著的現象，但傳統的觀念仍然明顯存在。

列國變法，雖說突破不少傳統，可是對遷居改業的現象基本上都力圖扭轉，希望回復到舊時聚落不遷居、不改業或者說「族居世業」的傳統中去。《韓非子‧解老》說：「工人數變業則失其功，作者數搖徙則亡其功」，同書〈飾邪〉引「語曰：家有常業，雖飢不餓；國有常法，雖危不亡」，就是戰國言變法者態度的明證。所謂「語曰」云云，是引用當時的諺語。如果我們承認諺語可以反映某一時代的一般常識和心理，這個諺語本身以及《韓非子》加以引用，都證明當時還是將「家有常業」視為和「國有常法」一般，是值得肯定的常態和價值。

秦漢基層社會在極大程度上不過是這樣一個安土重遷，定居農業社會的延續。本文討論的聚落形態，其在鄉野間的，一大特色就是沿河川的主支流自然分布。荊門郭店出土楚簡有太一生水，水又生成天地、神明、陰陽、四時、溼燥、寒熱，為萬物母之說。[143]《管子‧水地篇》則說：「水者，何也？萬物之本原也，諸生之宗室也，美惡不肖愚俊之所產也。」水為萬物本原是先秦思想家在一個農業社會環境裡，很自然得到的結論。為

---

143 荊門市博物館，《郭店楚墓竹簡》（北京：文物出版社，1998），頁 125。

了農業生產、日常生活和交通運輸，古人都不得不作傍水而居的選擇，其淵源可以上溯到定居農業形成的新石器時代。[144] 作為古代人口、政治和經濟中心的城邑，基於相同的理由，絕大多數其實也坐落在或大或小的河流的兩側。前文所說的古代地圖以水系為主幹，三國桑欽作《水經》，都是這一事實的反映。蓋掌握了水系，即掌握了中國古代人文世界，不論是上層的地域國家或下層的聚落社會和文化。[145]

後記

本文在修改過程中，承劉增貴和侯旭東兄指教，謹此誌謝。

95.6.11/105.4. 20

原刊黃寬重主編，《中國史新論——基層社會分冊》（臺北：中央研究院、聯經出版公司，2009），頁 13-126。111.2.23 再訂

---

144 劉建國，〈陝西周原七星河流域考古信息系統的建設與分析〉，《考古》，3（2006），頁 82。

145 鶴間和幸，〈中國古代的水系和地域權力〉，《日本中青年學者論中國史》上古秦漢卷（上海：上海古籍出版社，1995），頁 472-504；孫靖國，〈晉冀北部地區漢代城市分布的地理特徵〉《中國社會科學院歷史研究所集刊》第七集（北京：商務印書館，2011），頁 199-236。

附錄：論馬王堆漢墓「駐軍圖」應正名為「箭道封域圖」

　　馬王堆三號墓墓主是長沙國相軑侯利倉之子。其墓東邊廂的漆盒內出土了共約十餘萬字的古佚書，也包括三幅帛畫地圖。除去其中一幅僅勾畫建築，所謂的城邑或園寢圖，真正具有地圖性質的是所謂描繪長沙國南部的地形圖和駐軍圖。學者據字形、避諱各種線索研究的結果，證明這個漆盒中的古佚書應是由不同的人寫於漢代以前至漢初文帝初元三年左右。[146] 這些地圖的製作時代一般認為和呂后七年（西元前 181 年）南越王攻打長沙國南部邊境到漢文帝元年（西元前 179 年）罷兵以前的長沙國緊張情勢有關。[147] 換言之，這些書和地圖一般認為都不是為陪葬而特別製作的明器，而是墓主軑侯之子生前所喜愛或所需，蒐集和曾使用的實用品。果如此，這兩幅地圖就有了更能反映真實情況的價值；其內容大家都熟悉，不必多說。本文擬對所謂駐軍圖提出一些不同的看法，以求教於方家。

　　漢代沿邊的行政單位因邊防需要，一直有較為強烈的軍事性，在行政上常常軍、民政合一，有時僅以軍事性的都尉為首長，不置一般的縣令、長，或甚至可以同時有兩個以上的都尉。李均明先生曾比較漢西北邊塞居延地區和箭道的防務布局，有力地證明了在這類邊防地帶，軍事民政合一的特色。[148] 李先生之說也可以堅強地證明駐軍圖上「箭道」的道是縣、道的道，是縣一級的地方行政單位。當邊地出現軍事狀況時，它也就成為邊防中心。

　　過去大家因圖上有「周都尉軍」、「徐都尉軍」、「司馬得軍」等等注記，將此圖定名為駐軍圖。因為地圖周邊有一圈略呈長方形的紅色線，又有人名之為防區圖或守備圖。[149] 此外，大家注意到南越國在漢初曾攻陷長

---

146 陳松長，《帛書史話》（北京：中國大百科全書出版社，2000），頁 9-10。

147 同上，頁 80。

148 參李均明，〈關於駐軍圖軍事要素的比較研究〉，收入湖南省博物館編，《馬王堆漢墓研究文集》（長沙：岳麓書社，1994），頁 161-165。

149 參譚其驤，〈馬王堆漢墓出土地圖所說明的幾個歷史地理問題〉；詹立波，〈馬王堆三號漢墓

沙國數縣，普遍認為周、徐都尉軍或是為此，由中央調派而來此駐紮，也有學者認為不是中央軍，而是長沙國本身的軍隊。[150] 不論如何，幾乎沒有例外，大家一致認定因為南越國的入侵，長沙國或中央調派防軍，因而繪製了這幅守備圖或駐軍圖。

這是一條理解此圖的思路，不是全無道理。地形圖只是長沙國南部的一個區域，所謂的駐軍圖又是地形圖所示區域的一部分，這兩圖和墓主有特殊的關係，應是合理的推想。但是，到底是什麼關係？可能性應該有很多。命名為駐軍圖，強調了其軍事性，大家在思考時，有意無意之間，不免受到局限，會排除從其它角度去理解此圖的可能性。這樣是否能掌握到此圖的真正性質？不無疑問。

第一，將這幅圖的繪製和高后至文帝時期漢與南越國的衝突聯繫起來，並沒有真正直接的證據。圖上里戶注明有若干「不反（返）」或「今毋人」，或某里併某里，其原因可以很多，不一定非是因南越國攻入所造成。秦楚之際，百姓多逃離鄉里，漢定天下之初曾令百姓返還故里，復其故爵田宅。百姓歸返故里的速率，遲速不一。此圖假使如大家所說繪於高后至文帝時期，離劉邦定天下僅只二、三十年，有些逃戶不堪一遷再徙，索性落戶不歸，也是常事。長沙國南部或許就有這樣的情況。另一個可能的情況是這些不返的多為漢化尚淺或尚未漢化的越人，還算不上是秦漢治下穩定的編戶齊民，而是游離於「編戶」與「蠻夷」之間的「新黔首」。他們像張家山〈奏讞書〉秦始皇時代南郡文書中的新黔首，因不堪邊吏役使而逃亡。

第二，如果駐軍圖真的是在漢和南越國衝突的時期所繪，或如有些學者所說是「前線指揮中心」使用的地圖，[151] 圖上似乎應該注記「敵軍」之

出土的守備圖探討〉，收入《古地圖論文集》（北京：文物出版社，1977），頁 24-40、50-56。

150 不同意見參傅舉有，〈關於駐軍圖繪製的年代問題〉，收入傅舉有，《中國歷史暨文物考古研究》（長沙：岳麓書社，1999），頁 174；周世榮，〈馬王堆帛書古地圖不是秦代江圖〉，《馬王堆漢墓研究文集》，頁 167。

151 前線指揮中心一說見張修桂，〈馬王堆駐軍圖主區範圍辨析與論證〉，收入復旦大學歷史地理

所在，或者注記其兵力部署。這是所謂守備、駐軍圖或防區圖不可少的內容吧。這幅圖上卻完全沒有和南越國軍事行動或部署相關的標示或文字注記。曾有學者表示：「根據馬王堆古地圖不成文的體例規定，凡屬南越境內的縣城村里聚落均不予以表示。」[152] 姑不論如何能得知馬王堆地圖繪製時的不成文體例規定，僅僅從許多學者認定的此圖是「前線指揮中心」所使用的這一點看，就可以判定其上不可能不注記敵營何在。《管子‧地圖》說：「凡兵主者必先審知地圖。轅轅之險，濫車之水，名山通谷經川，陵陸丘阜之所在，苴草林木蒲葦之所茂，道里之遠近，城郭之大小，名邑廢邑，困殖之地必盡知之，地形之出入相錯者盡藏之，然後可以行軍襲邑，舉錯知先後不失利，此地圖之常也。」《管子》一書漢世十分流行，其所說地圖要素，頗可以和所謂的駐軍圖相互印證。如要「行軍襲邑」，怎可能不在圖上標出欲襲之「敵邑」位置？以下再舉一個漢代地圖上明確繪有「敵邑」山川要塞的例子。武帝欲征閩越，淮南王劉安上書反對。上書中說：「臣聞越非有城郭邑里也……以地圖察其山川要塞，相去不過寸數，而間獨數百千里。」（《漢書‧嚴助傳》，頁2778）淮南王知道閩越沒有像中國一樣的城郭邑里，是聽說的；他了解閩越的山川要塞，卻是從地圖上得知。他的地圖明顯不是「前線指揮中心」的軍圖，而是諸侯王所能擁有的一般地圖。這樣的圖上不但可見閩越的山川，還可見到要塞！果如此，豈能想像一張前線指揮中心的地圖，反而一無敵人要塞的蹤影？如果是因南越國入侵而繪製的地圖，圖上無論如何應有入侵者的相關注記。退一步說，如果這是一張不注記「敵軍」，僅注明本國軍隊的駐軍圖，最少也應注記各都尉和司馬軍的裝備或兵力人數。此圖沒有這方面的注記，卻注記幾十個里的里名、戶數和戶口動態，不是奇怪嗎？

　　第三，如果看一看秦末蕭何入關中，收秦丞相和御史府律令圖籍的故事，就可以知道，這些圖籍不僅包含各地的「戶口多少」，還有「天下厄

　　研究所編，《歷史地理研究》（一）（上海：復旦大學出版社，1986），頁189。

152 張修桂，〈馬王堆駐軍圖主區範圍辨析與論證〉，頁177。

塞，彊弱之處」（《史記・蕭相國世家》，頁2014）。如此，就可以理解淮南王劉安手上的地圖並不特別，當時不論中央或地方的地圖其實都注記有這些和民政和軍事相關的內容。

馬王堆「駐軍圖」、「守備圖」或「防區圖」這些命名，從一開始就造成了大家認識此圖性質的框框。唯有跳脫出來，才看得見其它的可能性。對照地形圖來看，所謂「駐軍圖」很可能是一張漢代郡國常有，普通的箭道行政區地圖，在漢代或應名為箭道圖或箭道封域圖。[153] 如此一來，本來不可解之處，或許可以得到解釋。

第一，箭道是縣一級單位，漢代郡、國、縣、鄉都有行政地圖，清楚標明郡、國、縣、鄉之界。[154] 傅舉有先生曾清楚指出沿箭道圖邊緣有用紅色線標出的近乎正方的長方形，方形紅線旁有七個紅色三角形表示封界線的標示以及文字注記「居向封」、「昭山封」、「滿封」、「武封」、「留封」等。四周的封名是縣道封域的重要線索。傅先生指出所謂的封不是烽隧的烽，而是封界，完全正確。古代封疆以人為的列樹、界石、溝壍、土堆等作標識，或以自然地形如某山、某川為界線。這幅圖上的封恰恰都在紅色線框的邊上，有些是山，有些是水，又標注為某某封，可能是該處有特別樹立的標識。封界線之內就是箭道的行政轄區。因為箭道處在邊境，軍事頗重，都尉之軍布置各處，稱它為箭道防區圖，也無不可。但所謂防區，和行政轄區無疑相互重疊。張金光先生論先秦封疆之制，曾有這樣的總結：「辦理封疆過程及手續，除了履勘正定封界，並為文說明四至疆境封識外，還要立誓，並交付封域圖。《散氏盤》言『受圖於豆新宮東廷』可證。圖當繪以封疆界識之形象，文則以說明其四疆封識及其特點。圖文相輔。」[155] 漢武帝在立三子為王的制書裡，曾提到丞相等建議的禮儀中有「令

153 封域為漢代常詞。《史記・秦始皇本紀》：「古之帝者，地不過千里；諸侯各守其封域。」《後漢書・梁冀傳》謂梁冀：「又多拓林苑，禁同王家。西至弘農，東界滎陽，南極魯陽，北達河、淇，包含山藪，遠帶丘荒，周旋封域，殆將千里。」

154 參邢義田，〈中國古代的地圖〉，《中山大學藝術史研究》，6（2005），頁105-124。

155 參張金光，《秦制研究》（上海：上海古籍出版社，2004），頁166；邢義田，〈中國古代的地

史官擇吉日，具禮儀上，**御史奏輿地圖**」（《史記・三王世家》）。御史之所以要奏輿地圖，就是在儀式中要將諸王所領封域的圖授予諸王。馬王堆三號墓主是長沙國相之子，出土的這兩幅圖，正可以證明自先秦而來的封域圖，到漢世仍基本上沿襲未替。

第二，因為是縣道一級的行政區域圖，因此不僅以特別的符號，明顯標出行政中心的所在（即圖中央以三角城堡形狀標注「箭道」二字之處），也清楚繪出區域內外主要的山脈和水系等自然環境，以及道路、聚落、戶數、駐軍地等人為環境情況。縣、道和鄰近縣份不可能沒有往來，所謂的地形圖，主要標示了箭道和鄰近地區大範圍內的大致形勢，因僅為示意，標示的內容較為簡略。令人較不解的是行政中心箭道不畫成方形而畫成三角形。按漢代縣城一般呈方形，不論漢代河南縣城遺址或和林格爾東漢墓壁畫裡的縣城圖，基本上都是方形。這幅帛圖上幾個都尉軍所在基本上也以方形呈現。箭道作三角形，或因為寫實，箭道之城真的築成此形，各邊牆上更有供眺望的角樓或亭；也不排除另一可能，即在地圖標示法上，為突出箭道行政中心和周邊單位不同的等級，而用了唯一且不同的標示符號。[156]

圖〉，頁 107-111。

156 本附錄刊出後，承胡平生先生 2008.7.21 電子郵件賜告，關於馬王堆帛圖上的「箭道」，白建鋼先生和他都曾發表意見，詳見《龍崗秦簡》（中華書局，2001）頁 97，簡六〇注釋（一）。兩位先生都認為箭道是一種軍事設施，不是縣道之道。白先生說：「圖上標在三角形臺中部，正是射者活動區域。因為它屬於軍事之『亭』，所以才強調標出『箭道』。」胡生先指出：「《駐軍圖》中所繪三角形建築即箭道，它似乎也可以是一種與甬道相似的，築有掩蔽自己且有射放弩箭孔穴的，類似長城牆垣的設施，具體形制尚待進一步考證。」一時失察，未能引用，謹向胡先生致謝。關於箭道是什麼？是否宜與龍崗秦簡提到的「弩道」並論？私意以為此說未安。龍崗秦簡原文說：「……弩道絕馳道，馳道、弩道同門、橋及限（？）／」弩道既然可以阻斷（絕）馳道，和馳道共用門、橋等，又另一條說：「……徹弩道，其故與徹（？）□□（弩）□、（道）行之，不從（？）□□／」胡先生譯作：「那些故意在清場後仍在弩道上行走，不服從（命令）的……」（頁 97）如果弩道可行走，似乎比較像是某種性質的道路，不會是射放弩箭的軍事設施。如果弩道確為一種長形城牆垣式的放弩設施，在居延或敦煌這樣的邊塞遺址應會有它們的痕跡。迄今完全無可考。

第三，如為縣道行政圖，為何標示有「里」，卻沒有「鄉」？或許不是沒有標示，而是幾個都尉軍的所在，就是鄉一級單位的所在。這只要看看各軍分布，即可猜得一二。漢代一縣一般分為四或五鄉。在位居圖中央的箭道首府之旁，有長方框注明周都尉軍。這應是都鄉之所在。箭道以東，有長方形框，注記「徐／」，東北又有長方框，注記「徐都尉□」，北邊和西北另有長方框，注記「徐都□軍」、「徐都□別軍」，再偏西一點有長方框，注記「周都尉別軍」、西及西南有框，注記「司馬得軍」。西邊封界之外另有注記「桂陽□軍」。此軍注記「桂陽」，表明屬桂陽，不屬箭道。就箭道封域內，可以清楚看出各軍布局，除中央都鄉一支，其餘各軍分屬周、徐兩都尉。如果自圖西北角到東南角劃一線，周都尉各軍剛好布置在箭道首府及箭道西南半部，徐都尉各軍在東北半部。幾個「別軍」應是都尉軍的分遣單位，二司馬軍應是周都尉的下屬。漢道編制於文獻無徵，應如李均明先生所考，較類似於西北邊地縣或候官一級的組織，也就是在都尉之下，置司馬、千人等等。嚴耕望先生在討論縣廷組織時，曾指出「尉常以部為稱，故多與令長別治」，又指出縣常有左右二尉。[157] 在地形圖和箭道圖中都有注明的「部」，已有學者指出這應相當於鄉。[158] 駐軍須要糧草和民伕擔任後勤，只可能駐紮在人戶較集中的鄉部所在之地。

現在無法斷言箭道有幾鄉，以意忖度，除了中央的都鄉，東北三個徐都尉軍之間應有一鄉，西北徐都尉別軍和周都尉別軍之間有一鄉，或即在圖上的「部」，西南角兩司馬得軍一帶應也有一鄉，東南角不見駐軍，情況不明。如此或許最少有四鄉。長沙國這時仍多蠻夷，箭道的組織當然不必全同於一般的縣，或根本沒有鄉名，而由「道」內各「部」駐軍首長兼領相當於一鄉之民。周、徐二都尉正是縣道之二尉，在他們之外，箭道或另有長，無以確定。墓主利倉之子以這樣的地圖陪葬，生前曾在此任這一

---

157 嚴耕望，《中國地方行政制度史甲部——秦漢地方行政制度》（臺北：中央研究院歷史語言研究所，1990 三版），頁 220。

158 參張修桂〈馬王堆地形圖測繪特點研究〉、傅舉有〈馬王堆漢墓出土的駐軍圖〉，收入曹婉如等編，《中國古代地圖集 戰國—元》（北京：文物出版社，1990），頁 6、10。

等級的職務，應是一個合理的推測。

　　還有一個根本問題必須回答：如果推定這張圖不是駐軍圖而是箭道行政區域圖。這個區域有多大呢？是否符合漢代地方行政區域規模的一般標準？幸好此圖西南角注明有「齕障」、「齕里」，可知箭道西南應大致和齕道相鄰，此圖正東注明桂陽某軍，亦即東應與桂陽相鄰。可惜曾踏查地圖上古城址的周世榮先生沒有能找到漢代桂陽和齕道的明顯遺跡，[159] 否則即可根據桂陽和齕道的所在位置，較準確地估計出箭道的方位和大小。張修桂先生曾努力比對今天這一帶的地圖，指出駐軍圖各部分精確度不一，比例不同，其主區只可能在今日灨江以東的碼市盆地內，主區方圓一百六十里，面積約八百五十平方公里。[160]

　　張先生極盡地理學家計算之能事，得出以上的結論。可是細讀其文，不難發現為維護這兩張珍貴古地圖的「精確性」，曲加彌縫的斧鑿之痕處處皆是。他將一張圖辛苦地分為較精確的主區、次之的南鄰和北鄰區，以及無精確度可言的「裝飾區」。又發現駐軍圖在某些地區的準確性，甚至不如比例尺大甚多的地形圖。例如他說：「永豐河自東南流向西北，合沙田河之後才折向西流注入大寧河的平面形態，在地形圖上反映極其準確，但在駐軍圖上基本改為東西流向，具有極大的變形。其原因蓋受南部圖框限制，不可能按其真實流路繪製。因此，駐軍圖永豐河上游河段，僅屬示意性質，絕不能和沙田河、福水，尤其是蓄水，延水和袍水的精度相提並論。」[161] 大家不要忘了駐軍圖南部正是和南越國接界的「最前線」。依常理，越是接敵的前線，越須要小比例尺，精確詳細的地圖。這樣一幅前線指揮中心使用的小區域地圖，某些「最前線」部分的準確度，反比不上大比例尺的地形圖，甚至「受南部圖框限制，不可能按其真實流路繪製」而有「極大的變形」，這合理嗎？

159　周世榮，〈馬王堆三號漢墓地形圖古城邑的調查〉，《湖南考古輯刊》，2（1984），頁84；〈馬王堆帛書古地圖不是秦代江圖〉，《馬王堆漢墓研究文集》，頁169。

160　張修桂，〈馬王堆駐軍圖主區範圍辨析與論證〉，頁188、196。

161　張修桂，〈馬王堆駐軍圖主區範圍辨析與論證〉，頁192。

迄今所有企圖找出馬王堆地圖和今天地圖關係的努力，都遇上一個共同的心理障礙，即大家都不太願意承認這兩幅圖「基本上不精確」；即使承認某些部分有誤差，甚至有較大的誤差，也要咬定和證明所謂的「主區」或某些部分相當精確。張先生作了十分細心和專業性的努力，指出馬王堆帛書整理小組及一些其他學者在估計地圖比例尺和地理位置比定上的錯誤，承認某些部分存在較大的誤差，推定駐軍圖的主區在今碼市盆地之內。[162] 不過他的論證基本上仍建立於兩圖皆經「實測」的假定上，將駐軍圖上的山川形勢區分為幾個精度不一的區塊，再套疊在今天這一帶最相近的區域，其中若有不合，則加彌縫解說。正因為經他如此細緻努力，仍須費辭彌縫，反而使我肯定相信，這兩幅圖恐怕都僅僅是示意圖，大致勾勒了這一帶的山川地貌和人為建置的相對位置而已。想確切地比定它在今天地圖上的位置，得出令人信服的結論，恐屬徒勞。[163]

因此，與其費力比定今天的地圖，不如利用圖上提供的線索去估計它所打算示意的大致範圍。怎麼估計？圖上有些有用的注記。關鍵的注記出現在地圖西南角的石里和南部約略中央位置的封里（以地圖所標南北方位為準）。據帛書整理小組的釋文，石里旁的注記是：「到乘五十里，并石，到廷六十里」，封里注記作：「到廷五十四里，并犂里，到袍廷五十里」。袍、廷二字並不很可靠。袍字因原帛破損，極殘，幾不可釋。其旁有「袍水」，南方不遠有「袍里」，兩相比對，或可推測為袍字。廷字筆劃和圖上其它廷字頗有出入，比較像是封里南方的「延里」的「延」字（圖1）。張修桂在其大作中即釋為「延」字。[164] 換言之，這一注記似應釋為「到廷五

---

162 這裡必須指出曾參加古地圖復原工作的韓仲民先生，在十餘年後回顧地圖整理經過和檢討得失時，能夠平心靜氣檢討兩幅帛書在拼接復原上存在的問題，也指出兩圖彼此之間以及兩圖和今天地圖比定上的矛盾。參氏著，〈關於馬王堆帛書古地圖的整理與研究〉，《中國古代地圖集 戰國—元》，頁12-17。

163 舉例來說，張修桂認為駐軍圖主區在今碼市盆地內，但曾調查遺址的周世榮先生發現駐軍圖上箭道的位置雖不能確定，但肯定離碼市盆地甚遠。目前諸說少有交集或共同認可的部分。參韓仲民，〈關於馬王堆帛書古地圖的整理與研究〉，頁16。

164 張修桂，〈馬王堆駐軍圖主區範圍辨析與論證〉，頁175。

十四里，并犁里，到袍、延五十里」。所謂袍、延，或指其南方距離約略相等的袍里和延里（圖2）。唯果然如此，其里數又和圖上其它注記的里數，在比例上差距太大。思之再三，沒有很好的解答，對封里注記中「袍延」二字的隸定只能暫時擱下，另從別處找線索。

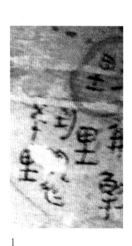

1 2 3

圖1.1-3 「封里」文字注記 1.1、1.2 原帛照片，1.3《古地圖》圖版局部。

圖上石里、封里注記中的「廷」字，也有不同的隸定。馬王堆漢墓帛書整理小組釋作「廷」；張修桂先生卻將「廷」一律釋作「延」，認為即延里、延水的延，並作為推定駐軍圖主區範圍的一個依據。[165] 曹婉如等編《中國古代地圖集 戰國—元》附有一張駐軍圖復原釋文，也一律將「廷」改釋為「延」。[166] 這一出入關係重大。我手邊幸有陳松長先生所贈若干地圖局部照片和1977年文物出版社《古地圖》中所附的原帛拼復照片和線描

---

165 參馬王堆漢墓帛書整理小組，〈馬王堆三號漢墓出土駐軍圖整理簡報〉，收入《古地圖論文集》，頁48-49；張修桂，〈馬王堆駐軍圖主區範圍辨析與論證〉，頁175；〈西漢初期長沙國南界探討——馬王堆漢墓出土古地圖的論證〉，收入陳橋驛編，《中國歷史地理論叢》（西安：陝西人民出版社，1988），頁336。

166 《中國古代地圖集 戰國—元》，圖27。

摹本。從照片和摹本看，整理小組所釋似較
為正確，應作廷而不是延，尤其是石里注記
中的「廷」字，完整清晰，可以確認為廷字
無疑（圖3）。由此推定封里注記中，上半殘，
下半和「廷」字相近的字，應也是廷。如果
「廷」字之釋可以接受，接著要問「廷」何所
指？又該當何處？

圖2　「延里」原帛照片

　　在回答之前，須要先判定圖上的另一定
點，即石里注記中「乘」的所在。一旦找到
兩、三個定點，就可以依據注記的里數，推
定整個區域的大致面積和範圍。在圖的東南
角，有用紅色和某某里相同的圓圈注明的「故
乘城」，在箭道的西南方另有「乘陽里」。張
修桂先生認為「到乘」的「乘」是指乘陽
里，[167] 我認為從里程和比例尺看，應指故乘
城。原因很簡單：「乘陽里」可簡稱為「乘
陽」，卻無法簡稱為「乘」。所謂的故乘城，
「故」字是形容詞，和圖上另一注記「故官」
的故一樣，都是指曾經設置而今已廢除的單
位；「乘城」，依漢世語言習慣（漢簡中書爵里，
每省略縣邑鄉而僅書其名，此圖中袍里、延里即可

圖3　「石里」原帛照片

省作袍、延），則可簡稱為「乘」。因此將石里注記中的乘推定為故乘城，較
為合理。

　　如果從石里到故乘城為五十里，即可進一步去推算和封里相距五十四
里，又和石里相距六十里的「廷」，應大致在什麼方位。推算的結果，此
「廷」似乎只可能是指居於全圖中心，特別畫成三角形城堡的箭道。第

---

167 張修桂，〈馬王堆駐軍圖主區範圍辨析與論證〉，頁192。

一，從距離來說，圖上標示的里數無疑不是直線距離，而是漢代簡牘文書中常見的「道里數」，也就是圖上以虛線表示的交通線長度。石里在箭道的西南，封里約在箭道的正南，石里距箭道稍遠有六十里，而封里相距五十四里，相對距離大致合理。其次，依漢代習慣，地方政府可以稱為「廷」的通常有郡廷和縣廷，[168] 又廷、庭相通。《後漢書‧馬援傳》謂馬援奏言西于縣戶有三萬二千，「遠界**去庭**千餘里，請分為封溪、望海二縣」。此庭指縣庭，十分清楚。哀帝時拜龔舍為太山太守，《漢書‧龔舍傳》謂「使者至縣請舍，欲令**至廷**拜授印綬。」這一句，荀悅《前漢紀》作「使者到縣，請舍**到庭**受拜。」「至廷」也就是「到庭」，即到縣庭。去廷（庭）和到廷（庭）都是漢世常詞。湖南沅陵虎溪山一號墓出土漢初竹簡也有「到廷百一十六里」之句。[169] 這幅帛圖上的「到廷」也不例外。道相當於縣，箭道應該就是所屬鄉里所謂的廷。

　　箭道之名不見於傳世文獻。從馬王堆帛圖和其它越來越多的出土文獻可證，傳世文獻失載的地名或行政單位名稱極多，不能因此認為箭道不是地方行政單位——道。[170] 就這幅圖來說，箭道居於全圖的中心，以最細緻和特殊的三角形帶角樓的城堡形狀被標示出來，甚至標示其有門，其旁有

---

168 侯國治所也可稱為廷。例如湖南沅陵虎溪山一號漢初墓，墓主吳陽被認為是長沙王吳臣之子，為第一代沅陵侯。其墓所出簡有「廷到長安道函谷三千二百一十九里」之句。這裡的廷應指沅陵侯封國治所所在。參郭偉民，〈虎溪山一號漢墓葬制及出土竹簡的初步研究〉，收入艾蘭、邢文編，《新出簡帛研究》（北京：文物出版社，2004），頁 52 及書前圖版三。郭文釋文漏一「道」字。又參湖南省文物考古研究所等，〈沅陵虎溪山一號漢墓發掘簡報〉，《文物》，1（2003），頁 36-55。

169 竹簡圖版見艾蘭、邢文編，《新出簡帛研究》（北京：文物出版社，2004），圖版三。

170 曾有學者認為箭道「當為守軍訓練使用弓弩、射箭之場地」，也有學者認為箭道似乎不是一般縣城，地形圖中沒有此城，「似為戰時臨時建築起來的指揮中心」，這些說法都不確。參熊傳薪，〈關於駐軍圖中的有關問題及其繪製年代〉，收入湖南省博物館編，《馬王堆漢墓研究文集》，頁 157；傅舉有，〈馬王堆漢墓出土的駐軍圖〉，收入曹婉如等編，《中國古代地圖集 戰國—元》，頁 10。傅文又說「為何稱它為道？這是因為戰時的防區軍政合一，它既是防區的最高軍事指揮部，也是防區的最高行政機關。取名為『道』，說明具有縣級政權的性質」（頁 10），這是正確的。

複道和塘陂（波），其重要性可謂一望可知。學者早已正確指出，地形圖的繪製時間要比駐軍圖早，在地形圖上沒有標注箭道。這意味著箭道設置的時間明顯較地形圖上注明的泠道、齕道等為晚。箭道和泠道、齕道同名為道，可知應是和泠、齕二道同級的地方行政單位。

　　如果以上的推定可以成立，也就是從圖西南角的石里到故乘城有五十里，到圖中央的箭道有六十里，封里到箭道也是五十里，那麼就可依比例推估略呈方形的箭道封域邊界，一邊長度約在百里左右。所謂依比例，僅是大略言之。由於這些標注的里數是交通線的長度，非直線距離，又全圖僅僅是示意大致的相對位置，因此不能要求完全合於比例。箭道封域方百里左右，恰恰合於《漢書‧百官公卿表》所說的漢代一縣「大率方百里」。如果這一估算尚非無理，也就可以證明所謂的駐軍圖，在性質上，更準確地說，應是箭道圖或箭道封域圖。

　　假使承認所謂的駐軍圖僅僅是一般縣道一級的封域圖，第一，就比較容易理解其上為何沒有軍事守備圖、駐軍圖或防區圖上不可少的要素。其次，也比較好理解地形圖和箭道封域圖上的兩個重要歧異。其一，大家都注意到「深平」在地形圖上是用和里相同的圓圈表示，封域圖卻用方框，更注明為「深平城」，為何有此差別？其二，為何封域圖標注了「箭道」，地形圖卻不見其蹤影？過去學者一致認為地形圖的繪製較早，但因南越國的衝突，兩圖繪製的時間相去不應太遠。這樣思考，完全是因為大家都擺不脫兩圖和南越衝突相關的這一認定。可是，如果認定兩圖和這一衝突有關，繪製的時間即不可能相去不遠；如此，則較不好解釋為何圖上出現了上述的差異。

　　如果擺脫和南越國入侵事件的關聯，就可假設這兩圖是由不同的人所製，繪製的時間可以相去較久。第一，這兩圖山脈的畫法，完全不同。地形圖用扭曲的閉合曲線畫出綿延的山脈走勢，其中加上斜線；封域圖用相連的山字形和堆疊的三個加墨線的圓圈表示山脈。為什麼短時間內產生的兩張地圖，會有這麼大畫法上的歧異？過去大家注意到了，多避而不論。如果對照甘肅天水放馬灘五號西漢墓出土紙質地圖上的山脈，用較為簡略

相連的山字形表示（圖 4.1-2），放馬灘一號墓木板地圖第三塊背面的山脈，也用和馬王堆封域圖更為相似，但較為簡略的山字形和堆疊的圓圈表示（圖 5）。[171] 據此或者可以說，在山脈畫法上，地形圖是一派，放馬灘地圖和箭道封域圖屬於另一派。如果承認放馬灘地圖的時代（秦昭王卅八年，李學勤之說）早於馬王堆的帛圖，那麼封域圖畫工所師承的畫法，反而可能早於地形圖。這其中隱含的問題，一時無法在此進一步討論。無論如何，畫法如此不同的兩幅圖，與其說是短期間內製成，不如說是在相去較久的時間內，由不同的畫工所製。將兩圖製作的時間距離拉長，也比較好解釋深平前後地位的變化，又為何箭道不見於繪製較早的地形圖上。

為什麼箭道封域圖和地形圖會出現在長沙國相軑侯利倉之子的墓中？

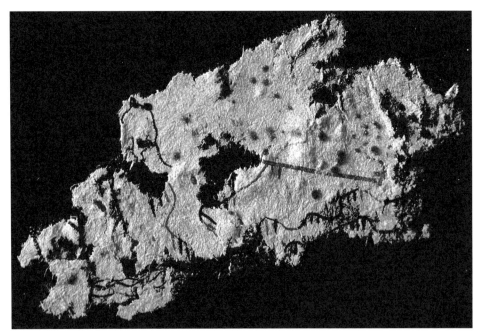

圖 4.1　天水放馬灘五號墓出土紙質地圖殘片

---

171 何雙全，〈天水放馬灘秦墓出土地圖初探〉，《文物》，2（1989），頁 16，圖七。曹婉如已指
　　出它們畫法的相似性，參曹婉如，〈有關天水放馬灘秦墓出土地圖的幾個問題〉，《文物》，
　　12（1989），頁 84-85。

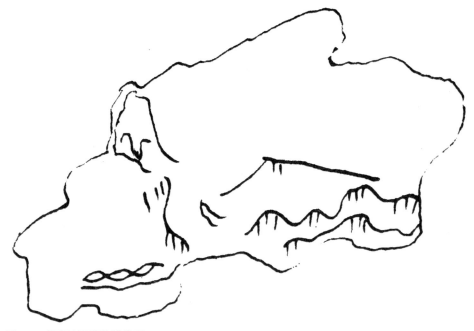

圖 4.2 紙質地圖殘片線描圖

圖 5 天水放馬灘木板地圖第三塊背面線描圖

0 1 2 3 4 5厘米

並沒有直接證據，仍然無法確實回答。目前只能說，箭道一地和其周邊地區和墓主生前應曾有特殊緊密的關係，或許他曾在此地任一生中最主要，或最後的官職吧。有些學者根據三號墓出土不少弓矢、劍、戈、矛等兵器，認為墓主很可能是長沙軍隊在這個守備地區的統帥或重要將領。[172] 可是漢代地方或守疆之吏，身兼文武，墓中出土兵器十分平常。[173] 利倉之子只要曾在箭道出任一地之長或其它要職，就可能擁有地圖，也可以兵器陪葬。這些都不是統帥或重要將領的專利。

總結來說，馬王堆這兩幅地圖的價值恐怕不完全在於其精確性，也不在它們可以如何復原在今天的地圖上，而是帝國邊陲的一位地方官員曾如此刻意地將這樣的兩幅圖帶往死後世界，而這兩幅圖又如此微觀地呈現了當時帝國邊緣一個小小的角落。

96.8.20-97.1.1

本文附錄原刊：《湖南大學學報（社會科學版）》，21：5（2007），頁 12-19。刊出後承陳松長先生厚意，賜下原帛圖局部照片，因而得以更換圖，稍作修訂。在此謹申謝忱。

---

172 詹立波，〈馬王堆三號漢墓出土的守備圖探討〉，收入《古地圖論文集》，頁 53。

173 參邢義田，〈允文允武——漢代官吏的一個典型〉，《中央研究院歷史語言研究所集刊》，75：2（2004），頁 223-282。

中國古代的地圖
——從江蘇尹灣漢牘的「畫圖」、「寫圖」說起

中國古代文獻常常連言圖書或圖籍，或曰左圖右史。蕭何入關中收丞相和御史府之「圖書」、「圖籍」，即為一例。圖是指什麼？後世常常弄不清楚。一個典型的例子是唐代張彥遠寫《歷代名畫記》，即將「燕丹請獻」、「蕭何先收」者和自「漢明宮殿」與「蜀郡學堂」以降的歷代名畫並列。[1] 無獨有偶，鄭樵在《通志》〈圖譜略〉的序言裡說：「古之學者為學有要，置圖於左，置書於右；索象於圖，索理於書。」再看他在「記有」和「記無」兩類中所列的圖，地理、天文、經學、佛道、軍事、政制、醫術之圖和閻立本〈歷代帝王圖〉、顧愷之〈列女圖〉、王維〈春社圖〉等都不加區別地列在一起。[2] 換一個觀點看，也可以說古人對圖的概念和分類，和我們今天頗有不同。由於古人對圖的概念不像今人如此細加區分，後人也就益發不易掌握出土資料中所謂「畫圖」和「寫圖」到底是寫、畫些什麼了。

1993 年江蘇連雲港市尹灣西漢六號墓出土一般稱為吏員考績簿或東海郡屬吏設置簿的五號木牘背面第二欄，有「上爭界圖一人禺順／畫圖一人／寫圖一人強廣良〔縣？〕」（圖1）。[3] 這些人是東海郡屬吏「贏員廿一人」

---

1 張彥遠，《歷代名畫記》卷一：「燕丹請獻，秦皇不疑，蕭何先收，沛公乃王。圖畫者，有國之鴻寶，理亂之紀綱。是以漢明宮殿，贊茲粉繪之功，蜀郡學堂，義存勸戒之道。」（于安瀾編，《畫史叢刊》，上海人民美術出版社，1962），頁2。

2 鄭樵，《通志》（臺北：臺灣商務印書館十通本，1987）卷 72，頁 837-840。

3 連雲港市博物館等，《尹灣漢墓簡牘》（北京：中華書局，1997），圖版 YM6D5 反，釋文頁 101。

中的一部分，其職從不見於過去的文獻。上爭界圖、畫圖和寫圖所司為何？圖是指什麼圖？迄今似乎還沒有人討論，這篇小文嘗試作些猜測。

圖1　尹灣西漢六號墓五號木牘背面

先說「上爭界圖一人」。由於墓主師饒是東海郡的功曹史，木牘出於其墓，所謂「上」當是指從東海郡上於州刺史、州牧或中央丞相府。「爭界」應是指東海郡與鄰郡爭界：「上爭界圖」當指東海郡上報爭郡界之圖於州或中央。所謂「上爭界圖一人」的一人禹順，是指擔任此特定任務的人員。「畫圖」和「寫圖」則是畫地圖的人員。王莽時仿古制，重定天下諸國采邑，曾使侍中講禮大夫等「與州部眾郡知地理圖籍者，共校治于壽成朱鳥堂。」（《漢書·王莽傳中》）可見在王莽之前，地方上本有所謂「知地理圖籍者」。又莽為起九廟，「乃博徵天下工匠諸畫圖，以望法度算」，這是傳世文獻中可考的所謂「畫圖」。以上州部眾郡知地理圖籍者和天下諸畫圖知望法度算者，應包括尹灣牘東海郡這類畫圖或寫圖人員吧。唯尹灣出土東海郡屬吏簿中將畫圖或寫圖列入贏員，也就是編制外的人員。[4] 換言之，兩漢地方屬吏人數雖不斷膨脹，這類不入編制的畫圖和寫圖人員不一定每郡都有。

「畫圖」和畫工程圖有關，原本純屬我的推測，不意新出版不久的《嶽麓書院藏秦簡（陸）》有一條證實「畫圖」人員早已存在，並應該和工程有關：

•匠為宮室，有令庫垣屬高垣、庫屋屬繚垣，試令人上而能隃（踰）出入，

4　贏員意義參廖伯源，《簡牘與制度》（臺北：文津出版社，1998），頁61；拙文，〈尹灣漢墓木牘文書的名稱和性質〉，《大陸雜誌》，95：3（1997），頁10。

匠、畫〈畫〉圖、為計者及 155/2164 吏將者貲各二甲。有□陯（踰）出入
者，陯（踰）者男子（也），匠、畫〈畫〉圖、為計者與同罪；陯（踰）者女
子（也），匠、畫〈畫〉156/0117 圖罪弗〔陯（踰）〕陯（踰）者一等，吏將
者貲二甲。・十六 157/0121⁵

畫圖者和匠（按：應指施工之匠人或匠人頭目）、為計者（按：計指計算，為計者
乃工程中專事計算的人員）一起出現在建造宮室和牆垣的脈絡裡，一起承擔工
程品質的責任，其職司應和畫建築工程圖有關才是。⁶ 由此也可知秦代官府
已存在畫圖和寫圖這類人。漢武帝時「濟南人公玉帶上黃帝時明堂圖，明
堂圖中有一殿，四面無壁，以茅蓋，通水，圜宮垣為複道，上有樓……於
是上令奉高作明堂汶上，如帶圖。」（《史記・孝武本紀》）既然可據公玉帶
之圖以作明堂於汶上，則「如帶圖」的圖必為建築設計圖之類。有設計圖
則必有畫建築設計圖之人。

王莽為起九廟，博徵天下工匠諸畫圖，「以望法度算」云云是傳世文
獻給我們重要的線索，可供推證「畫圖」應該是知望法度算的建築工程人
員。這種工程圖，古代也叫圖，河北平山縣戰國中山國王陵出的兆域圖就
是明證。圖上有兆域建築平面圖及長寬尺寸，即依一定度算後製成（圖 2.1-
2）。望法度算是畫地圖必要的知識。我們無從知道當時分工細密的程度，
是否已將畫地圖和畫工程圖完全區別開來，分由不同的人專司。

如果「畫圖」是指畫地圖或工程圖，「寫圖」又是指什麼呢？這個問
題一時尚難確切回答。錢鍾書先生曾注意到古書中的「以寫寡人」、「寫范
蠡之狀」的「寫」有「傳移模寫」，「移於彼而不異於此」，也就是寫實之
意。⁷ 徵之兩漢文獻，寫除了書寫、抄寫、寫實，也有圖寫，圖畫，摹寫，
模仿之意。例如：「秦每破諸侯，寫放其宮室，作之咸陽北陂上。」（《史記・

5　參陳松長編，《嶽麓書院藏秦簡（陸）》（上海：上海辭書出版社，2020）。

6　魯家亮也認為和建築工程有關。請參氏著，〈胡家草場漢簡《治水律》初識〉，《簡帛》第
　　二十三輯（上海：上海古籍出版社，2021），頁38。

7　錢鍾書，《管錐編》第一冊（臺北：蘭馨室書齋景印本，無年月），頁254；相關討論參拙
　　文，〈古代中國及歐亞文獻、圖像與考古資料中的「胡人」外貌〉，《國立臺灣大學美術史研
　　究集刊》，9（2000），頁27。參本書卷二，頁221-333。

圖 2.1　中山國兆域銅版，2006.7.25 作者攝於河北省博物館。

圖 2.2　中山國兆域銅版局部可見註記文字，2006.7.25 作者攝於河北省博物館。

秦始皇本紀》）此寫放即模仿或仿照之意。《漢書・賈捐之傳》：「淮南王盜
寫虎符，陰聘名士」，盜寫者，即盜仿也。漢末蔡邕為正五經，書丹立碑
於太學，「其觀視及摹寫者，車乘日千餘兩。」（《後漢書・蔡邕傳》）此「摹

寫」即傳移模寫之模寫。有時寫與圖或畫同意，例如：褚先生補〈龜策列傳〉言八種名龜：「略記其大指，不寫其圖。」不寫其圖，也就是不畫其圖。《後漢書・李恂傳》謂李恂「所過皆圖寫山川、屯田、聚落」，圖寫亦即圖畫。除了形象可以圖畫或圖寫，在古人的用法裡，聲音也可「寫」。例如衛靈公曾聞鼓琴音，令師涓「聽而寫之」。師涓遂「端坐援琴，聽而寫之」。（《史記・樂書》）這裡的「寫」則只能是仿，聞而後仿奏之。

綜而觀之，尹灣牘既分列畫圖、寫圖為二，則二者所司應有不同。是畫圖者先畫，由寫圖者據而摹畫？或畫圖者是畫地圖、工程圖和地籍圖之類，而寫圖者則如隋《西域圖記》的作者裴矩「丹青模寫」各國胡人「服裝儀形」（《隋書・裴矩傳》），以模寫人和物象為主？史不足徵，只可俟諸異日。

就目前可考的資料看，所謂畫圖或寫圖，私意以為其一大工作是畫地圖，但又應非以畫地圖為限。秦漢地方郡縣有不同性質畫圖的需要，因此像中央有黃門畫工一樣，地方應該存在著專門畫圖的人員。又從地方到中央莫不有各式各樣的地圖和地籍圖，中央的地圖和地籍圖又主要是據地方上報的圖籍而來。以下從地方性的地圖說起。

一 郡國圖

漢郡國有郡國圖，最有名的故事莫過於元帝時匡衡受封樂安國，郡圖誤以閩陌為平陵陌之事：

> 初，衡封僮之樂安鄉，鄉本田隄封三千一百頃，南以閩佰為界。初元元年，**郡圖**誤以閩佰為平陵佰。積十餘歲，衡封臨淮郡，遂封真平陵佰以為界，多四百頃。至建始元年，郡乃定**國界**，上計簿，更定圖，言丞相府。衡謂所親吏趙殷曰：「主簿陸賜故居奏曹，習事曉知國界，署集曹掾。」明年治計時，衡問殷國界事：「曹欲奈何？」殷曰：「賜以為舉計，令郡實之，恐郡不肯從實，可令家丞上書。」衡曰：「顧當得不耳，何至上書？」亦不告曹使舉也，聽曹為之。後賜與屬明舉計曰：「**案故圖，樂安鄉南以平**

陵佰為界，不〔從〕故而以閩佰為界，解何？」郡即復以四百頃付樂安國。衡遣從史之僮，收取所還田租穀千餘石入衡家。司隸校尉駿，少府忠行廷尉事劾奏：「衡監臨盜所主守直十金以上。春秋之義，諸侯不得專地，所以壹統尊法制也。衡位三公，輔國政，領計簿，知郡實，正國界，計簿已定而背法制，專地盜土以自益，及賜、明阿承衡意，猥舉郡計，亂減縣界，附下罔上，擅以地附益大臣，皆不道。」於是上可其奏，勿治，丞相免為庶人，終於家。（《漢書‧匡衡傳》）

這個故事裡不但提到郡圖，一郡之內的縣有縣界，縣下之鄉也有鄉界。國則有國界。這些界都有圖為憑。這些圖不但藏於地方，也要隨每年上計上報丞相。[8] 郡界的重要性在於明確化各郡行政、司法、財賦和軍事等等各方面權責和管轄的範圍；如果郡界不明，責任和權力關係必會陷入混亂和矛盾，百姓的權益也會受到影響。

　　郡與郡之間界線分明。1987 和 1999 年在江蘇連雲港市港灣東北六、七公里之連島羊窩頭和蘇馬灣沿海崖壁上，先後發現兩處有始建國四年紀年的分界石碑。這證實不但地方政府藏有畫的地圖，甚至在有爭議處立下表明界域的碑石。1987 年在羊窩頭發現的一石已斷裂，刻字八行，各行字數不一，其銘云（圖 3.1-2）：

東海郡朐〔與？〕／琅邪郡柜〔為〕／界，〔朐北〕界〔盡〕／因諸山山□水以北/柜西直況〔其〕／〔治？〕，與柜分高□〔為〕／界，東各〔承〕／無極。[9]

從其內容可知為標示東海郡朐縣和瑯邪郡的柜縣兩地的界線。1999 年在連島與羊窩頭相距約二公里之蘇馬灣，又發現了一塊保存較好的界石。其上有銘文十二行，六十字，內容是（圖 3.3）：

8　這個制度最少到唐代還是如此。唐代尚書省之職方郎中掌地圖。《新唐書‧百官志》尚書省條：「凡圖經，非州縣增廢，五年乃脩，歲與版籍偕上」（中華書局點校本，下引廿五史版同此，頁 1198）。

9　參劉鳳桂、丁義珍，〈連雲港市西漢界域刻石的發現〉，《東南文化》，1（1991），頁 232-236；《中國書法全集》7（北京：榮寶齋，1993），編號 18；《書法叢刊》，4（1997），頁 45-47；西林昭一，《中國新發現的書蹟》中譯本（臺北：蕙風堂，2003），頁 102。

圖 3.1　江蘇連雲港市連島羊窩頭界石拓本

圖 3.2　羊窩頭出土始建國四年界域刻石，2010.7.11 作者攝於連雲港市博物館。

東海郡朐與／瑯邪郡柜為／界。因諸山以南／屬□，水以北屬／柜。西直
況其／□與柜分高／〔陌〕為界。東／各承無極。／始建國三年／三月朔乙
卯，以／使者徐州牧／治所書造。[10]

10　參連雲港市文管會辦公室、連雲港市博物館，〈連雲港市東連島東海琅邪郡界域刻石調查報
　　告〉，《文物》，8（2001），頁 22-30；滕昭宗〈連雲港始建國界域刻石淺論〉，《文物》，8

圖 3.3　蘇馬灣界石拓本

這兩處發現的界石殘存字數不同，書體和內容一致，顯然是王莽時，東海和瑯琊兩郡對朐縣和柜縣的分界發生爭議，因此原來具有中央使者督察之責，此時已十分地方長官化的徐州牧在解決爭議之後，將協議之縣界明書刻石，立於爭議之處。[11] 誠如這一界域刻石調查報告的作者所指出，這一刻石不但印證嚴耕望先生的論斷，西漢刺史有使者之稱，刺史和州牧有治所，更證明王莽沿而未改。[12]

　　不過這兩件界域刻石是否如調查報告所說，和王莽始建國四年至明堂授諸侯茅土，「定諸國邑采之處」一事「暗合」，不無可疑。按《漢書・王莽傳中》繫定諸國邑采事於始建國四年之夏，而刻石月份為始建國四年四月。四年之夏當然可能是指四月或以後的五六兩個月。可是〈王莽傳〉清

　　（2001），頁 56-58；西林昭一，同上，頁 102-103。

11　滕昭宗指出朐與柜相去數百里，在陸上絕不連界，推測只可能是海上的界域。見所著前引文，頁 57。可是從界石銘文「因諸山以南」，「□水以北」，「東承無極」等說法推之，這明明應指陸上山、水的分界，東承無極四字說明海上界線是劃不出來的。滕先生提到王莽時呂母海盜事，是好的設想，惜無以證實是否因而有了海上責任分界。我們只能猜測王莽時這一地區縣級區劃曾有大變動，而使朐與柜可能產生邊界糾紛。關於瑯邪和東海郡的邊界討論，可參劉鳳桂、丁義珍，前引文，頁 232-236。

12　〈連雲港市東連島東海瑯邪郡界域刻石調查報告〉，《文物》，8（2001），頁 28。

楚說到王莽召來天下眾郡知地理圖籍者後，遷延甚久，不能定案：「以圖簿未定，未授國邑，且令受奉都內，月錢數千，諸侯皆困乏，至有庸作者」。〈王莽傳〉沒有說此事何時商議出結論，何時開始實施，反而接著記述王莽如何在民怨之下，放棄了早先王田和禁止奴婢買賣的禁令。換言之，改訂天下諸國邑采一事到底是否曾實施，何時開始實施，實施到什麼程度，都是疑問。因此說刻石上四月所訂的縣界和王莽朝中討論「諸侯國邑」未定的事有關，恐難說通。

更何況刻石上所用的地名全是舊稱。如果是根據朝中新議的結論，應不致仍用舊稱。敦煌和居延出土簡牘證明王莽的確曾更改了許多官名和地名，邊塞單位曾遵令用了新名。未能完全遵守的情形也確實存在。[13] 但十三部之一的徐州不同於邊塞，能公然在刻石上不遵莽令，沿用舊名嗎？刻石上的「四」字一律作「三」，可證徐州牧是恪遵莽制的。

《漢書‧地理志上》曾明確記載了王莽為東海和琅邪二郡和相關屬縣所訂的新名。〈地理志上〉琅邪郡條謂琅邪「莽曰填夷」；柜，「莽曰袛同」，東海郡條謂東海，「莽曰沂平」；朐，未提是否曾改名；況其，尹灣牘作況其，《漢書‧地理志上》作祝其，「莽曰猶亭」。將這些新名和界域刻石對證，則知《漢書‧地理志上》所記的改名，當在始建國四年以後吧。

私意以為始建國四年四月所立的界域刻石應該和當時朝中正商議中的「諸國邑采」事無關。它比較可能只是為了解決某種較局部意義的縣界糾紛，由徐州牧裁決而後立石息爭。東海和琅邪二郡西漢時俱屬徐州。在徐州牧出面解決之前，東海和琊邪郡或許都曾派人上報過爭界圖。

漢晉間地方爭界，其可考者另有數例。《太平御覽》卷四十四，地部九，青石山條引《益州記》云：

> 昔巴、蜀爭界久而不決。漢高帝八年，一朝密霧，石為之裂，今猶如之，
> 自上及下，破處直若引繩焉，於是州界始制。（頁341.2）

此事是否可靠不無疑問。前曰巴蜀爭界，後云州界始制。漢高祖八年尚未

13　參拙文，〈從居延簡看漢代軍隊的若干人事制度〉，《新史學》，3：1（1992），頁102-104。

行州制也。晉宋間人所作的《荊州圖記》（或名《荊州圖副》、《荊州圖》）有一則爭縣界，立石為界的神奇故事，錄於此供參考：

> 澧陽縣西百三十里，澧水之南岸有白石雙立，狀類人形。高各三十丈，周迴等四十丈。古之相傳，昔有充縣左尉與零陵尉共論疆，因相傷害，化為此石。即以為二縣界首，東摽零陵，西碣充縣。[14]

兩縣尉為爭疆界竟然可到「相傷害」的地步。三國魏明帝時，清河郡與平原郡爭界先後達八年之久。冀州牧孫禮奉命裁奪。他依據的則是中央所藏的郡圖。其事《三國志‧孫禮傳》記載甚詳：

> 〔孫禮〕徵拜少府，出為荊州刺史，遷冀州牧。太傅司馬宣王謂禮曰：「今清河、平原爭界八年，更二刺史，靡能決之；虞、芮待文王而了，宜善令分明。」禮曰：「訟者據墟墓為驗，聽者以先老為正，而老者不可加以榎楚，又墟墓或遷就高敞，或徙避仇讎。如今所聞，雖臯陶猶將為難。若欲使必也無訟，當以烈祖初封平原時圖決之。何必推古問故，以益辭訟？昔成王以桐葉戲叔虞，周公便以封之。今圖藏在天府，便可於坐上斷也，豈待到州乎？」宣王曰：「是也。當別下圖。」禮到，案圖宜屬平原。而曹爽信清河言，下書云：「圖不可用，當參異同。」禮上疏曰：「管仲霸者之佐，其器又小，猶能奪伯氏駢邑，使沒齒無怨言。臣受牧伯之任，奉聖朝明圖，驗地著之界，界實以王翁河為限；而郃以馬丹候為驗，詐以鳴犢河為界。假虛訟訴，疑誤臺閣。竊聞眾口鑠金，浮石沈木，三人成市虎，慈母投其杼。今二郡爭界八年，一朝決之者，緣有解書圖畫，可得尋案摘校也。平原在兩河，向東上，其間有爵隄，爵隄在高唐西南，所爭地在高唐西北，相去二十餘里，可謂長歎息流涕者也。案解與圖奏而郃不受詔，此臣軟弱不勝其任，臣亦何顏尸祿素餐。」輒束帶著屨，駕車待放。

14　《太平御覽》卷 269 縣尉條引《荊州圖記》（臺北：臺灣商務印書館景印本），頁 1389；又見劉緯毅，《漢唐方志輯佚》（北京：北京圖書館出版社，1997），頁 231。此書承劉增貴兄見示，謹謝。這一類爭界事另見《水經注》卷 34 江水二，頁 2841 宜都和建平二郡督郵爭界、卷 37 油水條，頁 3065-3066 充縣尉與零陽尉爭封界，與正文所引《荊州圖記》略同，不具引。

冀州牧之事頗可啟發我們去認識這兩方由徐州牧所立的界域石刻。

郡與郡間本就有界石，非因有爭執才立。沈約《宋書・自序》謂：「以〔沈〕亮為南陽太守……郡界古時有石碣，蕪廢歲久，亮籤世祖修治之……」。古時不知指何時，上推至漢世應無問題。《三國志・魏文帝紀》注引《魏略》說：

> 改長安、譙、許昌、鄴、洛陽為五都，立石表，西界宜陽，北循太行，東北界陽平，南循魯陽，東界郯，為中都之地。

五都重地，為之立石表，石表亦界石也。曹魏立石之法，即沿襲自漢。熊會貞曾指出《水經注》弄不清時代的「洛陽南界碣」即可能為東漢所立：

> 汝水又東，與三屯谷水合，水出南山，北流，逕石碣東。柱側刊云河南界。（會貞按：河南下，疑本有南字，與下洛陽南界對。）又有一碣，題言洛陽南界。（會貞按：《寰宇記》，洛陽界碑在舊臨汝縣西八十里。或即此，當在今伊陽縣境。）碑柱相對，既無年月，竟不知何代所表也。（會貞按：《溹水注》北平縣界，漢熹平四年，幽冀二州以戊子詔書郡縣分境立石標界，又《金石錄》載漢延熹四年河東地界石記，是後漢時定界處甚多，**此二碣或亦後漢所立**，然考漢、魏、晉、后魏並有河南、洛陽二縣，其界當同。故酈氏不能定為何代所表也。）[15]

立石為界也見於漢代民間。[16] 民間立石息爭之事，其可考者有光緒十八年在今山東莒縣西孟莊廟墓出土之東漢順帝漢安三年（西元 144 年）宋伯望等分界殘石。[17] 此石正背左右側面皆有字。石已殘缺，內容難以完全明白，但牽涉到莒縣和東安縣的縣界以及宋伯望等人的田地糾紛。最重要的是此石明確提到縣圖。糾紛的一個起因是「望等不知縣圖」。[18]

15　《水經注》卷二十一〈汝水〉條。

16　建寧四年（西元 171 年）孫成買地鉛券有「田東西南北，以大石為界」之語，參北京大學圖書館金石組、胡海帆、湯燕編，《北京大學圖書館藏歷代金石拓本菁華》（北京：文物出版社，1998），頁 29。

17　參上引《北京大學圖書館藏歷代金石拓本菁華》，頁 127；永田英正編，《漢代石刻集成》（京都：同朋舍，1994），頁 60。

18　「縣圖」二字，永田本完整可識，北圖本「圖」字有硬傷不全。

漢代郡國圖不見傳世或出土。[19] 可是文獻提到的漢代郡國圖卻有一些可考。如《華陽國志‧巴志》提到《巴郡圖經》。桓帝永興二年（西元 154 年），巴郡太守但望上疏，據《巴郡圖經》以言郡界遼闊「南北四千，東西五千，周萬餘里」，建議分巴郡為二郡。[20] 他所據的圖經不但標明郡之四至大小，更有戶口數和郡治與諸縣、鄉、亭之道里距離數字。既名為圖經，應有圖有經，如《山海經》之原有經有圖。唯圖常佚而經傳。成於漢末或曹魏初的《三輔黃圖》，原來應該有文有圖，現在也只剩文字了。[21] 據劉緯毅《漢唐方志輯佚》，名稱和殘文尚可考之漢郡圖另有東漢王逸撰《廣陵郡圖經》。魏晉以後，承此傳統，有《河南郡圖經》、《河南十二縣境簿》、晉張須無撰《九江圖》、晉宋人作《荊州圖副》（或稱《荊州圖記》）等，後世以圖經為名的方志極多，[22] 不具錄。

郡以下的縣鄉都各有圖籍，在小單位的圖上不但標明山川地形，甚至可能標明邑落鄉里人戶的狀況。甘肅天水放馬灘秦墓所出木板地圖只有某區域之水系和地名（圖4），[23] 湖南長沙馬王堆漢墓出土長沙國南部地形圖

19　現在可考最早的地方性圖經可能是敦煌卷子中的《沙州圖經》。《沙州圖經》殘本原題沙州圖經，唯殘存部分有經無圖。見黃永武編，《敦煌寶藏》第 21、138 冊；《續修四庫全書》732 冊。存世有圖有經之圖經可以宋陳公亮的《嚴州圖經》為例。《嚴州圖經》原八卷，今存首三卷（藝文印書館百部叢書集成景印清光緒漸西村舍叢刊本）。卷首即有子城圖、建德府內外城圖、府境總圖及建德縣、淳安縣、桐廬縣、遂安縣、壽安縣、分水縣之縣境圖，共八圖。各圖皆標明東西南北方位，各縣境圖甚至標明「八到」相臨縣名及縣界。八到及置圖於卷首之制已見唐李吉甫之《元和郡縣圖志》。李吉甫序云：「起京兆尹，盡隴右道，凡四十七鎮，成四十卷，每鎮皆圖在篇首，冠於敘事之前，並目錄兩卷，總四十二卷。」惜其圖已不傳。

20　任乃強，《華陽國志校補圖注》（上海：上海古籍出版社，1987），頁 20。

21　參何清谷校，《三輔黃圖校注》（西安：三秦出版社，1998）引孫星衍說，頁 2。

22　參《隋書‧經籍志》、《新唐書‧藝文志》地理類所錄。又見劉緯毅，《漢唐方志輯佚》。

23　何雙全，〈天水放馬灘秦墓出土地圖初探〉，《文物》，2（1989）；曹婉如，〈有關天水放馬灘秦墓出土地圖的幾個問題〉，《文物》，12（1989）；張修桂，〈當前考古所見最古的地圖——天水放馬灘地圖研究〉，《歷史地理》第 10 輯（上海：上海人民出版社，1992）；藤田勝久，〈戰國時秦的領域形成和交通路線〉，《秦文化論叢》第 6 輯（西安：西北大學出版社，1998）；雍際春、黨安榮，〈天水放馬灘木板地圖版式組合與地圖復原新探〉，《中國歷史地

圖 4　放馬灘木板地圖

和箭道封域圖清楚註明鄉里和戶數（圖 5、6）。[24]《史記‧龜策列傳》裡還
有一個由褚先生所補「按圖索人」的故事。據說宋元王二年，元王夢有泉
陽漁人豫且得神龜。[25] 遣使者求之：

> 於是王乃使人馳而往問泉陽令曰：「漁者幾何家？名誰為豫且？豫且得龜，
> 見夢於王，王故使我求之。」泉陽令乃使吏案籍視圖，水上漁者五十五
> 家，上流之廬，名為豫且。泉陽令曰：「諾。」乃與使者馳而問豫且曰：「今
> 昔汝漁何得？」豫且曰：「夜半時舉網得龜。」（《史記‧龜策列傳》）

理論叢》，4（2000）。

24　參馬王堆漢墓帛書整理小組編，《馬王堆漢墓帛書古地圖》（北京：文物出版社，1977）。

25　于豪亮曾據梁玉繩《史記志疑》指出這個故事演化自《莊子‧外物》。《莊子‧外物》有
　　元君夢余且事，但並無下文所引一段。參于豪亮，《于豪亮學術文存》（北京：中華書局，
　　1985），頁 244-245。

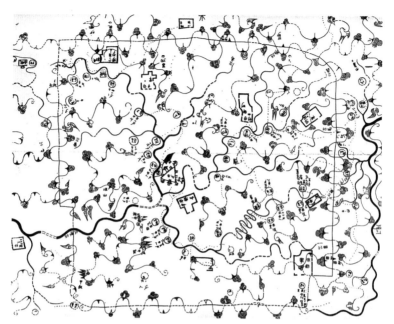

圖 5　馬王堆漢墓箭道封域圖摹本

圖 6　馬王堆漢墓地形圖摹本

古月集：秦漢時代的簡牘畫像與政治社會
　　　　　—— 卷四　法制、行政與軍事

泉陽令所案之圖籍顯然是縣治內之行政區劃圖。圖上標明了水系和沿水人戶之數（五十五家），甚至姓名及其居處所在（上流之廬，名為豫且），這比馬王堆地圖上所見似乎更為詳細。在同一個故事裡，宋元王的博士衛平為元王解說聖人之所為，云：「夫妻男女，賦之田宅，列其室屋，為之圖籍，別其名族……」（同上，頁 3232）可見其時圖籍應已註明百姓之家族、男女人數和田宅室屋等資料。

傳說中的宋元王似乎是一位極重視畫山川地圖的國君。《莊子外篇·田子方》裡有一個宋元君（即宋元王）「將畫圖，眾史皆至（成玄英疏：「宋國之君，欲畫國中山川地土圖樣，而畫師並至」）」，元君洞識「真畫者」的故事。[26] 其事不論是否可靠，戰國時各國有各國的圖籍則屬無疑。[27] 例如燕太子丹令荊軻獻督亢之圖於秦，是獻一地之圖。藺相如奉璧如秦，欲以璧擊柱，秦王恐其破璧，「召有司案圖，指從此以往十五都予趙。」（《史記·廉頗藺相如列傳》）有司所按之圖，顯然是標示有秦全國城邑之圖。這種城邑圖的傳統一直沿續到後代。晉代左沖作〈三都賦〉開篇先述其所據，謂：「余既思摹二京而賦三都，**其山川城邑則稽之地圖**，其鳥獸草木則驗之方志。」[28]

宋元王的故事又透露畫地圖的人員就是史。傳說中始作圖者為黃帝臣，名「史皇」。[29] 史者，其職也。粗略地講，史不但記事、記言、掌圖籍，還畫圖。較具體地說，則有太史或內史掌圖法。《呂氏春秋·先識》謂：「夏太史令終古出其圖法」，「殷內史向摯見紂之愈亂迷惑也，於是載其圖法，出亡之周」，「晉太史屠黍見晉之亂也……以其圖法歸周。」所謂

---

26 郭慶藩，《莊子集釋》〈田子方〉：「宋元君將畫圖，眾史皆至，受揖而立；舐筆和墨，在外者半。有一史後至者，儃儃然不趨，受揖不立，因之舍。公使人視之，則解衣般礡臝。君曰：『可矣，是真畫者也。』」（臺北：漢京文化事業公司，1983），頁 719。

27 《漢書·地理志》：「周爵五等而土三等，公侯百里，伯七十里，子男五十里，不滿為附庸，蓋千八百國，而太昊、黃帝之後，唐虞侯伯猶存，帝王圖籍相踵而可知」（頁 1542），果如其說，圖籍之事可上溯至更早的時代。

28 《文選》卷四（臺北：文津出版社，1987），頁 174。

29 《太平御覽》卷 750 引《世本》：「史皇作圖」；又見《呂氏春秋·勿躬》，頁 1078。

圖法,實際何指,不易說清楚。或如《國語‧周語下》太子晉所說:「若啟先王之遺訓,省其典圖(韋昭注:典,禮也;圖,象也)刑法。」

《周禮》中和「版圖」或「土地之圖」相關的人員就複雜多了。例如天官冢宰下的小宰、司會、司書、內宰,地官司徒下之大司徒、遂人、土訓,春官宗伯下之冢人、墓大夫,夏官司馬下之司險、職方氏等。這些職官有些如太史、內史見於西周金文,其餘待考。[30] 先秦的情況固然有欠瞭然,秦漢郡縣有行政區域圖和田土疆界之圖籍,這些圖的製作和管理背後無疑都有頗為長遠的傳統,而為後世所繼承和發展。[31]

二 天下全圖

戰國以來或已有「天下」之圖。例如蘇秦說趙肅侯曰:「臣竊以天下之地圖案之,諸侯之地,五倍於秦,料度諸侯之卒十倍於秦」云云(《史記‧蘇秦列傳》)。所謂「天下之地圖」不知是就各國之圖綜而言之,或指畫在同一幅之上的天下全圖。《漢書‧溝洫志》提到「齊卜延年上書言:『河出昆侖,經中國,注勃海,是其地勢西北高而東南下也。可案圖書,觀地形,令水工準高下,開大河上領,出之胡中,東注之海……』」黃河流經中國由西而東,要案圖書觀其地形高下,則勢必有一包括胡地、中國和東海的九州全圖。這當然也可能只是一個水系的全圖。《後漢書‧循吏傳》王景條提到「乃賜景《山海經》、《河渠書》、《禹貢圖》」。所謂禹貢圖應是九州之圖,王景因言治水而受賜,想必其上最少標示了九州的山川。成於戰國的《周禮》曾數度提到「九州之地域」或「九州之圖」或「天下之

---

30 參張亞初、劉雨,《西周金文官制研究》(北京:中華書局,1986),頁 26-30。

31 這類記載不少,僅舉如《宋書‧謝莊傳》謂:「分左氏經傳,隨國立篇,製木方丈,圖山川土地,各有分理,離之則州別郡殊,合之則宇內為一。」《夢溪筆談‧補談》卷三「異事」條提到的「飛鳥圖」、「守令圖」法,「得予此書,按二十四至以布,郡縣立可成圖,毫髮無差矣。」參胡道靜,《夢溪筆談校證》(上海:上海古籍出版社,1987),頁 991-992。

圖」。[32] 名義存在，其圖如何，不得而知。

　　以可考的例子來看，當時的天下之圖或指華夏諸邦，或指華夏及其周邊。以漢代來講，所謂天下輿地圖常僅指郡縣之內。例如劉秀起兵時，與鄧禹自薊至信都，「披輿地圖指示禹曰：『天下郡國如是，今始乃得其一，子前言以吾慮天下不足定，何也？』」（《後漢書・鄧禹傳》）劉秀之言正透露他所披閱的天下輿圖是郡國圖。馬援為書與囂將楊廣，使曉勸於囂，謂：「前披輿地圖，見天下郡國百有六所，奈何欲以區區二邦以當諸夏百有四乎？」（《後漢書・馬援傳》）這裡所說的天下也只以郡國為限。

　　類似的郡縣圖在秦代應已存在。例如班固寫《漢書・地理志》時，為了說明古地名之所據，最少兩次提到〈秦地圖〉（琅邪郡長廣條、代郡班氏條）。湖南龍山里耶出土秦遷陵縣衙的木牘文書中提到〈輿地圖〉。[33] 西漢武帝封諸子為王，程序之一是由「御史奏輿地圖」（《史記・三王世家》）。東漢封皇子，由「大司空上輿地圖」（《後漢書・光武帝紀》）。[34] 這些輿地圖應該也都是郡國全圖。漢人常言「天下之圖」云云（《後漢書・仲長統傳》、《後漢書・馬融傳》、《三國志・彭羕傳》），常常是指郡國或郡縣圖而已。[35]

　　秦漢時代觀念中的天下，除了郡國，還包含「人跡所至」的中國以外。[36]《周禮・職方氏》謂：「職方氏掌天下之圖，以掌天下之地，辨其邦

32　分見《周禮》〈地官司徒〉大司徒條、〈夏官司馬〉司險條和職方氏條。

33　陳偉主編，《里耶秦簡牘校釋》（武昌：武漢大學出版社，2012），頁 118、177、184、190、346。

34　分封程序中有有司奏上輿地圖之儀，淵源久遠，據西周金文學者的研究，已見於西周封建時「王省圖」之儀注，參劉雨，〈西周金文中的「周禮」〉，《燕京學報》，新 3（1997），頁 72-74。

35　《宋書・謝莊傳》謂謝莊「分左氏經傳，隨國立篇，制木方丈，圖山川土地，各有分理，離之則州別郡殊，合之則宇內為一」。這種能分可合的木板州郡地圖，在作法上明顯上承秦漢，其來有自。

36　參拙文，〈天下一家──傳統中國天下觀的形成〉，《秦漢史論稿》（臺北：東大圖書公司，1987），頁 3-41。日本學者渡邊信一郎氏認為「天下を無限にひろがりゆく世界ととらえるならば、それはまったくの誤りである（如果將天下理解為無限延展的世界，那是完全錯誤的）。」見所著，《中國古代の王權と天下秩序》（東京：校倉書房，2003），頁 102；徐沖

國都鄙四夷八蠻七閩九貉五戎六狄之人民與其財,九穀六畜之數要,周知其利害。」《周禮》成書的年代一般認為在戰國末,它清楚地表明職方氏所掌的天下之圖,不限邦國都鄙,而及於四夷、八蠻、七閩、九貉、五戎、六狄!班固在〈兩都賦〉之〈東都賦〉裡提到明帝永平之際,「目中夏而布德,瞰四裔而抗稜。西盪河源,東澹海漘,北動幽崖,南趠朱垠。殊方別區,界絕而不鄰,自孝武之所不征,孝宣之所未臣,莫不陸讋水慄,奔走而來賓。遂綏哀牢,開永昌,春王三朝,會同漢京。是日也,天子受四海之圖籍,膺萬國之貢珍,內撫諸夏,外綏百蠻」(《後漢書·班固傳》)。賦體好誇飾。班固極力鋪陳,刻意要製造一種印象,即大漢重膺天命,內撫諸夏,外綏百蠻,殊方絕域無不來朝,天子遂受四海之圖籍,膺萬國之貢納。所謂「圖」是指地圖,「籍」是各地人口和財賦等的簿籍。班固在這裡顯然要借四海圖籍、萬國貢獻來渲染一幅「普天之下,莫非漢土」的景象。這當然是誇張,我們並不能由此推論漢代已有這樣的天下之圖。

不過,可以肯定的是漢代政府手中曾掌握若干郡國以外地區的地圖。《史記·大宛列傳》謂武帝時「漢使窮河源,河源出于寘,其山多玉石,采來,天子案古圖書,名河所出山曰崑崙云。」(頁 3173)武帝所案的古圖書不知為何。據〈大宛列傳〉的太史公曰,可能是《禹本紀》和《山海經》。《山海經》本有經圖。司馬遷對武帝的比附,很不以為然,直斥「今自張遷使大夏之後也,窮河源,惡睹《本紀》所謂崑崙乎?故言九州山川,尚書近之矣。至《禹本紀》、《山海經》所有怪物,余不敢言之也!」(頁 3179)。

譯,《中國古代的王權與天下秩序》(北京:中華書局,2008),頁 65。私意以為無限延展的天下觀念的確存在,證據甚多。在現實政治中如何「實現」是另一回事。無限天下的概念在現實中往往是透過象徵儀式來表現。例如渡邊研究過漢唐的元旦儀式。其中必有蠻貊胡羌參加。他們正如班固《東都賦》所說,象徵諸夏百蠻無不賓服。如果概念中的天下非無限,僅限於郡國之內,即沒有外夷參加的必要。參渡邊信一郎,《天空の玉座—中國古代帝國の朝政と儀禮》(東京:柏書房,1996),頁 196-212。

較可靠的郡國以外的地圖，見於武帝征閩越時。武帝欲征閩越，淮南王安上書反對。上書中說道：「臣聞越非有城郭邑里也……以**地圖**察其山川要塞，相去不過寸數，而間獨數百千里」（《漢書‧嚴助傳》）。淮南王所察的地圖，無疑包括南越和閩越之地，其上標記著山川和要塞。武帝南征北討，迫切需要掌握境外的地理情報。天漢時，李陵曾出居延，「北行三十日，至浚稽山止營，舉圖所過山川地形，使麾下騎陳步樂還以聞……上甚說。」（《漢書‧李廣傳》）桑弘羊建議屯田輪臺，要求「輪臺以東置校尉三人分護，各舉圖畫地形，通利溝渠……」（《漢書‧西域傳》）東漢光武時，匈奴右薁鞬日逐王比「密遣漢人郭衡奉匈奴地圖，二十三年，詣西河太守求內附」（《後漢書‧南匈奴傳》）；竇憲征匈奴，班固作封燕然山銘謂：「於是域滅區殫，反斾而旋，考傳驗圖，窮覽其山川」（《後漢書‧竇憲傳》）；章帝時，李恂「拜侍御史，持節使幽州，宣布恩澤，慰撫北狄。所過皆**圖山川、屯田、聚落百餘卷**，悉封奏上，肅宗嘉之。」（《北堂書鈔》卷六十二引《司馬彪書》；《後漢書‧李恂傳》）

兩漢使者出使異域，很可能即負有蒐集自然與人文情報的任務。將山川地形繪製成圖是其中一項。《漢書‧西域傳》序論的結尾曾總結性地提到：「自宣、元後，單于稱藩臣，西域服從，其土地、山川、王侯、戶數、道里遠近，翔實矣。」〈西域傳〉接著細述自陽關以西各國離長安的道里數、戶及口數、物產及經濟生態、臨近之國及武力狀況。漢廷掌握有西域各國翔實的資料，其中土地山川的部分有圖，不難推定。儘管這樣的圖不一定完全準確，後世也無法據班固所述，將各國的位置完全復原，當他寫西域各國位置和相對距離時，似應有這樣的圖作參考才是。《三國志‧魏志》〈烏丸鮮卑東夷傳〉裴注提到《西域舊圖》所記罽賓、條支諸國云云，此《西域舊圖》應即漢代的西域圖。

至於秦漢有沒有像明清時代一樣，將域內和域外合在一起，繪成一幅坤輿全圖，則不得而知。目前可考的一點痕跡見於《漢書‧武帝本紀》注引臣瓚曰。元鼎六年秋，遣浮沮將軍公孫賀出九原，師古注引臣瓚曰：「浮沮，井名，在匈奴中，去九原二千里，見**漢輿地圖**。」《史記‧匈奴列傳》

〈索隱〉也曾引臣瓚說，但較簡略。臣瓚身分不明，可能是晉人。晉代尚可見到漢代的輿地圖，可由晉武帝時裴秀之言證明。[37] 這位臣瓚見過漢的輿地圖，並從地圖可以知道九原郡治到匈奴浮沮井的距離。這意味著這份地圖的範圍並不以漢帝國的郡縣為限，最少匈奴所控制的範圍也在圖上，或最少標示在圖上。如果和前文提到的閩越、南越圖合而觀之，則漢代有某種包含漢及周邊世界的「天下全圖」似可推定。[38]

三　地籍圖

　　古代所謂圖的另一個主要部分是天下田畝土地的圖籍。蕭何入咸陽收秦丞相御史府圖籍的圖，除了前述的郡縣地圖，主要一個部分是天下郡縣的土地圖籍。《周禮・天官・司書》司書掌「邦中之版，土地之圖」，同書《地官・大司徒》大司徒掌「建邦之土地之圖與其人民之數」，鄭玄注：「土地之圖，若今司空郡國輿地圖。」《冢宰治官・司會》鄭玄注謂：「版，戶籍也；圖，土地形象，田地廣狹。」田地廣狹形象，古來繪成圖，古書裡的許多圖指的是這種地籍圖。漢代地方丈量田畝後，就要製成這樣的圖籍，呈送中央。中央由是以知天下田土之多少。漢武帝時，為建上林苑，曾要太中大夫吾丘壽王和待詔能用算者二人，「舉籍阿城以南，盩厔以東，宜春以西，提封頃畝及其賈直，欲除以為上林苑。」（《漢書・東方朔傳》）所謂「舉籍」之籍即田籍或地籍；湖北江陵張家山 247 號西漢初墓出土簡〈二年律令〉中有「田比地籍」。[39] 比指相比為鄰，也就是田畝相比鄰之地籍。

37　《晉書・裴秀傳》：「今秘書既無古之圖籍，又無蕭何所得，惟有漢氏輿地及括地諸雜圖」（頁1039）。

38　這樣的天下全圖當然不可能真正包括日月所照，人跡所至的全世界，只是當時所能知道的世界而已。裴矩在《西域圖記》序裡的話可以參考：「復有幽荒遠地，卒訪難曉，不可憑虛，是以致闕」（《隋書・裴矩傳》，頁1579）。

39　《張家山漢墓竹簡（二四七號墓）》（北京：文物出版社，2001），頁178。

秦漢地籍圖的形式惜無實物出土，尚不可知。我推測東海郡的畫圖，應該也要繪製鄭玄所說「土地形象」的圖籍吧。

四 軍事性的山川要塞圖

軍事性的地圖應是古代地圖中的一大類。先秦諸子不斷提到地形、地勢和地利，對地圖的重視不言可喻。《管子・地圖》的話可為代表：「凡兵主者必先審知地圖。轘轅之險，灅車之水，名山通谷經川，陵陸丘阜之所在，苴草林木蒲葦之所茂，道里之遠近，城郭之大小，名邑廢邑，困殖之地必盡知之，地形之出入相錯者盡藏之，然後可以行軍襲邑，舉錯知先後不失利，此地圖之常也。」蕭何入關中收秦圖書，據《史記・蕭相國世家》說，劉邦因知天下阨塞及強弱之處。前引淮南王安提到閩越圖上的山川要塞，文獻上提到西域舊圖，李陵出居延所繪匈奴中地形，性質上都可歸入此類。宣帝時，趙充國平羌與宣帝及朝臣往返議方略，充國謂「臣願馳至金城，圖上方略」，師古曰：「圖其地形，并為攻討方略，俱奏上也。」（《漢書・趙充國傳》）其圖明顯也是軍事性的。敦煌漢簡中有一皇帝詔書的殘文，要求邊地太守「察地形、依險阻、堅壁壘、遠候望」（《敦煌漢簡》，1780A）。落實這個要求的一個具體例證就是馬王堆漢墓出土被稱為駐軍圖（箭道封域圖）的帛圖。這幅圖上地形、險阻、壁壘繪註分明。相關研究已多，這裡不再重複。[40]

---

40 參曹婉如等編，《中國古代地圖集 戰國—元》（北京：文物出版社，1990）所附傅舉有等人論文，頁 4-17。近來我對駐軍圖的性質有了不同的認識，請參邢義田，〈論馬王堆漢墓「駐軍圖」應正名為「箭道封域圖」〉，《湖南大學學報（社會科學版）》，5（2007），頁 12-19。本書卷四，頁 382-396。

五 板、帛、簡、牘與紙圖

這些圖畫在什麼質材上呢？甘肅天水放馬灘漢墓出土木板地圖，木板應是畫地圖的質材之一。《居延漢簡》199.3：「／曰吏卒更寫為蓬火圖板皆放辟非隧書佐壼平／」，意思是說吏卒要做照辟非隧的，重畫蓬火圖。于豪亮指出這應是繪在木板上小區域內的烽隧位置地圖。[41] 如果是大面積的地圖，用木板不但笨重，也不便於收藏。為便於收藏和取讀，大範圍地圖應已採取多塊木板拼接成全圖的方式。

從文獻看，帛應是用來畫地圖和製作一般圖籍的主要材料。《漢書·藝文志》提到圖書，凡書一律稱篇，圖一律稱卷。圖用帛，便於捲藏，故稱卷也。[42] 〈藝文志〉有耿昌〈月行帛圖〉二百三十二卷，即以帛圖為名，是知圖多用帛為之。王莽時得「銅符、帛圖於石前」(《漢書·王莽傳》)也是帛繪之圖。《後漢書·儒林傳》謂：「董卓移都之際……自辟雍、東觀、蘭台、石室、宣明鴻都諸藏典策文章，競

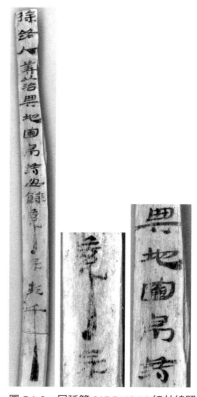

圖 7.1-3　居延簡 217.7+49.15 紅外線照局部及「素帛」「輿地圖帛簿」局部

41　于豪亮，前引書，頁 245。

42　陳槃先生與前賢王國維、錢存訓等論辯篇卷之別，認為簡亦可捲，非必簡為篇而縑素為卷，並舉漢簡為證。所論甚是。見陳槃，〈由舊籍中所見之先秦兩漢的簡牘〉「篇」「卷」附考，《舊學舊史說叢》(臺北：國立編譯館，1993)，頁 148-157。這裡只擬指出凡書於縑帛者，似無以篇為稱之例。縑帛不稱篇，簡帛卻皆可曰卷，疑卷之稱原即從縑帛出，因簡冊可捲舒，故簡冊亦以卷名之矣。篇、卷原應有別，《漢書·藝文志》以篇卷與簡帛對應，似非無理。

共剖散，其縑帛圖書，大則連為帷蓋，小乃制為縢囊」可用作帷蓋和縢囊之圖書，其非為縑帛不可。從出土實物看，《居延漢簡》有殘文云：「徐路人等以治輿地圖，帛薄（簿）毋餘，素帛錢千」（217.7＋49.15，圖7.1-3）[43] 此殘文不但可證地方上有畫地圖的人，也可證地圖用帛。長沙馬王堆漢墓出土長沙國南部地圖和箭道封域圖都畫在帛上，更不用多說。前引李恂拜侍御史，持節使幽州，宣布恩澤，所過皆圖山川、屯田、聚落百餘卷。這百餘卷也必是用帛繪製。

帛固為製圖最主要的材料，但出土實物證明，圖也繪在木牘或編簡上。木牘有寬廣的平面，簡編連成冊，也可形成較寬的平面，供繪圖之用。如雲夢睡虎地秦墓所出甲種日書的艮山圖、人字圖和置室門圖，都畫在編連的簡上，[44] 湖北荊州周家臺三十號秦墓出土繪成圓形的日書，是畫在相連的廿六支簡上（圖8），另外還有三件與方位及占相關的圖也是畫在編連的十餘支簡上。[45] 江蘇連雲港市尹灣漢墓所出神龜占的龜形圖是畫在木牘上。香港中文大學文物館藏晉代「松人」解除木牘上則繪有正面朝前的人像。[46]

此外，更可珍貴的是在甘肅天水放馬灘五號西漢墓中曾出土以墨線繪有山脈、河流的殘紙。殘紙長寬5×3公分，這原來是一份繪在紙上的地圖無疑（圖9）。[47]

---

43 「素帛」釋文如《居延漢簡合校》作「素・宗」，于豪亮疑此二字有誤，見前引書，頁244。我以紅外線查驗原簡，素字清晰無誤。素字最後一豎用筆甚重，部分墨跡脫落，遂使豎筆末端看起來像是黑圓點，實無圓點。宗字應作帛，如此文意遂通。

44 睡虎地秦墓竹簡整理小組，《睡虎地秦墓竹簡》（北京：文物出版社，1990），日書甲種圖版簡47正-57正，簡114正-126正，簡150正-154正。

45 湖北省荊州市周梁玉橋遺址博物館編，《關沮秦漢墓簡牘》（北京：中華書局），圖版34-37。

46 陳松長編，《香港中文大學文物館藏簡牘》（香港：中文大學文物館，2001），頁110。1999年湖北武昌湖北戲場一號墓出土五代道教解除柏人牘，和晉松人牘十分類似，也畫在木牘上。參王育成，〈考古所見道教簡牘考述〉，《考古學報》，4（2003），頁491。

47 參曹婉如等編，《中國古代地圖集 戰國—元》（北京：文物出版社，1990），圖18-19。

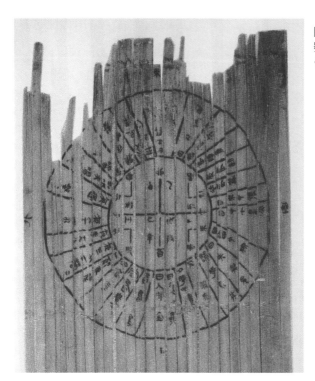

圖 8　荊州周家臺三十
號秦墓出土繪成圓形的
《日書》

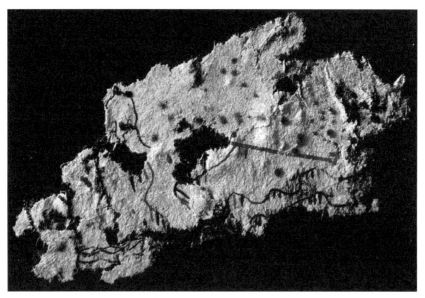

圖 9　放馬灘五號西漢墓出土紙本地圖

　古月集：秦漢時代的簡牘畫像與政治社會
　　　—— 卷四　法制、行政與軍事

六 結論

　　漢代地方行政上除須有專人畫地圖、地籍圖，也須要人擔負其他性質繪圖的工作。例如，兩漢中央和地方郡府縣廷盛行於門上畫虎或其它紋飾，也盛行將道德或事功值得歌頌紀念的人物畫在牆壁上。[48] 這些圖畫由誰畫呢？我猜測也是這些畫工。一個有趣的例子是 2000 年陝西咸陽旬邑縣百子村出土一座東漢壁畫墓。[49] 其中後室兩側壁有車馬人物，各有榜題。男性人物的一側有「邠王」和「郭武？將軍」相對而坐，將軍身後有微微朝向將軍的「小史」和三位「將軍門下先」。這些明顯是郭姓將軍的部屬。他們右側還有兩位面向右的人物，一位榜題已殘，尚可隱約釋出「諸給〔事〕……邠王……」，另一位則是清楚的「畫師工」（圖 10.1-2）。另一側牆壁上有一排婦女，除了「將軍夫人」和眾部屬夫人，還有「畫師夫人」清楚的畫像和題記。從布局和人物朝向幾可確定，這位畫師工應是邠王的部屬，因此才廁身於眾屬吏之中。考古報告認為墓主是邠王，但我認為也有可能是那位郭姓將軍。[50] 不論墓主是誰，這位畫師工和其他門下吏並排出現在壁面上，畫師工除了在官衙中工作，長官棄世，恐怕還要為長官提供最後的服務，繪製墓中的壁畫吧。鄭岩先生以為這位畫師工大概是目前所見中國最早的畫工「自畫像」。[51] 又鄭先生在國外拍賣圖錄上見到胸前書有「畫圖工」、「舄（寫）工佐」等字樣的帶彩漢代陶俑（圖 11.1-2）。[52] 如果

48　拙文，〈漢代壁畫的發展與壁畫墓〉，《秦漢史論稿》（臺北：東大圖書公司，1987），頁 449-492。

49　Susanne Greiff, Yin Shenping, *Das grab des Bin Wang: wandmalereien der östlichen Han-zeit in China*（考古發掘出土的中國東漢墓（邠王墓）壁畫），Verlag des Römisch-Germanisch Zentralmuseums in Kommissoion bei Harrassowitz verlag Wiesbaden, Mainz, 2002.

50　邢義田，〈陝西旬邑百子村壁畫墓的墓主、時代與「天門」問題〉，《故宮學術季刊》，23：3（2006），頁 1-38；《畫為心聲》（北京：中華書局，2011），頁 631-677。

51　見鄭岩對前引書之書評，《藝術史研究》，5（2003），頁 516。

52　感謝鄭岩兄無私提供資料。資料見 2004 年 3 月一份展覽圖錄：Gisèle Croës, *Ritual Objects and Early Buddhist Art*, March 22-30, 2004, New York, pp. 84-91.

圖 10.1-2　咸陽旬邑縣百子村墓出土壁畫及「畫師工」榜題

古月集：秦漢時代的簡牘畫像與政治社會
　　　　——卷四　法制、行政與軍事

這些陶俑可靠，正可以證明漢代地方上確有職司畫圖的匠人。

圖 11.1-2　陶俑榜題「畫圖工」和「舄（寫）工佐」

　　總之，秦漢時代所謂的圖，內容複雜，基本上與文字相對，凡以圖形或符號呈現的都可泛名之為圖。圖不一定具有後世美術鑑賞的意義，也不為美學鑑賞而作。尹灣牘上所見西漢東海郡的畫圖和寫圖者，雖不能確言其職司，從其與上爭界圖者並列思之，似以職司地圖和地籍圖之類為主。從旬邑百子村壁畫墓畫師工的例子看，他們提供的服務似又不僅僅限於畫地圖或地籍圖而已。

92.12.21-93.9.24 成稿

原刊中山大學藝術史研究中心，《藝術史研究》（2005），頁 105-124
98.2.13 稍作增補；105.2.11 再訂；111.3.8 三訂

從「如故事」和「便宜從事」看漢代行政中的經常與權變

一 引言

　　行政運作中有常、有變、有經、有權。為求運作合理的穩定和一致，須要持經守常；如欲保有彈性，不致僵化，又不得不允許權宜通變。持經守常常易流於遇事僵固，不知變通；凡事權宜變通，又易喪失行政上的穩定和一致。面對這種衝突，如何折衷經常與權變遂成為行政上的一大問題。漢代行政因而有所謂的「如故事」和「便宜從事」。應遵循故事，以為常制？或便宜從事，以達權變？是兩漢君臣經常面臨和爭論的問題。

　　一般而言，漢代行政極重因循故事。從漢人遵奉故事的情形最能看出漢代日常行政保守和經常的一面。不過，在某些情形下，官員也可不循常規，權宜應變。只是便宜權變在君主專制的大前提之下，並不真正受到鼓勵，有時甚至可能遭來殺身之禍。由於守經常和通權變牽涉到君臣之間微妙的權力關係，所謂「如故事」或「便宜從事」的抉擇往往就不單純是一個行政上的問題。

圖 1　《大英圖書館藏敦煌漢簡》簡 308

　　討論以上問題端賴文獻。出土簡牘文書雖也提到「故事」和「便宜」，二詞甚至曾同時出現在敦煌出土文書裡（圖 1），但出土文書多殘闕，無以見事之首尾及脈絡，本文主要利用兩漢書，從漢人對「如故事」和「便宜從事」的議論和實際運用，透視漢代行政的一般傾向，以及君主專制之下

行政運作的特色。

二 故事的性質

　　漢代日常行政，多依律令與故事為據，所謂「漢吏奉三尺律令以從事」（《漢書‧朱博傳》），又謂：「五曹自有條品，簿書自有故事」（《論衡‧程材》），都是就日常行政而言。日常行政，漢人謂之「吏事」。武帝之後，更以「經術潤飾吏事」（《漢書‧循吏傳》）。換言之，除了律令和故事以外，經義也是依據。漢人依此三者處理行政事務的例子，在兩漢書中很多。茲舉西漢成帝時馮野王賜告事以及東漢桓帝免侯覽官事為例，以見其概：

1. 成帝立，有司奏野王王舅，不宜備九卿，以秩出為上郡太守……野王懼不自安，遂病。滿三月，賜告，與妻子歸杜陵就醫藥。大將軍鳳風御史中丞劾奏野王：「賜告養病而私自便，持虎符出界歸家，奉詔不敬。」杜欽時在大將軍莫府。欽素高野王父子行能，奏記於鳳為野王言曰：「竊見令曰：『吏二千石告，過長安謁』，不分別予、賜。今有司以為予告得歸，賜告不得，是一律兩科，失省刑之意。夫三最予告，令也；病滿三月賜告，詔恩也。令告則得（《補注》引王念孫令應作今），詔恩則不得，失輕重之差。又二千石病，賜告得歸有故事，不得去郡無著令。《傳》曰：『賞疑從予，所以廣恩勸功也；罰疑從去，所以慎刑，闕難知也。』今釋令與故事而假不敬之法，甚違闕疑從去之意。即以二千石守千里之地，任兵馬之眾，不宜去郡。將以制刑為後法者，則野王之罪在未制令前也。刑賞大信，不可不慎也。」鳳不聽，竟免野王。郡國二千石並賜告不得歸家，自此始。（《漢書‧馮野王傳》）

2. 秉因奏覽及中常侍具瑗曰：「臣案國舊典，宦豎之官，本在給使省闥，司昏守夜，而今猥受過寵，執政操權……」書奏，尚書召對秉掾屬曰：「公府外職而奏劾近官，經典、漢制有故事乎？」秉使對曰：「《春秋》趙鞅以晉陽之甲逐君側之惡，《傳》曰：『除君之惡，唯力是視。』

鄧通嬾慢申屠嘉，召通詰責，文帝從而請之。漢世故事，三公之職，無所不統（《集解》引惠棟曰：「蓋思曰：『秉對《春秋》趙軮以下所謂經典也；鄧通以下所謂漢制也』」）。尚書不能詰。帝不得已竟免覽官而削瑗國。（《後漢書·楊秉傳》）

在馮野王賜告歸家的例子裡，杜欽持「賜告得歸有故事，不得去郡亡著令」以及「闕疑從去」的經義與大將軍王鳳相爭。他認為在沒有法令明文規定的情況下，如有故事可循，賜告歸家不應加罪。更何況這樣才合乎經典「賞疑從予，罰疑從去」的原則。雖然王鳳未能聽從杜欽的建議，但杜欽據以討論的憑藉，很清楚是律令、故事和經義三者。[1] 在楊秉奏劾侯覽等中常侍的例子裡，尚書要求楊秉舉出在經典和漢制中可有故事可依？楊秉遣人以《春秋》故事與漢世故事為答，尚書不能詰。結果桓帝免侯覽官，削具瑗國。這裡討論的根據，則都是所謂的故事。

什麼是故事？漢人稱述的十分廣泛，幾乎無所不包。前引「經典、漢制有故事乎？」則經典與漢制俱可為故事。故事有時指法律，漢代的決事比或比就是「已行故事」。法律或決事比有一定的範圍；經典以儒經為限，也有範圍。漢制就十分廣泛，一切漢家典制都可包括在內。在漢人的措詞裡，故事又可稱之為「舊事」、「舊制」、「舊典」、「舊章」、「舊儀」、「典故」、「古典」、「行事」、「成事」、「典常」、「前制」、「漢典舊事」、「先祖法度」、「祖宗典故」、「祖宗故事」、「國家故事」，或僅稱之為「舊」。[2] 這麼多不同的稱謂，反映出故事內容的複雜和性質的不盡一致。概括而言，故事是往事前例，凡劉邦創業以來所曾發生的事例，在漢人眼中，都

1　《晉書·刑法志》（中華書局點校本，下同）：「及于江左，元帝為丞相時，朝廷草創，議斷不循法律，人立異議，高下無狀。主簿熊遠奏曰：『凡為駁議者，若違律令節度，當合經傳及前比故事，不得任情以破成法。愚謂宜令錄事更立條制，諸立議者，皆當引律令、經傳，不得直以情言，無所依準，以虧舊典也。』」熊遠之言反映法律、經義和故事三者至東晉時仍為議政的依據。

2　關於行事可參裘錫圭，〈讀書札記四則〉，《裘錫圭學術文集（4）》（上海：復旦大學出版社，2012），頁480-483。

可以是故事。這些故事非必出自皇帝，臣僚的一言一行只要有人引為先例，也可以是故事。

　　從內容上看，故事包括律令、儀制、百官的章奏、歷朝的注記、行政中不成文的慣例、君臣理事而成的典故、君臣之間誓約或與外族的約束等等。它們基本上是武帝所謂的「漢一家之事」，漢人因而特別稱之為「國家故事」或「漢家故事」。這和經典故事稱引先漢事例者異趣。由於經典故事性質不同，可以單獨討論，本文暫將它撇開。即以「漢一家之事」而言，漢代四百年，往事何其多，漢人事實上並非皆引為典據。因而以下也只將漢人確曾徵引過的故事，作為討論的對象。

　　故事在性質上可以是成文的或不成文的，可以是制度性的，也可以是非制度性的。成文的如詔書、律令、儀制等。《漢書・魏相傳》：「臣相不能悉陳，昧死奏故事詔書凡二十三事」，東漢靈帝光和時所立〈無極山碑〉提到「如癸酉戊子詔書故事」（《隸釋》卷三）都是以詔書為故事。漢代官員將歷代的詔書編輯起來，作為施政的依據。在居延即曾發現成帝時期的「詔書輯錄」殘冊，收有文、武、元帝的詔書摘要。這些前朝詔書是故事。如果依杜周「前主所是著為律，後主所是疏為令」的定義，這些詔書亦具律令的性質。又桓帝永興二年春正月癸卯詔：「……申明舊令，如永平故事。」（《後漢書・孝桓帝紀》）姑不論舊令內容為何，此處故事指的是舊令。《後漢書・廉范傳》：「舊制：禁民夜作，以防火災……范乃毀削先令。」這裡的舊制也是令。可見廣義而言，故事包含律令。狹義而言，故事與律令有別。故事是律令以外決事比的部分。不論如何，這些都成文。另外，前朝典禮儀式的記錄，也被視為故事，加以因循。光武帝臨祭遵喪，採漢宣帝臨霍光故事，「時下宣帝臨霍將軍儀，令公卿讀視，以為故事。」（《後漢書・祭遵傳》李賢注引《東觀記》）可見當作故事的儀制也是成文可讀的。漢初，叔孫通所草儀法自然是成文的。其儀法為後世所循，既是制度，也是故事。這類成文的故事為行政經常的依據，實具制度的性質。《隋書・經籍志》謂晉武帝命賈充修訂律令，「增律十篇，其餘不足經遠者為法令，施行制度者為令，品式、章程者為故事。」賈充以品式章程為故事，應本

於漢制。於此可見故事或還包含制度性的行政條規。

　　秦漢行政中都有極多細密的法令條規。從雲夢秦律簡已經可以看見秦律的細密，漢律也十分細密。宣帝時，張敞謂：「漢家承敝通變，造起律令，所以勸善禁姦，條貫詳備，不可復加。」（《漢書·循吏傳》）不過成文的法令不論如何周密，仍很難涵蓋所有可能發生的情況。在治獄司法上因此須要利用判例，即秦的廷行事或漢的決事比以濟法令之窮。在一般行政上，同樣有現成法令條規不能周全顧及的地方。這些則往往由不成文的慣例填補。前引《論衡》說：「五曹自有條品，簿書自有故事」，五曹工作即在簿書，不成文的慣例加上成文的條品法式就構成日常行政的依憑。《荀子》〈大略〉和〈王制〉篇說：「有法者以法行，無法者以類舉」也是同樣的意思。類，即例。《史記·屈原賈誼傳》：「吾將以為類。」《正義》：「類，例也。」以先例濟成法之窮，可以說是漢代故事的一個重要作用。漢代故事中極值得注意的就是不成文的慣例。漢代君臣對這一部分故事的尊重，往往不下於成文詔書或律令。

　　故事的形成除了出自皇帝，還可出乎百官的一言一行。這使得故事在性質上與律令有了基本的區別。以下先談由皇帝產生的故事。漢家天子有時有意創立典範，供子孫因循取則；有時不過因事制宜，卻為後世仿傚而成了故事。《史記·禮書》序云：

> 今上即位，招致儒術之士，令共定儀，十餘年不就……上聞之，制詔御史曰：「蓋受命而王，各有所由興，殊路而同歸，謂因民而作，追俗為制也。議者咸稱太古，百姓何望？漢亦一家之事，典法不傳，謂子孫何？……」乃以太初之元改正朔，易服色，封太山，定宗廟百官之儀，以為典常，垂之於後云。

武帝所說漢一家的典法，主要是指制度而言。例如封禪在漢代是創制。其後光武帝欲行是禮，不論最後採用什麼儀式，他曾先「求元封時封禪故事」（《續漢志·祭祀上》）。除了制度以外，武帝的許多作為，不一定是制度性的，也被後世皇帝當作故事典範。例如：《漢書·王褒傳》謂：「宣帝時修武帝故事，講論六藝群書，博盡奇異之好，徵能為《楚辭》，九江被公召

見誦讀；益召高材劉向、張子僑、華龍、柳褒等待詔金馬門」；〈王吉傳〉：「是時宣帝頗修武帝故事，宮室、車服盛於昭帝；時外戚許、史、王氏貴寵，而上躬親政事，任用能吏」；〈何武傳〉：「是時宣帝循武帝故事，求通達茂異士，召見武等於宣室」。武帝這些無關制度的舉動或個人作風，也成了子孫取則的故事。這些故事顯然不一定是武帝有意創立的典法。例如武帝晚年曾懊悔擊匈奴、通西域，勞民傷財。但是東漢明帝擊匈奴、通西域，仍言「遵武帝故事」。（《後漢書‧竇固傳》）無意的行事而為後世取則的例子還有，如：

> 弘少為鄉嗇夫，太守第五倫行春，見而深奇之，召署督郵，舉孝廉……元和元年代鄧彪為太尉，時舉將第五倫為司空，班次在下，每正朔朝見，弘曲躬而自卑。（章）帝問知其故，遂聽置雲母屏風分隔其間，由此以為故事。（《後漢書‧鄭弘傳》）

章帝為免故吏班次反在舉將之上的尷尬情況，權置屏風分隔二人。我們知道漢代風俗，舉將與故吏之間，義同君臣。然而仕宦顯達，不免遲速，像鄭弘和第五倫這種情況，必時而有之。為了避免同樣的尷尬，後人就以章帝一時的權宜當作故事模仿了。

不過，皇帝有時權宜處置，不願後人引為先例，明令「不得為比」，亦即防止後世引為故事。例如，劉愷讓爵於弟，和帝許之，卻令不得以此為比：

> 愷……以當襲般爵，讓與弟憲，遁逃避封。久之，章和中，有司奏請絕愷國，肅宗美其議，特優假之，愷猶不出。積十餘歲，至永元十年，有司復奏之。侍中賈逵因上書曰：「孔子稱『能以禮讓為國，於從政乎何有？』竊見居巢侯劉般嗣子愷，素行孝友，謙遜絜清，讓封弟憲，潛身遠跡。有司不原樂善之心，而繩以循常之法，懼非長克讓之風，成含弘之化，前世扶陽侯韋玄成，近有陵陽侯丁鴻、郾侯鄧彪，並以高行，絜身辭爵，未聞貶削，而皆登三事。今愷景仰前脩，有伯夷之節，宜蒙衿宥，全其先功，以增聖朝尚德之美。」和帝納之，下詔曰：「故居巢侯劉般嗣子愷，當襲般爵，而稱父遺意，致國弟憲，遁亡七年，所守彌篤。蓋王法崇善，成人之

美，其聽憲嗣爵。遭事之宜，後不得以為比。」（《後漢書・劉般傳》）
《禮記・王制》鄭玄注曰：「已行故事曰比」；不得為比，即不得為故事。換言之，凡漢代遺事中有規定不得為比，即不得引為故事。這可以說是故事範圍的一個限制。

故事的形成除了出於皇帝的言行，還有很多源自百官的章奏或行事。官員造成的故事，也像出乎皇帝者同樣受到尊重。例如：

1. 弘前後所陳，有補益王政者，皆著之南宮，以為故事。

（《後漢書・鄭弘傳》）

2. 後帝徙南宮，閱錄故事，得賜上張角奏及前侍講注籍，乃感悟。

（《後漢書・楊賜傳》）

3. 自雄掌納言，多所匡肅，每有表章奏議，臺閣以為故事。

（《後漢書・左雄傳》）

這是後漢章奏建議和侍講注籍被視為故事的例子。又西漢魏相好觀漢故事及便宜章奏，「數條漢興以來國家便宜行事及賢臣賈誼、晁錯、董仲舒等所言，奏請施行之」（《漢書・魏相傳》）。賈、晁、董等名臣章奏顯然被當成故事收藏起來，魏相才能在觀閱故事時見到。官員言論之外，官員行事成為故事的如：

1. （丙吉）居相位，上寬大，好禮讓，掾史有罪，臧不稱職，輒予長休告，終無所案驗……後人代吉，因以為故事。公府不案自吉始。（《漢書・丙吉傳》）

    舊：丞相、御史親治職事，唯丙吉以年老，優游不案吏罪，於是宰府習為常俗，更共岡養，以崇虛名。（《後漢書・馬嚴傳》）。

    敞備數股肱，職典賊曹，故欲親至發所，以糾其變，而二府以為故事：三公不與賊盜（李賢注：敞在太尉府，二府謂司徒、司空。邴吉為丞相，不案事，遂為故事，見〈馬防傳〉也。按：實見〈馬嚴傳〉）。（《後漢書・何敞傳》）

2. 宣為相，府辭訟例，不滿萬錢，不為移書。後皆遵用薛侯故事。（《漢書・薛宣傳》）。

3. （杜欽）奏記於（王）鳳，為野王言曰：「……二千石病，賜告得歸有故

事，不得去郡亡著令……」鳳不聽，竟免野王。郡國兩千石病賜告不得歸家，自此始。(《漢書·馮野王傳》)

4. 元帝擢（豐）為司隸校尉，刺舉無所避……時侍中許章以外屬貴幸，奢淫不奉法度……適逢許侍中私出，豐駐車舉節，語章曰：「下！」欲收之。章迫窘，馳車去。豐追之，許侍中因得入宮門，自歸上。豐亦上奏，於是收豐節。司隸去節，自豐始。(《漢書·諸葛豐傳》)

5. （馬援）條奏越律與漢律駁者十餘事，與越人申明舊制，以約束之。自後駱越奉行馬將軍故事。(《後漢書·馬援傳》)

以上丙吉、薛宣的身分是丞相，王鳳是大將軍。此丞相、大將軍行事可為故事之證。章帝時，何敞辟太尉宋由府為賊曹。宋由從其建議，追查竇憲遣人刺殺都鄉侯事，未遵三公不案賊盜的故事。宋由、何敞的作法是否從此成為新的故事，因無後人因循的例子可考，不能確知。要之，這個例子有三點值得注意：

第一，丙吉不案吏的故事從西漢宣帝開始到東漢章帝，因循了一百多年，可見故事的延續性和如何受到尊重；

第二，二府對於故事的解釋，實際上和丙吉所為不完全符合。丙吉不案吏罪，原限於丞相府內的掾史，似非不問一切盜賊。所謂「二府以為故事：三公不與賊盜」，二府將此故事擴大解釋，成了三公完全不問盜賊之事。這裡透露出故事如何解釋和適用範圍的問題；

第三，〈馬嚴傳〉提到「舊：丞相、御史親治職事，唯丙吉以年老，優游不案吏罪」，這又透露出故事選擇的問題：到底丙吉所立的先例為故事？還是丙吉以前「丞相、御史親治職事」的傳統為故事？這些問題都將在「故事的歧異與選擇」一節中再作討論。

前引文中「自此始」、「自某始」者，即自此成為先例，後人援例而成故事。司隸校尉去節和馬援以舊制約束越人這兩個故事的形成，不單是諸葛豐和馬援兩人的作為。諸葛豐利用節的權威，窘迫元帝幸臣，元帝因而收繳其節；馬援條奏越律與漢律相悖之處，又申明舊制。舊制非馬援所創。《漢書·終軍傳》：「軍遂往說越王，越王聽許，請舉國內屬。天子大

說，賜南越大臣印綬，壹用漢法，以新改其俗。」舊制可能即指武帝時的漢法。因此，所謂「馬將軍故事」應是馬援重新肯定了約束越人的舊法，並除去一些不適合的地方。從以上可考的例證觀察，能造成故事的官員是有限的，大概只限於最高層的丞相、將軍之類，地方官或一府之長或許也能創立一些地方性或某一機關內部的慣例，可惜這些已少有可考者，即便偶見於居延公文書牘，因文殘而難知其詳（圖2）。

圖2　懸泉簡 II
II90DXTO114④：62A
《懸泉漢簡（參）》

1993 年江蘇連雲港尹灣西漢末東海郡功曹史墓新出木牘上更有以「故事」置吏的事。在編號 YM6D5 木牘正背面記有東海郡轄下各單位員吏出勤、請假及人員設置等等的清單。背面有如下的內容：

☐人●今掾史見九十三人，其廿五人員十五？人，君卿門下十三人，以故事置廿九人，請治所置吏贏員廿一人……

☐☐人以故事置

☐亭長一人以故事置

☐掾史八人以故事置（以上第一欄）3

在掾史九十三人中，以故事置者達廿九人，約近三分之一。這個比例不低。又從行文語氣可知，「故事」毫無疑問如同制度，是行政的重要依據。我懷疑因此而有的人員是針對東海郡地方行政需要而設的。這裡所謂的「故事」，似乎是東海郡的地方性先例或習慣。4 其形成比較可能是出自東海郡的郡守，但應該也曾經得到中央的認可和尊重。

總之，故事可因臣僚，非必出自皇帝，這構成了故事與律令一點基本的不同。漢代雖有法吏修律訂制，他們皆秉承帝旨，而律令所代表的權

3　連雲港市博物館等，《尹灣漢墓簡牘》（北京：中華書局，1997），頁 100-101。

4　在居延和敦煌簡牘中可見到和「故事」有關的殘文（例如居延簡 393.1A、EPT43：208、EPT65：37），可惜過於殘碎，不足以判斷它們的性質。

威，最後必歸諸天子。故事既得出於百官，其權威性即不必源自天子，而常常是建立在習慣上。前引丞相丙吉不案吏，「於是宰府以為常俗」。這種相沿百年的「常俗」，受人尊重，自然有了它的權威性。又如哀帝時，丞相王嘉受詔詣廷尉事：

> 有詔假謁者節，召丞相詣廷尉詔獄。使者既到府，掾吏涕泣，共和藥進嘉，嘉不肯服。主簿曰：「將相不對理陳冤，相踵以為故事，君侯宜引決。」使者危坐府門上。主簿復前進藥，嘉引藥杯以擊地，謂官屬曰：「丞相幸得備位三公，奉職負國，當伏刑都市，以示萬眾。丞相豈兒女子邪，何謂咀藥而死！」嘉遂裝出，見使者再拜受詔，乘吏小車，去蓋不冠，隨使者詣廷尉。……上聞嘉生自詣吏，大怒。使將軍以下與五二千石雜治……嘉繫獄二十餘日，不食歐血而死。（《漢書·王嘉傳》）

「將相不對理陳冤」故事出自文帝時。周勃繫獄，賈誼代為說項，從此大臣有罪，自殺不受刑（《漢書·賈誼傳》）。武帝時，李廣征匈奴失道，衛青責廣赴大將軍幕府上簿，廣不堪對刀筆吏，引刀自剄（《漢書·李廣傳》）。昭帝時，陽成侯田延年有罪，「詔延年詣廷尉，聞鼓聲，自刎死」（《漢書·酷吏傳》）。宣帝時，田廣明為祁連將軍擊匈奴，引軍空還，「下太守杜延年簿責，廣明自殺闕下。」（同上）這個故事到王嘉時，已一百五十年以上。王嘉的前兩任宰相朱博，亦因得罪，主簿和藥以進，可見都以為應遵故事自殺，無可挽回。王嘉偏不服氣，自赴廷尉，激怒哀帝，終取其辱。召丞相詣廷尉是皇帝的詔令，這個詔令只是形式。不赴廷尉而自殺是故事，故事才是實際所遵循的。從這件事可以看出，故事的權威雖是基於習慣，君臣上下一般卻得尊重。

前文提到漢人徵引故事基本上是以漢代創立以來的往事為主，也有以經典為故事的。漢人引經典時，很少明白以「故事」稱之，一個主要的例外是王莽。王莽好託古，於篡漢之際，立新室以後，動輒以周公為故事，或以「皇始祖考虞帝」為故事。（參見《漢書》〈翟方進傳〉、〈元后傳〉、〈王莽傳〉，不俱引）他託古創制，別有用心，自不能以常情目之。另一個例子是董卓。他謀廢少帝，集百僚議曰：「今欲依伊尹、霍光故事，更立陳留王

如何？」（《後漢書‧董卓傳》）假藉伊尹、霍光故事，不過是梟雄一時的託詞，董卓欲廢欲立，豈在乎援引誰家故事？此亦非常情可比。唯一在常情之下，引用非漢家故事的見於《後漢書‧南蠻西南夷傳》巴郡南郡蠻條：

> 及秦惠王并巴中，以巴氏為蠻夷君長，世尚秦女，其民爵比不更，有罪得以爵除。其君長歲出賦二千一十六錢，三歲一出義賦千八百錢，其民戶出幏布八丈二尺，雞羽三十鏃。漢興，南郡太守靳彊請一依秦時故事。

漢承秦制之處極多，但兩漢書中明言以秦時舊例為故事者，似僅一見。私意以為漢室初興，典章未備，踏襲秦時故事，必不可免。章帝詔書曾說：「漢遭秦餘，禮樂崩壞，且因循故事，未可觀省。」（《後漢書‧曹褒傳》）實則秦、漢兩代都是刀筆吏政治。這種政治的一個特色就是尚因循。雲夢秦簡中常見「廷行事」一詞。行事即往事、成事、故事，「廷行事」意為廷尉故事或判例。如此，遵循前例辦案治事自秦時已然。《史記‧秦始皇本紀》：「大臣皆受成事，倚辦於上。」《韓詩外傳》卷五：「鄙語曰：『不知為吏，視已成事。』」（又見《漢書‧賈誼傳》：「不習為吏，視已成事」）這些「成事」或「已成事」，都是指前例舊規。劉邦、蕭何皆亡秦舊吏，其所知者亦唯奉律令，循故事。由此言之，漢初蕭規曹隨，從某一方面說，不過是秦漢政治精神的一貫表現而已。

漢儒好言改制，漢政亦見興革，這不是和本文所說漢政尚因循相矛盾了嗎？實則不然。改制乃就一姓代興，創業者改正朔、易服色以應天命而言，非謂開國之主與繼體之君皆以改度易制為能事。董仲舒說「變用於變，常用於常」（《春秋繁露‧竹林》）的意義在此。漢儒論政最常引用的一句話反而是《詩經》的「不愆不忘，率由舊章」（《大雅‧假樂》）。姑不論這兩句的原意為何，他們總是援引這兩句話作為因循故事，反對變革的根據。舉例言之：

1. 明年大議郊祀制，多以為周郊后稷，漢當祀堯……林獨以為周室之興，祚由后稷，漢業特起，功不緣堯。祖宗故事，所宜因循。（李賢注：《東觀紀》載議曰：「當今政卑易行，禮簡易從，人無愚智，思仰漢德，基業特起，不因緣堯。堯遠于漢，人不曉信……后稷近周，人戶知之，又據以興，基由

其祚。《詩》曰：『不愆不忘，率由舊章。』宜如舊制，以解天下之惑。」）（《後漢書·杜林傳》）

2. （梁）統在朝廷，數陳便宜，以為法令既輕，下姦不勝，宜重刑罰，以遵舊典，乃上疏曰：「……高帝受命誅暴，平蕩天下，約令定律，誠得其宜。文帝寬惠柔克，遭世康平，唯除省肉刑、相坐之法。它皆率由，無革舊章……」（《後漢書·梁統傳》）

3. （朱）穆既深疾宦官……乃上疏曰：「案漢故事，中常侍參選士人。建武以後，乃悉用宦者。自延平以來，浸溢貴盛……愚臣以為可悉罷省，遵復往初，率由舊章，更選海內清淳之士，明達國體者，以補其位……。」（《後漢書·朱穆傳》）

4. 時順帝委縱宦官……（綱）上書曰：「《詩》曰：『不愆不忘，率由舊章。』尋大漢初隆，及中興之士……中官常侍不過兩人……頃者以來，不遵舊典……伏願陛下少留聖思，割損左右，以奉天心。」（《後漢書·張綱傳》）

兩漢創業之君不過二人，繼體之主數十，「樂因循而重改作」（《漢書·外戚傳》孝成許皇后條載成帝詔），群臣百僚亦一以故事為依歸，所謂：「君不稽古，無以承天；臣不述舊，無以奉君。」（《後漢書·李固傳》）霍光秉政，「因循守職，無所改作」（《漢書·循吏傳》序）；魏相任丞相，「好觀漢故事及便宜章奏，以為古今異制，方今務在奉行故事而已」（《漢書·魏相傳》）；孔光為尚書令，「凡典樞機十餘年，守法度，修故事」（《漢書·孔光傳》）；大將軍王鳳以外戚輔政，亦「循故事而已」（《漢書·杜欽傳》）。前引王鳳未能循例而免馮野王是一個特例。這裡說他為政「循故事而已」，是指他一般的態度。霍光、魏相、孔光和王鳳這一連串左右大政人物的作法，可以說代表了西漢行政的常態和一貫的精神。

以保守因循為常，許多事當改不改，應變不變，自然也會造成很多問題。漢人批評時政，曾將這些問題歸罪於君臣的一味因循。例如：武帝時，董仲舒批評道：

聖王之繼亂世也，埽除其跡而悉去之，復修教化而崇起之。教化已明，習

俗已成，子孫行之，行五、六百歲尚未敗也。至周之末世，大為亡道，以失天下。秦繼其後，獨不能改，又益甚之……自古以來，未嘗有亂濟亂，大敗天下之民如秦者也。其遺毒餘烈，至今未滅……今漢繼秦後……當更張而不更張，雖有良工不能善調也；當更化而不更化，雖有大賢不能善治也。故漢得天下以來，常欲善治而至今不可善治者，失之於當更化而不更化也。（《漢書·董仲舒傳》）

元帝時，貢禹指責吏民風氣淫奢，是君臣只知因循故事的結果：

今大夫僭諸侯，諸侯僭天子，天子過天道，其日久矣。承衰救亂，矯復古化，在於陛下……昭帝宴駕，（霍）光復行之。至孝宣皇帝時，陛下烏有所言，群臣亦隨故事，甚可痛也。故使天下承化，取女皆大過度，諸侯妻妾或至數百人，豪富吏民畜歌者至數十人，是以內多怨女，外多曠夫，及眾庶葬埋皆虛地上以實地下，其過自上生，皆在大臣循故事之？也。唯陛下深察古道，從其儉者……（《漢書·貢禹傳》）

東漢崔寔在《政論》中也說：「自漢興以來，三百五十餘歲矣。政令垢翫，上下懈怠，風俗彫敝，人庶巧偽，百姓囂然……是以受命資君，每輒創制，中興之主，亦匡時失……其頑士闇於時權，安習所見，不知樂成，況可慮始，苟云率由舊章而已。」（《後漢書·崔寔傳》）董仲舒、貢禹和崔寔的批評，都是針對政治之大端而言，非僅指行政而已。漢代在政治上創制，自後代觀之，實燦然可觀，不過當時的人並不滿意。行政因循，積弊叢生，《政論》中謂「上下懈怠，風俗彫敝」即指此。果如此，行政上的習故守常亦可知矣。

　　因循的傾向具體表現在公文「如律令」和詔書「如故事」的慣用結尾語上。《風俗通義》佚文：「夫吏者，治也，當先自正，然後正人。故文書下『如律令』，言當承憲履繩墨，動不失律令也。」這是一般行政文書習慣以「如律令」作結。漢代遺簡中例證甚多，不贅舉。「如律令」儘管只是公文套語，卻明白反映漢代官員行事一概以律令為據，並不鼓勵行政上的改變。百官行事唯命唯謹，皇帝也不能夠為所欲為。對皇帝最主要的約束大概就在祖宗法度。漢天子自惠帝後，以「孝」入諡號，講究以孝治天

下。[5]一般而言，他們不敢也不願輕易違背祖宗法度。有所舉動，循例必以先帝故事為依據。成帝見王商和王根宅第擬於禁宮，怒欲誅之，令尚書先取文帝誅將軍薄昭故事（《漢書‧元后傳》）；元帝欲易太子，也要參考「景帝立膠東王故事」（《漢書‧史丹傳》）；和帝欲誅外戚竇氏，竟然須要秘密輾轉求索〈外戚傳〉中的故事（《後漢書‧章帝八王傳》清河孝王條）。和帝在追尊恭懷皇后的詔書中說：「朕不敢興事，覽於前世，太宗、中宗實有舊典，追命外祖，以篤親親……」（《後漢書‧梁統傳》）「不敢興事」是漢代皇帝通常的態度。當然敢不敢興事還看皇帝的個性。武帝可以說是最敢興事的皇帝，其他皇帝，一般而言，最少在形式上是恪守祖宗故事的。

恪守祖宗故事成為一種具體的形式，可見於天子詔書例以「如故事」作結。漢代詔書基本形式有兩種，一種是出自群臣奏請，由天子答曰「可」或「已奏」，而成詔書；另一種是出自天子本身的意願而下達的命令，也稱詔書。[6]兩種詔書都以「如故事」作結尾語。《後漢書‧光武紀》李賢注引《漢制度》云：「詔書者，詔告也，其文曰告某官云，如故事。」《集解》引劉攽曰：「注：『告某官云』，案文當更有云字」。也就是說詔書的形式是告某官云云，而以「如故事」為結尾。較詳細的記載則見蔡邕《獨斷》。《獨斷》云：「詔書者，詔告也，有三品。其文曰：告某官官〔案：後一「官」字當為「云」字之誤〕如故事，是為詔書；群臣有所奏請，尚書令奏之，下有司曰制，天子答之曰可，若下某官云云，亦為詔書；群臣有所奏請，無尚書令奏制之字，則答曰已奏。如書本官下所當至，亦曰詔。」三品的後兩品都是出於群臣所奏，由天子親自批答或由尚書代覆曰「已奏」，第一種則是天子主動告某官云云，傳達指示，不論何種，他都要表示自己是依循祖宗的故事。例如前引和帝在追尊恭懷皇后詔書中所說：「朕不敢興事，覽於前世，太宗、中宗實有舊典」云云，舊典就是故事。

5　《漢書‧惠帝紀》師古曰：「孝子善述父之志，故漢家之諡，自惠帝以下皆稱孝也。」惠帝以後，唯東漢光武帝例外，諡號無孝字。

6　有關詔書形式的研究，以大庭脩氏最為詳盡深刻。參氏著〈漢代制詔の形態〉，收入《秦漢法制史の研究》（東京：創文社，1982），頁201-234。

以「如故事」作結的實際詔書已不多見。在出土簡牘中目前尚無實例可考。《隸續》卷四〈魏下豫州刺史脩老子廟詔〉有「告豫州刺史云云如故事。黃初三年十月十五日〔闕〕子下」之結尾。洪邁云：「此式與漢詔同。」《史記》、《漢書》和《後漢書》等所錄漢代詔書多經刪節，套語常不可見。較珍貴的是《史記·三王世家》保存了較完整的詔書格式。在丞相莊青翟等請立武帝三子為王的請詔裡說：「高皇帝建天下為漢太祖，王子孫，廣支輔，先帝法則弗改，所以宣至尊也。臣請令史官擇吉日，具禮儀上，御史奏輿地圖，他皆如故事。」所謂「他皆如故事」是如高祖時「王子孫」的故事。以「如故事」作結的詔書另見於《後漢書》各帝紀。例如章帝元和二年九月壬辰詔（「……它如賜爵故事」）、順帝永建四年二月戊戌詔（「……如建武永平故事」）和桓帝永興二年二月癸卯詔（「……如永平故事」）。見於《漢書》帝紀的有平帝元始五年冬十二月詔。此詔非平帝親下，臨薨不能言語，而由他人代下詔曰：「其出媵妾，皆歸家得嫁，如孝文時故事。」（〈平帝紀〉）可見在實際的詔書裡，有時是明確指出如某某先帝的故事。如此，詔書以「如故事」作結，意義不僅是形式上的，甚至也是實質上的，指出天子行事確切的依據。當然天子行事，自作主張，不遵故事的時候也不少（詳下文）。如果這些詔書仍以「如故事」作結，或巧擇故事，曲合己意，這種結語就以形式的意義居多了。儘管只是形式，漢代號稱以孝治天下，為了表現天子之孝，對先帝敬而不違，詔書結以「如故事」三字，仍有重要意義。

三 故事的典藏

故事既為施政的重要依據，兩漢政府不能不將故事當作檔案，加以典藏。有關典藏的資料甚少，僅就其可考者，略述如次。兩漢有專人掌典故事，其名曰掌故。《漢書·晁錯傳》說晁錯「以文學為太常掌故」。顏注引應劭曰：「掌故，六百石吏，主故事。」又《史記·司馬相如傳》，裴駰《集

解》引《漢書音義》曰：「掌故，太史屬官，主故事也。」太史令屬太常，故稱之為太常掌故。

掌故例由博士弟子歲課之次選出任。武帝時，公孫弘議博士弟子「一歲皆輒課，能通一藝以上，補文學掌故缺，其高第可以為郎中。」（《漢書·儒林傳》）又《史記·晁錯傳》，司馬貞《索隱》引《漢舊儀》云：「太常博士弟子試策，中甲科補郎中，乙科補掌故。」平帝時，王莽秉政，改以歲課之丙科四十人補文學掌故（《漢書·儒林傳》）。《漢書》列傳中人物曾為掌故者，有晁錯、兒寬、匡衡、房鳳可考。東京承西京之舊，在太史令下仍有掌故一職。《續漢志·禮儀下》，大喪條云：「太史令自東南，北面讀哀策，掌故在後。」此東漢仍有掌故之證。唯曾任斯職者無可考。

掌故為太史屬官，任職外署。可是自武帝以後，決策每在內朝。皇帝欲知故事，往往就近詢問側近的尚書，而不問掌故。[7] 例如：武帝時，魏其侯竇嬰為救灌夫，使人上書言曾受孝景帝遺詔。「書奏上，而案尚書，大行無遺詔。……乃劾魏其矯先帝詔，罪當棄市」（《史記·魏其武安侯列傳》）；元帝欲易太子，「數問尚書以景帝時立膠東王故事」（《漢書·史丹傳》）；成帝欲誅車騎將軍王音，「詔尚書奏文帝時誅將軍薄昭故事」（《漢書·元后傳》）；安帝建光元年，鄧太后崩，鄧騭弟悝等為宮人誣告，謂其「先從尚書鄧訪取廢帝故事，謀立平原王得」（《後漢書·鄧騭傳》）。武帝查考有無遺詔，案之尚書，鄧騭欲得故事，須從尚書取，則故事掌典似在於尚書矣。

尚書典故事之例還見於東京之初。《後漢書·伏湛傳》謂：「光武即位，知湛名儒舊臣，欲令幹任內職，徵拜尚書，使典定舊制。」又〈侯霸傳〉：「建武四年，光武徵霸與車駕會壽春，拜尚書令。時無故典，朝廷又少舊臣，霸明習故事，收錄遺文，條奏前世善政法度有益於時者，皆施行之。」由伏、侯定舊制，收遺文，則故事為尚書之職司似可推知。尚書出

---

7 祝總斌先生認為武帝積極問政，原本在丞相和御史兩府的部分檔案文書隨之逐漸轉移到武帝身旁尚書的手中。本文所論尚書掌故事的現象，當與此有關。參祝總斌，〈西漢宰相制度變化的原因〉，收入其論文集《中國古代政治制度研究》下篇（西安：三秦出版社，2006），頁151-153。

納詔書和章奏，與故事的關係可以說最為密切。漢末，董卓遷獻帝之關中，尚書令王允收蘭臺和石室圖書以從（《後漢書·王允傳》）。此亦可證東漢典故圖籍掌於尚書。至於仍然存在的掌故一職，扮演什麼角色，和尚書之間有什麼關係，則不可考。

欲得故事，須謀之尚書。然亦有不從尚書取故事的事例，須要說明。《後漢書·章帝八王傳》清河孝王慶條：

> 太子即位，是為和帝，待慶尤渥……常共議私事……帝將誅竇氏，欲得〈外戚傳〉，懼左右，不敢使。乃令慶私從千乘王求，夜獨內之。又令慶傳語中常侍鄭眾求索故事（李賢注：謂文帝誅薄昭，武帝誅竇嬰故事）及大將軍竇憲誅，慶出居邸，賜奴婢三百人……。

當時外戚竇氏權傾一時，父兄子弟布居內外。尚書僕射郅壽和樂恢皆因忤憲意，相繼自殺（《後漢書·竇憲傳》）。由此不難想見，其時尚書臺必為竇氏控制。和帝謀誅竇氏，自然不敢如同平常，從尚書求索故事了。

或即因為尚書掌故事，東漢每稱故事為「尚書故事」。例如：順帝時，左雄以「尚書故事無乳母爵邑之制」，反對順帝封乳母（《後漢書·左雄傳》）；應劭所撰的著作中有《尚書舊事》。《後漢書·應劭傳》《集解》引惠棟曰：「即尚書故事也。」

東漢尚書典故事。故事非指專門一類的檔案典冊。大凡政府檔案，不論詔書、章奏、判例、儀制、約束、各朝注記甚至侍講注籍都以原來的形式被保留起來，以供參考。這些故事檔案如何典藏不可考。唯存放的處所，東漢時是在洛陽南宮的東觀及蘭臺、石室等藏書閣：

1. 《後漢書·曹褒傳》：「章和元年正月乃詔褒詣嘉德門，令小黃門持班固所上叔孫通《漢儀》二十篇，敕褒曰：『此制散略，多不合經，今宜依禮條正，使可施行。於南宮東觀，盡心集作。』褒即受命，乃次序禮事，依準舊典，雜以五經讖記之文，撰次天子至於庶人冠婚吉凶終始制度，以為一百五十篇。」

2. 《後漢書·鄭弘傳》：「弘前後所陳有補益王政者，皆著之南宮，以為故事。」

《集解》引惠棟曰：「謝承書自序云：『承父嫗為上尚書郎，每讀高祖及光武之後將相名臣策文通訓條在南宮，秘于省閣，為臺郎，升複道，取急因得開覽。』」

3. 《後漢書‧楊賜傳》：「賜遂上書言之，會去位，事留中。後帝徙南宮，閱錄故事，得賜所上張角奏及前侍講注籍，乃感悟。」

4. 《後漢書‧張衡傳》：「永初中，謁者僕射劉珍、校書郎劉騊駼等著作東觀，撰集《漢記》，因定漢家禮儀。」

5. 《後漢書‧蔡邕傳》：「邕前在東觀，與盧植、韓說等撰補《後漢記》。」

以上皆漢家故事檔案在洛陽南宮及東觀之證。東觀位在南宮之中。《後漢記‧安帝紀》永初四年條李賢注引《洛陽宮殿名》云：「南宮有東觀。」

此外，蘭臺、石室必亦貯存舊典。班固為蘭臺令史與陳宗、尹敏、孟異諸人共成〈世祖本紀〉（《後漢書‧班固傳》）。又《後漢書‧王允傳》：「獻帝即位，拜太僕，再遷尚書令……及董卓遷都關中，允悉收斂蘭臺、石室圖書秘緯要者以從。既至長安，皆分別條上。又集漢朝舊事所當施用者，一皆奏之。」此蘭臺、石室存藏舊典之證。兩處或亦在南宮，唯無證據。要之，東京藏書閣還有辟雍、宣明、鴻都等處。〈儒林傳〉序謂董卓移都之際，「自辟雍、蘭臺、石室、宣明、鴻都諸藏典策文章，競共剖散。」據此可知，這些地方也有政府的典章故事。

西漢故事典藏何處，沒有證據可考。劉歆《七略》謂自武帝以來，天下獻書，故「外則有太常、太史、博士之藏，內則廷閣、廣內、祕室之府。」（《漢書‧藝文志》，如淳引劉歆《七略》）又蘭臺、石室、石渠閣、麒麟閣、天祿閣亦為藏書之處（《三輔黃圖》卷六；《漢書‧儒林傳》施讎條師古引《三輔故事》）。這些藏書閣除收天下遺書，或亦貯存漢家典籍，故事應在其中。

以上所及皆京師宮中故事之典藏。地方檔案如何收藏？各官府是否也各自保存相關的檔案？想來應該如此。《隋書‧經籍志》謂：「古者朝廷之政，發號施令，百官奉之，藏于官府，各修其職守而弗忘。《春秋傳》曰『吾視諸故府』。則其事也。」據雲夢睡虎地秦律〈內史雜〉，秦有藏文書

的書府，並規定不可將火帶入書府和其它藏物品的藏府中。[8]這當是指秦內史所轄之各官府，各地方官衙想必也有這類所謂的書府。前文曾提到居延發現成帝及王莽時期的詔書輯冊。在居延發現經編纂過的詔書摘要輯錄，證明地方官員必然保存檔案，此即朝廷號令，百官奉之，藏於官府之意。近年更出土不少秦漢地方官府檔案類型的文書簡。例如湖南龍山里耶井中出土秦遷陵縣文書簡，長沙走馬樓井中出土漢武帝時期簡和三國吳簡，長沙東牌樓井中出土東漢簡、安徽天長漢墓出土戶口簿和算簿簡，江蘇連雲港尹灣西漢末功曹史墓出土東海郡集簿等等簡牘。這些涉及地方行政、人事、賦稅和司法的文書簡，有些是官文書原檔，有些雖為陪葬而抄錄，無疑原是抄自地方官府檔案或是文書副本。如此，地方官府必有庋藏公文檔案的地方。

四 故事的歧異與選擇

漢代故事範圍既廣，隨著時間推移，其數量亦必然日益龐大。故事既多又廣，在遵循上不免產生問題：第一，要掌握所有的故事，適當地加以運用不是容易的事；第二，故事之間難免有歧異和矛盾，如何選擇和解釋，極易引起爭論。由於故事不易掌握，「明習故事」乃成為作官極重要的條件和本錢；又因為故事的歧異衝突，故事常常在政爭中成為被利用的工具。

雜多的故事不是人人都能熟悉。有時為了奉行故事，臨時將故事頒下，令群臣百僚讀之。東漢光武帝時，祭遵薨，光武臨喪採宣帝臨霍光故事。《東觀漢紀》謂：「時下宣帝臨霍將軍儀，令公卿讀視，以為故事。」（《後漢書·祭遵傳》李賢引注）這件事不但說明儀典舊制非人人盡知，典藏的故事在平時恐怕也非人人得見。

8　睡虎地秦墓竹簡整理小組，《睡虎地秦墓竹簡》（北京：文物出版社，1978），頁 109。

漢代兩京的藏書閣即非全然開放。霍光被迫自殺,罪狀之一是私「寫祕書」;太常蘇昌則因私借秘書給霍山,免職(《漢書‧霍光傳》)。當然這裡所說的只限於中央兩京所藏的故事。許多不成文的慣例或地方性的故事,只要作官為吏就有機會知道,並沒有秘密性。但是兩漢絕大部分重要、牽涉較廣、層次較高的檔案故事無疑都集中在中央,並且是不公開的。例如《漢書‧禮樂志》說漢初叔孫通所撰《禮儀》,「與律令同錄,臧於理官,法家又復不傳,漢典寢而不著,民臣莫有言者。」因為叔孫通所撰《禮儀》,不曾公開,故而東漢章帝時,曹褒定禮制,還得赴嘉德門,從小黃門受叔孫通《禮儀》十二篇(《漢書‧曹褒傳》)。又如前節引謝承《後漢書》自序,提到謝承父為尚書郎,在南宮得讀高祖、光武以來將相名臣策文。這篇自序文意並不全然清楚,可是從「秘於省閣」、「取急因得開覽」、「其餘他官莫敢闚闚者也」(末一句見周天游輯《八家後漢書輯注》,頁283)等語看來,平常無疑不開放,未得允許不得私窺。章帝曾詔郎中黃香詣東觀,「讀所未嘗見書。」(《後漢書‧文苑傳》)這等事非比尋常,才寫入了黃香的傳記。成帝時,東平思王上疏求太史公書,成帝問大將軍王鳳,王鳳以為「太史公書有戰國縱橫權譎之謀,漢興之初謀臣奇策、天官災異、地形阨塞,皆不宜在諸侯王,不可予。」(《漢書‧宣元六王傳》)連太史公書都不可在地方,其餘更無論矣。因此漢人寫漢史,非得入東觀、蘭臺,而著作東觀又必受命而後可。

除了太史和著作郎一類的官員,一般最常利用故事,和故事舊檔關係最密切的大概就是外朝的丞相和內朝的尚書。兩漢書中「明習故事」的人以他們居多:

1. 宣帝時相魏相,「好觀漢故事及便宜章奏……數條漢興以來國家便宜行事及賢臣賈誼、晁錯、董仲舒等所言,奏請施行之。」(《漢書‧魏相傳》)

2. 初宣帝不甚從儒術,任用法律,而中書宦官用事。中書令弘恭、石顯久典樞機,明習文法,亦與車騎將軍高為表裡,論議常獨持故事,不從望之等。(《漢書‧蕭望之傳》)

3. （弘）恭明習法令故事，善為請奏，能稱其職。（《漢書·佞幸傳》）

4. 光以高第為尚書，觀故事品式，數歲明習漢制及法令，上甚信任之，轉為僕射、尚書令……凡典樞機十餘年，守法度，修故事。（《漢書·孔光傳》）

5. 祖父章，永平中為尚書，以二妹為貴人。章精力曉舊典。（《後漢書·皇后紀》安思閻皇后條）

6. 建武四年，光武徵霸……拜尚書令……霸明習故事，收錄遺文，條奏前世善政法度有益於時者，皆施行之。（《後漢書·侯霸傳》）

7. （樊準）三轉為尚書令，明習故事，遂見任用。（《後漢書·樊準傳》）

8. （郭）賀能明法，累官，建武中為尚書令。在職六年，曉習故事，多所匡益。（《後漢書·蔡茂傳》）

9. 祐初察舉孝廉，補尚書侍郎，閑練故事，文札強辨。每有奏議，應對無滯，為僚類所歸。（《後漢書·黨錮傳》劉祐條）

10. （陽球）初舉孝廉，補尚書侍郎，閑達故事，其章奏處議，常為臺閣所崇信。（《後漢書·酷吏傳》陽球條）

11. （黃香）初除郎中。元和元年，肅宗詔香詣東觀讀所未嘗見書……六年累遷尚書令，後以為東郡太守……帝亦惜香幹用，久習舊事，復留為尚書令。（《後漢書·文苑傳》黃香條）

12. 初瓊隨父〔按：即黃香〕在臺閣，習見故事。及後居職，達練官曹，爭議朝堂，莫能抗奪。（《後漢書·黃瓊傳》）

13. 楊喬字聖達，〔烏傷人也〕，拜尚書侍郎，轉左丞。自在臺閣，閑練漢家故事，前後上表，陳國政便宜。（周天游輯，《八家後漢書輯注》卷六，頁194）

14. 王博字季習，拜尚書，明敏習漢家舊事，在臺歷載，夙夜敬戒，內外不漏。（《八家後漢書輯注》卷六，頁200）

15. 陳禁字子雅，拜尚書。公卿朝，日晏無詔。禁問臺上故事何時可罷，對言已食輒有詔罷，今已晏。（《八家後漢書輯注》卷七，頁233）

16. 唐約字仲謙，拜尚書令。約先服臺閣，閑習舊典，質素密靜。自典樞

機，數有直言美策，以稱於上。（《八家後漢書輯注》卷八，頁261）

17. 龔遂字巨卿，拜尚書郎。性敏達，彌縫舊章，深識典故。每入奏事，朝廷所問，應對甚捷。桓帝嘉其才，臺閣有疑事，百僚議不決，遂常擬古典，引故事，處當平決，口筆俱著，轉左丞。（《八家後漢書輯注》卷八，頁262）

18. 蔣疊為太僕，久居臺閣，明習故事，在九卿位，數言便宜，奏議可觀。（《八家後漢書輯注》卷八，頁278）

由於故事不是人人熟悉，人人得見，明習故事者就成了特殊的人才。在一個依據故事行政的政治裡，他們不免有了較大左右形勢的力量。因此弘恭、石顯能「獨持故事」與外朝相抗；劉祐、陽球能為僚類所歸，又為臺閣所崇信；黃瓊爭議朝堂，亦無人能抗。武帝以後，尚書權勢日重，一方面固然是因為他們近在君側，出納王命章奏，另一方面也由於他們最有機會接觸國家檔案，熟悉前規舊制。

有機會接觸故事舊檔的雖不止尚書，有機會明習故事的卻以他們為多。他們和其它朝臣對故事援引和解釋如有不同，即可引起爭議。這些爭議有的也許僅僅是因為故事本身的歧異或解釋的不同，有的則隱藏著複雜的政治鬥爭，他們引用的故事常淪為鬥爭的工具。

以下先從故事的歧異說起。漢代四百年，君臣雖尚因循，總免不了立下許多不盡相同的先例。後人因循，因著眼相異，引證不同，就起了爭論。以漢代公卿大臣是否行三年喪禮為例。自文帝遺詔以日易月以來，公卿二千石以不服三年喪為常。故事相踵，至東漢安帝引發爭論；爭論雙方各引故事，皆有所據：

1. 元初三年有詔，大臣得行三年喪，服闋還職。（陳）忠因此上言：「孝宣皇帝舊令：人從軍屯及給事縣官者，大父母死未滿三月，皆勿繇，令得葬送。請依此制。」太后從之。至建光中，尚書令祝諷、尚書孟布等奏，以為「孝文皇帝定約禮之制，光武皇帝絕告寧之典，貽則萬世，誠不可改，宜復建武故事。」忠上疏曰：「臣聞之《孝經》，始於愛親，終於哀戚……先聖緣人情而著其節，制服二十五月，是以《春秋》臣有

大喪，君三年不呼其門……高祖受命，蕭何創制，大臣有寧告之科，
合於致憂之義。建武之初，新承大亂，凡諸國政，多趣簡易，大臣既
不得告寧，而群司營祿念私，鮮循三年之喪，以報顧復之恩者……」
宣豎不便之，竟寢忠奏而從諷、布議，遂著于令。（《後漢書·陳忠傳》）

2. 舊制：公卿、二千石、刺史不得行三年喪，由是內外眾職並廢喪禮。
   元初中，鄧太后詔長吏以下不為親行服者，不得典城選舉。時有上言
   牧守宜同此制，詔下公卿，議者以為不便。愷獨議曰：「詔書所以為服
   制之科者，蓋崇化厲俗，以弘孝道也。今刺史一州之表，二千石千里
   之師……尤宜尊重典禮，以身先之……」太后從之。（《後漢書·劉般
   傳》）

陳忠和劉愷主張公卿大臣行三年喪所依據的是經義、宣帝舊令和高祖、蕭
何所創的寧告之科；祝諷和孟布引據的則是孝文帝和光武故事。在故事相
歧的情況下，決策的達成就全看主政者的抉擇了。元初三年，鄧太后詔行
三年喪；五年後，又因祝、孟的奏議復遵建武故事。像這一類的情形，在
漢代還有議鹽鐵專賣、南北郊、肉刑等等例子。

　　由於可以引證的不同故事太多，以故事為依據往往變成形式，主政者
既定的意圖才是決策達成的真正的關鍵。成帝詔削許皇后用度即為佳例：

后聰慧、善史書，自為妃至即位，常寵於上，後宮希得進見。皇太后及帝
諸舅憂上無繼嗣，時又數有災異，劉向、谷永皆陳其咎在後宮。上然其
言。於是省減椒房掖廷用度。皇后上疏曰：「……乃壬寅日大長秋受詔：
『椒房儀法，御服輿駕，所發諸官署，及所造作，遺賜外家群臣妾，皆如竟
寧以前故事。』妾伏自念，遺賜外家未嘗踰故事，每輒決上，可覆問也。
今誠時世異制，長短相輔，不出漢制而已，纖微之間，未必可同。若竟寧
前與黃龍前，豈相放哉？（晉灼曰：竟寧，元帝時也。黃龍，宣帝時也。言二帝奢
儉不同，豈相放哉？）……詔書言御服所造，皆如竟寧前，吏誠不能揆其
意……設妾欲作某屏風張於某所，曰：故事無有，或不能得，則必繩妾以
詔書矣。此二事誠不可行，唯陛下省察。」（《漢書·外戚傳》孝成皇后條）

成帝雖寵愛許皇后，但因災異和繼嗣等問題，聽信劉向和谷永之言，下詔

竟以竟寧以前故事制約皇后。皇后則以竟寧與黃龍時故事奢儉不同相爭。成帝於是採劉向和谷永之說,詔答皇后,亟言災異起於椒房,並以故事不同,寧捨奢取儉,教訓皇后。成帝的答詔有一段說:

> 傳不云乎?「以約失之者鮮」。審皇后欲從其奢與?朕亦當法孝武皇帝也,如此則甘泉、建章可復興矣。世俗歲殊,時變日化,遭事制宜,因時而移,舊之非者,何可放焉!君子之道,樂因循而重改作。昔魯人為長府,閔子騫曰:「仍舊貫之如何?何必改作。」蓋惡之也。詩云:「雖無老成人,尚有典刑,曾是莫聽,大命以傾。」孝文皇帝,朕之師也。皇太后,皇后成法也……皇后其刻心秉德,毋違先后之制度,力誼勉行,稱順婦道,減省群事,謙約為右……垂則列妾,使有法焉。皇后深惟毋忽。(同前)

從這一段可以看出成帝雖然引經據典,以奢儉教訓皇后,實際上這些故事和經義都是表面文章,真正的原因是成帝已將災異和久無繼嗣,歸罪於皇后。如此,任憑許皇后在典故上如何站得住腳也是枉然。她不久寵衰,廢處昭臺宮。當然許皇后的失寵還可能有更深一層的理由,即成帝有意提攜元舅王鳳以對抗自元帝時即已輔政的后父許嘉。而攻擊許皇后的劉向和谷永又都是黨於王氏的。[9] 如此,成帝用劉向和谷永之言,所引經義故事都不過是政爭的表面工具罷了。

東漢中晚期,朝臣與宦官鬥爭激烈,支持和攻擊宦官者,都假故事之名以相爭:

> 1. 時順帝委縱宦官……(張綱)上書曰:「詩曰:『不愆不忘,率由舊章。』尋大漢初隆及中興之世……中官常侍不過兩人,近倖賞賜裁滿數金……頃者以來,不遵舊典,無功小人皆有官爵,富之驕之而復害之,非愛人重器,承天順道者也。伏願陛下少留聖思,割損左右,以奉天心。」(《後漢書·張綱傳》)

---

9 參《漢書·外戚傳》孝成許皇后條:「初后父嘉自元帝時為大司馬車騎將軍輔政,已八九年矣。及成帝立,復以元舅陽平侯王鳳為大司馬大將軍與嘉並……久之,上欲專委任鳳,乃策嘉曰:『將軍家重身尊,不宜以吏職自案案,賜黃金二百金,以特進侯就朝位。』」劉向、谷永與王氏的關係,參《漢書》〈楚元王傳〉、〈谷永傳〉。

2. 穆既深疾宦官……乃上疏曰：「案漢故事，中常侍參選士人，建武以後，悉用宦官。自延平以來，浸溢貴盛……愚臣以為可悉罷省，遵復往初，率由舊章。更選海內清淳之士，明達國體者以補其位……」帝不納。後穆因進見，口復陳曰：「臣聞漢家舊典，置侍中、中常侍各一人，省尚書事，黃門侍郎一人傳書發奏，皆用姓族，自和熹太后以女主稱制，不接公卿，乃以閹人為常侍，小黃門通命兩宮……宜皆罷遣……」帝怒不應。（《後漢書‧朱穆傳》）

3. 武乃白太后曰：「故事：黃門常侍但給事省內、典門戶、主近署財物耳。今乃使與政事而任權重，子弟布列，專為貪暴。天下匈匈，正以此故。宜悉誅廢，以清朝廷。」太后曰：「漢來故事世有，但當誅其有罪，豈可盡廢邪？」（《後漢書‧竇武傳》）

4. （何進）遂與（袁）紹定籌策，而以其計白太后。太后不聽，曰：「中宮統領禁省，自古及今，漢家故事，不可廢也……」（《後漢書‧何進傳》）

朝臣的攻擊和鄧太后的辯護在典故上都有根據，但取捨與解釋可因各人立場而天差地別，反映出故事本身的歧異並不是真正的關鍵。進一步看，從熹平元年竇太后崩，皇帝、朝臣和宦官對葬禮的爭議可以證明，即使徵引同樣的故事，因立場有異，解釋也就不同。竇太后父竇武與陳蕃謀誅宦官失敗以後，武、蕃被殺，太后被遷往南宮雲臺。中常侍曹節和王甫等人怨恨竇氏，企圖不用太后禮，而以貴人之禮葬太后。靈帝不以為然，令宮卿和中常侍大會朝堂。在議論中：

曹節、王甫復爭，以為梁后家犯惡逆，別葬懿陵，武帝黜廢衛后，而以李夫人配食。今竇氏罪深，豈得合葬先帝乎？李咸乃詣闕上疏曰：「臣伏惟章德竇后虐害恭懷，安思閻后家犯惡逆，而和帝無異葬之議，順朝無貶降之文。至於衛后，孝武皇帝身所廢棄，不可以為比。今長樂太后尊號在身，親嘗稱制，坤育天下，且援立聖明，光隆皇祚。太后以陛下為子，陛下豈得不以太后為母？子無黜母，臣無貶君，宜合葬宣陵，一如舊制。」帝省奏，謂曹節曰：「竇氏雖為不道，而太后有德於朕，不宜降黜。」節等無復言，於是議者乃定。（《後漢書‧陳球傳》）

這裡宦官與朝臣相爭,都利用武帝黜衛后的故事,卻各作不同的解釋。故事的解釋雖只是政爭的表面,大家卻都不能不藉故事為幌子,因為故事終究是治事公認的依據。當故事取捨和解釋不同,最後的關鍵在於天子的意向。靈帝因竇太后和竇武決策而得立,故曰「太后有德於朕」。他因此決定不黜太后,宦者和朝臣也無話可說。從這裡可以知道,所謂祖宗故事雖可對漢代君臣形成約束和提供議政的依據,可是故事本身和解釋的歧異,也足以使故事成為政爭者方便的工具。

五 不遵故事與故事的改變

漢代君臣重故事,尚因循是就其大體而言,並不是說凡事一成不變,對故事一味遵循。即使是因循故事,也不免小有出入。時間一久,出入一多,故事就顯現出變化。例如,安帝時,陳忠說:「漢典舊事,丞相所請,靡有不聽。今之三公,雖當其名而無其實。選舉誅賞,一由尚書。尚書見任重於三公,陵遲已來,其漸久矣。」(《後漢書・陳忠傳》)這種丞相大權旁落,尚書奪三公之職的現象即非成於一朝一夕。但如果君臣有意不遵行故事,故事便可在倏然間改變。改變後的新事例,在後人的因循之下又成為新的故事。兩漢書中所說的「自此始」者,多為此類。

以上說過故事有不同於律令之處。律令代表天子的號令和權威,群臣必須遵守,不遵必受處罰。律令要改變亦必假天子之名。故事可以包含律令,除律令以外的部分,其權威性主要是基於習慣性的尊重。這種尊重非必然,違背也不必然受罰。再者,君臣既然都可以創立故事,天子和百官也就都可不遵而使故事失效或改變。

兩漢天子不遵或改變故事的例證甚多,無勞細舉。以下要說明的是,天子有時雖未遵故事,似乎並不意味著故事就此改變。例如:

中元元年,(鮑昱)拜司隸校尉。詔昱詣尚書,使封降胡檄。光武遣小黃門問昱有所怪不?對:「臣聞故事:通官文書不著姓,又當司徒露布,怪使司

隸下書而著姓也。」帝報曰:「吾故欲令天下知忠臣之子復為司隸也。」(《後漢書‧鮑昱傳》)

從「吾故欲令天下知忠臣之子復為司隸」可知,這可能只是光武專為鮑昱而不遵故事,並不表示司隸下書從此著姓,又代司徒掌露布。這種特例性質的很多。例如成帝時相翟方進因災異被迫自殺,「天子親臨弔者數至,禮賜異於它相故事。」(《漢書‧翟方進傳》)又如張奐因破羌功,「願徙屬弘農華陰。舊制:邊人不得內移。為奐因功,特聽。故始為弘農人焉。」(《後漢書‧張奐傳》)特例不影響故事的繼續有效,譬如「舊事:歲終當饗遣衛士,大儺逐疫。太后以陰陽不和,軍旅數興,詔饗會勿設戲作樂,減逐疫侲子之半,悉罷象、橐駝之屬,豐年復故。」(《後漢書‧皇后紀》和熹皇后傳條)詔書中說「豐年復故」,意即此次未遵故事只是臨時的性質。但是這些臨時的特例只要有人援用,也應可以成為故事,除非經明令不得為比。

故事的改變可因天子個人的意願或群臣的建議;所作的改變則可有全然、臨時或永久的不同。例如:

1. 時恩澤諸侯以無勞受封,群臣不悅而莫敢諫。典獨奏曰:「夫無功而賞,勞者不勸,上忝下辱,亂象干度。且高祖之誓,非功臣不封,宜一切削免爵土,以存舊典。」(桓)帝不從。(《後漢書‧趙典傳》)

2. 順帝永和元年,武陵太守上書以蠻夷率服,可比漢增其租賦。議者皆以為可。尚書令虞詡獨奏曰:「……先帝舊典,貢稅多少,所繇來久矣。今猥增之,必有怨叛,計其所得,不償所費,必有後悔。」帝不從。(《後漢書‧南蠻西南夷傳》)

此順帝、桓帝因個人意願或臣屬的建議而改變了舊典。因群臣建議而改變舊制的例子很多,我們還可以舉若干如下:

1. 大司農中丞耿壽昌……五鳳中奏言:「故事:歲漕關東穀四百萬斛以給京師,用卒六萬人,宜糴三輔、弘農、河東、上黨、太原郡穀足供京師,可以省關東漕卒過半。」又白增海租三倍,天子皆從其計。(《漢書‧食貨志》)

2. 又故事:諸上書皆為二封,署其一曰副;領尚書者先發副封,所言不

善，屏去不奏。相復因許伯白，去副封以防雍蔽，宣帝善之，詔相給
事中，皆從其議。霍氏殺許后之謀，始得上聞。（《漢書·魏相傳》）

3. 舊：南海獻龍眼、荔枝，十里一置，五里一侯，奔騰阻險，死者繼
   路。臨武長汝南羊縣接南海，乃上書陳狀……由是遂省焉。（《後漢書·
   孝和孝殤紀》）

群臣有時建議改變舊制，有時力主遵循故事；或改變或因循，最後的關鍵
乃在天子或代天子行決策者的身上。故事是祖宗法度，對天子固然有相當
的約束力，不過在漢代政治裡，「今上」的意願毫無疑問才是一切的樞紐。
《漢書·杜周傳》有一段極具意義的記載：

客有謂周曰：「君為天下決平，不循三尺法，專以人主意指為獄，獄者果如
是乎？」周曰：「三尺安出哉？前主所是著為律，後主所是疏為令；當時為
是，何古之法乎？」

「當時為是，何古之法乎」一句道盡當今天子的威權和「故事」權威的局
限性。天子敬宗法祖，不能不遵故事，然而世異時移，故事又非可盡遵。
因此所謂因循故事，多不免小有改變。以下舉兩個例子：

王莽秉政，（龔）勝與（邴）漢俱乞骸骨。自昭帝時，涿郡韓福以德行徵至
京師，賜策書束帛遣歸。詔曰：「朕閔勞以官職之事，其務修孝弟以教鄉
里。行道舍傳舍，縣次具酒肉，食從者及馬。長吏以時存問，常以歲八月
賜羊一頭，酒二斛。不幸死者，賜複衾一，祠以中牢。」於是王莽依故
事，白遣勝、漢。策曰：「惟元始二年六月庚寅，光祿大夫、太中大夫耆艾
二人以年老病罷。太皇太后使謁者僕射策詔之曰：蓋聞古者有司年至則致
仕，所以恭讓而不盡其力也。今大夫年至矣，朕愍以官職之事煩大夫，其
上子若孫若同產、同產子一人。大夫其修身守道，以終高年。賜帛及行道
舍宿，歲時羊酒衣衾，皆如韓福故事。所上子男皆除為郎。」（《漢書·杜周
傳》）

《漢書》將前後兩策書都記錄下來，使我們清楚看見因循故事，並不是依
樣葫蘆。龔勝致仕，「所上子男皆除為郎」就不是韓福故事原有，而是王
莽新加的恩典。另一個例子是桓帝建和三年五月乙亥詔書。詔書中提到章

帝舊制，但是對舊制僅擇其部分從之：

> 昔孝章帝愍前世禁徙，故建初之元並蒙恩澤，流徙者使還故郡，沒入者免
> 為庶民。先皇德政，可不務乎？其自永建元年迄今歲，凡諸妖惡，支親從
> 坐，及吏民減死徙邊者，悉歸本郡。(《後漢書·孝桓帝紀》)

除了天子，朝臣和地方官似乎也可以在某些情況下特立獨行，不遵故事，
甚至改變故事：

1. 郎官故事：令郎出錢市財，用給文書，迺得出，名曰山郎。移病盡一
   日，輒償一沐，或至歲餘不得沐。其富豪郎日出游戲或行錢得善郎，
   貨賂流行，傳相放效。(楊)惲為中郎將，洗沐皆以法令從事。(《漢書·
   楊敞傳》)

2. 建初中，遷蜀郡太守……成都民物豐盛，邑宇逼側。舊制：禁民夜
   作，以防火災，而更相隱蔽，燒者日屬。(廉)范乃毀削先令，但嚴使
   儲水而已，百姓為便。(《後漢書·廉范傳》)

3. 時黃巾新破……更選清能吏，乃以琮為冀州刺史。舊典：傳車驂駕，垂
   赤帷裳，迎於州界。及琮之郡，升車言之：「刺史當遠視廣聽，糾察美
   惡，何有反垂帷裳以自掩塞乎？」乃命御者褰之。(《後漢書·賈琮傳》)

4. 刺史臧敏舉(陸康)為茂才，除高成令。縣在邊陲。舊制：令戶一人具
   弓弩，以備不虞，不得行來。長吏新到，輒發民繕修城郭。康至，皆
   罷遣，百姓大悅。(《後漢書·陸康傳》)

5. (廉范)遷為雲中太守。會匈奴大入塞，烽火日通。故事：虜人過五千
   人(入)(《集解》劉放：「案上文，人當作入」)移書傍郡。吏欲傳檄求救。
   范不聽，自率士卒拒之。(《後漢書·廉范傳》)

6. 齊郡舒緩養名，博新視事，右曹掾吏皆移病臥。博問其故，對言：「惶
   恐！故事：二千石新到，輒遣吏存問致意，乃敢起就職。」博奮髯抵几
   曰：「觀齊而欲以此為俗邪！」乃召見諸曹吏、書佐、及縣大吏，選視
   其可用者，出教置之。皆斥罷諸病吏，白巾走出府門。郡中大驚。(《後
   漢書·朱博傳》)

嚴格而言，以上除了第一個例子，其他可說是官員個人一時特立獨行的舉

動。原來的慣例或制度是否從此改變，無法確知。只有楊惲為中郎將，革除郎官積習，罷山郎，訂休沐之制等可能真正改變了舊制。朱博罷斥諸病吏，也可能曾使齊郡之俗從此改變。然而朱博、陸康和廉范所為，都只關係到地方性的舊制。有較全面性影響的如刺史賈琮乘傳車不垂帷裳。但是否從此刺史皆如此，不可知。丙吉為相不案吏罪，後人奉為故事。《漢書》說：「公府不案吏自吉始。」換言之，他一方面創了不案吏的先例，一方面也改變了過去公府案吏的故事。

　　另一個須注意的情況是在既有故事之外，稍作增添，並得到皇帝認可而成為新的故事。其具體例證就是著名的魯相乙瑛為孔子廟置百石卒史一人的事。元嘉三年乙瑛奏請為孔子廟置百石卒史一人。太常祠曹掾、史引據故事，說明祠孔子原有的典制，廟有禮器，無常人掌領，但為「加寵子孫，敬恭明祀」，建議可允許乙瑛所請，為孔子廟置百石卒史一人，「掌領禮器」，其它還有一些新的規定和出犬酒值有關，惜碑殘，不能確知，最後說「他如故事」，也就是說其它部分則遵舊制（圖 3.1-2）。這整件詔書和

圖 3.1-2　山東濟寧博物館藏乙瑛碑原碑及拓本局部，第七行上端有「它如故事」四字。

依詔選出守文學掾孔龢任百石卒史一事都被刻在石碑上，從此成為新的典據。這類情況在漢代應該很多。漢代文書中凡出現「他（它）如故事」之語的，大半就是這類情況。

六 便宜和便宜從事

漢代行政在因循故事以外，還有所謂「便宜」和「便宜從事」。「便宜」是漢代的常用語，常見於文獻，在簡牘中也有例證可尋。[10] 其作用乃在常規之外，為行政提供彈性應變的可能。一個最佳例證見於敦煌懸泉出土王莽詔書殘簡：

> 詔書必明白大書，以兩行著故恩澤詔書。無嘉德，書佐方宜以二尺兩行與嘉德長短等者以便宜從事，毋令刺史到，不謹辦致案，毋忽。（II 0114（3）：404）[11]

胡平生和張德芳已考證「嘉德」是王莽所頒度量衡名稱，此處指新莽尺。莽尺實際上和漢尺長度無大差別。莽雖頒新制，但普及須時，書佐書寫二尺詔書時，暫時可以漢尺為準，故簡文說「與嘉德長短等者以便宜從事」。[12]

「便宜從事」是指權宜以處置的行動，「便宜」則指權宜辦法的本身。在漢代，不論是中央或地方的官，甚至平民百姓，都可以「言便宜」。這是提出權宜的建議。《漢書・杜周傳》謂：「吏民上書言便宜，有異，輒下延年平處復奏。」這裡的吏民包括一般庶民在內。漢初婁敬以一介戍卒見高祖言便宜而徙都長安就是一例。武帝時，伐匈奴，興功利，言便宜者甚眾。齊人延年也上書「令水工準高下，開大河上領，出之胡中，更注之

---

10 例如《文物》1987 第 1 期，圖版陸，「建武三年居延都尉吏奉穀秩別令冊」（EPF22：70-79），或《居延新簡——甲渠候官》（北京：中華書局，1994）。其餘不贅。

11 胡平生、張德芳編，《敦煌懸泉漢簡釋粹》（北京：文物出版社，2001），頁 2。

12 同上，頁 3，注 2。

海，如此關東長無水災，北邊不憂匈奴」（《漢書·溝洫志》）云云。所謂齊人延年，也是一位平民。王莽時，博募有奇術可以攻匈奴者，「言便宜者以萬數」（《漢書·王莽傳》）這「以萬數」的人，應該是官民都有。

言便宜可以面陳於正式的場合，或在章奏中依一定的程序提出，也可以在這些場地和程序以外行之。《漢書·嚴助傳》謂嚴「朝覲奏事，因言國家便宜」。這是在正式奏事的場合言便宜。群臣在章奏中言便宜，則是所謂的「便宜章奏」（《漢書·魏相傳》）。上章奏和上書言便宜有一定的程序。例如，武帝元狩六年，「郡國有以為便宜者，上丞相、御史以聞。」（《漢書·五行志中之下》）也就是說地方上便宜，須先送丞相及御史，再轉達於天子。

不過，便宜也可以在非正式的場合，不按例行的程序提出，這就使建言的管道有了彈性。例如，前文提到的婁敬，路過雒陽，欲見高祖言便宜，找一位同鄉虞將軍代為引見。虞將軍有意為他換一套較好的衣裳，敬曰：「臣衣帛，衣帛見；衣褐，衣褐見，不敢易衣。」（《漢書·婁敬傳》）結果，虞將軍沒有強其改易裝束，即入見高祖。又如張釋之初事文帝，十歲不得調，後補謁者，朝見文帝，「既朝畢，因前言便宜事。」（《史記·張釋之傳》）釋之朝見，乃因調補職務，本非言事的場合，他卻利用機會進言。至於孝景時，魏其受遺詔：「事有不便，以便宜論上。」（《史記·魏其武安侯列傳》）景帝給了他不拘常軌，隨時上言的特權。

從可考的資料來看，便宜在內容性質上最主要的特點是它無關乎一般例行的事務或高遠的原則，而是針對實際事務，提出具體因應的辦法或建議。這類辦法或建議即名為「便宜」。前文提到張釋之言便宜，文帝曰：「卑之，毋甚高論，令今可行也。」釋之所言儘管是「秦所以失，漢所以興」的大道理，文帝的話表明天子期待的「便宜」應是可行的辦法，不是高論。因此，楊仁「上便宜十二事，皆當世急務，帝嘉之」（《後漢書·儒林傳》）；郎顗條陳便宜七事，又上書薦黃瓊、李固并陳消災之術曰：「臣前對七事，要政急務，宜於今者所當施用。」（《後漢書·郎顗傳》）不論他們所言是否可行，但都以解決當時的問題為著眼，故又稱之為「當世便宜」、

（《後漢書·陳寵傳》）或「當世便事」（《後漢書》〈陳元傳〉、〈崔寔傳〉、〈劉陶傳〉）。

便宜乃因事而發，故每稱「上」或「條」便宜若干事或若干條。如崔寔「論當世便事數十條，名曰《政論》。」（《後漢書·崔駰傳》）《政論》雖已不存，然從輯本中仍可見因事立論的梗概。其言風俗為國之脈，主重賞深罰以御亂世，禁僭奢厚葬之風，嚴督官造兵器，延長地方守令任期，增百官俸祿，不宜頻頻大赦，徙貧民於寬地以開荒闢土，教民耕殖紡織之法等等，無不針對時弊，提出因應之道。（參《全後漢文》卷四十六所輯）又《後漢書·郎顗傳》曾收錄郎顗所上便宜七事以及接著所條便宜四事。這十一事都是據天象，本諸天人災異，言應興應革之事。再如張角作亂，侍中向栩上便宜，以為「但遣將於河上北向讀《孝經》，賊自當消滅。」（《後漢書·獨行傳》向栩條）這些便宜在今天看來或者不切實際，但在言便宜者看來，卻是「宜於今者，所當施用」。更重要的是這些「便宜」都不是在因循故常的情形下所能採行的，因為它們都是因時制宜的非常之道。崔寔在《政論》裡有幾句話或可為「便宜」性質的註腳：

> 且濟時拯世之術，豈必體堯蹈舜，然後乃治哉？期于補綻決壞，枝柱斜傾，隨形裁割，取時君所能行，要措斯世于安寧之域而已。故聖人執權，遭時定制，步驟之差，各有云施……其頑士闇於時權，安習所見，殆不知樂成，況可與慮始乎？

遭時定制，補綻決壞，隨形裁割，取時君所能行，措斯世于安寧之域，正是《政論》數十條「便宜」的特性和目的。

「便宜」是不同尋常的權便措施，「便宜從事」則是將權便措施付諸實行的權力和行動。如上所說，官員和百姓都可以「言」便宜，但是否施行卻是另外一回事。權便之計，言之無害，因為是否施行，權在天子。如果任由官員以便宜「從事」，付諸行動就有大權旁落之虞，情況就不一樣了。「從事」即施行、行事之意，為漢代的常用語，如「以軍法從事」（《漢書·薛宣傳》），「以律令從事」（《漢書·朱博傳》），「以軍興法從事」（《漢書·王莽傳》），「以賣人法從事」（《後漢書·光武帝紀》）等等。所謂「便宜從事」

即是可不拘常制、審度情勢，權宜處置的意思。因從事即行事，漢代也有稱便宜從事為「便宜行事」的。（《漢書‧魏相傳》）

這種不拘常制，權宜處置的權力必要事先得到天子授權或特別的指示。景帝時，遣使節拜郅都為鴈門太守，令其便道之官，「得以便宜從事」（《史記‧酷吏傳》）。武帝時，擊朝鮮，前線將帥不合。武帝遣公孫遂往正之，授權「有便宜得以從事」（《史記‧朝鮮列傳》）；宣帝時，常惠奏請便道擊龜茲，「宣帝不許，大將軍霍光風惠以便宜從事」（《漢書‧常惠傳》）。又渤海郡亂，宣帝遂以龔遂為渤海太守。遂以為治亂不可急，「願丞相、御史且無拘臣以文法，得一切便宜從事」。宣帝許焉。（《漢書‧循吏傳》）再如長安中多姦猾，尹賞選守長安令，「得壹切便宜從事。賞至，修治長安獄，穿地方深各數丈，致令辟為郭，以大石覆其口，名為虎穴。」（《漢書‧酷吏傳》）龔遂所要求的「無拘臣以文法」，尹賞修治虎穴以處姦猾，都是在例行的常軌之外，以較具彈性的手段應付特殊的情況。以上例證中有所謂「一切便宜從事」。一切者，權時也。《漢書‧平帝紀》元始元年注，師古曰：「一切者，權時之事，非經常也。猶如以刀切物，苟取整齊，不顧長短縱橫，故言一切。」《後漢書‧光武帝紀》建武五年五月，李賢注曰：「一切謂權時，非久制也。並見《前書》音義。」可見「一切」乃權時量宜，與「便宜」義同。換言之，「便宜從事」似為「一切便宜從事」之省，意義並無實質不同。

便宜從事雖須事先授權，有時因時間促迫，未及奏請即權宜先行，更有的甚至不遵守既有詔令，擅自作主。例如，漢二年，漢王與諸侯擊楚，蕭何「守關中，侍太子，治櫟陽，為法令約束，立宗廟社稷、宮室、縣邑，輒奏上，可，許以從事；即不及奏上，輒以便宜施行，上來以聞。」（《史記‧蕭相國世家》）再如七國之亂時，吳、楚之兵敗梁孝王，梁孝王恐，「數使使報條侯（周亞夫）求救，條侯不許。又使使惡條侯於上。上使人告條侯救梁，復守便宜，不行。」（《史記‧吳王濞列傳》）《漢書‧周勃傳》則說「亞夫守便宜，不往。梁上書言景帝，景帝詔使救梁，亞夫不奉詔，堅壁不出」。周亞夫審度情勢，竟守便宜，不奉詔令，而蕭何守關中，以便

宜先行後奏，都是在面對特殊急迫的情況，於常規之外，權宜應變。

遠征在外的軍隊和將帥最須要權宜應變。兵事成敗，每在瞬息，將帥於既有指令之外，每須斟酌應變，不容事先請示。例如段會宗入烏孫，誅太子番丘（《漢書‧段會宗傳》），馮奉世殺莎車王（《漢書‧西域傳》），陳湯和甘延壽誅郅支單于（《漢書‧陳湯傳》）都是便宜行之的結果。再如，武帝時，大行王恢與大農韓安國率軍擊閩越，未及交戰，閩越王弟殺王，送王頭至王恢所。王恢以為「所為來者誅王，今王頭至。謝罪，不戰而耘，利莫大焉。乃以便宜案兵，告大農軍而使使奉王頭馳報天子。詔罷兩將軍兵。」（《史記‧東越列傳》）後來王恢與眾將約擊單于於馬邑，其任務在於進擊單于輜重，然單于驚覺逃逸。王恢「聞單于不與漢合，度往擊輜重，必與單于精兵戰，漢兵勢必敗，則以便宜罷兵，皆無功。天子怒王恢不出擊單于輜重，擅引兵罷」，斬恢。（《史記‧韓長孺列傳》）王恢兩次以便宜罷兵，結果完全不同：一次罷兵不擊閩越，雖未遵詔令，卻符合了天子心意；另一次罷兵不擊匈奴，招來的卻是天子的責難和殺身之禍。我們不禁要問：漢代將領是否有便宜從事的權力？權力有無限度？又他們要為便宜從事的後果，負什麼樣的責任？

在討論這些問題以前，必須一提便宜從事的另一種情況「矯制」。矯制又稱「矯詔」，[13] 指擅假天子號令而便宜行事。矯制和便宜從事的關係從下列兩個例子可以看出來。《史記‧汲黯傳》：

> 河內失火，延燒千餘家。上使黯往視之。還報曰：「家人失火，屋比延燒，不足憂也。臣過河南，河南貧人傷水旱萬餘家，或父子相食。臣謹以便宜，持節發河南倉粟以振貧民。臣請歸節，伏矯制之罪。」

汲黯以「便宜」開倉賑災，卻要伏「矯制」之罪，關鍵在他持「節」，擅以天子號令行他權限以外的事。漢代開倉例須先行上報（參《後漢書》〈王望

---

13 例如《華陽國志‧漢中志》：「拜巴郡陳禪為漢中太守……禪之攻守未可卒下，而年荒民困，乃矯詔赦之，大小咸服。」另參沈家本，《漢律摭遺》（《沈寄簃先生遺書甲編》下冊，臺北：文海出版社，1987）卷四，頁15上下，矯制不害條。

傳〉、〈循吏傳〉第五訪條），汲黯先行後報，故謂「以便宜」，又假節而行，是謂「矯制」。又《漢書·馮奉世傳》：

> 前將軍增舉奉世以衛侯持節送大宛國諸客……奉世與其副嚴昌計，以為不亟擊之則莎車日彊……遂以節諭告諸國王，因發其兵，南北道合萬五千人進擊莎車……少府蕭望之獨以奉世奉使有指，而擅矯制違命，發諸國兵，雖有功效，不可以為後法。奉世死後二年……杜欽上疏追奉世前功曰：「……左將軍奉世以衛侯便宜發兵誅莎車王，策定城郭，功施邊境。議者以奉世奉使有指，春秋之義亡遂事，漢家之法有矯制，故不得侯……」

馮奉世被責以矯制之罪，也是因為擅假天子之節而行便宜。如果是不遵既有詔令而便宜行事，謂之「不奉詔」。如王梁與大司馬吳漢等俱擊檀鄉。「有詔軍事屬大司馬，而梁輒發野王兵。帝以其不奉詔，勒令止在所縣，而梁復以便宜進軍。」（《後漢書·王梁傳》）如果是未奉詔而擅自作主，則構成「專擅」。例如，永初五年，「詔（梁）慬發邊兵迎三郡太守，使將吏人徙扶風界，慬即遣南單于兄子優孤塗奴將兵迎之。既還，慬以塗奴接其家屬有勞，輒授以羌侯印綬，坐專擅，徵下獄，抵罪。」（《後漢書·梁慬傳》）授印綬之事未奉詔令，故為專擅。「矯制」和「不奉詔」或「專擅」不同之處在於矯制更假藉天子之節或詔令。不論如何，因為這三者都有便宜處置的意味，在討論漢代官員有多少權宜應變的權力時，就不能不一併談到。

七 便宜從事的限度

允許官員便宜從事和漢代天子的集權傾向有著基本的矛盾和衝突。任何權宜都意味著官員可能踰越天子既有的規定或指示，而損及權力之「在余一人」。前文說過漢代行政，強調奉三尺律令以從事或因循祖宗故事。這固然和行政須要一致和穩定有關，更重要的是這樣才容易維持一個「權斷於主」的行政體系。《管子·七臣七主》說：「權斷於主則威。」便宜從

事會威脅到「主威」的王朝基本要求。如此，所謂「便宜從事」就不單純是一個行政問題，更是君臣之間的一個權力問題。既是權力問題，便宜從事的限度何在？就十分值得注意。

首先，漢代天子即使集權，也不能不允許官員在若干情況下得以便宜從事。從可考的例證看來，通兩漢幾乎所有便宜從事之權都由天子授予。不過，也有例外。例如，前引宣帝不准常惠便道擊龜茲，大將軍霍光卻指示他以便宜從事。這當然是霍光權勢顯赫，宣帝大權旁落的結果。另一個例子是居延新出建武三年「居延都尉吏奉穀秩別令」冊中有「職閒都尉以便宜財予從史田吏如律令」（EPF22：70）一句（圖4.1-2），又說「官縣寫移。書到，如大將軍莫府書律令」。這是否意味著「以便宜……如律令」是根據大將軍所下的指令而行？建武三年，竇融為張掖屬國都尉，稱河西五郡大將軍，名義上臣屬光武帝，實際上無異獨立。其行便宜，恐無待

圖 4.1-2　居延簡 EPF22.70 及局部

光武授權。這當然是一個天下未真正統一時的特例，否則，便宜行事之權只能由天子賦予。

便宜從事的限度，在漢代可以說極不明確。以最敏感的軍權而言，天子與將軍之間權力的關係無論在理論上，形式上或實質上都十分複雜而微妙，可以隨著不同的皇帝和不同的將領而有大不相同的情況。換言之，所謂便宜從事的限度往往因人而異，個人的因素往往比制度性的因素更重要。

先從理論上說。自春秋戰國中央集權的官僚制形成以後，君主雖然專

制，卻以日漸專責的將軍領軍作戰，不再御駕親征。受命征討的將軍可有
多大自主的權力，一直是一個熱烈討論的問題。這時著名的將軍和兵法家
如孫武、司馬穰苴、孫臏、尉繚等都力主「將在外，君令有所不受」。[14] 臨
沂銀雀山漢墓所出孫臏兵法殘簡中就說：「恆勝有五：得主剸〔專〕制，
勝……恆不勝有五：御將，不勝。」[15]「得主專制」是說將軍有自主專制之
權；「御將」則是將為君主所制御。漢代士人援引古說，仍然如此主張。
例如，漢文帝時，馮唐與文帝討論用將，馮唐就說：「臣聞上古王者遣將
也，跪而推轂，曰：『閫以內寡人制之，閫以外將軍制之。軍功爵賞，皆
決於外，歸而奏之。』」（《漢書‧馮唐傳》）《淮南子‧兵略訓》有一段言命
將之禮，反映的也是不可從中而御的主張：

> 君入廟〔按：太廟〕門，西面而立；將入廟門，驅至堂下，北面而立。主親
> 操鉞，持頭，授將軍其柄曰：「從此上至天者，將軍制之。」將已受斧鉞，
> 答曰：「國不可從外治也。軍不可從中御也。二心不可以事君，疑志不可以
> 應敵。既以受制於前矣，鼓旗斧鉞之威，臣無還請，願君亦以垂一言之命
> 於臣矣。君若不許，臣不敢將；君若許之，臣辭而行。」（《淮南鴻烈集解》
> 卷十五，頁 22 下-23 上）

《淮南子‧兵略訓》全篇基本上是承襲戰國以來議論兵略的傳統，探討用
兵致勝之道。以上一段和《六韜‧龍韜》〈立將〉所論即幾乎出於一轍。致
勝要件之一是將軍有專一之權，可隨機制宜。以上言命將之禮即本此而
來。董仲舒則更從《春秋》有常有變，儒家經權之義，論證將帥有應變之
道。《春秋繁露》說：

> 難者曰：「《春秋》之法，大夫無遂事，又曰：『出境有可以安社稷，利國
> 家者，則專之可也。』又曰：『大夫以君命出，進退在大夫也。』又曰：『聞
> 喪徐行而不反也。』夫既曰無遂事矣，又曰專之可也；既曰進退在大夫

---

14 參《史記》〈司馬穰苴傳〉、〈孫子吳起傳〉；《尉繚子注釋》（上海：上海古籍版社，1978），〈將
令〉，頁 84。

15 銀雀山漢墓竹簡整理小組，〈臨沂銀雀山漢墓出土孫臏兵法釋文〉，《文物》，1（1975），頁
4。

矣，又曰徐行而不反也，若相悖然，是何謂也？」曰：「四者各有所處，得
其處則皆是也；失其處則皆非也。《春秋》固有常義，又有應變。無遂事者
謂平生安寧也；專之可也謂救危除患也；進退在大夫者，謂將率用兵
也……」（《春秋繁露義證》卷三，頁16下）

從此以後，不論是劉向在《說苑》〈奉使〉、〈指武〉或東漢儒者在《白虎通》
〈三軍〉、〈王者不臣〉篇論述的意見，[16] 都幾與《淮南子》或《春秋繁露》
完全一致。

　　漢代天子受上述理論的影響，在形式上似乎也允許將軍對統領的軍隊
有完全控制的權力。例如，文帝勞軍細柳，不得而入。周亞夫的軍門都尉
敢於大言：「軍中聞將軍令，不聞天子之詔。」（《史記·絳侯周勃世家》）周
亞夫能如此下令軍中，最少漢代天子在形式上是允許將軍這樣作的，而文
帝亦以「真將軍」稱道亞夫。再如《史記·李將軍列傳》曾記述李廣與程
不識治軍的方式頗有不同。前者「行無部伍行陳，就善水草屯，舍止，人
人自便，不擊刁斗以自衛，莫府省約文書籍事」；後者「正部曲行伍營陳，
擊刁斗，士吏治軍簿至明，軍不得休息」。從這個例子看，漢代軍隊內部
的管理，至少在武帝初期，似亦聽由將軍自便。又領軍征戰的將軍有便宜
斬裨將的權力。蘇建亡失軍隊，周霸建議衛青斬之，衛青說：「臣職雖當

16　劉向，《說苑》（漢魏叢書）卷十二〈奉使〉，頁1上下：「春秋之辭有相反者四。既曰大夫
　　無遂事，不得擅生事矣，又曰出境可以安社稷，利國家者，則專之可也；既曰大夫以君命
　　出，進退在大夫矣，又曰以君命出，聞喪徐行而不反者，何也？曰：此四者各止其科，不轉
　　移也不得擅生事者，謂平生常經也；專之可者，謂救危除患也。進退在大夫者，謂將帥用兵
　　也……傳曰詩無通故，易無通吉，春秋無通義，此之謂也。」卷十五〈指武〉，頁3上-4下：
　　「將帥受命者，將率入，軍吏畢入。皆北面再拜稽首朋。天子南面而授之鉞，東行西面而揖
　　之，示弗御也。故受命而出，忘其國。即戎，忘其家。聞枹鼓之聲，唯恐不勝……」《白
　　虎通德論》（漢魏叢書本）卷上〈三軍〉，頁45下：「大夫將兵出，必不御者，欲盛其威，
　　使士卒一意繫心也，故但聞將軍令，不聞君命也，明進退（在）大夫也……大夫以君命出，
　　進退在大夫也。天子遣將軍必於廟何？示不敢自專也。」卷下〈王者不臣〉，頁12上下：
　　「不臣將帥用兵者，重土為敵國。國不可從外治，兵不可從內御，欲成其威，一其令。春秋
　　之義，兵不稱使，明不可臣也。」《潛夫論·勸將》：「夫國不可從外治，兵不可從中御。」（頁
　　106）

斬將」云云（《漢書‧衛青霍去病傳》）即可證。此外，再從東漢兩個例子看來，東漢天子給將軍的詔書，在形式上也都表明「軍不內御」。一個例子是靈帝時，將軍段熲上言提到「臣每奉詔書，軍不內御」（《後漢書‧段熲傳》）。另一段是桓帝延熹五年，武陵蠻反，拜馮緄為車騎將軍，詔策緄曰：「進赴之宜，權時之策，將軍一之。出郊之事，不復內御，已命有司祖于國門……。」（《後漢書‧馮緄傳》）這可證明段熲所言，也可證明《白虎通》〈三軍〉篇所說：「但聞軍令，不聞君命，明進退在大夫」的一套理論，最少對漢代命將出征授權在形式上有些影響。

　　然而形式歸形式，兩漢天子對軍權的控制事實上極其嚴厲，而將軍能有的便宜從事之權十分有限。即以授權「得便宜從事」一事本身而言，似乎已經意味如未經授權，將軍即無權臨事制宜。據兩漢文獻中無數實際的例子觀察，漢代任命將帥，固然權在天子，[17] 即使將帥統軍在外，一舉一動幾無不是從中而御。前文提到馮唐與文帝論上古用將，馮唐即感嘆漢將不但不能決爵賞軍功於外，如果上功幕府稍有差錯，還要遭受文吏以法繩之的命運。（《漢書‧馮唐傳》）前引周霸建議衛青斬裨將，衛青說：「且使臣職雖當斬將，以臣之尊寵而不敢自擅專誅於境外，其歸天子，天子自裁之，於以風為人臣不敢專權，不亦可乎？」（《漢書‧衛青霍去病傳》）以衛青之受寵而「不敢」行其可行之權，其餘將帥能有多少賞罰之權也就可想而知了。

　　除了賞罰，軍隊進退與前線方略亦操之於天子。武帝時，東越叛服不定，武帝以朱買臣為會稽太守，「詔買臣到郡，治樓船，備糧食、水戰具。須詔書到，軍與俱進……居歲餘，買臣受詔將兵與橫海將軍韓說等俱擊，破東越。」（《漢書‧朱買臣傳》）易言之，軍隊須待詔書指示方略以後，才

17　漢代天子刻意掌握任命將帥之權，最明白的例子見《漢書‧循吏傳》黃霸條：「又樂陵侯史高以外屬恩，侍中貴重。薦高可太尉。天子使尚書詔問霸：『太尉官罷久矣，丞相兼之，所以偃武興文也。如國家不虞，邊境有事，左右之臣皆將帥也。夫宣明教，化通達幽隱，使獄無冤刑，邑無盜賊，君之職也；將相之官，朕之任焉。……君何越職而舉之？』尚書令受丞相對。霸免冠謝罪，數日乃決。自是後不敢有所請。」

得行動。漢天子以詔書或璽書指揮前線方略的例子極多。《漢書・李陵傳》有一段武帝給李陵的詔書：

> 詔陵：「以九月發，出遮虜鄣，至東浚稽山南龍勒水上，徘徊觀虜，即亡所
> 見，從浞野侯趙破奴故道抵受降城休士，因騎置以聞，所與博德言者云
> 何？具以書對。」

此詔不但規定李陵進軍的時間，行軍的路線和行動的目標，還要求奏報執行的情形。甚至要李陵奏報他和另一將領路博德之間有什麼謀議？從中而御，鉅細靡遺之甚，於此可見。又《漢書・趙充國傳》中的記載也是極佳的例證。傳中幾乎全是宣帝指示討羌方略的璽書以及趙充國請示並說明宜採的便宜措施。充國「以為將任兵在外，便宜有守，以安國家」。事實上，他並不敢擅自便宜從事，行動之先，皆奏報。傳中說：「充國每奏上，輒下公卿議臣。初是充國計者什三，中什五，最後什八。」不論朝中有多少人贊同，很明顯的事實是軍事行動方略操之於朝中群臣與天子，前線將領不過「奉法遵職」（衛青語，見其傳贊引），並無「專之可也」的權力。元帝建昭三年，陳湯與甘延壽謀誅郅支單于，以建不世之功。《漢書・陳湯傳》謂：「延壽亦以為然，欲奏請之。湯曰：『國家與公卿議，大策非凡所見，事必不從。』延壽猶豫不聽。會其久病，湯獨矯制發城郭諸國兵，車師戊己校尉屯田吏士。」甘延壽「欲奏請之」是根據凡事請示的常例。陳湯卻以為朝議徒誤戎機，遂甘冒不韙，矯制發兵。陳湯矯制可以說事出無奈，這份無奈在東漢討羌名將段熲的上書裡有更真切的反映。他說：

> 臣每奉詔書，軍不內御。願卒斯言，一以任臣，臨時量宜，不失權便。
>
> （《後漢書・段熲傳》）

從他的話可知，所謂「軍不內御」只是虛語，實際上前線將帥很少能夠臨時量宜，否則段熲也不必苦苦哀求了。東漢靈帝光和二年，中郎將張脩因與匈奴單于呼徵不合，擅斬之，更立右賢王羌渠為單于，「脩以不先請而擅誅殺，檻車徵詣廷尉抵罪。」（《後漢書・南匈奴傳》）可見凡事先請示是必要的。

對四夷和戰的指揮權固然操之在朝廷，即使進剿地方盜寇，常常也由

朝廷決定如何用兵。《漢書‧臧宮傳》載光武十九年，妖巫維氾弟子單臣和傅鎮等相聚，入據原武城：

> 於是遣宮將北軍及黎陽營數千人圍之。賊穀食多，數攻不下，士卒死傷。帝召公卿諸侯王問方略。皆曰：「宜重其購賞。」時顯宗為東海王，獨對曰：「妖巫相劫，勢無久立。其中必有悔欲亡者，但外圍急，不得走耳。宜小挺緩，令得逃亡。逃亡則一亭長足以禽矣。」帝然之，即敕宮徹圍緩賊。賊眾分散，遂斬臣、鎮等。

正因為連圍捕小小的盜賊，也須要由天子和朝臣訂方略，成帝時益州刺史孫保自作主張，遣廣漢群盜歸鄉里，就得「自劾矯制」了。（《漢書‧孫寶傳》）

自劾矯制的事常見於兩漢（例如：汲黯、陳湯、孫寶、宋均，各見本傳）。矯制有所謂的「矯制害」、「矯制不害」、「矯制大害」之別。矯制不害，或免侯（《漢書‧外戚恩澤侯表》宜春侯條）；大害，腰斬（《漢書‧景武昭宣元成功臣表》浩侯王恢條注如淳曰引漢律）。但是矯制或未得授權而行便宜，不一定棄市或腰斬。這往往要看便宜處置的成敗，朝中有無奧援和天子的態度而定。例如，前引武帝時，汲黯以便宜持節發河南倉賑貧民事，汲黯歸請伏矯制之罪，結果武帝賢而釋之，遷他為滎陽令。（《史記‧汲黯傳》）以便宜賑災的例子還見於《後漢書》〈循吏傳〉和〈王望傳〉。〈循吏傳〉第五訪條載：

> （訪）遷張掖太守。歲饑，粟石數千，訪乃開倉賑給以救其弊。吏懼譴，爭欲上言。訪曰：「若須上報，是棄民也。太守樂以一身救百姓。」遂出穀賦人。順帝璽書嘉之，由是一郡得全。

〈王望傳〉謂：

> 自議郎遷青州刺史……是時州郡災旱，百姓窮荒。望行郡，道見饑者……愍然哀之，因以便宜出所在布粟，給其稟糧，為作褐衣。事畢上言，帝以望不先表請，章示百官，詳議其罪。時公卿皆以為望之專命，法有常條。鍾離意獨曰：「昔華元、子反，楚宋之良臣，不棄君命，擅平二國，〔春秋〕之義，以為美談。今望懷義忘罪，當仁不讓，若繩之以法，忽其本

情，將乖聖朝愛育之旨。」帝嘉其議，赦而不罪。

從汲黯、第五訪和王望三例可知，不論郡守、刺史或天子使者開倉賑災，例須上報奏請。便宜開倉，罪可至死。但為維持聖朝仁政的形象，天子有時不得不網開一面。武帝和順帝嘉勉汲黯和第五訪即為其證。可是明帝好法，察察為明，即欲治王望罪。如非鍾離意以《春秋》大義相爭，則王望不免一死。另一個絕好的例子是武帝元鼎中，博士徐偃行風俗，矯制使膠東和魯國鼓鑄鹽鐵。御史大夫張湯劾偃「矯制大害，法至死」。偃以為「《春秋》之義，大夫出疆，有可以安社稷，存萬民，顓之可也」。徐偃抬出《春秋》大義，張湯不通經義，對他無可奈何。於是武帝詔令終軍詰問徐偃曰：

> 「古者諸侯國異俗分，百里不通，時有聘會之事，安危之勢，呼吸成變，故有不受辭造命顓己之宜；今天下為一，萬里同風，故《春秋》『王者無外』。偃巡封域之中，稱以出疆何也？且鹽鐵，郡有餘臧，正二國廢，國家不足以為利害，而以安社稷，存萬民為辭，何也？」又詰偃：「……偃矯制而鼓鑄者，欲及春耕種，贍民器也。今魯國之鼓，當先具其備，至秋乃能舉火。此言與實反者非？偃前已三奏，無詔，不惟所為不許，而直矯作威福，以從民望，干名采譽，此明聖所以必加誅也，『枉尺直尋』，孟子稱其不可；今所犯罪重，所就者小，偃自予必死而為之邪？將幸誅不加，欲以采名也？」（《漢書‧終軍傳》）

終軍所詰，可謂巧辭羅織。他以古今不同，王者無外，駁偃出疆之說，又斥徐偃矯制是「以從民望，干名采譽」，此明聖所以必加誅。最後又說徐偃所犯者罪重，所成就的功績甚小。徐偃無以答辯，終於服罪而死。最堪注意的是〈終軍傳〉說：「上善其詰，有詔示御史大夫。」這就表明了天子對臣下矯制行權便的根本態度。

宣帝時，馮奉世矯制發兵誅莎車王以及元帝時，陳湯、甘延壽矯制殺郅支單于，都曾因功罪問題引發朝中極大的爭議。在爭議中，天子的態度最具決定性。以馮奉世為例，宣帝下議封奉世。丞相和將軍皆曰：「《春秋》之義，大夫出疆，有可以安國家，則顓之可也。奉世功效尤著，宜加

爵土之賞。」少府蕭望之獨以奉世奉使有旨，而擅矯制違命，雖有功效，不可為後法。〈馮奉世傳〉說：「上善望之議，以奉世為光祿大夫、水衡都尉。」宣帝雖然對奉世的功勞甚表欣慰，但考慮到便宜矯制之例不可開，奉世遂以功抵過，不得封侯。再以陳湯、甘延壽之事為例。中書令石顯亦因私怨，不主封二人為侯。支持陳湯和甘延壽的朝臣只有宗正劉向。元帝本人亦「內嘉延壽、湯功」。最後元帝下詔以為延壽、湯睹便宜，擅興師矯制而征之，雖踰義干法，內不煩一夫之役，立功萬里之外，赦罪而議封侯。(《漢書・陳湯傳》)從以上幾個例子可以看出，便宜矯制雖然罪可至死，但是如果權宜得當，如陳湯所說，一朝而立千載之功，對個人而言，不失為建立功名，進爵封侯之捷徑。這是許多朝臣甘冒矯制專擅之罪的原因。就漢天子而言，雖不願朝臣擅權，亦不能不衡量斟酌，對行便宜而有利於王朝者作適度的鼓勵。但是這種斟酌衡量，幾乎看不出一定的標準，而群臣便宜從事，所謂「有利於國家則專之可也」的限度，也是極其模糊，幾全因事因人而定。

八 結論

日常行政總有因循與變革。因為因循，行政才能保持適當的穩定和延續性；又因變革，行政才能有適度彈性而不致於僵化。為順應經常和權變不同的需要，漢代行政遂有「如故事」與「便宜從事」之制。這篇小文即希望從「如故事」與「便宜從事」中了解漢代行政的一些特色。

漢代所謂的「故事」，範圍廣泛，內容複雜，性質不盡相同，漢人稱引「故事」時，也用了許多其他不同的名稱，但基本性質都是往事舊例。漢人雖然偶爾將儒家經典中的掌故或先秦的事例稱之為故事，不過大體上是以「漢一家之事」為主，故特稱之為「國家故事」或「祖宗故事」。

故事在性質上可包括成文的詔書、律令、儀法制度等，也包含不成文的慣例。這些不成文的慣例往往可以填補律令制度不能照顧周全的地方。

它們在皇帝或百官臣僚有意無意之間造成，有些行之百餘年，受尊重的程度不下於律令或詔書。不過這種權威基於習慣的故事畢竟不是律令，其對君臣的約束力有一定的限度。天子固可違背故事，臣僚不遵，也不必然受罰。

不過，一般而言，漢代百官既須遵故事，也要守律令，對漢家天子而言，律令由其所發，真正對之有約束力的還是所謂的祖宗故事。在宣傳「以孝治天下」的漢代政治裡，皇帝以敬宗法祖自命。他們對祖宗的故事一般不敢也不願輕易違背。漢天子詔書以「如故事」作結尾，不僅有形式上，也有若干實質上的意義。

漢代行政尚因循，遵故事，這和秦代刀筆吏政治的精神相一貫。這種政治精神，追溯起來當然還可以有更深遠的背景。漢人喜歡引用的「不愆不忘，率由舊章」出於《詩經》就是最好的說明。[18]

就典藏而言，故事實際就是國家檔案。兩漢中央都置有專人——掌故，負責故事的典藏。掌故的地位並不高，甚至可能愈來愈低。這從掌故人選由博士弟子歲課之乙科降為丙科以及西漢尚可見由掌故任公卿者，東漢全無可考的情況窺知。此外，東漢雖仍有掌故之職，但據可考的例子，故事似轉而掌握在尚書手中。

兩漢地方與中央官署都保存有各自的檔案，但較重要、牽涉較廣、層次較高的絕大部分應存在兩京宮中的藏書閣。這部分故事檔案並不全然開放。兩漢書中的人物，明習故事的以尚書為多。這不是偶然。因為他們近在君側，出納王命章奏，最有機會接觸這些不開放的檔案。

故事既多又雜，隨著時間，數量更是愈益龐大。其中的歧異和衝突自

18　《左傳》昭公廿五年：「昭伯問家故。」杜預注：「故事也。」《公羊傳》昭公廿一年：「公扈子者，邾婁之父兄也，習乎邾婁之故。」何休注：「故事也。」《國語》〈魯語〉上：「哀姜至，公使大夫、宗婦觀用幣。宗人夏父展曰：『非故也。』公曰：『君作故。』對曰：『君作而順則故之，逆則亦書其逆也……。』」昭注：「故，故事也」，「言君所作則為故事也」，「順，順於禮則書以為故事。」《孟子》〈離婁〉上：「《詩》云：『不愆不忘，率由舊章』遵先王之法而過者，未之有也。」

然也跟著增加。如何解釋、選擇並適當地運用故事,是極不容易也極易引起爭論的事。這些爭論有的單純是因為故事本身的歧異和解釋的不同,有的則隱藏著各式各樣的政治鬥爭。當可以徵引的故事彼此歧異過甚,引故事為據即往往流於形式,而主政者既定的意圖才是真正決策的關鍵。

因循故事是常,便宜從事則是變。便宜從事為漢代行政在常規之外,提供了彈性應變的可能。漢人無論官民,常言便宜。便宜在性質上最主要的特點是它與例行公事或高遠的原則較少關係,而是針對當世急務而有的權宜辦法。有便宜從事之權,叫「得便宜從事」或「得一切便宜從事」。這個權力,理論上,應完全由天子所授予。未經授權,逕行便宜,就是專擅;如更假天子號令,即是矯制,皆罪至於死。專擅、矯制之罪如此之重,蓋因與漢代天子力求專制有著基本權力上的矛盾與衝突。即使是允許官員便宜從事,也意味著官員可能踰越天子的詔令和常軌,對皇權的絕對集中都構成威脅。

因此便宜從事在漢代不僅是一個行政的問題,更是一個君臣之間權力關係的問題。這種權力問題最敏感和尖銳的部分發生在將軍統軍的權力上。將軍如有較大權宜處置或自由運用的權力,對皇權和王朝所可能造成的威脅,不言可喻。因此,從春秋戰國以來,中央集權官僚制逐漸形成以後,將軍是否有「君令有所不受」的權力一直是一個被熱烈討論的問題。漢代士大夫大體承襲戰國以來的議論,並從儒家經權之義,主張大夫出疆,有可以安社稷利國家者,則專之可也。

這種主張或理論在漢代曾造成若干形式上的影響,最少皇帝給將軍的詔令常標榜「權時之策,將軍一之;出郊之事,不復內御」。在特殊情況下,皇帝也常授予地方守令一切便宜之權。此外,也有不少例子顯示,官員有時即使未經授權,逕行便宜或矯制,結果不但未受懲罰,甚至功過相抵,反受褒賞。換言之,不論基於因應上實際的需要,或者在情勢上,天子對集權作了某種程度的讓步,便宜從事之制確實使得漢代行政在因循常軌之外有了彈性應變的可能。

不過,在天子集權的大前提之下,漢代便宜從事之權的授予與應用,

事實上似從未真正的制度化。第一、所有的便宜從事可考的事例都發生在特殊的情況下，而其中事先授權者似乎更多於先行後奏者。先行後奏，從制度上說，不但不允許，而且是犯了大罪。第二、即使經過授權，對權宜的權限也不見有明確的指示；官員臨事制宜不過本於「有利國家社稷者」這樣一個模糊的標準。第三、不論授權與否，官員對便宜從事的後果，應負什麼樣的責任，有什麼樣的保障（例如公孫遂受命便宜從事，卻為武帝所誅）或獎懲，都看不出有什麼制度上的規定，而幾乎都是因人因事而定。便宜從事不能制度化的癥結，其實就在這與天子集權的意願有根本上的衝突。

　　從便宜從事之未能制度化以及對因循故事的強調，已可看出漢代行政的基本傾向。造成這種傾向的原因又都和君主集權的基本要求有密不可分的關係。漢代君主雖然強調祖宗故事，以律令為尚，又好說經義，實則故事的約束力並非必然，律令乃天子之號令，經義不過緣飾，漢代行政運作極少絕對客觀、超然、制度性的依據。一切取決的關鍵，究其終極，乃在人主的心意。漢代人以「雷霆萬鈞，無不摧折」[19] 形容人主的威勢，豈不然哉？

　　後記：這是三十年前舊作，近年新出材料不少，研究更多。例如關於矯制，張家山二年律令簡中即有新資料，相關研究請參邢義田，〈張家山漢簡《二年律令》讀記〉，收入本書卷一，頁 171-226；孫家洲，〈再論矯制〉，收入社科院簡帛研究中心編，《張家山漢簡二年律令研究文集》（桂林：廣西師範大學出版社，2007），頁 226-237；孫家洲主編，《秦漢法律文化研究》第一章第一節（北京：中國人民大學出版社，2007），頁 7-24。

據〈漢代『故事』考述〉一文增補，原載《勞貞一先生八秩榮慶論文集》（1986），頁 371-424；原刊《秦漢史論稿》（1987），頁 333-410；96.1.10 訂補；105.2.11 再訂

19　《漢書‧賈山傳》「雷霆之所擊，無不摧折者；萬鈞之所壓，無不糜滅者。今人主之威，非特雷霆也；執重非特萬鈞也……震之以威，壓之以重，則雖有堯舜之智，孟賁之勇，豈有不摧折哉？」

附錄：兩漢書「故事」分類輯錄

凡例

一、本輯所收故事以見於《漢書》、《後漢書》者為限。

二、分類依徐天麟《東漢會要》

三、凡同一故事可繫於一類以上者，重複收入各類，俾省翻檢。唯所錄繁
簡略有不同。

目次

一、帝系

1.　漢家故事，常以列侯尚主。足下何憂不封侯乎？

（《漢書·外戚傳上》孝昭上官皇后條）

2.　初后父嘉自元帝時為大司馬車騎將軍輔政……即成帝立，復以陽平侯
王鳳為大司馬大將軍，與嘉並。杜欽以為故事皇后父重於帝舅……

（《漢書·外戚傳上》孝成許皇后條）

3.　又故事以特牛祀大父母，戴侯、敬侯皆得蒙恩以大牢祀，今當率如故
事，唯陛下哀之……今但損車駕及毋若未央宮有所發，遣賜衣物如故
事，則可矣……

（同上）

4.　（梁統子）竦有三男三女，肅宗納其二女，皆為貴人。小貴人生和帝，

竇皇后養以為子……永元九年，竇太后崩，松子扈遣從兄禮奏記三府，以為漢家舊典，崇貴母氏，而梁貴人親育聖躬，不蒙恩號，求得申義……於是追尊恭懷皇后。其冬制詔三公大鴻臚曰……朕不敢興事，覽於前世，太宗、中宗實有舊典（太宗，文帝也；中宗，宣帝也），追命外祖，以篤親親。　　　　　　　　　　（《後漢書・梁統傳》）

5.　又舊制：太子食湯沐十縣，設周衛交戟，五日一朝，因坐東廂，省視膳食。其非朝日，使僕、中允旦旦請問而已，明不媟黷，廣其敬也。

　　（《後漢書・班彪傳》李賢注引《漢官儀》曰：「皇太子五日一至臺，因坐東廂，省視膳食，以法制敕太官尚食宰吏。其非朝日，使僕、中允旦旦請問，明不媟黷，所以廣敬也。太子僕一人，秩千石；中允一人，四百石，主門衛徼巡。」）

6.　初，許后起微賤，登至尊日淺，從官車服甚節儉，五日一朝皇太后於長樂宮，親奉案上食，以婦道共養。及霍后立，亦修許后故事。

　　　　　　　　　　　　　　　　（《漢書・外戚傳上》孝宣霍皇后條）

7.　和帝葬後，宮人並歸園，太后賜周、馮貴人曰：「朕與貴託配後庭，共歡等列，十有餘年，不獲福祐，先帝早棄天下，孤心煢煢，靡所瞻仰……今當以舊典，分歸外園，慘結增歎……」

　　　　　　　　　　　　　　　　（《後漢書・皇后紀》和熹鄧皇后條）

8.　元始五年冬十二月丙午，帝崩於未央宮……詔曰：「……害於言語，故不及有遺詔。其出媵妾，皆歸家得嫁，如孝文時故事。」

　　　　　　　　　　　　　　　　　　　　　　（《漢書・平帝紀》）

二、禮

1.　漢舊制：三年一祫，毀廟主合食高廟。　　　　（《後漢書・張純傳》）

2.　禮威儀，每月朔旦，太史上其月曆，有司、侍郎、尚書見讀其令，奉行其政。朔前後各二日，皆牽羊酒至社下以祭日。日有變，割羊以祠社，用救日變。執事者冠長冠，衣皁單衣，絳領袖綠中衣，絳絝襪，以行禮，如故事。　　　　　　　　　　　　　（《續漢書・禮儀志》）

3.　凡齋，天地七日，宗廟、山川五日，小祠三日。齋日內有汙染、解

齋、副倅行禮，先齋一日，有汙穢災變，齋祠如儀。大喪，唯天郊越
紼而齋，地以下皆百日後乃齋，如故事。 （同上）

4. 至立秋，如故事。是日浚井改水，日冬至，鑽燧改火云。

（同上〈禮儀志中〉）

5. 建武元年，光武即位於鄗，為壇營於鄗之陽，祭告天地，采用元始中
郊祭故事。 （《續漢書·禮儀志上》）

6. （建武）二年正月初，制郊兆於雒陽城南七里，依鄗，采元始中故事。

（同上）

7. （建武）七年五月，詔三公曰：「漢當郊堯，其與卿大夫、博士議。」
時御史杜林上疏，以為「漢起不因緣堯，與殷周異宜，而舊制以高帝
配。方軍師在外，且可如元年郊祀故事。」上從之。 （同上）

8. 於是使謁者以一特牲於常祠泰山處，告祠泰山，如親耕、貙劉、先
祠、先農、先虞故事。 （同上）

9. 二十五日甲午，禪，祭地於梁陰，以高后配，山川群神從，如元始中
北郊故事。 （同上）

10. 北郊在雒陽城北四里，為方壇四陛。三十三年正月辛未，郊。別祀地
祇，位南面西上，高皇后配，西面北上，皆在壇上，地理群神從食，
皆在壇下，如元始中故事。 （同上〈郊祀志中〉）

11. 自永平中，以禮讖及月令有五郊迎氣服色，因采元始中故事，兆五郊
於雒陽四方。 （同上）

12. 元和二年……上至泰山，修光武山南壇兆。辛未，柴祭天地群神如故
事。 （同上）

13. 安帝即位，元初六年，以尚書歐陽家說，謂六宗者，在天地四方之
中，為上下四方之宗。以元始中故事，謂六宗易六子之氣日、月、雷
公、風伯、山、澤者為非是。三月庚辰，初更立六宗，祀於雒陽西北
戌亥之地，禮比作太社也。 （同上）

14. 延光三年，上東巡狩，至泰山，柴祭，及祠汶上明堂，如元和三年故
事（按：三年應作二年）。 （同上）

15. 平帝即位，年九歲。成帝母太皇太后稱制，而莽秉政。莽欲依霍光故事，以女配帝，太后意不欲也。 （《漢書·外戚傳》）

16. 有司奏：「故事：聘皇后黃金二萬斤，為錢二萬萬。」莽深辭讓，受四千萬而已。 （《漢書·王莽傳上》）

17. 悉依孝惠皇帝納后故事，（《集解》惠棟曰：「《續漢書》『如孝惠、孝平故事』」）聘黃金二萬斤，納采鴈璧乘馬束帛一如舊典。（李賢注引《漢（書）舊儀》：「聘皇后，黃金萬斤。呂后為惠帝娶魯元公主女，故特優其禮也。」《集解》引惠棟曰：「《漢雜事》云：『以黃金二萬斤，馬十二匹，元纁、穀璧以章典禮。』」按：《宋書·禮志一》；「漢高后制聘后黃金二百斤，馬十二匹，夫人金五十斤，馬四匹。」） （《後漢書·皇后紀》桓帝懿獻皇后條）

18. 正月朔旦，（東平王）蒼當入賀。故事：少府給璧（《集解》：「周壽昌曰：《禮儀志》：『歲首朝賀，公侯璧。』蔡邕《獨斷》云：『三公奉璧上殿。』又《決疑要注》云：『古朝會皆執贄，侯伯執珪，子男執璧。漢公卿以下所執如古禮茲云公侯璧，則無所為珪，但有璧而已。璧皆自備，惟藩王則由少府給之也。《續百官志》：少府掌中服御諸物衣服寶貨珍膳之屬。』東平王朝正，當是章帝建初七年。」）是時，陰就為府卿，貴驕，吏傲不奉法。蒼坐朝堂，漏且盡而求璧不可得。 （《後漢書·朱暉傳》）

19. 其每朔，唯十月旦從故事者，高祖定秦之月，元年歲首也。

（《續漢書·禮儀中》）

20. 舊事：歲終當饗遣衛士，（李賢注：「舊事：『衛士得代歸者，上親饗焉。』《前書》〈蓋寬饒傳〉曰：『歲盡交代，上臨饗罷衛卒是也。』」）大儺逐疫。太后以陰陽不合，軍旅數興，詔饗會勿設戲作樂，減逐疫侲子之半，悉罷象、橐駝之屬，豐年復故。 （《後漢書·皇后紀》和熹鄧皇后條）

21. 中元二年二月戊戌帝崩……遺詔曰：「朕無益百姓，皆如孝文皇帝制度，務從約省。刺史、二千石長吏皆無離城郭，無遣吏及因郵奏。」

（《後漢書·光武帝紀》，按：《東觀漢紀》卷一「制度」作「舊制」）

22. 永平十六年……秋八月壬子，帝崩……帝初作壽陵，制令流水而已。石槨廣一丈二尺，長二丈五尺，無得起墳。萬年之後，埽地而祭，杅

水脯糒而已。過百日,唯四時設奠。置吏卒數人供給灑埽,勿開修道。敢有所興作者,以擅議宗廟法從事。帝遵奉建武制度,無敢違者。

(《後漢書‧顯宗孝明帝紀》)

23. 章和二年春正月……壬辰,帝崩……遺詔無起寢廟,一如先帝法制。

(《後漢書‧肅宗孝章帝紀》)

24. 登遐,皇后詔三公典喪事。百官皆衣白單衣。白幘不冠。閉城門、宮門。近臣中黃門持兵、虎賁、羽林、郎中署皆嚴宿衛,宮府各警,北軍五校繞宮屯兵,黃門令、尚書、御史、謁者晝夜行陳。三公啟手足色膚如禮。皇后、皇太子哭踊如禮。沐浴如禮。守宮令兼東園匠女執事,黃綿、緹繒、金縷、玉柙如故事。飯唅珠玉如禮。槃冰如禮。百官哭臨殿下。是日夜,下竹使符告郡國二千石、諸侯王。竹使符到,皆伏哭盡哀,小斂如禮。東園匠考工令奏東園秘器,表裡洞赤,虛文日、月、鳥、龜、龍、虎、連璧、偃月、牙檜梓宮如故事。大斂于兩楹之間。五官、左右虎賁、羽林五將,各將所部,執虎賁戟,屯殿端門陛左右廂,中黃門持兵陛殿上。夜漏,群臣入。晝漏上水,大鴻臚設九賓,隨立殿下。謁者引諸侯王立殿下,西面北上;宗室諸侯、四姓小侯在後,西面北上。治禮引三公就位,殿下北面;特進次中二千石;列侯次二千石;六百石、博士在後,群臣陪位者皆重行,西上。位定,大鴻臚言具,謁者以聞。皇后東向,貴人、公主、宗室婦女以次立後;皇太子、皇子在東,西向;皇子少退在南,北面:皆伏哭。大鴻臚傳哭,群臣皆哭。三公升自阼階,安梓宮內珪璋諸物,近臣佐如故事。嗣子哭踊如禮。東園匠、武士下釘衽,截去牙。太常上太牢奠,太官食監、中黃門、尚食次奠,執事者如禮。太常、大鴻臚傳哭如儀。

(《續漢書‧禮儀下》「大喪」)

25. 故事:百官五日一會臨,故吏二千石、刺史、在京都郡國上計掾史皆五日一會。天下吏民發喪臨三日。先葬二日,皆旦晡臨。既葬,釋服,無禁嫁娶、祠祀。佐史以下,布衣冠幘,絰帶無過三寸,臨庭

中。武吏布幘大冠。大司農出見錢穀，給六丈布直。以葬，大紅十五日，小紅十四日，纖七日，釋服。部刺史、二千石、列侯在國者及關內侯、宗室長吏及因郵奉奏，諸侯王遣大夫一人奉奏，弔臣請驛馬露布，奏可。　　　　　　　　　　　　　　　（《續漢書‧禮儀下》「大喪」）

26. 章帝臨崩，遺詔無起寢廟，廟如先帝故事。和帝即位，不敢違，上尊號曰肅宗。後帝承尊（《集解》：「先謙曰：『後帝承尊，《獨斷》作「是後遵承」。是此文遵亦尊之誤』」），皆藏主於世祖廟……。

　　　　　　　　　　　　　　　　　　　　　（《續漢書‧祭祀下》）

27. 沖、質帝皆小崩，梁太后攝政，以殤帝故事，就陵寢祭。　　　（同上）

28. （宣帝時，八月飲酎，行祠孝昭廟）故事，上常夜入廟，（因人謀為逆）其後待明而入，自此始也。　　　　　　（《漢書‧儒林傳》梁丘賀條）

29. 故事：近臣皆隨陵為園郎。　　　　　　　　　（《漢書‧金日磾傳》）

30. 和平元年，梁太后崩，乃就博陵，遵后為孝崇皇后，遣司徒持節奉策授璽綬齎乘輿器服，備法物，宮曰永樂，置太僕、少府以下皆如長樂宮故事。（《後漢書‧皇后紀》孝崇匽皇后條。李賢注引《漢官儀》曰：「帝祖母稱長信宮，帝母稱長樂宮，故有長信少府、長樂少府及職吏皆宦者為之」。）

31. 諸侯王、列侯、始封貴人、公主薨，皆令贈印璽，玉柙，銀縷、長公主銅縷；諸侯王、貴人、公主、公、將軍進皆賜器，官中二十四物，使者治喪，穿作柏槨，百官會送，如故事。　　（《續漢書‧禮儀下》）

32. （翟）方進即日自殺。（如淳曰：「《漢儀注》：『有天地大變，天下大過，皇帝使侍中持節乘四白馬，賜上尊酒十斛，牛一頭，策告殃咎。使者去半道，丞相即上病。使者還，未白事，尚書以丞相不起病聞。』」）上祕之，遣九卿冊贈，以丞相高陵侯印綬賜乘輿祕器，少府供張，柱檻皆衣素，天子親臨弔者數至，禮賜異於它相故事。（師古曰：「《漢舊儀》云：『丞相有疾，皇帝法駕親自問疾，從西門入。即薨，移居第中，車駕往弔，贈官，棺斂具賜錢葬地。葬日，公卿以下會葬焉。』」）　　　　　（《漢書‧翟方進傳》）

33. 舊制：公卿、二千石、刺史不得行三年喪。　　　（《漢書‧劉般傳》）

34. （建武）二十年，漢病篤……及薨，有詔悼愍，賜諡曰忠侯，發北軍五

校輕車介士送葬，如大將軍霍光故事。（李賢注曰：「〈霍光傳〉云：『以北軍五校尉輕車介士載尸以輼輬車，黃屋左纛，軍陳至茂陵。不以南軍者重之也。』」）　　　　　　　　　　　　　　　　　　　　　（《漢書·吳漢傳》）

35. 及卒，愍悼之尤甚。遵喪至河南縣，詔遣百官先會喪所，車駕素服臨之，望哭哀慟……喪禮成，復觀祠以太牢，如宣帝臨霍光故事。（李賢注：「霍光薨，宣帝及上官太后親臨光喪。使太中大夫任宣，侍御史五人持節護喪事。《東觀記》曰：『時下宣帝臨霍將軍儀，令公卿讀視，以為故事。』」）

三、輿服

1. 舊典：傳車驂駕，垂赤帷裳（《集解》引惠棟曰：「《風俗通》：『今刺史行部，號傳車。』」《魏志》云：「漢刺史稱傳車，其吏言從事，居無常治。」《續志》：「大使車立乘駕駟，赤帷持節者重導。」）迎於州界。及琮之部，升車言曰：刺史當遠廣視聽，糾察美惡，何有反垂帷裳，以自掩塞乎？乃命御者褰之。　　　　　　　　　　　　　　　　　　　　　　　　　　（《後漢書·賈琮傳》）

四、文學

1. 建初四年……於是下太常，將、大夫、博士、議郎、郎官及諸生。諸儒會白虎觀，講議五經異同，使五官中郎將魏應承制問，侍中淳于恭奏，帝親稱制臨決，如孝宣甘露石渠故事。（李賢注：前書甘露二年詔諸儒講五經異同，蕭望之平其奏議，上稱制臨決焉。又曰：「施讎甘露中論五經於石渠閣。」《三輔故事》曰：「石渠閣在未央殿北，舊藏書之所」）作白虎奏議。　　　　　　　　　　　　　　　　　　　　　（《後漢書·肅宗孝章帝紀》）

2. 漢之舊典，世有注記。（《集解》引惠棟曰：「〈藝文志〉漢著記百九十卷；〈五行志〉凡漢著記十二世二百一十二年。谷永言災異有八世著記，久不塞除之語。荀悅有復內外注記之說云：『先帝故事有起居日用動靜之節，必書焉。宜復其式，內史掌之，以紀內事。』」）　　　（《後漢書·皇后紀》和熹鄧皇后條）

3. 終又言：宣帝博徵群儒，論定五經於石渠閣，方今天下少事，學者得成其業，而章句之徒，破壞大體，宜如石渠故事，永為後世則。於是

詔諸儒於白虎觀論考同異焉。　　　　　　　　　　　　（《後漢書‧楊終傳》）

4. 建初中，大會諸儒於白虎觀，考詳同異，連月迺罷，肅宗親臨稱制，
   如石渠故事。　　　　　　　　　　　　　　　　　　（《後漢書‧儒林傳》）

5. 時京師會諸儒於白虎觀，講論五經同異，使應專掌難問，侍中淳于恭
   奏之，帝親臨稱制，如石渠故事。　　　　　　（《後漢書‧儒林傳》魏應條）

五、封建

1. 故事：諸侯王獲罪京師，罪惡輕重，縱不伏誅，必蒙遷削貶黜之罪。
   　　　　　　　　　　　　　　　　　　　（《漢書‧宣元六王傳》淮陽憲王條）

2. 以博代光為丞相，封陽鄉侯，食邑二千戶，博上書曰：「故事：『封丞
   相不滿千戶』，而獨臣過制，成慚懼，願還千戶。」上許焉。
   　　　　　　　　　　　　　　　　　　　　　　　　　（《漢書‧朱博傳》）

3. 漢家舊制，丞相拜日封為列侯（李賢注曰：「漢自高祖以列侯為丞相，武帝
   以元勳佐命，皆盡拜。公孫弘為丞相，封平津侯，因以為故事。」《集解》引惠
   棟曰：「王符《潛夫論》云：『孝武皇帝，封爵丞相，以褒有德，後亦承之，建
   武乃絕。』」）　　　　　　　　　　　　　　　　　　（《後漢書‧侯霸傳》）

4. 詔曰：「大將軍憲，前歲出征，克滅北狄，朝加封賞，固讓不受。舅
   氏舊典，並蒙爵士（李賢注：「西漢故事，帝舅皆封侯」），其封憲冠軍侯，
   邑二萬戶。」　　　　　　　　　　　　　　　　　　（《後漢書‧竇憲傳》）

5. 時恩澤諸侯以無勞受封，群臣不悅而莫敢諫。典獨奏曰：「夫無功而
   賞，勞者不勸，上忝下辱，亂象干度。且高祖之誓，非功臣不封。宜
   一切削免爵土，以存舊典。」帝不從。（李賢曰：「《史記》〈功臣侯表〉曰：
   『高祖與功臣約曰：「非劉氏不王，非有功不侯。不如是，天下共擊之。」』」）
   　　　　　　　　　　　　　　　　　　　　　　　　（《後漢書‧趙典傳》）

6. 舊典：諸王女皆封鄉主，乃獨封蒼五女為縣公主。
   　　　　　　　　　　　　　　　　　　（《後漢書‧光武十王傳》東平憲王蒼條）

7. 和帝遵肅宗故事，兄弟皆留京師。
   　　　　　　　　　　　　　　　　　　（《後漢書‧章帝八王傳》濟北惠王壽條）

六、職官

1. 舊儀：三公領兵朝見，令虎賁執刃挾之。（曹）操出，顧左右，汗流浹背。
   （《後漢書・皇后紀》獻帝伏皇后條）

2. 弘少為鄉嗇夫，太守第五倫行春，見而深奇之，召署都郵，舉孝廉……元和元年（鄭弘）代鄧彪為太尉，時舉將第五倫為司空，班次在下。每正朔朝見，弘曲躬而自卑。帝問知其故，遂聽置雲母屏風，分隔其間。由此以為故事。
   （《後漢書・鄭弘傳》）

3. 舊制：州牧二千石長吏不任位者，事皆先下三公。三公遣掾史案驗，然後黜退。帝時用明察，不復委任三府，而權歸刺舉之吏。
   （《後漢書・朱浮傳》）

4. 敞備數股肱，職典賊曹，故欲親至發所，以糾其變，而二府以為故事：三公不與盜賊。（李賢注：「敞在太尉府，二府謂司徒、司空。丙吉為丞相，不案事，歲為故事，見〈馬防傳〉也。」）
   （《後漢書・何敞傳》）

5. 漢世故事，三公之職，無所不統。
   （《後漢書・楊秉傳》）

6. 漢典舊事，丞相所請，靡有不聽；今之三公，雖當其名，而無其實。
   （《後漢書・陳忠傳》）

7. 吉本起獄法小吏……及居相位，上寬大，好禮讓。掾吏有罪，臧不稱職，輒予長休告，終無所案驗。客或謂吉曰：「君侯為漢相，姦吏成其私，然無所懲艾。」吉曰：「夫以三公之府，有案吏之名，吾竊陋焉。」後人代吉，因以為故事。公府不案吏自吉始。
   （《漢書・丙吉傳》）

8. 故事：丞相病，明日，御史大夫輒問病。朝奏事，會庭中，差居丞相後，丞相謝，大夫少進，揖。
   （《漢書・蕭望之傳》）

9. 宣為相，府辭訟例，不滿萬錢，不為移書，後皆遵用薛侯故事（《補注》引沈欽韓曰：《潛夫論》〈愛日〉篇：「郡縣既加冤枉，州司不治，遠詣公府。公府不能昭察真偽，但欲罷以久困之資，故猥說一科，令此注百日，乃為移書。其不滿百日，輒更造數（字有訛），甚違邵伯訟棠之義。」又云：「公府不能察，

而苟欲以錢刀課之，則貧弱少貨者，終無以，曠旬滿祈，豪富饒錢者，取客使往，可盈千日，非徒百也。」觀王氏所論，則知公府理訟，例納錢貨，又須百日，乃傳證決遣也。納錢者，亦周官鈞金束矢之遺意，而其弊至於小民無告。沿及東京，猶循其故。宣之相業可鄙矣。）　　　　　　　（《漢書·薛宣傳》）

10. 有詔假謁者節，召丞相詣掖庭詔獄。使者既到府，掾吏涕泣，共和藥進嘉，嘉不肯服。主簿曰：「將相不對理陳冤，相踵以為故事。」（《補注》先謙曰：「自周勃繫獄，賈誼以為言。文帝以此待大臣有節。將相有罪，皆自殺不受刑。然景帝時周亞夫，武帝時公孫賀、劉屈氂猶下獄死。相踵以為故事，言其概也。理，獄也。言大臣縱有冤，不對獄以自陳。」）

（《漢書·王嘉傳》）

11. 以博代光為丞相，封陽鄉侯，食邑二千戶。博上書曰：「故事：封丞相不滿千戶，而獨臣過制，誠慚懼，願還千戶。」上許焉。

（《漢書·朱博傳》）

12. 方進即日自殺。（如淳曰：「《漢儀注》：有天地大變，天下大過，皇帝使侍中持節乘四白馬，賜上尊酒十斛，牛一頭，策告殃咎。使者去半道，丞相即上病。使者還，未白事，尚書以丞相不起病聞。」）上秘之，遣九卿贈冊，以丞相高陵侯印綬賜乘輿秘器，少府供張，柱檻皆衣素。天子親臨弔者數至，禮賜異於它相故事。（師古曰：「《漢舊儀》云：『丞相有疾，皇帝法駕親自問疾，從西門入，即薨，移居第中，車駕往弔，贈棺、棺殮具，賜錢、葬地。葬曰，公卿以下會葬焉。』」）　　　　　（《漢書·翟方進傳》）

13. 漢家舊制，丞相拜日封為列侯。（李賢注：「漢自高祖以列侯為丞相，武帝以元勳佐命，皆盡拜公孫弘為丞相，封平津侯，因以為故事。」《集解》引惠棟曰：「王符《潛夫論》云：『孝武皇武，封爵丞相，以褒有德，後亦承之，建武乃絕。』」）　　　　　　　　　　（《後漢書·侯霸傳》）

14. 元朔中，代薛澤為丞相。先是，漢常以列侯為丞相，唯弘無爵。上於是下詔曰：「朕嘉先聖之道，開廣門路，宣招四方之士，蓋古者任賢而序位，量能以授官……其以高成之平津鄉戶六百五十封丞相弘為平津侯。」其後以為故事，至丞相封，自弘始也。　　（《漢書·公孫弘傳》）

15. 故事：州郡所舉上，奏司直，察能否，以懲虛實。今宜加防檢，式遵前制。舊：丞相、御史親治職事，唯丙以年老，優游不案吏罪，於是宰府習以為常俗。 　　　　　　　　　　　　　　　　　　　（《後漢書・馬嚴傳》）

16. 故事：選郡國守相高第為中二千石；選中二千石為御史大夫，任職者為丞相。位次有序，所以尊聖德，重國相也。……臣愚以為大司空官可罷，復置御史大夫為百官僚率。哀帝從之，迺更拜博為御史大夫。 　　　　　　　　　　　　　　　　　　　　　　　　　（《漢書・朱博傳》）

17. 大司馬車騎將軍王音，內領尚書，外典兵馬，踵故選置從事中郎。(師古曰：「踵，猶躡也，言承躡故事也。」) 　　　　（《漢書・毋將隆傳》）

18. 舊：大將軍位在三公下，置官屬依太尉。(李賢注：「《續漢志》：太尉長史千石，掾屬二十四人，令史及御屬二十二人。」) 　　（《後漢書・竇憲傳》）

19. 舊制：驃騎將軍官與大司馬相兼也。乃以吳漢為大司馬，而拜丹為驃騎大將軍。 　　　　　　　　　　　　　　　　　（《後漢書・景丹傳》）

20. 驃騎將軍東平主蒼……正月朔旦，蒼當入賀。故事：少府給璧。是時陰就為府卿貴驕。吏傲不奉法。蒼坐朝堂，漏且盡而求璧不可得。 　　　　　　　　　　　　　　　　　　　　　　　　　（《後漢書・朱暉傳》）

21. 故事：公卿病，輒賜告。至永獨即時免。 　　　（《漢書・谷永傳》）

22. 又二千石病，賜告得歸，有故事；不得去郡，亡著令。 　　　　　　　　　　　　　　　　　　　　　　　　　（《漢書・馮野王傳》）

23. 舊制：公卿、二千石、刺史不得行三年喪。由是內外眾職並廢喪禮。 　　　　　　　　　　　　　　　　　　　　　　　　　（《後漢書・劉般傳》）

24. 故事：百官五日一會臨。故吏二千石、刺史在京都郡國上計掾史皆五日一會。 　　　　　　　　　　　　　　　　　（《續漢書・禮儀下》）

25. 遷琅邪太守。齊郡舒緩養名，博新視事，右曹掾史皆移病臥。博問其故，對言：「惶恐，故事：二千石新到，輒遣吏存問致意，迺敢起職。」博奮髯抵几曰：「觀齊兒欲以此俗邪？」 　　　（《漢書・朱博傳》）

26. 舊典：二千石卒官，賻百萬。 　　　　　　　（《後漢書・羊續傳》）

27. 貢禹為御史大夫，除豐為屬，舉侍御史。元帝擢為司隸校尉，刺舉無

所避……時侍中許章以外屬貴幸，奢淫不奉法度……適逢許侍中私出，豐駐車舉節，詔章曰：「下」，欲收之。章迫窘，馳車去。豐追之，許侍中因得入宮門，自歸上。豐亦上奏，於是收豐節。司隸去節，自豐始。　　　　　　　　　　　　　　　　　（《漢書‧諸葛豐傳》）

28. 部刺史奉使典州督郡國，吏民安寧。故事：居部九歲，舉為守相。其有異材功效者，輒登擢。　　　　　　　　　　　　　　　（《漢書‧朱博傳》）

29. 故事：司隸校尉位在司直下。初除，謁兩府（師古曰：「丞相及御史也」）。其有所會，居中二千石前，與司直並迎丞相、御史。
　　　　　　　　　　　　　　　　　　　　　　　　（《漢書‧翟方進傳》）

30. 中元元年，拜司隸校尉，詔昱詣尚書，使封胡降檄。光武遣小黃門問是否有所怪不？對曰：「臣聞故事：通官文書不著姓，又當司徒露布。怪使司隸下書而著姓也。」（李賢注：「《漢官儀》曰：『群臣上書，公卿校尉諸將不言姓。凡制書皆璽封，尚書令重封，唯赦贖令司徒印，露布州郡也。』」《集解》引惠棟曰：「注言赦令，贖令司徒印封也。」）　（《後漢書‧鮑昱傳》）

31. 故事：尚書郎以令史久缺補之，世祖始改用孝廉為郎，以孝廉丁邯補焉。　　　　　　　　　（《續漢書‧百官志》尚書條《補注》引《決錄注》）

32. 竊見國家故事，尚書以久次轉遷，非有踔絕之能，不相踰越。
　　　　　　　　　　　　　　　　　　　　　　　　（《漢書‧孔光傳》）

33. 郎官故事：令郎出錢市財，用給文書，迺得出，名曰山郎。（張晏曰：「山，財用之所出，故取名焉。」《補注》引錢大昭曰：「此郎非尚書郎，是宿衛郎。」）移病盡一日輒償一沐，或至歲餘不得沐。
　　　　　　　　　　　　　　　　　　　　　　　　（《漢書‧楊敞傳》）

34. 舊制：九州五尚書，令一郡二人。（李賢注：「蓋舊制九州共選五人以任尚書，令則一郡乃有二人……」《集解》先謙曰：「官本注令改今。」引劉放曰：「案正文令合作今。尚書令不可有五人。若言令，一郡二人，又無義，改作今乃與注合。」）　　　　　　　　　　　　　　　　　　　　　（《後漢書‧伏湛傳》）

35. 故事：尚書希下章，為煩擾百姓，證驗繫治，或死獄中，章文必有「敢告之」字，迺下。（師古曰：「所以丁寧告者之辭，絕其相誣也。」《補注》

先謙曰：「胡注：『此乃防其誣告。』」）　　　　　　　　　（《漢書・王嘉傳》）

36. 舊制：尚書郎限滿，補縣長、令、史、丞尉。（《集解》引惠棟曰：「《漢官儀》云：『尚書臺初入臺為郎中，滿歲為侍郎，五歲遷為大縣令也』」）弘奏以為臺職雖尊，而酬賞甚薄，至於開選，多無樂者，請使郎補千石令史為長。帝從其議。弘前後所陳有補益王政者，皆著之南官，以為故事。（《集解》引惠棟曰：「謝承書自序云：『承父暖為尚書郎，每讀高祖及光武之後將相名臣策文通訓條在南官，祕于省閣，為臺郎升複道，取急因得開覽。案弘所陳事，詳見袁宏記。』」）　　　　　　　　　（《後漢書・鄭弘傳》）

37. 又故事：諸上書者皆為二封，署其一曰副，領尚書者先發副封，所言不善，屏去不奏。相復因許伯白，去副封以防雍蔽，宣帝善之。

（《漢書・魏相傳》）

38. （永平十三年）夏，渠成，帝親自巡行。詔濱河郡國置河隄員吏，如西京舊制。　　　　　　　　　　　（《後漢書・循吏傳》王景條）

39. 遵放縱不拘……公府掾吏皆羸車小馬，不上鮮明，而遵獨極輿馬衣服之好。門外車騎交錯，又日出醉歸，曹事數廢。西曹以故事適之。（師古曰：「案舊法令而罰之也。」）侍曹輒詣寺舍白遵曰：「陳卿今日以某事適。」遵曰：「滿百乃相聞。」故事：有百適者，斥。滿百，西曹白請斥。　　　　　　　　　　　　　　　　（《漢書・游俠傳》陳遵條）

40. 武帝時，禹以刀筆吏積勞，遷為御史，上以為能，至中大夫。與張湯論定律令，作見知。吏傳相監司以法，盡自此始。（《補注》引沈欽韓曰：「謂所部屬吏有罪，坐其長上也。」先謙曰：「傳同轉，司同伺，盡自此始，於文不詞。」《史記》作吏傳得相監司，用法益刻，蓋自此始。盡是蓋之形近誤字。）　　　　　　　　　　　　　　　　　（《漢書・酷吏傳》趙禹條）

41. 臣案國舊典，宦豎之官，本在給使省闥，司昏守夜。而今猥受過寵，執政操權。　　　　　　　　　　　　　　　（《後漢書・楊秉傳》）

42. 舊典：中官子弟不得為牧人職。　　　　　　　　（《後漢書・馮緄傳》）

43. 舊典：中官子弟不得居位秉執。　　　　　　　　（《後漢書・楊秉傳》）

44. 武乃白太后曰：「故事：黃門常侍但給事省內，典門戶，主近署財物

耳。今乃使與政事而任權重。子弟布列，專為貪暴……宜悉誅廢，以清朝廷。」太后曰：「漢來故事世有，但當誅其有罪，豈可盡廢邪？」

（《後漢書·竇武傳》）

45. 遂與詔定籌策，而以其計白太后。太后不聽，曰：「中官統領禁省，自古及今，漢家故事，不可廢也……。」　　　　　（《後漢書·何進傳》）

46. （唐）衡卒，亦贈車騎將軍，如（單）超故事。

（《後漢書·宦者傳》單超條）

47. 舊制：益州部置蠻夷騎都尉，幽州部置領烏桓校尉，涼州部置護羌校尉。皆持節領護，理其怨結，歲時循行，問其所苦。又數遣使，驛通動靜，使塞外羌夷為吏耳目。　　　　　（《後漢書·西羌傳》）

48. 時北單于遣使貢獻，欲求和親，詔問群僚……固議曰：「……自建武之世，復修舊典，數出重使，前後相繼……臣愚以為宜依故事，復遣使，上可繼五鳳、甘露致遠人之會，下不失建武、永平羈縻之義。」

（《後漢書·班固傳》）

49. 建武二十六年春正月，詔有司增百官奉。其千石以上減於西京舊制，六百石以下增於舊秩。（李賢注：《續漢志》曰「大將軍、三公奉月三百五十斛，秩中二千石奉月百八十斛，二千石月百二十斛，比二千石月百斛，千石月九十斛，比千石月八十斛，六百石月七十斛，比六百石月五十五斛，四百石月五十斛，比四百石月四十五斛，三百石月四十斛，比三百石月三十七，二百石月三十斛，比二百石月二十七斛，百石月十六斛，斗食月十一斛，佐史月八斛。凡諸受奉，錢穀各半。」）　　　　　（《後漢書·光武帝紀》）

50. 王莽秉政，（龔）勝與（邴）漢俱乞骸骨。自昭帝時，涿郡韓福以德行徵至京師，賜策書、束帛遣歸。詔曰：「朕閔勞以官職之事，其務修孝弟，以教鄉里。行道舍傳舍，縣次具酒食從者及馬。長吏以時存問。常以歲八月賜羊一頭，酒二斛。不幸死者，賜複衾一，祠以中牢。」於是王莽依故事，白遣勝、漢策曰：「惟元始二年六月庚寅，光祿大夫、太中大夫耆艾二人以老病罷，太皇太后使謁者僕射策詔之曰：『蓋聞古者有司年至則致仕，所以恭讓而不盡其力也。今大夫年

至矣。朕愍以官職之事煩大夫，其上子若孫若同產，同產子一人，大夫其修身守道以終高年。賜帛及行道舍宿，歲時羊、酒衣衾皆如韓福故事。』」　　　　　　　　　　　　　　　　　（《漢書‧兩龔傳》）

51. 地節三年（韋賢）以老病乞骸骨，賜黃金百斤，罷歸，加賜弟一區。丞相致仕自賢始。　　　　　　　　　　　　　　（《漢書‧韋賢傳》）

52. 和帝初，張酺上言：「……故州牧刺史入奏事，所以通下問知外事也。數十年以來，重其道歸煩撓，故時止勿奏事，今因以為故事。臣愚以為刺史視事滿歲，可令奏事如舊典。」

　　　　　　　　　　　（《續漢志‧百官五》李賢注引《東觀記》）

七、選舉

1. 舊典：選舉委任三府。三府有選參議掾屬，咨其行狀，度其器能，受試任用，責以成功。若無可察，然後付之尚書。尚書舉劾，請下廷尉，覆按虛實，行其誅罰。　　　　　　（《後漢書‧宦者傳》呂強條）

2. 舊制：光祿舉三署郎。以高功久次，才德尤異者為茂才四行（《集解》引惠棟曰：「應劭《漢官儀》云：『三署郎有行應四科者，歲舉茂才二人，四行二人；三署謂五官署也，左右署也。』」）　　　　（《後漢書‧黃琬傳》）

3. （永元七年）夏四月辛亥朔……詔曰：「元首不明，化流無良，政失於民，譴見於天。深惟庶事，五教在寬，是以舊典，因孝廉之舉，以求其人。有司詳選郎官，寬博有謀，才任典城者三十人。」

　　　　　　　　　　　　　　　（《後漢書‧孝和孝殤帝紀》）

4. 故事：孝廉高第，三公尚書輒優之，特勞來其舉將。

　　　　　　　　　　　（《後漢書‧胡廣傳》李賢注引《續漢書》）

5. 又舊：任三府選令史（《集解》引惠棟曰：「《漢舊儀》云：『丞相歲舉令史秀才一人』」），光祿試尚書郎。　　　　　（《後漢書‧李固傳》）

6. 穆既深疾宦官……乃上疏曰：「案漢故事：中常侍參選士人。建武以後，乃悉用宦者……愚臣以為可悉罷省，遵復往初，率由舊章。更選海內清淳之士，明達國體者以補其位……」帝不納。後穆因進見，口

復陳曰：「臣聞漢家舊典，置侍中、中常侍各一人，省尚書事，黃門侍郎一人，傳發書奏，皆用姓族（李賢注：「引用士人有族望者」）。……」

（《後漢書·朱穆傳》）

7. 故事：選郡國守相高第為中二千石，選中二千石為御史大夫，任職者為丞相，位次有序，所以尊聖德，重相國也。　　（《漢書·朱博傳》）

8. 舊事：策試博士，必廣求詳選，爰自畿夏，延及四方，是以博舉明經，唯賢是登。　　（《後漢書·朱浮傳》）

9. 中都官，千石，六百石，故事先守一歲，然後補真。

（《後漢書·李固傳》李賢注引《續漢書》）

八、民政

1. （永元十三年）九月壬子詔曰：「荊州此歲不節，今茲淫水為害……其令天下半入今年田租、芻稾；有宜以實除者，如故事。貧民假種食，皆勿收責。」　　（《後漢書·孝和孝殤帝紀》）

2. 成都民物豐盛，邑宇逼側。舊制：禁民夜作，以防火災。

（《後漢書·廉范傳》）

3. 永平之初，連年水旱災異，郡國多被饑困，準上疏曰：「……伏見被災之郡，百姓凋殘……可依征和元年故事，（李賢注：「武帝征和元年詔曰：『當今務在禁苛暴，止擅賦，力本農桑，無乏武備而已。』」《集解》：「《通鑑》胡注：『案此乃征和四年詔也，征和元年當有遣使慰安故事。』」）遣使持節慰安尤困乏者，徙置荊揚孰郡。」　　（《後漢書·樊準傳》）

4. 永康元年，願徙屬弘農華陰。舊制：邊人不得內移。唯奐因功，特聽。　　（《後漢書·張奐傳》）

九、食貨

1. 時大司農中丞耿壽昌……五鳳中奏言：「故事：歲漕關東穀四百萬斛給京師，用卒六萬人。宜糴三輔、弘農、河東、上黨、太原郡穀足供京師，可以省關東漕卒過半。」　　（《漢書·食貨志上》）

2. 自禹在位，數言得失，書數十上。禹以為古民亡賦算口錢，起武帝征
伐四夷，重賦於民，民產子三歲則出口錢……宜令兒七歲去齒乃出口
錢，年二十乃算……天子下其議，令民產子七歲乃出口錢，自此始。

（《漢書‧貢禹傳》）

3. （建武六年）十二月癸巳詔曰：「頃者師旅未解，用度不足，故行什一
之稅。今軍士屯田，糧儲差積，其令郡國收見田租三十稅一，如舊
制。」（李賢注：「景帝二年令人田租三十稅而一。今依景帝，故云舊制。」）

（《後漢書‧光武帝紀》）

4. （章和二年夏四月）戊寅詔曰：「昔孝武皇帝致誅吳越，故權收鹽鐵之
利……先帝即位，務休力役，然猶深思遠慮，安不忘危，探觀舊典，
復收鹽鐵，欲以防備不虞，寧安邊境，而吏多不良，動失其便，以為
上意，先帝恨之。故遣戒郡國，罷鹽之禁，縱民煮鑄，入稅縣官如故
事。其申敕刺史、二千石奉順聖旨，勉弘德化，布告天下，使明知朕
意。」

（《後漢書‧孝和孝殤帝紀》）

5. 舊：南海獻龍眼、荔枝、十里一置、五里一候，奔騰阻險、死者繼
路。

（《後漢書‧孝和孝殤帝紀》）

6. 及秦惠王并巴中，以巴氏為蠻夷君長，世尚秦女，其民爵比不更，有
罪得以除爵。其君長歲出賦二千一十六錢，三歲一出義賦八百錢；其
民戶出幏布八丈二尺，雞羽三十鏃。漢興，南郡太守靳彊請一依秦時
故事。至建武二十三年，南郡潳山蠻遷等始反叛。

（《後漢書‧南蠻西南夷傳》）

十、兵

1. 舊事：歲終當饗遣衛士，（李賢注：「舊事：衛士得代歸者，上親饗焉。《前
書》〈蓋寬饒傳〉曰：『歲盡交代，上臨饗，罷衛卒』是也」）大儺逐疫。太后
以陰陽不和，軍旅數興，詔饗會勿設戲作樂，減逐疫儌子之半，悉罷
象、橐駝之屬，豐年復故。 （《後漢書‧皇后紀》和熹鄧皇后條）

2. 初，禁網尚簡，但以璽書發兵，未有虎符之信。詩上疏曰：「臣聞兵

者，國之凶器，聖人所慎。舊制：發兵皆以虎符，其餘徵調，竹使而已。符策合會，取為大信，所以明著國命，斂持威重也。」

（《後漢書・杜詩傳》）

3. 刺史臧旻舉為茂才，除高成令。縣在邊垂。舊制：令戶一人具弓弩，（《集解》引惠棟曰：「崔豹《古今注》云：『伍伯一曰戶伯。漢制兵吏五人一戶，竈置一伯，漢諸公行，則戶伯率其伍以導引也』」）以備不虞，不得行來。（李賢注：「行來，猶往來也。」）

（《後漢書・陸康傳》）

4. 遷為雲中太守。會匈奴大入塞，烽火日通。故事：虜人過五千人，（《集解》：「劉攽曰：『案文上人當作入』」）移書傍郡。（《集解》：引惠棟曰：「《東觀記》：『故事：虜出度五千人，乃移書傍郡求助，吏曰今虜兵度出五千，請移警檄』」）吏傳檄求助，范不聽，自率士卒拒之。

（《後漢書・廉范傳》）

5. 軍營久出無功，有廢農桑，乃詔任尚將吏兵還屯長安，罷遣南陽、潁川、汝南吏士。置京兆虎牙都尉於雍，如西京三輔都尉故事。

（《後漢書・西羌傳》）

6. 憲等卒當以四月旦交代。故事：候長將當罷卒詣官。

（《居延新簡》EPT65：37）

十一、刑法

1. 又公卿朝會，陛下問以得失。皆長跪言舊制大罪，禍及九族。（《集解》引惠棟曰：「漢律云：大逆不道，父母妻子同產皆棄市。」《尚書歐陽夏侯說》云：「九族：父族四，母族三，七族二，故云九族。」）陛下大恩，裁止於身，天下幸甚。

（《後漢書・寒朗傳》）

2. 和帝末，下令麥秋得案驗薄刑，而州郡好以苛察為政，因此遂盛夏斷獄。恭上疏諫曰：「……舊制：至立秋乃行薄刑。自永元十五年以來，改用孟夏……上逆時氣，下傷農業……」初，肅宗時，斷獄皆以冬至之前，自後論者互多駁異。鄧太后詔公卿以下會議。恭議奏曰：「……可令疑罪使詳其法，大辟之科，盡冬月乃斷，其立春在十二月中者，

勿以報囚如故事。」後卒施行。　　　　　　　　　　　　（《後漢書‧魯恭傳》）

3. 肅宗初，為尚書。是時承永平故事，吏政尚嚴切，尚書決事，率近於重。寵以帝新即位，宜改前世苛俗……帝敬納寵言……漢舊事：斷獄報重常盡三冬之月，（李賢注：「報，論也；重，死刑也。」）帝始改用冬初十月而已。　　　　　　　　　　　　　　　　　　（《後漢書‧陳寵傳》）

4. 漢興以來未有拒諫、誅賢、用刑太深如今者也。永平舊典：諸當重論，皆須冬獄，先請後刑，所以重人命。　　　　　　（《後漢書‧襄楷傳》）

5. 立春之日，下寬大書曰：「制詔三公：方春東作，敬始慎微，動作從之，罪非殊死，且勿案驗，皆須麥秋。退貪殘，進柔良，下當用者，如故事。」　　　　　　　　　　　　　　　　　（《續漢書‧禮儀志上》）

6. 建初中，有人侮辱人父者，而其子殺之。肅宗貰其死刑之降宥之，自後因以為比。（《集解》引惠棟曰：「鄭康成《禮記》注云：『已行故事曰比。』」）　　　　　　　　　　　　　　　　　　　　　（《後漢書‧張敏傳》）

7. 武帝時，禹以刀筆吏積勞遷為御史。上以為能，至中大夫。與張湯論定律令，作見知、吏傳相監司以法，盡自此始。（《補注》詳見前〈職官〉第四十條）吉本起獄法小吏……及居相位……掾史有罪，臧不稱職，輒予長休告，終無所案驗……吉曰：「夫以三公之府，有案吏之名，吾竊陋焉。」後人代吉，因以為故事。公府不案吏自吉始。　　　　　　　　　　　　　　　　　　　　　　（《漢書‧丙吉傳》）

8. 故事：諸侯王獲罪京師，罪惡輕重，縱不伏誅，必蒙遷削貶黜之罪，未有但已者也。　　　　　　　（《漢書‧宣元六王傳》淮陽憲王條）

9. 舊：丞相、御史親治職事，唯丙吉以年老，優游不案吏罪，於是宰府習以為常俗。　　　　　　　　　　　　　　　（《後漢書‧馬嚴傳》）

10. 故事：大逆朋友坐免官，無歸故郡者。　　　　（《漢書‧杜周傳》）

十二、蕃夷

1. 故事：單于朝，從名王以下及從者二百餘人。　　（《漢書‧匈奴傳》）

2. 至莽篡位，建國二年以廣新公甄豐為右伯，當出西域。車師後王須置

離聞之，與其右將股鞮，左將尸泥支謀曰：「聞甄公為西域太伯，當出。故事：給使者牛羊穀茭導譯，所給史尚未能備，今太伯復出，國益貧，恐不能稱……」 （《漢書‧西域傳》）

3. 及秦惠王并巴中，以巴氏為蠻夷君長，世尚秦女，其民爵比不更，有罪得以除爵。其君長歲出賦二千一十六錢，三歲一出義賦八百錢；其民戶出幏布八丈二尺，雞羽三十鏃。漢興，南郡太守靳彊請一依秦時故事。至建武二十三年，南郡潳山蠻遷等始反叛。
（《後漢書‧南蠻西南夷傳》）

4. 司徒掾班彪上言：「……舊制：益州部置蠻夷騎都尉，幽州部置領烏桓校尉，涼州部置護羌校尉，皆持節領護，理其怨結，歲時循行，問所疾苦，又數遣使，驛通動靜，使塞外羌夷為吏耳目。州郡因此可得儆備，今宜復如舊，以明威防。」光武從之。 （《後漢書‧西羌傳》）

5. 憲日矜已功，欲結恩北虜，乃上立降者左鹿蠡王阿佟為北單于，置中郎將領護，如南單于故事……且漢故事：供給南單于費直歲一億九十餘萬，西域歲七千四百八十萬。 （《後漢書‧袁安傳》）

6. 憲乃班師而還，遣軍司馬吳汜、梁諷奉金帛遺北單于……遂及單于於西海上，宣國威信……諷因說宜修呼韓邪故事，保國安人之福，單于喜悅。（李賢注：「言依附漢家，自保護其國也。宣帝時，呼韓邪單于款塞，朝于甘泉宮，請留居光祿塞下，有急保漢受降城也。」）即將其眾，與諷俱還。
（《後漢書‧竇憲傳》）

7. 匈奴薁鞬日逐王比自立為呼韓邪單于，款塞稱籓，願扞禦北虜，事下公卿。議者皆以為天下初定，中國空虛，夷狄情偽難知，不可許。國獨曰：「臣以為宜如孝宣故事受之，令東扞鮮卑，北拒匈奴，率厲四夷，完復邊郡，使塞下無晏開之警，萬世有安寧之策也。」帝從其議，遂立比為南單于。 （《後漢書‧耿國傳》）

8. 護烏桓使者告烏桓民，毋得復與匈奴皮布稅。匈奴以故事遣使責烏桓稅。
（《漢書‧匈奴傳》）

9. （永元）四年遣耿夔授璽綬，賜玉劍四具，羽蓋一駟，使中郎將任尚持

節屯伊吾，如南單于故事。 　　　　　　　　　　（《後漢書・南匈奴傳》）

10. 舊事：郡國皆有材官騎士以赴急難，今夷反，常兵不足以討之，故權
選取精勇，聞命奔走，故謂之奔命。（師古曰：應說是也。）

　　　　　　　　　　　　　　（《漢書・昭帝紀》始元元年注引應劭曰）

從簡牘看漢代的行政文書範本──「式」

　　1993 年發表〈漢代邊塞吏卒的軍中教育〉一文，[1] 頗多未盡之處，內心一直不安。這幾年來陸續注意材料，發現可以作些增補。拙文曾提到邊塞吏卒原本或多務農，不知文字。戍邊之餘，或竟有機會識字、讀書、學算和認識國家法令。學習識字的方法，有《蒼頡》、《急就》字書為教本，也可利用廢棄的木牘竹簡，以簡牘上的文書為範本，練習抄寫。

　　現在必須補充的一點是秦漢兩代都有一定的行政文書範本。這些範本的功用是多方面的。這有點像現在各機關辦理不同的事情，都有預先擬好的表格，使用者只要照表上的格式填寫即可。漢代自然沒有事先印就的表格，可是不同的文書都有一定的格式，文書的名目和格式極為細密繁雜。在敦煌、居延遺簡中，我們發現不少以「甲、乙、丙、丁……」或「某」代替特定個人和以「若干」代替特定數字的簡牘。這些簡牘歸結起來看，和在湖北雲夢睡虎地發現的秦代文書〈秦律十八種〉、〈封診式〉中以「甲、乙、丙、丁……」、「某」、「若干」代替特定人或數字的情形相同。漢簡中還有以「東、西、南、北」代替特定方位的情形。私意以為具有這種特徵的簡牘，最少有一部分是文書的範本。

　　這些範本一方面用以保證行政作業中，相同事務在處理上的規格化和一致化，另一方面也使司其事者面對繁雜的業務，能依固定的模式，方便處理，提高效率。此外，對要學習吏職的人而言，這些範本就是不可或缺

1　邢義田，〈漢代邊塞吏卒的軍中教育──讀《居延新簡》札記之三〉，《大陸雜誌》，87：3（1993），頁 1-3；收入李學勤主編，《簡帛研究》第二輯（北京：法律出版社，1996），頁 273-278。

的教本。邊塞吏卒學習文字，不僅僅為了識字，而是須要了解和處理過往的文書。因此，在敦煌和居延的烽燧線上，不僅出現字書《急就》、《蒼頡》，更出現了文書範本。這些範本既和日常行政有關，也和學吏者的教育有關。

一 居延、敦煌簡牘中的文書範本

夏鼐先生應該是最早指出這種範本存在的學者。1948 年，夏先生刊布他和閻文儒在小方盤城北郭小丘上發現的敦煌簡。[2] 這批簡中有如下幾枚：

1. ☒脾一所爵某所隧迺☒式　　　　　　　　　　　　（敦十七新獲第三簡）

2. 甘露元年某☒式　　　　　　　　　　　　　　　　（敦十七新獲第十簡）

3. ☒某年某月☒　　　　　　　　　　　　　　　　　（敦十七新獲第二十簡）

4. ☒某郡某縣☒　　　　　　　　　　　　　　　　（敦十七新獲第二十一簡）

5. ☒某所獄☒　　　　　　　　　　　　　　　　　（敦十七新獲第二十四簡）

在以上第 3、4 兩簡釋文之後，夏先生指出：「以上二片似為一簡之斷片。二片皆字體工整；年月郡縣之上，皆用不定稱之『某』字，疑為供初學者練習寫字及草撰文稿之範本。」（頁 86 或 252）此語誠具睿識。夏先生根據的只是極少的幾枚殘簡，如果配合更多的材料，可以看得更清楚，這些的確是某些公文的範本。以下先錄出敦煌和居延前後出土，帶有「某」、「甲、乙、丙、丁……」、「東、西、南、北」和「若干」不定詞的簡：

6. 五石具弩若干　　　　　　　　　　　　　　　　　　（《居延漢簡》18.15）

7. 延某里公乘王甲年若干　　　　　　　　（《居延漢簡》38.2，本文圖 1）

2　夏鼐，〈新獲之敦煌漢簡〉，《中央研究院歷史語言研究所集刊》，19（1948），頁 235-265；同文後來收入其《考古學論文集》（北京：中國科學院考古研究所，考古學專刊甲種第 4 號，1961），頁 73-93。夏先生的論文發表在 1948 年，他 1944 年 11 月 8 日的日記中其實早已釋出「某年某月」等簡，參夏鼐《夏鼐西北考察日記（下冊）》（北京：社會科學文獻出版社，2018），頁 312。

（按：「某」，《勞》作「年」，《合校》作「□」，檢查圖版，此簡殘左半，但殘字為「某」，無可疑。）

8. □鐵鋌督若干　其若干幣絕可繕　　　　　　　　　（《居延漢簡》49.26）

9. 張掖居延甲渠戍卒居延某里大夫王甲年若干　見

　　　　　　　　　　　　　　　　　　　（《居延漢簡》61.2，本文圖2）

（按：「某里」，《勞》作「康里」，《合校》作「宗里」。檢讀原簡，從字形及上下文義看，應作「某里」。）

10. 〔一〕石字某公
　　□就〔多〕若干〔者〕月日　　見　　　（《居延漢簡》188.5，本文圖3）

（按：「某」，《勞》作「其□」《合校》作「其小」，誤。「一」，《勞》作「二」；「字」，《勞》作「牢」；「一」、「多」、「者」三字難定，姑從《合校》。）

11. 始元三年九月某日以佐受均輸長甲帛若干匹直若干以給始元三年正月
　　盡八月積八月奉　　　　　　　　　　　　（《居延漢簡》509.19，本文圖4）

（按：「某日」，《勞》、《合校》作「四日」，誤；「以佐受均輸長甲」，《勞》作「以從受物給長卒」，《合校》作「以從受物給長中」，係因圖版不清而誤。以紅外線檢讀原簡，極明白無誤，文義亦可通。）

12. 府從戍卒某等若干人□休某等　　　　　　（《居延漢簡》560.24，本文圖5）
　　（按：勞圖版大部清晰，「某等」之「某」字部分發黑難識）

13. 若干人畫天田　率人畫若干里若干步　　　　　　　（《敦煌漢簡》1584）
　　（按：圖版字跡清晰）

14. 月得若干斛斗從□　　　　　　　　　　　（《居延新簡》EPT43：318）
　　（按：圖版不清，無法校讀）

15. 凡入錢若干　留言　（《居延新簡》EPT50：21，原註：「留言」二字為硃筆書）
　　（按：圖版約略可辨）

16. 戍卒魏郡貝丘某里王甲　貰賣□皂復袍縣絮緒一領直若干千居延某里
　　王乙□
　　居延某里王丙舍在某辟　●它衣財□　　　（《居延新簡》EPT56：113）

17. □貰賣雜皂復袍絮壯一領直若干千糴得□

38.2
圖1

61.2
圖2

188.5
圖3

509.19
圖4

560.24
圖5

☑西南北入任者某縣某里王丙舍在某里☑　　（《居延新簡》EPT56：208）

18.　貰賣官復袍若干領直若干某所隧長王乙所☑

　　☑　　　　　　　　它財☑　　　　　（《居延新簡》EPT56：230）

19.　　某里王☑

　　☑　若門東西南北☑　　　　　　　　（《居延新簡》EPT56：233）

20. 戍卒魏郡貝丘某里王甲☑　　　　　　　（《居延新簡》EPT56：377）

21. 第八卒東郡白馬　里王甲等某干人名姓　（《居延新簡》EPT57：67）

22. ☑☑　秩上大夫某年某月日除　　　　　（《居延新簡》EPT59：118）

23. ☑☑☑高若干丈尺堞高若干丈尺

　　厚若干尺并高若干丈尺　　　　　　　（《肩水金關漢簡》73EJT11：19）

　　（按：圖版字跡頗殘，尚可識讀）

24. ☑☑戍卒梁國睢陽某里公乘王甲年若干　（《肩水金關漢簡》73EJT21.255）

　　（按：圖版字跡殘，尚可識讀）

25. ・以給隧長某卒某石　　　　　　　　　（《肩水金關漢簡》73EJT37.485AB）

　　（按：圖版字跡清晰可識讀）

26. 所高下札薄　　　　　　　　　　　　　（《肩水金關漢簡》73EJT37.905A）

　　（按：圖版字跡清晰可識讀）

　　出穀若干石　　　　　　　　　　　　（《肩水金關漢簡》73EJT37.905B）

　　（按：圖版字跡清晰可識讀）

在進行進一步討論以前，必須先對以上各簡的字跡清晰、工整與否和簡的
完整與否作些檢討。夏先生在判定文書範本時，提到字跡工整這一標準，
值得注意。另外還得注意，既然名其為範本，則應該有依據範本格式而存
在的實際的文書才對。雖然無法期望在出土的有限簡牘中，找到所有對應
的實際文書；如果能找到越多，越能肯定範本的存在。

　　首先檢討 1930 年代出土，有紅外線圖版可以覆按的居延簡，也就是上
列第六～十二例。非常幸運，這七枚簡的字跡除第九例的部分，都可以說
十分清晰。七、九、十一三枚字跡屬工整的隸書，第八枚有一、二字近草
書，餘為隸書。六、十、十二三枚可歸為章草。其中較不清，辨識較為困

難的是第十例。此例上引《合校》所作的釋文，不易通讀。以上簡完整的只有第十一例，其餘皆殘斷。

敦煌簡除了夏先生發掘的五枚，唯一入列的是第十三例一簡。此簡幸好十分清晰、完整，字跡也屬工整的隸書。

1973-74 年出土的簡第十四～廿六例共十三枚。這十三枚簡的圖版只有第廿一～廿六這六例可以說是清晰的，字跡為工整的隸書或在草、隸之間。第十四、廿例圖版幾乎完全不可辨，第十七、十八例亦極不清楚。第十五例約略可辨，字跡尚屬工整；第十六例上半部難辨，下半雙行部分尚可辨識，為工整的隸書。第十九例部分不清，可辨的部分為工整的隸書。第廿三～廿六例字跡雖殘損，從可識的筆劃知其為隸書，尚屬工整。

總體言之，有圖版可據，字跡較清晰可識的為第六、七、八、九、十一、十二、十三、十四、十六（部分）、十九（部分）、廿一～廿六例共十六簡。這十六枚簡就字體言，多為工整的隸書，少數為較簡略草率的章草。如果它們都是範本，我們就必須承認當時文書是接受這兩種書體，或者說接受隸書工整與較不工整的兩種形式的。以敦煌和居延出土的簡牘來看，的確是以這兩種書體的文書為最多。[3]

以上所謂的文書「範本」因只是文書冊中的零簡，當然無法完整呈現某種文書的全部格式，不過它們已足以表現文書的部分格式或文例。如果能找到一些零簡上有類似或相同的格式或文例，我想就足以證明以上這些簡的範本性質。

漢簡存在的時間從西漢中期經王莽到東漢初，所謂的「範本」不可能一無變化。這是我們在舉例之前，必須先了解的。其次，以上「範本」所顯示的格式或文例，有些實例甚多，以下將只列舉較為接近的若干為代表；有些不一定完全相同，但類似的也舉出來供參考。第三，如性質相近

3　參鄭惠美，《漢簡文字的書法研究》（臺北：國立故宮博物院，1984），頁 19，〈近世發現漢代烽燧遺址漢簡表〉，漢簡書體欄；關於隸、草書的關係參裘錫圭，《文字學概要》（臺北：萬卷樓圖書公司，1994），頁 105-109。

的文例，如簡六、八的文例都是先書裝備名稱，再書數量詞；簡十六、十七、十八、廿也可歸為一類。

1. 簡6、8「裝備名稱＋數量詞」
   這只是許多不同類文書中格式的一小部分。這樣的文例太多，僅舉一例，以概其餘：
   （1）第十隧五石具弩一　絕費一　　　　　　　（《居延漢簡》57.14）

2. 簡8「某項裝備若干損壞＋可繕」
   實例如下：
   （1）官六石第一弩今力四石卅斤傷兩淵可繕治　（《居延漢簡》36.11）
   （2）夷胡隧七石具弩☐
   　　　傷二　一淵二燕一弭
   　　　可繕今力三石卅六斤
   　　　六兩元康三☐式
   　　　乙卯隧☐式　　　　　　　　　　　　　（《居延漢簡》353.1）

3. 簡9「郡、縣＋某單位＋某吏卒職稱＋某縣某里＋某爵某人＋年齡＋見」。
   這一格式並不完整，從可考的實際文書中可知，這應是「除書」格式的一部分。在「見」字之後，還有「某年某月某日除」的記事。或者先記「某年某月某日除」，再記「見」字。有時在「見」字之後，另注明「史」或「不史」，實例如下：
   （1）年三十　見　始建國五年三月丙子除　　　（《敦煌漢簡》2332）
   　　　（按：此簡不完整，上端有明顯斷痕，「年三十」之前應有此人的單位爵里姓名等）
   （2）卯除　　　　　　　見　　　　　　　　　（《居延漢簡》65.8）
   　　　（按：此簡不完整，「見」字字體稍大）

（3）水門隧長屋蘭富貴里尹野　　本始二年七月癸酉除　　見

（《居延漢簡》14.25，本文圖6）

（按：此簡下端殘，勞圖版末端不明，經紅外線檢查，確有一「見」字）

（4）初元四年二月辛丑除　　見不史　　　　（《居延漢簡》37.39）

（按：此簡殘，簡上端有空白部分）

（5）見　史　　　　　　　　　　　　　　（《居延漢簡》241.3）

（按：此簡殘，字清晰）

（6）居延甲渠止害隧長居延收降里公乘孫勛年卅　甘露四年十一月辛

未除　　　　　　　　（《居延漢簡》173.22，本文圖7）

（7）除　　史　　　　　　　　　　　　　（《居延漢簡》185.33）

（按：此簡明顯為一殘簡之末端）

（8）□夫范處年廿六　永始二年五月甲辰除　史　（EPT50：41）

（按：此簡上殘，圖版部分難辨）

（9）居延甲渠第二隧長居延廣都里公乘陳安國年六十三　建始國四年

八月辛亥除　不史　　　　　　　　　　（EPT51：4）

（按：此簡完整，圖版字跡大致可辨，「不史」二字書法與它字不同）

（10）居延甲渠塞有秩候長昭武長壽里公乘張忠年卅三河平三年十月

庚戌除　史　　　　　　　　　　　　　（EPT51：11）

（按：此簡完整彎曲，圖版字跡大致可辨，「史」字稍大，書法似與它字不同）

（11）□始建國元年十月辛亥除　　史　　　　（EPT52：263）

（按：此簡圖版清晰，簡上半殘失）

（12）……八月壬申除　　　史故名赦之　　　（EPT52：513）

（按：此簡圖版字跡大致可辨，簡上半殘失；「故名赦之」四字墨色、筆跡與前文不同）

（13）□午除　　　史　　　　　　　　　　（EPT59：299）

（按：此簡圖版清晰，簡上半殘失）

綜合以上各例，這種除書上的「見」字是表示向新單位報到，由新單位負責記錄的人在除書上注記某人已「報到」、「見在」。這個「見」字有時注記在除官日期之後的空白處，有時也出現在這日期和年齡之間的空白處，甚至在「除」字與「史」或「不史」之間。依簡61.2顯示的範例，「見」字應書寫在年齡之後。實際上顯然並不完全嚴格依照範本。此外，這樣的除書上還注明「史」或「不史」，亦即當事人是否有以隸書書寫的能力。以上六至十三例不見「見」字。「見」字應該是向新單位報到後才加上，原來的除書上並沒有。因此，除書中有些有「見」字，有些沒有。這種情形也見於其它居延簡。例如《居延新簡》EPT52：94，釋文作者特別注明：「『見』字及諸符號皆後書」；EPT52：92、EPT52：93兩簡的「見」字很明顯也是後來寫上的。但是也有些簡上的「見」或「史」、「不史」和其餘簡文之書法字跡並無明顯不同（如以上第1、2、3、7、8、11、13例），不經目驗原簡，較不易確定它們是否是由不同的人在不同的時間所書寫。換言之，我們必須對漢代邊塞官吏除任的文書作業流程釐清後，才可能知道上述諸簡是屬於流程中那一部分的文書。這個釐清的工作已超出了本文的範圍，暫時不論。

4. 簡11「年月日＋以佐受均輸長某＋帛若干直若干＋以給某年某月盡某月＋積若干月奉」

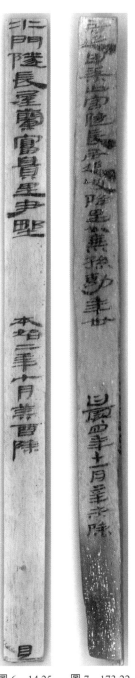

圖6　14.25　　圖7　173.22

此簡完整，字跡也工整，可惜圖版不夠清晰，過去的釋文都沒能釋出重要的「均輸」二字。這是居延簡牘文書首次印證了武帝以後的均輸法。此法在昭帝始元時，顯然發揮了支援邊塞軍餉的作用。大司農屬官有均輸令、丞，不見有均輸長。唯《漢書・黃霸傳》謂黃霸曾「察補河東均輸長」，是郡有均輸長。又《史記・平準書》：「乃請置大農部丞數十人，分部主郡國，各往往縣置均輸、鹽、鐵官」，是縣有均輸官、鹽官或鐵官。此簡可補《漢書・百官公卿表》之闕，也可與〈黃霸傳〉互證。可惜居延、敦煌簡似沒有更多有關均輸長的資料。

　　須要注意的是這到底是不是一種文書的範本？簡上除了人名代以「甲」，帛的數量和所值錢數以「若干」表示，其它的年月沒有用「某」，而稱「三年九月」或「正月盡八月」，日則稱「某日」。這似乎和我們所說的範本不完全相合。當然類似的情形也見於例十五、十六、十九、廿、廿一。為什麼同一「範本」中有些地方用不定代名詞，有些地方又用特定的名詞（如魏郡貝丘、東郡白馬，不作某郡某縣；秩上大夫，不作秩某）？

　　其實這些看似特定具體的人名、郡縣名或年月，仍然只是舉例的性質。以上所列簡牘中的王甲、王乙、王丙就是最好的例子。王甲等初看似乎是真實的人名，但和其它的簡文比對，就清楚知道它不過是一個假設的人名而已。[4] 列證中的王甲可以是居延某里的公乘，可以是某里的大夫，也可以是籍屬魏郡貝丘某里的戍卒。他也和王乙、王丙同時出現在同一個文件裡，這和以甲、乙、丙、丁……代替人名的意思並無不同。

　　王甲作為一假設的人名，還可以在王充的《論衡》中找到證據。王充熟於吏事，他在〈效力篇〉提到一個故事：「陳留龐少都每薦諸生之吏，常曰：『王甲某子，才能百人。』太守非其能，不答。少都更曰：『言之尚少。王甲某子，才能百萬人。』」[5] 這裡的「王甲某子」就是一個不定稱代

4　可參顧炎武，《日知錄》（臺北：明倫出版社，1970）卷廿四，〈假名甲乙〉條，頁678。
5　黃暉，《論衡校釋》（北京：中華書局，1990），頁580。《宋書》（北京：中華書局點校本）卷十五〈禮志〉摘錄的儀注文書式中也可見某甲、王甲、丙丁、李乙為人稱代名詞。例如：「司徒長史王甲啟辭。押。某州刺史丙丁解騰某郡縣令長李乙書言某事云云。州府緣案成允

名詞。「始元三年九月」接著卻書「某日」，這就表明這不是一個實際的日期，只在舉例說明這類文件年、月、日書寫的形式。此外還有一種可能，這或許是始元三年九月間要重複使用的一種固定形式的文件，年、月已定，確實日期則由使用者臨時填寫，故以「某日」代。我們所見的這一簡有點像是待填的公文表格。因而上述看似具體的人名、年月，並無礙其為範本的性質。

唯與範本後半文例「帛若干直若干＋以給某年某月盡某月＋積若干月奉」結構相類似的可找到兩例：

1. 都內賦錢五千一百
   入　　給甲渠候史利上里高何商
   地節二年正月盡九月積九月奉　　　　　　　　　　（《居延漢簡》111.7）

2. 布一匹直四百　　　　　凡直八百
   入　　　　　　始元四　　　　　　　　　　　　　（《居延漢簡》308.7）
   絓絮二斤八兩直四百　給始元四年三月四月奉

5. 簡 13「若干人畫天田＋率人畫若干里若干步」
   實例如下：
   1. 卅二人畫天田卅二里 率人日畫三步 凡四編　　　（《敦煌漢簡》1674）
   2. 六人畫沙中天田六里 率人畫三百步　　　　　　　（《敦煌漢簡》1714）

6. 簡 15「凡入錢若干」
   實例如下：
   1. ●凡入錢萬九千　　　　　　　　　　　　　　　　（《居延漢簡》249.9）
   2. 　　　　　　　　　　　□□
      ■凡入錢□百□十一　　　　　　　　□
      　　　　　　　　　　　甄□　　　　　　　　　　（EPT50：250）

值。請台告報。年月日 尚書令某甲上。」（頁 382）

7. 簡 16、17、18、20「某職或身分＋某郡縣里某人＋貰賣某物＋直
   若干錢＋〔於〕某所＋舍在〔東南西北某方向〕＋任者某……」
   實例如下：

1. 終古燧卒東郡臨邑高平里召勝字游翁　貰賣九稯曲布三匹匹三百卅
   　　　　　　　　　　　　　　　三凡直千糴得富里
   張公子所舍在里中二門東入任者同里徐廣君　　（《居延漢簡》282.5）

2. 鷙虜隧卒東郡臨邑呂里王廣　卷上字次君　貰賣八稯布一匹直二百
   　　　　　　　　　　　　　　　　九十糴得定安里
   隨方子惠所舍在上中門第二里三門東入任者閭少季薛少卿
   　　　　　　　　　　　　　　　　　　（《居延漢簡》287.13）

3. 戍卒魏郡貝丘何里楊通　貰賣八稯布八匹匹直二百卅并直千八百卅
   　　　　　　　　　　　賣鄭富安里二匹
   　　　　　　　　　　　不實賈知券常利里淳于中君
   　　　　　　　　　　　　　　　　　　（《居延漢簡》311.20）

4. 戍卒東郡聊成孔里孔定　貰賣劍一直八百糴得長杜里郭徥君所舍里
   　　　　　　　　　　　中東家南入任者
   　　　　　　　　　　　同里杜長完前上　　　　（EPT51：84）

5. 第八隧卒魏郡內黃右部里王廣　貰賣莞皁□橐絮裝一兩直二百七十
   　　　　　　　　　　　　　　　已得二百少七十遮
   　　　　　　　　　　　　　　　虜辟衣功所　　　（EPT51：125）

6. 戍卒東郡聊成昌國里　何齊　貰賣七稯布三匹直千五十屋蘭定里石
   　　　　　　　　　　　平所舍在郭東道南
   　　　　　　　　　　　任者屋蘭力田親功臨木隧
   　　　　　　　　　　　　　　　　　　　（EPT56：10）

7. 第五隧卒馬赦貰賣□□袍縣絮裝直千二百五十第六隧長王常利所
   　　今比平予赦錢六百　　　　　　　　（EPT56：17）

以上這些簡有些可能屬於「戍卒貰賣衣財物爰書名籍」（10.34A）、「卒

賈賣名籍」（44.23，EPT56：263）、「戍卒賈賣衣財物名籍」（EPT59：47）。以上很可能即為這些名籍的範本。範本中的「東西南北」是表示方位，在實例中很清楚是以「舍在里中二門東入」、「舍在上中門第二里三門東入」、「所舍里中東家南入」、「舍在郭東道南」等表明事件實際發生地點的形式出現。

「東西南北」作為表示方向或四方的習慣用語，在漢代文獻中也可找到例證。《淮南子・泰族》：「孔子欲行王道，東西南北七十說而無所偶。」同樣的話也見於《鹽鐵論・相刺》謂孔子：「是以東西南北七十說而不用」。《漢書・楚元王傳》劉向上疏曰：「孔子葬母於防，稱古墓而不墳，曰：『丘，東西南北之人也，不可不識也。』」師古曰：「東西南北，言周遊以行道，不得專在本邦……。」又《鹽鐵論・非鞅》文學曰：「……舉國而攻之，東西南北莫可奔走……」，《鹽鐵論・力耕》大夫曰：「自京師東西南北，歷山川，經郡國……。」《漢書・貢禹傳》：「商賈求利，東西南北各用智巧。」這樣的例證還有不少，意義相同，不備舉。

8. 簡 22「秩上大夫＋某年某月日除」

實例見以上第 2 節所列。上大夫為王莽時期官秩名，二千石曰上大夫。[6] 所謂秩上大夫，係以上大夫為例，凡除官之除書須載明其官秩等級及除官年月日。

漢代文書品類極為繁多，其格式自亦有別。以上在簡牘中見到的範本都不完整，已無法判明它們是什麼文書的範本。即使如此，在居延、敦煌出土的文書中還是可以找到不少雖然殘缺，無論在文例或格式上相同或類似的實例。

此外還可一提的是以上找到的範本殘簡出土於不同的地點，並不是集中出現在邊塞某一個建築遺址。前例 6～10 出土於破城子 A8，例 11 出土於大地灣 A35，例 12 出土於地灣 A33，例 13 出土於敦煌，例 14～22 分別

6　饒宗頤、李均明，《新莽簡輯證》（臺北：新文豐出版公司，1995），頁 162-164。

出土於甲渠候官探方 43、50、56、57、59。換言之，文書範本原來可能像被發現的習字殘簡一樣，是普遍存在於烽燧線上。老吏或許不再須要這些範本，但每年應徵調到邊塞來的士卒或進入吏職的新人，可能就不得不憑藉範本的幫助來處理日常的文書。

■二 秦、漢文書範本稱為「式」

　　範本是今天的用語。漢代稱這樣的文書範本為什麼呢？這是要進一步討論的問題。我認為很可能就是漢代「律、令、品、式、科、比」裡的「式」。前文已經指出簡牘所見這類範本最大的特徵在以「某」、「若干」、「甲乙丙丁……」、「東西南北」等不定詞表示人物、數量及方向或方位。以下不妨以這些特徵作為標準，檢證相關的證據，找出它們在漢代的名稱。一個重要，但只能當作旁證看的就是龍山里耶秦簡〈群志式〉和雲夢睡虎地出土秦律竹簡中的〈封診式〉。

　　近年刊布湖南龍山里耶出土的上千枚秦簡，很可能是秦遷陵縣丟棄在井中的文書舊檔。其中有不少稱之為「志」的簡籍，簡 III8-94 更提到：「〈群志式〉具此中」。[7] 所謂式就是各種志的文書範本。睡虎地出土秦律〈封診式〉是原簡題名（見簡98背）。所謂「封診式」，無疑也是一種「式」。從內容看是秦代有關治獄、訊獄、有鞫、封守、覆、盜自告、盜馬、爭牛、群盜、奪首、告臣、黥妾、遷子、告子、癘、賊死、經死、穴盜、出子、毒言、奸、亡自出等名目的文書程式。秦簡整理小組所編《睡虎地秦墓竹簡》一書在封診式的說明中提到：

> 《封診式》有九十八支簡，和《日書》甲種一同放在墓主頭部右側。從出土
> 位置看，兩書原來都是成卷的……《封診式》全書的標題在最後一支簡反
> 面。簡文共分二十五節，每節第一支簡簡首寫有小標題。《治獄》和《訊

7　陳偉主編，《里耶秦簡牘校釋》（武昌：武漢大學出版社，2012），頁60。

獄》兩節，根據出土位置圖，應當居於卷首……其餘各條都是對案件進行
調查、檢驗、審訊等程序的文書程式，其中包括了各類案例，以供有關官
吏學習，並在處理案件時參照執行。[8]

這段文字已明白說明了「式」的性質和作用。它在性質上是文書程式，作
用則在供官吏學習，並在處理案件時供參照之用。再來看看〈封診式〉簡
文的特色。一個共通的特色就是在各條中大量使用不定稱代名詞「某」、
「甲、乙、丙、丁……」。條條如此，沒有例外。以下只舉背面有「封診
式」三字標題的一簡為例：

> 亡自出 鄉某爰書：男子甲自詣，辭曰：士五（伍），居某里，以迺二月不識
> 日去亡，毋（無）它坐，今來自出。問之名事定，以二月丙子將陽亡，三月
> 中遝築宮廿日，四年三月丁未籍一亡五月十日，毋（無）它坐，莫覆問。以
> 甲獻典乙相診，今令乙將之詣論，敢言之。[9]

這一份有關「亡自出」爰書的式，並不針對特定的人，以「男子甲」代表，
其里則曰「某里」。值得注意的是這個程式中也出現了特定的
日期如「二月丙子」、「四年三月丁未」和特定的時間長度「五
月十日」等。可見所謂的範本也可以出現特定的日期，其作
用很明顯只是舉例示範的性質。這和前述漢簡範本中見到的
情形可以說一模一樣。

由於秦律〈封診式〉的存在和表露的特徵和漢簡範本相
同，漢簡中的文書範本也應該稱作「式」。當然，這須要證明
漢代有所謂的「式」。

這樣的證據在文獻和簡牘中都可以找到。居延有一殘簡
云：「□□如品式」（《居延漢簡》214.144 本文圖 8），圖版及原
簡「品式」二字極為清晰。文獻和簡牘中又有各種名目和作

圖8　214.144

8　睡虎地秦墓竹簡整理小組編，《睡虎地秦墓竹簡》（北京：文物出版社，1990），頁 147。陳
　　公柔先生討論封診式，基本上也認為封診式是公文範本，參所著〈雲夢秦墓出土封診式簡冊
　　研究〉，《燕京學報》，新 3 期（1997），頁 142-144。
9　同上，頁 163。

用的「品」。例如《史記‧張丞相列傳》張蒼為計相時,「若百工,天下作程品」;《史記‧匈奴列傳》:「故約,漢常遣翁主,給繒絮食物有品」;《史記‧酷吏傳》於是作沈命法,「群盜起,不發覺,發覺而捕弗滿品者,二千石以下至小吏,主者皆死」;《漢書‧哀帝紀》:「諸名田畜奴婢過品,皆沒入縣官……」等。《續漢書‧律曆志》永元論曆部分提到「令甲第六常符漏品」。漢簡之例如:「罪人得入錢贖品」(EPT56:35)、「右止城旦舂以下及復作品」(EPT56:281)、「卒戰鬥品」(EPT59:142)、「就品」(《敦煌漢簡》619、1262)、「郡都尉候鄣亭隧守禦器品」(《敦煌漢簡》1390)。

　　文獻和簡牘中既明確提到單獨的品,則「品式」的式應是另一種規範。《漢書‧孔光傳》:「光以高第為尚書,觀故事、品、式,數歲明習漢制及法令……」,同書〈宣帝紀〉地節二年:「樞機周密,品、式具備」,元康二年詔:「吏用法、式,或以心巧,析律二端,深淺不平」。敦煌懸泉簡有一條說:「羌,備城塢垣,時當增治廚傳,當式」,[10] 謂增治廚傳機構或設備,合於式的規定。《後漢書‧秦彭傳》謂建初元年秦彭遷山陽太守,「每於農月,親度頃畝,分別肥墝,差為三品,各立文簿,藏之鄉、縣,於是姦吏跼蹐,無所容詐。彭乃上言,宜令天下齊同其制。詔書以其所立條式,班令三府,並下州郡。」這裡所謂的「條式」意義較為廣泛,意指秦彭一套分別田地肥墝,各立文簿登記管理的辦法。不過,可以確定「式」是漢制的一部分。其所以稱為條式,是因為其分條列舉的形式,[11] 其中應該包含他所建立的文簿的格式。[12]「品」、「式」常連言,但所指實有不同。這從〈秦彭傳〉已可約略看出。我們再舉《後漢書‧胡廣傳》李賢注引《漢

10　胡平生、張德芳編,《敦煌懸泉漢簡釋粹》(上海:上海古籍出版社,2001),頁170。

11　關於漢代的條,請參拙著,〈讀居延漢簡札記〉,《勞貞一先生九秩榮慶論文集》(臺北:蘭臺出版社,1997),頁58-62。參本書卷一,頁135-144。

12　〈秦彭傳〉提到秦彭分別田畝之肥瘠,「差為三品」;《後漢書‧百官志》謂鄉有秩、嗇夫的職掌是「知民貧富,為賦多少,平其差品」,這裡所謂的「品」應和前引漢簡中所見的「罪人得入錢贖品」、「右止城旦舂以下及復作品」、「卒戰鬥品」、「就(僦)品」等性質一樣,似乎都是指一些有上下高低等級的規定或標準。後世的九品官人,也稱作品,意思相同。

雜事》為例，理解一下品和式的關係：

> 凡群臣之書，通於天子者四品，一曰章，二曰奏，三曰表，四曰駁議。章
> 者，需頭，稱「稽首上以聞」，謝恩陳事，詣闕通者也。奏者亦需頭，其京
> 師官但言「稽首言」，下「稽首以聞」，其中有所請，若罪法劾案，公府送
> 御史臺，卿校送謁者臺也。表者不需頭，上言「臣某言」，下言「誠惶誠
> 恐，頓首頓首，死罪死罪」，左方下附曰「某官甲乙上」。

章、奏、表、駁議乃群臣通於天子文書之四品。各品文書有需頭、不需
頭，首尾用詞不一，或「稽首上以聞」，或「稽首言」，或「臣某言」，或
「某官甲乙上」，這些就是不同品文書之式。

以上可證漢代明確有「式」。漢制多承秦，漢式和秦式在內容上不必
相同；但在形式上，則如秦律〈封診式〉和漢簡中出現「某、若干、甲乙」
等不定詞的文書，最少在特徵上有相同之處。沈家本《歷代刑法考》、程
樹德《九朝律考》〈漢律考〉列出律、令、科、比，又附科品、故事，獨
不及式，是受限於當時可考的資料。《歷代刑法考》之〈漢律摭遺〉卷一
謂：「式，法也。品式者，凡品物之法也。觀《孔光傳》，似品式與故事各
自為書。」[13] 沈家本將品式視為一事，籠統解作品物之法，與故事相對，
不確。

可是，還有兩點須要說明：第一，以上使用「某、若干、甲乙」等不
定詞的文書並不全然都是所謂的「式」。其它文書也有利用這些不定詞的
情形。睡虎地出土的律簡，除了〈封診式〉，在題為〈法律答問〉的部分
也出現以甲、乙、丙等為人稱代名詞的情形。在雲夢龍崗六號秦墓出土的
木牘上有「九月丙申，沙羨丞甲，史丙免辟死為庶人……」以甲、丙為
丞、史代稱的情形。[14] 江陵張家山二四七號漢初墓中出土的《奏讞書》中
也有「新郪甲、丞乙、獄史丙」的例子。[15] 在歸為秦律十八種的〈效律〉

13　沈家本，《歷代刑法考》，頁 1389。

14　劉信芳、梁柱編著，《雲夢龍崗秦簡》（北京：科學出版社，1997），頁 45；中國文物研究
　　所、湖北省文物考古研究所，《龍崗秦簡》（北京：中華書局，2001），頁 144。

15　江陵張家山漢簡整理小組，〈江陵張家山漢簡《奏讞書》釋文（一）〉，《文物》，1993：

中有使用「若干」、「某」字的情形，例如：「入禾，萬〔石一積而〕比黎之為戶，籍之曰：『其廥禾若干石，倉嗇夫某、佐某、史某、稟人某。』」（《睡簡》頁58）、「……終歲而為出凡曰：『某廥出禾若干石，其餘禾若干石』」（同上，頁58）。以上〈效律〉的兩例，很清楚仍然是一種文書的「式」，和〈法律答問〉或稱之為〈律說〉的在內容上明顯有不同，並不難區分。

這樣的文書式，如果追溯起來，似已見於睡虎地秦墓所出《為吏之道》簡末所附屬於魏安釐王二十五年（西元前252年）的〈魏戶律〉。〈魏戶律〉末有一段說：「乃〔仍〕署其籍曰：『故某慮贅婿某叟之乃〔仍〕孫』」（《睡簡》，頁174），江陵張家山出土漢初《奏讞書》有一段徵引春秋魯國之法，有「今佐丁盜粟一斗」云云，[16]「丁」有可能是人稱代名詞。可見這樣的文書形式起源甚早。

其次，「式」字的原義本不單指文書程式。凡是當作標準、規範的都可稱作式。《說文》：「式，法也。」法式、儀式、常式、古式、舊式、通式等詞常見於古代文獻。文書的範本稱作式，但秦漢稱作「式」的並不限於文書或簿籍的範本。例如在秦律十八種的〈金布律〉中有一條說：「布袤八尺，福（幅）廣二尺五寸。布惡，其廣袤不如式者，不行」（《睡簡》，頁36）。可見秦對布的品質和長寬有一定的規定，稱之為式；不如式即不准使用。《鹽鐵論·錯幣》文學曰：「……於是廢天下諸錢，而專命水衡三官作。吏匠侵利，或不中式，故有薄厚輕重。」可見漢鑄錢於厚薄輕重皆有定準，也叫作式。後世承之名曰「錢式」（《宋書·顏竣傳》）。敦煌漢簡中則

8，頁25；《張家山漢墓竹簡》（北京：文物出版社，2001）釋文同。李學勤，〈奏讞書解說（上）〉中說奏讞書「和雲夢睡虎地簡的封診式近似，其作用應為供官吏工作參考，或學吏者閱讀的文書程式。不過所輯案例均係實有，只對少數人隱名，用甲乙等代替……」見《文物》，1993：8，頁26。

16　江陵張家山漢簡整理小組，〈江陵張家山漢簡《奏讞書》釋文（二）〉，《文物》，1995：3，頁35；《張家山漢墓竹簡》釋文同。

提到鐵器有「鐵式」，木器有「木式」（《敦煌漢簡》1309）。[17] 此外相馬則有「馬式」，東漢馬援以駱越銅鼓鑄成馬式就是有名的故事。（《後漢書‧馬援傳》）

三. 餘論：漢代以後的式

在漢代以後的法制發展中，式也不僅僅指文書範本或格式。《晉書‧食貨志》謂：「又制戶調之式，丁男之戶，歲輸絹三匹……女及次男為戶者，半輸……」云云，所謂的戶調式已然不是文書程式，而是有具體內容的法制規定。《隋書‧經籍志》謂後周太祖命蘇綽撰《大統式》，這些式也不是文書程式而已。隋、唐以降的律、令、格、式的式，用「以軌物程事」（《舊唐書‧職官志》刑部尚書條）。另從《唐律疏義》卷八〈疏〉中所引的〈主客式〉、〈職方式〉，敦煌所出〈水部式〉殘卷內容看，[18]式也是一些有具體內容的法規。

然而作為文書格式意義的式仍然存在。舉例來說，《宋書》卷十五〈禮志〉就錄有十餘條宋文帝元嘉二十六年（西元 449 年），太子監國時所訂的儀注。這些儀注都是規定不同官署之間往來公文的文書式，稱作「儀」，也稱作「式」。例如其中兩條：

1. 「某曹關太常甲乙啟辭。押。某署令某甲上言。某事云云。請臺告報如

17　胡平生、張德芳編，《敦煌漢簡釋粹》懸泉簡有：「漆式三，木式二，見。鐵式，見二。其一馬與失亡……卩」（87-89C：20）。據《敦煌漢簡》（北京：中華書局，1991）圖版117，「漆」字左半不十分清晰，右半殘筆不類「漆」，疑較類「鐵」字。《敦煌漢簡》釋文作「鐵」。又《敦煌漢簡釋粹》注釋（頁 102，注 1）謂式通軾，為車廂前扶手之橫木；又謂式或通栻，指占盤。漢車馬器出土甚多，車廂多以木製，配以金屬組件，似不曾有鐵質扶手者。如式即指車前扶手橫木，似無必要特名之為木式。私意以為鐵式、木式似指某些鐵或木器之模型或標準器。《宋史》卷四六一〈韓顯符傳〉提到唐玄宗時「命沙門一行修大衍曆，蓋以渾儀為證。又有梁令瓚造渾儀式。一行謂其精密，思出古人，遂以銅鑄。」（頁 13502）此渾儀木式就是一個木質，供正式製造用的標準模型。

18　《唐律疏議》卷八（臺北：弘文館出版社，1986 影印標點本），頁 178-179；Tatsuro Yamamoto, On Ikeda, Makoto Okano eds., *Tun-Huang and Turfan Documents: concerning social and economical history*, vol.I., The Toyo Bunko, 1980, pp. 40（89）-44（85）．

所稱。主者詳檢相應。請聽如所上事諾。別符申攝奉行。謹關。

年月日」

右關事儀準於黃案年月日右方，關門下位年月下左方，下附列尚書眾官署。其尚書名下應云奏者，今言關。**餘皆如黃案式**。（頁381-2）

2. 「某曹關某事云云。令如是，請為令書如右。謹關。」

右關署如前式。（頁383）

這些文書式用不定詞的特徵和秦漢時代一脈相承。到唐代仍然如此。本世紀初自敦煌所出開元公式令的殘卷裡就有移式、關式、牒式、符式、制授告身式和奏授告身式等官文書的書式。以下僅錄較簡短的制授告身式，以見其概：[19]

應不稱姓者，依別

門下具官封姓名　　　　　　　　德行庸勳云云。

制。冊書亦准此。

若有勳官、封及別兼帶者，云某官及勳官、封如故。

可某官　　　　　　　　　　　主者施

其非貶責，漏不言勳、封者，同銜授法。

若制授人數多者，並於制

行

書之前，名歷名件授。

年月日

中書令具官封臣姓名宣

中書侍郎具官封臣名奉

中書舍人具官封臣姓名行

---

19 轉見劉俊文，《敦煌吐魯番唐代法制文書考釋》（北京：中華書局，1989），頁221-245；亦可參劉海年、唐耕耦編，《中國珍稀法律典籍集成》甲編第三冊（敦煌法制文書）（北京：科學出版社，1994），頁121-141。

侍中具官封臣名

　　黃門侍郎具官封臣名

又仿唐制的日本「過所式」，其形式至今仍然可考：

　　過所式

　　其事云云度其關往其國

　　其官位姓（以下有雙行義解，略）三位以上卿資人位姓名（雙行義解，略）

　　年若干庶人稱本屬從人其國其郡其里人姓名

　　年　奴名年　婢名年　其物若干其毛牡牝馬牛若干匹頭

　　年　月　日　　　　主典　位　姓名

　　　　　　　　　　　次官　位　姓名

此件存於日本的公式令中，可見這是諸多公式之一。[20] 其形式特色很顯然仍是沿續過去的式。

　　當作文書範本用的式，在魏晉以後不一定再稱作式，而在更廣泛的意義下，變成了書儀，內容上也不限於公文，而是社會各階層婚喪書信往來的範文，在敦煌殘卷中還留下不少它們的蹤影。[21]

原刊《嚴耕望先生紀念論文集》（臺北：稻鄉出版社，1998），頁 387-404。

95.12.21 訂補；105.2.11 再訂補

補記

　　敦煌懸泉置遺簡中有大量文書式，已由張俊民先生整理公布。請參〈懸泉漢簡所見文書格式簡〉，收入《簡帛研究二〇〇九》（桂林：廣西師範大學出版社，2011），頁120-141；或張俊民，《敦煌懸泉置出土文書研

20　轉見內藤虎次郎，〈三井寺藏唐過所考〉，收入萬斯年編譯，《唐代文獻叢考》（香港：宏智書店影印自 1947 年開明書店本），頁 45-46。

21　參周一良、趙和平著，《唐五代書儀研究》，（北京：中國社會科學出版社，1995）。以上相關資料由清連兄檢示，謹謝。

究》（蘭州：甘肅教育出版社，2015）；或《懸泉漢簡：社會與制度》（蘭州：甘肅文化出版社，2021）。

112.11.15

湖南龍山里耶 J1（8）157 和 J1（9）1-12 號秦牘的文書構成、筆跡和原檔存放形式

　　湖南龍山里耶秦簡到目前為止雖然只刊布了三十餘件，其內容之精彩令人驚嘆。尤其是這次刊布資料，《文物》除了刊出簡報，更刊布簡牘正背面清晰的彩色圖版，使讀者有了進一步討論的依據。《中國歷史文物》除釋文，也刊有黑白圖版；中國國家文物局編印的《2002 中國重要考古發現》刊出十四枚里耶簡牘的圖影，印製更是纖毫畢露，對研究幫助極大。[1]以下即利用這些圖版，對部分文書的抄寫構成及原來可能的存放方式作些初步討論。

■一 J1（8）157 牘的文書構成

J1（8）157 正：（1）卅二年正月戊寅朔甲午（17 日），啟陵鄉夫敢言之：成里典、啟陵郵人缺，除士五成里勾＝ 成＝ 為典，勾為郵人。謁令、尉以從事，敢言之。

J1（8）157 背：（2）正月戊寅朔丁酉（20 日），遷陵丞昌郤（卻）之啟陵：廿

1　〈湖南龍山里耶戰國─秦代古城一號井發掘簡報〉（以下簡稱〈簡報〉），《文物》，1（2003），頁 4-35；〈湘西里耶秦代簡牘選釋〉（以下簡稱〈選釋〉），《中國歷史文物》，1（2003），頁 8-25；國家文物局主編，《2002 中國重要考古發現》（以下簡稱《考古發現》，北京：文物出版社，2003），頁 62-69。《里耶發掘報告》已於 2006 年由岳麓書社出版，但圖錄清晰度不及《2002 中國重要考古發現》。

七戶已有一典。今有（又）除成為典，何律令？應（疑衍，詳下）
尉已除成、匄為啟陵郵人，其以律令。／氣手（3）／正月戊戌
（21日）日中，守府快行。

（4）正月丁酉（20日）旦食時，隸妾冉以來／欣發　壬手。

　　公文內容主要有兩部分，分寫在牘的兩面：一面是啟陵鄉嗇夫報告任
命士伍成里之匄、成二人分別擔任啟陵鄉成里的里典及啟陵鄉之郵人，請
縣令、尉批示。另一面則是縣丞的批示及對批示送回的處理。但是這份文
書到底是如何構成？還須要進一步探討。胡平生先生曾指出「從時間上
看，『正月丁酉旦食時，隸妾冉以來／欣發』應該緊接著正面書寫的。也
就是說，這類木牘文書讀完正面文字以後，轉到背面，要從最左側一行讀
起，這是收到正面報告的記錄。」因此，他將以上釋文（4）的部分，移到
以上釋文（2）之前。接著他分析這個文書包括以下五個部分。為便於下文
的討論，此處不計冗長地先引錄胡先生的原文：

（1）　秦始皇卅二年正月十七日由啟陵鄉嗇夫上報遷陵縣丞說，成里里典
和啟陵郵人缺，提拔成為成里里典，士伍匄為郵人，請縣令、縣尉核准。

（2）　正月二十日旦食時，隸妾冉將上述內容的信帶交到縣府。這份文書
經「欣」手打開。

（3）　正月二十日當天，遷陵縣丞昌發文提出質問說，〔成里〕一共二十
七戶，已經有一個里典，為什麼又設一個里典，有什麼律令為依據？

（4）　接下來，對啟陵鄉嗇夫應的批復說：縣尉已批准提拔成、匄為啟陵
郵人。文書由「氣」經手。

（5）　正月二十一日日中，遷陵縣守府以快件發出。由「壬」經手。[2]

胡先生和我的理解有相同的部分，也有不同處。一個關鍵是胡先生分析時
似乎沒有考慮這幾部分筆跡的不同。這件木牘兩面，應有三個人的不同筆
跡。依據筆跡，似可將文件分成本節開始所錄正背面釋文（1）、（2）、（3）、
（4）四個部分：

2　胡平生，《長江流域出土簡牘與研究》（武漢：湖北教育出版社，2004），頁312。

正面（1）的部分是文書主體，字體較大，字距也較疏，抄寫者是背面左下角筆跡相同的壬。壬的筆跡和背面（2）、（3）部分的筆跡差異甚大，應非同一人所書。因此所謂「正月二十一日日中，遷陵縣守府以快件發出」應該不是「由『壬』經手。」

背面（2）「正月……其以律令」的部分是批件，字較小，字距較緊密。第（3）的部分即處理記錄，和批件部分字體書法相同，（2）和（3）應該都是由叫氣的人所抄。³

第（4）部分是最後一行「正月……欣發」，字又稍大，但字體特徵和牘正面及第（3）部分又不相同。頗疑負責發封的欣同時記下了於何日發封。「正月……欣發」這些字應是欣的手筆。欣是遷陵縣府的人，二十日由他發封，發封的記錄寫在背面左側第一行。我同意胡先生所說這樣的閱讀順序。但對文件內容的理解有些不同：

始皇卅二年一月十七日啟陵鄉嗇夫（原牘中「鄉夫」即鄉嗇夫之省，或漏嗇字）的報告，由遷陵縣的書手壬所抄錄。報告在二十日旦食時，由隸妾冉送到了遷陵縣。同一天（20日）由職稱不明的縣吏欣發封，⁴作了發封記錄，並由遷陵丞作成批示，由氣抄寫，並記錄了公文是於二十一日日中，由守府名叫快的人送啟陵鄉。全份木牘文書是遷陵縣抄存的底本。⁵

第一，胡先生將「遷陵丞昌郤之啟陵」的郤讀為詰，作詰問解。于振

3　〈選釋〉頁11認為手指抄手；李學勤先生認為手為簽署之意，又說是抄錄副本的人，見其〈初讀里耶秦簡〉，《文物》，1（2003），頁75-76。抄錄副本為書吏之事，簽署文件責在單位主管（參《後漢書·黨錮傳》太尉陳蕃不肯平署事），是否可視為一事，待考。相關討論見後文。

4　在這一批文書中，出現「欣發」（J1（8）152、J1（8）157）和「欣手」（J1（8）156、J1（8）158）多次。因為出現欣的牘都在32年4月，欣為同一人的可能性較大。欣應是書手，也擔任文書收發，唯職稱不明。

5　關於此牘性質可參于振波，〈里耶秦簡中的「除郵人」簡〉，《湖南大學學報（社會科學版）》，17：3（2003），頁8-12；胡平生，〈讀里耶秦簡札記〉（以下簡稱〈札記〉），簡帛研究網站，2003.10.23；《長江流域出土簡牘與研究》，頁311-313。

波先生將此一句解讀為「遷陵名叫昌郤的縣丞來到啟陵」。[6] 私意以為遷陵縣丞名叫昌，郤即卻，屬下讀，讀為「遷陵丞昌，卻之啟陵」。「卻之」，即拒退、退回，為古語常詞。如「卻之不恭」（《孟子‧萬章下》）。武帝時，萬石君張叔為御史大夫，「上具獄事，有可卻，卻之；不可者，不得已，為涕泣面對而封之」（《史記‧萬石張叔列傳》，頁 2773）。又如東漢末黨錮之禍，「及遭黨事，當考實（李）膺等。案經三府，太尉陳蕃卻之曰：『今所考案，皆海內人譽……』不肯平署……」（《後漢書‧黨錮傳》，頁 2195）這兩處的卻之，與牘上所見「卻之」同義。[7] J1（8）134 牘正面也有「卻之」一詞，從上下文看，釋為卻之，正合適。〈選釋〉將「郤」釋為却（卻），應可接受。[8]

按秦、漢文字的「阝」「卩」偏旁有別，但也不是絕對不混。[9] 馬王堆「卻」字寫作「卻」或「郤」（《馬王堆簡帛文字編》，頁 375-376）馬王堆《十問》「可以卻（郤）老復壯」（011）之卻，與里耶簡牘之「郤」疑為同一字。郤字也出現在睡虎地日書乙種《嫁子》部分：「正西郤逐」（簡 197）、「正北郤」（198）、「正東郤逐」（199）。這裡的「郤逐」，《睡虎地秦墓竹簡》注釋謂：「郤即卻字，讀為隙。隙逐，因有怨隙而被驅逐。」（頁 249）私意以為讀為「卻」也無不可，卻逐於日書《嫁子》條上下文意正可通；讀為詰逐，反不好解。[10] 里耶簡牘兩「郤」字右旁俱作「阝」，釋為「郤」，就字形言正

6　于振波，〈里耶秦簡中的「除郵人」簡〉，《湖南大學學報（社會科學版）》，17：3（2003），頁 9。

7　漢代文書遭上級退回，或稱「見卻」，參《漢書‧兒寬傳》「會廷尉時有疑奏，已再見卻也，掾史莫知所為……」。

8　里耶秦簡講讀會，〈里耶秦簡譯註〉，《中國出土資料研究》，第 8 號（2004），頁 106 也釋為「卻之」，可參。

9　例如睡虎地〈封診式〉53、78 簡「郤」字，〈效律〉簡 28「鄉」字，信陽楚簡「鄉」字之右旁都作單耳；馬王堆簡帛「鄰」字有四例，右旁作單耳者三例，雙耳者一例。參張守中，《睡虎地秦簡文字編》（文物出版社，1994），頁 100；陳振裕、劉信芳，《睡虎地秦簡文字編》（湖北人民出版社，1993），頁 183；陳建貢、徐敏，《簡牘帛書字典》（上海書畫出版社，1991），頁 836；陳松長等編，《馬王堆簡帛文字編》（文物出版社，2001），頁 270。

10　文成之後，承顏世鉉兄指教，知洪誠《訓詁學》（南京：江蘇古籍出版社，2000）第五章第

確，但會產生理解上的困難；釋為「卻」，於文意較為通順。2006 年隨州孔家坡漢墓日書簡刊布。簡九十七篇題「徙時」條下一連四簡有內容和睡虎地日書乙種《嫁子》完全相同的「正西卻逐」、「正北卻逐」、「正東卻逐」和「正南逐卻」。簡九十九「正東卻逐」四字字跡最為清晰完整。其卻字原簡正作「却」。《隨州孔家坡漢墓簡牘》注釋謂：「卻，即『却』，意與『逐』相當。《漢書‧爰盎傳》注：『却謂退而卑之也。』」[11]

另一個證據是居延新簡中的建武三年候粟君責寇恩簡冊。其中辛未爰書的簡 EPF22：30 有這樣一段：「廷却書曰：恩辭不與候書相應，疑非實，今候奏記府，願詣鄉，爰書是正」云云。此處「却」字十分清晰，左旁作「去」，右旁作雙耳「阝」。從上下文看，只宜解作「卻退之」之卻，也就是說縣廷懷疑都鄉嗇夫第一次上報寇恩的口供「非實」，將所報文書打了回票，要求再次問明案情。這裡的「卻」，不宜讀作「詰」。[12]

其次，胡先生引證 (16) 9 牘「廿六年五月辛巳朔庚子，啟陵鄉瘧（應）敢言之」，認為啟陵鄉嗇夫名叫應，並將 (8) 157 牘背面 (2) 的後半，點讀為：「瘧（應）：尉已除成、匄為啟陵郵人，其以律令。／氣手。／正月戊戌日中，守府快行。壬手。」〈簡報〉和〈選釋〉皆未釋此「應」字。胡先生自己則指出兩牘上的「應」字寫法有不同。按圖版，J1 (6) 9 牘的應字下半不明，胡先生見過原牘，認為此應字下半之心作十。我向張春龍先生求證，張先生 2005 年 8 月 11 日的回信中說：「『應』字下非從『十』，而是『心』，書寫潦草，中間兩筆劃重疊所致。」里耶簡牘猶待刊布。如果

四節曾專論阝和卩，其書指出「退卻之卻，俗作却，又變為郤」（頁 205）。可參，謹謝。

11　湖北省文物考古研究所、隨州市考古隊編，《隨州孔家坡漢墓簡牘》（北京：文物出版社，2006），頁 139。

12　關於這一句的解釋可參裘錫圭，〈新發現的居延漢簡的幾個問題〉，《古文字論集》（北京：中華書局，1992）。裘先生曾專門討論「廷却書」，並指出：「却廷書的却，各家都釋作郵居延簡郵字左旁多作丟，但從來不寫作去，而却字的右旁則常常寫作阝。武威儀禮簡却字也作却。所以這個字不能釋作郵，而應該釋作却。……却有退回、拒絕等意思。縣廷的第二次文書否定了都鄉的第二次報告，所以稱為却書」（頁 613）。張建國先生意見相同，參所著，〈粟君責寇恩簡冊新探〉，《考古與文物》，1（2000），頁 52。

能另有資料證明從始皇廿六到卅二年，六年之中啟陵鄉的嗇夫都是應，則這個說法就更堅強了。

即使這樣理解，胡先生也發現鄉嗇夫向縣令尉要求核准，縣丞竟嚴厲詰問，縣尉又否決縣丞意見，是否會有「貓膩」的疑問。[13] 照這樣的釋讀和句讀，一個更大的問題或許是在語法上。胡先生的句讀是：「遷陵丞昌郤（詰）之啟陵，廿七戶已有一典，今有（又）除成為典，何律令？應：尉已除成、句為啟陵郵人，其以律令。／氣手。」胡先生的語譯是：「遷陵縣丞昌發文提出質問說，〔成里〕一共二十七戶，已經有一個里典，為什麼又設一個里典，有什麼律令為依據？接下來，對啟陵鄉嗇夫應的批覆說：縣尉已批准提拔成、句為啟陵郵人。文書由『氣』經手。」依秦漢一般語法，「應」字不應出現在縣丞詰問和批覆詞之間。照胡先生的句讀，應字之後「尉已除……為啟陵郵人」云云，只宜理解為應所說的話，而不太可能是縣府對應的批覆。將人名「應」夾在詰問與批覆之詞之間，既無文例，也不合語法。

日本籾山明教授領導的里耶秦簡講讀會將「何律令應」連讀，將「應」字當動詞「相應」解，語譯為「どぅいった律令に應じた措置か」。[14] 德國紀安諾教授引睡虎地〈法律答問〉「當貲一盾。貲一盾應律」，證明「應律」為「律に適應する」或「which statute or ordinance does this correspond to」之意，也將「何律令應」讀成和籾山明相同的讀法。[15] 如以秦漢語法言，果如此，也應作「應（去聲）何律令？」而非「何律令應？」其實睡虎地「貲一盾應律」這一句的語法，動詞「貲」、「應」都在名詞「盾」、「律」之前，

---

13 胡平生，前引書，頁313。我原不懂「貓膩」二字何義，偶讀張抗抗小說《作女》，才知指「小陰謀」，見《作女》（臺北：九歌出版社，2003），頁356。2005年4月18日得胡平生先生來信指出「貓膩」為北京方言，《現代漢語詞典》謂：「指隱秘的或曖昧的事；花招」，胡先生又指出現在多用於「暗中有鬼」、「搞鬼」、「搗鬼」等意義。多謝指教。

14 前引〈里耶秦簡譯註〉，頁106。

15 エノ・ギーレ（Enno Giele），〈「郵」制攷─秦漢時代を中心に〉，《東洋史研究》，63：2（2004），頁24-25，注81，頁36；Enno Giele, "Signatures of 'Scribes' in Early Imperial China," *Asiatische Studien*, LIX.1（2005），p. 364.

正好證明將「何律令應」的應字當動詞，出現在名詞之後，語法不通。

　　因而，這裡不排除有抄寫上的錯誤，否則在語法上不易講通。「何律令」後的「應」字可能是衍字；刪去這個應字，就可完全通讀。刪去應字後，可以這樣理解這份文件：秦代的郵人和里典或里正，是由鄉嗇夫報請上級，經縣府同意而後任命。啟陵鄉照規定，上報人選，請求縣令和縣尉批准。但遷陵縣丞在批文中認為廿七戶的成里已有一位里典，又任命成為里典，於法無據，退回（卻之），並說縣尉已任命成和匄二人為啟陵郵人，即遵此令。如此，縣丞是轉達縣尉的命令或批示，二人站在同一立場，應該沒有「貓膩」不「貓膩」的問題。

　　里耶簡牘出土上萬，發表的只有幾十枚。稍稍比較這幾十枚，即發現抄寫上錯誤不少，脫、衍之例皆有。[16] 這裡衍一個應字，並不特別奇怪。可是不免還是要問：啟陵鄉向遷陵縣令和縣尉徵求同意除任郵人和里典，但代表縣府回覆的卻是縣丞。令、丞、尉的職掌和關係如何？這件公文顯示的關係是常例或特例？值得進一步留意和思索。

　　第三，「守府快行」之快行，〈選釋〉釋為「發送緊急文書」（頁 13），胡平生和于振波都認為是「守府以快件發出」或「要求有較快的速度」。[17]我認為「快」為守府之名，從上讀；「守府快行」猶如郵人某行。[18]〈選釋〉簡（16）1：「☐洞庭泰守府／☐時守府快以來」（頁 20）這一簡未見發表圖版，〈簡報〉也未收。據張春龍先生所示照片，原簡字跡十分清楚，釋文正確無誤。果如此，「快」字依常例只可能是人名，不是快行。[19] 因為如果快是人名，人名前通常為職稱，太守府不能說是職稱。快比較像是洞庭郡

16　脫衍之例可參馬怡，〈里耶秦簡選校〉，《中國社會科學院歷史研究所集刊》第四集（北京：商務印書館，2007），頁 133-186 校注中所列。衍字之例見頁 182 校注 5。

17　胡平生，前引〈札記〉；《長江流域出土簡牘與研究》，頁 312；于振波，前引文，頁 11。

18　前引〈里耶秦簡譯註〉頁 102 注 2 也以為快為人名。

19　「守府」粗看似有可能是泰（太）守府的省稱，如張家山漢簡〈奏讞書〉「御史書以廿七年二月壬辰到南郡守府」（簡 125，頁 223）之守府即太守府之省。但簡（16）1「……時守府快以來」的術語形式，證明快只能是守府的名，不能不否定省稱的可能性。

太守府的守府。按:《國語・周語中》襄王拒晉文公請隧曰:「今天降禍災於周室,余一人僅亦守府」云云,又〈周語下〉劉文公與萇弘欲城周,衛彪傒曰:「幽王亂之,十有四世而矣,守府之謂多,胡可興也。」以上守府,韋昭注:「府,先王之府藏」、「得守府藏」。《新序・雜事五》:「里鳧須,晉公子重耳之守府者也。」此守府應是一種吏職。睡虎地秦律簡〈法律答問〉:「何謂府中?唯縣少內為府中,其它不為。」整理小組注釋:「縣少內,縣中收儲錢財的機構。」〈秦律十八種〉傳食律簡 182:「上造以下到官佐、史毌(無)爵者及卜、史、司御、寺、府,糲米一斗⋯⋯」整理者注釋:「府,掌管府藏的人,見《周禮・天官》。」疑里耶簡之守府即守縣少內之府庫者。漢居延新簡曾多次出現「?□具言如莫府**守府**」(《居延新簡》EPF22:321)、「大將軍莫府**守府**書曰具言吏當食奉者⋯⋯」(EPF22:425)。以上守府為大將軍幕府之守府。疑秦郡之守府也是守府庫一類的吏。為何由守府傳送公文?則待研究。

二 J1(9)1-12 原檔存放之疊壓關係

J1(9)1-12 這十二件始皇卅三至卅五年紀年正背有字的木牘,給了我們絕好的機會去了解秦代公文書的抄寫製作過程和存放形式。有些根本的問題如:這些文件到底如何形成?由誰抄寫?是正本、副本或是底本?同一性質的文書是否有固定的格式?如果有固定的格式,是否依格式先製作好若干,須要時再填寫時日、人名等?文件末出現的「某手」,是單位主管的簽署,還是抄手的署名?

這十二件內容相同的文件明確無誤地證明秦的行政文書有固定的格式。

這些木牘本身長寬基本相同。一面書寫五至六行,只有一件寫四行。一行約寫 30 至 34 字,也有 27 字一件,最少 25 字的也有一件。經過比對,只有因抄寫失誤造成文字上偶爾的差異,格式可謂十分一致。以下從

疊壓關係試著恢復檔案原來的存放形式。

J1（9）6 背　　第二行「以律令從事」書寫時遺漏「從事」二字，又補寫於
　　　　　　　「令」字右旁。這一面還可注意的是在左側邊緣上方有字體
　　　　　　　相反的模糊字痕，經比對正是 J1（9）7 正面第一行開始的「卅
　　　　　　　三」二字，其下隱隱約約仍有同一行下端「四月」等字的殘
　　　　　　　痕，相對位置完全吻合。J1（9）6 背面第三行第一字為
　　　　　　　「洞」，其殘痕則也沾印在 J1（9）7 正面相對的位置。由此可
　　　　　　　以證明 6、7 兩牘原是疊放在一起。

J1（9）8 正　　第四行第二字沾印有 J1（9）7 背面第三行上端「卅五年」年
　　　　　　　字的豎筆殘痕；7、8 兩牘相疊，因而 J1（9）7 背面第二行也
　　　　　　　沾印了 J1（9）8 正面第四行下端「主責發」的「發」字。

J1（9）8 背　　上端有大約兩行較淡的字跡，字已模糊，但字體相反，無疑
　　　　　　　是兩牘疊壓，墨未乾而沾印上去的。如果反著看，即能看出
　　　　　　　最少有這些字：「以受陽陵司空不名計問」、「能入頯有流辭
　　　　　　　弗服勿聽」。如果比對這兩行字的內容、字跡、行氣和間
　　　　　　　隔，正好和 J1（9）9 牘的正面相合（參圖 1.1-2）。由此可以證
　　　　　　　明這兩牘必是疊壓存放。發掘簡報並沒有報導簡出土時的疊
　　　　　　　壓情況。不過整理者所作的編號相連，可以印證二者出土時
　　　　　　　原是上下相疊。

這樣的沾印墨痕很可能是入井泡水後所造成。這和馬王堆帛畫（例如星占
圖）上因折疊浸水後造成的筆劃印痕是相同的道理。印痕雖為入井後形
成，這仍然可以作為認識當時公文存放方式的一個線索。因為它們儘管被
廢棄，十分零散，當初最少應有一部分是成綑被投入井中，[20] 保留著原來

20　李學勤先生指出「J1（9）1-12 是成組互相聯繫的木牘，有可能原來是捆束在一起的。」〈初
　　讀〉，頁 80。劉瑞也認為這些牘是被集中管理，後又被集中傾倒進了井內。參所著，〈里耶
　　秦代木牘零拾〉，《中國文物報》2003.5.30。不過據張春龍先生 2005 年 8 月 11 日來信表示：
　　「可以肯定的說，里耶簡的埋藏極為零亂和分散，疊放的僅第九層一至十二號簡和第十六層
　　五、六、七號簡，黏連在一起的僅第八層一五四至一五九號簡。」

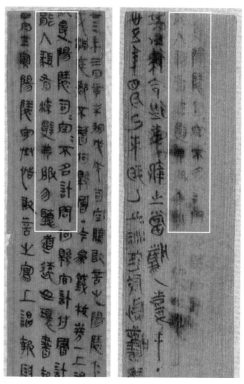

圖 1.1　左側 J1（9）9 正面 圖 1.2 右側 J1（9）8
背面反體

的存放次序，由此可以推想原來文書存放的情況。

以上疊壓在一起的兩牘，在上者為卅三年四月，在下者為卅三年三月，這是不是暗示了原來文件按年月日期存放，越晚的越在上層這樣一個排放的原則？這個推測可由另外五件有疊壓墨痕的牘去印證或推翻。

J1（9）6 背面沾印有 J1（9）5 正面起首「卅三」二字（如果看《考古發現》圖版，還可多看出同一行下「月辛」二字），第二行起首「鹽戍」二字部分筆劃，第三行起首「縣責」的「責」字的上半部，第四行「其家」家字的上半。可證 6 號牘原疊在 5 號牘之上。

又 J1（9）5 背面十分明確沾印有 J1（9）4 號牘正面最少三行的文字。如第一行開始的「卅三」，第二行開始的「衷戍」，行末的「署所」，第三

行開始的「縣責以」，第四行開始的「家二 貧」（《考古發現》圖版較清晰，參圖2.1-2），因此可以確定這兩牘原來疊壓在一起；5號放在4號之上。

圖2.1　左側J1（9）5背面反體　　圖2.2 右側J1（9）4正面

　　4號又壓在3號之上，因4號背面尚有3號正面第一行開始的「卅三」和第二行開始的「七百」等字可以辨識出來。3號牘上比較沒有明顯的沾印墨痕，因此不能肯定原來和2號牘的疊壓關係。

　　但2號又壓在1號之上，因2號背面尚有1號正面第二行開始的「千六」二字，第三行開始的「毋死」，第四行開始的「已訾」等字可辨識出來。

　　以上3號牘的疊壓關係雖不能肯定，但如果整理者是按出土原狀態作的編號，可以假設是照順序疊壓的。如此以上六牘的日期分別是：

卅三年四月辛丑朔戊申（8日）　　J1（9）6（正）

丙午（6日）　　J1（9）5（正）

丙午（6日）　　J1（9）4（正）

三月辛亥朔戊戌（28日）　　J1（9）3（正）

戊戌（28日）　　J1（9）2（正）

四月辛丑朔丙午（6日）　　J1（9）1（正）

也是日期晚的在上，但 1 號牘除外。為何如此？是原來存檔即小有失誤？或因擲入井中時發生擾動？可惜這十二件牘除了以上六件，原來的排放關係因無足夠的沾印痕跡可以比對，還無法進一步完全復原出來，因此也還不能有最後的答案。

目前我的假設是：這些簡的排放不是依公文原發出的年月日順序，而是依底本拿出來作後續處理和記錄後的時間排列。這十二件文書的後續處理都在始皇卅五年四月乙丑，因而依這個日期而被排放在一起。排放時又大致（目前所見有一件例外）依據原公文發出的年月先後。

據 J1（9）2、3、9、11 牘，卅三年四月二日（壬寅）時陽陵守丞是一個名叫恬的人；據 J1（9）1、4、5、7、8、10、12 牘，同年四月八日（戊申）、九日（己酉）守丞是一位名叫廚的人；十日（庚戌）則是另一人名叫瞫。前後八天，代理丞職者即有不同的三人。資料太有限，尚無法看出代行職務的規律，也不知這三人從怎樣的原職位代行丞事。但畢竟多少透露出當時代行職務制度的一點消息。

三 筆跡與文書構成

里耶文書之末往往出現「某手」字樣。李學勤先生考證說：「按『手』訓為『親』，『某手』即某人簽署。」（〈初讀〉，頁 75）他又舉例說：「現在看到的 J1（8）158 自係留存的副本，下署『欣手』，欣應是抄錄副本的人。」（同上，頁 76）湖南省文物考古研究所等發表里耶秦代簡牘選釋，於釋文注解中說：「抄手名。抄手名後綴以『手』字于簡文中為定例，也見于湖北江陵張家山漢墓竹簡。」（〈選釋〉，頁 11）「某手」的意思目前有（1）某人簽署和（2）某人為抄手兩種解釋。

從行政程序看，某人簽署和某人抄寫意義並不一樣。簽署意味署名負責文件的行政程序或文件的內容；抄手抄寫則只是抄錄謄寫，除了抄謄上的錯漏，並不一定意味著要負擔程序和內容上的責任。

「某手」的身分是抄手？文件經手人？或負文件責任的簽署人？或者兼具數重身分，既抄寫、經手，又簽署負責？這些文件有不少是同一時間，同一內容，大致同一批人署名的文件。如果進一步分析這批材料，仔細比對抄寫形式和筆跡，可以得到一些有用的線索。以下先將這批資料有署名的列表出來：

順序號	年	月	日	署名	簡編號
1	26	3	甲午		J1（8）133（正）
	27	8	甲戌朔壬辰		
		8	癸巳	行手	J1（8）133（背）
2	26	8	庚戌朔丙子	慶手	J1（8）134（正）
		10	戊寅□己巳	慶手、□手（在左下角，〈選釋〉、〈簡報〉漏）	J1（8）134（背）
3	32	4	丙午朔甲寅		J1（8）152（正）
		4	甲寅日中	處手	J1（8）152（背）
4	33	2	壬寅朔朔日		J1（8）154（正）
		2	壬寅水十一刻	圂手	J1（8）154（背）
5	〔32〕	4	丙午朔癸丑	欣手	J1（8）156
6	32	1	戊寅朔甲午		J1（8）157（正）
		1	戊寅朔丁酉	氣手	J1（8）157（背）
		1	戊戌日中		
		1	丁酉旦食時	壬手	
7	32	4	丙午朔甲寅		J1（8）158（正）
		4	丙辰旦	欣手	J1（8）158（背）
8	33	4	辛丑朔丙午		J1（9）1（正）
		4	己酉	儋手	
	34	6	甲午朔戊午	堪手	J1（9）1（背）
	35	4	己未朔乙丑	嘉手	
				敬手	
9	33	3	辛未朔戊戌		J1（9）2（正）

順序號	年	月	日	署名	簡編號
		4	壬寅	堪手	
	34	8	癸巳朔朔日	堪手	
	35	4	己未朔乙丑	嘉手	J1（9）2（背）
				敬手	
10	33	3	辛未朔戊戌		J1（9）3（正）
		4	壬寅		
				堪手	J1（9）3（背）
	34	7	甲子朔辛卯	堪手	
	35	4	己未朔乙丑	嘉手	
				敬手	
11	33	4	辛丑朔丙午		J1（9）4（正）
		4	己酉	儋手	
	34	8	癸巳朔甲午	堪手	
	35	4	己未朔乙丑	嘉手	J1（9）4（背）
				敬手	
12	33	4	辛丑朔丙午		J1（9）5（正）
		4	己酉	儋手	
	34	8	癸巳朔朔日	堪手	
	〔35〕	4	己未朔乙丑	嘉手	J1（9）5（背）
				敬手	
13	33	4	辛丑朔戊申		J1（9）6（正）
		4	庚戌	儋手	
	34	8	癸巳朔朔日	堪手	
	35	4	己未朔乙丑	嘉手	J1（9）6（背）
14	33	4	辛丑朔戊申		J1（9）7（正）
		4	己酉		
	34	8	癸巳朔朔日	堪手	
	35	4	己未朔乙丑	嘉手	J1（9）7（背）
				敬手	

古月集：秦漢時代的簡牘畫像與政治社會
—— 卷四　法制、行政與軍事

順序號	年	月	日	署名	簡編號
15	33	4	辛丑朔丙午		J1（9）8（正）
		4	戊申	儋手	
	34	8	癸巳朔朔日	堪手	
	35	4	己未朔乙丑	嘉手	J1（9）8（背）
16	33	3	辛未朔戊戌		J1（9）9（正）
		4	壬寅	堪手	
	34	8	癸巳朔朔日	堪手	J1（9）9（背）
	35	4	己未朔乙丑	嘉手	
				敬手	
17	33	4	辛丑朔丙午		J1（9）10（正）
		4	乙酉	儋手	
	34	6	甲午朔壬戌	糾手	J1（9）10（背）
	35	4	己未朔乙丑	嘉手	
				敬手	
18	33	3	辛未朔丁酉		J1（9）11（正）
		4	壬寅		
	34	8	癸巳朔朔日		
	35	4	己未朔乙丑	嘉手	J1（9）11（背）
				敬手	
19	33	〔4〕	辛丑朔丙午		J1（9）12（正）
		4	乙〔己〕酉		
				儋手	J1（9）12（背）
	34	7	甲子朔辛卯	堪手	
	35	4	己未朔乙丑	嘉手	
				敬手	
20	30	9	丙辰朔己巳		J1（9）981（正）
		9	庚午旦	壬手	J1（9）981（背）
21	28	8	戊辰朔丁丑		J1（9）984（正）
				朝手	J1（9）984（背）

順序號	年	月	日	署名	簡編號
		8	壬辰水下八刻	□手	
				木□手	
22	27	2	丙子朔庚寅		J1（16）5（正）
		2	丙辰	釦手	J1（16）5（背）
		3	癸丑水下盡□	邪手	
		7	癸卯水十一刻刻下九	羿手	
				如手	
23	27	2	丙子朔庚寅		J1（16）6（正）
		3	庚戌	釦手	J1（16）6（背）
		3	戊午	釦手	
		□	戊申夕	慶手	
				如手	
24	26	5	辛巳朔庚子		J1（16）9（正）
				建手	J1（16）9（背）
				羿手	

　　由於這些木牘抄寫的時間在三、四年之內，如果抄寫的人是同一人，可以合理假設其筆跡特徵應不會有太大出入。將同一人署名的部分集中起來比較，如果筆跡一致，就有理由推定這些部分由同一人所寫；如果不同，例如同一人署名，筆跡卻不同，或不同的人署名，筆跡卻一致，就可以判定署名和抄寫是兩回事。

　　其次該注意的是這些木牘文件兩面有字，其上有一至四位不同或相同的「某手」署名。理論上，除非刻意模仿，人人筆跡特徵不同。通過比對筆跡，即可了解這一至四位署名者，是否就是抄寫的人，或者雖都名為「手」，但其中有人抄寫，有人因經手文件，監督程序而署名，或者四人都只是文件行政程序中的經手人，抄寫者另有其他人而並不列名於文件之上。

此外，還要考慮文書底本依性質，基本上或可粗分成兩類：一類是抄謄其它單位的來文而形成，一類是抄存本單位送出的公文。處理來文，不但抄錄內容，或許還要記錄因來文而作的後續處理。如果是送出公文的抄存件，因相關的處理尚未發生，抄存件上也就不會有後續處理的記錄。

須要注意的另一點是：正式發送的公文和存檔底本的製作程序是否相同？例如，正式公文和存檔底本是否同時製作，亦即發文單位是否一式同時抄兩份，一份供發送，一份供存底？收文單位除收到的原件，是否要另行抄錄存檔？如果是這樣，又承認目前在里耶發現的 J1（9）1-12 牘基本上是遷陵縣府所抄存的來文，則可以理解為什麼底本上會有不同人的筆跡（詳下）。如果二者製作有異，例如，正式公文的字體和格式可能較為嚴格講究，各層單位長官或代理人必須親自簽署、在封泥上用印，或由他人代封代用印，然後發出；發文或收文抄本僅為了存檔，字體和格式或許可以較草率，各層的簽署也可以由製作抄本的人代簽，則正式公文和存檔本在外觀上就會有所出入。[21]

基於以上的考慮，我嘗試從筆跡去了解這批文書的性質和形成過程。由於已發表的圖版並沒有將同一牘的正背面排放在一起，閱讀和比對都有不便。我用彩色複印機稍稍放大複製已發表的圖版，重新排列，將每一枚牘的正背面復原，再進行比對觀察。讀者如能先作同樣的復原，將會比較容易觀察和了解我以下所說的意見。

前文已經提到這些牘兩面書寫，通常正面是文件主要的內容，背面是後續處理和發送的記錄。但也有正面未寫完，接續寫到背面（如 J1（9）11、J1（9）12）；也有正面仍有空間，處理或發送的記錄就接著寫在正面，

---

21 關於單位長官是否親自簽署問題，可參大庭脩，《漢簡研究》（東京：同朋舍，1992），頁247-252；邢義田，〈漢代書佐、文書用語「它如某某」及「候粟君所責寇恩事」簡冊檔案的構成〉，《中央研究院歷史語言研究所集刊》，70：3（1999），頁 562-565；Enno Giele, "Signatures of 'Scribes' in Early Imperial China," pp. 353-387. 按：這是我以前的意見，現在認為例行性文件常由屬吏代簽。參拙文，〈漢至三國公文書中的簽署〉，《今塵集》卷二（臺北：聯經出版公司，2021），頁 93-140。

再接續到背面（如 J1（9）4、J1（9）5）。換言之，簡牘抄寫的格式基本相同，卻不是完全死板。以 J1（9）1-12 這十二件牘來看，基本形式上，一面即有書寫四到六行的不同；牘面較窄的 2、3、12 三件，分別有四到五行，其餘較寬的九件分別有五到六行。

以下依據前述的假設，比對這十二件的筆跡。比對的方法有二：一是將有某人署名的牘集中，觀察是否出自同一人之手，以判定署名和抄寫者的關係；二是依年代，比對牘上 34、35 和 36 年的各部分，從筆跡異同判定不同年份的部分是否由不同的人先後所抄，或由同一人一氣抄成。

如果先將署有「儋手」二字的牘集中起來比對，即可發現 J1（9）4、5、6、8、9 五件的正面筆跡完全相同，應是同一人所寫。J1（9）2、11 號兩牘的正面雖漏了儋手二字，但筆跡和上述五件相同，也應出於同一人之手。有趣的是伴隨「儋手」出現的另一個簽署是「堪手」。仔細比較儋手和堪手的部分，筆跡無別。更有趣的是儋手、堪手通常一起出現，J1（9）2、9 號牘卻署為堪手、堪手。更值得注意的是 J1（9）1、10 兩牘。這兩牘正面筆跡相同，也都署儋手二字，但這兩牘的筆跡卻和以上由儋署名的都明顯不同（用筆、行款和單字的寫法都不同。例如洞庭的洞字水部偏旁，1、10 兩牘都寫成三點水，其餘各牘都寫成類篆字的水部）。由儋署名，筆跡卻異，由此，我們似乎可以假定：儋不是抄寫這幾枚木牘正面的人。

這一組文件中，除了 11 號漏了署名，10 號署「糾手」外，卅四年的部分無一例外都署為堪手。署有堪手的部分和前述署有儋手的部分在筆跡上幾乎完全一致。因此只能認定這兩個人署名的部分只可能出於某一人之手。前面既然排除了由儋抄寫的可能，剩下的可能只有兩個：一是由堪所書，一是由堪、儋以外的第三者所書。

署名堪手的 1 號牘卅四年的部分，「堪手」二字字跡較不清楚，但和 10 號牘同一部分比較，不但內容完全相同（同為卅四年六月，日期一為甲午，一為戊午，這是唯一的不同），筆跡也幾可確定是出於同一人，簽署卻作「糾手」。1 號牘如果和其它署名堪手的牘比較，筆跡則有不同。例如其它牘上陽陵的「陽」字左阜偏旁一律寫成直豎，1、10 號陽字的左阜偏旁在收筆

時向左側微微挑起。又如「謁」字，1、10 號謁字右下「勹」的部分，尾筆向左拉長；其它牘的謁字都沒有寫成這樣的。因此，可以推定 1 號牘的「堪」應也只是署名，而非這一部分的抄寫人。

這十二件牘背面卅五年的部分，署有「嘉手」二字。這一部分的筆跡除了稍工整或稍草率之別，基本上應可看作是同一人的手筆。而這一部分的筆跡和牘正背面署儋手、堪手或其它人的部分明顯不同。因此抄這一部分的應該就是嘉。

有趣的是在背面左側下角同一個位置上另有「敬手」二字。除了 6、8 兩牘可能因漫漶過甚，現在以肉眼看不見這二字以外，所有的敬手二字都由一人所書，而其筆跡又明顯和署有嘉手的卅五年的部分不同。須注意的是 3 號牘。3 號牘背面抄寫時字體較大，所書內容占滿牘面，最後的敬手二字和前一行字擠在一起，敬字右邊最後一筆甚至和嘉手的手字有些交疊。這意味著敬手二字和背面的文字應非同時所書。

那麼誰先呢？無疑是敬。因為比對這十二件和其它已公布的簡牘筆跡，可以發現一個共同的規律，即牘背面左下角最後的某手筆跡，和簡正背面抄寫33、34 年部分的筆跡一致。以前述內容相同的十二件牘來說，牘背面左下角的「敬」即是抄寫文書主體的人。[22] 除了筆跡相同（參圖 3），另一個證據是：33、34 年部分的文字墨色，或濃或淡或褪色，和最後的敬手二字，無一例外地吻合，但和其它部分卻不一定一致。這說明一個事實：敬抄完文件後，隨即在木牘背面左下角簽署自己的名。

---

22 劉瑞引《獨斷》為據，已指出「文件書者的姓名書寫於左下角是當時行文格式的固定要求」，見前引文〈零拾〉。但他說這些牘是「當時政府部門為某種目的派出專門抄手（如『敬手』中的『敬』）特意將那些相關內容的不同件公文整理抄寫在同一木牘上，是文件輯匯本。」愚意有不同，詳見下文。

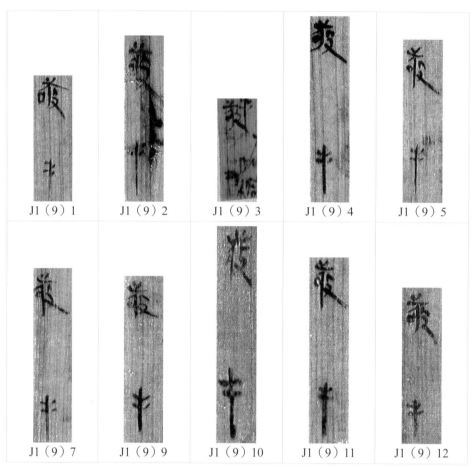

圖3 「敬手」各牘筆跡比較表

J1（9）1　　J1（9）2　　J1（9）3　　J1（9）4　　J1（9）5

J1（9）7　　J1（9）9　　J1（9）10　　J1（9）11　　J1（9）12

　　在牘背左下角署名似是這類底本製作的一個通例。因為同樣的情形也見於 J1（8）152、J1（8）154、J1（8）157、J1（8）158、J1（9）981、J1（9）984、J1（16）5、J1（16）6。此外，J1（8）134 背面左下角有模糊不清的「□手」二字，但〈簡報〉和〈選釋〉的釋文都遺漏了。以上這些牘各自正面的筆跡和背面左下角署名者的筆跡都基本一致。是不是通例，待里耶資料進一步發表，應該就會更清楚。在 J1（9）6、J1（9）8 兩牘背面不見敬的署名，可能是墨褪色所造成。目前刊布的圖版上尚可見兩牘左下角有若干

墨痕。[23]

　　由於文件中的事關係到卅三、卅四和卅五前後三年，卅三和卅四年的部分是由敬一次抄成，由於卅三年不可能抄卅四年發生的事，而卅四年卻可以抄卅三年的事，因此可以推知這些文件的主體應是製作於卅四年。敬抄完文件後，即在牘背左下角署名。由於敬所抄的是文件的存檔底本，而這些文件是由陽陵縣送到遷陵縣來的。公文上原來署有陽陵縣經手或抄寫者的名字儋、糾和堪。敬在抄寫來文存檔時，將原來公文上署名的儋、堪等，一并抄錄。其中有一件（J1（9）9）可能是因為抄錯，或剛好都由堪經手，才出現「堪手、堪手」重複出現的現象。這是存底文件抄錄和形成的第一步。

　　卅五年的部分則是底本上的後續補錄。陽陵縣為了追討積欠而追討的對象——陽陵卒是部署在遷陵縣，於是陽陵縣經上級洞庭郡以公文通知遷陵縣，要求遷陵縣依律令追討積欠，傳送（或遞解）陽陵卒並回報處理情況。[24] 遷陵縣為了記錄卅五年洞庭郡這項新的指示，縣廷的抄手嘉將存檔

23　令我較為不安的是在敬手簽署的牘中，J1（9）1 和 J1（9）10 兩件正面的筆跡彼此十分相似，應出於同一人之手，可是和其它各牘正面的筆跡有較明顯的差異。例如洞庭的洞字，這兩牘都寫成三點水，其餘各牘都寫成類篆字的水部。為何都是敬的手筆，卻有這樣的差異？這是因為由他人代寫，仍由敬署名？或有其它原因？不能確定。不過大體上說，在更多材料刊布前，我仍暫時假設它們出自敬之手。

24　原牘「報之當騰〓」讀為「報之，當騰，騰。」此為一解，參胡平生，〈札記〉，頁 7；《長江流域出土簡牘與研究》，頁 316。「當騰」亦見於睡虎地秦簡〈封診式〉有鞫：「遣識者以律封守。當騰，騰。皆為報，敢告主」；覆：「遣識者當騰，騰。皆為報，敢告主。」日本籾山明教授來信（2005.8.14）指出原牘騰及以下的重文號應是「騰馬」之合文，並引《三國志·滿寵傳》「刺史王淩騰〔孫〕布書」為據，認為「騰馬」作急送解。籾山的見解又見前引〈里耶秦簡譯註〉，頁 108 注 3。盧弼《三國志集解》曰：「騰，傳也，上也。」（藝文印書館本，頁 626）按《說文》騰，「傳也……一曰騰犗馬也」，又睡虎地〈秦律雜抄〉簡九、十有「騖〓」為「騖馬」之合文。籾山之說有其理。張春龍等也曾提出「當騰〓」的第一個騰作「䲆」解，第二個騰為本字，作傳送解，即應抄䲆傳送之意。參湖南省文物考古研究所、湘西土家族自治州文物處，〈湘西里耶秦代簡牘選釋〉，《中國歷史文物》，1（2003），頁 16 注 20。唯胡平生不同意此說（同前，頁 316）。

　　秦漢傳送文書，依緊急程度，有不同的傳送方式。秦律〈行書律〉說：「行命書及書署急者，

的底本找出，補抄了卅五年的一段，註明洞庭郡的公文是以洞庭司馬的印封緘的，並署上嘉自己的名。經過這一次補抄，形成了現在所看見的文書模樣。積欠後來是否償還？負債之卒是否被遞解？則不見更進一步的記錄。

以上所說和其他學者在認識上的一個根本差異在於其他學者基本上認為出土的木牘是陽陵縣送交遷陵縣的公文，本文認為這些木牘不是公文原件而是遷陵縣根據陽陵縣來文所作的存檔抄件。如果是原件，第一，將很難解釋卅三年三、四月發生的事，為何到卅四年八月經一年多才處理？第二，如果承認正式的公文書必須由長官或代理的經手者親自簽署，不同簽名的人的筆跡應有不同，為何這些牘有一個以上的經手人，署名的部分和公文本身的筆跡卻都相同？這只有一個可能，即它們是抄件而非原件。

不過，這些文書牘恐怕不像劉瑞先生所說，是政府部門為了某種目的派出專門抄手（如：敬）特意抄成的輯匯本。它們就是遷陵縣抄錄用以存檔的底本。卅四年製作的底本可以拿出來繼續記錄卅五年後續處理的新內容，因此出現了不同時間和不同人的不同筆跡。我贊同出土牘的里耶古城

輒行之」，張家山〈行書律〉：「書不急，擅以郵行，罰金二兩。」如果將里耶簡的「當騰=」理解為「當以騰（傳）馬急送」，必須證明其事十分緊急。《三國志‧滿寵傳》「刺史王淩騰〔孫〕布書」，事關孫布求降，須遣兵迎之，稱得上緊急。但前引睡虎地兩例分見封診式〈有鞫〉和〈覆〉兩條，在秦代屬例行公事，里耶文牘則是為了追討債務，這樣的事是否達到可以傳馬急送的標準，須要再考。因此騰馬急送之說，仍不無疑問。

「當騰=」或可別作一解，即據《說文》「騰，傳也」讀作「當傳，傳〔之〕」。當傳，即當用傳，傳送。《史記‧扁鵲倉公列傳》淳于意「以刑罪當傳，西之長安」，《後漢書‧順帝紀》永建元年春正月甲寅詔：「坐法當徙，勿徙；亡徒當傳，勿傳。」如果不是勿傳，就是「當傳，傳之」了。公文用語往往世代沿襲。天一閣藏的宋代《天聖令》抄有唐廄牧令一條：「若領著客及獻物入朝，如客及物，得給傳馬者，所領送品官，亦給傳馬。……若應替還無馬，騰過百里以外者，人糧、粟草官給。」（35 條）這裡所謂「騰過百里以外者」和前引「刺史王淩騰〔孫〕布書」的「騰」解作傳送，都正合適，不一定意味急送。封診式〈有鞫〉條可以理解作有鞫者，其財產由識知者查封看守，其須接受審訊的人則當傳送官府接受審訊；〈覆〉條某縣某里士伍逃亡，除了調查清楚，還要派識知者將逃亡者傳送官府。里耶文牘是為追討欠債，既要追錢，也要傳送在遷陵服役的陽陵卒到案。

就是秦的遷陵縣城。[25] 這裡出土的文書檔案屬於縣廷所有是最合理的解釋。如此，抄寫存檔底本的敬和作後續記錄的嘉，都只能是遷陵縣廷的書手。從公文流程看，儋、糾和堪則應屬於陽陵縣。[26]

根據以上的筆跡分析，對 J1（9）1-12 十二件牘也許還可以得到以下幾點初步的結論：

第一，J1（9）1-12 這十二牘的正背面不是由同一人所寫。

第二，卅三年和卅四年由儋和堪署名的部分，筆跡相同，而署名「儋手」的部分曾出現不同的筆跡，因此可以推定儋不是抄寫這部分的人，但無法因此完全斷言這部分就一定是另一人堪所書。因為我們不能完全排除由第三者所書的可能。

第三，卅五年這一部分的筆跡和署名「嘉手」的相同，而和儋、堪以及最後署有敬手二字的部分不同，因此可以確定這一部分應是嘉的手筆。

第四，由於牘背左下角敬手二字之書法風格和抄寫卅三、卅四年文書內容的部分一致，墨色也一致，徵之其它類似牘之署名同在背面的左下角，應可推定敬即牘文卅三和卅四年部分的抄寫者。但 1、10 號牘正面筆跡和其它各牘有異，應如何解釋，還不能確定。

第五，本文提出公文書存檔底本可以用來補錄和文書內容相關的後續處理，完全是根據里耶這十二牘的觀察而來。其是否成立，一方面有待更多里耶簡的公布，一方面也須要更廣泛考察秦漢時代其它的出土公文書。[27] 因為理論上這樣的檔案利用方式，應不會只存在於秦代的遷陵縣，而是秦漢時代公文處理的一個普遍原則。

25　也有學者認為耶里古城可能是洞庭郡治，參范毓周，〈關於湖南龍山里耶出土秦代簡牘郵書檢的幾個問題〉，簡帛研究網站，2002.8.15。此說不確，可參前引胡平生〈札記〉。

26　劉瑞〈里耶秦代木牘零拾〉認為儋、堪、糾屬陽陵，敬屬酉陽，嘉屬洞庭郡，參〈中國文物報〉2003.5.30 第五版；里耶秦簡講讀會認為敬、儋、堪屬陽陵縣，嘉屬洞庭郡，參里耶秦簡講讀會，〈里耶秦簡譯註〉，頁 124。這是因為他們沒有注意筆跡，對文書性質、文書構成和行文程序認識不同所致。

27　Enno Giele 已作初步嘗試，參前引所著英文論文。

第六，〈簡報〉雖然沒有提到原牘出土時的排放順序，但從因疊壓造成的字跡沾印墨痕和整理者的編號，可以確認 J1（9）1-12 這十二件牘應是因為遷陵縣廷將卅四年存檔底本取出，補錄卅五年後續處理而被排放在一起。排放者很可能就是進行補錄的嘉。排放的順序大致上是年月晚的在上，早的在下，但也有例外。例外的出現，可能是因為原來存放偶有失誤，也可能因入井或出土時擾動所造成。這個問題的澄清，須待更多資料的公布。[28]

四 結論：荊州高台 18 號墓告地書的格式

基於以上的認識，我們或許也就可以理解荊州高台 18 號墓出土的「告地書」的格式了。告地書牘編號 35-乙的正、背面釋文如下：[29]

（正）七年十月丙子朔〔庚子〕中鄉起敢言之新安大

女燕自言與大奴甲乙〔大〕婢妨徙安都謁告安都

受〔名〕數書到為報敢言之

十月庚子江陵龍氏丞敬移安都丞/亭手

（背）產手

七年十月庚子是漢文帝七年（西元前 173 年）十月二十五日。時間上在里耶秦簡之後數十年，但文書格式，十分清楚和里耶秦簡所見十分相似。[30] 黃盛璋先生正確釋出「亭手」和「產手」的手字，但疑惑「此處不知是否表兩吏經手或亭驛經手人傳遞，留待後考。」[31]《荊州高台秦漢墓》的編者也

---

28 現在湖南省文物考古研究所編，《里耶發掘報告》（長沙：岳麓出版社，2006）已經出版，對 J1 井的發掘經過、層位和內容（頁 38-50）有較詳細的記述，可以參看。

29 湖北省荊州博物館編著，《荊州高台秦漢墓》（北京：科學出版社，2000），頁 222-223.

30 現在又有新近刊布的湖北隨州孔家坡秦代類似形式的告地策可以參證。參湖北省文物考古研究所、隨州市考古隊編，《隨州孔家坡漢墓簡牘》（北京：文物出版社，2006），頁 197。

31 黃盛璋，〈江陵高台漢墓新出「告地策」、遣策與相關制度發復〉，《江漢考古》，2（1994），

認為「亭手」和「產手」難以理解：

> 按文例似應為承辦者的簽署或者簽發文書機關的署名，但「亭手」難以理解。是否可以這樣解釋：大女燕死葬江陵，只不過希望靈魂能徙往安都，所作公文書函亦僅示意而矣，所以為其書寫此文書者未必是江陵丞龍氏，極有可能是中鄉下設之亭的長官代為書寫的。如此則「亭手」就應該是亭長（或亭父）的簽署，即此文書乃某亭長（或亭父）的手書。此牘背面的「產手」，雖十分費解，但也極有可能與「亭手」之意相同。（頁224-225）

這件告地書姑不論是否涉及靈魂返故里，[32] 其文書形式可以說完全仿照秦至漢初遷移名數的公文作成的。從里耶秦簡公文可以證明，亭手的「亭」是人名，並非亭驛、亭長或亭父之意。「產手」的產也是人名。亭、產都是公文的抄手，或同時也是經辦人。由於這是一份陪葬的文件，不是真正地方行政單位間的移文，正背面筆跡一致，成於一人之手。按照真正的公文格式，自「七年十月」至「書到，為報，敢言之」，是中鄉嗇夫或有秩向江陵縣呈送的公文內容。公文中說明新安大女燕及奴婢請求徙往安都，擬請縣丞按程序移會安都縣，接受燕的戶籍遷入（受名數）。這份公文是由一位名叫產的人所抄並經手，依例署名於牘背左下角。「十月庚子江陵龍氏丞敬移安都丞/ 亭手」則是記錄江陵縣龍氏丞敬在接到中鄉的報告後所作的處理，也就是隨即移文安都丞。安都有丞，可知安都應也是個縣。亭是江陵縣廷的抄手，他記錄了江陵縣丞對中鄉呈文所作的處理。庚子日由中鄉送出的公文，當天即由縣廷作了處理，十分快速。這是因為模擬性的陪葬文書不會像真正的公文須要處理的時間。[33] 另一件形制較小的木牘（編

頁 42。

32　劉昭瑞先生認為這個文件中的安都是虛擬的理想國，漢代以來，江南地區可能存在著一個安都神的信仰圈，請參所著，《考古發現與早期道教研究》（北京：文物出版社，2007），頁336-341。

33　李學勤先生認為，「和里耶簡格式對比，可知這是一件實用的文書的副本。」又說：「估計燕在動身往安都前死去，本來給她作為憑證的這份文書副本便用以隨葬了。」參氏著，〈初讀里耶秦簡〉，《文物》，1（2003），頁 79-80。但從抄寫形式、同一天之內即移文以及「江陵龍氏丞敬」這樣不完全合乎行政文書習慣的用語（詳見注34）看，這件木牘似乎不是真實文

號 35-甲）上有「安都」二字，字形較大；其下有並排雙行「江陵丞印」較小的四字，應是這件告地書的封檢，表示由江陵丞所封，發交安都縣。木牘 35-丙「新安戶人大女燕關內侯寡 大奴甲大奴乙大婢妨」云云則是大女燕的「名數」，應是隨江陵丞的公文一并發送給安都縣的。江陵張家山《二年律令》戶律謂：「有移徙者，輒移戶及年籍爵細徙所，并封。」（簡 328）江陵告地書所見與此正相符合。至於以絲線捆紮在一起的遣策牘，是告地書特有的方式，非關一般的公文書；公文書有時會捆紮，但不會用絲線。[34]

後記

　　寫完初稿後，曾呈請好友指教。葉山（Robin Yates）、劉增貴、顏世鉉、紀安諾（Enno Giele）、陳松長、張春龍、胡平生和籾山明先生都提供了珍貴的資料或意見，特此申謝。唯一切錯誤概由作者自行負責。

2003/11.20- 2005/9.16

原刊《簡帛》第一輯（2006），頁 275-296；99.2.8 改訂；105.2.11 再訂

件的副本，而比較像是真實文件的模擬。這和李先生大文注中所引龍崗 6 號墓隨葬木牘記辟死免為庶人，並非原件是同樣的情形。

34　另一個和官文書習慣不一的地方是「江陵龍氏丞敬」的寫法。秦漢官方文書一般在職稱後接著寫名而不書姓，照常規應作「江陵丞敬」。告地書的「中鄉起」指中鄉嗇夫或有秩起，即是如此。但為何特別署明「龍氏」？「龍氏」二字為何又寫在「丞」字之前？猶待解索。胡平生說：「此牘當為江陵中鄉龍氏名起的丞為死者燕寫給安都丞的文書」，如此他應是將「敬」字與移字連讀為「敬移」，當動詞。（《長江流域出土簡牘與研究》，頁 371。）這樣連名帶姓和「敬移」的措詞，不見於秦漢一般官文書。一般官文書但曰「移」、「謹寫移」或「謹移」。又「江陵中鄉龍氏名起的丞」一語似意味鄉一級的政府有丞，可商。私意以為中鄉指中鄉嗇夫或有秩，名起，和江陵丞，姓龍名敬，是不同的兩個人。又胡平生前引書頁 380-381 提到隨州孔家坡八號漢初墓出土告地書全文，其形式和用語和高台者十分類似，唯不連名帶姓，也不用「敬移」，可參證。汪桂海以為龍氏為南郡之縣名，恐非。按江陵為南郡首縣，為郡治所在。江陵之下的龍氏不可能是縣。參汪桂海，《秦漢簡牘探研》（臺北：文津出版社，2009），頁 277。

漢代書佐、文書用語「它如某某」及「建武三年十二月候粟君所責寇恩事」簡冊檔案的構成

一 書佐──漢代公文書的主要繕寫者

　　書佐一職常見於漢代文獻、石刻和簡牘資料。漢代中央和地方郡縣官府都有人數不一的書佐。新近尹灣出土西漢末東海郡下轄長吏名籍木牘。其中太守府屬吏即有書佐九人，都尉府有四人。[1] 書佐的職司，據《續漢書‧百官志》州郡條：「閣下及諸曹各有書佐、幹，主文書」。「主文書」一語甚為簡括。嚴耕望先生明確指出書佐「職主文書之繕寫」，又謂「書佐不但繕寫，且起草矣」。[2] 嚴先生曾引《漢書‧朱博傳》中朱博口占檄文，由書佐筆記一事為證。以下另補充王莽時河南太守陳遵的一個例子：

> 王莽素奇其材，在位多稱譽者，繇是起為河南太守。既至官，當遣從史西，召善書吏十人於前，治私書謝京師故人。〔陳〕遵馮几，口占書吏，且省官事，書數百封，親疏各有意，河南大驚。（《漢書‧游俠傳》陳遵條）

嚴先生未引此例，可能是因為此例所言之「書吏」，或為書手泛稱，非必即書佐。現在新出土的漢簡可以證實王莽和光武初年的書吏就是書佐。[3]

1　參連雲港市博物館、社科院簡帛研究中心、東海縣博物館、中國文物研究所編，《尹灣漢墓簡牘》（北京：中華書局，1997），頁 79。同出集簿牘則分作書佐十人和五人。

2　嚴耕望，《中國地方行政制度史》甲編（臺北：中央研究院歷史語言研究所專刊，1990 三版），頁 114。

3　依據居延出土的簡牘文書可知王莽時書佐也稱作書吏：

　　1. 月己丑張掖庫宰崇以近秩次行大尹文書事長史丞下部大尉官縣承書從事下當用者有犯者輒

1983 年在四川昭覺縣四開區好谷鄉出土的光和四年邛都安斯鄉石表上有「正月十二日乙巳，書佐昌延寫」一句。書佐昌延後的「寫」字證明書佐確是擔任繕寫。又東漢延熹八年的西嶽華山廟碑末行提到「遣書佐新豐郭□察書」。這一「書」字也清楚證明書佐負責書寫。[4]

居延和敦煌簡牘中，除了少數私人書信，有成千上萬的官方文書。這些官方文書由誰所繕寫？是一個值得注意，卻少有人討論的問題。日本學者角谷常子在檢討秦漢時代的簡牘研究時，曾由字體筆跡的角度，討論到建武三年候粟君責寇恩事簡冊中的書法，並曾比較 F22 所出的其它文書的筆跡（EPF22.37～55），認為責寇恩事簡冊中的爰書 A（EPF22.1-20，或稱作乙卯爰書）有很大的可能是甲渠候的「掾譚」所書。她將「掾譚」稱作是甲渠候官的「書記官」。[5] 漢代邊塞「能書」的人很多。現在所看見的簡牘公文書，當然不全然由書佐所寫，一定層級以上的邊吏大概都須要親自動筆，處理公文，而書佐也僅存在於一定層級以上的單位。但如果說「掾」是「書

言如詔書到言

    兼掾義兼史曲書吏遷金　　　　　　　　　　　　　　　　　　（EPT59：160）

2. 新始建國地皇上戊三年五月丙辰朔乙巳褈將軍輔平居成尉仮丞謂……（EPT65：23A）

    甲溝　　　　掾閎兼史憲書吏獲　　　　　　　　　　　　　　　（EPT65：23B）

3. 書吏胡豐私從者零縣宜都里胡駿年三十長柒尺二寸　　　　　　　（《敦煌漢簡》280）

三簡或有王莽時的官名「大尹」，或有王莽紀年，或有王莽時以「柒」代「七」之特殊書法，其為王莽時簡無疑。1、2 簡末有掾或兼掾、兼史和書吏的署名。居延簡牘公文末常由掾、史、書佐等簽署（詳見後文），王莽時簡於書佐簽署的位置署作「書吏某某」，可知書吏即書佐。李均明、劉軍已指出這一點，參所著《漢代屯戍遺簡法律志》（劉海年等編，《中國珍稀法律典籍集成》甲編第二冊，北京：科學出版社，1994），頁 51。又從 EPF22.56A 紀年簡可知，最少建武五年以前仍有書吏。儘管如此，似乎不能排除王莽時代仍有書吏。敦煌懸泉出土王莽詔書中即有「書佐方宜以二尺兩行與嘉德等者以便宜從事」之語。參張德芳、胡平生，《敦煌懸泉漢簡釋粹》簡 II0114（3）：404。

4　參吉木布初、關榮華，〈四川昭覺縣發現東漢石表和石闕殘石〉，《考古》，5（1987），頁 434-437。釋文又參永田英正編，《漢代石刻集成》，119（東京：同朋舍，1994），頁 228；西嶽華山廟碑參《漢代石刻集成》，87，頁 154。

5　角谷常子，〈秦漢時代の簡牘研究〉，《東洋史研究》，55：1（1997），頁 217-218。

記官」，如果書記官的意思是指職司繕寫之文書、錄事，[6] 推測爰書 A 由掾譚所繕寫，就須要商榷了。以下先看看由掾譚署名的文書是不是就是由譚所書寫。居延簡中有掾譚署名的相當不少。只要檢查一下《居延新簡》圖版，比對「掾譚」署名簡字體的異同即不難得出結論。依檢查結果，「掾譚」二字最少有三種不同的書法（參表 1.1-1.4）：

（1）掾譚單獨署名，「譚」字末筆拉得甚長，譚的言字偏旁寫得較完整規矩，如：EPF22：45B，EPF22：48B，EPF22：413B，EPF22：460B，EPF22：532B，EPF22：54AB，EPF22：55AB，EPF22：652。

（2）掾譚與令史嘉、尉史堅或與造史業、尉史寧一起署名，譚字末筆甚短，譚的言字偏旁寫得較簡省，言的三橫劃省為兩劃並與口連筆，如：EPF22：38B，EPF22：51B，EPF22：53B，EPF22：187B，EPF22：250B，EPF22：254B，EPF22：301B，EPF22：334B，EPF22：359B，EPF22：379B，EPF22：430B，EPF22：506，EPF22：673。

「譚」字末筆是否拉長，或許不是判定是否同一人所書的關鍵。第一，因為同一位書手書寫時，可以在字的末筆上有變化（例如 EPF22：129-150 諸簡的「中」字，EPF22：45A、22：50A 簡之「年」字）。第二，值得注意的是署名的除了掾譚，還有令史嘉、尉史堅或造史業。可是從署名的字體，看不出他們是分別自行簽名，比較像是由同一人代署三個名字。第三，署名的字體有些和文書正文字體一致（如：EPF22：334AB，EPF22：430AB，EPF22：460AB），有些則字體和墨色都不同（如：EPF22：38AB，EPF22：359AB，EPF22：379AB）。這表明文書繕寫和簽名有時是分別為之，有時即由繕寫者代勞。

（3）EPF22：247AB 一簡的背面有掾譚的單獨署名。「掾譚」二字與正面文書字體一致，字體筆劃皆極瘦細，譚字筆劃比（1）、（2）類的譚字更為簡省，一望可知與（1）、（2）類的字體都不相同。即使（1）、（2）類文書

---

6 日文「書記官」、「書記」一詞可泛指秘書，也可指文書、錄事（《現代日漢大詞典》，1987）。不知此處確實的含意為何。

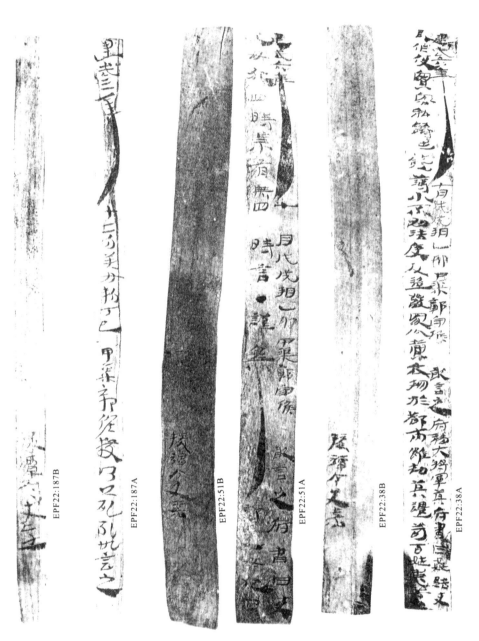

EPF22:187B

EPF22:187A

EPF22:51B

EPF22:51A

EPF22:38B

EPF22:38A

1.1

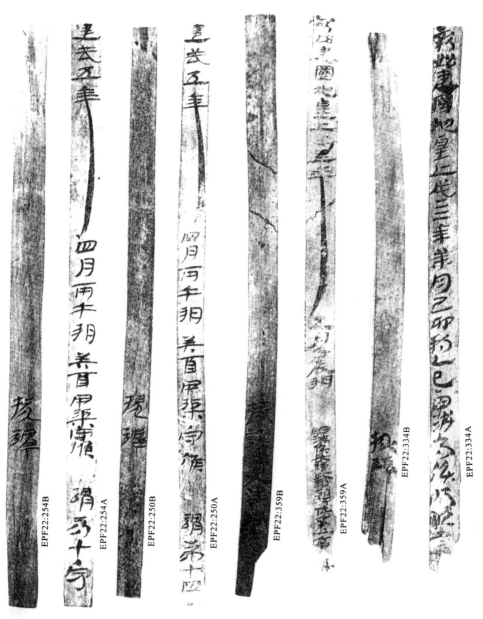

1.2

1.3

EPF22:187B

EPF22:187A

EPF22:38B

EPF22:38A

EPF22:334B

EPF22:334A

EPF22:247B

EPF22:247A

1.4

本身字體也有明顯不同，例如 EPF22：38、EPF22：187、EPF22：334 即明顯是三個不同人的筆跡。如果再加上 EPF22：247 一例，可以判定有掾譚署名的簡最少有四種不同的筆跡（參圖 1.4）。

如果掾譚負責抄寫，這些文書由他所書，又由他簽名，則不該有簽名字體不一，文書本身字體也不一致的情形。角谷常子對這種差別不是沒有注意到。她指出 EPF22：247AB 一簡上的簽名和文書字體一致，卻又和其它有掾譚署名的文書在字體上完全不一樣。她無法決定「掾譚」這兩個字是由譚所寫，「或是由其他人使用他的名字」，也就是說是由他人代為署名。[7] 她沒有解釋為何身為抄寫文書的書記官，卻要由別人代為簽名？又為何會出現這麼多不同的筆跡？

根本原因是「掾」本非職司繕寫。[8] 漢代地方郡、縣政府的掾是各屬曹之長，地位甚高。[9] 掾譚是地位相當於縣一級甲渠候官的掾，乃候官之候丞、塞尉之下地位較高的幕僚長。文書由掾署名，應是表示由他負責文書之行政和製作，卻非必由他來繕寫。

文書如果不是由掾書寫，那可能是誰？1973-74 年出土的居延簡可以提供一些線索。以下三簡的簡末，分別有這樣的署名：

1. 掾陽、守屬恭、書佐況（EPF22：68）
2. 掾陽、守屬恭、書佐豐（EPF22.71A）
3. 掾陽、守屬恭、書佐參（EPF22.462AB）

這三簡都是居延都尉府發出的文書，署名者都是都尉府的屬吏。既然由掾、守屬和書佐三種職位的人署名，理論上他們都有可能是文書的書寫者。掾陽和守屬恭是同樣的人，如果三簡是由掾或守屬所寫，或依角谷常子之說，掾才是書記官，那麼由掾陽所寫的文書，其字體應該一致才是。字體是否一樣呢？這三簡的字體乍看似乎接近，經仔細分辨，即可看出例

7　角谷常子，〈秦漢時代の簡牘研究〉，頁 223，注（8）。

8　另比較由居延縣掾黨署名，建武三年和五年的簡 EPF22：35、EPF22：56AB 上的不同筆跡，也可以證明掾黨絕非這兩簡的繕寫者。

9　嚴耕望，前引書，頁 119、222。

如三簡皆有的「居延」、「丞」、「書佐」，以及兩簡同有的「張掖」、「司馬」、「都尉」、「律令」等字實出於不同人之手，而且是出於三位不同人之手（參表2）。換言之，它們不可能由掾陽或守屬恭所書，只可能分別出自三位書佐一況、豐、參的手筆。

簡牘文書末尾署名有時列有書佐或書吏，有時不列，不列的情況還比較多。不列是否表示不是書佐所繕寫？現在無法確知。我相信候官以上單位的書佐應負繕寫的主要責任。[10] 或許因為他們職位較低，名字有時即被省略掉。

《漢書》記載朱博、陳遵親自口占檄文或書信，應該是較特殊的情況。一般來說，公文書是由官府的幕僚（包括書佐）草擬。擬妥，由書佐抄寫，再經長官認可，簽署後發出。這樣的文書作業過程，可以從以下EPF22.430AB 和 EPF22.460AB 兩簡窺見線索：

1. 建武泰年三月甲午朔庚申甲渠鄣守候　敢言之謹移三月　　　（EPF22：430A）

　　　　　　　　　　　　　　　　　　掾譚　　　　　　　　（EPF22：430B）

2. 漢元始廿六年十一月庚申朔甲戌甲渠鄣候獲敢言之

　謹移十月盡十二月完兵出入簿一編敢言之　　　　　（EPF22：460A）

　　　　　　　　　　　　　　　　　　掾譚　　　　　　　　（EPF22：460B）

這兩簡的形式和性質一致。照籾山明氏的分類，它們是標準形式的送達文書。[11] 兩簡都由「掾譚」署名在簡背。EPF22：430 一簡的「甲渠鄣守候」

---

10 候官以下單位的文書由誰書寫？須要另文別考。可補充的是敦煌漢簡中曾出現「……戊戌左部書史……」（2399B）（《敦煌漢簡》，北京：中華書局，1991）。此簡無年號，時代難以查考。「書史」二字基本清晰可辨。史與吏相通假，居延漢簡中即有「尉史」寫作「尉吏」（EPT65：291）、既有「將軍從史」（72.4）也有「將軍從吏」（275.22）的例子。疑此書史或即書吏。是否有職位較書佐更低的抄手呢？因缺少資料，尚難斷言。如以月奉錢而言，書佐月奉 360 錢（居延簡 303.21、303.49）是可考佐吏中月奉最低者。陳夢家曾指出漢簡中也有月奉低於 360 者，唯身分皆不明。參所著〈漢簡所見奉例〉，收入《漢簡綴述》（北京：中華書局，1980），頁 145-146。因此目前無法證實是否有更低於書佐之抄手，但也不能排除其可能。

11 籾山明，〈爰書新探──兼論漢代的訴訟〉（中譯），《簡帛研究譯叢》第一輯（長沙：湖南

表 2：EPF22：68、71A、462AB 簡及字體比較表

22:462	22:71	22:68

EPF22:462B

EPF22:462A

EPF22:71A

EPF22:68

之下空有位置，尚未填上守候的名；EPF22：460 同樣格式文書的「甲渠鄣候」之下，很明顯有一個字體和墨色都不同的「獲」字。這個「獲」字是甲渠鄣候之名。當文件備妥，甲渠鄣候認可後，即在空處簽上名，然後發出。以上兩簡表示一件已經簽名，一件還待簽名。

其所以推測是獲自己的簽名，是因為在居延簡中還可以找到筆跡相同的其它三個甲渠鄣候獲的簽名（見：EPF22：273AB、EPF22：532AB、76.15）。以上這些文書或由掾譚（EPF22：430、EPF22：460、EPF22：532），或由掾常（EPF22：273）署名在簡背，都在「甲渠鄣候」之下空出一字的位置，由筆跡相同的同一人填上名字—獲。如果「獲」這一個字是由掾所寫，其字體理應與「掾譚」或「掾常」的署名相同，但墨色和筆跡明顯不同，不可能是他們所寫。如此，署名的應比較可能是獲本人，也就是從地皇四年十一月開始到建武四年十一月以前擔任甲渠鄣守候和候的張獲。[12] 大庭脩研究漢簡中上級長官的署名，根據同樣的現象，找出「肩水關嗇夫成」、「甲渠鄣候誼」、「肩水守候橐他塞尉舉」、「肩水候房」等例，認為「成」、「誼」、「舉」、「房」筆跡不同於簡上其它的字是這些長官的自署，這個判斷應該是合理的。[13]

掾譚和掾常是甲渠鄣候前後任的行政幕僚長。在簡牘文書中，常常見到或由掾單獨署名，或由掾、守屬署名，或由掾、守屬、書佐署名，或掾、卒史、書佐，或由掾、令史、尉史等不同官吏共同副署的情形。其間的區別和規則有待進一步研究。[14] 不論如何，他們或親自署名，有時或由

出版社，1996），頁 145。原文見《東洋史研究》，51 卷 3 號（1992），頁 1-42；《中國古代訴訟制度の研究》（京都：京都大學學術出版會，2006），頁 172-174。

12　有關張獲的研究，可參李振宏、孫英民編，《居延漢簡人名編年》（北京：中國社會科學出版社，1997），頁 307-311。鵜飼昌男也曾注意到甲渠障候獲的署名和他在王莽末至東漢初的任職情形，參所著〈建武初期の河西地域の政治動向〉，《古代文化》，12（1996），頁 730-731。

13　大庭脩，《漢簡研究》（東京：同朋舍，1992），頁 247-252。我已放棄此說，見本文末再記。

14　詳參陳夢家，《漢簡綴述》（北京：中華書局，1980），頁 104-109；署名的初步研究可參大庭脩，前引書，頁 247-267。

負責繕寫的人代簽（文書中長官的名銜和文書其它部分的字體常常相同）。幕僚副署的意義似乎是在表示他們對行政程序和文書製作負責，對文書中具體事務負全責或者說負有最終責任的，則是他們的長官——以候官為例，也就是最後簽名的候。

從上述諸簡都將候獲的簽名處空出，可以窺見漢代邊塞文書的一種製作過程。[15] 既已證明掾譚負責幕僚作業，並不是文書繕寫員，因此建武三年候粟君責寇恩事簡中的爰書 A，應不是出自掾譚之手，而較可能是出自甲渠候官的某位書佐。

此外有兩點要補充：第一，還須要分辨上述文書中，那些是在不同單位間移送的正式文書，那些可能是單位保留下來供存檔或參考的副本。正式文書和副本的一個不同，很可能即在簽名。正式文書由長官簽名和副署，留底的副本即可能由書佐或書吏包辦謄抄，包括簽名。這個問題很值得作更進一步全面的探討。

其次，書佐如果是繕寫文書的人，一份文書除非極長或有較多的附件，否則似應由一位書佐繕寫和署名。目前可考的簡牘，不論居延或敦煌出土的，一般的確都只有一位書佐署名。可是也有一個例外，就是16.4B：「掾習屬沈書佐橫寶均」。有的學者將此句點讀成「掾習，屬沈，書佐橫、寶（疑應作寶）、均」，亦即視橫、寶、均三人為書佐。[16] 這枚簡正反兩面字體基本一致，無疑出於同一人之手。這樣就產成一個問題：文書到底是由三位中的那一位所寫的呢？為何會有一人以上署名？經查圖版，發現「寶均」二字的字體、筆勢和其餘部分並不一樣，文書原來可能只到「書佐橫」為止，亦即繕寫者就是橫。為何在「書佐橫」之下又加上「寶均」二字？尚不得其解。

---

15 同樣將供長官簽名位子空出的文書製作法，還可見證於例如 EPF22：38AB、EPF22：51AB、EPF22：53AB、EPF22：250AB、EPF22：254AB，以及大庭脩在《漢簡研究》頁247-252 舉出之例。

16 李均明、劉軍編，《中國珍稀法律典籍集成》甲編第二冊，〈漢代屯戍遺簡法律志〉（北京：科學出版社，1994），頁51。

二 「它如某某」和「如某某」慣用語的意義和區別

　　1992 年日本學者籾山明氏發表〈爰書新探—漢代訴訟論のために〉一文。[17] 該文詳細檢討了近人自陳槃以來，大庭脩、劉海年、高敏等有關爰書性質的研究，並依據簡牘，對爰書的形式與內容作了更深一層的討論。文中頗多新義，指出名稱明確的爰書可有七類，形式上一般冠以「爰書」二字，末尾有「它如爰書」或「如爰書」字樣。他又認為官吏為了公證某事而作成的文書，就是爰書。因此爰書具有公證書的功能。前賢諸說中，他認為陳槃說最為近實，但仍有不足之處。

　　這篇對爰書的研究最為晚出，可以利用不少新材料，意見有所不同，值得重視。唯其論及漢代文書用語「它如爰書」、「它如律令」等，對「它如」的理解須要釐清。也因為對這一用語的理解有誤，導致他其它的一些說法也還須要商榷。「它如」用語的問題，我過去曾經討論過，[18] 現在再就籾山氏提出的問題，補充資料，進一步說明，請大家指教。

　　籾山氏文有一段（原文頁 16-17，中譯頁 156-157）引用侍廷里父老僤買田約束石券，石券末尾有「它如約束」四字。籾山氏討論這四字說：

> 乍看起來，似乎可以解釋為「其他均如約束」，但其實并非如此。為何這樣說呢？這是因為如此解釋的話，無論是「其他」也好，或者是「約束」也好，其所指內容就過于曖昧不清，作為規約便失去了意義。只要通讀全文就可明白，文中先前便已準確地敘述了應該商定的約束內容，在此之後再加上「其他均如約束」這樣漠然的條文，不是產生不必要的混亂嗎？因此，不如完全從另外的思路，即將它理解為「以上為約束」（日文原文：「以上、約束とする」）也就是理解成以「它如約束」一句來作「約束」的結束語。

17　《東洋史研究》51 卷 3 號，頁 1-42；中譯見中國社會科學院簡帛研究中心編，《簡帛研究譯叢》第一輯（長沙：湖南出版社，1996），頁 142-183。

18　〈漢侍廷里父老僤買田約束石券再議——兼與俞偉超先生商榷〉，《中央研究院歷史語言研究所集刊》，61：4（1990，實際出版 1992.12），頁 761-782。

接著，他將「它如爰書」和「如爰書」當作作用相同的爰書文末慣用語。在檢討寇恩爰書的五部分時，他說：「B 部分文書中『它如爰書』或『如爰書』所云的『爰書』，只可能是指 B 部分文書本身，而不可能是指它以外的文書。也就是說，『它如爰書』和『它如約束』一樣，是『以上為爰書』（「以上、爰書とする」）的意思，是爰書末尾的結束語。即爰書的文末用『它如爰書』或『如爰書』作結。」（頁 16-17）

以上的引文基本依據中譯本，經核對原文，只增加了括號中的原文和改動了一二字，譯文應合乎原意。作者不將「它如約束」理解為「其它均如約束」，最主要是因為他認為這樣似乎會使石券約束的內容「曖昧不清」，「失去意義」，甚至產生不必要的混亂。因此他將「它如約束」理解為「如約束」，也就是「以上為約束」的意思，約束即指石券上的內容。

姑不論「它如某某」和「如某某」在秦漢時代的漢語語法上是否可以等同起來，其實只要注意一下秦漢時代行政的特色，這個問題就不難得到答案。秦漢時代的官僚行政是在極為細密的法令規章之下運作的。[19] 居延、敦煌出土的大量文書就是最好的證明。邊防軍隊的任何方面幾乎都牽涉到極為繁複的文書作業。這些作業的規定和程序，我們到今天都還不完全清楚。可以確定的是其中有很多格式和程序是固定的，日常行政通常是依據頗為固定的形式和程序在進行。

固定的形式和程序一部分反映在許多文書的慣用辭語上。在漢代的文書慣用語中，有大家所熟知的「如律令」、「如故事」以及加上「它（他、佗）」字的「它如律令」、「它如故事」、「它如約束」兩種。秦漢行政主要以律令為據，對法律及行政中的用語極為注意。許多行政程序和行政機構之間的等級尊卑關係，往往就由公文使用的慣用語來表現。一個要學習為吏的人，除了識字，知算，還必須熟知這些公文慣用語辭的明確意義。雲夢睡虎地秦簡中就有許多有關專門用語的問答，清楚反映了秦漢時代所謂

19　請參拙著，〈從「如故事」和「便宜從事」看漢代行政中的經常與權變〉，《秦漢史論稿》（臺北：東大圖書公司，1987），頁 333-410。本書卷四，頁 425-492。

「循名責實」的思想。東漢王充曾任地方小吏，非常熟悉吏事。他說「五曹自有條品，簿書自有故事」（《論衡・程材》），基本上也反映了當時日常行政的特色。在《論衡》〈謝短〉等篇中，他還喜歡以考問某某用語的意義，來取笑時人之不知為吏。

由此可以推想，在許多依正常程序處理的文書中，並不須要一一引錄相關的法令、規定、條品或故事依據，而是用「如律令」、「如府記律令」、「如詔書律令」、「如詔書」、「如故事」等簡單化的語句來簡化一份文書。以上這些措詞的用意，原本應有不同，如「府記」和「詔書」當然不同。但這些一旦成為慣用語，原本嚴格的界限有時即可能趨於模糊。例如「律」和「令」原本不同，各有所指，可是一旦連用，成為慣用語，它的意義就變得十分寬泛，可以泛指一切法令規章。[20] 這時的「如律令」變成無非就是「依相關律令規定辦理」的意思。在個別的事件中，如果有不依程序，須要特別處理，或有調整改變的部分，就會特別具體說明作了那些調整，而其它仍照慣常辦法處理的部分，則在文書末加上一句「它如律令」等等，表示「其它依相關的律令規定」。「它如爰書」、「它如約束」的「它如」意義上都相同。

可考的文獻、石刻或簡牘文書都可以證明「它如爰書」、「它如律令」、「它如約束」、「它如故事」中的「它如」只可能如顏師古所說是「此外並如……」的意思（《漢書・儒林傳》公孫弘條注）。這和漢代文書中常出現的「如律令」、「如故事」、「如約束」有明顯意義和作用上的區別。由於「它如某某」和「如某某」有根本語意上的不同，因此從不見它們有混用不分的情形。

在討論這個問題以前，容我再以《史記・秦始皇本紀》中秦始皇議帝號的一段記載為例，[21] 進一步澄清「它如某某」和「如某某」用語在秦漢

20　請參拙著，〈秦漢的律令學〉，收入《秦漢史論稿》，頁 247-316。

21　此例我在〈漢侍廷里父老僤買田約束石券再議〉一文已經提到，但未細論，見《中央研究院歷史語言研究所集刊》，61：4（1990），頁 764。

文書中的不同意義：

> 秦初并天下，令丞相、御史曰：「……今名號不更，無以稱成功，傳後世。其議帝號。」丞相綰、御史大夫劫、廷尉斯等皆曰：「……臣等謹與博士議曰：『古有天皇，有地皇，有泰皇，泰皇最貴。』臣等昧死上尊號，王為『泰皇』。命為『制』，令為『詔』，天子自稱曰『朕』。」王曰：「去『泰』，著『皇』，采上古『帝』位號，號曰『皇帝』。他如議。」制曰：「可。」

始皇令臣下議名號，丞相等和博士商議以後，提出三點建議：

(1) 王改稱最尊貴的「泰皇」；

(2) 命為「制」，令為「詔」；

(3) 天子自稱為「朕」。

始皇不滿意「泰皇」一名，主張改稱「皇帝」。從這裡可以看出秦代對「名」的重視。從此以後，「制」、「詔」、「朕」、「皇帝」都成為與皇帝有關的專用語，任何其他人都不可以使用。這裡更須要注意的是這段記錄末尾有「他如議」三字。什麼是「他如議」？如果依照籾山氏的理解應是「以上如議」，也就是說「以上(1)、(2)、(3)如諸位所議定的」。事實上不是如此。秦始皇並不同意他們對(1)「泰皇」的議定，而是同意其它(2)「制」、「詔」和(3)「朕」用語的議定。因而可以清楚知道「他如議」的「他」是指(2)、(3)，不可能有別解。

雲夢睡虎地秦律的出土，使得秦代文書用語中「它如」的意義更形清楚。睡虎地秦律存在的時間在秦始皇稱帝以前，為慣用語「它如」提供了一個比《史記》更早的第一手證據。在整理為〈效律〉的律簡中，有一支原文如下：

> 實官佐、史被免徙，官嗇夫必與去者效代者。節（即）官嗇夫免而效不備，代者〔與〕居吏坐之。故吏弗效，新吏居之未盈歲，去者與居吏坐之，新吏弗坐；其盈歲，雖弗效，新吏與居吏坐之，去者弗坐，它如律。[22]

這支簡的內容和整理為〈秦律十八種〉中另一支題有「效」字的簡完全一

22　睡虎地秦墓竹簡整理小組編，《睡虎地秦墓竹簡》（北京：文物出版社，1990），頁57。

樣。但是這一支的內容顯然並不完整，應該還有書寫在別簡上的前文。姑不論前文為何，這支簡的內容是針對儲糧單位之佐、史免職或調任時，其長官嗇夫與離任、接任者及同一官署留任者，在不同情況下職務交接上的責任問題。簡中提到佐、史免職或調任時，官府嗇夫須與離任者一起向接任者核驗交代，也就是校核相關的物資。其中有三種情況，責任歸屬有所不同：

(1) 如果官嗇夫免職時已經核驗，其後發現數有不足，這時須由接任者及留任的吏承擔罪責；

(2) 如果留任之吏未辦交代核驗，接任者上任不滿一年，則由離職者及留任者負罪責，接任者不負責；

(3) 如果接任者上任已滿一年，雖未核驗，也應由接任者和留任者負責，離職者即不再有責任。

關於新舊任官吏的職務交接，如何釐清彼此的責任，必然還有更多不同的情況，也還有更多相關的規定。以上的一條僅及長官免職，佐、史新舊任交接在不滿一年或滿一年的不同情況下，財物核驗的責任應如何歸屬。由於還有其它的情況和其它相關的規定，因此末尾加上「它如律」三字，表示其它的即依既有的成規辦理。《睡虎地秦墓竹簡》的譯文將「它如律」譯作「其餘都依法處理」（頁57），是完全正確的。

「他如議」的「他如」和秦漢簡牘中所見的「它如」一樣。由於簡牘中「它」和「也」兩字書法不易分別，我曾經誤認有些文件中的「它」字為「也」字。現在謹作以下修正：凡簡文「如」字前的「也」字應一律釋為「它」。「它如」是漢承自秦，文書中有特定意義的慣用語。「它如某某」和「如某某」的作用清楚有別。籾山氏提到爰書末尾有以「它如爰書」或以「如爰書」作結的兩種情形。其實目前可考的例證都是「它如爰書」，並沒有「如爰書」的例子。所謂的「如爰書」都是將「如」字前的「它」字誤讀成「也」所造成。漢代公文中並不存在「皆證也，如爰書」和「皆證。它如爰書」兩可的情形。

以下再舉幾個漢代文獻和簡牘中的例證。第一個例子見《漢書・儒林

傳》。武帝時，公孫弘為丞相，奏請興儒學。他在上奏中先引用了一件武帝要禮官太常議勸學的制書，接著報告他與太常博士討論置博士弟子員，令郡國察選人材受業如弟子，考課優劣，以定擢用黜罷的辦法。這部分原文甚長，不俱引。重要的是接著下來的一段：

> 臣謹案詔書律令下者，明天人分際，通古今之誼，文章爾雅，訓辭深厚，恩施甚美。小吏淺聞，弗能究宣，亡以明布諭下。以治禮掌故以文學禮義為官，遷留滯。請選擇其秩比二百石以上及吏百石通一藝以上補左右內史、大行卒史，比百石以下補郡太守卒史，皆各二人，邊郡一人。先用誦多者，不足，擇掌故以補中二千石屬，文學掌故補郡屬，備員。請著功令。它如律令。

公孫弘在這部分清楚提到，當時的小吏並不能領會「詔書律令」的美意，為了使以治禮掌故、文學禮義為官的人，不致留滯難以升遷，他特別提出了不同等級通藝補官的改善辦法。他請求將新訂的辦法著於功令，其它的部分則依既有的律令處理（「請著功令。它如律令」）。顏師古注「請著功令」曰：「新立此條，請以著於功令。功令，篇名，若今選舉令。」其注「它如律令」曰：「此外並如舊律令。」這都是十分正確的解釋。這裡如果將「它如律令」理解為「如律令」或「以上為律令」，則扞格難通。

其次，在《漢書‧匈奴傳》也有幾個十分明顯的例證。征和三年，貳師將軍李廣利投降匈奴：

> 其明年，單于遣使遺漢書云：「南有大漢，北有強胡……今欲與漢闓大關，取漢女為妻，歲給遺我蘖酒萬石，稷米五千斛，雜繒萬匹，它如故約，則邊不相盜矣。」（新校標點本，下同）

李廣利降匈奴，使漢朝面對匈奴時，陷於十分不利的地位。單于立即以十分強悍的態度增加對漢廷的需索。所謂「蘖酒萬石，稷米五千斛，雜繒萬匹」，都是「故約」之外的。除了這些額外的，單于要求其它的部分如故約，則匈奴不侵漢邊。這裡的「它如故約」，意義十分清楚，同前例一樣不能作「如故約」或「以上如故約」解。又同傳，成帝河平四年，復株絫若鞮單于入朝：

加賜錦繡繒帛二萬匹，絮二萬斤，它如竟寧時。

「它如竟寧時」的語意十分清楚，亦即除了「加賜」的錦帛二萬匹、絮二萬斤，「其它如竟寧時的先例」。又哀帝元壽二年，單于來朝：

加賜衣三百七十襲，錦繡繒帛三萬匹，絮三萬斤，它如河平時。

「它如河平時」的語意和「它如竟寧時」是一樣的，都不可能理解為「如河平時」、「如竟寧時」。正如我在舊文中已指出的，「它如」二字都是在有所改變的情況下（單于提新的要求、漢帝主動加賜），除了改變的部分，表明其餘的如故事或舊的約束。[23] 以下再補充一個《後漢書》中的例子。《後漢書·章帝紀》元和二年九月壬辰詔：

鳳皇、黃龍所見亭部無出二年賦。加賜男子爵，人二級；先見者帛二十四，近者三匹，太守三十匹，令、長十五匹，丞、尉半之。詩云：「雖無德與汝，式歌且舞。」它如賜爵故事。

以上記載的是壬辰詔「加賜」的內容，詔尾以「它如賜爵故事」作結。如果將這個結尾慣用語，像籾山氏所主張的，理解為「如賜爵故事」或「以上為賜爵故事」，亦即認為這個詔書提到的內容即「賜爵故事」的本身，和賜爵故事一樣，就有困難了。

同樣的情形在 1993、1995 年刊布的江陵張家山二四七號漢初墓出土的竹簡〈奏讞書〉中可以看得更清楚。[24]〈奏讞書〉包括春秋至漢初的法律案例二十餘件。這些案例記錄短則二十餘字，多則上千言。在較長的記錄中，包含有相關原告、被告好幾個人的供辭和官府詰問的內容。這些供辭常見的結束語就是「它如某某」。以下試舉一例，以概其餘：

·十年七月辛卯朔甲寅，江陵餘、丞鷔敢讞之。迺五月庚戌，校長池曰：士五（伍）軍告池曰：大奴武亡，見池亭西，西行。池以告與求盜視追捕武。武格鬥，以劍傷視，視亦以劍傷武。

---

23 同註 18，頁 763。

24 張家山二四七號漢墓竹簡整理小組，《張家山漢墓竹簡（二四七號墓）釋文修訂本》（北京：文物出版社，2006），頁 94-95；武漢大學簡帛研究中心等編，《二年律令與奏讞書》（上海：上海古籍出版社，2007），頁 343。

‧今武曰：故軍奴，楚時去亡，降漢，書名數為民，不當為軍奴。視捕
武，誠格鬥，以劍擊傷視，它如池。

‧視曰：以軍告與池追捕武，武以劍格鬥，擊傷視，視恐弗勝，誠以劍刺
傷武而捕之，它如武。

軍曰：武故軍奴，楚時亡，見池亭西。以武當復為軍奴，即告池所，曰武
軍奴，亡。告誠不審，它如池、武。

‧詰武：武雖不當受軍弩（奴），視以告捕武。武宜聽視而後與吏辯是不當
狀。乃格鬥，以劍擊傷視，是賊傷人也，何解？

……

以上是漢高祖十年七月，一位江陵地方負責捕盜的小吏校長池率手下追捕
亡奴，發生格鬥傷害的案例的前半供辭部分。[25] 先是一位士伍軍到負責治
安的校長池處報告：他的一名名叫武的奴逃亡而去，出現在池所轄亭的西
面，往西而去。池因報案，即率求盜名叫視的去追捕。結果發生格鬥，亡
奴武以劍擊傷視，視也以劍傷了武。江陵縣令和縣丞在讞辭裡先記錄校長
池的報告，接著又記錄了亡奴武的供辭。武在供辭中承認自己傷了視，但
是辯解自己的身分並不是軍的奴。供辭末尾有「它如池」三字。其餘視、
軍二人的供辭也都以「它如武」、「它如池、武」作結。江陵縣在調查此
案，詢問各當事人時，本應各有完整的供辭記錄。江陵縣因疑難決，要
「讞之」廷尉，不可能將全案原件上呈，只可能節略要點。為免記述情節
太過重複，凡池已說過，武和池的說辭無不同的，即不再照錄武的話，而
以「它如池」一語帶過。接著摘錄視、軍二人供辭的要點，也以「它如
武」、「它如池、武」帶過。軍的供辭和池或武的供辭不知為何仍有些重複
（如見池亭西，楚時亡去），或許這些是值得重複的要點吧。不論如何，「它
如」之意為「其它如」，無論就文法或語意都十分明確。

我想以上的例證已經足夠說明「它如某某」的慣用語在秦漢兩代的文
書中有一致明確的意義。「它如某某」和「如某某」意義不同，用在不同

25 〈江陵張家山漢簡《奏讞書》釋文（一）〉，頁23。

的情況，發生不同的作用。

三 〈建武三年十二月候粟君責寇恩事〉簡冊檔案的構成

現在回到〈建武三年十二月候粟君責寇恩事〉簡冊，看看應如何理解
這份簡冊中的「它如爰書」四字，以及爰書中各部分的關係是否如籾山氏
所理解的那樣。討論之前，不可避免要先考慮以下幾項問題：

(1) 〈建武三年十二月候粟君責寇恩事〉諸簡是在甲渠候官所在地編號
F22 的房屋遺址中出土。F22 一般假定是甲渠候官的檔案室。此室曾
出土許多較完整的文書冊。由於責寇恩事的原告是甲渠候粟君，因此
相關的文書會以「建武三年十二月候粟君所責寇恩事」為楬（標籤
牌），出現在甲渠候官的檔案室裡。問題是目前所見的文件是否是與責
寇恩事相關的全部文件？或者是其中的一部分？

(2) 以〈建武三年十二月候粟君責寇恩事〉為楬的相關文書簡在出土時原
編繩已不存在，呈散亂的狀態。依過去學者和籾山氏一致的一個分
法，除了楬，這份文書分為五個部分，並產生 A、B、C、D、E 和
A、B、D、C、E 兩種文書排列順序的意見：

A. （EPF22：1-20）：建武三年十二月癸丑朔乙卯（12 月 3 日）都鄉嗇夫
宮驗問寇恩的供辭記錄。有學者也稱之為乙卯爰書。

B. （EPF22：21-28）：建武三年十二月癸丑朔戊辰（12 月 16 日）都鄉嗇
夫宮再度驗問寇恩的供辭記錄。有學者稱之為戊辰爰書。

C. （EPF22：29-32）：建武三年十二月癸丑朔辛未（12 月 19 日）都鄉嗇
夫宮給居延縣廷的呈文。有學者稱之為辛未文書。

D. （EPF22：33）：尾題簡「右爰書」。

E. （EPF22：34-35）：十二月癸丑朔己卯（12 月 27 日）居延縣廷移甲渠
候官文。

兩種意見不同的關鍵在所謂的「爰書」，應包含 A、B、C 三部分，或

僅指 A、B 這兩部分？籾山氏同意爰書僅指 A、B，而認為 C 是送達文書，並不能當作爰書的本文看待。這兩種看法的一個共同基本假設是將這三十五支簡視為一份完整的簡冊，共有一個標題楬。[26] 基於這樣的假設才會產生這五部分簡原本應如何排序，以及「右爰書」一簡應排在什麼位置的問題；而「右爰書」一簡的排列又決定了簡冊中那些部分才能算作爰書的爭論。將五部分當作一份完整的簡冊看待是否恰當？這是須要重新思考的另一個問題。

如果換一個角度考慮，所見可能就有不同。例如，從筆跡和文書製作的時間看，可以清楚發現它們是由不同的人在不同的時間所寫。這些簡墨色清晰，筆跡各有特徵，不難辨識。以筆跡來說，即可分為下列四組：

1. **乙卯爰書**（EPF22：1-20）二十支簡的筆跡書法墨色一致，毫無疑問出於同一人之手。和戊辰、辛未文書部分比較，這一部分的書法用筆較粗獷潦草，運筆的筆勢和筆劃特徵自成一格。就抄寫而言，它應是和其它部分不同的二十支簡。

值得注意的是乙卯爰書的全文在語氣和形式上都是都鄉嗇夫應居延縣廷的要求，驗問被告寇恩後作成的口供記錄。這原本是都鄉嗇夫交給縣廷的記錄才對。為什麼它會出現在甲渠候官的檔案中呢？如果縣廷在接到都鄉嗇夫的驗問記錄報告後，要答覆原告候粟君，依目前對漢代移送文書形式的了解，覆文應該不僅僅是一份口供原文，最少還應附有以「謹移一編某某」為形式的移送文書。文書的開頭似也不可能保留「某年某月某日都鄉嗇夫宮以廷所移甲渠候書召恩詣鄉……」的語氣。從較潦草的字體猜測，乙卯爰書可能僅僅是甲渠候粟君保留的一份抄件，並不是正式的公文書。候粟君是原告，企圖抄存被告的供辭應在情理之中。

候粟君得知被告寇恩的供辭，認為與實情不符，於是採取進一步行

26　例如大庭脩即明白地說：「既然認為 C 和 E 是不可分離的，那麼，A、B、D、C、E 就成為縣廷向甲渠候官傳達的一個文書，這樣看來，便初次現實地領會到這書是作為一個簡冊出土，可以理解為全篇是用一筆寫成的。」《秦漢法制史研究》中譯本，頁 536；中譯本小有脫誤，據原書頁 665 修改。

動一「奏記府：願詣鄉，爰書是正」。據裘錫圭先生對這一段的理解是「甲渠候把事情捅到了府裡」。「奏記府」的「府」是指甲渠候的上司都尉府，候粟君表示供辭不實，自己願意到鄉治所去辨正爰書。那時，居延縣係歸居延都尉府管。[27] 都尉府因而下令居延縣再明白辯定（「府錄：令明處」）。[28] 居延縣遵令，行文都鄉嗇夫要求再行驗問。都鄉嗇夫於是再行驗問，修正了第一次驗問中一些不夠清楚的地方，[29] 再回覆縣廷，於是產生了下述的戊辰爰書和辛未移送文書。

2. **戊辰爰書、辛未移送文書**（EPF22：21～32）**及「右爰書」**（EPF22：33）一簡共十三簡的格式字體書法一致，毫無疑問出於同一人之手，應是同時寫成。如果比較 EPF22：21、28、30、32、33 各簡的「爰書」二字的書法，即可發現在特徵上基本相同，應可判定屬於同一人的手跡。尤其值得注意的是 EPF22：32 簡第一行下欄的「受爰書」三字筆劃粗細和字體大小比辛未文書的其它字稍粗、稍大，卻和「右爰書」三字幾乎一樣。從圖版無法判定「受爰書」三字是否曾經削改重寫，但是既和「右爰書」三字一樣，可以證明「右爰書」一簡應該和戊辰、辛未文書同時，由同一人抄寫而形成。

或許有人會懷疑「右爰書」一簡只寫一行，其餘諸簡皆書兩行，簡寬又較其餘諸簡為窄，怎可能屬於同一簡冊？幸好前不久敦煌懸泉置的「陽朔二年懸泉置傳車宣輿簿」一個保留有原編繩的簡冊圖影已經公布。[30] 這

---

27 裘錫圭，〈新發現的居延漢簡的幾個問題〉，收入《古文字論集》（北京：中華書局，1992），頁 613 及注 10。

28 關於「明處」，裘錫圭先生在上引文中曾作解釋。我在《論衡》裡找到幾條相關資料，錄出備考。《論衡・薄葬》：「故其立語不肯明處。」《論衡・案書》：「兩傳並紀，不宜明處。」《論衡・自紀》：「嫌疑隱微，盡可名處。且名白，事自定也。」黃暉曰：「名，當作明，聲之誤也。處謂辯定之也。」籾山明對明處的解釋見〈居延新簡「駒罷勞病死」冊書——為漢代訴訟研究而作（續）〉，《簡帛研究譯叢》第 2 輯（1998），頁 182。

29 兩次驗問的差異和修正可參徐蘋芳的討論，見〈居延考古發掘的新收穫〉，《文物》，1（1978），收入《中國歷史考古學》（臺北：允晨出版公司，民國 84 年），頁 12-26。

30 見《中國文物精華》（北京：文物出版社，1997），圖 112。

個簡冊清楚證明寬窄不同，和單雙行書寫都有的簡可以編成同一個冊子。因此，「右爰書」一簡構成戊辰、辛未文書簡冊的一部分，應無簡冊形制上的問題。

又從文件的構成而言，徐蘋芳、大庭脩和籾山明認為「右爰書」一簡應在戊辰爰書之後，這是正確的。所謂的辛未文書應是在移送爰書時附加的移送文書，並不是爰書本身。同樣地，如果比較前述「陽朔二年懸泉置傳車亶輿簿」的尾簡（「陽朔二年閏月壬申朔癸未，縣泉置嗇夫尊敢言之，謹移傳車亶輿簿一編敢言之」）和辛未文書的內容和形式，也可以證明辛未文書應在簡冊的末尾。

我雖然同意前賢之說，但在認識上卻有不同。基本上我將乙卯、戊辰、辛未和己卯幾個日期的文件視為「同一個檔案」中的「不同文件」，不將這些簡全部當作同一份文件，合在一起排序。「右爰書」一簡所指涉的爰書僅是戊辰爰書，也就是再度驗問寇恩的供辭部分。較戊辰爰書為早的乙卯爰書也是爰書，但不是「右爰書」一簡所指涉者。乙卯爰書是獨立的抄件，和戊辰爰書並非同時到達甲渠候的手裡。

其次，辛未文書雖為移送文書，在文書的開頭，如徐蘋芳先生指出，摘錄了甲渠候的「劾狀」，這部分劾狀原本也具有爰書性質。在秦漢兩代司法程序上，訴訟一般是由「告」或「劾」這一程序開始。告是針對平民，劾是針對官吏。[31] 寇恩是一介平民，甲渠候粟君要告他，所謂的劾狀似應稱為「告」。現在所見的簡冊中稱之為「甲渠候書」，似非告狀的原件。睡虎地出土秦律〈封診式〉中常見有「告」。在秦的司法程序上，「告」的文件很清楚是因告而引起一連串爰書的一部分。[32] 這一點在漢代應無不同。

31　有關告與劾的區別，請參徐世虹，〈漢劾制管窺〉，《簡帛研究》第二輯（北京：法律出版社，1996），頁 313。

32　封診式的「盜自告」、「告臣」、「奪首」、「黥妾」、「遷子」、「告子」、「出子」、「毒言」、「奸」等凡由人向官府提出告訴、告發或自告的，這些告辭和官府的相關處理，都被放在爰書的標題之下。參《睡虎地秦墓竹簡》（北京：文物出版社，1990），頁 150-163。相關研究可參籾山明，〈秦代審判制度的復原〉，《日本中青年學者論中國史》上古秦漢卷（上海：上海古籍

如果要考察漢代爰書的樣式和內涵，辛未移送文書也具有一定的參考價值。

最後還可提出討論的一點是，這份文書在形式上較為完整，包括：（1）爰書本身、（2）「右爰書」一簡表示文書的構成，以及（3）末尾的移送文書。在書寫上，雙行分三欄，書法最為工整，看來應該是一份正式的公文。它是如何出現在甲渠候官的檔案室裡的？由於在 F22 找不到相同筆跡的其它文書，[33] 暫時假設是由居延縣送來的。而且誠如許多學者已經指出，這應該是居延縣移送下述己卯文書給甲渠候時的附件。

3. 己卯文書（EPF22：34～35）由兩枚簡構成，格式上和戊辰、辛未文書同，但字體較粗圓均勻，和戊辰、辛未文書的書寫者不同，角谷常子已比對證明，其說可信。[34] 己卯文書末有「掾黨、守令史賞」的署名，他們都是居延縣的屬吏。這兩簡上的文字，如依前文所論，則可能即由他們手下的書佐所繕寫。戊辰和辛未文書由居延縣的書佐抄寫，要發出以前則由承辦的掾、守令史加上文書的最後部分（說明寫移被告寇恩的供辭（置辭），並要求原告「爰書自證」）並署名負責。[35] 換言之，戊辰、辛未和己卯文書，原分別由書佐和負責發文的掾、守令史備文，再合在一起成冊，以同一份文件的形式送達甲渠候官。

4. 楬（EPF22：36）一枚，此楬的墨色較淡，[36] 和前述幾部分不一致，應不是同時所書。有趣的是這個圓頭的楬如果和 F22 同一遺址所出的其它的楬（EPF22：408：「建武五年十一月以來告部檄記算卷」、EPF22：409：「建武柒

出版社，1995），頁 249-253。籾山明對爰書的定義是：「它是記錄對事件原委的控告、供述及承辦官吏的相應措施以備上級官府監察的職務報告書」（頁 273）。

33　在 F22 出土的文件中，書寫格式相同，筆跡較為相近，年代屬建武四年一份驗問隧長秦恭的爰書殘冊（EPF22.328-332），看起來似有可能和戊辰、辛未爰書出於同一書寫。但我仔細比較後，覺得仍有差別，仍難認定出於同一人之手。

34　見角谷常子，前引文，頁 216-218。

35　關於己卯文書的解釋可參裘錫圭，前引文，頁 613-614。

36　關於墨色濃淡可參日本每日新聞社、每日書道會所編中國木簡古墓文物展圖錄《シルクロードのまもり》（1994），頁 36-37。

年四月以來府往來書卷」）比較，可以知道這些楬應是在建武三至七年間所作。楬頭花紋用略帶弧形的線條交叉而成，其外框以寬粗的黑邊。這樣的楬頭花紋和邊框，如果和 F22 出土其它的楬頭（EPF22：468AB，22：469AB，22：577，22：703AB，22：747AB，22：822）比較（參表 3），就可以知道這三楬的製作和其它木楬稍有不同，而很可能是由同一人所製作。

其次，楬上的字體由於可比之字較少，EPF22：409 的圖版又較模糊，由一人或數人所寫不易確定。從楬製作的形式特徵，或可假設 EPF22：36、22：408、22：409 三楬是甲渠候官在整理文書時，由某一人所製作，再由整理的人在楬上標記內容，加在不同的檔案上。從「建武五年十一月以來告部檄記算卷」、「建武柒年四月以來府往來書卷」楬上某年某月以來的用語可知，相關文書是經過一段時間後才分類集中，成卷建檔。「建武三年候粟君責寇恩事」一楬應該是用來標示一份被集中的文書檔案。檔案中的幾件份文件因為都關係到同一件事，存檔時才被放置在一起。

綜合以上的分析，這個檔案似應包括以下兩份文件：

1. 乙卯爰書（抄件）

2. 己卯居延令移甲渠候官文書（正式文書，包括：戊辰爰書和辛未文書）

在此有一點還須要進一步說明，所謂的辛未文書在形式上如籾山氏所指出的是移送文書，不過一旦成為居延縣發出的己卯文書的一部分，辛未文書發生的作用已不再是移送，而主要在傳達兩個要點：一是居延縣向地位相同的甲渠候表態，表示已經根據甲渠候粟君的要求，令都鄉嗇夫重新驗問了被告；其次是居延縣藉都鄉嗇夫的報告提醒甲渠候，他曾表示「願詣鄉，爰書是正」，現在是他再一次說明自己的立場和案情的時候了。

接著要問的一個大問題是：這兩份文件是否就是候粟君責寇恩訟案的全部相關文件？答案是否定的。徐蘋芳先生曾指出這些文件只關係到當時全部訴訟程序的前半段，也就是告或劾、驗治和傳爰書的部分。[37] 本文要進一步指出：即使是前半段，相關文書也應該比現在所見到的為多才是。

---

37 徐蘋芳，〈居延考古發掘的新收穫〉，《文物》，1（1978），收入《中國歷史考古學》，頁 19。

表3：EPF22：36 木楬與 F22 出土木楬花頭形制與字體對照表

徐先生曾指出現存的簡冊中未見原告的狀子，只在辛未文書中見到狀辭的摘要。這個狀子必然曾經存在。或許因為狀子交給了居延縣，或許因為狀子的副本遺失或尚未出土，因此在甲渠候的檔案裡才未出現。另外從司法程序看，在過程中應該還會產生下列的文書：

1. 縣廷接到狀子（簡冊中稱之為「甲渠候書」）後，必曾移文都鄉嗇夫宮說明狀子內容或附上「甲渠候書」，並要求嗇夫宮召喚被告寇恩進行驗問。因為接到這個文件，都鄉嗇夫宮才有了召喚寇恩進行驗問的依據。這個文件應該是不可少的。

2. 這個案件牽涉到甲渠令史華商和尉史周育。華商、周育不克代粟君去賣魚，兩人才各出牛、穀僱寇恩代行，引出一場是非。為明瞭案情，華、周兩人和寇恩之間的僱庸關係，按理應該也在案情調查的範圍之內。這項調查不可避免會產生調查報告。

3. 這個案件還關係到粟君妻業和寇恩子欽。除了驗問寇恩，沒有理由不以適當的官吏去驗問這兩位關係人並作成報告。這些驗問報告也是爰書。只有將上述關係人都作了調查，才能知道候粟君提出的控訴是否有理，而寇恩的供辭是否屬實。前文提到江陵張家山出土的奏讞書即清楚證明，凡案件的關係人（校長池、士伍軍、亡奴武、求盜視）都會受到調查，也都有口供記錄。寇恩的案子似不可能例外。

4. 居延縣在取得各種調查報告後，作成判決，理應通知原告。這份通知不可能只是一份寇恩的供辭而已。這份通知書現在也沒看到。

5. 甲渠候得知結果，不滿，將案子告到都尉府去，辛未文書中稱之為「奏記」。這份奏記應存在都尉府。甲渠候不知為何未留副本，或者有副本而未出土，總之未出現於 F22。

6. 都尉府根據甲渠候的奏記，應曾進一步行文要求居延縣再查。要求再查應該也會產生相關文件。

7. 居延縣接到都尉府的文件，應該又會行文都鄉嗇夫宮，要求再次召寇恩進行驗問。

這些和訟案相關的往來文書，依據籾山明對爰書的定義，因為和「承辦官

員的相應措施」有關，[38] 都可稱為爰書。如果以上的推想成立，即可推定在 F22 見到的責寇恩事檔案，只是整個案子相關爰書的一小部分而已。實難想像這樣一個牽涉多人（候粟君、寇恩、寇恩子欣、粟君妻業、華商、周育）的訟案，只詢問一個被告的口供就完事。也很難想像這樣一個訟案，依當時的司法程序只曾產生在 F22 出土的文件。

這個認識十分重要。因為只有這樣，才能明白目前文書中一些令人不解之處其實可能曾在其它爰書中有所交代，也才能正確了解文書中「它如爰書」的意義。具體地說，都鄉嗇夫宮接到縣廷轉來的甲渠候書，召寇恩來鄉驗問，作成供辭報告，末尾以「皆證。它如爰書」作結的意思是說：「皆證」指都鄉嗇夫宮表示對供辭皆曾驗證，對供辭的虛實表示負責。[39]「它如爰書」則指除了他所驗證的，其它則如縣廷送來的爰書所言（甲渠候書應是其中的一部分）。可惜甲渠候書的全文未能得見，否則就有可能更清楚了解全部的情況。舉例來說，甲渠令史華周和尉史周育是在什麼情況之下「當為候粟君載魚之觻得賣」？又為何由他們兩人出資僱寇恩代行？寇恩供辭中提到甲渠候妻業曾隨寇恩從觻得到居延。她是曾隨寇恩同去同回？還是業原在觻得，寇恩到觻得賣完魚，才偕她同回居延？這是不是當僱用寇恩時，雙方契約的一部分？寇恩的兒子是在什麼情況下為粟君捕魚？他的兒子捕魚和寇恩受僱賣魚之間有什麼樣的關係？這些問題單看寇恩供辭得不到答案，但在縣廷交給都鄉嗇夫的爰書（包括甲渠候書）以及其它的往來爰書中可能曾有較完整的說明。由於寇恩供辭有些部分和縣廷爰書所說並無出入，因此都鄉嗇夫在答覆縣廷時無須重複，只消說「它如爰書」即可。

過去學者討論建武三年候粟君責寇恩事檔案，注意到簡的排序，但除了裘錫圭先生等少數，較少人考慮書體的異同以及各部分由誰而寫的問

38　同注 32。

39　「皆證。它如爰書」在其它文書中或作「皆證，所置辭審。它如〔爰書〕」（3.35）、「皆證所言，它如爰書」（EPT57：85），意思就更清楚了。

題。[40] 也少有人將這份檔案文書的書體和甲渠候官出土的其它文書加以比對。這是因為在《居延新簡》出版以前，只有候粟君責寇恩事的簡冊圖版可據，沒有同地所出其它文書的圖版可以比對。現在經過比對，可知乙卯爰書可能是甲渠候保留的抄本。這一點，我的想法和角谷常子基本相同。所不同的是角谷以為可能是甲渠候掾譚所書，我以為可能是甲渠候的某位書佐。[41] 如果這樣的推論成立，則過去學者相信建武三年十二月候粟君責寇恩事的三十五支簡屬於同一份簡冊的看法恐怕就難以成立了。

85.1.25 初稿，87.6.17 寫定

後記

完稿後，紀安諾以日本學者宮宅潔文〈秦漢時代的裁判制度〉（《史林》81：2（1998），頁 47-49）見示，得知他對「它如某某」一詞的意見和我相同，特此註明。又文稿曾承周鳳五、林素清伉儷、裘錫圭先生及匿名審查人斧正，謹此誌謝。

88.4.10

原刊《中央研究院歷史語言研究所集刊》，70：3（1999）；96.1.29 訂補

再記

本文寫作時深受大庭脩教授意見的影響，同意正式文書須由單位長官親自簽署，現在已有不同想法，請參拙文〈漢代簡牘公文書的正本、副本、草稿和簽署問題〉，《今塵集》卷二（臺北：聯經出版公司，2021），頁 13-92。本文保留未改，以誌一個學思成熟的歷程。

111.2.25

---

40 裘錫圭，前引文，頁 612 提到「乙卯爰書的簡型和字體都與其他文書不同，似非一次所移。」角谷常子注意到建武三年責寇恩爰書的書法，並得出和我類似的結論。例如他也指出乙卯爰書應是甲渠候的複本，不是居延縣送來的原件。見角谷常子，前引文，頁 219。

41 我曾列表比對乙卯爰書和 F22 出土其它文書的筆跡，疑心乙卯爰書和 EPF22：126-150 諸簡出於同一人之手，但幾經考慮，仍難完全肯定。筆跡鑑定十分不易，或應求助於書法專家或現代化的鑑定儀器。

漢代《蒼頡》、《急就》、八體和「史書」問題
——再論秦漢官吏如何學習文字

　　十五年前我曾為文論及漢代邊塞吏卒如何學習文字，所言十分簡略。[1]
近年新刊布的材料大增，頗有助於進一步細論。新材料包括湖北江陵張家
山《二年律令》中的〈史律〉、湖南龍山里耶秦遷陵縣城遺址出土的習字
簡、湖南長沙東牌樓出土的東漢習字簡，還有今年（2008）上海辭書出版社
出版的《英國國家圖書館藏斯坦因所獲未刊漢文簡牘》（以下簡稱英藏），其
中最少有一千餘件《蒼頡》篇習字削衣。

　　英藏《蒼頡》削衣已有裘錫圭和胡平生先生分別發表意見，[2] 另有籾山
明教授針對這批削衣，討論了習字為什麼用觚？為什麼要習《蒼頡》篇？
等問題。[3] 以上幾位和張德芳、郝樹聲先生都注意到這批習字削衣上的字形
是篆意很濃的篆隸體，張、郝對為何是篆隸體作了解釋。[4]〈史律〉已有不
少學者作過討論。[5] 里耶習字簡牘有一件。這件牘兩面有字，其中一面有九

1　邢義田，〈漢代邊塞吏卒的軍中教育〉，《大陸雜誌》，87：3（1993），頁1-3。

2　裘錫圭，〈談談英國國家圖書館所藏的敦煌漢簡〉、胡平生，〈英國國家圖書館所藏斯坦因所
　　獲簡牘中的《蒼頡篇》殘片研究〉，收入汪濤、胡平生、吳芳思編，《英國國家圖書館藏斯坦
　　因所獲未刊漢文簡牘》（上海：上海辭書出版社，2008），頁57-61、62-75。

3　籾山明，〈削衣、觚、史書〉，《英國國家圖書館藏斯坦因所獲未刊漢文簡牘》，頁93-98。

4　張德芳、郝樹聲，〈斯坦因第二次中亞探險所獲敦煌漢簡未刊部分及其相關問題〉，《英國國
　　家圖書館藏斯坦因所獲未刊漢文簡牘》，頁82。

5　李學勤，〈試說張家山漢簡史律〉，原刊《文物》，4（2002），收入社科院簡帛研究中心編，
　　《張家山漢簡《二年律令》研究文集》（桂林：廣西師範大學出版社，2007），頁55-59；曹
　　旅寧，《秦律新探》（北京：中國社會科學出版社，2002），頁318-327；廣瀨薰雄，〈《二年

九乘法表，大家被九九乘法表所吸引，其另一面和東牌樓的習字簡十九件，似乎還沒有人關注。本文打算在大家討論的基礎上，作些補充，尤其集中在所謂六或八體和「史書」的問題上。

一 六或八體和「史書」問題

裘、胡和籾山三位先生一致肯定這批英藏的字書削衣是依據《蒼頡》或《三蒼》，還包括可能和《蒼頡》同時代形式相近的字書，練習書寫而削下的殘片。裘先生從字體判斷這批削衣大概屬西漢時代。[6] 籾山教授指出部分殘片上有突起的稜角，可證是從便於切削，供習字用的多面木觚上削下。胡先生利用這批削衣進一步復原和推定出許多過去所不知的《蒼頡》篇內容，包括書人名姓、和《世本》類似的內容、干支表等。此外，池田雄一教授統計秦漢簡牘和碑上所使用的文字約在三、四千之譜，他又引用白川靜和吉川幸次郎對中國先秦典籍用字的統計約在一千餘至三千餘字，以證明一般小吏如具備認識三、四千字的能力，即足以應付日常政務的需要。他稱這些字為「有用文字」。因為秦漢官吏習字出於實務需要，因此針對他們設計的字書應不會超過三、四千有用文字的範圍。他懷疑文獻記載為史須諷書「九千字」的「九」，可能是三、四或五字的訛誤。[7]

以上的討論都沒有涉及六體或八體的問題。《說文解字》許慎序提到課試以八體（大篆、小篆、刻符、蟲書、摹印、署書、殳書和隸書），《漢書·藝

律令·史律》札記〉，《楚地簡帛思想研究（二）》（武漢：湖北教育出版社，2005），頁 422-433；趙平安，〈新出《史律》與《史籀篇》的性質〉，《華學》，8（2006），頁 184-189；王子今，〈張家山漢簡《二年律令·史律》「學童」小議〉，《文博》，6（2007）等等。另可參武漢大學簡帛研究中心等編，《二年律令與奏讞書》（上海：上海古籍出版社，2007），頁 295-304。

6　裘錫圭，〈談談英國國家圖書館所藏的敦煌漢簡〉，《英國國家圖書館藏斯坦因所獲未刊漢文簡牘》，頁 58。

7　池田雄一，《中國古代の聚落と地方行政》（東京：汲古書院，2002），頁 680-681。

文志》說是六體（古文、奇字、篆書、隸書、繆篆和蟲書）。八體或六體爭訟達千年。張家山《二年律令》簡出土，其中〈史律〉清楚記載是八體。在八或六體的問題上，八體說一時明顯居於上風。[8]又〈史律〉明確說「試史學童以十五篇，能諷書五千字以上乃得為史，又以八體試之」，「卜學童能諷書史書三千字」，「以祝十四章試祝學童，能誦七千言以上者」云云，可見就史而言，須試九千字的「九」似乎也應改作「五」。[9]當然也有可能在不同時期曾有不同的規定。

　　漢初以降，除了閭里書師，司馬相如、史游、李長、揚雄和班固或刪除《蒼頡》的複字，或重作編排，或擇取字之「有用者」，或續補前人之作，字書因而有了《凡將》、《急就》、《元尚》、《訓纂》等不同的新編。《漢書‧藝文志》共列出小學十家，四十五篇。一個值得注意的現象是《藝文志》說揚雄曾「取其**有用者**以作《訓纂》篇，順續《蒼頡》」，又謂「**《蒼頡》多古字，俗師失其讀**，宣帝時徵齊人能正讀者，張敞從受之，傳至外孫之子杜林，為作**訓故**。」可見從漢初以來，用字和書體不斷變化，有些字已少用，少人知曉或遭誤解，須要專家來正讀或訓詁。再者，新的字書刪除重複字，字書章數卻不斷增加。例如漢初閭里書師所編《蒼頡》有五十五章，揚雄去複字，其《訓纂》多達八十九章，班固續作，也無複字，更增為一百零二章。這些新增的字應不會是已失讀法的古字。

　　因此，我們不能不考慮到秦漢時人們所學習的文字書體和初為吏者須經歷的文字課試，都會與時俱變。〈史律〉八體之說可以證明許慎序有所本，也能證明漢初如同秦代確以八體課試，但並不能由此認定《漢書‧藝文志》六體之說必誤。因為許慎是據〈尉律〉立論，他明明又說：「今雖有〈尉律〉，**不課**；小學不修，莫達其說，**久矣**。」換言之，他清楚講明

8　例如李學勤先生說：「對照簡文作「八體」，《說文》亦為「八體」，《漢志》的「六」字顯然有誤。」參氏著，〈試說張家山漢簡史律〉，《張家山漢簡《二年律令》研究文集》，頁58；趙平安，〈新出《史律》與《史籀篇》的性質〉，頁185。

9　例如曹旅寧先生說：「五千字是正確的；所試字體應為八體，《漢書‧藝文志》所記六體應為八體之訛。」參氏著，《秦律新探》（北京：中國社會科學出版社，2002），頁321。

〈尉律〉雖在，已成具文，八體課試是一個久不施行的古董辦法。秦或漢初為吏須知五千字，西漢中晚期以降增為九千，課試原為八體，一度改為六體（王莽攝政及改號為新的時代），並非不可能。[10] 可惜漢初原屬〈史律〉的相關規定，許慎為何引據自〈尉律〉？〈史律〉和〈尉律〉的關係如何？五千字如何變成了九千字？都須要更多的證據才能弄清楚。[11]

二 秦漢簡牘上的書體

　　本文較感興趣的是：依據西漢中晚期到東漢可考的習字簡牘，有沒有可能歸納出當時常用的書體？一般小吏在為吏的生涯中又須面對哪幾種書體？如果能夠從出土簡牘檢證漢代實際存在的書體，分辨其類別，對重新認識所謂的「史書」和「又以八體或六體試之」問題應有助益。

　　首先，似乎應該先確認漢代在正式官方的文字使用上，是不是曾因簡牘或其它載體的性質或功能，而有不同的書體規定？如果有，由此應可推論官吏必須具備哪些書體的知識和能力。可惜傳世文獻僅提到皇帝的策書在不同的場合使用隸或篆。蔡邕《獨斷》說：

策書，策者簡也。禮曰不滿百文，不書於策。其制，長二尺，短者半之。其次一長一短，兩編，下附篆書。起年月日，稱皇帝曰，以命諸侯王三公。其諸侯王三公之薨於位者，亦以策書誄諡其行而賜之，如諸侯之策。三公以罪免，亦賜策，文體如上策而隸書，以尺一木兩行，唯此為異者也。

10　清代姚振宗《漢書藝文志拾補》已發此議於前，近人魯國堯斥為「臆斷」。參魯國堯，〈「隸書」辨〉，收入《魯國堯自選集》（鄭州：大象出版社，1999），頁 28。私意以為姚說較得其實，自〈史律〉出土，證明魯氏〈「隸書」辨〉所論秦及漢初無八體說，已難成立。魯文承顏世鉉兄提示並借閱，謹謝。

11　廣瀨薰雄曾提出〈史律〉就是〈尉律〉的說法。參廣瀨前引文，頁 428-433 及《二年律令與奏讞書》頁 296 簡四八七校釋（一）引。

今本《獨斷》的這一段有些地方文字傳抄可能有誤，不好理解；[12]《太平御覽》卷五九三，文部九「詔」條引胡廣《漢制度》的文意較為通暢：

> 策書者，編簡也。其制，書二尺，短者半之。篆書，起年月，稱皇帝，以命諸侯王。三公以罪免，亦賜策，而以隸書，用尺一木兩行，惟此為異也。

除了策書，《獨斷》和其它可考的漢代制度之書都沒有提到其它書體上的規定。不過，從秦代簡牘、碑石和其它器物上的書體可以推知，這樣的規定應該曾經存在，而且應不限於皇帝的詔策。傳世或出土的秦代銅虎符、戈、權、量、貨幣、印章以及始皇和二世石刻等等基本上使用篆體，湖北雲夢睡虎地、荊州周家台、安徽阜陽雙古堆、四川郝家坪青川、湖南龍山里耶等墓葬或遺址出土的竹木簡牘文書或漢初馬王堆三號墓所出可能是秦抄本的帛書，都使用帶有篆味的早期隸書。以上僅僅就其大體而言，仔細區分，不同的載體又有細緻的差異。這些大或小的區分和差異應該是遵從當時相關規定的結果。大體上，漢制承秦，篆和隸書（包括早期帶篆味的隸書和後期的八分漢隸）也就成為漢代官方文書和其它文字載體（例如金、石、印、漆器、信幡等）上最基本的書體。[13]

如果行政所涉以篆、隸為主，為符合實務需求，字書和習書簡牘也以篆、隸為主乃在意料之中。不過，習字簡上還經常出現潦草程度不同的草字，草字在西漢中晚期以後的簡牘文書上使用漸多，可考的數量要遠遠多於篆書者。草書應該看成是由隸書而來的一種快速簡便的書法，為求起草和抄存簡便快速而出現，它完全不見用於較正式莊重的金石載體。因草字字形頗多省簡，筆勢不同，有不少字和正規隸書差別甚大，初為吏者或許不得不將草書當成另一種書體來學習。這樣就有了文書實務上不可不學的

---

12 對這一段話不同版本存在的問題和考證參見 Enno Giele, *Imperial Decision-Making and Communication in Early China: A Study of Cai Yong's Duduan*, Wiesbaden, 2006, pp. 268-273, 307.

13 篆隸並用的一個新證據是岳麓書院所藏秦簡《日志》正背面有明顯篆隸並用的情形，請參陳松長，〈岳麓書院所藏秦簡綜述〉，《文物》，3（2009），頁 79 圖二、三，簡 0611 正背面。

篆、隸和草三體。[14]

三 文書實務與課試

籾山明教授在閱讀英藏《蒼頡》等字書的削衣後，基本上同意我對這些習字簡的書寫者是下級官吏的推測，但是他也提出疑問：

第一，他和池田雄一教授有相似的觀感，覺得《蒼頡》篇中非實用的文字過多。為何小吏須要學習沒有實用價值的字和篆書這樣少用的書體？《漢書・藝文志》提到「《蒼頡》多古字，俗師失其讀」。英藏《蒼頡》削衣和玉門花海七棱觚上的字體都是具有篆書風味的隸書，籾山指出這類字體「很難讓人親近」，或許就是《漢書・藝文志》中所說的「古字」。[15] 如果要對實務有幫助，應該選擇更實用的文字來練習。《急就》篇的文字大多較為實用。

第二，他認為英藏《蒼頡》削衣中那樣古雅的字體，似乎不是為了日常庶務而練習，而是下級官吏為了具備讀寫「史書」的能力，得到「史」的評價，而後可被晉升為上級官吏。換言之，他指出所謂的「史書」，恐怕不是像于豪亮等學者所說當時流行的一般隸書，而是一種為展示「皇族素養」（如史書記載中元帝、和帝陰皇后和樂成靖王劉黨等「善史書」），「比較特殊的文字或字體」。[16]

籾山教授的評論和看法，迫使我進一步去思考這個問題。基本上我同意池田和籾山氏認為習書和課試是出於實務需要的看法。對於許多相關問

---

14 本文不擬具體討論八體、六體到底是那八體、六體的問題；相關討論已多，請參龍宇純，《中國文字學》（臺北：五四書店，1968 初版，2001 定本再版二刷），頁 57-103；陳昭容，〈秦書八體原委——附論新莽「六書」〉，《中國文字》，新 21（1996），頁 135-183。龍先生書承李宗焜兄提示並借閱，謹謝。

15 籾山明，〈削衣、觚、史書〉，《英國國家圖書館藏斯坦因所獲未刊漢文簡牘》，頁 94。

16 同上，頁 95-96。

題的討論，也應該以此為出發點。於是我重新閱讀了《說文解字》許慎序、《漢書·藝文志》和《二年律令》中的〈史律〉。一點小小的收穫是因此注意到許慎序、《藝文志》雖有九千字或五千字以及八體或六體的差異，但和〈史律〉對照，三者在兩個重要的關鍵點上完全一致。先看一下三者的相關原文：

1. 〈史律〉說：「試史學童以十五篇，能風（諷）書五千字以上，**乃得為史**。有（又）以八體試之，郡移其八體課大史，大史誦課，取最一人以為其縣令史，殿者勿以為史。三歲壹并課，取最一人以為尚書卒史。」

2. 《藝文志》說：「太史試學童，能諷書九千字以上，**乃得為史，又以六體試之**，課最者以為尚書御史史書令史。」

3. 《說文解字》許慎序說：「〈尉律〉：學僮十七以上始試，諷籀書九千字，**乃得為吏**。又以八體試之，郡移太史并課最者以為尚書史書。」

　　第一個關鍵的一致之處是：三者都說學童諷書五千或九千字以上，乃得為史。許慎序的「吏」即「史」無疑。三者所說的「諷書」，一般都同意是指背誦和書寫，並認為許慎所說的「諷籀書」的「籀」應是衍字；[17] 所謂乃得為史，是指取得擔任「史」的資格；所謂「史」，應如于豪亮先生所說，是指初為吏者具備「史書」讀寫的能力。

　　不過，本文想要強調，史和史書因時而變。當秦和漢初在不同場合還較多地使用篆書正體、篆的俗體或隸書時（正俗體採裘錫圭說。裘先生以為隸即篆之俗體），懂得這兩種書體應是為史或為吏的基本條件。這個時期的史書也應是指篆書和近乎篆體的秦隸或古隸。〈史律〉說試史學童以「十五篇」，李學勤先生指出是《史籀》十五篇；[18] 如此，學童初學的應該是比漢

17　也有學者認為不是衍字，如顧實謂：「班曰諷書九千字，泛言之；許曰諷籀書九千字，鑿言之。應曰通倉頡史籀篇，混言之，自以許能鑿指言之為尤明也。」參顧實，《漢書藝文志講疏》（臺北：廣文書局，1995），頁90。本書承顏世鉉兄提示並借閱，謹謝。

18　趙平安意見相同，參氏著，〈新出《史律》與《史籀篇》的性質〉，頁185。也有人懷疑是否

初的隸書，甚至比李斯小篆更早的書體。這對那時的人們來說，也許並不像我們今天想像的那麼困難。因為字體逐漸演變，大、小篆和隸書都屬同一個系統，漢代人所謂的大篆是這一系的源頭，能讀《史籀》，即不難掌握小篆和隸書變化的規律。

字書範本代表一種長期存在規範性的權威，即使通行常用的書體已起變化，初習和教授者常常還是遵循傳統權威的規範。時間一久，規範如果和實際的狀況落差增大，規範不能不跟著作某種程度的調整，但腳步常落在流行之後。這是為什麼李斯作《蒼頡》，趙高作《爰歷》，胡毋敬作《博學》並沒有全面採取流行的隸書，而有「文字多取《史籀》篇」，「篆體復頗異」（《漢書·藝文志》）的情形。這是說《蒼頡》、《爰歷》和《博學》所收錄的字多取自《史籀》，唯字形已和《史籀》之篆體頗有不同。不論字形如何，〈史律〉是一種法律文字，用字措詞須精確，竟然只說十五篇而不提《史籀》之名，可見其權威地位，似乎已到不提篇名只說篇數，也不會造成誤解的地步。這頗像古人但說三百篇，不必提《詩》之名。再者，《史籀》十五篇載入〈史律〉，成為法律，其權威性更為之加強而難以動搖。

不過，民間似乎不像官方的法律那樣保守，《藝文志》說：「漢興，閭里書師合《蒼頡》、《爰歷》、《博學》三篇」「并為《蒼頡》篇」。閭里書師較為貼近齊民百姓，為了迎合民間一般的需要，比較快速地作了字書整編。法律和行政官僚的腳步一般保守得多。漢初中央和地方考試，不以閭里書師的《蒼頡》篇，而以《史籀》十五篇當標準就是保守的明證。同理，西漢中期以後，八分隸書大為通行，政府官僚所作的字書仍無不以篆字為正字。《藝文志》說：「武帝時司馬相如作《凡將》篇，無復字。元帝時黃門令史游作《急就》篇，成帝時將作大匠李長作《元尚》篇，皆《蒼頡》

就是《史籀》十五篇，參《二年律令與奏讞書》頁297簡四八六校釋（一）引張伯元說及「今按」。〈史律〉的十五篇是不是《史籀》十五篇，固然沒有百分之百的證據，但最少十五篇之數與文獻記載相合。其它則不見有更好的證據可以證明這十五篇一定是什麼。本文從李學勤和趙平安先生說。

578　古月集：秦漢時代的簡牘畫像與政治社會
　　　　——卷四　法制、行政與軍事

中正字也。」可見司馬相如、史游等人像李斯、胡毋敬等一樣，不能完全擺脫傳統字書權威的束縛，奉篆為正字。這裡所謂的篆應是漢人所說的小篆。東漢許慎作《說文》基本上仍以這樣的篆為正字，字書可以說始終處於較為「尊古」的狀態。過於尊古而不能與時俱進，終會被淘汰。古老的《史籀》十五篇到東漢建武時，「亡其六篇」，其後全亡。然而這已經是隸書出現和通行兩、三百年以後的事了。[19]

其次，前文提到李斯等以秦篆作《蒼頡》等字書時，隸書已然存在，秦篆和隸書並存，相互影響，二者不曾真正完全固定化。阜陽雙古堆西漢初墓出土的《蒼頡》殘文在內容上沿襲秦的版本，但明顯有所修改；其用字有通假，字體形構不一，書體有不少在篆、隸之間。裘錫圭先生分析馬王堆一號漢墓遣冊所代表的漢初古隸，有文字形體不統一，接近篆書，結構不方整等等特色，「反映這種隸書的不成熟和不穩定。它顯然正處在相當劇烈的變化過程中。」[20] 此外，林素清則指出：「事實上秦統一後，秦刻石、秦詔版所用文字，也存在許多通假字和異體字，這些似乎都顯示秦代所講統一文字，應該是偏重在『罷其不與秦文合者』的宗旨之上，摒棄了當時新興的六國古文體，而採用西周一脈相傳下的史籀大篆，略經『或頗省改』一番而已。至於字體結構以及字義的確認等問題，則要等到兩漢多次議定文字，以及專門說解字形字義的《說文解字》一書出現以後，才逐漸固定下來。」[21] 她將字體固定化的時間拉後到了東漢。

從秦到漢初，篆、隸兼用，隸書在一般事務上無疑居於優勢，[22] 其它書體或因使用較少，傳習漸寡。西漢中期，「史」的資格在某些情況下（例

---

19 關於隸書起源，請參陳昭容，《秦系文字研究》（臺北：中央研究院歷史語言研究所，2003），第三章〈隸書起源問題重探〉，頁47-68。

20 裘錫圭，〈從馬王堆一號漢墓「遣冊」談關於古隸的一些問題〉，《考古》，1（1974），頁46-55。

21 林素清，〈蒼頡篇研究〉，《漢學研究》，5：1（1987），頁68。裘錫圭先生原則上不同意隸書有一部分是承襲六國文字的說法，卻不能否定隸書所從出的篆文或篆文俗體以至隸書本身，曾受到東方國家文字的某些影響的可能性。參裘著，《文字學概要》，頁69-72。

22 陳昭容，《秦系文字研究》，頁68。

如邊塞地區）已可能改以八分漢隸為準。較漢隸為古老的「古文」和「奇字」成為少數專家才有的文化素養。例如宣帝因《蒼頡》多俗師失讀的古字，特徵召「齊人能正讀者」。張敞「好古文字」，不但從齊人受《蒼頡》，還曾以專家的姿態，鑑別美陽出土的周鼎銘文（《漢書‧郊祀志》）。籾山氏的說法如果是針對西漢中期以後，能通讀一般人不懂的文字而說，應可成立；如果是針對史書，則可商榷。

傳世文獻中常稱西漢中期以後某人「能史書」（《漢書‧王尊傳》、《漢書‧西域傳》烏孫國條、《後漢書‧皇后紀》和熹鄧皇后條），或某人「善史書」（《漢書‧元帝紀》、《漢書‧嚴延年傳》、《後漢書‧章帝八王傳》清河孝王慶條等）。能、善之義相通，這和其人的身分或「皇族素養」並無必然關係。皇帝、皇后或諸侯王固然「善」或「能」史書，這並不代表皇族特有的素養。能或善史書的也有孤貧如王尊，或身分低下如侍者馮嫽和沒入掖庭的小娥。這時的「史書」應指漢隸，不會是較特殊的文字或字體。居延簡提到隧長張宣由「不史」而「史」（簡 129.22＋190.30），應該就是如此。張宣的時代雖不可確知，但居延漢簡多屬武帝以降至東漢初，以張宣的身分和環境，他被評為「史」較可能只是知曉當時邊塞文書中常用的隸書而已。

這當然牽涉到一個問題：邊塞和內郡的「史」是否有不同的資格標準？或者要問：在內郡和邊塞，吏被評為「史」或「不史」是否存在著差別待遇？看起來標準或待遇似乎應該一致。不過，漢代像後世各朝各代，為了維持帝國邊緣和內地在人才、財政、政治、教育等各方面的平衡，常常給予邊緣地區較特殊的待遇。例如漢代〈北邊挈令〉規定北疆邊塞的候長、候史等吏積勞二日當三日（《居延漢簡》10.28、562.19），也就是說計算勞績每兩天當三天算。這是對「北邊」吏的優待。東漢察舉孝廉，依各郡人口多寡比例決定名額，但邊郡人口標準遠低於內郡，使人口稀少的邊郡有較多舉上孝廉的機會（《後漢書》〈孝和孝殤帝紀〉、〈丁鴻傳〉）。由此可以推想，邊塞吏卒被評為「史」的標準較內郡為低，並不奇怪。

第二個關鍵的一致處是：《說文解字》許慎序、《漢書‧藝文志》和《二年律令》〈史律〉都有「又以六體或八體試之」這樣「又以……試之」的

表述形式。「又」字十分重要。[23] 這表示史學童在通過誦寫五或九千字的考試，取得史的資格以後，再以「史」的身分進一步參加八或六種書體的考課。〈史律〉說得十分清楚，史學童所試僅為五千字之誦寫，並沒有說要課八體。課八體僅在成為史以後，這是更高一級的考課；能通過，才有資格出任較高的吏職。〈史律〉「又以……試之」的敘述方式明顯將「史學童」和「史」要面對的考試或考課區分為兩階段。六或八體的考課是針對「史」而設，而不是「史學童」。[24] 《漢書‧藝文志》說：「太史試學童」，是過度濃縮漢律原文，將「試史學童」和「課史」兩階段的事約而言之，混為一談，造成了後世的誤解和無窮的爭辯。

再者，進階考核是以「課」的形式出現。課是指考課，考課有殿最賞罰。這是秦漢官吏才須要面對的考核。史學童須試，在未取得史的資格以前，不會被考課。史須面對的一種考課，名為「八體課」。[25] 八體課雖在郡舉行，評審卻由中央的大史負責，故曰「郡移其八體課大史」。被評為最優者可擔任縣的令史，其殿後者則不得再充當史（「殿者勿以為史」）。由「勿以為史」也可知道這個進階考核是針對史而非史學童，否則應該說「勿以為史學童」。所有這些史或文書吏，再經每三年一度的綜合考核（「三歲壹并課」），最優者可進一步被拔擢到中央，擔任尚書卒史。以上分析可以簡單表列如下：

23　例如李學勤先生說：「史學童的八體試卷上交大史，在郡的試卷也要移交大史」云云，似乎意味史學童要試八體，應是一時疏忽了「又」字。參李學勤，前引文，頁58。

24　冨谷至編，《江陵張家山二四七號墓出土漢律令の研究》譯注篇（京都：朋友書店，2006），頁301「解說」已指出八體考試是以獲得史的資格者為對象。廣瀨薫雄也認為考試分為不同的階段，但他認為參加各階段考試的都是史學童，則又弄混了。參廣瀨，前引文，頁422-424。

25　秦漢有各式各樣的考課。例如睡虎地秦律簡有牛羊課，漢居延簡有郵書課（EPT2.28）、軍書課（EPF22.391）、驛馬課（EPF25.12B）。此處八體課，當為課之一種。

階段	課試地點和主持者	課試內容與方式	對象	結 果
1.	郡	諷、書五千字	史學童	乃得為史
2.	郡移八體課大史	八體試之	史	最一人為縣令史，殿者勿得為史
3.	大史？	三歲壹并課	史	最一人以為尚書卒史

　　這樣由基層而上，又由地方而中央，分階段的拔擢晉升方式，〈史律〉說得最為明白。不過，「郡史學童」固然由郡守每年八月初一主持考試，中央各單位應也有史學童，〈史律〉沒說由誰負責考試，疑即由中央各單位首長或主文書者負責。又「三歲壹并課」之課者為誰？也不見於〈史律〉，疑即中央的大史。因為考課最優者可到尚書任卒史，從此進入朝廷出納文書最重要的單位，主持考課的較可能是中央最高的大史。和〈史律〉相比，《藝文志》和許慎序都僅略言大要，文字都嫌含混，因而引發後世不少誤會和爭論。[26]

　　除了篆或隸，一般史或初為文書吏者，在任職以後無疑還須要學習草書。因為從里耶秦簡和漢代邊塞出土的簡牘文書看，最基層的吏須要能夠謄錄或起草簡單的公文。抄謄這些公文，常用較隸書為草率簡便的書體。[27]此外，在最基層的文書封檢上有蓋印的封泥，基層的吏必須看得懂印章上的文字，才能抄錄發書者的官銜和名字。這些印章都用篆書。[28]印章之外，兵器、虎符、信幡等等公家器物上所用的銘記文字，字體每有些出入，初為吏者無可迴避，就不得不隨個人能力所及，一步步培養認識「八體」、「六體」或其中某幾體的能力。課試「古文」、「奇字」明顯是王莽好古作為中的一部分，其如何課試？是否合乎實際？是否為東漢所沿襲？因

---

26 這一點李學勤先生已提及，參李學勤，前引文，頁 59。

27 「草」，「草稿」或「起草」等詞應即源於使用較快速便捷而不正規的書體，非如後世所指別為一類的草書。

28 這些篆書或為配合印章的空間，將篆字瘦長的字體改為正方，圓筆改為曲折盤繞，遂另名為繆篆。參陳昭容，《秦系文字研究》，頁 132-134；〈秦書八體原委——附論新莽「六書」〉，頁 140-147。

無材料，暫時不論。

四 邊塞吏卒如何習字？

從敦煌、居延和其它地區出土的習字簡牘看，漢代地方小吏學習文字留下了大約五種狀況的痕跡：

1. 運筆和筆劃練習

習字大約是先從用手控制毛筆，穩定地寫出橫、豎、點、撇和轉折等等的筆劃或簡單的單字開始。在習字簡中有不少僅見某種筆劃卻不成字的，它們或許是練習控筆，反覆書寫同一筆的結果。例如以下附表一第一例中的橫、豎筆都明顯抖動，應是練習運筆，還不夠穩定。第二例利用廢棄文書簡的兩面，反覆書寫橫筆，有些似又練習作些筆劃上的轉折。第三、四例也像是較隨意的運筆練習，目的都不在於寫出有意義的某個字。第五、六例是一些筆繪的圖形，有圓，有長方，有橫、豎及斜筆，有些或像字，有些更像是運筆練習；第七例較像是字，但看不出意義或前後諸字彼此的關聯，視為某種方式的運筆練習似乎較為合適。

附表一：運筆及筆劃練習簡表

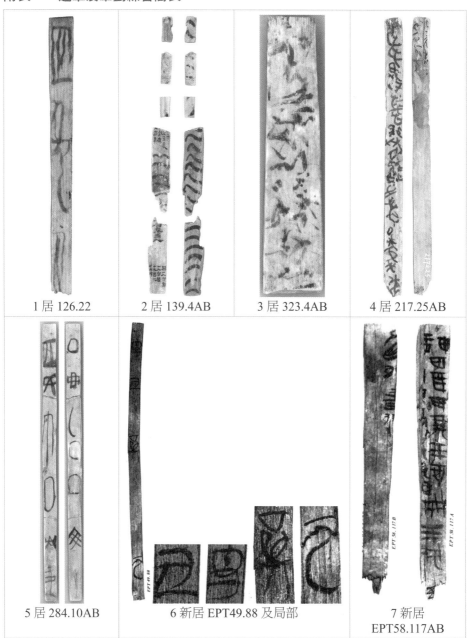

1 居 126.22	2 居 139.4AB	3 居 323.4AB	4 居 217.25AB
5 居 284.10AB	6 新居 EPT49.88 及局部		7 新居 EPT58.117AB

2. 臨寫字書

除了英藏削衣，居延和敦煌簡中都有不少清楚依據字書《蒼頡》或《急就》所作的練習。以下附表二列出若干以供參考：[29]

附表二：字書字句練習表

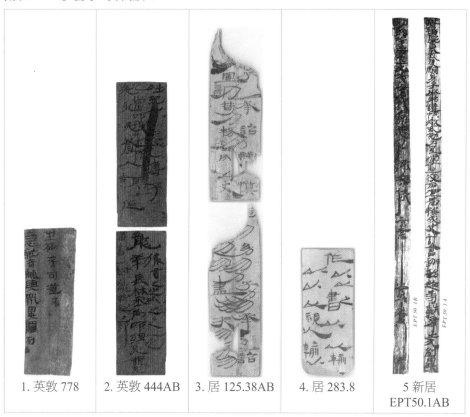

| 1. 英敦 778 | 2. 英敦 444AB | 3. 居 125.38AB | 4. 居 283.8 | 5 新居 EPT50.1AB |

29　還有些例子見於《居延新簡》，因圖版太模糊，暫不收入。

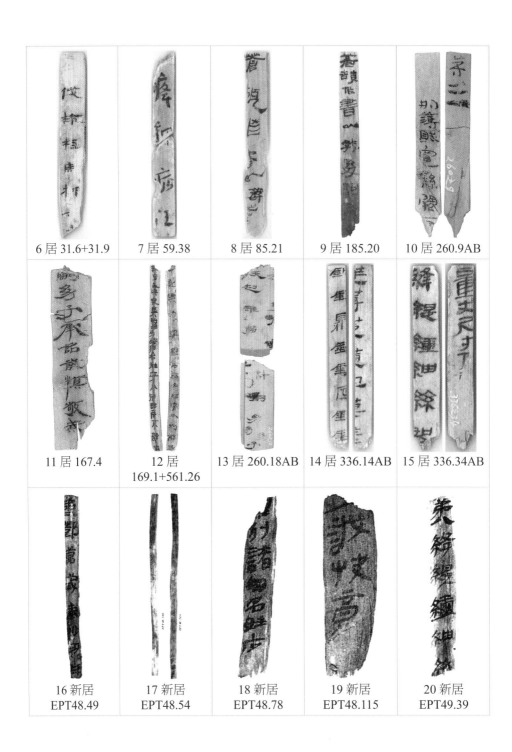

6 居 31.6+31.9	7 居 59.38	8 居 85.21	9 居 185.20	10 居 260.9AB
11 居 167.4	12 居 169.1+561.26	13 居 260.18AB	14 居 336.14AB	15 居 336.34AB
16 新居 EPT48.49	17 新居 EPT48.54	18 新居 EPT48.78	19 新居 EPT48.115	20 新居 EPT49.39

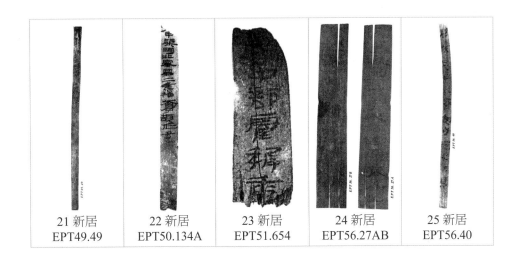

| 21 新居
EPT49.49 | 22 新居
EPT50.134A | 23 新居
EPT51.654 | 24 新居
EPT56.27AB | 25 新居
EPT56.40 |

這二十五例都明顯不是《蒼頡》或《急就》篇的教本或範本，而是片段字書文句的練習。第一例的字十分稚拙，應出自初習者之手。第二例抄有「蒼頡作」等字，但另一面所抄無關，只是據公文書隨意重複抄寫。第三例的兩面有「幼子承詔」和〔晝夜勿〕置，苟務成史」之句，也有「勿」等字的反覆抄寫。第四例有「作書以」是「蒼頡作書，以〔教後嗣〕」的一部分，但書寫者似乎特別在意反覆練習「以」字。第五例較特別，在竹簡兩面抄寫《蒼頡》篇起首數句，張德芳和郝樹聲先生認為居延地區不產竹，和日常書吏在木料上邊刮削邊練字的削衣不同，懷疑不是練字簡。[30]為何是竹簡？的確啟人疑竇。[31] 第五例竹簡上的文字不像下文將提到的字書範本那麼規整，其 B 面末尾出現「言言賞賞」重複抄寫的現象。比較不像範本，而是習字的結果。第六至第二十五例都是單純抄錄字書。其中唯

---

30 張德芳、郝樹聲，〈斯坦因第二次中亞探險所獲敦煌漢簡未刊部分及其相關問題〉，《英國圖家圖書館藏斯坦因所獲未刊漢文簡牘》，頁 82。

31 不過，王子今先生曾蒐集文獻和河西出土竹製品、竹簡甚至竹簡削衣等資料，試圖證明這些竹可能產自當地，而非來內地。如果其說可取，居延地區除大量使用紅柳和胡楊等木簡，偶爾也使用竹簡就不太奇怪了。王子今據甘肅省考古所參與發掘人員告知，敦煌懸泉簡中有竹簡一百三十枚以上。王子今，《秦漢時期生態環境研究》（北京：北京大學出版社，2007），頁 242-250。此外，中央研究院歷史語言研究所藏居延漢簡中，也有竹簡十餘枚。

有第二十二例寫作「□甲渠河北塞舉二逢燔蒼頡作書」，明顯是先抄寫邊塞公文中最常見的字句，轉而又寫上《蒼頡》首句。前後不相連，這只能從練字去解釋。這些大體依照字書所作的練習基本上都用隸書。因此不能不承認，即使當時的字書範本使用篆書，恐怕為了實務的需要，仍以隸書的學習為主。

抄錄《蒼頡》篇字句較長的例子還見於敦煌馬圈灣和玉門花海出土的簡和觚。這些簡或觚上的文字在篆隸之間或為隸書，筆劃稚拙，字句錯漏，有些字形不規範，有些由同一人重複書寫多次（敦 639、1459-1463），或者筆劃規整卻未抄完整句（敦 844），看來比較像是練習所書而不是字書範本，參見以下附表三：

附表三：敦煌馬圈灣和玉門花海出土蒼頡篇習字簡摹本

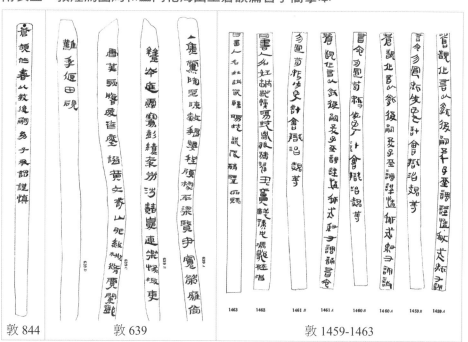

以上這些習字簡可以證明《蒼頡》和《急就》確實是邊塞吏卒學習文

字的重要教本。如果隸書為實務之所需，《蒼頡》和《急就》的教本有沒有可能根本就是隸書體的呢？或者應該問：在可考的字書簡中有沒有可以證明是用來當作範本的？以下附表四所列書寫於觚上的《急就》和《蒼頡》，我猜想有可能是範本的殘存部分：

附表四：疑似字書範本表

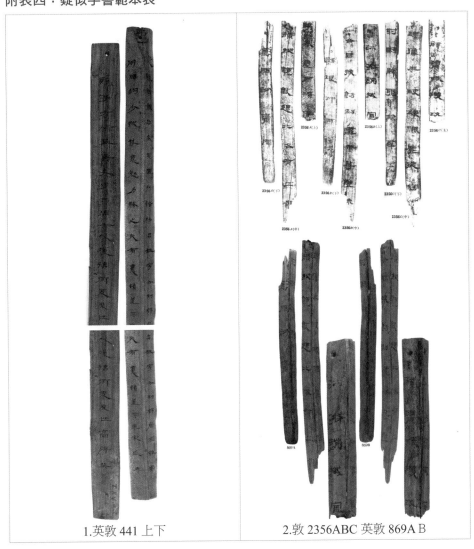

| 1.英敦 441 上下 | 2.敦 2356ABC 英敦 869A B |

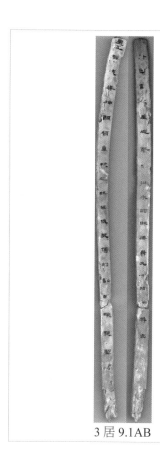

3 居 9.1AB	4 居 307.3ABC

　　第一、二例為《急就》，出自敦煌，第三、四例為《蒼頡》，出自居
延。猜測它們是字書範本的理由有四：

　　第一，這些都是三面觚，合乎《急就》起首所說「急就奇觚」對自身
形制的描述。雖然出土之觚有三至八面者，文獻記載觚有六至八面，羅振
玉曾據字書觚之實物詳加考證，指出觚為一方形木桿自對角剖為一廣二狹
面，而成兩件三面觚，兩件三面觚相合則稱為「並」。[32]「急就奇觚」之
「奇」應指奇偶之奇，也就是三面或奇數面之觚。漢人削觚時，實際上較
活，並不一定非奇數面不可。

32　羅振玉曾詳考三棱觚制，參《流沙隊簡》，小學術數方技書考釋，頁3-4。

第二，它們都在上端穿孔，上端有「第一」、「第五」、「第十四」等分章編號，第一例長約 36 公分，第二例斷為三截，全長約 52 公分，第三例也有殘斷，殘長約 54 公分，第四例殘，殘長約 40 公分。以上長短不一，約合秦漢尺一尺半至二尺餘，比一般隨意習字的簡牘為長。胡平生利用英藏《蒼頡》削衣上並排的殘字、一行字數和字距，推算出《蒼頡》木觚原長應在秦漢尺二尺左右，這合於當時的簡牘制度。[33] 所謂「急就奇觚」在設計上原本可能就是指在二尺長的三或奇數面觚上書寫字書。練習者可以利用觚，也可以用可到手的一般簡牘。這就是為什麼我們也見到不是自觚上削下的習字削衣。

第三，更重要的一個證據是這些觚上的字，字距較一般公文書為大，書法都比一般文書簡工整老練，是成熟隸書的典型。它們不像初習者所書，而出自書吏老手。邊塞書吏為了教導不知書者，就地取材，削製木觚，寫成範本。觚本應長二尺，限於可到手的材料，尺寸有時不能盡合標準。各觚依章編號、穿孔，再用繩編連起來。範本依照字書字句格式，四或七字一句，工整地書寫，習書者據以臨摹和查考。《蒼頡》和《急就》範本原應用篆，但邊塞書吏不過「俗師」之類，隸書又最為日常所需，或竟因此，迄今僅見隸書之範本出土。我們不能因此以為西漢中期以後的字書範本不分邊塞或內郡，已全改用隸書。

第四，字書範本和一般習字簡的遺痕不同。籾山教授指出字書之所以寫在多面的觚上，一方面是一根觚上可以寫更多的字，另一方面是習書者要削除習字時，比一般的簡牘更為方便。[34] 這有一定的道理。不過，據我觀察上表所列第一、二例大庭脩教授發表的原觚照片，觚面十分光滑平整，寬窄一致，似乎沒有因削去再書而造成牘面下削、寬窄不一或凹凸不平的痕跡。第三、四例的居延字書觚，殘斷破損較嚴重，其上也沒有因削

33 參胡平生，〈英國國家圖書館藏斯坦因所獲簡牘中的《蒼頡篇》殘片研究〉，《英國國家圖書館藏斯坦因所獲未刊漢文簡牘》，頁 70。

34 籾山明，〈削衣、觚、史書〉，《英國國家圖書館藏斯坦因所獲未刊漢文簡牘》，頁 94-95。

去表面而造成的凹凸或寬窄不一。

　　真正供習字用的觚可在英藏簡牘中見到。請見以下附表五：

附表五：英藏習字觚表

英藏編號 1791 是一件六棱殘觚，其中四面有字，兩面無字。有字的四面從可釋的字看，是反覆抄寫相同的文句。觚因多面相鄰，其中一面如削

下如削衣般大小的一片，必會造成此面的凹凸不平，也會影響到相鄰兩側面的寬窄。1791 號觚面已被切削得寬窄不一，凹凸不平；各面在切削後再寫上的字隨觚面寬窄，有些或許因此被迫寫得大小不一（如上表 1796A 面上的「隣」、「國」等字，隨觚面寬窄或大或小），有些則因鄰面切削，而殘去部分筆劃。無字的兩面（E、F 面）可能是因原有的習字被削掉，簡面太不平或有太深的木紋，不便再用而沒有新寫的字。類似的情形也見於英藏編號 1796、1797 殘觚。這兩觚或兩面或三面有字。因一面切削而造成鄰側兩面字的筆劃被削去一部分。對照之下，附表四所列的觚完全沒有這些現象。這使我益發相信它們應是範本，而不是供人反覆切削的習字觚。

如果同意附表四所列是字書範本，一個不可避免的結論就是西漢中期以後出現的《蒼頡》篇在篆字本之外，應已另有以當時占優勢的隸書為正字的版本，不再像過去的《史籀》或《蒼頡》等單以篆為正字。在目前可考的字書練習簡或削衣中，有一個有趣的現象，即凡寫得有篆意的，其字句幾乎都出自《蒼頡》；凡出自《急就》篇的，一無例外都用隸書。這或許不是偶然，而是範本的正字已有不同，最少漢代邊塞是如此。

另一個可能是：即使《蒼頡》、《急就》範本原本用篆，習書的人或者可以照臨，或者可以只取其字句而不臨其書體，寫成篆、隸之間，或根本就寫成隸書。尤其在居延、敦煌這樣的邊塞地區，基層小吏須要使用的以最通常的隸書為主，學習自然也以隸書為主。例如附表三敦煌簡 844：「．蒼頡作書以教後嗣幼子承詔謹慎」就以典型漢隸書寫。這一木簡長約 23 公分，下端仍多空白，最少還可再寫六、七字，卻沒寫完。可見這應是一件沒有寫完的隸書習作，而不是字書範本。不過，今後有《蒼頡》等篆書範本出土的可能性不能排除。因為在居延和敦煌畢竟有不少篆字練習簡和削衣出土（詳下第五節）。

這裡還須一提 1977 年玉門花海出土那件「以制詔皇大子」等字開頭的七棱觚。它的性質又當如何？請先看以下附表六：

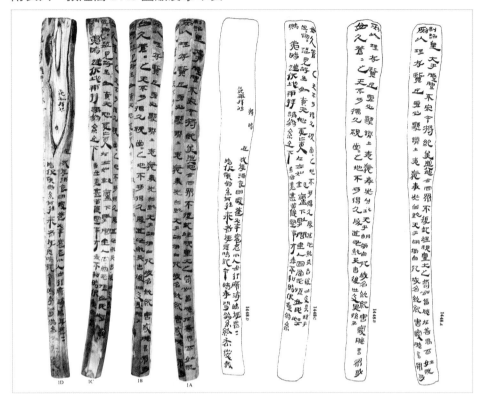

　　此觚有七面，從圖版看起來，各面除了抄有「伏地再拜請」的一部分
較不規整，都沒有因切削造成觚面的凹凸不平，依前文所說，似乎不是習
字觚。不過，從抄寫的內容可以知道這應是習字觚。第一，從筆跡和墨色
前後完全一致，可以斷言此觚所書出自同一人之手；第二，同一人所寫的
字，有些是隸書，有些篆意較濃，有不少筆劃或不合規範，難以釋讀，有
些文句或重複（如「伏地再拜」），或錯漏（如 A 面第二個「皇大子」書作「皇
大」）；第三，在內容上，它先抄了某一份詔書的片段，又抄了一些書信中
常見的詞語；二者連貫抄寫，未作區隔，意義卻明顯不相連貫。這些都比
較像是習字簡中才有的情形。

3. 反覆練習抄寫單字

邊塞吏卒學習文字，是出於實務的需要，絕不是為練字而練字。為了實務，除了臨摹字書，另一種重要而有效的習字方式是以當時常見的公文書當範本，反覆臨寫。這樣不但可以練字，也可學習到文書的常用語和格式。習書者不論是在邊塞（如居延、敦煌），或在內郡（如長沙東牌樓），常利用廢棄的文書簡牘，在其上照抄某些字或句。比較多的情形是反覆臨寫其中某一單字，一字可反覆臨寫數次至三十餘次。從臨寫的筆跡看來，有些尚屬初習，十分稚嫩，有些下筆頗為隨意，有些則已見成熟。請參以下附表七各例：

附表七：單字練習簡表

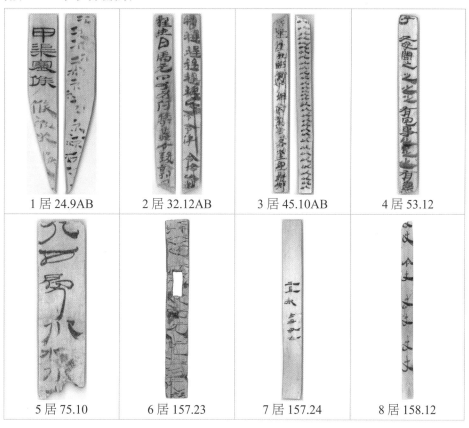

1 居 24.9AB	2 居 32.12AB	3 居 45.10AB	4 居 53.12
5 居 75.10	6 居 157.23	7 居 157.24	8 居 158.12

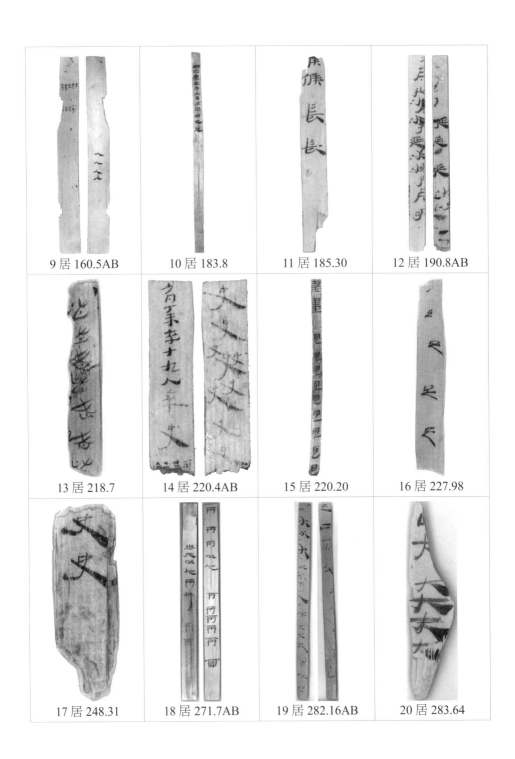

9 居 160.5AB　　10 居 183.8　　11 居 185.30　　12 居 190.8AB

13 居 218.7　　14 居 220.4AB　　15 居 220.20　　16 居 227.98

17 居 248.31　　18 居 271.7AB　　19 居 282.16AB　　20 居 283.64

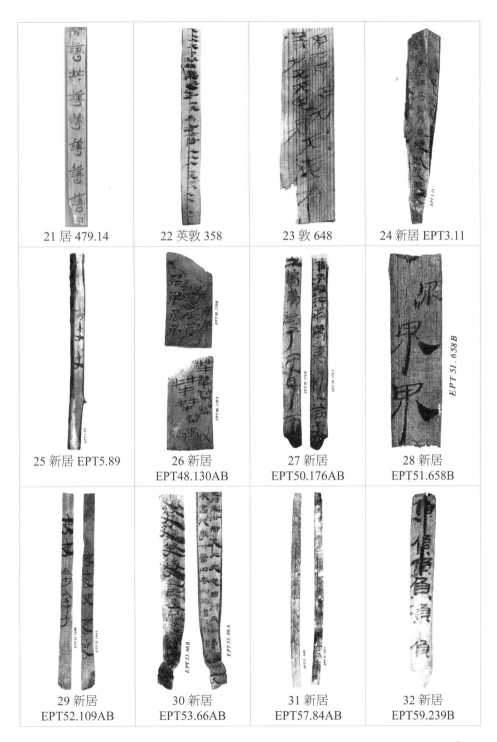

21 居 479.14

22 英敦 358

23 敦 648

24 新居 EPT3.11

25 新居 EPT5.89

26 新居
EPT48.130AB

27 新居
EPT50.176AB

28 新居
EPT51.658B

29 新居
EPT52.109AB

30 新居
EPT53.66AB

31 新居
EPT57.84AB

32 新居
EPT59.239B

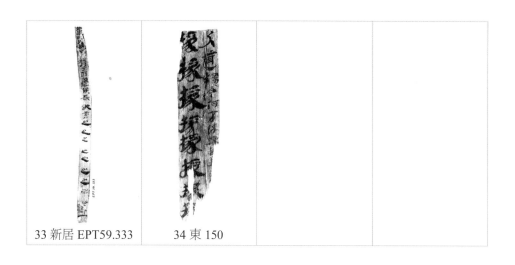

| 33 新居 EPT59.333 | 34 東 150 | | |

4. 反覆抄寫現成文書的文句

居延、敦煌和其它地方出土的習字簡也有很多反覆抄寫現成文書文句的情形。以下附表八僅列舉若干圖版和原簡較清晰的為代表：

附表八：反覆抄寫現成文書簡表

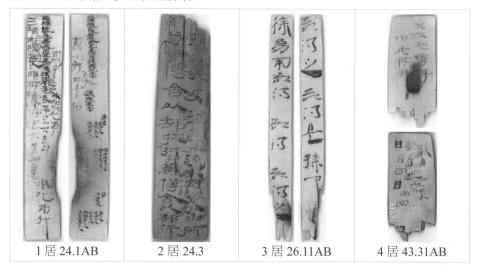

| 1 居 24.1AB | 2 居 24.3 | 3 居 26.11AB | 4 居 43.31AB |

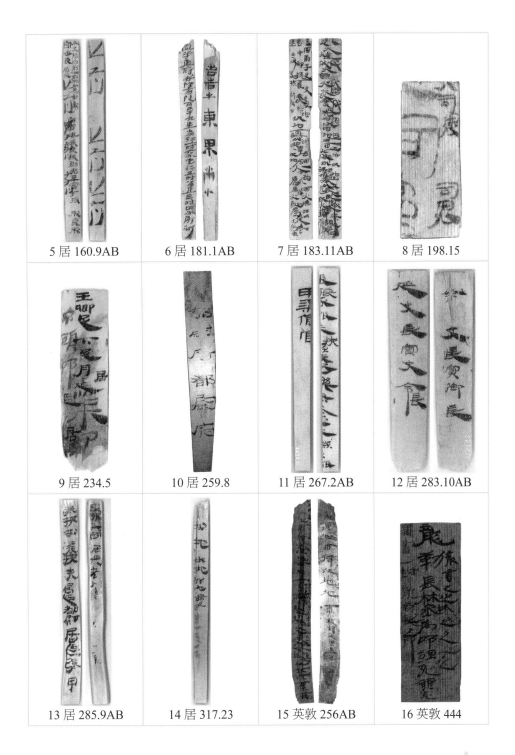

5 居 160.9AB	6 居 181.1AB	7 居 183.11AB	8 居 198.15
9 居 234.5	10 居 259.8	11 居 267.2AB	12 居 283.10AB
13 居 285.9AB	14 居 317.23	15 英敦 256AB	16 英敦 444

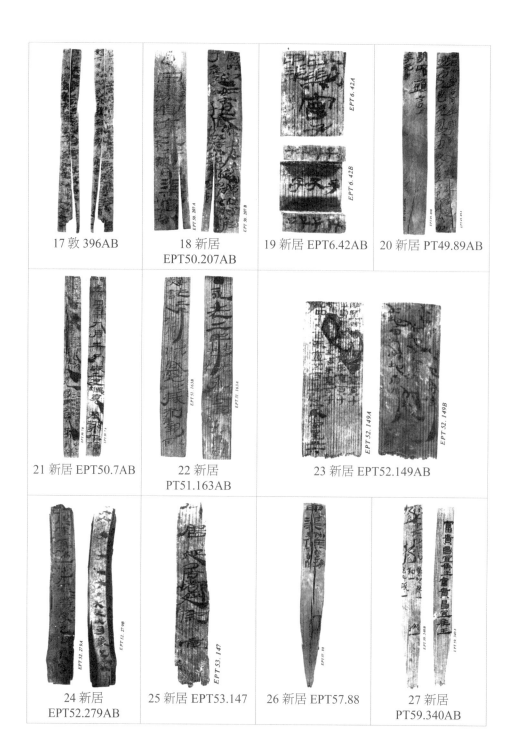

17 敦 396AB

18 新居
EPT50.207AB

19 新居 EPT6.42AB

20 新居 PT49.89AB

21 新居 EPT50.7AB

22 新居
PT51.163AB

23 新居 EPT52.149AB

24 新居
EPT52.279AB

25 新居 EPT53.147

26 新居 EPT57.88

27 新居
PT59.340AB

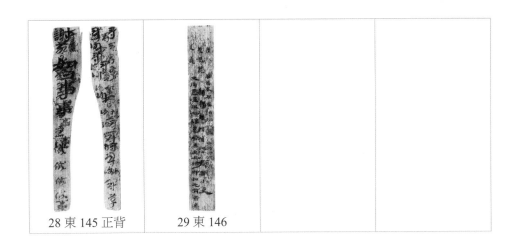

| 28 束 145 正背 | 29 束 146 | | |

　　上表第一例是有名的所謂徐宗簡，兩面書有徐宗的妻子女人數和田產、牛等貲產值。但很清楚也有以不同筆跡所書不相干或重複的內容。永田英正教授曾詳細分析哪些部分屬於貲產文書，哪些部分是因習書而抄寫。我也曾為文分析過這原本可能是所謂「訾直簿」的一部分，被再利用作抄寫練習。[35] 第二例反覆抄寫「傳舍以郵行」；第三例兩面反覆抄寫「欲得之」；第四例兩面反覆抄寫「伏地再拜」；第五至七例兩面反覆抄寫某些詞句，第七例更是抄得密密麻麻；第八例則以大小不一的字體抄寫「大司農」、「司農」；第九例頗隨意地書寫「足下」、「叩頭」、「足」、「叩」、「居」等字；第十例重複寫了兩次「都尉府」；第十一例一面是十分正式的「甲渠候官」標題，一面卻重複書寫「張掖」等字；第十二例兩面寫有「延史長實史令長」、「令史長實御長」不成句的文字，書法較為成熟，但仍像是書寫習作。第十三例兩面字跡較幼稚，練習「張掖」、「居延」、「都尉」、「太守」等詞而不能成句。第十四例反覆書寫「伏地」等字。第十五至十七例為敦煌簡，文字反覆情形類似，不再贅述。它們共同的特徵：一是使用或工或拙的隸書（第三例為草字除外，詳下），二是反覆抄寫的對象都不是

35　其詳請參邢義田，〈從居延簡看漢代軍隊的若干人事制度〉，《新史學》，3：1（1992），頁127-130。

字書，而是邊塞文書中最常見的字、句或詞。漢代公文書以使用隸書最為普遍，練習書寫自然也以這種字體最為常見。前文附表七所列的單字練習簡反映了相同的情況。第十八至廿七例出自《居延新簡》，第廿八、廿九例出自長沙東牌樓漢簡。情況相似，不再多述。

在這裡還須附帶一提下文附錄中所列里耶出土的九九練習牘背面有斷斷續續反覆書寫的「行郵人 視□ 以以郵行行 守 敢以以 小吏□有」字跡。[36]這是目前可考最早的一件習字簡牘，一邊練習九九乘法，一邊又在牘背依常見的公文文句，作了書法練習。

5. 練習草書和篆書

邊塞文書除了大量使用隸書，也用草書和少量篆書。英藏《蒼頡》篇削衣多達一千餘件，其中未見草書，多半是帶篆意的隸書，有些較像隸，有些更近乎篆，以瘦長或圓筆為特徵的篆書不少。因數量較多，以下僅列出六十幾件篆書筆意最濃的簡號及部分圖版（附表九）如下：

1792、1806AB、1813、1951、1974、2058、2060、2327、2377、2379、2380、2381、2382、2383、2384、2387、2390、2393、2394、2396、2402、2404、2407、2411、2417、2435、2448、2451、2569、2571、2573、2574、2578、2583、2596、2607、2613、2624、2644、2702、2749、2797、2921、3051、3084、3106、3153、3185、3189、3191、3192、3194、3196、3198、3199、3202、3211、3385、3391、3436、3474、3501、3581、3612、3623、3666、3707、3713、3718、3725

---

36 湖南省文物考古研究所編，《里耶發掘報告》（長沙：岳麓書社，2006），頁181。

1813	2379	2380	2381	2382	2390
2417	2569	2571	2573	2574	2578
2624	2749	3051	3192	3194	3198

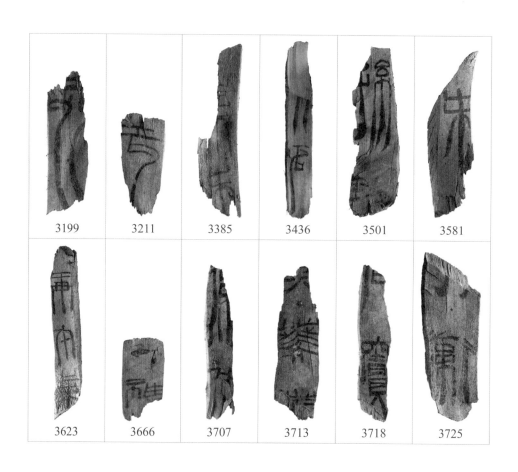

| 3199 | 3211 | 3385 | 3436 | 3501 | 3581 |

| 3623 | 3666 | 3707 | 3713 | 3718 | 3725 |

除了以上，居延和其它地方遺簡中也有草字和篆字的練習簡或削衣。
請參以下附表十：

古月集：秦漢時代的簡牘畫像與政治社會
——卷四　法制、行政與軍事

附表十：草、篆書練習簡及削衣表

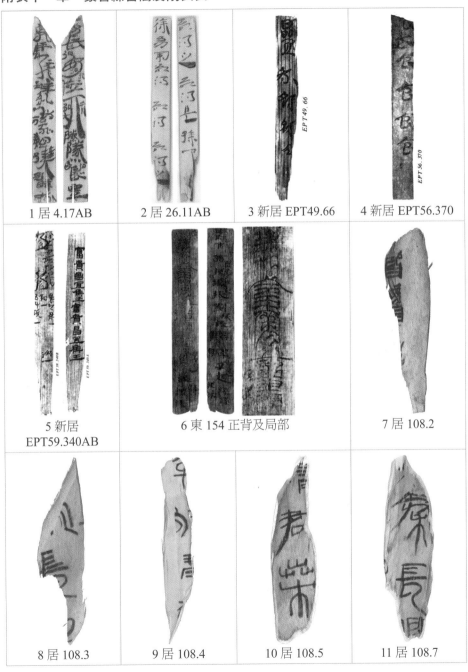

| 1 居 4.17AB | 2 居 26.11AB | 3 新居 EPT49.66 | 4 新居 EPT56.370 |

| 5 新居 EPT59.340AB | 6 東 154 正背及局部 | 7 居 108.2 |

| 8 居 108.3 | 9 居 108.4 | 10 居 108.5 | 11 居 108.7 |

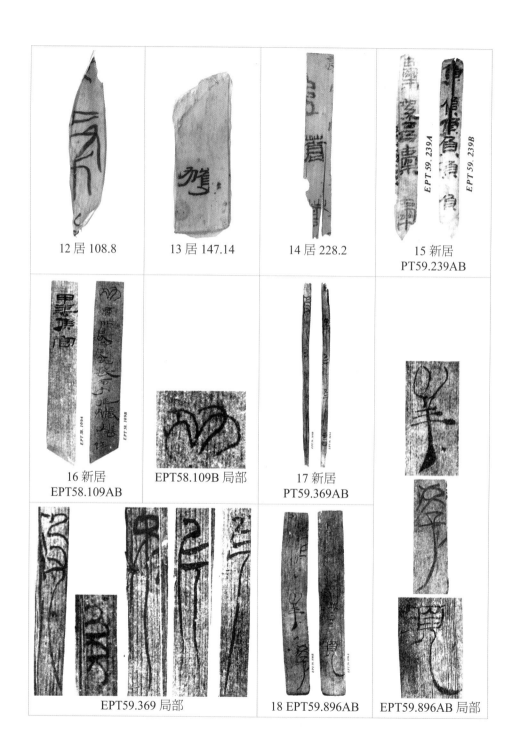

12 居 108.8　　　13 居 147.14　　　14 居 228.2　　　15 新居
　　　　　　　　　　　　　　　　　　　　　　　　　PT59.239AB

16 新居　　　EPT58.109B 局部　　　17 新居
EPT58.109AB　　　　　　　　　　　　PT59.369AB

EPT59.369 局部　　　18 EPT59.896AB　　　EPT59.896AB 局部

古月集：秦漢時代的簡牘畫像與政治社會
　　　　——卷四　法制、行政與軍事

從上表所列可以見到一種現象，即簡牘上有隸、草、篆書單獨出現（例3、4、7-9、13、17、18），也有隸書和草書一起（例1、2、5），或隸書和篆書同時出現（例6、10、15、16）的情形。換言之，習書的形式顯然多種多樣，有時或有教師，有教本，有時則由個人隨意為之，不拘書體。上例中的篆字有些保留了篆字特有的圓筆或瘦長的字形（例8、9、10-12、16、17、18），有些保有若干篆字的部件，例如草字頭，但整體字形由長圓變為方折，與隸書較為接近（例14）。

上表這些簡牘兩面出現不同的書體，我必須承認是否都由同一人同時所書不易判定。例如第一、二例，從書法看，比較像是由同一人同時所書。但第六例東牌樓牘的兩面有相同文字的反覆練習，背面類似篆字的字是否由同一習書者所書，因未見原牘，不敢斷言。又第五例，一面是重複規整的隸書，一面是潦草的草書，也難以判定兩面是否出於同一人之手。有些則明顯不是同一人，例如第十六例，一面書「甲渠候官」，無疑是一般書吏所寫的甲渠候官標題，另一面則是習書者利用簡背隨意以篆和隸體練字。第七至十二例是出自同一地點的削衣，木質相同，編號連續，書法非常相似，應是自同一大片篆書習字簡上削下。因此應該可以肯定出自同一人之手。以上表九、表十所列圓筆瘦長的篆字削衣，證明邊塞吏卒在實務所須的隸、草之外，竟然也去學習行政實務上基本少用的字體。因為這些削衣的存在，我們似乎應該多多少少修改一下秦漢官吏學習文字僅僅出於實務需要或篆字不合實務的觀點吧。

五 《蒼頡》有沒有干支表？

英藏習字削衣中有不少是篆隸體的干支。胡平生懷疑它們原本是《蒼頡》的一部分，《蒼頡》中可能有干支表（胡文頁67-68）。他的理由是當初漢人在對《蒼頡》分章時，有可能是因為「六十甲子」一分為二，恰好六十字，這樣才「斷六十字以為一章」（胡文頁68）。今本《鶡冠子・近迭》有「蒼

頡作法，書從甲子，成史李官，蒼頡不道，然非蒼頡，文墨不起……」之語，[37] 或可旁證其說。蒼頡作法的「法」，張政烺先生以為即「書」。[38]《鶡冠子》說的不必然是字書，但「書從甲子」應該是指傳說中的蒼頡作書始自干支。李斯作《蒼頡》篇，曾將六甲干支納入，可謂順理成章。

可是，漢初閭里書師曾整編《蒼頡》等字書，斷六十字為一章，四字一句，押韻。此後的《蒼頡》是否有干支表？可疑。私意以為英藏削衣上的這些篆隸體干支比較可能是習書者據《六甲》而來。漢代學童啟蒙，除習《蒼頡》或《急就》，還有六甲。六甲就是六個以甲（甲子、甲戌、甲申、甲午、甲辰和甲寅）起頭的干支表。張政烺〈六書古義〉曾證六書即六甲，又曾徵引流沙簡牘證之。[39] 姑不論六書是否即六甲，六甲現在可考的簡牘證據不少，其練習遺痕除了英藏削衣，在敦煌、居延和長沙東牌樓簡中皆有可考，請見以下附表十一：

附表十一：敦煌、居延、長沙簡篆或隸體干支習字表

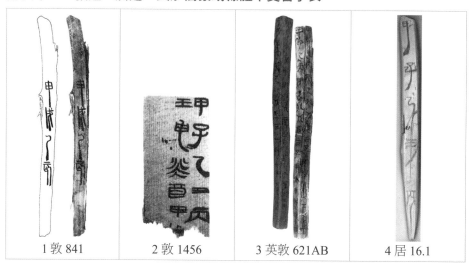

| 1 敦 841 | 2 敦 1456 | 3 英敦 621AB | 4 居 16.1 |

37　《鶡冠子》（四部叢刊子部，上海涵芬樓借繆氏藝風堂藏明翻宋本景印），卷上，頁 19 下。

38　張政烺，〈六書古義〉，《中央研究院歷史語言研究所集刊》第 10 本（1948），頁 14-15。

39　但也有學者反對張說，參龍宇純，《中國文字學》，頁 57-79。

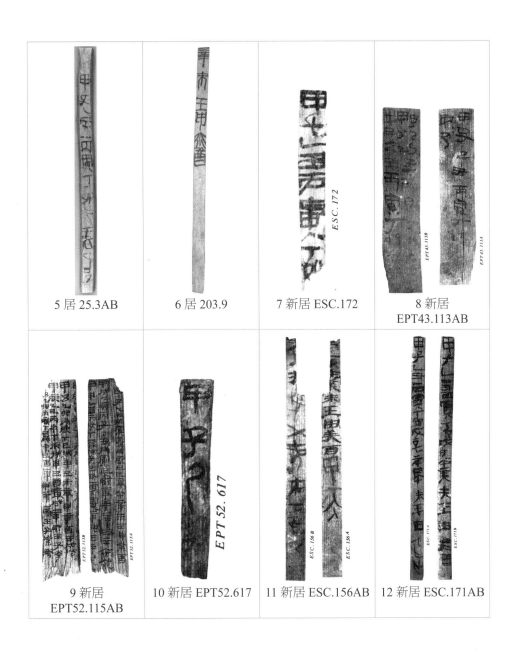

5 居 25.3AB　　6 居 203.9　　7 新居 ESC.172　　8 新居 EPT43.113AB

9 新居 EPT52.115AB　　10 新居 EPT52.617　　11 新居 ESC.156AB　　12 新居 ESC.171AB

      13 東 151			

　　附表十一所列是目前居延、敦煌和長沙東排樓簡牘中可以找到的干支
習字簡。它們有些是正規的篆字，有些在篆隸之間，第九例則是隸書。第
九例書法甚拙，以六甲為首，一面三行，分書在牘的兩面。這是目前可考
的六甲練習牘最完整的一件。除了書法有工有拙，或許是湊巧，除了第六
例，它們幾全以甲字起首。這些干支簡有可能如胡平生所說是《蒼頡》篇
的一部分嗎？《蒼頡》篇以目前可考的內容看，在字句構成上是四字一
句，押韻；四字或成文，或以類相從。干支納入《蒼頡》，固可自成一類，
四字一句，但是明顯無法押韻。[40]

　　這些干支簡有可能如羅振玉所主張是方伎之書，「供推步之用」嗎？[41]
當年羅先生看到沙畹提供的圖版資料不全，只有四面觚四面中的兩面（附
表十一第 3 例）。他應沒有想到這其實是一支四面觚，四面寫有相同的干

40　這個問題曾向胡平生兄討教，據胡兄 2008.7.12 電子郵件表示，他也覺察到押韻的問題不好
　　解決，以為《蒼頡》篇大概不會包含全部的干支表。
41　羅振玉，《流沙隊簡》，小學術數方伎書考釋，頁 9 下。

支。[42] 如果知道是如此，他的推測應會有不同吧。

　　私意以為不論瓠、簡牘或削衣上的干支應屬六甲練習。《漢書·食貨志》說：「八歲入小學，學六甲、五方、書、計之事。」顧炎武謂：「學六甲、五方、書、計之事，六甲者，四時六十甲子之類；五方者，九州嶽瀆列國之名；書者，六書；計者，九數。」（《日知錄》卷二十八「漢書註」條）。六甲是小學中單獨的一門功課，和五方、書、計等分列，因此可能有單獨的教本。一個旁證是《南齊書·顧歡傳》說：「歡年六、七歲書甲子，有簡三篇，歡析計，遂知六甲。」此傳原本是要說明顧歡聰明，不必練習，稍一析算，就明白了六甲的算法，無意間卻透露當時六七歲小兒如何習字。甲子應是六甲起首的二字，所謂「書甲子」，是指練習六甲自甲子二字開始。[43] 表十一中的篆體干支練習正是以甲子或甲戌二字起首。南北朝時紙張已經流行，但紙張和簡牘並用頗久，顧歡所見的六甲，仍舊是「有簡三篇」，這或許也可旁證前文所說字書範本的滯後現象。這三篇應即以甲子和甲戌起首的二十日為一篇，甲申、甲午起首的二十日為一篇，甲辰和甲寅起首的二十日又成一篇，共六十日。以顧歡有六甲簡三篇看，六甲比較像是獨立的篇章，而不在《急就》或《蒼頡》之內。此例為時甚晚，唯由此或可推想漢世之制，相去應不遠。

六　結論

　　以上根據新舊可考的材料，從字書範本、史書、六體或八體和考課為史的標準都會與時俱變的觀點，稍稍討論了一下時賢和自己的想法，並排比居延和敦煌等地的習字遺簡和削衣，指出秦漢時人習字的幾種方式。目

42　大庭脩教授到大英圖書館重新拍攝照片，才將四面的圖版完整刊布出來。附表十一例 3 即據大庭的《大英圖書館藏敦煌漢簡》圖版 49。

43　張政烺先生前引文已指出這一點。參〈六書古義〉，頁 6。

前有以下幾點暫時有待時賢指教的結論：

1. 字書演變是一回事，社會流行書體的發展是另一回事；兩者高度相關，卻不一定同步變化。一般而言，字書作為一種權威性的規範，常像社會倫理規範或法律，往往落後於流行，出現滯後的現象。秦時李斯變大篆為小篆，作《蒼頡》，漢初史學童考試卻仍以《史籀》十五篇為準；西漢中期八分隸書已成主要書體，司馬相如作《凡將》，史游作《急就》，李長作《元尚》，卻皆取「《蒼頡》中正字」。這證明字書並沒有完全隨流行同步前進。不過他們已改以《蒼頡》為據，不再本諸更古老的《史籀》。字書如果和現實情況脫節太遠、太久，遲早會被淘汰。東漢初《史籀》十五篇已佚其六，其後全亡，即為明證。

2. 《二年律令‧史律》終於澄清了《漢書‧藝文志》和《說文解字》序因節略文字而造成的千年爭議。〈史律〉「又以……試之」的敘述方式明顯將「史學童」和「史」要面對的考試和考課區分為兩階段。六或八體的考課是針對「史」而設，而不是「史學童」。史學童於學習之初，應僅習一種基本的字體。在秦及漢初，即習篆；漢中期以後，在某些情形下（如在邊塞）或為隸。待通過誦寫五或九千字的考試，[44] 取得史的資格以後，再以史的身分進一步參加八或六種書體的考課；考核能通過，才有資格出任較高的吏職。進階考核是以「課」的形式出現。這是初為吏者都要受到的一種考課，名為「八體課」。八體課雖在郡行之，評審卻在中央的大史，所以說「郡移其八體課大史」。被評為最優者可擔任縣的令史，其殿後者即不得再擔當史的工作。所有這些史或文書吏，又經每三年一度的綜合考核，最優者可進一步被拔擢到中央，擔任尚書卒史。這樣由基層而上，又由地方而中央，分階段的拔擢晉升方式，〈史律〉說得最為清楚明白。

3. 〈史律〉八體之說可以證明許慎序有所本，也能證明漢初如同秦代確

---

44 試想如於初習之時，學童即須學五千字的八種不同字體，豈不等於同時要學四萬字？比照今日小學中的語文教育，即知在學書的第一階段同時學六或八種字體幾乎不可能。

以八體課試，但並不能由此以為《漢書‧藝文志》六體之說必誤。因為許慎是據〈尉律〉立論，他明明又說：「今雖有〈尉律〉，不課；小學不修，莫達其說，久矣。」他清楚講明〈尉律〉是具文，八體課試是一個久不施行的古董辦法。秦或漢初為吏須知五千字，西漢中晚期以降增為九千，課試原為八體，王莽一度改為六體，並非不可能。

4. 除了篆或隸，一般史或初為文書吏者，在任職以後無疑還須要學習草書。從里耶秦簡和漢代邊塞出土的簡牘文書看，最基層的吏須要能夠謄錄或起草簡單的公文。抄謄這些公文，常用較隸書為草率簡便的書體。此外，在最基層的文書封檢上有蓋印的封泥，基層的吏必須懂得印文，才能抄錄發書者的官銜和名字。這些印章都用篆書。此外，兵器、虎符、信幡等等公家器物上所用的銘記文字，字體每有出入，初為吏者無可迴避，就不得不隨個人能力所及，一步步培養認識八體、六體或其中某幾體的能力。在為吏的過程中，如要升遷或不遭降黜，則要接受八體或六體的考課。

5. 本文利用居延、敦煌、里耶和東牌樓出土的習字簡、觚和削衣，說明習字大約是先從用手控制毛筆，穩定地寫出橫、豎、點、撇和轉折等等的筆劃或簡單的單字開始。習字者常依據《蒼頡》、《急就》等字書範本反覆抄寫，也常反覆抄寫現成文書上的字句。這些練習或隸、篆，或草、隸或數體並見，並無規則。

6. 居延和敦煌簡觚中可以找到字書範本，也可以見到隸、篆和草書練習。敦煌出土的大量《蒼頡》削衣上，以帶濃濃篆書意味的隸書為多。具有圓筆和字形瘦長特色的篆書也不在少數。這些可以證明從西漢中期到東漢初的邊塞吏卒，雖不再使用這樣「過時」的書體於日常文書，無疑仍要學習。我相信這是「小學」教育崇尚古典權威而形成滯後的現象，和所謂的「皇族素養」無關。過去大家強調學習書體和實務的關係，現在看來似乎不宜強調太過。

在結束本文之前，想要指出過去學者討論「史書」多半關注其為何種書體，其實史書在漢代除了書體上的意義，有時也意指文書的遣詞用字，

也就是刀筆老吏那套巧為文詞，以意輕重，欺上瞞下的功夫。《漢書·貢禹傳》提到武帝以後，郡國長吏為遠罪，「擇便巧史書，習於計簿，能欺上府者，以為右職。」所謂「便巧史書，習於計簿」，主要是指懂得在行政文書或計簿上玩弄花樣，而不是指書體。這個問題，已超乎本文主旨，不再多說。

最後，應該指出本文論述上的無奈和未盡之處。本文雖然主張字書、習書者所習書體和史的考試標準都會隨時間而變化，也認為字書範本和通行書體之間不免會有落差，強調了「時間」和「時間差」的重要，但在分析習字簡和字書範本時，卻無法將徵引的材料排比出時代先後。例如英藏《蒼頡》削衣和本文附表所列，有這麼多和《急就》、《蒼頡》相關的削衣、簡牘或觚，卻無法確切地分辨它們哪些時代在前，哪些在後？大家一定想知道凡與《蒼頡》相關的是否在前？與《急就》相關的是否在後？《急就》是否曾取代較早的《蒼頡》？二者是否並存？或者二者與《元尚》、《凡將》等等也共存？如果共存，是否可能從遺簡中找出《元尚》、《凡將》等的蹤影？史的課試又該以何者為準？這些有趣且重要的問題，目前都缺乏材料去回答，頗感無奈。讓我們期待考古家的鋤頭吧。

2008.6.2/2009.7.22

後記

本文草稿承蒙學友林素清、陳昭容、李宗焜和顏世鉉諸君不吝指教，深獲教益，2009 年 3 月參加在日本愛媛大學舉辦的演講會，評論人廣瀨薰雄先生在會前細讀拙稿，校出不少錯誤並有很好的意見，王子今先生也提示意見，謹此敬申謝忱。唯一切錯誤，仍由作者自負全責。本文修訂後，方得見題旨與拙文相近的宮宅潔教授大作〈秦漢時代の文字と識字─竹間・木簡からみた〉，收入冨谷至編《漢字の中國文化》（京都：昭和堂，2009），頁 191-223。請讀者參看。

補記

　　拙文謂「今後有《蒼頡》等篆書範本出土的可能性不能排除。」不意 2008 年 8 月在甘肅永昌水泉子九號西漢武帝至王莽時期墓中即出土了迄今存字最多的七言《蒼頡》殘簡。據參與發掘和作初步釋文的張存良和吳荭報導:《蒼頡》簡的文字「字形大都呈長方形或正方形,較少扁平形,與篆書的形體相近,而與隸書的形體相異;從用筆上分析,圓筆多而方筆少,藏頭回護多於折筆出鋒,與篆書的用筆也較為接近。再從文字構形上分析,大多字形保留古形古意,甚至有些字的偏旁就是篆書的構形。」(見張存良、吳荭,〈水泉子漢簡初識〉,《文物》,10(2009),頁 88-89 及封裡圖版;張存良,〈水泉子漢簡七言本《蒼頡篇》蠡測〉,《出土文獻研究》第九輯(中華書局,2010);武漢大學簡帛研究中心簡帛網,2010.1.27)從已刊布的十枚《蒼頡》篇簡看,的確有些有較濃的篆書意味,字形可說在篆隸之間而偏於隸書。

附錄：九九術的練習

附表十二：九九術練習簡牘表

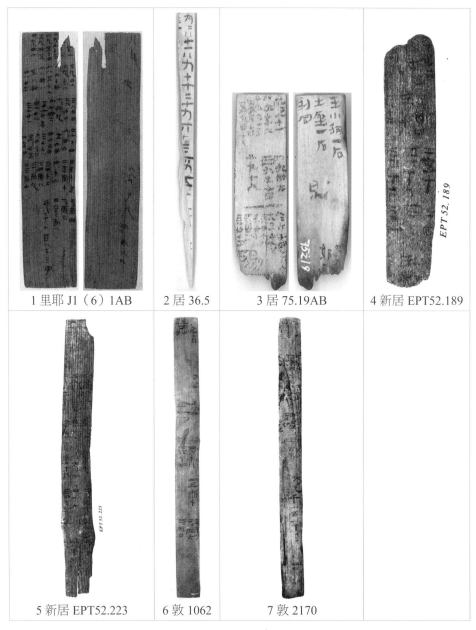

1 里耶 J1（6）1AB	2 居 36.5	3 居 75.19AB	4 新居 EPT52.189
5 新居 EPT52.223	6 敦 1062	7 敦 2170	

九九術問題，已見前引舊作〈漢代邊塞士卒的軍中教育〉。以上附表供大家參考。或可稍作補充的是胡平生先生在研究上表第一例里耶九九牘時，曾指出此牘末尾說「凡千一百一十三字」，是九九表所有的乘積之和。又引里耶簡整理者之說，同出的木牘中還有類似的九九表，文末也寫有「凡一千一百一十三」，可見此牘的「字」字是衍文。[45] 附表十二的第七例，敦煌出土九九簡在最末作「大凡千一百一十三」（英敦 755，或敦 2170），無「字」字，可證胡平生之說正確。王煥林先生引敦煌石窟所出《立成算經》抄本「都計一千一百五十五文」有一「文」字，認為「文」是算籌單位，「文」與「字」互通，以證里耶九九牘此處之「字」非衍文。古代使用算籌計數，無可疑。算籌僅為十餘公分長竹木或其它質地的小籤，其有特定單位名稱，名曰「文」或「字」，實所未聞。王先生也引用了上述敦煌九九簡，但沒有解釋為何沒有「字」或「文」或其它算籌單位的名稱？[46]

附表簡稱一覽表：

居——居延漢簡紅外線照片檔，中央研究院歷史語言研究所藏

新居——《居延新簡——甲渠候官》，中華書局，1994

敦——《敦煌漢簡》，中華書局，1991

英敦——《大英圖書館藏敦煌漢簡》，同朋舍，1990

里耶——《里耶發掘報告》，岳麓書社，2006

東——《長沙東牌樓東漢簡牘》，文物出版社，2006

附圖說明：本文附圖僅為示意，與簡牘原尺寸無關

---

45 胡平生，《長江流域出土簡帛與研究》（武漢：湖北教育出版社，2004），頁 306。

46 王煥林，《里耶秦簡校詁》（北京：中國文聯出版社，2007），頁 179-181。

古代的簽署、書寫筆跡和辨偽暗記

　　古代用毛筆或不同的筆書寫，每人筆跡如人之面，都有不同。人們很早即知可從筆跡辨識書寫是否出於本人之手，或由他人代筆或偽造。

一　一個楔子：使徒保羅的書信

　　在古代西方世界，簽署和筆跡問題較為人知的例子大概要數基督教使徒保羅寫給各地教友或教會的書信。保羅每在書信最後問候收信的朋友，並常常說明是由他親筆或由某某人代寫。通常由他親筆（如《新約》〈哥林多前書〉、〈加拉太書〉、〈歌羅西書〉），也有由他口授，他人代筆（如〈羅馬書〉明確說請一位名叫德提 Titius 的代筆）。最有趣的是保羅在一封信的末尾提醒收信人注意他的筆跡，這樣就可以辨別以後的信件是否為親筆。〈帖撒羅尼迦後書〉的末尾寫道：

> 我一保羅親筆向你們問安，凡我的信都有這樣的簽署。我的筆跡就是這樣。願我們主耶穌基督的恩惠與你們眾人同在！（3：17-18）
>
> With my own hand I write this: *Greetings from Paul.* This is the way I sign every letter; this is how I write. May the grace of our Lord Jesus Christ be with you all.

保羅眾多書信中特別提到辨別筆跡的僅此一封。先前保羅曾寫一信給帖撒羅尼迦的教會，並在信中囑咐將他的信「宣讀給眾兄弟聽」（〈帖撒羅尼迦前書〉5：27）。在宣讀時，可能曾有人質疑信是否出自保羅本人。因為那個時代不是人人識字，人人都會寫信。尤其在基督教傳教初期，傳教對象主要

是社會的中下層，信眾十之八九為文盲，口頭宣讀信件和請人代筆寫信都極平常。今天我們雖難以確知實情，保羅在後一封給帖撒羅尼迦教會的信中特別提到自己親筆簽署，並說以此信的簽署筆跡為準，很可能是希望消除該地教友曾經對他所寫曾有的疑慮。保羅所說如果和英國古羅馬長城邊雯都蘭達（Vindolanda）遺址出土的一、二世紀木牘書信上的簽署比較，可知這確實是那個時代羅馬書信的習慣—信本身由他人代筆，發信者則自行簽署和寫下問候語。[1] 古代中國呢？

■ 簽署和書寫筆跡

中國在使用簡帛書寫為主的時代，不論公文書或私人書信常請人代筆，有時公文書的簽署都可能是由屬下代簽。保證公文書和書信真實性和私密性的並不是像今天一樣的親筆簽名，而是在木檢凹槽封泥上加蓋公私璽印。[2] 因此秦漢時代從皇帝到有印綬的官吏，都用綬帶將代表身分和權力的璽印繫在自己的腰上，一則隨時備用，一則防止他人冒用。[3]

由於代筆太通常，收信者常會懷疑信件的真實性，也容易引起對發信人真實意圖的揣測。因此，我們也常見古人為示慎重，不容懷疑，特別親筆，並於信末注明「手書」、「自書」、「手記」或「手筆」。不論公文或書信，如果收發雙方相知，有過書信或其他形式的文字來往，一見筆跡即能辨別是親筆或代。中國古代文獻中相關的記載不少。較早的一例見於漢武帝從筆跡識破齊人少翁偽作牛腹中帛書一事。《史記‧孝武本紀》載：

1　參邢義田，〈羅馬帝國的「居延」與「敦煌」──英國雯都蘭達出土的駐軍木牘文書〉《地不愛寶─漢代的簡牘》（北京：中華書局，2011），頁 258-284。

2　邢義田，〈漢代公文書的正本、副本、草稿和簽署問題〉、〈漢至三國公文書中的簽署〉《今塵集》（上海：中西書局，2019；臺北：聯經出版公司，2021）。

3　邢義田，〈從制度的可視性談漢代的印綬和鞶囊〉《今塵集》（臺北：聯經出版公司，2021），頁 219-272。

齊人少翁以鬼神方見上。上有所幸王夫人，夫人卒，少翁以方術蓋夜致王夫人及竈鬼之貌云，天子自帷中望見焉。於是乃拜少翁為文成將軍，賞賜甚多，以客禮禮之。文成言曰：「上即欲與神通，宮室被服不象神，神物不至。」乃作畫雲氣車，及各以勝日駕車辟惡鬼。又作甘泉宮，中為臺室，畫天、地、泰一諸神，而置祭具以致天神。居歲餘，其方益衰，神不至。乃為帛書以飯牛，詳弗知也，言此牛腹中有奇。殺而視之，得書，書言其怪，天子疑之。**有識其手書**，問之人，果偽書。於是誅文成將軍而隱之。

此事也見於《史記・封禪書》而文詞小異，直言武帝識破牛腹中帛書乃少翁手書：

文成……乃為帛書以飯牛，詳不知，言曰此牛腹中有奇。殺視得書，書言甚怪。**天子識其手書**，問其人，果是偽書，於是誅文成將軍，隱之。

漢代這位文成將軍太過大意或過於自信，假造帛書竟然不知變化筆跡或請人代書而遭武帝識破。類似的事又發生在三國曹魏。《三國志・魏書・國淵傳》：

時有投書誹謗者，太祖疾之，欲必知其主。淵請留其本書，而不宣露……吏因請使作箋，比方其書，與投書人同手。收攝案問，具得情理。

「比方其書」即核查比對書跡，「同手」即同筆跡，國淵和漢武帝一樣由筆跡識破奸偽。

魏晉以後進入使用紙張書寫為主的時代，書法受到重視，士人講究追求展現具個人特色的筆法和風格。此時書法名家輩出，學習和臨摹名家書法也幾乎同步空前發展。正因為重視個人特色，又講求臨摹學習，大家對書風和筆跡的纖毫異同變得特別敏感，要模仿偽造筆跡，瞞天過海不是那麼容易。晉惠帝時賈后逼惠帝太子醉後寫「自了」信的故事，頗能證明辨識筆跡成為確認書寫者為何人和定罪的關鍵。這個例子見《晉書・張華傳》。因《資治通鑑》敘述此事首尾較完整，關鍵字句和《張華傳》無異，因此以下直接引用《通鑑》。《通鑑》卷八十三，惠帝元康九年：

於時朝野咸知賈后有害太子之意，中護軍趙俊請太子廢后，太子不聽。……十二月，太子長子虨病，太子為虨求王爵，不許。虨疾篤，太子

為之禱祀求福。賈后聞之，乃詐稱帝不豫，召太子入朝。　至，后不見，置于別室，遣婢陳舞以帝命賜太子酒三升，使盡飲之。太子辭以不能飲三升，舞逼之曰：「不孝邪！天賜汝酒而不飲，酒中有惡物邪！」太子不得已，彊飲至盡，遂大醉。〔賈〕后使黃門侍郎潘岳作書草，令小婢承福，以紙筆及草，因太子醉，稱詔使書之，文曰：「陛下宜自了，不自了，吾當入了之。中宮又宜速自了，不自了，吾當手了之。幷與謝妃共要，刻期兩發，勿疑猶豫，以致後患。茹毛飲血於三辰之下，皇天許當掃除患害，立道文為王，蔣氏為內主。願成，當以三牲祠北君。」太子醉迷不覺，遂依而寫之。其字半不成，后補成之，以呈帝。

壬戌，帝幸式乾殿，召公卿入，使黃門令董猛以太子書及青紙詔示之曰：「遹書如此，今賜死。」徧示諸公王，莫有言者。張華曰：「此國之大禍，自古以來，常因廢黜正嫡以致喪亂。且國家有天下日淺，願陛下詳之！」裴頠以為宜先檢校傳書者；又請比校太子手書，不然，恐有詐妄。賈后乃出太子啟事十餘紙，眾人比視，亦無敢言非者。賈后使董猛矯以長廣公主辭白帝曰：「事宜速決，而羣臣各不同，其不從詔者，宜以軍法從事。」議至日西，不決。后見華等意堅，懼事變，乃表免太子為庶人，詔許之。於是使尚書和郁等持節詣東宮，廢太子為庶人。

賈后逼太子寫「自了」信一事顯示兩點：

第一，賈后深知惠帝和朝中大員都熟悉太子筆跡，模仿偽作不易，只好先以酒灌醉太子，再強迫他自己寫，免得在筆跡上露出破綻。

第二，朝臣不認為惠帝的太子會寫下要惠帝「自了」的信，要求「比校太子手書」，也就是比對筆跡。賈后以精明強悍著稱，早就料到朝臣會如此，因而先逼太子自己寫信。如果朝臣要驗筆跡，她也想好對策，準備好太子手書「啟事」十餘紙，讓大家去比對。啟事是魏晉習語，指章奏之類文件。雖然「自了」信中有部分字由賈后補成，群臣比對筆跡，爭論整天，在半信半疑中卻不得不承認最少有部分出於太子之手。太子遹也無法否認不是自己的手筆，最後竟因此糊裡糊塗地被廢掉。

筆跡成為關鍵證據的另外一個例子是南朝宋文帝時，孔熙先和范曄等人謀亂。謀亂要角之一即寫《後漢書》的范曄。范曄原想抵賴，最後因自己在謀亂文件上的筆跡被文帝掌握而不得不承認。此事原見《宋書‧范曄傳》宋文帝元嘉二十二年：

> 九月，征北將軍衡陽王義季、右將軍南平王鑠出鎮，上於武帳岡祖道，曄等期以其日為亂，而差互不得發。……〔十一月〕其夜，先呼曄及朝臣集華林東閤，止於客省。先已於外收綜及熙先兄弟，並皆款服。于時上在延賢堂，遣使問曄曰：「以卿㩉有文翰，故相任擢，名爵㫄懷，於例非少。亦知卿意難厭滿，正是無理怨望，驅扇朋黨而已，云何乃有異謀。」曄倉卒怖懼，不即首款。上重遣問曰：「卿與謝綜、徐湛之、孔熙先謀逆，並已答款，猶尚未死，徵據見存，何不依實。」曄對曰：「今宗室磐石，蕃嶽張跱，設使竊發僥倖，方鎮便來討伐，幾何而不誅夷。且臣位任過重，一階兩級，自然必至。如何以滅族易此。古人云：『左手據天下之圖，右手刎其喉，愚夫不為。』臣雖凡下，朝廷許其㩉有所及，以理而察，臣不容有此。」上復遣問曰：「熙先近在華林門外，寧欲面辨之乎？」曄辭窮，乃曰：「熙先苟誣引臣，臣當如何。」熙先聞曄不服，笑謂殿中將軍沈邵之曰：「凡諸處分，符檄書疏，皆范曄所造及治定。云何於今方作如此抵蹋邪。」上示以墨迹，曄乃具陳本末，曰：「久欲上聞，逆謀未著，又冀其事消弭，故推遷至今。負國罪重，分甘誅戮。」

此事也見於《通鑑》卷一二四，宋文帝元嘉二十二年十一月條：

> 帝之燕武帳岡也，曄等謀以其日作亂。許曜侍帝，扣刀目曄。曄不敢仰視。俄而座散，徐湛之恐事不濟，密以其謀白帝。帝使湛之具探取本末。得其檄書、選署姓名，上之。帝乃命有司收掩窮治。其夜，呼曄置客省。先於外收〔謝〕綜及〔孔〕熙先兄弟，皆款服。帝遣使詰問曄，曄猶隱拒。熙先聞之，笑曰：「凡處分、符檄、書疏，皆范所造。云何於今方作如此抵蹋邪？」帝以曄墨迹示之，乃具陳本末。

此案沒有文件造假作偽的問題而是真的筆跡成為定讞的關鍵。范曄無可抵賴之下，不得不供出作亂本末而被殺。

可巧也在劉宋文帝時期，發生另一件和辨認筆跡有關的大事。元嘉三十年春，文帝欲廢太子劭。太子劭得知，先以東宮兵殺文帝，自即皇帝位。武陵王劉駿三月起兵討之，「庚戌，武陵王檄書至建康。劭以示太常顏延之曰：『彼誰筆也？』延之曰：『竣之筆也。』劭曰：『言辭何至於是！』延之曰：『竣尚不顧老臣，安能顧陛下！』」（《通鑑》卷一二七，宋文帝元嘉三十年三月條）顏竣是顏延之的兒子，也是武陵王府的主簿，掌筆札事。顏延之能識兒子的筆跡而有了這一番和太子劭的對話。《宋書·顏延之傳》對筆跡一事，說得更為清楚：

> 元凶弒立，以〔延之〕為光祿大夫。先是，子〔顏〕竣為世祖南中郎諮議參軍。及義師入討，竣參定密謀，兼造書檄。劭召延之，示以檄文，問曰：「此筆誰所造？」延之曰：「竣之筆也。」又問：「何以知之？」延之曰：「竣筆體，臣不容不識。」劭又曰：「言辭何至乃爾。」延之曰：「竣尚不顧老父，何能為陛下。」劭意乃釋，由是得免。

《宋書》所稱「墨迹」、「筆體」或「筆」，《通鑑》稱為「墨迹」或「筆」，無疑都指筆跡。無論在使用簡帛或紙張的時代，如前所說古人早已發現可由筆跡辨別書寫者。如請人代筆，簽署就成了辨識的線索；如簽署也由人代簽，則只能由主筆札文書者去追索文書背後真正的主人。范曄和顏竣因執筆或代人執筆而成追查的線索。

另一個驗證筆跡以定罪的例子發生在北齊武成帝河清三年。《北齊書·孝昭六王傳》樂陵王百年條：

> 河清三年五月，白虹圍日再重，又橫貫而不達。赤星見，帝以盆水承星影而蓋之，一夜盆自破。欲以百年厭之。會博陵人賈德冑教百年書，百年嘗作數「勅」字，德冑封以奏。帝乃發怒，使召百年。百年被召，自知不免，割帶玦留與妃斛律氏。見帝於玄都苑涼風堂，使百年書「勅」字，驗與德冑所奏相似。遣左右亂捶擊之。

這一例僅因一個「勅」字的筆跡相似而定讞。雖僅一字，因這一字書寫多次（「嘗作數『勅』字」），而有了筆跡上的鑑別度。《北史·齊宗室諸王傳下》樂陵王百年條和《通鑑》卷一六九，陳文帝天嘉五年六月條文字相同，這

裡都省略不錄了。[4]

　　可是筆跡或書跡也明明不是完全不可模仿。書法能手練習之後，以假亂真的故事很多，矇混過關的也不少。《三國志‧鍾會傳》裴注引《世語》：「〔鍾〕會善效人書，於劍閣要〔鄧〕艾章表白事，皆易其言，令辭指悖傲，多自矜伐。又毀文王報書，手作以疑之也。」就是一個模仿筆跡以欺敵的著名例子。南北朝至唐、宋，皇帝下手詔，號稱出自御筆親書，實際上不少手詔已形式化，由身旁一群能模仿皇帝「奎畫」的善書吏人代筆。[5]一直到今天，著名的書法家或政要，常請能模仿其筆跡的人捉刀，應付各方求字。今天即便有科學進步的鑑定儀器，冒仿的名畫和書法作品仍然在市場流竄。

4　另唐文宗太和九年發生甘露之變，文宗聯合朝臣謀除去宦官失敗，宦官仇士良囚宰相王涯等。文宗上朝發現宰相未來，仇士良曰：「王涯等謀反繫獄，因以涯手狀呈上。召左僕射令狐楚、右僕射鄭覃等升殿示之。上悲憤不自勝，謂楚等曰：『是涯手書乎？』對曰：『是也』。『誠如此，罪不容誅』。」（《資治通鑑》卷二四五，太和九年十一月條），「仇士良鞫涯反狀，涯實不知其故，械縛既急，搒笞不勝其酷，乃令手書反狀，自誣與〔李〕訓同謀。」（《舊唐書‧王涯傳》）這是唐代以手書定罪之一例。

5　這一點承侯旭東兄提示並告知方誠峰《北宋晚期的政治體制與政治文化》（北京：北京大學出版社，2015）一書第四章第二節討論御筆和御筆手詔。據我所知同一年，鄧小南《宋代歷史探求》（北京：首都師範大學出版社）一書也曾指出宋代皇帝有不少御筆或手詔，並不一定出自皇帝親筆，可能字句既非親擬，墨跡亦非親書（頁 356）。方誠峰更指出自唐以來手詔固然有皇帝親筆的，一般由詞臣擬定。宋代「手詔」即詔的一種，「手詔」和「詔」在不同文獻裡有時用詞甚至不分。他又據《東都事略‧梁師成傳》指出宋徽宗時「凡有御筆號令，皆命主焉。於是入處殿中，多擇善吏習仿奎畫，雜詔旨以出，外廷莫能辨」。以上參方誠峰書，頁 168-179。所謂的手詔原為親筆，王興振以北魏孝文帝為例，指出孝文帝親擬親書手詔，這樣的手詔不必經中書省覆奏。參王興振，《北魏王言制度研究》（蘭州：甘肅人民美術出版社，2018）第四章論手詔及中書草詔，頁 193-212。親書的手詔恐怕是少數，大多數詔書由中書省草詔，經覆奏畫可，門下省審署而後頒下。手詔有皇帝對臣僚表慎重，示「篤意」的特殊意義，臣下雖明知非皇上親筆，仍極看重，而皇帝本人如徽宗也藉御筆手詔突顯自己的權威地位。無論如何，自南北朝以後到北宋，手詔由親書而由善書吏仿代，有走向形式化的趨勢。

三 辨偽暗記

　　古代不得不於璽印和筆跡之外，另找防止假冒的辦法。其中一法是雙方事先約定使用不易查覺的暗記。例如北朝時有如下一則故事：

《北齊書·神武帝紀》武定四年十一月條：

> 侯景素輕世子，嘗謂司馬子如曰：「王在，吾不敢有異，王無，吾不能與鮮卑小兒共事。」子如掩其口。至是，世子為神武書召景。景先與神武約，得書，書背微點，乃來。書至，無點，景不至。

《北史·齊本紀》高祖神武帝：

> 侯景素輕世子，嘗謂司馬子如曰：「王在，吾不敢有異；王無，吾不能與鮮卑小兒共事。」〔司馬〕子如掩其口。至是，世子為神武書，召景。景先與神武約，得書，書背微點，乃來。書至，無點，景不至。

《南史·侯景傳》：

> 〔侯景〕及將鎮河南，請于〔高〕歡曰：「今握兵在遠，姦人易生詐偽，大王若賜以書，請異於他者。」許之。每與景書，別加微點，雖子弟弗之知。及歡疾篤，其世子澄矯書召之。景知偽，懼禍，因用王偉計，乃以太清元年二月遣其行臺郎中丁和上表求降。

《通鑑》卷一五九，武帝中大同元年十一月條：

> 景素輕高澄，嘗謂司馬子如曰：「高王在，吾不敢有異；王沒，吾不能與鮮卑小兒共事！」子如掩其口。及歡疾篤，澄詐為歡書以召景。先是，景與歡約曰：「今握兵在遠，人易為詐。所賜書皆請加微點。」歡從之。景得書無點，辭不至。

《南史》和《通鑑》都僅說書信「加微點」，沒有明說加於何處，只有《北齊書》和《北史》說是在書信背面。《北齊書》成書較早，唯大部分佚失，南、北史據《北齊書》和其它材料而成，幾成於同時。相較而言，私意以為《北齊書》和《北史》書背加微點一事當較為合理。微點加於書背，只有約定者才知道去查看，凡不知暗記約定的一般不會留意書信背面有無暗

記；即便看到背面有微點，不知其意，也就不會去模仿，這樣才能起防偽作用。如微點加於書信正面，相對來說，應較容易引起有心人注意。《通鑑》僅說加微點，透露的消息不如《北齊書》。

有趣的是微點加於文件正面的也有一例。隋文帝崩，太子楊廣即位為煬帝。文帝的另一個兒子并州總管漢中王楊諒原有寵於文帝，不甘心楊勇被廢，楊廣繼立，陰謀起事。已登大位的煬帝不但殺掉楊勇，更遣車騎將軍屈突通以文帝璽書徵召漢王入京。《舊唐書·屈突通傳》說：

> 及文帝崩，煬帝遣〔屈突〕通以詔徵漢王諒。先是，文帝與諒有密約曰：「若璽書召汝，於敕字之傍別加一點，又與玉麟符合者，當就徵。」及發書無驗，諒覺變。

《新唐書·屈突通傳》文字小異：

> 煬帝即位，遣持詔召漢王諒。先是，文帝與諒約，若璽書召，驗視敕字加點，又與玉麟符合，則就道。及是，書無驗，諒覺變。

又《通鑑》卷一八〇，文帝仁壽四年秋七月條作：

> 先是高祖與諒密約：若璽書召汝，敕字傍別加一點，又與玉麟符合者，當就徵。及發書無驗，諒知有變…〔諒〕遂發兵反。

玉麟符是當時皇帝頒給州總管特有的符。州總管合符即知出自皇帝。符和璽書一起傳送可為憑證。這時璽書用紙，「敕」字必寫在正面。隋帝璽書沒有實物可考，但從唐、宋存世的告身、詔敕和依樣刻成的詔敕碑石，可知當時書寫紙本公文書都僅寫一面，並不兩面書寫，因而敕字必在正面，不會在紙或絹帛類的背面（圖1、圖2）。[6]

因為皇帝璽書非私下書信，除非皇帝親書親封，否則任何暗記約定一旦經他人之手，都難免洩漏。隋文帝如何發送璽書，無可考。唯隋唐和前代一樣，詔書從草擬到頒下須經一定的程序。南北朝皇帝或親自書詔或由中書省草擬，再經中書相關官員覆奏、畫可，門下省審署等等程序而後頒下，經手人一多，不易絕對保密。如果隋文帝親筆書寫並親封，跳過程

6　宋代告身和詔書原件存世不少，可參鄧小南和方誠峰前引書的附圖和討論，不贅引。

圖1　南宋孝宗乾道二年（1166）司馬伋告身，採自網路 httpwww.artnet.comartistschinese-schoolnansongsimajigaoshen-ExlNe-LH_96jxAwpy2rUSA2（2023.11.17 檢索）。

圖2　金宣宗貞祐二年（1214）勅可雲巖禪院牒石刻 2010.7.7，作者攝於山東微山文物管理所。

序，假冒的風險很小。因為收件的楊諒除查「敕」字傍是否加點，還可辨識璽書筆跡。如果由文帝口占或由中書省草擬，經正常覆奏畫可的程序，暗記何時加上即成一問題。煬帝假借文帝名義，發璽書給漢王諒是在文帝駕崩之後，這封璽書不可能是文帝親筆。煬帝不笨，其所以敢如此假借名義發璽書，是因為當時的璽書不由皇帝親筆，否則筆跡即足以敗露馬腳。文帝的幾個兒子在外出任州總管，和文帝之間必常有文件和書信往來，筆跡不可能不相互認識。煬帝即位後可以輕易掌握到玉麟符，卻因不知文帝和漢王諒之間曾有「敕」字傍加點的秘密約定，還是被楊諒查覺有詐。正因為皇帝不親寫璽書，筆跡不足為憑，皇帝應是在覆奏後，畫可時暗中於敕字旁親加一點，再交門下省封璽書。門下侍中、侍郎等不知暗記之事，照程序加封頒下，暗記才有了作用和意義。

近年因疫在家重讀《資治通鑑》，聊錄所見和筆跡相關的，又稍比對史籍，以補舊作論簽署之不足。古人書寫防偽保密必然還有許多其他的方式，例如將書信藏於箭桿之中。《晉書·王恭傳》：

> 恭之初抗表也，慮事不捷，乃版前司徒左長史王廞為吳國內史，令起兵於東。會國寶死，令廞解軍去職。廞怒，以兵伐恭。恭遣劉牢之擊滅之，上疏自貶，詔不許。譙王尚之復說道子以藩伯強盛，宰相權弱，宜多樹置以自衛。道子然之，乃以其司馬王愉為江州刺史，割庾楷豫州四郡使愉督之。由是楷怒，遣子鴻說恭曰：「尚之兄弟專弄相權，欲假朝威貶削方鎮，懲警前事，勢轉難測。及其議未成，宜早圖之。」恭以為然，復以謀告殷仲堪、桓玄。玄等從之，推恭為盟主，剋期同赴京師。時內外疑阻，津邏嚴急，仲堪之信因庾楷達之，以斜絹為書，內箭箭中，合鏑漆之，楷送於恭，恭發書，絹文角戾，不復可識，謂楷為詐。又料仲堪去年已不赴盟，今無動理，乃先期舉兵。

這樣的收受書信，必然須要事先約定。奈何書信用絹書，絹上字跡可能因納入箭桿狹小空間，字跡扭曲變形或筆劃重疊暈染以致不可辨識而遭懷疑。唐、宋以降又常見以蠟丸、蠟書或礬書等保密，大家較熟習，不再多談。

後記

　　小文原題〈再論古代的簽署和書寫手跡〉，並奉交陳松長兄，供《出土文獻与古史研究》創刊補白。後又呈侯旭東兄求教，承蒙指點而有補正並改為今題，敬謹誌謝。　　　　　　　　　　　　　　　．

112.11.21

軍事

略論漢代護軍的性質

　　兩漢護軍之制，因資料有限，難言其詳。吾友廖伯源先生〈漢代監軍制度試釋〉[1]一文嘗細繹史料，詳論其職司在監軍之外，或亦指揮統率軍隊，為方面之任。其論引證詳實，殆不可移。唯個人偶亦留心漢代軍制，於護軍之制有一二愚見，為廖文所未表，遂草斯篇，聊為續貂。

　　護軍之可考者，始自秦。楚漢之際，漢王劉邦曾以陳平「為參乘，典護軍」。《史記·陳丞相世家》續云：「諸將盡讙，曰：『大王一日得楚之亡卒，未知其高下，而即與同載，反使監護軍長者。』」護軍之「護」，意為「監護」，從上下文意可知。「護」，亦有「監」之意。如《漢書·李廣傳》匈奴「有白馬將出護兵」，師古曰：「護謂監視之。」因此，監護亦可謂即監視。監護諸將之護軍，以監軍為事，於此可知。唯細讀《史記》此節，參以其他記載，則尚有可得而言者。

　　第一，陳平為參乘，蓋謂陳平參漢王之車，與漢王「同載」，隨侍漢王之側，如此勢必不可能隨諸將在各軍營親自監軍。然則陳平如何監護諸將？蓋由所典之護軍行之，此「典護軍」即掌典護軍之意也。護軍乃指特置之一單位人馬，典領者亦名為護軍（圖1）或護軍中尉、護軍都尉，甚或護軍將軍。

　　護軍指特定單位之軍隊，可由《漢書·胡

圖1　護軍印章《秦漢魏晉南北朝官印徵存》220

1　廖伯源，〈漢代監軍制度試釋〉，《大陸雜誌》，70：3（1985），頁111-126。

建傳》見之。胡建為守軍正丞，時監軍御史為姦，建欲誅之。於是當選士馬日，「監軍御史與護軍諸校列坐堂皇上」，[2] 建率走卒取御史而斬之，「護軍諸校皆愕驚，不知所以。」以意度之，列坐堂皇上者似不可能為護軍各校之所有官兵，只是領諸校之校尉。各校尉皆隸屬護軍中尉或都尉。護軍校尉之可考者有莽末之溫序。溫序嘗為護軍校尉，行部至隴西，為隗囂將所劫。[3] 護軍都尉下轄若干校兵卒，亦可自公孫敖事證之。《史記·衛將軍驃騎列傳》：「護軍都尉公孫敖三從大將軍擊匈奴，常護軍，傅校獲王。」《索隱》引顧秘監云：「傅，領也；五百人謂之校。」此校即護軍諸校之校，一校五百人為漢之常制。[4]《索隱》又引小顏曰：「言敖總護諸軍，每附部校，以致克捷而獲王也。」所謂總護諸軍，意指征匈奴之所有軍隊歟？似不如謂率其所部各軍或各校為妥。護軍所率到底幾校？則無可考。再如馮奉世征羌，兵屯三處。典屬國為右軍，護軍都尉為前軍，奉世為中軍。馮傳謂「前軍到降同阪，先遣校尉在前與羌爭地利，又別遣校尉救民於廣陽谷。」（《漢書·馮奉世傳》）此二校尉皆屬護軍都尉之前軍無疑。唯奉世曾以護軍都尉為偏裨，領前軍，其所領是否即護軍各校，或另有增益？則無可考。

　　護軍為一類軍隊，更有一旁證。武帝時，出兵馬邑誘單于，以李廣為驍騎將軍，韓安國為護軍將軍（《史記·韓長孺傳》）。依漢制，將軍名號多與所率軍隊類別有關。驍騎、輕車、材官皆為其例。將屯為漢常用語，指統率屯兵。《史記·傅勒蒯成列傳》：「陽成侯傅寬……徙為代國相，將

2　堂皇指正面敞開之治事大堂。參拙文，〈說「堂皇」〉，《今塵集》卷三（臺北：聯經出版公司，2021），頁191-202。

3　周天游嘗據《通鑑考異》及《藝文類聚》詳考溫序范書本傳、《後漢紀》及《東觀記》之誤「護軍校尉」為「護羌校尉」，參周天游輯注，《八家後漢書輯注》（上海：上海古籍出版社，1986），頁495；《後漢紀校注》（天津：天津古籍出版社，1987），頁141。今按：《搜神記》卷十六，溫序「任護軍校尉」（臺北：里仁書局景印新校本，頁192），可證周考為是。

4　三國吳宗室孫皎曾拜「護軍校尉，領眾二千餘人」（《三國志》卷五十一，「宗室孫皎」條，中華書局點校本），此或有異於漢制。

屯。」[5] 從而可知，韓安國名護軍將軍，所率雖不能確言全為護軍各校，然必當以護軍為主。

其次，護軍所職，有些全與監軍無關，似不宜僅從監軍角度論之。凡護軍因君命，隨將出征，防將在外不遵君令，為君主耳目者，可謂監軍。惜此類為君主耳目之護軍，全無自前線向君主通報消息或代君主糾察前線將帥行動之實例可考。其隨侍君主，不從諸將行，又無以所部，從諸將行監察之實者，則難言為監軍。據可考例證，護軍反而多為君主或主帥之參謀與護衛。以護衛言，陳平典護軍，為漢王參乘，頗若漢王出巡時之衛隊長。其所部出而監護諸將，名義或為護衛諸將，實則不乏監視之意。在此，監視與護衛實為一事之兩面。

因職司護衛，護軍必為任命者之親信。陳平與漢王無淵源，然為漢王所親信。劉伯升及劉秀先後以朱祐為護軍，蓋因二人自少即與朱祐極親愛。《後漢書‧朱祐傳》謂劉秀討河北，「復以祐為護軍，常見親幸，舍止於中。」《東觀漢紀》則載劉秀少時在長安，「常與祐共買蜜合藥」，為親近夥伴。朱祐如為更始親信，遣以監伯升、劉秀軍，於理可通；如為伯升、劉秀親信，更始委以監軍之任，則難以解釋。再以光武用馬成為護軍都尉為例，馬成為南陽人，「世祖徇潁川，以成為安集掾，調守郟令。及世祖討河北，成即棄官步負，追及於蒲陽，以成為期門，從征伐，世祖即位，再遷護軍都尉」（《後漢書‧馬成傳》），從馬成追隨光武經過，即知任斯職者必為親信不可。

以參議謀言，漢王任陳平亦可為例。《漢書‧陳平傳》：「常以護軍中尉從擊……凡六出奇計。」可見陳平常在漢王左右，參議謀，為智囊。此點廖文亦嘗略及。漢王用謁者隨何為護軍中尉，即因其能以計，使英布來歸，「足以計天下事」（《漢書‧黥布傳》）。另一例為周亞夫。景帝三年，吳楚反，太尉周亞夫率軍擊之。有趙涉者獻計，亞夫從其計，因免於中伏。亞夫「乃請涉為護軍」（《漢書‧周勃傳》），從此可知，亞夫請涉為護軍，主

5　將屯之意，詳參陳夢家，《漢簡綴述》（北京：中華書局，1980），頁191。

要因涉善謀，請其常在左右，參與議謀。此事與景帝無涉，亦顯然與監軍無關。

以陳平與趙涉兩例而言，不論秦制如何，護軍一職自漢初即不必然與監軍有關。從而即明瞭為何前述胡建事，除護軍諸校，又有監軍御史（一稱監御史）。如護軍專司監軍，又何須監軍御史或監御史？趙充國和耿弇在前線曾有護軍與爭方略之例（各見本傳）。爭之不得，未見有奏報皇帝或事後彈劾之記載，與監軍使者之行事頗為不同（參見廖文）。因此所謂「護軍爭之」似並不足以為監軍之證據，只能證明護軍之參與謀議，因意見有異而生爭論。大將軍霍光欲發兵擊匈奴，即問計於護軍都尉趙充國（《漢書‧匈奴傳上》）。護軍之參謀議，於班固例亦至為明確。《後漢書‧班彪傳》謂：「大將軍竇憲出征匈奴，以固為中護軍，與參議」，《北堂書鈔》六十四引《華嶠書》作「大將軍竇憲拜班固為中護軍，與參謀議。」

再者，護軍因職司護衛，所領往往為君主或將帥之親隨精銳。護軍都尉雖屬偏裨，因統精銳，隨戰況之需，往往擔任方面，甚或獨為前鋒。如前述馮奉世征羌，至隴西分屯三處，以護軍都尉為前軍，「在前與羌爭地利」。這是以護軍為前鋒。另如吳漢伐蜀，公孫述自將出戰，「漢使護軍高午、唐邯將數萬銳卒擊之。述兵敗走。高午奔陳刺述，殺之。」（《後漢書‧吳漢傳》）此乃以護軍精銳為正面主力。武帝時，衛青與霍去病征匈奴，「所將常選」，亦即所將為經挑選之銳卒。部分銳卒或即屬大將軍護軍。如貳師將軍擊匈奴，「欲深入要功，遂北至郅居水上。虜已去，貳師遣護軍將二萬騎度郅居之水。一日，逢左賢王左大將，將二萬騎與漢軍合戰一日，漢軍殺左大將，虜死傷甚眾。」（《漢書‧匈奴傳上》）此二萬騎可想而知必甚精銳。護軍之兵固為精銳，護軍之官長亦多有勇能謀。前述劉伯升及劉秀之護軍朱祐，從征河北，「常力戰陷陳」，亦為一例。護軍擔任作戰主力，還有一例，即護軍將軍韓安國統護軍伏馬邑，諸將皆屬之。護軍人數不必最多，此役其為主力之一，無可疑。韓安國為主將，亦非偏裨。此點廖文亦曾舉他例明之，不再多贅。

兩漢制度依〈百官公卿表〉與〈百官志〉雖可見其大體，其間名號與

職司之變多有超乎表、志而難明者。以護軍而言，其職掌、任命、名號、統屬即迭有變異，實難言何者合乎制度，何者又非制度。制度因人而轉，難以一概而論。護軍在秦或職監軍，但因劉邦曾以陳平隨護左右，典護軍，參謀議，其護衛參謀之任或竟而轉重。元狩四年，護軍都尉屬大司馬，蓋因其時大司馬衛青與霍去病常領軍在外征戰，安全有慮，宜有衛隊親隨左右，遂以直屬皇帝之護軍都尉轉屬大司馬，此亦有以尊崇外戚受命領軍征戰者也。既屬大司馬，依漢主官自署幕僚慣例，護軍從此由大司馬署任，失去為皇帝監軍之作用。王莽末，東漢初，竇融以王隆為左護軍（《後漢書·文苑傳》），竇憲以班固為中護軍（《後漢書·竇融傳》），皆承自署幕僚之制而來，非任意為之。廖文謂從西漢末，東漢初之例，「甚難看出護軍及護軍都尉有監軍之任務」（頁114），蓋其所司久已轉變，自然無由看出。護軍所司既變，為控制軍隊，遂有必要另遣監軍；監軍使者之首見於武帝時，即不難理解。

以上論兩漢護軍任護衛，與議謀，則魏晉以降中護軍典禁軍，主武選之制度淵源即可略見。前引〈胡建傳〉謂北軍選士馬日，護軍諸校與監御史列坐堂皇上。北軍為西漢京師禁衛軍之一部，依勞榦、賀昌群諸氏研究，掌於中尉。[6] 然其兵馬擇選，則在護軍諸校。監軍御史亦在堂皇上，蓋代皇帝行監督，主其事者實為護軍之官長。胡建事，《漢書》謂在武帝天漢中，《新序·指武》謂在昭帝時，難定孰是。然此事或即曹魏以護軍將軍主選武官之權輿。《晉書·職官志》：「魏武為相，以韓浩為護軍，史渙為領軍，非漢官也。建安十二年，改護軍為中護軍，領軍為中領軍，置長史、司馬。魏初，因置護軍將軍，主武官選。」晉武帝泰始七年以羊琇為中護軍詔謂：「中護軍與中領軍皆掌禁兵，職典武選，宜得堪幹其事者」云云。[7] 又《魏志·夏侯惇傳》：「（韓）浩至中護軍，（史）渙至中領軍，皆

6　賀昌群，〈漢初之南北軍〉，《中國社會經濟史集刊》，5：1（1937），頁75-84；勞榦，〈論漢代的衛尉與中尉兼論南北軍制度〉，《中央研究院歷史語言研究所集刊》，29下（1958），頁445-459。

7　《北堂書鈔》卷六十四；《全晉文》卷三，頁9上下。

掌禁兵。」韓、史二人皆曹操初起兵，得信任之親隨。其得信任又與二人參議謀，監諸將有關。《魏志》裴注引《魏書》曰：「時大議損益，浩以為當急田，太祖善之，遷護軍」，又謂太祖初起，史渙「以客從，行中軍校尉，從征伐，常監諸將，見親信，轉拜中領軍」。以親信典禁衛兵，任護衛，主武選，內參謀議，外監諸將，魏晉中護軍、中領軍所司，其淵源於漢之護軍，線索可謂至明。《晉書·職官志》謂魏武護軍、領軍「非漢官」，蓋粗略并言二職。領軍非漢官，是；護軍，實漢官也。

原刊《大陸雜誌》，82：3（1991），頁 112-113。

97.2.10 改訂，111.2.25 稍改

從居延簡看漢代軍隊的若干人事制度
——讀《居延新簡》札記之一

《居延新簡》（文物出版社，1990）一書終於將 1972-1974 年在漢代居延甲渠候官和甲渠塞第四隧遺址出土簡牘的釋文，完整地公諸於世。學界期待完整的報告已久，對它的歡迎可想而知。這批簡牘的內容豐富，有許多不見於 1930 年代出土的居延簡。合觀前後兩批簡，參以文獻，可以作不少新的討論。以下札記六條，即合讀居延簡的部分結果。因為《居延新簡》未附圖版，無從核對，札記所論，都屬暫時之說。以後圖版的正式報告問世，暫時之說才易確定，而居延簡牘的研究才能真正進入一個新的階段。[1]

《居延新簡》釋文在體例和符號上頗有改變。以下引用《居延新簡》和勞榦的《居延漢簡》，暫時各從其例，不求一致。新的簡牘和帛書不斷出土，如何為一批批出土的資料命名，如何使著錄的體例和符號統一起來，是須要大家好好考慮的。

一 伉健

1. 甲溝第十三隧長閒田萬歲里上造馮匡年二十三伉健　　　　　　　（EPT27：32）
2. □陽里公乘誉千秋年卅五 伉健可授為臨之隧□　　　　　　　　　（EPT65：430）

---

[1]　此文寫於 1991 年，當時圖版尚未出版。附圖版的《居延新簡——甲渠候官》已於 1994 年由中華書局出版。為存當時之舊，引用釋文未再校改，特此聲明。

「伉健」一詞不見於 1930 年代出土的居延簡，然見之於敦煌簡及文獻。王國維嘗以為伉健為漢兵之一種，並引《漢書・趙充國傳》謂：「伉健蓋騎兵矣。」（《流沙墜簡》考釋補正，頁 7 下）今由新發表的居延簡及敦煌簡可證伉健為漢代人事術語，其意殆如字面，指伉強勇健者。睡虎地秦簡〈語書〉：「阬閬強肮（伉）以視（示）強」，注釋：「強伉，倔強。」[2] 饒宗頤先生以為「肮」字，《說文》所無，而「伉」或體作「頏」，肮與伉、頏當是一字，強肮即強伉，猶言強項。[3] 又《史記・仲尼弟子列傳》謂子路「好勇力，志伉直」，〈汲黯傳〉謂黯「伉厲守高不能屈」，〈酷吏傳〉太史公曰：「郅都伉直，引是非，爭天下大體」，《漢書・周昌傳》謂昌：「堅忍伉直」，〈朱博傳〉謂博「伉俠好交」，師古曰：「伉，健也」；伉健殆與強健、強項、堅忍、勇、俠、不屈等特質有關。這從以下有關資料也可以看出來：

1.　玉門候造史龍勒周生萌 伉健可為官士吏

（378（T.xiv.i.13），勞榦，《敦煌漢簡校文》，頁 223）

2.　充國議罷兵屯田，謂「至四月草生，發郡騎及屬國胡騎伉健各千，倅馬什二，就草，為田者遊兵。」

（《漢書・趙充國傳》）

3.　「本始二年，漢大發關東輕銳士，選郡國吏三百石伉健習騎射者，皆從軍。」

（《漢書・匈奴傳》）

4.　李賢注引《東觀漢記》曰：「綝字幼春，定陵人也，伉健有武略。」

（《後漢書・馮異傳》）

5.　何休注：「選其耆老有高德者，名曰父老：其有辯護伉健者，為里正」

（《公羊傳》宣公十五年）

從以上伉健與「習騎射」，「有武略」連言，而與「有高德」相對，可知「伉健」是指勇武強健的特質，應該是與武事較有關的資格評語。凡伉健者，

2　睡虎地秦墓竹簡整理小組，《睡虎地秦墓竹簡》（北京：文物出版社，1990），頁 15。
3　饒宗頤，《選堂集林》（臺北：明文書局，1982），頁 143。

則可擔任某項與武事有關的工作或職位。佽健者既可為里正、隧長、士吏，可見非必為騎兵。上簡中第十三隧長馮匡佽健，文意未完。這應是除補或除授文書簡中的一支，應另有簡載明他因佽健而可除補或授的職務。訾千秋亦佽健，謂「授為臨之隧☐」即其例。從周生萌例，知佽健亦可為士吏。這是第一次從居延簡中得知漢邊隧長和士吏在任用上的一項資格條件。

上簡之訾千秋，在其他居延簡中還有若干資料。他除了曾因佽健授為臨之隧長，亦曾為收虜隧長（40.27、143.7，二簡皆出破城子 A8，與上簡中之訾千秋應為同一人）和萬歲隧長（EPT51：250）。據永田英正和陳夢家的研究，收虜、臨之和萬歲隧皆屬甲渠候官。他轉任三隧為隧長，前後多久，是否曾有陞遷，都不得而知。

簡中另一人馮匡的資料更為豐富，可以稍作討論。先列舉資料如下：

1. 居成甲溝第三隧長間田萬歲里上造馮匡年二十一　始建國天鳳三年閏
   月乙亥除補　止北隧長　☐☐　　　　　　　　　　　　　　　　（225.11）
2. 建武五年五月乙亥朔丁丑主官令史譚敢言之
   謹移劾狀一編敢言之
   五月丁丑甲渠守候博移居延寫移如律令　　　　　　　　　　／掾譚
   甲渠塞百石士吏居延安國里公乘馮匡年卅二歲始建國天鳳上戊六年
   　　　　　　　　　　　　　　　　　　　　　　　　　　（EPT68：1-4）
3. ☐更始二年正月戊申第六隧長常業受士吏馮匡☐☐　　　（EPT6：98）
4. 士吏馮匡　　　候長趙猛
   士吏孫習　　　候長☐憲卩　　　　　　　　　　　　（EPT48：58A）
   ☐　　　　　　　☐
   候長王宏　　　候長☐直卩
   候長☐☐　　　☐
5. 士吏馮匡　十一月食一斛五斗　十月☐　　　　　　　（EPT65：15）
6. 候官斗食令史署主官以主領吏備盜賊為職士吏馮匡　　（EPT68：10）
7. 始建國天鳳上戊六年七月壬辰除署第十部士吏案匡　　（EPT68：11）

8. 第十士吏馮匡 斥免缺 （EPT22：253）

9. 士吏馮匡呼永曰馬罷持永所騎驛馬来永即還與放馬持 （EPF22：194）

10. ☐在宮舍請以新所作☐☐士吏匡之市賈☐前所賣篋笥直皆遺匡

（EPT40：74）

第（1）例，勞榦、《甲乙編》和《居延漢簡釋文合校》的釋文有些出入。經查原簡並比對圖版，發現原簡右上角已有殘缺。「居成」二字已不如圖版完整。唯簡的其他部分，以紅外線檢視，較圖版清晰甚多。以上釋文係據原簡所定。可以確定的是這位萬歲里的上造名叫馮匡。其屬籍「☐田」，據 EPT26：32 可知即是閒田。據 EPT59：265 簡「居成閒田」、482.11 簡「居成間田造昌里上造王／」云云，知「閒田」應是王莽時改縣為閒田，閒田即縣。于豪亮、劉昭瑞等曾據居延、敦煌簡和《漢書・王莽傳》中的「間田」，考證間田是王莽附會《禮記・王制》而有的新制，但又非如〈王制〉所說為諸侯有功者之祿田。[4]

間田萬歲里上造的馮匡和第（2）例中的居延安國里公乘的馮匡，我原曾論證不能排除兩人為同一人的可能性。[5] 現在想來所論太過勉強，不如視為同名的不同二人為妥。[6]

如果安國里和萬歲里的馮匡並非同一人，最少士吏馮匡簡同屬安國里公乘馮匡的可能性甚大，而載明閒田萬歲里上造的兩簡則必屬另一馮匡無疑。在新簡中另有一為萬歲里上造名叫馮彊。他是第十四隧的隧長，始建

4　于豪亮，《于豪亮文存》（北京：中華書局，1985），頁 192-193；劉昭瑞，〈從考古文字材料中看王莽的改制〉，《考古與文物》，2（1990），頁 68-74；王彥輝，〈間田非王田辨〉，《東北師大學報（哲社版）》，3（1993），頁 18-23。但日本學者吉村昌之認為王莽時期的間田或閒田就是西漢的「居延農」。參所著，〈漢代邊郡的田官組織——以見于簡牘的「閑田」為線索〉，中譯本收入中國社會科學院簡帛研究中心編，《簡帛研究譯叢》，3：1（1992），頁 184-205。

5　邢義田，〈從居延簡看漢代軍隊的若干人事制度——讀《居延新簡》札記之一〉，《新史學》，3：1（1992），頁 99-102。

6　李振宏、孫英民將兩位馮匡視為二人，茲從之。參所著，《居延漢簡人名編年》（北京：中國社會科學出版社，1997），頁 305。

國天鳳五年時年廿五，代夏侯常除補甲溝候官尉史（EPT22：439、EPT6：20）。馮彊天鳳三年應為廿三歲，不知是不是廿一歲馮匡的哥哥？

馮匡的爵里使我注意到另外一個問題，即王莽時郡縣名稱的改動。《漢書·地理志》張掖郡居延縣條本注：「莽曰居成」。王莽於何時改稱居延為居成？文獻無徵。據簡牘之可考者，目前所知最早稱居成之紀年簡為始建國天鳳三年（西元 16 年）閏月（簡 255.11）。最早稱甲溝之紀年簡為始建國二年（西元 10 年）十月癸巳朔乙卯（EPT4：48A）。又居延屬張掖郡，王莽時改隸改稱輔平之酒泉郡。輔平於紀年簡之最早可考者為始建國地皇上戊三年（西元 22 年）五月（EPT65：23A）。這些都是居延和甲渠在王莽時改名的下限，改名或當更早。問題是在此之後，簡牘中仍偶有沿用舊名，甚至新舊名並用的情形：

1. 故甲渠候官第十八隧長公乘張護
   始建國□年功勞案
   　　　　始建國三年十月旦乘塞外盡年九月晦積三百□　　　（EPT4：50）

2. ☑☑☑隊長上造李欽
   　　　　　　張掖延城大尉元丞音以詔書增欽勞□☑　　　（EPT59：339）

3. 第十隧長居延萬歲里上造馮彊年二十五始建國天鳳五年正月辛亥　除
   補甲溝　候官尉史代夏侯常　　　（EPF22：439）

4. □□甲渠塞候長居延肩水里公乘竇何年卅五始建國天鳳上戊五年正月
   丁丑除　　　（EPF22：440）

5. ☑國天鳳一年十一月庚子朔丙辰尉史尚敢言之迺月十三日到居延將候
   長薊良及（下略）　　　（EPT4：1）

6. 甲溝執胡隧長居延三泉里□☑　　　（EPT65：339）

第 1 例是始建國某年功勞案之標題簡，為正式官方文書，卻仍沿用甲渠之名。第 2 例為始建國三年，張掖之名仍舊，未如〈地理志〉所記改稱設屏。始建國三年時，張掖不論是否已經改名，延城大尉卻是新制下的新名。「延城」不見於〈地理志〉，但見於簡 EPT59：104：「延城甲溝候官……屬延城部」，又簡 505：25：「廩諸當之延城甚赴難一也……」。延

城稱「延城部」。西漢之制，部有部都尉（參陳夢家《漢簡綴述》，頁40），始建國元年改郡都尉為太尉（《漢書・王莽傳》）。大概此時不只郡都尉，凡稱都尉的都改稱太尉。在新簡中即見「部大尉」一名（EPT59：190、EPT22：65A）。「延城大尉」應即延城部大尉，也就是過去的部都尉。居延原有居延部都尉，王莽時改稱延城大尉。可見居延除曾改名「居成」，可能也曾一度改稱「延城」。第5例為天鳳元年，仍稱居延。第3、4例都是天鳳五年簡，提到爵里仍稱居延某某里，而不稱居成某某里；塞則仍稱「甲渠塞」。第6例與第3例情形相同，單位稱甲溝，爵里稱居延。綜合以上各例可知，王莽時代居延邊塞文書在新舊制交替中，雖然大部分改用新名稱，有時有未能盡改的現象。如此一來，要判定王莽時代的殘簡，單憑名稱有時並不一定完全可靠。

至於王莽時代結束之後，居成、甲溝等恢復居延、甲渠舊名，則無待東漢光武帝。在光武建號（建武元年，西元25年）以前，最遲於更始二年（西元24年），甚至更早的隗囂復漢元年十一月（西元23年），以更始、復漢紀年的簡上都已恢復了甲渠和居延的舊名（如簡EPF22：243〔按從此簡可知隗囂所建號為「復漢」，《後漢書・隗囂傳》作「漢復」〕、EPC：39、286：15）和光武先後稱號的劉盆子顯然也復歸漢舊。居延簡中所有以劉盆子「建世」年號紀年的都不稱甲溝而稱甲渠即為一證（EPT43：67、EPT65：43A、EPT65：44A、EPT65：74A、EPT65：105A、EPF22：277、EPF22：292、EPF 22：335、EPF 22：370A）。

二 脩（修）行

勞榦先生曾討論文獻和簡牘中所見到的「循行」和「脩行」，認為「脩行」乃一錯誤。[7] 當年勞先生能據以判斷的資料相對來說太有限。出土資料

7　勞榦，〈從漢簡所見之邊郡制度〉，《中央研究院歷史語言研究所集刊》，8：2（1939），頁164。

增加以後，現在可以知道脩行是漢代人事行政上一項重要的資格身分或頭銜。1972-74 年出土居延簡中有如下資料：

1.]……里大夫蘇誼以修行除為□□□□三日神爵三年三月甲辰以□書佐為酒泉大守書佐一歲八月廿六日其十二月 （EPT 50：155）

2. 修行利上里公乘馬蓋宗年二十八□ （EPT53：15）

3. A修行居延西道里公乘史承祿年卅四　　今除為甲渠尉史代楊壽
   B.初元年月　　初　　居 （EPT53：109AB）

4. 修行居延平明里公乘徐彊年廿三　　今除為甲渠□ （EPT56：284）

5. 修行平里李非　　今甲渠晨南隧長代成黃頭 （EPT58：18）

6. 修行……□□□年十八　　今除補甲溝終古隊□火長代張薄 （EPT2：11）

7. 未得正月己未盡閏□
   良閏月盡二月未得□
   　　□　　　　　　　　□
   修行居延陽里王漢光□□
   ●凡□得積三□ （EPT52：599）

「修行某某」和「以修行除為某官」清楚顯示「修行」是一頭銜，也是一項得以任吏職的身分條件。神爵三年是西元前 59 年，初元年是初元元年的省文，亦即西元前 48 年。由此可知「修行」成為「爵」以外的身分頭銜，最少可以早到宣帝時。勞榦《居延漢簡》釋文中有三條，將「修行」釋為「脩行」：

8. 脩行廣里公乘盧利親年卅八 （174.5）

9. 脩行孤山里公乘范弘年廿一今除為甲渠尉史代王輔 （285.3）

10. □
    □以脩行除□ （485.43）

《居延新簡》未附圖版，從史語所 2014-17 年間新出版的《居延漢簡》圖版看，「修」應釋作「脩」。吳礽驤等釋《敦煌漢簡釋文》馬圈灣簡中有一條「以脩行除為玉門丞／」（861），正作「脩行」。據以上居延簡的十條資料，

除一人爵里殘缺，二人無爵，一人爵大夫，其餘五人皆爵公乘。這不禁令人要問：以什麼樣的條件，才能成為「脩行」？

《漢書・高帝紀》二年二月，令「舉民五十以上，有脩行，能帥眾為善，置以為三老，鄉一人。」這裡所謂「五十以上，有脩行，能帥眾為善」，籠統地說就是年高德劭，在地方上有號召力的人。于豪亮引《淮南子・詮言》：「君子修行而使善無名」、《漢書・張湯傳》：「湯至於大吏，內行脩」等，以為漢簡脩行當是「內行修」之義。[8] 總之，高祖令中的「有脩行」並不是一個頭銜，也許只可以和韓信的「貧無行，不得推擇為吏」（《史記・淮陰侯列傳》）的「無行」相對。

不過此後，在宣帝神爵以前某時期，有可能成了頭銜（詳下）。成為「脩行」顯然不須五十歲以上，上引簡中的「脩行」都只有二、三十歲，甚至十八歲的。脩行的爵級以平民所能擁有的最高爵——公乘為最多，不過簡中既有人無爵亦為脩行，似乎是否有爵並不是必要條件。具有脩行身分，則可除為尉史、隧長或書佐等最低的吏職。它的性質和漢初以來舉為地方領袖的三老、孝弟、力田不同，後三者並不構成出任吏職的資格，脩行卻是晉身之階。但顯然脩行又遠遠不能和郡國察舉的孝、廉或孝廉身分相比，後者顯然是高級地方屬吏進一步晉陞的重要身分條件。

陳夢家在〈漢簡所見太守、都尉二府屬吏〉一文中曾討論到「修行」。[9] 陳先生於引證上述 8、9、10 例簡後，說道：「上列漢簡中的修行，當屬于甲渠候官。修行范弘除為尉史，則修行位次在尉史之下。」[10] 將脩行當作吏職的職稱，隸屬候官，其位次在尉史之下。這個說法，現在看來已不妥當。因為根據更多新的證據，最少在西漢中晚期至東漢初，脩行明顯不是職稱，而是一種身分頭銜。

這個頭銜到了東漢某時，則可能成了地方屬吏的名稱。《論衡・程材

8　于豪亮，《于豪亮學術文存》，頁 196。

9　收入陳夢家，《漢簡綴述》（北京：中華書局，1980），頁 97-124。

10　陳夢家，同上，頁 116。

篇》謂：「一縣佐史之材任郡掾史；一郡脩行之能堪州從事。然而郡不召佐史，州不取脩行者，巧習無害。文少德高也。」此處以郡之脩行與縣之佐史相提並論，則脩行似為吏職之稱。《後漢書集解》引惠棟說，以為〈百官志〉引《漢官》，河南尹吏員中的二百三十名循行，以及洛陽令屬吏中二百六十名循行應都是脩行。「脩」與「循」因形近而誤。[11] 果如此，則脩行是位在書佐以下，幹、小史之上的小吏。《北海相景君碑》陰有「故脩行」十九人，其排名在故吏、故書佐等之後，在故午、故小史之前。〈百官志〉載郡縣屬吏有「幹」，洪适疑故午之午為「幹」之省文（《隸續》卷六，頁七上）。按嚴耕望先生謂：「幹見《漢官》及『沔水注』引《神異經》。漢碑作干。如鄭季宣碑有直事干四人，是也。」[12] 洪适所疑之「午」蓋即嚴先生所說的「干」，也就是幹。從此可知脩行地位在東漢甚低，而東漢的脩行實淵源於西漢，只是性質已有所不同。

上述有脩行身分的人在《居延新簡》中另有些資料可以補充。史承祿為甲渠尉史，另有二條提到尉史承祿的簡（EPT52.398、EPT65：349），可惜都太殘缺，沒有進一步的消息。徐彊從另一簡可知，他曾任第廿隧的隧長（EPT52：303），可補上簡之缺。資料較多的是范弘。在居延簡中有「掾范弘」（EPT51：629），「令史范弘」（127.35、326.13+185.16、EPT52：544），「尉史范弘」（285.3、317.6），「從史范弘」（EPT52.140），和「鉼庭隧卒鳴沙里大夫范弘」（EPT65：145）。鳴沙里大夫范弘和脩行孤山里[13]公乘范弘是不是同一人？這與前文提到的馮匡一樣令人困惑。因為孤山里公乘范弘年廿一為甲渠尉史，而鳴沙里大夫范弘年卅四，不過是鉼庭隧的隧卒。倘使如陳夢家先生研究，簡中有士吏降調為卒的情形，[14] 尉史或亦可能貶謫為隧卒；

11　裘錫圭，〈考古發現的秦漢文字資料對於校讀古籍的重要性〉，收入《裘錫圭自選集》（鄭州：河南教育出版社，1994），頁 157-159。裘文原發表於 1980，也指出循行應作脩行。拙文寫作時未及見。

12　嚴耕望《中國地方行政制度史》（臺北：中央研究院歷史語言研究所，1990 三版），頁 228。

13　孤字之釋從于豪亮，見前引《于豪亮學術文存》，頁 196。

14　陳夢家，〈漢簡所見居延邊塞與防禦組織〉，收入《漢簡綴述》，頁 67-68。

爵級也可能因「奪爵」從公乘降為大夫。如此爵里之不同並不能完全否定二者為同一人的可能性。不過似乎還不能證明鳴沙里和孤山里是同一里，或范弘曾遷移戶籍。因此要證明他們是同一人，不是完全沒有疑慮。這種同名同姓而不一定是同一人的情形，在漢簡中不少。這使得以個人為中心的簡牘集成工作變得較為不易。[15]

三 「能，不宜其官」

1. 甲渠當曲隧長□里公乘張札年卅七　能不宜其官換為殄北宿蘇第六隧
   長代徐延壽　　　　　　　　　　　　　　　　　　　　　（EPT51：63）
2. □三泉里公乘召偘年卅三　能不宜其官換為候史□　　　（EPT51：520）
3. □　　　今換為居延臨道亭長代張陵　　　　　　　　　（EPT52：7）
4. 甲渠候史居延陽里公乘氾漢年廿七　能不宜其官□　　　（EPT50：78）
5. 　俱起隧長程偃等皆能不宜其官換如牒

   ●　　　　　　　　　　　　　　　●一事二封

   　告尉謂誠北候長輔

   　八月丁亥士吏猛奏封　　　　　　　　　　　　　　　（EPT52：18）
6. □諸吏能不宜其官換為……

   初元二年六月己丑朔癸巳隧長……聽書牒署從事如律令敢言之

   ……居延令……令長丞尉……聽書從事如律令忠令史壽／掾佐賀

   　　　　　　　　　　　　　　　　　　　　　　　　　（EPT51：236）

「能，不宜其官」者須調換職務，但似乎並不降低職位。張札原為當曲隧長，後代徐延壽為第六隧長，仍為隧長。EPT52：7 前段殘缺，從以上EPT52：7「今換」和以下第 7 簡「今換」云云之措詞，可知它們屬於同一類文書：

15　參李振宏、孫英民，《居延漢簡人名編年》，頁 159-161。

7. 居延甲渠士吏䰞得廣宛里公乘竇敢能不宜其官今換補靡谷候長代呂循
（203.33）

　　竇敢從士吏換補為候長，士吏和候長月俸皆一千二百錢，因此也不是降級，只是因「能不宜其官」而調職。什麼是「能，不宜其官」？我原曾將這一句連讀，理解為其能力與其官職不相稱。[16] 現在看來，這樣理解，不確。應該如勞榦先生點讀為「能，不宜其官」，[17] 因為如果張札不宜為當曲隧長，為何又宜為其他隧之隧長？可見此處之「能」應即文獻中常見「以為能」之「能」或「能吏」之「能」。「能」是漢代官吏考課的重要術語，用以肯定官吏在職務上的表現，絕不是說其能力不稱其職。「能」和「不宜其官」斷讀後，「不宜其官」只是調換職務的公文套語。為何不宜其官，並沒有真正交待出來。從「隧長程偃等皆能，不宜其官。換如牒」的「等皆」和「□諸吏能，不宜其官」的「諸吏」措詞可知，因「能，不宜其官」引起的職務調動，可以同時有一人以上。

四 軟弱

1. 軟弱不任吏職以令斥免　　　　　　　　　　　　　　　（EPT68：12）
2. 不涂治案嚴☐　☐軟弱不任候望斥☐　　　　　　　　（EPT68：132）
3. ☐兵弩不檠持案業軟弱不任吏職以令斥免它如爰書敢　（EPF22：689）
4. 唭呼不塗治案　嚴軟弱不任候望吏　　　　　　　　（EPT48：8）諜
5. 河平元年九月戊戌朔丙辰不侵守候長士吏猛敢言之將軍行塞舉駒望隧
　長杜未央所帶劍刃崖狗少一未央貧急輭（軟）弱毋以塞舉請　（EPT59.3）

---

16 邢義田，〈從居延簡看漢代軍隊的若干人事制度——讀《居延新簡》札記之一〉，《新史學》，3：1（1992），頁108-109。
17 勞榦，〈從漢簡中的嗇夫、令史、候史和士吏論漢代郡縣吏的職務和地位〉，《中央研究院歷史語言研究所集刊》，55：1（1984），頁13。

6. 七月□□除署除四部士吏□匡軟弱不任吏職以令斥免 （EPT 68：6）

軟弱一詞也是漢代任免官吏的重要術語。軟弱非指身體之軟弱，而是不稱或未盡職守，凡軟弱皆去職。軟弱亦見於以下各簡：

7. 十三日不偷□□軟弱 （155.4）

8. 貧急軟弱不任職請□免可補　者名如牒書 （231.29）

9. □□病聾軟弱職不脩治請以□ （284.27）

軟弱多與「不任職」，「不任吏職」，「職不循治」，或特別指出「不任候望」連言，軟弱不任職之例也見於文獻。

《漢書‧孫寶傳》：「廣漢太守扈商者，大司馬車騎將軍王音姊子，軟弱不任職」

《漢書‧酷吏傳》尹賞條，賞疾病且死，戒其子曰：「一坐軟弱不勝任免，終身廢棄無有赦時，其羞辱甚於貪汙坐臧」

《後漢書‧朱傳》：「會交趾部群賊並起，牧守軟弱不能禁。」

《三國志‧董卓傳》注引《獻帝紀》卓謀廢帝，大會群臣曰：「……天子幼質，軟弱不君……」

《三國志‧孫禮傳》禮上疏曰：「此臣軟弱不勝其任，臣亦何顏尸位素餐。」

以上伉健任職，軟弱去職，伉健與軟弱雖非必相對的用語，不過從此可見漢世擇吏與考課的一些標準。

五 貧寒罷休及貧寒吏

1. 貧寒隧長夏□等罷休當還入十五日食石五斗各如牒檄到□付

（EPF22：294）

2. 第十隊長田宏　貧寒罷休　當還九月十五日食 （EPF22：296）

3. 第十一隊長張岑　貧寒罷休　當還九月十五日食 （EPF22：297）

4. 乘第十二卅井隊□火長　〔凡〕[18] 貧寒罷休　當還九月十五日食

（EPF22：298）

5. 乘第廿卅井隊長張翁　貧寒罷休　當還九月十五日食　（EPF22：301A）

6. 掾譚　　　　　　　　　　　　　　　　　　　　　　（EPF22：301B）

7. 第廿桼隊長薛隆　貧寒罷休　當還九月十五日食　　（EPF22：302）

8. □□恭　貧寒罷休　當還九月□　　　　　　　　　（EPF22：303）

9. ●甲渠言尉史陽貧困不田數病

欲補隧長宜可聽　　　　　　　　　　　　　　　　（EPF22：327）

10. ●甲渠候官建武桼年桼月貧隊□火長及一家二人為寒吏　（EPF22：651）

11. ●□□榮小未傳（傳？）為譯騎皆小家子貧急不能自給實□

（EPT58：30）

12. 河平元年九月戊戌朔丙辰不侵守候長士吏猛敢言之將軍行塞舉駒望隧
長杜未央所帶劍刀㞷狗少一未央貧急輮（軟）弱毋以塞舉請　（EPT59.3）

13. 始建國三年十二月丙辰朔丁丑不侵候長茂敢言之官檄曰部吏九人人一
難重六斤輸府遣候史若祭酒持詣官會月二十日●謹案部吏多貧急毋□

（EPT59：56）

14. 皁單衣毋鞍馬不文史詰責駿對曰前為縣校弟子未嘗為吏貧困本以具皁
單衣冠鞍馬謹案尉史給官曹治簿書府官繇使乘邊候望為百姓潘幣縣不
肯除　　　　　　　　　　　　　　　　　　　　　　　（EPT59：58）

15. A 〔 聞來往者不知狀□起居今騎士皆出穀三石食寒吏寒吏不得便

（EPT65：53）

B 〕□因居竟十月未知何始致且怒力自愛懂候望毋憂家也

（EPT65：53）

16. ……十隧長張敞……粟□石八斗在部收責己得穀四石為米
□□

---

18 「凡」字從裘錫圭先生所釋。參裘錫圭，〈談談辨釋漢簡文字應該注意的一些問題〉，《江漢
考古》，4（1991），頁 39。

隧長少一石四斗為穀二石四斗隧長陳尚焦永等貧困請以二石

□□□□　　　　　　　　　　　　　　　　　　　　　　（EPT40：9）

「貧寒隧長」及隧長因「貧寒罷休」的記錄不見於 1930 年代出土簡。漢吏因貧寒而罷的事亦不見於文獻。以上十六支簡透露了漢代為吏須有一定訾產，訾產不足，評定為貧寒，即遭罷休的規定。罷休的隧長為何須還九月十五日食？這是一個費解的問題。為吏須有一定財產，已見於秦代。韓信少時因家貧不得推擇為吏，大家都熟悉。漢從秦制，不過景帝曾將訾產的標準降低。《漢書・景帝紀》後元二年五月詔：「人不患其不知，患其為詐也；不患其不勇，患其為暴也；不患其不富，患其亡厭也。其唯廉士，寡欲易足。今訾算十以上乃得宦，廉士算不必眾。有市籍不得宦，無訾又不得宦，朕甚愍之。訾算四得宦，亡令廉士久失職，貪夫長利。」應劭曰：「古者疾吏之貪，衣食足知榮辱，限訾十算乃得為吏。十算，十萬也。賈人有財不得為吏，廉士無訾又不得宦，故減訾四算得宦矣。」景帝將訾算從十萬減為四萬，作為標準，但是目前無法確定上述簡中所說的「貧寒」是否以四萬為準，也不知道漢代不同秩級的吏，是否有不同的財產要求。

　　上引簡中被定為貧寒或因貧困去職的有隧長和尉史。第 9 例的尉史欲補隧長，提出的理由除了「不田」、「數病」，還有「貧困」。貧困的標準不明，不過出任尉史似乎會有某些比隧長更多的負擔。在收入上，居延簡清楚記載隧長和尉史的奉用錢一月皆六百錢。尉史五鳳四年（西元前 54 年）月奉六百（EPT5：47），但也有一年份不明簡記載為九百（161.12）。漢代吏之低者如斗食，從舊簡資料看來，一月奉用錢有九百錢（4.11）。斗食之下有佐史，據《漢書・百官公卿表》師古注引《漢官名秩簿》，斗食月俸十一斛，佐史八斛。不過據《居延漢簡》161.5：「出賦錢八萬一百給佐史八十九人十月奉」，佐史一月奉恰為九百。這些不一致，反映薪奉曾有調整。宣帝神爵三年（西元前 59 年）曾益百石以下吏奉十五（《漢書・宣帝紀》）韋昭曰：「若食一斛，則益五斗。」六百錢增十五，則恰為九百。總之，隧長和尉史之秩位相當於最低的斗食或佐史。像這樣最低的「少吏」，也有因訾產不足，遭到罷休的可能。這固然應如應劭所言，是因為「疾吏之貪」，

認為「衣食足而後知榮辱」，但似乎也反映了漢代官僚仍保有若干貴族性格，官職非無產者所能出任。這種財產規定，不僅用於政府最低的官吏，甚至無秩位的鄉官—父老也要「中訾」才能出任，一旦「不中訾」就得轉換他人。[19]

最低財產規定的一個作用似乎在保證為官者能自行負擔一些作官必要的費用，例如衣冠車馬。景帝六年五月詔：「夫吏者，民之師也，車駕衣服宜稱。吏六百石以上，皆長吏也，亡度者或不吏服，出入閭里，與民亡異。今長吏二千石車朱兩轓，千石至六百石朱左轓。車騎從者不稱其官衣服，下吏出入閭巷亡吏體者，二千石上其官屬，三輔舉不如法令者，皆上丞相御史請之。」（《漢書·景帝紀》）景帝規定，不論長吏、下吏，其車駕衣服應合乎「吏體」。車駕衣服，除少數偶爾由皇帝賞賜，一般概由官吏自行準備。《史記·田叔列傳》有這樣一個貧窮舍人無力自備鞍馬衣飾的故事：

> 於是趙禹召衛將軍舍人百餘人，以次問之，得田仁、任安。曰：「獨此兩人可耳，餘無可用者。」衛將軍見此兩人貧，意不平。趙禹去。謂兩人曰：「各自具鞍馬新絳衣。」兩人對曰：「家貧無用具也。」將軍怒曰：「今兩君家自為貧，何為出此言？鞅鞅如有移德於我者，何也？」將軍不得已，上籍以聞。

此外，《鹽鐵論·貧富》大夫提到為官積蓄致富，是要懂得如何在「車馬衣服之用，妻子僕養之費」上，「量入為出，儉節以居之」。可見車馬衣服是一項主要的開支。同書〈地廣〉篇大夫又曰：「夫祿不過秉握者不足以言治，家不滿儋石者，不足以計事。儒皆貧羸，衣冠不完，安知國家之政，縣官之事乎？」貢禹家訾不滿萬錢，為供車馬，曾賣田百畝（《漢書·貢禹傳》）。張釋之以訾為騎郎，十年不得調，久宦減產，欲免歸。（《漢書·

19 參拙文，〈漢代的父老、僤與聚族里居——漢侍廷里父老僤買田約束石券讀記〉，《漢學研究》，1：2（1983），頁 355-377；訂補稿刊《臺灣學者中國史研究論叢·城市與鄉村》（北京：中國大百科全書出版社，2005），頁 27-51。

張釋之傳〉) 減產顯然是入不敷出。居延邊塞上貧寒罷休的吏,大概也是遭遇入不敷出的困境。

在漢代被定為「貧」的一個標準似乎即在是否備得起車馬衣服。例如《漢書・胡建傳》說胡建「守軍正丞,貧亡車馬,常步與走卒起居」;〈蔡義傳〉謂蔡義「以明經給事大將軍莫府,家貧,常步行」,常步行意即無車馬,故好事者合資為他代備犢車。上引簡 EPT59:58 謂一位名駿的人因貧困,無力「具皁單衣冠鞍馬」,竟然遭到「詰責」。由此可知,漢簡中有關邊吏的財產登記,可能不單單作為繳納賦稅的根據,可能也關係到為官作吏的資格。如訾產不足,被評為「貧」或「貧寒」,即可能喪失吏職。

上述簡文中還有「貧困」、「貧急」、「貧急不能自給」之語,並提到「部吏多貧急」,「今騎士皆出穀三石食寒吏」,似乎反映當時邊塞低級官吏的經濟情況十分惡劣。居延簡中官卒之間借貸,買賣以及因此引起糾紛和訴訟的情形相當多,月奉拖欠未發的情形也不少,都可以反映居延邊塞官吏在經濟上的艱困。這些貧急,貧困或貧寒之吏,是否會因訾產不達一定標準,即遭罷休?有無救濟之道?是一個大問題。邊地生活如此艱困,漢人視戍邊如棄世,填補邊地必要的適任職官,也不是一件容易的事。陳夢家先生即曾從候出缺由隧長兼行,看出邊地官吏補充的困難。[20] 因此如果迫不得已,似乎很難想像一位僅因訾產不足的貧寒隧長,在未盡力救濟之前,即被迫去職。「今騎士皆出穀三石食寒吏」、「隧長陳尚、焦永等貧困請以二石」云云,皆僅涉糧食,濟一時之窮,似無關訾產。當時如何幫助貧吏「脫貧」,還不清楚。

又以上將「罷休」當作去職理解,應是正確的。雖然文獻上常見「罷」或「休」,少見「罷休」連用。在《史記》、《漢書》、《後漢書》及《三國志》中,「罷休」一詞僅一見於《史記・孫子吳起列傳》。孫子練兵成,請吳王一觀,吳王曰:「將軍罷休就舍,寡人不願下觀。」這裡的罷休只是就舍休息,並沒有去職的意思。不過,從漢簡看,罷休確為去職。上述第七例有

---

20 陳夢家,〈漢簡所見居延邊塞與防禦組織〉,頁68。

654 **古月集:秦漢時代的簡牘畫像與政治社會**
—— 卷四 法制、行政與軍事

一位貧寒罷休的薛隆，他去職以後，其職即由他人代替。這在同一地點出土的另一簡上有清楚記載：

17. 隧長常業代休隧長薛隆迺丁卯餔時到官不持府符●謹驗問隆

（EPF22：170）

這位薛隆應和貧寒罷休的薛隆是同一人。在這支簡上他被稱為「休隧長」，應即是「罷休隧長」的省稱。因他去職，另一位隧長常業遂取代了他的職位。

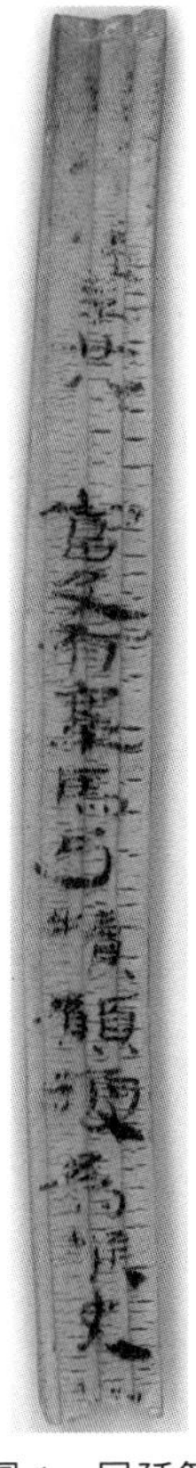

訾產既是任吏職的條件之一，如果訾產由不足而足，是否可以復職呢？恰巧有一簡似乎反映這一事實：「□□□年廿八，富及有鞍馬弓檻，願復為候史□」（《居延漢簡》214.57，圖1）。[21]

這似乎是一位曾任候史者提出復職的請求，提出的理由是富，又有鞍馬弓檻！此外，睡虎地秦簡《金布律》中有一項尚無法完全了解，卻可能有關的規定，值得注意：

> 官嗇夫免，復為嗇夫，而坐其故官以貲賞（償）及有它責（債），貧竇毋（無）以賞（償）者，稍減其秩、月食以賞（償）之，弗得居。[22]

這一段大意是官嗇夫免職前如曾因貧窮背負債務，復職後應負起償還的責任；不但月食要減少，連秩祿都要扣減，用以償債，不可令他居作。這一段也可旁證韓信少時因家貧不得推擇為吏的故事，確實合乎當時的背景。秦代官吏任免已有一定的訾產要求。漢代的規定應是承秦制而來。

此外，也有必要重新檢討過去學者對所謂「禮忠簡」和「徐宗簡」性質的認定和爭論。[23] 這可以從下一條「閥閱訾直

圖 1　居延簡 214.57 紅外線照片

21　勞書圖版不明，《居延漢簡合校》釋文「及」作「史」，按紅外線所見「及」字十分清晰，遂改釋。

22　睡虎地秦墓竹簡整理小組，《睡虎地秦墓竹簡》，頁 39-40。

23　參永田英正，〈禮忠簡と徐忠簡について〉，《居延漢簡の研究》（東京：同朋舍，1989），頁

累重官簿」說起。

六 伐閱訾直累重官簿

1. 第卅三隧長始建國元年五月伐閱訾直累重官簿　　　　　（EPT17：3）
2. 始建國天鳳一年六月宜之隧長張惲伐閱官簿累重訾直　　（EPT6：78）
3. 始建國二年四月丙申朔丁巳☐
   訾直伐閱簿一編敢言之☐　　　　　　　　　　　　　（EPT7：9）
4. 第二隧長建平五年二月累重訾直官簿　　　　　　　　　（EPT43：73）
5. ☐甲溝累重訾直伐閱簿　　　　　　　　　　　　　　（EPT65：482）

上述數簡是對漢代簿籍文書形式一項重要的補充，也幫助我們能夠重新評估若干居延簡內容的性質。這幾簡特別有價值的地方在於年代清楚，前四簡有年號，為哀帝和王莽時簡，第五簡「甲溝」即王莽時「甲渠」的改名。其次，這些簡證明當時有一種官簿可以將閱閱、訾直、累重三事置於同一簿中，也可以以其中兩項（閱閱、訾直，或累重、訾直）立為一簿。迄今沒有發現單獨的訾直簿或累重簿，但有單獨的「伐閱簿」（258.11，又EPT61：311A：「閱簿一編敢言之☐☐／」的「閱簿」疑亦為伐閱簿）。在進行討論上述官簿的性質以前，須要先清理這些官簿名稱上的歧異現象。按照上簡順序，重列官簿名稱如下：

1. 伐閱訾直累重官簿
2. 伐閱官簿累重訾直
3. 訾直伐閱簿
4. 累重訾直官簿
5. 累重訾直伐閱簿

從名稱上看，伐閱、累重和訾直三事似乎並沒有一定的排列順序。由

519-544；中譯見《簡牘研究譯叢》第二輯（北京：中國社會科學出版社，1987），頁35-37。

於第三簡下半殘缺，難以完全斷定此簿的名稱是否完整。又第二簡的「伐閱官簿累重訾直」也不好理解，如為官簿名稱，「官簿」二字顯然應在最後。這或許是一時筆誤，先寫了官簿二字，「累重訾直」四字只好補寫在後。第四簡完整，釋文者未作任何殘缺記號，其簿只有累重和訾直兩項，而這支簡是唯一的哀帝時簡，其餘為王莽時簡。又居延簡中有年代明確的成帝時伐閱簿：「□□元延元年遠備甲渠令史伐閱簿」（258.11）。[24] 此簡「甲渠令史伐閱簿」七字十分清晰完整。既然有單獨的「伐閱簿」，當然也就可能有獨立的「累重簿」和「訾直簿」。以永田英正教授曾研究並曾列舉出的破城子出土的「定期簿」而言，其所舉皆一事一簿。由於伐閱訾直累重官簿的存在，可證當時也有將三事合於一簿的情形，[25] 這迫使大家不得不重新考慮如何將不同內容的殘簡復原為同一簿冊。復原簿籍的工作因此將複雜和困難很多。這對簡冊復原研究者而言，是一項大的挑戰。

其次，簿的構成在內容上似有個人和集體記錄兩種不同。第一、二、四條明白是某一隧長個人的記錄；第三條因下半殘，不能確定；第五條云「甲溝累重訾直伐閱簿」應是登記甲溝候官所有吏卒的累重、訾直和伐閱，是一件總計性的官簿。不過，是否將個人的記錄簿集合起來，就構成總計性的官簿？或在個人的記錄以外，另有相同的內容，卻以不同的形式

---

24 按湖南省文物考古研究所編著，《里耶秦簡（壹）》（北京：文物出版社，2012），簡 8-269 已見伐閱一詞：

資中令史陽里鉬伐閱

十一年九月陷為史

為鄉史九歲一日

為田部史四歲三月十一日

為令史二月（第一欄）

□計 戶計

年卅六 （第二欄）

可直司空曹（第三欄）

25 這種不同內容卻編連在一起的簿冊，也見於其它情況。例如：「兵守御器戍卒名籍一編敢言之」（敦煌簡 793）、「兵守御器吏卒名籍一編」（敦煌簡 794）。既云「一編」，是將「兵守御器簿」和「戍卒名籍」或「吏卒名籍」二者合為一編冊。

編排的總簿（如以某一候官為單位，或以某一職位者為單位，如上引「甲渠令史伐閱簿」），還不清楚。

可以確定的是相同的內容可以為了不同目的，在許多不同形式的簿冊中出現。分清漢代邊塞文書簿籍的構成形式，確實是使零散殘簡復原為簡冊的關鍵。在這方面，永田英正教授所提出的古文書學研究方法和對破城子等地出土簡的集成工作，貢獻極大。「伐閱訾直累重官簿」的發現，將對居延文書的形式研究提供新的例證。永田曾指出破城子出土簿籍大部分是甲渠候官所轄各候隧以某某簿形式向甲渠候官呈交的報告，而甲渠候官還要將收到的報告匯集，再以甲渠候官某某簿的形式，向更高的都尉府報告。[26] 如此，上述「甲溝累重訾直伐閱簿」或「甲渠令史伐閱簿」都應是甲溝或甲渠候官匯集後，向上級呈交或留底存檔的簿冊。然而上述個人的累重伐閱訾直簿卻有可能是各候隧向甲渠候官呈交者，雖也不排除是甲渠候官擬向更高層呈報簿冊的一部分。要弄清這個問題，就必須先知道整個從隧到候官，從候官到都尉，各種資料填報、編冊、查核、上報、是否經過重編（內容是否重新歸類、編排，形式是否調整改變）和如何存檔的全部過程。新簡的發表和研究對這一工作將大為助益。

此處擬先分辨伐閱、累重、訾直各是什麼？它們可能有什麼樣的關係？然後才能確定這三事為何被置於同一簿，也才能進一步討論這種官簿的目的和性質。首先是伐閱。從文獻上看，漢代閥、閱和功、勞幾乎同義。前引里耶秦簡記錄個人閥閱的內容看，閥閱和功勞也幾乎無異。《漢書·車千秋傳》謂：「無他材能術學，又無閥閱功勞」，將閥閱功勞連言。師古曰：「伐，積功也；閱，經歷也。」大庭脩和朱紹侯都曾利用漢簡和文獻，得到伐閱即「功勞」，或說為積功積勞的結論，朱紹侯甚至認為「伐閱簿即功勞簿」。[27]

---

26 永田英正，〈居延漢簡集成之一──破城子出土的定期文書（一）〉，收入中國社會科學院歷史研究所戰國秦漢史研究室編，《簡牘研究譯叢》（北京：中國社會科學出版社，1983）第一輯，頁58。

27 大庭脩，《秦漢法制史の研究》，頁546-566；朱紹侯，〈西漢的功勞、閥閱制度〉，《史學月

伐閱和功勞的實際意義或許相同，在居延簿籍的名稱使用上，是否一無區別，則還可檢討。第一，伐閱一詞的使用，除見於上引簡中「伐閱誓直累重官簿」的以外，僅見於「伐閱簿」一簡。這些「伐閱簿」的文書形式和內容，是否和學者通常認為的「功勞簿」一樣，實際上並不能確定。因為這些人事資料可以為多種目的而編入不同的簿籍中。所謂的「功勞簿」，在名稱上實際尚無實例可考。其它相關簿籍可以找到的有以下幾種：

1. 賜勞名籍 　　（24.4、49.14、159.14、276.11、EPT51：419）
2. 功勞墨將名籍（282.7、430.5、EPT5；1、EPT5：74、EPT56：262）
3. 增勞名籍 　　（EPT5：32、EPT6：4、EPT10：7）
4. 奪勞名籍 　　（206.21）
5. 功勞案 　　　（157.9、EPT4：50、EPT50：194、EPT53：22、EPT53：139）
6. 當勞賜簿 　　（EPT51：491）

以上六種是目前所知有關功勞的簿籍名稱資料。顯而易見的是，凡與勞或功有關的文書可有「名籍」或「案」或稱「簿」的不同。居延或敦煌簡中還不曾見「功勞簿」這樣名稱的文書。這只是偶然，或意味著什麼，尚難斷言。不過就文書形式言，「伐閱簿」和「功勞名籍」或「功勞案」可能有不同。因為「案」和「簿」有不同。這從下列簡可知：

1. ●甲渠候官建昭三年十月當食案及穀出入簿☐　　　　　（33.9）
2. ●吞遠倉建昭三年二月當食☐穀出入簿　　　　　　　（136.48）
3. ●第廿三隧倉建平五年十一月吏卒當 食者案及穀簿　　（286.7）
4. 神爵二年七月

　　　　　　　☐

　　卒物故案一編　　　　　　　　　　　　　　　　（EPT56：273）
5. ●三十井候官始建國天鳳三年三月盡六月當食者案　　（EPT68：195）
6. ●三十井候官始建國

　　刊》，3（1984），頁15-24。

天鳳三年三月盡六月當食者案 （EPT68：207）

7. 始建國天鳳三年六月甲申朔酉三十鄣候習敢言之謹移三月盡六月當
食者案敢言之 （EPT68：194）

8. 居延甲渠候官第廿七隧長士伍李宮
建昭四年功勞案 （157.9）

從以上可見稱為「案」的文書有「當食（者）案」、「卒物故案」和「功勞
案」，而「當食者案」和「穀出入簿」並舉，可見「簿」和「案」似有某
種性質的不同。如何不同？則不清楚。關於「案」的簿冊形式現有
EPT68：195-207 十三枚簡可以參考。[28] 永田認為「吏卒當食者案」和「吏
卒廩名籍」應都是關於吏卒配給的名簿（頁 156）。但他對「案」和「名籍」
或「簿」在文書形式上有無異同，則無說。可以稍作補充的是，以目前可
考的材料來說，凡稱為「案」的簿冊都以「年」為編冊的單位，稱某年某
某案，而「簿」則不一定。

此外，簡中有「功勞墨將名籍」，什麼是「墨將」？朱紹侯說「墨將
名籍」「就是對立有功勞的吏卒的表揚名冊」，[29] 薛英群以為墨將是「犯有
貪污受賄罪行的將士」。[30] 意見相差甚遠。饒宗頤和李均明以為功勞墨將指
「官吏功勞的書面記載」，也簡稱為「功將」或「功墨」。[31] 裘錫圭認為「墨
將」的意義不確定，還有待進一步研究。[32] 按「墨將」一詞見於《論衡》。

---

28 相關簿冊形式研究參李均明，〈簡牘分類淺論〉，《東洋史研究》，50：1（1991），頁 155-
156；鵜飼昌男著，徐世虹譯，〈《始建國天鳳三年當食者案》冊書之考察——以漢代「案」
字語義為中心〉，《簡帛研究二〇〇一》下冊（桂林：廣西師範大學出版社，2001），頁 694-
708。鵜飼認為「案」字意義前後有變。當食者案的案，是匯總記錄或清單，並沒有後世草
案、原案的意思。

29 朱紹侯，〈西漢的功勞、閥閱制度〉，頁 18。

30 薛英群，《居延漢簡通論》（蘭州：甘肅教育出版社，1991），頁 462。相近的意見如凌雲認
為「墨將」的墨指貪墨，將指獎。參凌雲，〈墨將名籍謎題新解〉，武漢大學簡帛中心簡帛網
2007.3.7

31 饒宗頤、李均明編，《新莽簡輯證》（臺北：新文豐出版公司，1995），頁 191。

32 裘錫圭，〈考古發現的秦漢文字資料對於校讀古籍的重要性〉，收入《裘錫圭自選集》（鄭州：
河南教育出版社，1994），頁 159-161。

《論衡‧謝短》謂：「吏上功曰伐閱，名籍、墨將，何指？」黃暉《校釋》云：「墨將未聞」；劉盼遂《集解》案：「唐蘭云：『將當為狀，猶行狀也。今按漢書高祖紀，詔「詣相國府，署行、義、年」，蘇林注曰：「行狀年紀也。」知漢時考吏有行狀之制也。』」北京大學歷史系《論衡》注釋小組所作《論衡校釋》採唐蘭之說，將「墨將」逕改為「墨狀」，並於注中謂：「狀：文書的一種。把名字記入墨筆寫的功勞簿上。」（頁 731）現在看來，這些更改和解釋都還有待商榷。

　　「墨將」究竟是什麼？從《論衡》和簡牘上目前還難以斷言。不過，有兩點可以指出：第一，居延簡中有「功將」和「功墨」兩詞，似乎意味「墨、將」如同「功、勞」是分別的兩事；第二，從簡中也可知，最少有一種情形，功勞墨將是由當事人採「自占」的方式填報。以下先說「功將」和「功墨」。其例如下：

1. 居延甲渠候官第十隧長公乘徐譚功將

　　中功一勞二歲

　　其六月十五日河平二年三年四年秋試射以令賜勞□令　　　（以上第一欄）

　　能書會計治官民頗知律令文　　　　　　　　　　　　　（以上第二欄）

　　　　　　　　　　　　　　　　　　　　　　　　　　　（EPT50：10）

2. □□□功將 能書會計□　　　　　　　　　　　　　　（EPT52：333）

3. □功墨及木　　　　　　　　　　　　　　　　　　　　（82.12A）

4. ●右初元五年功墨　　　　　　　　　　　　　　　　　（EPT65：302）

第 1 例之簡從釋文看，並無殘損。功將二字在第一欄，第二欄的「能書會計」云云應在第一欄之下，其排列正和第二例的「□□□功將 能書會計□」相同。從此二例，可證「功將」為一詞。又例 3「功墨」前有一字殘，不可識。「木」字殘，似為某字之上半部。圖版上「功墨」二字極明晰，絕無疑義。第 4 例為一標題簡，曰「右初元五年功墨」。釋文未作任何殘損的標式，簡似乎也是完整的。換言之，依此二例，「功墨」也應是獨立的一詞。「功將」或「功墨」有沒有可能是「功勞墨將」的省稱呢？如為省稱，為何省作「功將」或「功墨」，不作「勞將」或「勞墨」？倘使如

唐蘭所說，「將」當為「狀」，「功將」即為「功狀」，則如何解釋「功墨」？這些問題目前都還無法解答。

關於自占功勞墨將，有以下資料：

1. 始建國五年九月丙午朔乙亥第二十三隧長宏敢言之謹移所自占書功勞
   墨將名籍一編敢言之　　　　　　　　　　　　　　　（EPT5：1）

2. ▢▢▢▢▢▢范護自占書功勞
   ▢▢造令史二月二十日　　　　　　　　　　　　　　（EPT2：30）

3. ▢▢▢▢▢▢▢▢國里大夫▢▢▢自占書功勞
   秩百石　頗知律令文
   ▢▢▢▢甲渠候官▢有秩候長一歲五月十二日
   ▢▢▢▢▢五月十二日
   十二月乙丑▢▢▢　　　▢▢▢　　　　　　　　　　（EPT4：87）

4. ▢隧長公乘孫第自占書功勞▢九月▢▢
   ▢　　　　　　　　　　　　　　　　　　　　　　　　（68.17）

5. 初元三年十月壬子朔辛巳甲渠士吏彊敢言之謹移所自占書功勞
   墨將名籍一編敢言之　　　　　　　　　　　　　　　（282.7）

6. 自占功墨爰書　　（2003年長沙走馬樓八號井（J8）出土西漢簡牘標題簡）[33]

「自占書」，即由個人自行申報，申報後彙集成冊，再上報。可以想見，功勞除了自占的形式，必然也有由上級評定的方式。例如奪勞或賜勞即必由上級評定。自占或上級評定的功勞即可能編成不同的功勞名籍或簿冊。由於和功勞相關的簿籍最少有上述六種，如果六種簿籍的形式不能先重建，如何判定有關的散簡原屬哪一種簿籍冊，而加以復原，就十分困難了。

目前可以確定的是下列的「功勞案」，它們在形式上可以說是一致的：

1. 居延甲渠候官第廿七隧長士伍李宮
   建昭四年功勞案　　　　　　　　　　　　　　　　　（157.9）

---

[33] 參長沙簡牘博物館、長沙市文物考古研究所聯合發掘組，〈2003年長沙走馬樓西漢簡牘重大考古發現〉，《出土文獻研究》第7輯（2006），頁62。

2. 故甲渠候官第十八隧長公乘張護
   始建國□年功勞案   （EPT4：50）
3. 居延甲渠候史公乘賈通
   五鳳四年功勞案   （EPT53：22）
4. 延甲渠第廿□候長□□式
   鳳三年功勞案   （EPT53：139）
5. 肩水金關   （73EJTH1：12A）
   居延卅井候官
   常寬隧長公乘李廣
   神爵二年功勞案   （73EJTH1：12B）
6. 鴻嘉二〔年〕功勞案   （EPT50：194）

前五簡都是「功勞案」文書的標題簡，形式都是居延甲渠候官+單位職稱+爵+人名+年份+功勞案。第六簡殘，但字跡清晰，「鴻嘉二」下應漏書「年」字。然而哪些功勞零簡應屬這樣的「案」，已不可知。簡 EPT52：95：「居延甲渠候官第廿七隧長士伍李宮 建昭四年以令秋射發矢十二中矢六當……」一簡或許是上述第一例李宮功勞案的一部分。因為兩簡同出甲渠遺址，字跡又十分相似。又簡 EPT56：99：「居延甲渠候史公乘賈通中功一勞一歲九月□日☑」一簡則可能是上述第三例賈通功勞案的一部分。這兩簡一出於探方 53，一出於探方 56；53 和 56 據新出版的《居延新簡──甲渠候官》上冊所附「甲渠候官發掘區平面圖」，是在同一發掘區。兩簡字跡也十分相似。

　　名籍或案如果是記錄「賜勞」、「增勞」、「奪勞」或「功勞」，為什麼又要有內容相通，名稱不同的「伐閱簿」，為什麼不一致稱為「功勞簿」？或又為什麼不與累重、訾直合稱為「功勞累重訾直簿」？由於這些疑點有待澄清，個人對視「功勞簿」即「伐閱簿」的看法，暫時有所保留。我猜想「伐閱累重訾直簿」中的伐閱記載，應與累重或訾直一樣是總計性質，如「功若干，勞若干月日」。但是現在還沒有辦法確定這樣形式記載的簡（如 57：6、82.36、89.42、225.1、485.17、EPT53：60、EPT59：104）是 否 就 是

「伐閱累重貲直簿」的一部分，因為它們可能是功勞案或功勞墨將名籍的一部分。現在所知有關功勞記錄最完整的一支簡應是EPT50：10：

居延甲渠候官第十隧長公乘徐譚功將

中功一勞二歲

其六月十五日河平二年三年四年秋試射以令賜勞□令　　　　　　（以上第一欄）

能書會計治官民頗知律令文　　　　　　　　　　　　　　　　　（以上第二欄）

居延鳴沙里家去大守府千六十三里產居延縣

為吏五歲三月十五日

其十五日河平元年陽朔元年病不為勞　居延縣人　　　　　　　　（以上第三欄）

這支簡基本完整，內容豐富。最大特色在明顯表現出總計功勞的性質。徐譚勞二歲，其中有六月十五日是因河平二、三、四年秋射而得的賜勞，又為吏總計五年三月十五日，其中十五日因河平元年和陽朔元年生病，不予計勞。敦煌簡中有一殘簡：「凡為吏三歲六日」（394（T.XVII.13））應是同一類的總計。此簡多一「凡」字，總計的意味就更清楚。又有一簡云：「□為吏四歲四月廿一日其五日行道病月小不為□□（601（T.xii.a.10）），其記載形式與EPT50：10簡完全相同。「其五日行道，病」不列入勞之計算；「月小」似指之大小，意義仍不明確；其簡尾缺字之一或應是「不為勞」的「勞」字。以上功勞統計是累積若干年的總計，和上述標明「某人某年某月伐閱累重貲直簿」，單以某年某月作統計的情形不同。因此也還不能確定這支簡應屬於那一種形式的簿冊。

「累重」一詞不見於1930年代出土居延簡，而見於文獻。從文獻看，累重指妻子、資產或凡可攜帶的財物：

1. 貳師出雁門，「匈奴聞，悉遠其累重於余吾水北」

   （《史記‧匈奴傳》，《漢書‧匈奴傳》同），師古曰：「累重謂妻子資產也。」

2. 「又見屯田之士精兵萬人，終不敢復將其累重還歸故地。」

   （《漢書‧趙充國傳》）師古曰：「累重謂妻子也。」

3. 桑弘羊與丞相史奏言：「田一歲，有積穀，募民壯健有累重敢徙者詣田所⋯⋯」

（《漢書‧西域傳下》）師古曰：「累重謂妻子家屬也。」

4. 杜林上疏：「其被災害民輕薄無累重者，兩府遣吏護送饒穀之郡。」

（《後漢書‧五行志》李賢注引《東觀書》）

5. 「及關羽圍曹仁於樊，孫權遣使辭以『遣兵西上，欲掩取羽江陵、公安累重，羽失二城，必自奔走……』」 （《三國志‧董昭傳》）

6. 儼宣言當差留新兵之溫厚者千人鎮守關中，遂「內諸營兵名籍，案累重，立差別之……」 （《三國志‧趙儼傳》）

7. 「至青龍元年，比能誘納步度根，使叛并州，與結和親，自勒萬騎迎其累重於陘北」 （《三國志‧烏丸鮮卑東夷傳》）

趙儼「內諸營兵名籍，案累重」云云，是按照名冊，查核各人累重之多少。這裡的「累重」一如師古所說是指妻子、資產。軻比能所迎於陘北的累重，孫權所說的「江陵、公安累重」，也是同樣的意思。江陵、公安累重包括「將士家屬」，此查《三國志‧呂蒙傳》可知。總結可考的文獻，累重所指不外顏師古所說的妻子和財物。值得注意的是新簡中有所謂的「財物簿」，簡 EPT50：28：「●甲渠候官綏和元年八月財物簿」。累重和這裡的「財物」有何區別？我以為這裡所說的「財物」應指甲渠候官的財產，而不是個人的財產；個人的累重則兼指其財產和隨行的家屬。

「訾直」一詞見於著名的「禮忠簡」和另一居延殘簡。現在或許已有理由說禮忠簡應是「訾直伐閱累重簿」的一部分。以下不妨先將有關簡抄錄於下：

1. 候長觻得廣昌里公乘禮忠年卅

   小奴二人直三萬 　用馬五匹直二萬 　宅一區萬

   大婢一人二萬 　　牛車二兩直四千 　田五頃五萬

   軺車二乘直萬 　　服牛二六千 　　　●凡訾直十五萬 　（37.35，圖2）

2. □人 　訾直萬五千 　　　　　　　　　　　　　　　　（311.5）

3. 三燧隧長居延西道里公乘徐宗年五十

   妻 　　　　　宅一區直三千

   子男一人 　　田五十畝直五千

男同產二人　用牛二直五千

女同產二人　　　　　　　（24.1B，圖 3.1-2，據永田英正刪去習書留下的文字跡）

永田英正曾對上述簡下過極大工夫，除了以頗令人信服的方式，推測徐宗簡的原貌，批判前人對該簡性質的誤解，並提出新的看法。他的看法有以下四個要點：

1. 否定平中苓次認為禮忠與徐宗二簡為包括口算和貲算在內的算賦申報書的看法。

2. 禮忠簡和徐宗簡都是邊塞吏卒的人事檔案材料。其中禮忠簡在禮忠名下列了他全部的財產和家訾總計，因此把它看作是財產稅的申報書，大概也是可能的。

3. 徐宗簡只列有其家屬成員和財產，不可能是口算和貲算的申報書，而恐怕是由候官所集中整理好的有關候官所轄吏卒的人事檔案材料，或是檔案材料的一種形式。

4. 二簡大概皆屬宣帝時期。　　　　　　　　（永田，前引書，頁 519-544）

永田是在居延舊簡的基礎上，提出以上頗有建設性的意見。從新簡來看，禮忠和徐宗簡不是算賦申報書的看法，可以說已可肯定。他說此二簡是人事檔案材料，也是謹慎且正確的推測。現在可以進一步研究的是：它們是那一類的人事檔案材料？它們是不是如永田所認為是屬於書寫格式不同的兩種文書？

在進一步討論以前，可以先報告一下我對這兩支原簡以肉眼和紅外線儀觀察的結果。兩簡目前保存的情況十分良好。37.35 簡墨跡完好，沒有褪色跡象。簡長 22.3 公分，寬 1.1 公分，厚 0.25 公分。24.1 簡墨跡大致完好，「用牛二直五千」的「五千」兩字已不易以肉眼辨識，以紅外線則約略可見。此簡實為木牘，寬達 3.7 公分，兩頭厚 0.6-0.7 公分，中間左側因火燒殘凹變薄，只餘厚 0.3-0.4 公分。因此「用牛二直五千」一行的左側是否原來還有其他的貲直記錄，已無法肯定。從書法和墨色看，個人贊同永田的觀察，即此牘上下 A、B、C、D、E、F 五段字跡（依永田分段）出於同一人手筆。牘左側一些隨意書寫的墨跡墨色甚淡，顯然非同時，而係其他

圖 2　居延簡 37.35 紅外線照片　　圖 3.1-2　居延簡 24.1AB 正背面紅外線照片

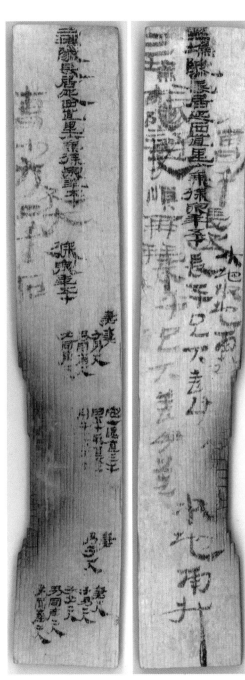

人所書。牘背面的「三㠙隧長居延西道里公乘徐宗年五十」字跡與正面主文為同一人所書，其餘字跡則為其他人隨意練習。

不過，我的觀察也有和永田重大的不同處。永田說：「根據墨色來判斷，書寫時間有先有後，E 段和 F 段是後來寫的」，「也可以推測 B 段的『徐宗年五十』大概也和 E 段、F 段一起都是同時寫的」（前引書，頁 525-526，中譯本，頁 40-41）。B、E、F 段確實是練習寫 A、B 段的字，但是據原簡，這五段字跡，無論墨色和筆法都沒有明顯差別，實為一人一時所書，並沒有部分先寫，部分後寫的跡象。永田觀察到的墨色濃淡，只是圖版印刷不夠完美所造成的。我想指出的是這件木牘上的五段字跡可能都是練習寫字的結果。第一，這是一支牘，似乎不是作為正式簿籍用的簡。又厚又寬的牘較宜單獨使用，或於下端穿孔，以繩串在一處，恐不用於編排成像「廣地南部言永元五年六月官兵釜磑月言簿」（128.1）那樣的簿冊。此牘上下皆無孔，它原來可能作其他用途，後來被用來作簿籍抄寫或書法練習，而它並不像是簿籍的一部分；第二，五段文字的墨色、筆跡既無區別，只能認定是同時所書；如果同意其中 B、E、F 是練習，其他自然也是同時練習所寫。重要的是，這個練習不完全是隨意的，練習者顯然根據其他簿籍的內容和形式進行抄寫；抄寫不滿意時，又隨意重複摘抄，而造成今日我們所見到的五段文字。因此，永田認為此簡應刪去練習的 B、E、F 段，以 A、C、D 段構成本文的復原構想仍然能成立，而且仍然極有參考價值。

誠如永田所說禮忠簡本身是一支內容完整的簡，徐宗牘除去練習重複的字跡，牘左側因火燒殘損，訾產登記可能有缺。問題是似乎也必須考慮這兩支簡或牘的內容並不是獨立的，而應是某一類簡冊的一部分。換言之，這兩支簡牘應是某一內容更大的檔案的一部分。禮忠簡以「凡訾直十五萬」結尾，是完整記錄了候長禮忠的訾產總值。這支簡如果配合上述的「訾直伐閱累重官簿」，不禁使人猜測它或許是這一形式簿冊記載訾直的部分。除這一部分，或許還有記載禮忠伐閱、累重的簡，一起構成一個官簿。徐宗牘和禮忠簡不同處在前者沒有「凡訾直若干」的結語，並多了妻子人數。這些形式的差異使永田英正認為此兩簡應屬不同的文書。不過，

古月集：秦漢時代的簡牘畫像與政治社會
　　　　——卷四　法制、行政與軍事

如果不從單一的簡，而從一份完整的簿冊去考慮，而且如果我們同意徐宗牘所書只是練習，就不能排除徐宗還有其他的訾產項目和「凡訾直若干」的總計，或沒有被完整抄出，或可能抄錄在牘左側殘缺的部分，或正式簿冊的另一支簡上。或許還有一種可能，隧長徐宗的訾產較禮忠為少，在牘上抄寫所占空間有限，該牘牘面又較禮忠簡為寬，因為抄寫練習的對象原是一份「訾直累重伐閱官簿」，為了利用多餘的空間，遂將徐宗的「累重」，也就是他的妻子人數，也寫在同一片牘上了。當然如果是這樣，徐宗的人事原檔應該還有記載他「伐閱」的部分。這些不見的部分，必須等到這些簡牘的照片或圖版發表，根據簡形、墨色、筆跡等，才有找到並復原的希望。

總結而言，私意以為禮忠簡和徐宗牘的內容有可能屬於同一類文書，即都是「伐閱累重訾直官簿」的一部分，因為兩簡牘在書寫形式上都有相同處。二者上半部都以較大字書寫單位、職稱、里、爵、姓名和年齡，下半部又都分段以較小的字登記訾直或累重；其在形式上的差異，如永田所指出者，則可能是練習者不那麼認真依照格式的結果。最後，我想說，既然有「伐閱簿」的存在，即可能另有獨立的「累重簿」和「訾直簿」，只是目前還沒有發現。將這三者置於同一簿冊中，應如永田所說，是一種吏卒人事檔案性質的簿冊，或許就是所謂的「伐閱累重訾直官簿」。[34]

1991.2.21 初稿，6.26 修訂。修訂期間，承蕭璠、劉增貴兄指正，謹此致謝。

原刊《新史學》，3：1（1992），頁 95-130；98.7.16 訂補
105.2.11 再刪訂；111.2.25 更換紅外線最新圖版

---

34 關於禮忠簡和徐宗簡，永田教授參考拙文，也贊成其為伐閱累重訾直官簿的一部分，參所著〈禮忠簡と徐宗簡研究の展開——居延新簡の發見を契機として〉，《史窗》，58（2001），頁 97-110；楊振紅中譯本，〈新居延漢簡概觀〉，《簡帛研究譯叢》第一輯（長沙：湖南出版社，1996），頁 231-247 及注 7。

漢代邊塞軍隊的給假與休沐
——讀《居延新簡》札記之二

一 取寧、予寧與功勞

　　漢代官吏因親人死亡，請喪假，謂之「取寧」。[1]上級長官准予喪假，謂之「予寧」。《漢書·哀帝紀》綏和二年詔：「博士弟子父母死，予寧三年」，顏師古注：「寧謂處家持喪服」。取寧、予寧的例子在居延漢簡中都可以見到。取寧之例如：

1. 第卅八隧長蒲母死詣官寧三月☑☐　　　　　　　　　　　　　（59.39）
2. 元年七月己丑父死取寧☑☐　　　　　　　　　　　　　　　　（100.10）
3. ☐甲渠候長頓以令取寧即日遣書到日盡遣如律令　　　　　　（160.16）
4. 元康四年三月戊子朔庚子☑
   始候長置以令取寧隨　　　　　　　　　　　　　　　　　　（232.12）
5. 重追木中隊長徐忠同產姊不幸死寧日盡移居延一事一封正月丙戌尉史
   忠封　　　　　　　　　　　　　　　　　　　　　　　　（EPT50：9）
6. 　　延都☐德謂甲渠塞候移檄得令建書曰延壽
   ☑
   　　同里楊合眾病死猛為居延甲渠候長願以令取寧　　（EPT59：53，54）
7. ☑前取寧曰☐詣官☐☐庚午下鋪入（3.22+3.23，勞圖版526；《合校》作
   「寧」，《甲乙編》作「宣」，《勞》作「寡」；按圖版，《合校》是）

1　關於取寧，于豪亮先生在〈居延漢簡校釋〉「取急」條曾提到，可參《于豪亮學術文存》，頁
　　208。

8. □絣庭隧還宿第卅隧即日旦發第卅食時到治所第廿一隧

　　□病不幸死宣六月癸亥取寧吏卒盡具塢上不乏人敢言之　　　　　（33.22）

9. 為妻嬰取寧盡□　　　　　　　　　　　　　　　　　　　　　（121.19）

從 1、2、5、9 例及以下第 10 例可知，為父母喪，為同產姐妹喪，為妻喪
可以取寧告假。

　　第 6 例可惜簡殘，兩段殘文之間的關聯不能十分確定，須要稍作疏
解。從其他的簡（40.2A、85.8、139.13、159.14、267.5A、478.16、EPT5：125、
EPT51：190A、EPT51：556A、EPT56：33、EPT56：199）可知，第 6 例的「延
都□德」即「居延都尉德」。都尉德有一繫年簡在五鳳三年十月（159.14）。
甲渠塞候移觻得縣令文書曰延壽同里云云，這裡的延壽，不是指人名，而
是觻得縣的延壽里。觻得縣令的文書是說，其縣延壽里的楊合眾病死，和
他同里的甲渠候長猛願取寧。而這位甲渠候長猛曾出現在另一繫年簡上
（EPT56：257），時間是五鳳元年五月。他可能也就是同一坑位出土
EPT56：96 簡中的楊猛，該簡謂：「肩水都尉斗食屬觻得延壽里公乘楊猛
□」。兩位名猛的人，雖然一是甲渠候長，一是肩水都尉斗食屬，不過如
果考慮猛有可能曾經調遷職務，則不能排除這兩位猛是同一個人。根據漢
代同族居於一里的習慣，楊猛和楊合眾或許是居於同一延壽里的親人。倘
使這樣，比較容易解釋為何楊猛有資格因楊合眾而請喪假。即使如此，這
仍是十分特殊的現象。[2] 漢代取寧是以那些親屬為範圍，很值得繼續注意。[3]

　　予寧的例子如：

10. 永光二年三月壬戌朔己卯甲渠士吏彊以私印

2　此外必須說明的是居延新簡 EPT48：17：「甲渠候長觻得延壽里趙猛」。也就是說前引簡中
　　的甲渠候長猛似乎有可能是這位趙猛，而不是楊猛。如此甲渠候長猛為楊合眾取寧，就不是
　　因為親族關係，而僅僅是同里之人罷了。但是據簡 EPT48：58A，知候長趙猛和士吏馮匡同
　　時，而馮匡是王莽至光武初的人（參拙文，〈從居延簡看漢代軍隊的若干人事制度〉，《新史
　　學》，3：1（1992），頁 101）。因此宣帝五鳳時期的甲渠候長猛，不可能是這位趙猛。

3　江蘇連雲港尹灣西漢晚期東海郡功曹史墓出土 YM6D5 木牘正面有為父、母、子男、兄、伯
　　兄、伯父取寧之例，大大增加了我們對這個問題的認識。參連雲港市博物館等編，《尹灣漢
　　墓簡牘》（北京：中華書局，1997），頁 97-98。

行候事敢言之候長鄭赦父望之不幸死癸巳

予赦寧敢言之 （57.1A，甲 2553A）

令史充 （57.1B）

11. ☑甲渠候官予寧敢言之☑ （EPT51：563）

12. □□願以令取寧唯府告甲渠候官予寧敢言之 （EPT53：71A）

從上例看，有權決定給予候長或隧長喪假的是候官一級的單位。這一點永田英正已經指出（《居延漢簡の研究》，頁 481）。不過候官須要向更高的都尉府報備。第 10 例中的士吏代行候事，於元帝永光二年三月十八日（己卯）報告上級有關候長鄭赦的父親不幸死亡，並於二月初一（癸巳）給予鄭赦喪假之事。單位中取寧的情況每個月都要匯集造冊，稱之為某月「吏寧書」（176.48A）。從前例中「以令取寧」的措詞可知，要求給假所根據的應是「寧令」或「假寧令」。《太平御覽》卷六三四〈范寧啟國子生假故事〉曾引晉之「假寧令」（見張鵬一編，《晉令輯存》，頁 312-313）。晉令名稱或淵源於漢。漢簡中有「以律取寧」一例（EPS4T2：144A）。但《後漢書‧陳寵傳》附子陳忠傳，忠上疏謂：「……蕭何創制，大臣有寧告之科，合於致憂之義。」李賢注引《前書音義》曰：「告寧，休謁之名。吉曰告，凶曰寧」。據此，則漢初有關吉凶假的規定似列入「科」，而非「令」或「律」，如此隨時代應曾有過改變。

喪假可以請多久呢？從上引第一例來看，母死，取寧似乎是三個月。但此簡下半殘文不明，不能十分肯定簡文最末的「寧三月」就是喪假期限。較明確的例子見於敦煌簡：

13. 玉門千秋隧長敦煌武安里公乘呂安漢年卅七歲長七尺六寸神爵四年六月辛酉除功一勞三歲九月二日其卅日父不幸死寧定功一勞三歲八月二日訖九月晦庚戌故不史今史 （《敦煌漢簡》，中華書局，1186AB，圖版 139）

《敦煌漢簡》釋文「寧」字作「憲」，疑誤。據圖版，字形類「憲」，實為寧字。《史記‧秦本紀》裡的「寧公」在《史記‧秦始皇本紀》裡作「憲公」，可見寧、憲二字因形近而易混淆。從文例上看，上引第 5 條簡「不幸死」之後，接一「寧」字，此處或亦然。這是一枚記呂安漢功勞的簡。

他原積功一，勞三歲九月二日，但其中三十日因父死告假，請假日數須自積勞中扣除，功勞從而定為功一，勞三歲八月二日。呂安漢因父喪取寧三十日，十分明確。[4]

取寧的日數，有上限。文帝定約禮之制，以日易月，凡三十六日釋服。（《漢書·文帝紀》顏注引應劭曰）《後漢書·陳寵傳》附陳忠傳李賢注謂此三十六日「後以為故事」。我原以為文帝以後官吏服喪以三十六日為上限。自張家山漢墓出土〈奏讞書〉刊布後，知道舊說有誤。[5] 三十日才是上限。呂安漢為父喪取寧三十日正是一個實例。這是一枚宣帝時期的簡，從奔喪須扣除積勞可以知道，最少在宣帝以前，並不鼓勵長期服喪。前引陳忠上言還提到：「孝宣皇帝舊令：人從軍屯及給事縣官者，大父母死未滿三月，皆勿繇，令得葬送。」宣帝此令及於祖父母，雖未言父母，應也包括父母，又喪未滿三月勿繇；換言之，滿三個月，就得應徵服繇役。陳忠在安帝元初三年重提宣帝舊令，是因為光武絕告寧之典，當時已不行此令，遂請鄧太后重「依此制」。儘管如此，這樣的喪假規定離主張三年之喪的儒生理想還差得太遠。在邊塞的簡牘文書中，全無取寧或予寧三年的影子。

▇二 休沐

1972-74 年出土居延簡中有一條關於休沐制的寶貴資料，從這一條可以知道漢代邊塞有工作十天，休息一天的休假制，和文獻中「五日一休沐」的情況不同：

1. ●告尊省卒作十日輒休一日于獨不休尊何解□　　　（圖 1，EPT59：357）

4　關於這一簡的不同解讀請參拙文，〈張家山漢簡《二年律令》讀記〉，《燕京學報》，新 15（2003），頁 42，注 18。

5　拙文，〈漢代邊塞軍隊的給假、休沐與功勞制〉，《簡帛研究》（北京：法律出版社，1994），頁 194；相關訂正參前引拙文，〈張家山漢簡《二年律令》讀記〉，頁 9。

古月集：秦漢時代的簡牘畫像與政治社會
—— 卷四 法制、行政與軍事

這是有關漢邊吏卒休假規定極重要和極明確的一條資料。此簡圖版清晰，釋文無誤。唯文意尚有難解之處。「告」字不知應作何解？是一般告劾的告或賜告、予告的告？一時還不敢斷言，據前後文臆測，或屬後者。尊是人名。此條大意是說尊為省卒，應給予休假；省卒每工作十天應有一天休假，唯獨尊未能休，引起上級質問，並要求解釋。可見該給的假，不得任意尅扣。這雖然是關於省卒的休假規定，很可能邊塞上其他類的「卒」，甚至「吏」都是如此。以隧卒日常的工作日迹來說，在以月為單位登記某隧的日迹簿裡，所記錄的日迹通常都是十天輪一班，不知是否即和十日一休有關：

2.　卒□□四月丙辰迹盡乙丑積十日

　　　卒□□四月丙寅迹盡乙亥積十日□

　　　卒張福四月丙子迹盡甲申積九日　　（EPT52：9）

簡中第一卒行日迹從丙辰到乙丑為十天，第二卒接著從丙寅到乙亥，也是十天，第三卒張福又接著迹最後的九天，從丙子到甲申。由一卒單獨行日迹，一人連續輪值十天，以這樣方式輪值日迹的例子又見下列簡：

3.　卒郭鈐乙酉迹盡甲午積十日　　凡迹廿九日毋人

　　　馬蘭越塞天田出入迹

　　　卒董聖乙未迹盡甲辰積十日

　　　卒郭賜乙巳迹盡癸未積九日　　　　（18.8）

4.　　卒□□甲辰迹盡癸巳積十日

　　　卒韓憲金甲辰迹盡壬子積九日

　　第三隧

　　　卒張葉甲午迹盡癸卯積十日

圖1　居延簡 EPT59.357

凡迹廿九日毋人馬蘭越塞天田出入　　　　　　　　　　（257.3）

5. ☑盡壬辰積十日

　　☑盡壬寅積十日

　　☑盡壬子積十日

　　☑越塞天田出入迹　　　　　　　　　　　　　　　（EPT2：22）

6. 　　四月乙卯卒王宮迹盡甲子積十日　四月乙亥卒許柱迹盡甲申積十日

☑●

　　　　四月乙丑卒鄧祿迹盡甲戌積十日　凡迹積卅日毋人馬蘭越塞天田

　　　　　　　　　　　　　　　　　出入迹　　　　　　（EPT4：83）

7. ☑盡甲子積十日☑

　　☑十日☑　　　　　　　　　　　　　　　　　　　（EPT5：185）

8. 臨木隧卒三人　　　（以上為第一欄）

　　卒陳盧癸未日盡壬辰積十日毋人馬蘭越塞天田出入迹

　　卒氾☑癸巳日迹盡壬寅積十日毋人馬蘭越塞天田出入迹

　　卒☑漢癸卯日迹盡壬子積十日毋人馬蘭越塞天田出入迹

　　凡積卅日　　（以上為第二欄）　　　　　　　　　（EPT43：32）

9. 　　☑迹積十日

　　☑　　　　　　　　☑—

　　　積十日　　　　　　　　　　　　　　　　　　（EPT48：112）

10. ☑卒未央迹盡乙卯積十日　　　凡迹☑☑

　　☑卒侯游迹盡乙丑積十日　　　出入☑

　　☑卒許敢迹盡甲戌積九日　　　　　　　　　　（EPT51：286）

11. ☑月丙寅卒莊禹迹盡乙亥積十日

　　　　　　　　☑盡乙酉積十日　　　　　　（以上為第一欄）

　　十一月丙戌卒藉良迹盡乙未積十日

　　凡迹卅日毋人馬出入塞天田迹　　　　　　　（以上為第二欄）

　　　　　　　　　　　　　　　　　　　　　　（EPT51：522）

12. ☑迹盡甲申積十日☑　　　　　　　（EPTS4.T1：22）

隧卒除日迹，還有勤務稱為「日作」，日作似也以十日為一單位。工作九日，第十日休息。以下各簡是隧卒九天工作的記錄：

13. 第五隧卒高登　治墼□□　治墼八十　治墼八十　除土　除土　除土
　　除土　除土　除土　　　　　　　　　　　　　　　　　（27.12）

14. 第廿四隧卒孫長　治墼八十　治墼八十　治墼八十　除土　除土　除
　　土　除土　除土　除土　　　　　　　　　　　（61.7+286.29）

15. 第卅四隧卒富承　治墼八十　治墼八十　治墼八十　除土　除土　除
　　土　除土　除土　除土　　　　　　　　　　　　　　（89.22）

16. □□隧卒□當　除土　除土　除土　除土　除土　除土　除土　除土
　　除土　　　　　　　　　　　　　　　　　　　　　　（254.22）

以上 13～16 簡都完整，形式一致，記錄隧卒每日治墼或除土的情況。從以上看來，所謂十日一休沐，似乎是指工作九日，休息一日，因此只記錄了九天的工作內容。以下幾枚敦煌日作簡也反映了同樣的情形：

17. 募當卒張逢時　病　病　病　葦　葦　葦　格　葦　休　葦　葦　葦□
　　　　　　　　　　　　　　　　（《敦煌漢簡》1027，圖版 139）

18. 煎都鄣卒郭縱　病　ｖ　葦　葦　葦　葦　葦　格　休　葦　葦　葦
　　葦　葦　葦　葦病　葦　休　詣昌安　　（《敦煌漢簡》1028，圖版 140）

19. 葦　葦　葦　休　葦　苣　格　取葦　　　（《敦煌漢簡》1031，圖版 95）

20. □初格—　葦　休　葦　葦　葦□　　　（《敦煌漢簡》1032，圖版 95）

以上 17～20 簡性質相同，其中第 18 簡完整。從第 18 簡可見鄣卒郭縱二十天中每天工作（採葦）或生病，或「格」，[6] 或「休」的情形。二十日中

6　《說文》卷六上木部：「格，木長兒」。居延漢簡 104.26：「四釘一 車柱一格一……」，敦煌漢簡 1066A：「長安將作格」（《敦煌漢簡》，北京：中華書局，1991）。格和前後文的葦、苣都是物品，疑指一種長木杖。某日格，就像某日苣，某日葦，似指某日作或治長木杖之類。東漢明帝好杖笞侍臣。有一次欲笞罰書寫有誤的尚書郎，尚書僕射鍾離意自擔其罪，叩頭進言：「……臣當先坐」，「乃解衣就格。」（《後漢書‧鍾離意傳》）所謂解衣就格者，解衣就長杖受笞也。《方言箋疏》卷三，頁 128：「格，正也。」箋疏謂：「射之樴質亦謂之正，正謂之格，射之樴質亦謂之格。」《淮南子‧兵略訓》：「夫射儀度不得，則格的不中。」高誘注：「格，射之樴質也；的，射準也。」果如是，格也可指箭靶之類。

曾休沐兩次，可見所謂十日一休的一種情況是工作九天，休息一天。而從第 17、18 例看，生病似乎並不影響休假的權益。工作九天，休一天合為十日的計算法，從以下這一條可以看得更清楚：

21.　　　　　一日休　　四日格

　　　格　　十日

　　　　五日葦　　　　　　　　　　　　　　　（《敦煌漢簡》1029，圖版 94）

和這一條書寫格式相同的另兩條上，則有每十五日，工作十四日，休一日的情形：

22.　　　　　　　其一日休　一日苣　一日格

　　□格　假　十五日

　　　　　　　十一日葦　一日□葦

　　　　　　　　　　　　　　　　　　　　　（《敦煌漢簡》869，圖版 83）

　　　　　　　一日休　一日苣

23.□格　十五日　　　　　　　　　一日格□

　　　　九日葦　三日運葦

　　　　　　　　　　　　　　　　　　　　（《敦煌漢簡》1030，圖版 95）

不論那種情況，十日一休沐並不是一成不變，也不是工作九或十四天，就一定有一天休息。日迹或日作的週期長度都並不完全固定。有人日迹三天一輪，也有人連續迹十五日才換班。三天的例子如下：

24. 不侵隧卒更日迹名（以上第一欄）

　　郭免乙亥戊寅辛巳甲申丁亥庚寅癸巳丙申己亥辛丑癸卯

　　李常有丙子己卯壬午乙酉戊子辛卯甲午丁酉庚子壬寅

　　李相夫丁丑庚辰癸未丙戌己丑壬辰乙未戊戌省不迹　　　（以上第二欄）

　　　　　　　　　　　　　　　　　　　　　　　（EPT56：31）

25. 第十六隧長王□□　　　乙巳王敞迹乙　　　壬子王延迹ノ

　　戍卒王延　　　　　　丙午王延迹ノ　　　癸丑王敞迹乙

　　戍卒王敞　　　　　　丁未陳樂成迹　　　甲寅陳樂成迹□

　　戍卒陳樂□　　　　　戊申王敞迹乙　　　乙卯王延迹

卒王延省　　　　　己酉王延迹ノ□

（EPT56：290）

26.　　戊午陳□□迹

己未王延迹ノ

匸□

庚申王敞迹乚

辛酉陳樂成迹

（EPT56：307）

27.　　丙寅王敞迹乚　壬申王敞迹乚

匸□

丁卯陳樂成迹　癸酉陳樂成迹

●凡積卅日

（EPT56：289）

以上 25、26、27 簡原是第十六隧戍卒同一份日迹記錄的殘存部分。我曾試
以日期及人名排列順序，復原全份記錄；第 26、27 簡的部分可以十分吻合
地照順序復原如下：

戊午陳樂成迹　　〔壬戌王延迹ノ　　〔戊辰王延迹ノ
己未王延迹ノ　　癸亥王敞迹乚　　　己巳王敞迹乚
庚申王敞迹乚　　甲子陳樂成迹　　　庚午陳樂成迹
辛酉陳樂成迹　　乙丑王延迹ノ〕　　辛未王延迹ノ〕
　　　　　　　　丙寅王敞迹乚　　　壬申王敞迹乚
　　　　　　　　丁卯陳樂成迹　　　癸酉陳樂成迹
　　　　　　　　　　　　　　　●凡積卅日

依照 25 簡及以上的復原，可知三名戍卒每人輪一日，隔兩天輪到一次。一
個月每人仍是日迹十天，但輪法不同。其他也有十五日一輪的：

28. 觻光九月癸未盡丁酉積十五日迹　凡積卅日□□

李安九月戊戌盡壬子積十五日迹

趙賜九月旦省詣茭

（132.29）

29.　　卒呂弘二月壬午迹盡丙申積十五日

第三隧卒郅安世二月丁酉迹盡庚戌積十四日

　　　　　　卒橋建省治萬歲塢

　　　　　　凡迹積廿九日毌人馬越塞天田出入　　　　　　　　　　　（214.118）

30.　　卒左朔十月己巳迹盡癸未積十五日　　凡

　　　　□　　　　　　　　　　　　　　　　　　　□

　　　　卒張定十月甲申迹盡戊戌積十五日　　　　　　　　　　　（EPT51：393）

第 30 例簡殘，第 28、29 例的兩卒各迹十四、五日，是因隧中另一卒另有照料馬食或修治塢堡的特別工作，否則一般似乎是由三卒分擔每月的日迹工作，每九日或十日一輪。

　　每工作九日、十日或十餘日才有休沐一次的機會，這樣的休沐比漢代中朝官通常享有的「五日一休沐」（《漢書・萬石君石奮傳》）要差得多。漢居延或敦煌簡中還找不到五日一休的例子，不過許多情形是將應享的休沐日數湊成若干天的假期一次休。簡中有一次休二、三十日的：

31.　第二十一隧卒杜詡　　休二十日　　　　　　　　　　　　　（EPT65：51）

32.　第二十八隧長張駿　　休二十日　　　　　　　　　　　　　（EPT65：136）

33.　第二十五隧卒鮑永　　∫ 休三十日　　　　　　　　　　　　（EPT65：323）

　　為何有休二十日、三十日的情形呢？下文還可以見到有休十天或十五天的例子。我的猜測是吏卒雖十日一休，事實上他們並不一定九或十天就能有休息一天的機會。居延簡中有例子提到，有人「七月一日居署盡晦積卅日」（EPT40：160）云云。這是說某人在自己的「單位」當職（居署）從七月一日至最後，連續工作了卅天。照規矩計算，他就積了三天休假。如果累積更多，一次即可休二十日甚至三十日。各人似可隨需要或隨實際的情況調整。又按漢邊計功勞的辦法，在某些情況下，有二日當三日的（居延簡 10.28、562.19、敦煌簡 1854）。這樣的一個好處就是休假較正常為多：積勞二十等於三十日，本來休假二日，如此就可以休假三日。其餘漢簡中常見的增勞或奪勞，都會影響到休假的增多或減少。過去學者多認為功勞是和升遷有關，我相信也和休假有關。[7]

7　這一點大庭脩先生已指出，參所著《秦漢法制史研究》，頁 450。

總結以上，或許可以這樣說，邊塞吏卒十日一休只是原則，可因各單位基本勤務、可執勤人數、臨時出差、生病、請假等實際狀況，而有各種彈性調整和安排。這些調整的方式，其實和今天並沒有太大差別。

　　接著或許可以一談為何簡牘中有那麼多人家居「去官」若干里的記載。這應該和休假有關。先來看看相關的記載：

34. 肩水候官並山隧長公乘司馬成中勞二歲八月十四日能書會計治官民頗知律令武年卅二歲長七尺五寸觻得成漢里家去官六百里　　　　　　　（13.7）

35. 　　　　　　　　　功一勞一
　　　肩水候官始安隧長許宗　　　能書會計治官民頗知律令文年卅六長七尺
　　　　　　　　　　　　二寸
　　　　　　　　　中除十五日
　　　觻得千秋里家去官六百里　　　　　　　　　　　　　　　　　（37.57）

36. □平日能書會計治官民頗知律令文年五十一歲長七尺五寸□□□里家去官千六十三里□□□□和百□□　　　　　　　　　　　　　　（49.9）

37. □候官窮虜隧長簑裹單立中功五勞三月能書會計治官民頗知律令文年卅歲
　　　長七尺五寸應令居延中宿里家去官七十五里屬居延部　　　　（89.24）

38. □七尺三寸居延全稽里家去官十里□　　　　　　　　　　　　（136.2）

39. 肩水候官執胡隧長公大夫奚路人中勞三歲一月能書會計治官民頗知律令文
　　　年卅七歲長七尺五寸氐池宜藥里家去官六百五十里　　　　　（179.4）

40. 觻得□胡里實田去官六百里和□□　　　　　　　　　　　　　（387.8）

41. □……頗知律令文年卅八歲長七尺五寸居延肩水里家去官八十里……
　　　　　　　　　　　　　　　　　　　　　　　　　　　　　（EPT3：3）

42. □歲長七尺五寸居延昌里家去官八十里　　　　　　　（EPT52：137）

43. □□居延□里家去官七十里　　　　　　　　　　　　（EPT56：424）

44. 延城甲溝候官第三十隧長上造范尊中勞十月十秦日能書會計治官民頗知

律令文年三十二歲長秦尺五寸應令居延陽里家去官八十里屬延城部

（EPT59：104）

45. 居延甲渠候官第十隧長公乘徐譚功將

中功一勞二歲

其六月十五日河平二年三年四年秋試射以令賜勞　　　（以上為第一欄）

能書會計治官民頗知律令文　　　　　　　　□令　　（以上為第二欄）

居延鳴沙里家去大守府千六十三里產居延縣

為吏五歲三月十五日

其十五日河平元年陽朔元年病不為勞　居延縣人

（以上為第三欄）（EPT50：10）

　　以上十五簡的共同點很明顯，即它們都是功勞簡。為什麼在記載功勞的簡冊上要注明他們家去官里數呢？原因是這些隧長或候長平日工作，未居於自己的家中。[8] 只有休假時，才能回家省親。他們的休假日數和機會，除了固定的十日一休，更與累積的功、勞多少有關。記載家去官距離，是因為漢代顯然和後世（例如晉代）一樣，給假也依遠近給「程」（參前引《晉令輯存》，頁 312-313）。著名的〈朝侯小子殘碑〉碑主曾為郡主簿、督郵和五官掾，殘文云其「每休歸在家……」云云。[9] 碑文中有一「每」字，可知其休歸在家不是一次性，而是經常性的休假。又〈唐公房碑〉載碑主為王莽時郡吏，「是時府在西成，去家七百餘里。休謁往來轉景即至」。[10] 因為唐公房知法術，故能轉瞬來回於家與郡府之間。正常之官吏休沐歸家，勢必須要時間用於來回途中。記載去官距離的一個作用應是作為給程的依據。所謂「去官」的「官」，應是指他們服務的單位。雖然目前沒有漢代

8　官吏一般不住在家中的另一例證可見《藝文類聚》災異部祈雨條引董仲舒：「江都相仲舒下內史承書從事，其都官吏家在百里內，皆令人故行書告縣，遣妻視夫。」這是為了祈雨，調和陰陽，因此凡都官吏家在百里內者，由縣通知其妻赴舍與夫相會。由此可以反證平日官吏夫妻並不住在一起。

9　永田英正，《漢代石刻集成》圖版釋文篇（東京：同朋舍，1994），頁 282。

10　同上，頁 270。

給程的直接證據，不過從上例 34、35、39，家去官達六百里或六百餘里，如給假不另計路程時間，假期就要消耗在路上了，十分不合理。居延簡中只有一些不很明確，或為「程」的記載：

46. 郭卒蘇寄　九月三日封符休居家十日往來二日會月十五日　　（EPT17：6）

47. ☑十一日封符直休居家廿日往共☑　　　　　　　　　　　（EPC：61）

第 46 例，郭卒蘇寄從九月四日起休假歸家十日，所謂「往來二日」應是在路上所耗的「程」；第 47 例，休假廿日，「往共」疑應釋作「往來」，共來形近而誤，惜圖版不清，幾不可辨。依文例，如果釋為「往來」正確，則所記也應是來回所耗的「程」。這兩例其一居家十日，另一居家二十日，似乎和十日一休沐之制有關。

休假者在休假期間須有人代理工作：

48. 隧長常業代休隧長薛隆迺丁卯鋪時到官不持府符●謹驗問隆

（EPF22：170）

49. 俱南隧長左隆　　借實永自代　　休　　　　　　　　　（EPF22：268）

50. 課言●謹案湯自言病令子男珍北休隧長詡自代乘隧湯蓋癸酉

（EPF22：340）

休假者在返家來回的路上須有「過所」為通行證：

51. 過所☐建武八年十月庚子甲渠守候良遣臨木候長刑博　（EPF22：698A）

　　過所☐便休十五日門亭毋河留如律令　　　　　　　（EPF22：698B）

此簡中的「河」字即「苛」字。這一過所兩面連讀，臨木候長刑博便「休十五日」。甲渠守候給了他十五天休假。憑此過所，他在來回路上，門亭關津都應依規定放行。

居延簡中還有所謂的「後休」，其制尚不明，姑錄備考：

52. 名而很言調給解何記到更具言隧長後休在隧長當廩者☑

（EPF22：382）

53. ☑長董放　　月十九日後休　　　　　　　　　　　　　（EPT26：4）

54. ☑月十九日後休　　　　　　　　　　　　　　　　　　（EPT27：68）

又如果不是休假，又未辦請假手續（取寧、取急），即擅自離開工作崗

位，稱之為「私歸」或「私去署」。私歸者，私自歸家，離開工作崗位與
私去署意義可通，這可從以下一簡看出：

55. □□隊長武將辛詣官廄

　　□□為部候長所苦毒今白●謹問武叩頭死罪對曰誠乏食私歸取食案武知

　　從事行塞私去署毋狀

　　□□致白　　　　　　　　　　　　　　　　　　　　　（EPT59：240）

隊長武承認自己為取食私歸，也承認行塞之中擅離職守之不當，私歸和私
去署是相關聯的。他因「乏食」而私歸取食，為何如此，十分值得注意。
他們似乎除了公家的口糧，還有私人的糧食來源。私歸者多歸某某田舍：

56. □田舍再宿又七月中私歸遮虜田=舍一宿　　　　　　　　（127.7）

57. □為誰充云月廿日甲午昏時私歸宜穀田舍乙未過男子萬順日不與市

　　　　　　　　　　　　　　　　　　　　　　　　　　　（157.16）

58. 私歸當道田舍直宿今適福如牒檄到遣□　　　　　　　　（217.16）

59. 掾庭謹責問第四候史敞第八隧長宗迺癸未私歸塢壁田舍　（EPT51：74）

60. □□□私歸宜穀田舍□　　　　　　　　　　　　　　　（EPT51：715）

61. □□□□□□□　□□□□□□□□□乏候望私歸田舍積□□

　　　　　　　　　　　　　　　　　　　　　　　　　　　（EPT52：306）

　　這些田舍稱為「遮虜田舍」、「塢壁田舍」、「宜穀田舍」，另外還見「中
部田舍」（133.15）、「郭東田舍」（EPT59：2）、「第八亭部田舍」（EPT68：
109）；敦煌簡有「郭府田舍」（《敦煌漢簡》846A，圖版81），這些田舍的性質
如何，還待研究。

　　除了為取食私歸，還有例子是嫂嫂死，私歸九日（EPT52：367）。不知
是不是因為不得為嫂死取寧？另有一例，私去署是「之它亭聚會奉訐飲□」
（403.10），意義不明。

　　私歸或私去署都要受到調查：

62. 詰況私去署以何日還到隧具對　　　　　　　　　　　（EPF22：383）

63. 詣官往來積私去署八日除往來日積私留舍六日辭具　　（EPF22：387）

第63例謂「積私去署八日，除往來日，積私留舍六日」，是說某人私自離

開工作崗位共計八天，除了來回路上的兩天，私自在家舍中停留共計六天。扣除往來日正是前面所說的「程」，是不列入計算獎懲的，這是給程制度存在的一個旁證。至於私去署會受到什麼懲罰，無可考。

此外，須要提一下《資治通鑑》胡三省注有關休沐的「漢制」異說。《通鑑》卷廿三漢昭帝始元三年條，胡注謂：「漢制：中朝官五日一下里舍休沐，三署諸郎亦然。」（點校本，頁 754）又卷廿八元帝初元二年條，胡注又云：「漢制：自三署郎以上入直禁中者，十日一出休沐。」（點校本，頁898）兩注俱涉三署郎以上之中朝官，一云五日一休沐，一云十日一出，不知何故？以意忖度，漢中朝官本有五日一休沐之制，廖伯源先生嘗詳證之，[11] 又漢邊官吏有十日一休之制，居延、敦煌簡可證，一般地方官吏或亦如之，唯無確證。[12] 張忠煒先生提到唐徐堅《初學記》卷廿引漢律：「吏五日得一下沐，言休息以洗沐也。」[13] 查《太平御覽》卷六三四治道部也有這一漢律，內容全同。和胡注對比，胡注實較為明確，五日一沐為中朝官之制，非泛指所有之吏。胡三省作注，曾徵引不少今已亡佚的漢代典籍，其言有據，似無可疑。唯胡注前後同事而異說，或因一時失考，誤將中朝官與一般官吏之休沐相混。當然也不能排除中朝官之休沐曾經歷改變。一般官員的休沐是否也曾變化？無可考。

最後還須要一提江陵張家山《二年律令》簡中出現的一條有關「予告」的新資料：

> 吏及宦皇帝者，中從騎，歲予告六十日；它內官，卅日。吏官去家二千里以上者，二歲壹歲一歸，予告八十日。（簡216）

11　參廖伯源，《秦漢史論叢》（臺北：五南出版社，2003），頁 305-342。

12　《太平御覽》卷六三四〈治道部〉另提到謝承《後漢書》的三條休假資料，迻錄於此，以供參考：「謝承《後漢書》曰：許荊字子張，少喪父，養母孝順。家貧，為吏無有舟車。休假常單步荷擔上下，清節稱於鄉里」，「又曰：范丹字史雲，陳留人也。為郡功曹，每休假上下，常單步策杖。同類以車牛與之，不取」，「又曰：吳馮字子高，為州郡吏，休假先存恤行喪孝子，次瞻病，畢拜覲鄉里耆老先進，然後到家，名昭遠近。」（臺北：商務印書館景印），頁 2972。

13　張忠煒，〈漢官休假雜考補遺〉，《出土文獻研究》，6（2004），頁 155。

愚意以為這是「對為皇帝服務的漢廷官員和內官在一般休沐以外的特別慰勞假」，相關討論詳見拙文〈張家山漢簡《二年律令》讀記〉，這裡就不再重複。[14] 值得注意的是吏去家二千里以上者，兩年才得一歸，又予告日數八十日，很明顯是比照內官一年四十日，合併計算。其背後的原則和前文所論邊塞士卒休沐，可合併若干十日為二、三十日，是一致的。

81.5.24，82.4.28 改訂

後記

　　拙稿改訂期間，承裘錫圭先生和蕭璠兄指教，謹此誌謝。

原刊《簡帛研究》（北京：法律出版社，1994），頁 192-205；96.1.4 訂補；
105.2.11 再訂

14　拙文見《燕京學報》，新 15（2003），頁 6-7，收入本書卷一，頁 173-229。

漢代邊塞吏卒的軍中教育
——讀《居延新簡》札記之三

　　稍習漢代簡牘者皆知，在漢邊候長、隧長的考課中，「能書」、「會計」、「知律令」是三項標準。所謂能書，是指能否以公文常用的書體——史書，也就是隸書寫公文；[1] 所謂會計，是指基本的計算，這是應付漢代軍隊行政中無數報表計簿不可少的基本能力；知律令，則應是泛指對各種法令條品規定的知識。由於居延和敦煌簡牘文書的出土，使我們知道他們能書，知計算和知律令的能力並不是擔任這些職務以前就必然具備，而是在擔任職務的過程裡，逐漸學會的。例如破城子探方五十一所出一件關於隧長的「除書」簡中明白註明他在除為隧長時「不史」：

1. 居延甲渠第二隧長居延廣都里公乘陳安國年六十三建始四年八月辛亥
　　除　不史　　　　　　　　　　　　　　　　　　　　　　（EPT51：4）

　　在另外兩支除書簡中，則分別註明一位候史，一位候長為「史」（EPT51：9A，EPT51：11）。所謂「史」或「不史」，于豪亮已清楚考證就是會不會以隸書寫公文的意思。[2] 經過學習，原不會寫的變成會寫，在個人資料上也有記錄。例如敦煌簡載，玉門千秋隧長呂安漢「故不史今史」，[3] 意思是他原不知史書，今已知史書，就是明顯的一例。另一個于豪亮曾引用

1　史書即隸書，錢大昕已指出。參錢大昕，《廿二史考異》（北京：商務印書館，1958），「漢書元帝紀注」條。較新的討論可參邢義田，〈漢代《蒼頡》、《急就》、八體和「史書」問題——再論秦漢官吏如何學習文字〉，本書卷四，頁573-617。

2　于豪亮，《于豪亮學術文存》（北京：中華書局，1985），頁202-203。

3　甘肅省文物考古研究所編，《敦煌漢簡》（北京：中華書局，1991），1186AB，圖版139。

過的例子，可以證明隧長史或不史不但有記錄，記錄還經考核；如有不符，上級會追問，要求提出解釋：

2. 校甲渠候移正月盡三月四時吏名籍第十二隧長張宣史案府籍宣不史不
　　相應　解何　　　　　　　　　　　　　　　　（129.22+190.30 圖 1.1-2）

從上引數例可知，「史」或「不史」最少出現在：（1）除書，（2）四時吏名籍，（3）府籍（疑指存於都尉府之籍）和（4）計功勞的簿籍（前引呂安漢簡為一計功勞之簡）等四種記錄中。除為隧長者有不知史書的，不過還沒有發現候長或職位更高的官吏不知史書。換言之，漢代任命隧長，原或不必然以識字、知書、能算為條件。但為應付職務上的需要，為了升遷，恐怕不得不去學習，學習的結果會經考核，並被記錄成為人事資料的一部分。這樣看來，漢代邊塞的軍中教育就成為一個有趣且值得注意的問題。

圖 1.1-2
129.22+190.30
全簡及局部

根據漢代的徵兵制度，除了北邊徵為騎士的良家子，其餘士兵絕大部分原來是農人。文帝時，馮唐答文帝之問，有一段提到：「夫士卒盡家人子，起田中從軍，安知尺籍伍符？」（《史記‧馮唐傳》）從居延出土的簡牘看，漢代邊塞的確有大量來自內郡的田卒。墾田耕作對這些到邊塞充當田卒的人來說，駕輕就熟。這些農夫原本有多少曾讀書，會識字，今天沒有任何依據可以作準確的估計。不過，可想而知，在漢代地方郡國學校尚未普及以前，一般平民的識字率不可能高。即使地方學校設立以後，能入學的多半也是少數當地豪門或官吏的子弟。景帝末，文翁為蜀郡守，起學官於成都市，招下縣子弟以為學官弟子。縣邑吏民見而榮之，爭欲為學官弟子，「富人至出錢以求之」（《漢書‧循吏傳》）。富人出錢求之的結果必然是減少了一般平民的機會。東漢建武時，任延為武威太守，「造立校官，自掾史子孫皆令詣學受業」（《後漢書‧循吏傳》）。這

是專為掾史子弟設立的學校，一般平民並沒有機會。漢代的農人絕大多數只可能是文盲。漢代軍隊中的「籍」和「符」都使用文字，文盲自然沒辦法了解尺籍伍符為何物。由馮唐的話可以推想，入伍服役因而可能是漢代一般百姓識字和受教育的一個重要機會。一旦入伍服役，除了必要的軍事訓練，他們有機會學會文字，知道書寫，會算術，甚至認識一些基本的國家法令。

漢代邊塞的軍中教育反映在居延和敦煌大量出現的（1）練習寫字的簡牘，（2）字書《倉頡》或《急就》篇，（3）九九乘法表簡。在以上兩地邊塞出土的簡牘殘籍自然不只以上所列，其它醫方、曆書、日書、占書、兵書、經書及失傳古籍都有，但最多的無疑是最基本的字書和算書。學習律令似乎沒有特殊的教本。字書《急就》第廿八章至卅章，已經將律令及司法的基本知識納入。讀《急就》即可習得第一步的律令知識。[4] 關於《倉頡》、《急就》及《九九》，研究的學者很多。[5] 本文特別注意的是吏卒對烽火品約的學習。烽火品約是廣義律令的一部分。在 1972-74 年出土的居延簡中有以下簡：

3. ☐☐卒諷讀烽火品約第十七候長勝客第廿三☐　　　　　（EPT52：33）

4. ☐知牘烽火品約　　　　　（EPT52：45）

5. ☐卒一人牘烽火品未習　　　　　（EPT52：66）

6. 吞遠隧長赦之　卒人牘烽☐　　　　　（EPT52：156）

敦煌簡有如下一條：

7. ☐中乘塞烽隧吏卒諷誦烽火品約具烽垺不知（《敦煌漢簡》1226）

從這些簡可知吏卒須能諷讀烽火品約，不能熟讀的稱為「未習」。吏卒是

4　參邢義田，〈秦漢的律令學〉，《秦漢史論稿》（臺北：東大圖書公司，1987），頁 80-81；本書卷四，頁 51。

5　參甌燕、文本亨、楊耀林，〈從深圳出土乘法口訣論我國古代九九之術〉，《文物》，9（1991），頁 78-85；彭浩，《張家山漢簡算數書註釋》（北京：科學出版社，2001）；洪萬生、林倉億、蘇惠玉、蘇俊鴻等，《數之起源——中國數學史開章算數書》（臺北：臺灣商務印書館，2006）。

否習知烽火品約，列入長官行塞督察的項目。始建國地皇四年七月的行塞省兵物錄中有一條規定：

8. 省候長鞍馬追逐具吏卒皆知烽火品約不　　　　　　　　　（EPF22：237）

這條是說要省察候長是否備妥鞍馬、追敵的器具以及吏卒是否都知烽火品約。如果候長居然不知諷讀品約，即構成遭到斥免的一項理由：

9. ☐☐里上造張意萬歲候長居延沙陰里上造郭期不知犢（讀）烽火兵弩不

築持☐☐☐☐☐斥免它如爰書敢言之　　　　　　　　（EPT59：162）

一般戍卒或隧卒是否知烽火品約也在考核之列，如何獎懲則不清楚：

10. ☐竟　卒三人一人病　卒符惲月廿三日病傷汗

二人見　　　　卒范前不知烽火品　　　　　　　　（46.9A）

從與第6簡出自同一坑位的另一簡上，我們知道當時吏卒須要諷讀的還有其他的「條品」：

11. ☐皆諷讀知條品方循　　　　　　　　　　　　　　　（EPT59：274）

以及其他的品約，如：

12. ☐聲窻深目各☐諷誦品約☐　　　　　　　　　　　　（118.4）

以上第3、4、5簡中的「犢」，第6簡中的「犢」，都是「讀」字的訛寫。這就關係到漢邊吏卒「書」的傳授和「能書」的程度不一。此外，所謂「諷讀」或「諷誦」，指的是背誦和閱讀。《漢書．藝文志》：「太史試學童，能諷書九千字以上，乃得為史」，《說文解字》許慎序作：「學僮十七已上，始試，諷籀九千字乃得為史」。段注：「周禮注曰：倍文曰諷；竹部曰：籀，讀書也；毛詩傳曰：讀，抽也；方言曰：抽，讀也；抽即籀，籀、讀二文為轉注。」背誦不一定須識字，閱讀則必識字不可。漢邊任烽火的戍卒，必然須要熟知烽火品約，能背誦應是起碼的要求，能讀其文字則須先識字。

出土簡牘中有很多字書殘簡或觚，還有不少練習寫字的簡。過去大家較注意字書簡，並不很注意習字簡，其實兩者對了解漢代邊塞的教育同樣地重要。王國維早已注意到習字簡的存在。他在《流沙墜簡．屯戍叢殘》中指出：「木牘兩面，一面為龍勒長林丞禹叩頭死罪，其旁即習字者抄寫

練習，重複書寫『之』、『林』，另一面則有『蒼頡作』諸字。」又謂：「恐係當時人弄筆錄龍勒長書者至龍勒長印四字則并封泥之文錄之。簡背又有記當叩頭死罪狀並蒼頡作諸字，皆隨意塗寫者也。」[6]

如果稍稍檢視這些練習的內容，就可以發現絕大部分練字是在廢棄的簡牘上，以現成的公文——各種簿籍或記錄為範本，重複抄寫公文中的某些字句或部分的內容。要辨別那些簡是用於練習抄寫，必要注意以下這幾類的抄寫現象：

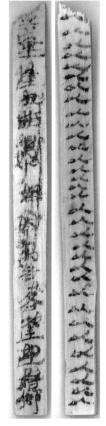

（1）簡上僅重複書寫某一字。例如 45.10AB（圖 2）、67.12（圖 3）、75.10AB、479.14

（2）簡上就某些文句重複書寫，難以分辨那些部分是正式文書，那些又是練習。例如、62.25AB、125.38AB（圖 4.1-2）、158.12、183.11A、507.2AB

（3）簡上所書文句中有某些字或詞反覆連串書寫，而且墨色有別。例如簡 53.12（圖 5：「子 父母 問之 之之之有宅事之之之有喜……」後六個「之」墨色較淡，重複書寫。簡 24.3 則重複書寫「傳舍以郵行」等字。其餘如 81.8AB、160.9AB、552.1 情形類似。

（4）一面為書法工整的正式文書，另一面卻是重複書寫的文字。例如簡 26.9A，26.9B 是重複文字的書寫。其它如 133.2AB（圖 6.1-2）、31.1AB、32.12AB。

（5）也有所書全不可識者，但明顯是書法筆畫的重複練習。例如 217.25、276.11（圖 7）、324.4AB

圖 2.1-2　45.10AB

6　王國維，《流沙墜簡》（上虞羅氏宸翰樓印本，1914），屯戍叢殘考釋頁六上。

圖3　67.12　　圖4.1-2　125.38AB　　　　圖5　53.12

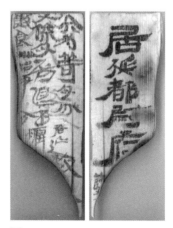

圖6.1-2　133.2AB　　　　圖7　276.11

不論那一類，習書簡書寫的共同特徵是簡上同一面或兩面出現正式文書不應有的重複筆畫、字、詞或句。具體地說，例如不少學者研究過的「徐宗」簡（24.1B），據個人考察原簡，就不是正式簿冊的一部分，而是以某一簿籍為範本，重複抄寫其內容的一支牘。[7]

根據以上特徵，可以將居延簡中的習書簡挑出來。而這些習書簡可以說普遍出現在不同的地點。例如

出於地灣 A33：

183.11AB、125.38A、31.1A、183.8

出於博羅松治 P9：

413.5A

出於金關 A32：

43.31、75.10AB

出於破城子 A8：

26.9AB、45.10AB、175.5、234.5、133.2AB、133.4AB、24.3、24.8AB、28.21AB、24.1AB、160.7、286.26AB、286.27AB、282.16、185.30、220.20、229.5AB、271.7AB、317.23、283.8、285.9AB、4.17AB、4.6AB、157.23、160.5AB、160.9AB、262.35AB、311.7、479.14、67.12、259.13AB

這些例子幾乎都是利用廢棄的簡牘，重複書寫簡牘上的文字。漢邊資源有限，簡牘都是盡可能重複利用。學習寫字並沒有專門的練習簿。學書的人有機會以公文為範本，可見他們的學習方式基本上頗類似現在的在職訓練。漢代閭里有教書寫的「書師」，邊塞簡牘中不見書師。擔任書師工作的也許就是那些在簡中注記「能書」或被稱為「夫子」的人吧。這樣的在職訓練，用秦漢時的話說就是「以吏為師」。漢邊塞以吏為師的情形和內

---

7 參邢義田，〈從居延簡看漢代軍隊的若干人事制度〉，《新史學》，3：1（1992），頁 127-129；本書卷四，頁 639-669。

郡看來並無不同。[8]

　　居延和敦煌也曾出土不少九九術的殘簡，這些殘簡書寫的格式不一，橫豎皆有（例如：《敦煌漢簡》2170，圖版173，橫書多排），[9] 在書法和格式上，不像出土的《急就》或《蒼頡》殘觚那樣工整和一致。個人懷疑九九術的教授和學習可能不像字書那樣有教本，而是如甌燕等學者提出來的以背誦口訣，再默書的方式教和學。[10] 因此在居延和敦煌所見的九九簡應是學算時練習抄錄的痕跡。甌燕也提到居延九九簡分別出自 A33、A22、A8、P9 等地點，這和其他習書簡分別出自 A33、A32、A8、P9 等地一樣。王國維《流沙墜簡》附錄敦煌各遺址出土簡表，更早已列出敦煌字書出於七個不同的烽隧遺址。[11] 這些都反映學識字和學算的活動並不特別集中某處，而應是普遍存在於邊塞的烽隧線上。漢代邊塞雖有軍中教育，似乎並沒有特定的「學校」。吏卒在工作之餘，由識字、知書、能算的夥伴教導，利用廢棄簡作些練習，這應是他們學習的主要方式吧。

　　漢代的軍中教育，在內容上當然不以上述為限。在敦煌和居延的出土簡中也有兵法書如《孫子》、《吳子》、《力牧》等以及與兵陰陽有關的殘文，[12] 當時軍中必然也有人讀這些更高一層的軍事性質的專論，但什麼身分的人在讀？無從確知。此外，一支軍隊要維持軍事勤務和日常生活，從耕種、養馬、造屋修路、製造日常用具、兵器，到醫療、占卜等等，須要各式各樣特殊的技能和人才。敦煌簡中提到戍卒有「能為梟履」（《敦煌漢簡》，270），即能為「木工」的（同上，253）。應徵戍邊的士卒或原有這些技能，但也必有不少是入伍後才漸漸學會的。我們也許可以稍作想像，每年

8　參前引拙文〈秦漢的律令學〉。

9　參邢義田，〈《蒼頡》、《急就》、八體和「史書」問題——再論秦漢官吏如何學習文字〉附錄：〈九九術的練習〉，本書卷四，頁616-617。

10　參前引甌燕、文本亨、楊耀林，〈從深圳出土乘法口訣論我國古代九九之術〉，頁78-85。

11　王國維，《流沙墜簡》，附錄，頁1下—5下。

12　參邢義田，〈允文允武：漢代官吏的一種典型〉附錄一：〈兩漢人徵引兵法輯抄〉，本書卷三，頁335-351。

從內郡有數以千計的田家子徵調到邊塞戍守。他們在這裡有機會受到一定的教育：不論是騎射或「尺籍伍符」，或某些特定的技能，或是識字、知書、能會計，甚至知律令；一年或若干時日之後，他們又解甲回鄉，成為鄉里中見過世面，有「文化」的一群（更何況那些曾番上京師為衛士，在罷歸之前有機會接受皇帝饗宴和觀賞百戲的），這對鄉里地方造成什麼影響，對帝國內部的凝聚和文化的傳播具有什麼樣的意義，實在是值得進一步考察的問題。

81.5.13

後記

本文曾請裘錫圭先生指教，獲益良多，謹此誌謝。82.7.27

原刊《大陸雜誌》，87：3（1993），頁 1-3。95.12.29 訂補
111.2.26 更換新紅外線圖檔

漢代中國與羅馬帝國軍隊的特色

三時務農而一時講武，故征則有威，
守則有財。若是，乃能媚於神而和於民矣。
—— 《國語·周語》
軍隊應經常處於備戰，並應不斷訓練和操演。
—— 卡修斯·笛歐，LII.27.1

　　信不信由你，羅馬軍隊的士兵不許結婚；已經結婚的，必須先離婚才可入伍。在羅馬帝國的頭兩百年裡，這項規定不但適用於士兵，也適用於所有包括百人連長（centuriones）在內的下級軍官。百人連長以上的軍官可以有合法的妻子，不過他們只准在冬季休兵期間離營，與妻子相會。羅馬人的理由很簡單。妻子兒女會削弱官兵的戰鬥意志，減低他們轉戰四方的興趣，影響軍隊的機動性，更會使官兵無法長期在營，接受嚴酷的訓練。羅馬人為了追求軍隊最高的戰鬥力，不惜剝奪官兵的婚姻生活。這對強調家庭倫理，相信「夫婦乃人倫之始」的古代中國人而言，誠屬不可思議。漢代在居延和敦煌等邊地戍守的官兵，有不少不但帶著妻兒父母，還按月領「眷糧」。

　　漢代中國和羅馬是兩個約略同時存在，廣土眾民的大帝國。從大約西元前二世紀到西元後二世紀，亞洲大陸東端和地中海四周各有五、六千萬的人口，分別生活在以農業為主，龐大且有序的政治結構裡。帝國的安全如何防衛？兩大帝國的統治者都面臨這個問題。

　　問題相同，答案卻各具特色。漢代中國人和羅馬人由於傳統上、理念

上、帝國形勢上等等的不同，作了很不一樣的選擇。其不一樣，從前述禁止結婚的規定以及前引《國語》〈周語〉和羅馬史家卡修斯·笛歐（Cassius Dio，約西元 155-230 年）的話中已可見其端倪。大體而言，當羅馬帝國發展出一支訓練嚴格，機動性高和戰鬥力強的常備職業化軍隊時，漢代中國在「寓兵於農」的大原則下，始終保持一支以農暇訓練為主，亦兵亦農，臨事徵集，有濃厚「民兵」色彩的軍隊。當然，羅馬和漢代軍隊的組成並不單純，四百年間也非全無變化。可是，上述的特色可以說相對地一直存在。

■一 羅馬帝國軍隊的特點

　　羅馬人的軍隊自西元前三世紀，在與迦太基綿延百餘年的爭霸戰爭以及社會內部變化的過程裡，大步邁向職業化。羅馬本來只是義大利中部，台伯河畔的小小城邦，軍隊是典型的城邦公民軍。遇到外來侵害，城邦裡的成年男子，放下犁頭，撇開羊群，拿出自備的弓箭刀矛，較富有的還可騎在自家的馬上，披副盔甲，由推選出來的領袖帶頭，走上戰場。公民執干戈以衛城邦，是義務也是權利。戰事一旦結束，軍隊解散，牧羊的牧羊，耕田的耕田（圖 1.1-3）。

　　這種軍隊足以防衛小規模的城邦，卻不足以應付戰區遼闊、時間長久的帝國爭霸戰。羅馬在與迦太基爭霸的百餘年間，不斷調整組織，加強訓練，公民參加軍隊的性質也逐漸改變（圖 2）。

　　軍隊職業化有幾項重要的指標：組織固定化、任務專業化、服役長期化。更重要的是當兵從公民義務變成一種謀生的職業，可以有升遷、有退休、有固定的收入。這些現象在共和後期的三百年裡，變得日益清楚。不過，職業化的真正確定和完成是到奧古斯都（Augustus，西元前 27～西元 14 年）的時代。

　　奧古斯都是一位典型保守的羅馬人，對傳統不輕言放棄。他掌權數十

圖 1.1　　　　圖 1.2　　　　圖 1.3

圖 1.1-3　羅馬共和時代的士兵

圖 2　凱撒征高盧時士兵的銅頭盔，1997 作者攝於巴黎法國國家歷史博物館。

年，始終以恢復共和傳統為號召。根據傳統，當兵是公民的權利和義務，只有公民才得加入羅馬軍團（legiones），這是公民的光榮。但是新的帝國形勢迫使他不得不作若干妥協。羅馬人征服地中海世界以後，為了維護少數征服者的優越地位，頗吝於將公民權開放給各省人民（帝國人民普有公民權要到西元 212 年），也不准他們加入軍團。可是龐大的帝國顯非少數公民所能防衛。妥協的辦法是在帝國內維持兩種主要的軍隊，兩種都有常備職業化軍隊的性質。

　　一種是軍團，由羅馬公民組成（圖 3）。理論上，徵兵的傳統仍然維持；事實上，絕大部分的士兵係招募而來。士兵役期為二十年。奧古斯都曾大力縮減共和末期因內戰而擴增的軍隊（圖 4）。到他逝世時，尚有二十五個軍團部署在帝國各個仍有安全顧慮的行省。另一種是數量不相上下的協防軍（auxilia），由不具公民身分的各省人民組成。他們步、騎皆有，而

圖3　軍團長官墓碑，1978 作者攝於德國　圖4　禁衛軍士兵石雕，藏羅馬卡比投山博物館。
波昂萊茵地區博物館。

以騎兵為主，協同正規軍團作戰。協防軍士兵須服役二十五年。軍團和協
防軍的官兵都隨階級的高低，每年分三次領取固定的薪餉和津貼。服役期
滿，軍團士兵可得到土地和金錢為回報，他們的「地下夫人」和子女這時
也可取得合法地位。由於不准結婚，二三十歲的兵士不免多有未經合法登
記的「情人」，甚至子女。兵士一旦戰死，他們的地下情人和子女絲毫沒
有法律保障，無法繼承財產；身分合法化後，她們也就有了一切合法繼承
的權利。協防軍士兵在退伍時的一項特殊回報是羅馬的公民權。自從奧古
斯都將這些服役的條件固定下來，一兩百年間不再有根本的大改變。大致
來說，此後由於兵源短缺，為吸引人投效軍隊，薪餉趨於提高，優待日益
增加。例如：到二世紀末和三世紀初，士兵和下級軍官終於准許在服役期
間結婚。三世紀初以後，隨著公民權完全開放，軍團和協防軍的分別逐漸
模糊，有愈來愈多帝國邊區的蠻族加入了軍隊。但軍隊常備職業化的特性
絲毫未曾改變。

　　這種常備職業化的特性，不但見之於二十或二十五年的役期，也見之

於組織和訓練。在組織上，羅馬軍隊有編制固定和強調團隊精神的特點。一個軍團編制為五千五百人，下分十個營（cohortes），每營再分為六個百人連（centuriae）。協防軍的騎兵以約五百人為一營（alae），步兵則如軍團，分為營和百人連。由於是長期服役，官兵無論訓練和作戰無時不在一起，彼此之間因而形成極為緊密的關係。為了提高戰力，羅馬人以各種方式刻意培養團隊精神。舉例言之，每個軍團和協防軍都有固定的番號和別名（cognomina）。別名或取自創建者（如：II Augusta），或取自神名（如：XV Apollinaris），或取自有光榮戰蹟的地名（如：V Macedonica）等。官兵上下無不以所屬單位為榮，並以維護其光榮為職志。除此之外，每軍團或協防軍以下的各級單位都有本身的旗幟（signa）作為團結和認同的對象（圖5）。例如軍團旗頂端是以老鷹（aquila）為飾，營旗則有軍團名稱和營的番號。各種旗幟都有護旗手，作戰時，官兵皆隨旗幟而進退。作戰中喪失旗幟是極大的恥辱。作戰失敗的軍團，其番號與別名甚至從此撤銷，因為沒有人願意再隸屬這樣的軍團。

羅馬軍人甚至將旗幟當神靈（genii）來敬拜。作戰前，夥伴們向軍旗許願，祈求勝利；作戰後，則向軍旗行獻禮還願。軍團和協防軍的數量時有增減。但到三世紀初，奧古斯都時代的二十五個軍團中仍有十六個，亦即一半以上的番號和別名延續不斷；另有至少五十三個協防軍的各級番號到五世紀初仍然存在。羅馬軍隊組織的固定和強韌於此可見。

就訓練而言，羅馬軍隊以嚴格著名。除執行任務外，官兵大部分的時間都投注在訓練上。訓練的內容包括跑、跳、游泳等體力訓練，刀矛等武器訓練和行軍、紮營、造橋、布陣等野戰和勤務訓練（圖6）。當時被征服的各省人民對羅馬軍隊的訓練和戰力，無不感到驚異和佩服。以一世紀的猶太史家裘瑟夫（Flavius Josephus，西元37-100年）為例，他說：

> 如果我們全盤研究羅馬軍隊的組織，將會明白他們贏得廣大的帝國，不是憑藉運氣，而是勇敢的代價。他們從不坐待戰爭爆發。相反地，他們活像從一出生即已習於戰鬥，訓練從不片刻歇止。他們平日操練的艱苦不下於真正的戰爭。每一位士兵將全副精力投注在日復一日的操演中，就如同在

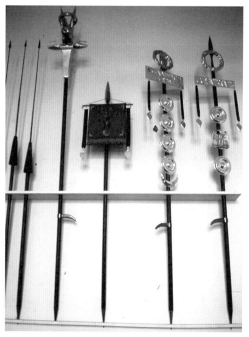

圖 5　羅馬軍隊旗幟複製品，1978 作者攝於麥茲
羅馬日耳曼中央博物館。

圖 6　羅馬軍隊擲石器複製品，1978 作者攝於羅馬 羅馬文物博物館。

古月集：秦漢時代的簡牘畫像與政治社會
　　── 卷四　法制、行政與軍事

真正的戰鬥裡一般。完美的訓練使他們能夠從容面對戰場上的

震撼、驚恐……。(《猶太戰爭》，III.V)

裘瑟夫接著指出羅馬人不但藉訓練「強化士兵
的體魄，更強化他們的心志」。強化心志有賴紀
律和精神訓練，最能顯示這種精神的是他們將
「勇武精神」(virtus) 和「紀律」(disciplina) 都擬
人化視為神，在軍中當作神祇一般敬拜（圖7）。

圖7　哈德良皇帝錢幣描繪軍
旗手追隨他，幣底有「奧古斯
都」「紀律」字樣銘文。

　　以上對羅馬帝國軍隊的描述，極為簡略。
不過，由此已不難看出其組織固定、役期長、
訓練嚴格、任務專一等職業化軍隊的特性。這
些特性在帝國後期基本上並沒有改變。如果以
這些特性和中國漢代的軍隊相對照，漢代軍隊很明顯較近乎所謂的「民
兵」。

■二 漢代軍隊的特點

　　漢代百姓和羅馬公民看來似乎一樣有當兵的義務，但是前者是天子治
下的齊民，後者則是城邦的主人。這一身分的差異使當兵一事在兩個社會
有了完全不同的意義。因為是主人，羅馬才產生「唯公民有資格當兵」的
限制，公民也才以當兵為榮。漢世齊民是被統治者，當兵是一種徭役，只
是負擔，無所謂光榮可言。當羅馬由城邦而成帝國，身為城邦主人的感覺
逐漸模糊，但羅馬公民仍不失為擁有賦稅和法律特權的征服者。例如公民
不得隨意未經審判被處死，也不須繳帝國各行省非公民才要交的稅。羅馬
進入帝國時期以後，公民享受和平的生活和特權帶來的逸樂一久，漸以當
兵為苦，甚至逃避徵召，帝國實質上逐漸依賴募兵。帝國以後公民組成的
軍團幾乎全駐紮在各邊區行省；公民應募當兵雖苦，面對行省百姓，不免
有一份征服者高高在上的驕傲。羅馬軍團的軍官和士兵服役數十年，有很

多埋骨於邊省，驕傲地在自己的墓碑上銘記曾服役的單位、曾贏得的戰功，甚至參加過的戰役。漢代百姓除了悲苦，毫無驕傲感可言。

在漢代，所有二十或二十三歲以上的男子，都要在郡國登記，成為徭役徵發的對象，這叫「傅」。然後一直到五十六歲才能解除徭役，這叫「免」。起徵和免役的年齡時有調整，其為徭役的性質一直沒變。根據文獻，似乎每個成年男子一生最少要當兩年兵。一年服役於所在的郡國，邊郡習於騎射的常被徵召成「騎士」，內郡的則主要當步兵，叫「材官」（圖8）；江、淮以南的則成水軍，叫「樓船」。樓船是一種戰艦，其上有較高的望樓之類。武帝曾在上林苑昆明池訓練水軍，造樓船高十餘丈，船上還有旗幟，其外形和今江蘇儀徵出土東漢青銅簋底所飾樓船或許相近（圖9.1-2）。近年刊佈的浙江湖州《烏程漢簡》上更提到樓船士，以越人和楚人為兵員（圖9.3-4），證明江淮以南確實利用當地人擅於水戰的特長組織水軍。

圖 8.1
《嶽麓書院秦簡（肆）》簡0669「材官」

服役期間，騎士、材官和樓船等不同兵種如何編組？不同兵種如何協同作戰？如何訓練？可惜一無可考。只知道西漢時，每年秋天農作物收穫以後要受訓，到八月或九月，地方的郡守和都尉會將他們集合起來，考核他們騎射、駕車、戰陣或水戰的技巧，這叫「都試」。史書中雖不乏舉行都試的記載，我們卻不易想像如此短暫訓練的成效。郡守之下，只有一位，頂多兩、三位負責軍事的都尉。他們如何在一年之內，將「不知尺籍伍符」的農家子弟化為訓練有素的戰士？為什麼都試要安排在秋收農閒時舉行？是不是意味在地方服役的，平常還得在田裡幹活或服雜役，秋收後才有閒暇操演？這些問題，都無法確切回答。但從漢人服膺的「三時務農，一時講武」的古訓看來，並不是沒有這樣的可能。漢獻帝建安二十一年，魏國有司奏：「古四時講武，皆於農

圖 8.2　肩水金關簡 EJT5：66「右扶風虢材官臨曲里王弘」

圖 9.1-2　江蘇儀徵新城鎮林果村出土東漢銅簋底部有疑似樓船圖飾，採自
《儀徵出土文物集粹》。

圖 9.3-4　烏程簡 104「樓船士員三百卅四
人，其五十六人越，二百七十八人楚」。

隙。漢西京承秦制，三時不講，惟十月都試」云云
（《晉書》〈禮志〉下），奏文中都試月份雖不同於其他記
載，「三時不講」一語，頗可幫助我們了解漢代郡國
兵訓練之有限。從「講武皆於農隙」又可知道，糧食
生產似乎比訓練更為重要（圖10）。

　另外一年的服役，在京師的叫「衛士」；在帝國
邊境戍守的叫「戍卒」。京師在西漢時有擔當戍衛的
南北軍。其衛士人數兩漢不同，在數千至數萬人之
間。戍卒的數量也不大。兩漢邊防一向以北方與西北
方最吃緊，可是從居延和敦煌等邊陲遺址以及文獻上
估計，部署在北方約三千五百公里防線上的戍守兵力
不會超過一萬人（圖11-12.1-2）。宣帝時，趙充國曾
說：「北邊自敦煌至遼東萬一千五百餘里，乘塞列隧
有吏卒數千人。」（《漢書·趙充國傳》）趙充國是當時
的將軍，熟於邊事，所說當有其根據。他所說的數字

圖10　四川彭山出土
佩刀持臿農夫陶俑

遠小於羅馬帝國在北方邊界布置的武力。奧古斯都末期，在多瑙河和萊因
河沿岸二千六百公里的防線上，駐紮了十二個軍團，達六萬六千人。這還

圖11　漢代敦煌邊塞，岳邦湖先生攝。

古月集：秦漢時代的簡牘畫像與政治社會
　　—— 卷四 法制、行政與軍事

不包括數量不明，輔助性質的協防軍。

　　相比之下，漢邊戍卒只能算是備烽火和偵敵情的哨兵。來自內郡的田卒和被罰戍邊的罪犯，其實數量上可能遠遠超過戍卒。不論戍卒、田卒或罪犯，都要遠離田園廬墓家人，很多最後客死邊地，一生飽嘗邊地風霜和思鄉之苦。少數到老能還鄉的也要面對破滅的家園。在漢樂府詩歌中找不到戍邊者的驕傲，卻充斥著他們無盡的恐懼、憂愁和哀怨的淚水：

　　生男慎勿舉，生女哺用脯。不見長城下，屍骸相支拄。

　　秋風蕭蕭愁殺人。出亦愁，入亦愁，座中何人，誰不懷憂。
　　令我白頭。胡地多飆風，樹木何修修。離家日趨遠，衣帶日趨緩。
　　心思不能言，腸中車輪轉。

　　十五從軍征，八十始得歸。道逢鄉里人，家中有阿誰？
　　遙望是君家，松柏冢累累。兔從狗竇入，雉從梁上飛。
　　中庭生旅穀，井上生旅葵。烹穀持作飯，采葵持作羹。
　　羹飯一時熟，不知貽阿誰？出門東向望，淚落沾我衣。

圖 12.1-2　漢居延邊塞肩水金關簡 73EJC 601AB 上所繪的佩劍和無佩劍官員

　　漢代真正用來對付內外動亂的主力是臨時自郡國徵調的部隊。這種部隊只有天子有權徵調，地方郡國接到天子虎符，合符而後出兵（圖 13.1-2）。通常北方邊郡出騎兵，內郡主要出步兵。另由天子任命一位或數位朝臣為將軍。戰爭結束，部隊遣歸郡國，將軍亦返舊任。舉例來說，宣帝本始二年（西元前 72 年）秋天，宣帝為救烏孫，伐匈奴，調「關

圖 13.1　秦杜虎符

圖 13.2　漢張掖虎符

圖 14.1

圖 14.2

圖 14.3

圖 14.1-3　陝西咸陽楊家灣漢墓出土騎兵俑及步兵俑

古月集：秦漢時代的簡牘畫像與政治社會
　　── 卷四　法制、行政與軍事

東輕車銳卒，選郡國吏三百石伉健習騎射者，皆從軍。」又令「御史大夫田廣明為祁連將軍，後將軍趙充國為蒲類將軍，雲中太守田順為虎牙將軍，及度遼將軍范明友，前將軍韓增，凡五將軍，兵十五萬騎（圖14.1-3），校尉常惠持節護烏孫兵，咸擊匈奴。」（《漢書‧宣帝紀》）《漢書‧匈奴傳》曾較詳細記述了各將所率騎兵人數以及各路如何分途進兵。總之，徵調軍隊在本始二年的秋天，五將軍從長安出發已是第二年的三月。十五萬關東兵從徵調到分途出發，耗費了最少五個月。結果，匈奴聞漢兵大出，早已奔走逃逸，「五將少所得」。祁連和虎牙兩將因「逗留不進」，獲罪自殺，而所有的軍隊在五月罷遣。

這種臨事徵集，隨即解散的軍隊，既缺長期密集訓練，又無固定組織，官不知兵，兵不知將，雖有堪稱優良的兵器（圖15），其戰鬥力與戰鬥精神不可能與常備職業軍相比。戰鬥力既然有限，則必寄望於以量取勝。兩漢出兵動輒十餘萬或數十萬，這種情況在羅馬極為少見。以西元前 59 年（漢宣帝神爵三年），凱撒征高盧的第一場戰役為例。凱撒面對大約九萬賀維提人戰士，卻只以四個軍團贏得勝利。當時一個軍團約有三千六百人，總兵力不過一萬餘！幾乎真的是以一當十。漢代發動十餘或數十萬軍隊之外，還須徵用數目更為龐大的民伕和車船等擔負起後勤支援，如此一來，大規模的軍事遠征都不免造成「海內虛耗」（《漢書‧西域傳》）的局面。武帝和王莽都曾飽嘗動員這一類型軍隊的苦果。

圖 15　秦始皇兵馬俑坑一號銅車馬所附銅弩

兩漢也有屬較長期服役性質的軍事編組。例如，武帝時的七校（屯騎、步兵、越騎、長水、胡騎、射聲、虎賁），東漢時的五營或北軍五校。還有期門（後更名虎賁）、羽林之類，都應不止服務一、兩年。他們雖偶爾出征，基本上都是京師、宮廷或皇帝的衛戍部隊。期門和羽林除了護從皇帝，也是皇

帝身邊的郎官，隨時擔任皇帝指派的其他任務。郎官的性質基本上和「職業軍人」是兩回事。七校或五校有些由胡人組成，他們或許可算是「職業軍人」。武帝七校人數不可考，東漢北軍五校，一校有七百至一千二百人。其餘羽林之類，時有增減，在數百至千餘人間。以這樣的數量，即使參加遠征，似乎也不可能構成戰鬥主要的力量。

　　東漢光武帝時，廢除都試，也曾一度省罷郡國掌理軍事的都尉，使郡國兵原本有限的訓練更趨廢弛。為了軍事的需要，募兵漸多。所募稱為應募、應募士、募士、勇敢、勇敢士或奔命等等。例如，明帝曾募兵戍隴右（圖 16），代價是每人三萬錢。此外，東漢還大量利用罪犯和外族出征。其服役條件如何，不甚清楚。不少死罪囚犯是因皇帝恩典，減死赴邊充軍。漢朝政府鼓勵他們帶著妻兒父母到邊地落戶屯墾，這叫「占著所在」。漢邊還有所謂的田卒。這些人有很多不是年年輪換，而是下文晁錯所說的「常居者」。他們或因水旱災害而逃荒到邊地，或受僱代人服役而長期留在了邊塞，這些人屯田耕種為主，雖長期在邊，緊急時拿起干戈刀劍，卻稱不上是職業軍人。

圖 16　漢代陽關殘壘，1995 年作者攝於敦煌陽關遺址。

三 結論

　　總之，羅馬式專業化常備軍隊的整個概念，在漢代中國可以說不存在。漢初，晁錯因鑑於發兵守邊，一歲一更的辦法不切實際，於是建議募民實邊，所謂「選常居者，家室田作，且以備之」。根據他的想法，這些人在邊地成家立業，編為什伍。平日耕作，農隙習武，戰時即可起而應敵，為國干城。這種寓兵於農的想法，不但支配晁錯，支配漢代軍隊的形態，也一直影響此後中國軍隊的構成。趙充國和曹操的屯田兵固不必說，唐代的府兵，明代的衛所，基本上仍然沿襲兵農合一的基本設計。

　　亦兵亦農的「民兵」既然效率甚低，戰鬥力有限，為什麼傳統中國的當政者大多數仍採取這種兵制呢？因為它也有不少優點。一大優點是國家承平之時，可以將養兵之費降到最低點。如無戰爭，常備軍隊純然只是消耗。古代社會生產力有限，維持常備軍隊非常不易。當奧古斯都固定了軍隊官兵的薪餉和退休辦法以後，首要工作就是為支付這項龐大的開支，開徵新稅，設立一個特別的「軍費財庫」（aerarium militare）。此後，羅馬皇帝一直為應付軍隊正規的用費和不正規的需索而頭痛不已。相對而言，漢代皇帝如武帝，只有在頻頻大規模遠征時，才感到較大財政上的壓力。另一個優點是平日勞動人口能較充分地投注在生產上，創造財富。羅馬人以征服者自居，不敢輕易放棄征服者在武力上的優勢，職業化軍隊專司戰鬥，固然維持了優勢，但不事生產，卻成為沉重的負擔。劉邦得天下，並不以征服者自居，即帝位後不久，「兵皆罷歸家」，化消耗者為生產者。這是漢初經濟能逐漸復甦的一大原因。

　　「民兵」性質的軍隊也許還有一個令統治者更為心動的優點，就是它不像職業軍人那樣容易以武力干政。羅馬職業化軍隊有一切戰鬥力上的優點，卻也成為社會上最強固緊密的「利益團體」。他們對帝國政治的干預，稍涉羅馬史者皆知。羅馬史家塔西佗（Tacitus，約西元 55-117 年）曾說：「羅馬世界是在士兵的手中。」這種情形不見於漢代。漢代四百年，一直到東

漢末，才出現董卓以地方軍隊干政的事。漢代早有人指出臨時調兵，有「兵將不素習」的問題。但對漢家天子而言，這正是一個優點。這樣一來，將軍少了很多擁兵自重以威脅帝室的機會。唐代杜佑和宋代錢文子都認為這是漢代兵制成功之處。漢代天子如果知道羅馬士兵可以「拍賣」皇位，就更要為自己的睿智，欣然一笑了。

原刊《歷史月刊》，8（1988），頁 56-63；111.11.10 增補

邢義田作品集

古月集：秦漢時代的簡牘、畫像與政治社會

卷四：法制、行政與軍事

2024年9月初版　　　　　　　　　　　　　　　　　　定價：新臺幣2000元

著　　　者	邢	義	田
叢書主編	沙	淑	芬
內文排版	菩	薩	蠻
校　　　對	吳	美	滿
封面設計	兒		日

出　版　者	聯經出版事業股份有限公司	編務總監	陳	逸	華
地　　　址	新北市汐止區大同路一段369號1樓	總編輯	涂	豐	恩
叢書主編電話	（02）86925588轉5310	總經理	陳	芝	宇
台北聯經書房	台北市新生南路三段94號	社　　長	羅	國	俊
電　　　話	（02）23620308	發行人	林	載	爵
郵政劃撥帳戶第0100559-3號					
郵撥電話	（02）23620308				
印　刷　者	文聯彩色製版印刷有限公司				
總　經　銷	聯合發行股份有限公司				
發　行　所	新北市新店區寶橋路235巷6弄6號2樓				
電　　　話	（02）29178022				

行政院新聞局出版事業登記證局版臺業字第0130號

國家圖書館出版品預行編目資料

古月集：秦漢時代的簡牘、畫像與政治社會

卷四：法制、行政與軍事/邢義田著 . 初版 .
新北市 . 聯經 . 2024年9月 . 712面 . 17×23公分
（邢義田作品集）
ISBN　978-957-08-7318-4（精裝）

1.CST：秦漢史　2.CST：簡牘學　3.CST：文化史
4.CST：中國政治制度

621.9　　　　　　　　　　　　　　113002947